CHINA GUANGCAI PROGRAM

中国光彩事业年鉴

2008 — 2015

中国光彩事业促进会　编

图书在版编目（CIP）数据

中国光彩事业年鉴. 2008～2015 / 中国光彩事业促进会编. -- 北京：华文出版社, 2016.11
ISBN 978-7-5075-4468-8

Ⅰ. ①中… Ⅱ. ①中… Ⅲ. ①不发达地区－区域开发－中国－2008～2015－年鉴 Ⅳ. ①F124.7-54

中国版本图书馆CIP数据核字(2016)第091720号

书　　名：中国光彩事业年鉴2008-2015

标准书号：ISBN 978-7-5075-4468-8
著　　者：中国光彩事业促进会编
责任编辑：钟卫芳　宋军占
出版发行：华文出版社
社　　址：北京市西城区广外大街305号8区2号楼
邮政编码：100055
网　　址：http://www.hwcbs.com.cn
投稿信箱：zhong58336279@163.com
电　　话：编辑部：010-58336279总编室：010-58336239　发行部：010-58336270
经　　销：新华书店
印　　刷：北京楠海印刷厂
开　　本：889×1194　1/16
印　　张：29.75
字　　数：780千字
版　　次：2016年11月第1版
印　　次：2016年11月第1次印刷
定　　价：398.00元

《中国光彩事业年鉴 2008–2015》

编辑委员会

▲ 2015年5月18日，中共中央总书记、国家主席、中央军委主席习近平出席中央统战工作会议并讲话，指出，要继续用好光彩事业等载体，引导非公有制经济人士，特别是年轻一代致富思源、富而思进。

▲ 2010 年 8 月 30 日，中共中央政治局常委、全国政协主席贾庆林会见中国光彩事业促进会第四次会员代表大会全体代表。

▲ 2015年10月19日，中共中央政治局常委、全国政协主席俞正声接见中国光彩会第五次会员代表大会全体会员。

▲ 2015年10月19日，中共中央政治局委员、中央统战部部长孙春兰出席中国光彩事业促进会第五次会员代表大会并讲话。

▲ 2009 年 5 月 26 日，全国政协副主席、全国工商联主席黄孟复（左一）带领民营企业家参观考察织金县绮陌乡竹荪基地。

▲ 2012 年 5 月 28 日，全国政协副主席、中央统战部部长杜青林接见中国光彩事业促进会四届三次理事会议受表彰人员。

▲ 2013年6月28日，全国政协副主席、全国工商联主席王钦敏（前排右二）在仪陇县雷家坝新村综合体调研。

▲ 2009 年 4 月 20 日，中国光彩事业促进会三届四次理事会议在北京召开。

▲ 2010 年 8 月 30 日，中国光彩事业促进会四届一次理事会议在北京召开。

▲ 2012 年 5 月 28 日，中国光彩事业促进会四届三次理事会议在北京召开。

▲ 2014 年 5 月 20 日，中国光彩事业促进会四届五次理事会议在河南信阳召开。

▲ 2015 年 10 月 19 日，中国光彩事业促进会第五次会员代表大会暨五届一次理事会议在北京召开。

▲ 2015 年 10 月 17 日，全国工商联、国务院扶贫办和中国光彩会在京联合举行“万企帮万村”精准扶贫行动启动仪式。

▲ 2008年9月，“中国光彩事业襄樊行”活动中，中央统战部副部长，中国光彩会副会长胡德平为中国光彩事业襄樊工业园授牌。

▲ 2009年8月5日，中央统战部副部长，全国工商联党组书记、第一副主席，中国光彩会副会长全哲洙考察林芝地区的手工艺品市场。

▶ 2012年7月25日，在“中国光彩事业延边行”活动中，为捐赠企业颁发荣誉证书。

▶ 2012年7月25日，“中国光彩事业延边行”活动中，延边朝鲜族自治州负责同志代表州委、州政府向中国光彩会赠送感谢牌，中国民间商会副会长、中国光彩会副会长、中国光彩事业基金会理事长谢伯阳（右）代表中国光彩会接受感谢牌。

▲ 2012年8月8日，在“中国光彩事业宁夏行”开幕式上，中国光彩会向捐款的企业家颁发公益捐赠荣誉证书。

▲ 2012年8月8日，“中国光彩事业宁夏行”共签约项目142个，投资总额2060.02亿元，图为投资项目签约现场。

▲ 2013年5月9日，“中国光彩事业六安行”期间，中央统战部副部长，全国工商联党组书记、常务副主席，中国光彩会副会长全哲洙带领民营企业家参观金寨县革命博物馆。

▲ 2013 年 10 月，“中国光彩事业赣州行”活动期间，中央统战部副部长，全国工商联党组书记、常务副主席，中国光彩会副会长全哲洙考察瑞金在乡烈士遗属危房改造项目。

▲ 2013 年 8 月 5 日，“中国光彩事业西藏行”活动中，全国工商联副主席，中国光彩会副会长谢经荣（右）代表中国光彩会向拉萨市曲水县养老院捐款 1800 万元。

▲ 2013年6月26日，“光彩事业巴中行”活动中，全国工商联副主席安七一（左）代表全国工商联向巴中市平昌县捐赠帮扶资金500万元。

▲ 2013年10月，“中国光彩事业赣州行”活动共签约项目113个，总投资额1040.9亿元。

▲ 2014 年 5 月 21 日，由中国光彩事业促进会、河南省人民政府联合举办的“中国光彩事业信阳行”活动在河南信阳举行。

▲ 2014 年 5 月 21 日，“中国光彩事业信阳行”活动中，企业家们实地参观鄂豫皖苏区首府革命博物馆、中共中央鄂豫皖分局和红四方面军总部旧址等地。

▲ 2014 年 8 月 12 日，“中国光彩事业南疆行”捐款 6840 万元，用于实施和田地区农村天然气入户项目、喀什地区农村省柴节煤灶和太阳能灶建设项目、克州人畜饮水工程项目、阿克苏地区养羊基地项目和新疆生产建设兵团基层连队“风光互补”路灯项目等公益项目。

▲ 2015 年 9 月 15 日，“光彩事业丝路行暨 2015 西宁城市发展投资洽谈会”西宁市投资项目签约仪式。

▲ 2015 年 11 月 10 日，“中国光彩事业黄冈（红安）老区行”活动期间，组织民营企业家参观黄麻起义和鄂豫皖苏区纪念园。

▲ 2015 年 11 月 28 日，“中国光彩事业抚州（广昌）行”期间，民营企业家为抚州市公益捐赠 2753 万元。

▲ “中国光彩事业延边行”捐建的延边在乡烈属危房改造项目（右上图为改造前的危房）。

▲ “全国非公有制经济人士感恩革命老区延安行”捐建的延安八一敬老院外景及内部设施。

▶ “中国光彩事业宁夏行”捐助的宁夏枸杞种植基地项目。

▶ “中国光彩事业西藏行”捐建的西藏曲水县五保人员集中供养中心。

▶ 中国光彩会组织民营企业家捐款4787.26万元支持的芦山灾后重建“芦山县现代农业产业园红心猕猴桃产业基地建设”项目。

◀ 非公有制经济人士参观井冈山革命博物馆，缅怀革命先烈，接受革命传统教育。

◀ 非公有制经济人士向吉安市特殊教育学校、井冈山市残疾人托养中心，吉安老区老革命、老党员、老模范等捐赠款物。

◀ 企业家们在延安杨家坪接受革命传统教育。

▶ 2011 年 6 月 9 日，“感恩革命老区，传承井冈精神”座谈会上，老红军代表毛秉华发言。

▶ 2013 年 7 月 18 日，“全国非公有制经济人士感恩革命老区延安行”在延安举办。

▶ 2014 年 5 月 21 日，在“中国光彩事业信阳行”活动期间，全哲洙一行看望 105 岁的新县籍老红军罗名榜。

◀ 2011年11月29日，第七期全国民营企业家及管理干部林业培训班在昆明开班。

▲ 2013年4月2日，国家林业局、全国工商联和中国光彩会召开第七次联席会议。

◀ 亿利资源集团在库布其大沙漠的边缘，黄河的南岸建起了240多公里长的防沙护河锁边林带。

▶ 2010 年 3 月 22 日，旭化成水环保专项基金项目启动。

▶ 2010 年 8 月 30 日，来自河南上蔡、四川凉山共 100 名艾滋病致孤孤儿参加在北京、上海举行的夏令营活动。

▶ 2011 年 5 月 21 日，举办“中华红丝带烛光纪念日”活动。

◀ 2012年6月12日，甘肃小水窖投放点，群众正在进行水窖建设（右下图为小水窖建设前老百姓靠收集雨水生活）。

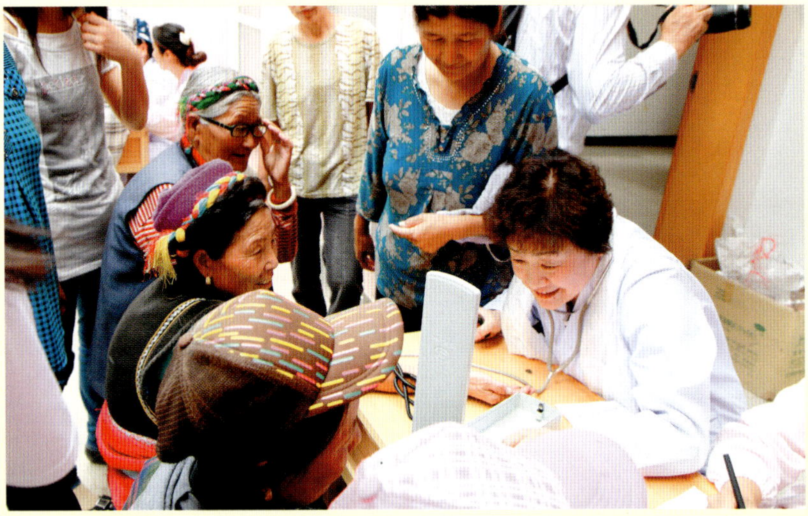

◀ 2012年6月19日，北京服务宣传队的医生给云南藏区群众进行诊疗。

▲ 2013年5月3日，“光彩爱心家园—乐和之家”启动。

▲ 2013年10月9日，河南省“希望之星　同心助学”爱心捐助活动现场。

▲ 光彩文库捐赠仪式。

▲ 甘肃马力小学光彩文库。

◀ 企业家在仪陇县捐建23所光彩小学，孩子们从破旧的校舍（右下）搬进了宽敞明亮的教室。

◀ 2013年8月，中国光彩会与国家卫计委合作举行了“光彩·西藏和四省藏区健康促进工程”启动仪式。

◀ 2014年6月18日，“光彩爱心家园—乐和之家”留守儿童试点项目研讨会——重庆黔江区后坝现场会。

◀ 2014年12月，“光彩·中国民生银行西藏先心病儿童救治项目”资助对象德吉卓嘎已完成手术，即将出院。

▶ 宝龙集团捐资 3900 万元，设立新农村建设基金，支持四川省仪陇县、河南省孟津县、河北省张北县、福建省长汀县等地新农村建设。

▶ 浙江传化集团实施现代农业项目，带动周边 10 余万人就业。

▶ 新希望集团为奶农们引进了先进的全自动转盘式挤奶设备。

▲ 2010 年 9 月 30 日，同心 · 智力工程织金县劳动力转移培训开班典礼。

▲ 2012 年 2 月 14 日，由全国工商联、中国光彩会、中国民（私）营经济研究会三方共同主办的秦巴连片特困地区扶贫开发政策调研研讨会在北京召开。

▲ 2013 年 10 月 24 日，河南省民营企业“千企帮千村”活动现场。

▲ “西部光彩帮扶基金”支持的贵州省织金县散架乡“千亩生态葡萄园基地”项目。

◀ 宁夏光彩学院举办“基层农业科技人员继续教育培训班”。

◀ 内蒙古科发生态产业集团有限公司在内蒙建立了 10 万亩绿色枸杞生产示范基地。

◀ 宏达集团援建的宏达新村。

▲　2008 年 5 月 28 日，泛海控股集团向汶川地震灾区捐款。

▲　2008 年，山西潞宝集团建成长安慈善学校，整体安置汶川地震灾区漩口中学 1000 多名师生。

▲ 2010 年 4 月 20 日，《情系玉树大爱无疆——抗震救灾大型募捐活动特别节目》在中央电视台播出，民营企业和民营企业家在晚会上踊跃捐款，总额达 10.1 亿元。

▲ 2013 年 4 月 21 日，四川省光彩会组织民营企业和商会向灾区运送赈灾物资。

▶ 2009年4月20日，在中国光彩事业促进会三届四次理事会议上，为“光彩事业突出贡献奖”获得者颁发奖牌。

▶ 2009年4月20日，在中国光彩事业三届四次理事会议上，为“中国光彩事业发起人”颁发荣誉证书。

▶ 2010年8月30日，在中国光彩事业四届一次理事会议上，授予40名民营企业家“光彩事业国土绿化贡献奖”。

▲ 2012年5月28日，在中国光彩会四届三次理事会议上，为“光彩事业国土绿化贡献奖”获得者颁发奖牌。

▲ 2012年5月28日，在中国光彩事业四届三次理事会议上，为获得“光彩事业组织奖”的地方光彩会颁发奖牌。

目 录

CONTENTS

第一部分 重要文献

全哲洙

刘永富

谢经荣

第二部分 理事会工作报告

第三部分 中国光彩事业行

第四部分　全国光彩事业重点项目 国家扶贫贷款推荐项目

第五部分　公益事业

第六部分　国际交流

第七部分　地方光彩会

第八部分　表　彰

第九部分　大事记

第十部分　附　录

第一部分

重要文献

GUANGCAI LITERATURE

在会见中国光彩事业促进会第四次会员代表大会暨四届一次理事会议代表时的讲话

贾庆林 （2010 年 8 月 30 日）

各位理事、同志们：

今天，我和回良玉、杜青林等同志一起来看望大家，感到非常高兴。首先，我代表党中央、国务院，向中国光彩事业促进会第四次会员代表大会的召开，表示热烈的祝贺！向长期以来参与光彩事业的非公有制经济人士、港澳等工商界朋友，表示衷心的感谢和诚挚的问候！

光彩事业是非公有制经济人士响应党和国家号召、自觉参与扶贫开发事业的一项创举。自三届理事会以来，在党和政府的关心支持下，在各级统战部门和工商联的大力推动下，光彩事业促进会牢记时代使命、着力开拓奋进，推动光彩事业各项工作取得新的巨大成就。在促进会的引导和推动下，非公有制企业和广大非公有制经济人士积极参与我国扶贫开发事业，共投入资金 979 亿元，安排就业 292 万人，带动 787 万人脱贫致富，为促进共同富裕作出了积极贡献，赢得了社会各界的尊重和赞誉。经过多年的发展，光彩事业已成为广大非公有制经济人士参与我国扶贫开发事业的重要形式，践行社会主义核心价值体系的有效途径，锻炼成长为合格中国特色社会主义事业建设者的重要载体。

当前，非公有制经济发展面临难得的机遇和条件，光彩事业前景广阔、大有可为。今年“两会”期间，胡锦涛总书记在参加民建、工商联界委员联组讨论时，强调要深入推进光彩事业，为促进共同富裕多作贡献。今年 5 月份国务院出台了关于鼓励和引导民间投资健康发展的若干意见，被称为“新 36 条”，重点是要破除民间投资障碍，为民间投资和非公有制经济发展创造良好的环境。我们要深入学习贯彻胡锦涛总书记的重要讲话精神，认真落实党和国家关于促进非公有制经济发展的各项政策措施，大力弘扬“光彩精神”，积极参与扶贫开发实践，为推动我国扶贫开发事业作出新的更大贡献。这里，我向大家提四点希望。

第一，希望大家坚持先富帮后富、实现共同富裕的根本宗旨，认真学习贯彻中央第五次西藏工作座谈会、新疆工作座谈会和西部大开发工作会议精神，积极参与新农村建设和新一轮西部大开发，踊跃投身推进西藏、新疆跨越式发展的具体实践，不断完善产业化扶贫、智力扶贫和就业扶贫等行之有效的扶贫模式，帮助贫困地区提高自我发展能力和可持续发展能力，为缩小区域发展差距，实现共同富裕的目标贡献力量。

第二，希望大家秉持以人为本的理念，积极投身教育、医疗、文化、就业等社会事业，参与贫困地区基础设施、生态环境和公共服务设施建设，帮助贫困地区群众改善生产生活条件，增进社会团结和谐。今年我国自然灾害频繁。年初西南地区发生特大旱灾，随后许多地区又出现严重的洪涝灾害，特别是 4 月份青海玉树遭遇强烈地震，8 月份甘肃舟曲发生特大山洪泥石流，抗灾救灾任务十分艰巨。广大非公有制经济人士要发扬“一方有难、八方支援”和“全国一盘棋”的大团结、大协作精神，全力支援灾区、积极捐款捐物，为帮助当地群众战胜灾害、度过难关多作贡献。

第三，希望大家充分发挥联合国经社理事会的特别咨商地位、联合国贸易和发展大会特约观察员身份和中非民间商会的独特作用，加强与联合国机构和国际非政府组织的交流交往，帮助非公有制企业更好地“走出去”，开展对外经贸合作，开展公益慈善活动，不断拓展光彩事业发展的深度和广度。

第四，希望大家大力弘扬社会主义义利观，自觉实践“光彩精神”，坚持“义利兼顾、以义为先”的理念，在帮助贫困地区群众改善生产生活条件的同时，促进非公有制企业健康发展，引导非公有制经济人士提高思想道德水平和能力素质，影响和带动更多的非公有制经济人士富而思进、健康成长，不断增强光彩事业的生命力和影响力。

各级党委、政府和社会各界要继续关心支持光彩事业，为光彩事业发展创造更加有利的条件和环境。各级统战部门和工商联要进一步加强对光彩事业的组织领导，广泛宣传光彩事业取得的成绩和经验，及时研究解决光彩事业发展中的困难和问题，推动光彩事业迈上新的台阶。

最后，祝光彩事业促进会第四次会员代表大会圆满成功！

（贾庆林时任中共中央政治局常委，全国政协主席）

在《光彩事业20年发展情况报告》上的批示

俞正声　（2014年5月20日）

光彩事业实施20年来，在助推科学发展、服务民生改善、促进共同富裕方面取得了显著成绩，在展现非公有制经济人士自觉承担社会责任、培养合格中国特色社会主义事业建设者方面发挥了重要作用，是一项利国利民利己的实事好事。

当前和今后一个时期，光彩事业要紧扣促进非公有制经济健康发展和非公有制经济人士健康成长这个主题，采取多种方式，搭建有效平台，引导民营企业家在增强发展信心、做强做大做优企业的基础上，更多地参与扶贫开发，更多地履行社会责任，为全面深化改革多作贡献，为实现中国梦增添光彩。

（俞正声为中共中央政治局常委，全国政协主席）

在会见中国光彩事业促进会第五次会员代表大会暨五届一次理事会议全体代表时的讲话

俞正声（2015年10月19日）

中国光彩事业促进会第五次会员代表大会暨五届一次理事会19号在京召开。中共中央政治局常委、全国政协主席俞正声会见全体代表。

俞正声说，光彩事业是统一战线引导非公有制经济人士参与扶贫开发、促进共同富裕的一项创举，非公有制经济人士通过光彩事业这个平台，为党和政府分了忧，为贫困地区和贫困群众造了福，为全面建成小康社会立了功。

俞正声指出，党中央高度重视非公有制经济健康发展和非公有制经济人士健康成长，中央统战工作会议把“两个健康”确定为非公有制经济领域统战工作主题，为进一步办好光彩事业指明了方向。他希望非公有制经济人士始终坚定理想信念，真正成为与党同心同德的中国特色社会主义事业建设者；增强发展信心，主动适应新常态，通过转型升级不断提升企业核心竞争力，实现高质量、有效益、可持续的发展；履行社会责任，弘扬“致富思源、富而思进，义利兼顾、以义为先，扶危济困、共同富裕”的光彩精神，多做利国利民利企的实事好事。

俞正声强调，各级党委、政府和社会各界要继续关心支持光彩事业。各级统战部、工商联要加强对光彩事业的指导，及时研究解决重点难点问题。

（俞正声为中共中央政治局常委，全国政协主席）

在中国光彩事业促进会第五次会员代表大会暨五届一次理事会议上的讲话

孙春兰（2015年10月19日）

各位代表、同志们：

在中国光彩事业促进会成立20周年之际，第五次会员代表大会暨五届一次理事会议隆重召开了。我代表中央统战部，向大会的召开表示热烈的祝贺！向参加会议的各位代表致以诚挚的问候！

刚才，中共中央政治局常委、全国政协主席俞正声同志亲切接见了与会代表并发表重要讲话，充分肯定了光彩事业取得的成绩，对非公有制经济人士坚定理想信念、增强发展信心、履行社会责任提出殷切期望，我们要认真学习领会，抓好贯彻落实，推动光彩事业迈上新台阶。

1994年，为配合“国家八七扶贫攻坚计划”的实施，刘永好等10位民营企业家联名发出《让我们投身到扶贫的光彩事业中来》的倡议，号召先富起来的非公有制经济人士积极到老少边穷地区参与扶贫开发，得到积极响应，光彩事业由此诞生。20年来，光彩事业共实施扶贫项目5.9万多个，到位资金近万亿元，安置就业1200多万人，带动脱贫超过2000万人，已经由民营企业家的一纸倡议，发展成为今天广大非公有制经济人士积极参与的实践；从当年配合落实国家“八七扶贫攻坚计划”的积极探索，今天已发展成为推动贫困地区经济发展和社会进步的重要载体。特别是四届一次理事会以来，中国光彩事业促进会紧紧围绕党和国家中心工作，坚持把推动贫困地区发展作为重要任务，聚焦连片特困地区，突出产业扶贫和项目带动，举办了10次“光彩行”活动，签约项目2000多个，安排就业654万人，带动826万人脱贫，去年被国务院列为全国十大扶贫品牌之首；坚持把促进民生改善作为重要内容，在教育文化、医疗卫生、环境保护等方面组织实施公益项目，帮助解决危房改造、饮水工程、先天性心脏病救治、留守儿童等群众关心的突出问题，深受群众欢迎；坚持把思想政治引导作为重要职责，寓党史国情和革命传统教育于光彩事业各项活动中，开展以结对帮扶老红军、老八路、老党员为主要内容的“感恩行动”，引导非公有制经济人士坚定理想信念、自觉回馈社会。这些成绩的取得，归功于党中央的高度重视，离不开各级党委政府的大力支持，更凝结着广大会员和理事的心血付出，赢得了社会各方面的广泛称赞，被誉为功在当代、惠及子孙的崇高事业。

党的十八大以来，以习近平同志为总书记的党中央坚持走中国特色减贫道路，对扶贫开发提出了新的目标要求，作出了新的全面部署。中央统战工作会议和《中国共产党统一战线条例》强调要继续用好光彩事业载体，引导非公有制经济人士投身光彩事业。这些都为新形势下光彩事业发展指明了方向。这里，我就进一步落实党中央的战略部署，推动光彩事业发展谈3点意见。

一、深刻认识新形势下推进光彩事业发展的重要意义

当前，我国的经济社会发展与20年前相比，已经发生翻天覆地的变化，国家综合实力大幅提升，扶贫开发投入力度空前加大。在新形势下，光彩事业还有没有生命力，还要不要发展，这是需要作出明确回答的新课题。在实际工作中，也确实存在部分光彩项目落实难，有的扶贫效果不

尽如人意，企业家参与意愿不够高、参与面不够广，光彩事业社会知晓度和影响力有所下降等问题。要回答和解决这些问题，必须提高对新时期光彩事业的意义和作用的认识。

第一，推进光彩事业，有利于服务党和国家中心工作。习近平总书记在10日16日举行的“2015减贫与发展高层论坛”上强调，全面小康是全体中国人民的小康，不能出现有人掉队；未来5年，将使中国现有标准下7000多万贫困人口全部脱贫。这是党中央面向国际社会、面对全国人民作出的庄严承诺。兑现这一承诺很不容易，一是时间非常紧迫，二是任务极其艰巨，面临的都是难啃的硬骨头。习近平总书记强调，打赢这场硬仗，关键是要构建政府、社会、市场协同推进的大扶贫格局，形成跨地区、跨部门、跨单位、全社会共同参与的多元主体的社会扶贫体系。光彩事业起源于扶贫，在持续有效推动扶贫开发中不断发展，已经成为社会扶贫的重要力量。当前，在全面建成小康社会的决战阶段，正是光彩事业大展身手、大有作为的难得机遇期。非公经济人士要继续发扬为国分忧的优良传统，以光彩事业为载体，勇于担当，勇于奉献，积极投身扶贫开发的伟大事业，为实现“两个一百年”的奋斗目标作出应有贡献。

第二，发展光彩事业，有利于实现各族群众共享发展成果。“十三五”时期，我国经济社会发展将更加突出以人为本，把增进人民福祉作为发展的基本出发点和落脚点，补好公共服务、创业就业、公益慈善等方面的短板。在这些领域，有很多政府和市场难以有效解决的问题，需要更好地发挥社会力量的作用。在增加公共产品和服务供给方面，光彩事业可以发挥平台作用，推动政府和非公有资本在交通、环保、医疗、养老等领域的投资合作；在推动大众创业、万众创新方面，光彩事业可以动员和引导各行业领军企业发挥示范引领作用，在全社会弘扬创业创新文化，加大创业创新帮扶力度，带动中小微企业发展；在发展公益慈善事业方面，光彩事业可以在广大民营企业中更广泛地倡导扶危济困传统美德，传播感恩文化和公益慈善理念，帮助畅通参与渠道，为社会保障和社会救助提供有力补充。

第三，推进光彩事业，有利于促进“两个健康”。当前，我国经济发展进入新常态，经济增长下行压力加大，许多企业普遍面临成本高、融资难等问题，负担较重。另一方面，各种名目的募捐活动较多，有的企业把光彩事业等同于公益捐赠，这也是一些企业家参与光彩事业意愿下降的原因之一。推进光彩事业发展，不能简单看作是对贫困地区的援助，更不能当成是负担和包袱，要看作是企业转方式、调结构，实现转型升级的机遇。近年来，贫困地区的投资红利、成本红利、政策红利和后发优势日益显现，扶贫开发能够有效拉动新的投资和消费，是重要的经济增长点。我们把光彩事业作为“促进非公有制经济健康发展和非公有制经济人士健康成长”的重要载体，以义利兼顾、以义为先为核心理念，目的就是使非公有制经济人士既履行社会责任，又更好地实现企业发展。

二、准确把握新形势下光彩事业发挥作用的着力重点

习近平总书记指出，我国扶贫开发工作已进入攻坚拔寨的冲刺期，要采取力度更大、针对性更强、作用更直接、效果更可持续的措施，大力度推进。光彩事业要按照十八大以来党中央对扶贫工作的新部署新要求，进一步明确思路，创新理念，切实找准参与扶贫开发的着力点，更加有效地推动贫困地区经济发展和社会进步。

第一，要通过精准扶贫，助推贫困地区脱贫致富。当前，扶贫开发贵在精准，重在精准，成败之举在于实施精准扶贫方略。中国光彩事业促进会会同全国工商联、国务院扶贫办，决定在全国范围内启动实施“万企帮万村”精准扶贫行动，这是落实党中央提出的“六个精准”要求的重要举措，要认真谋划、精心实施，不断总结经验，努力打造成为全国性光彩扶贫的新品牌。要按照政府主导支持、企业自觉自愿、村企互惠双赢原则，以签约结对、村企共建为主要形式，形成扶

贫开发长效机制。要综合运用产业扶贫、商贸扶贫、就业扶贫、智力扶贫、捐赠扶贫等多种方式，稳固农民就业和增收基础。要发挥专业人士和专业机构的作用，邀请他们参与项目设计、论证、监督与评估，提高光彩事业项目实施的专业性和科学性。要按照习近平总书记提出的“全面实现小康、一个民族都不能少”的要求，重点关注民族地区扶贫，引导更多的非公有制经济人士到民族地区兴办企业、投资项目，帮助发展特色农产品和特色手工业，带动当地群众脱贫致富，提高自我发展能力。

第二，要通过项目实施，帮助贫困地区提升产业发展水平。目前光彩事业发展遇到的一个突出问题是，项目签约不少，但开工率和资金到位率不高。究其原因，一些项目前期市场调查和可行性研究不够深入，有的对当地资源禀赋、产业发展现状把握不准，有的产业层次和水平不符合当地产业升级的需要。贫困地区不能成为落后产能的“收容所”，而应成为新技术、新产业、新业态、新商业模式增长的新高地。光彩事业要结合国家区域发展规划和“一带一路”战略，精心谋划“光彩行”等投资考察活动，把握好贫困地区当前投资需求和未来发展导向，提升项目的科技含量和高新技术比重，增强产业的竞争力、带动力，提高区域发展的整体水平。要着眼保护自然生态环境，因地制宜开发利用新能源、可再生能源，发展节能环保技术和产业，发展集现代农业、旅游商贸、文化休闲等为一体的现代服务业，使贫困地区实现可持续发展。

第三，要通过改善民生，推动贫困地区社会进步。光彩事业从发起之初就强调要到贫困地区投资兴业，带动当地贫困人口致富增收。现在有一些项目对贫困地区发展的带动作用比较明显，但对农村贫困人口就业增收作用有限。我们要着眼老少边穷地区人口资源特点，注重发展就业带动力强的产业，积极拓宽就业渠道，开展就业培训，帮助当地群众自主创业，使无业者有业、有业者乐业。要重视支持贫困地区发展文化教育、卫生医疗、健康养老等民生事业，总结好“光彩助学基金”“光彩·西藏和四省藏区健康促进工程”“光彩爱心家园·乐和之家”项目建设的成功经验，把关爱和帮扶各类特困群体的公益项目做实做好，努力让贫困地区群众过上更有尊严、更加幸福的生活。要把发展扶贫事业与提升贫困地区文明开放程度结合起来，注重输入先进的文化观念和现代的生活方式，既扶贫也扶智，帮助贫困群众从根本上改变贫困落后面貌。

三、大力加强光彩会自身建设和企业家队伍建设

光彩事业实现持续发展，离不开非公有制经济人士的积极参与，也离不开各级光彩会的组织推动。光彩会要利用这次换届的契机，切实加强班子和队伍建设，为光彩事业发挥更大作用提供坚强的组织和人才保障。

第一，要提升企业家理事队伍整体素质。光彩事业以参与扶贫开发、促进共同富裕为基本宗旨，其价值追求和实践导向具有鲜明的进步性特征，各级光彩会企业家理事，是非公有制经济代表人士队伍的重要组成部分，要成为光彩事业理念的明白人、光彩品牌形象的代言人、光彩扶贫实践的带头人，在引导非公有制经济人士履行社会责任方面发挥示范引领作用。要把光彩事业作为重要阵地，结合深入开展理想信念教育活动，采取理论教育与实践教育、引导教育与自我教育相结合等多种方式，帮助广大理事自觉把个人梦、企业梦融入中国梦，把增强理想信念体现到先富带后富、促进共同富裕的具体实践中。要把光彩事业作为非公有制经济代表人士培养使用的重要台阶，将参与光彩事业的表现作为识人选人用人的重要依据，把那些真正为党和政府分忧、在扶贫攻坚中敢担当、有作为的非公有制经济人士推荐出来，支持他们在更大舞台上发挥作用。

第二，要吸引凝聚更多非公有制经济人士参与光彩事业。目前，我国非公经济人士已达 8000 万人，参加各级光彩会的只有 4 万多人。要加大宣传力度，传播光彩精神，讲好光彩故事，提升品牌形象，增强光彩事业的吸引力。要积极创设

对象明确、内容实在、个性鲜明的“小而精”项目，鼓励支持有意愿、有能力的中小企业参与进来，量力而行、尽力而为。当前，参加光彩事业的非公有制经济人士以第一代创业者为主，年轻一代企业家还不多，要拿出切实有效的措施和办法，让他们了解光彩事业、参与光彩活动，帮助他们在光彩事业这个大课堂中接受教育，致富思源、富而思进，使光彩精神得以传承和光大。

第三，要提升光彩会领导班子和干部队伍的能力水平。各级光彩会领导班子和工作人员队伍作为光彩事业的具体组织者、实施者，要有优良思想品质、工作作风和业务能力。各级光彩会要切实加强领导班子建设，进一步增强大局意识、创新意识和担当精神，努力做到政治过硬、能力过硬、作风过硬。要加强光彩会工作人员队伍建设，着重增强“四种能力”，一是联谊交友能力，加强与理事企业的沟通交流，凝聚共识，不断改进工作作风，克服机关化、行政化倾向；二是统筹协调能力，积极争取相关部门的指导和政策支持，善于解决项目实施中的实际问题；三是服务保障能力，积极为参与扶贫开发的理事企业提供项目信息、融资、政策法规等方面服务，维护企业的合法权益；四是落实执行能力，及时总结推广创新做法和典型经验，不断解决重点难点问题。

各级统战部、工商联组织要加强对光彩事业的领导，积极争取当地党委、政府的重视和支持，帮助解决制约光彩事业发展的突出问题和实际困难，维护企业的合法权益，为光彩事业发展创造良好条件。

让我们紧密团结在以习近平同志为总书记的党中央周围，齐心协力，开拓进取，为实现“两个一百年”奋斗目标和中华民族伟大复兴中国梦，作出新的更大贡献！

（孙春兰为中共中央政治局委员，中共中央统战部部长）

在引导非公有制经济人士回报社会感恩行动电视电话会议上的讲话（节选）

杜青林 （2010年7月15日）

开展感恩行动，主要是引导非公有制经济人士通过结对帮扶老革命、老党员、老模范，接受革命传统教育，提升思想政治素质，进一步增强感恩党、感恩国家、感恩人民的自觉意识，做合格的中国特色社会主义事业建设者。这是近年来一些地方特别是山西、河北、重庆等省市的成功探索，是加强非公有制经济人士工作的有益实践，成效明显、反响强烈。

中央领导同志对开展感恩行动高度重视。贾庆林同志专门作出重要批示，强调感恩行动对于弘扬社会主义荣辱观、引导非公有制经济人士健康成长，具有重要意义，值得普遍推广，并对深入开展这一行动提出明确要求。我们要认真学习领会，更加广泛深入地做好这项工作。

一、深刻认识感恩行动，充分领会这一创举的时代意义

感恩是中华民族的传统美德，是社会主义核心价值的重要内容，也是当前需要大力倡导的社会风尚。组织引导非公有制经济人士开展回报社会感恩行动，紧扣时代旋律，契合社会所需，体现统战特色，意义重大，影响深远。

第一，要充分认识感恩行动的教育内核。感恩行动不同于一般的扶贫和慈善活动，其根本出发点是非公有制经济人士接受革命传统教育，最终达到提升精神境界、增强责任、坚定信念的目的。通过面对面接触胸前挂满勋章的老革命、老党员、老模范，亲耳聆听革命功臣为民族、为国家出生入死、无私奉献的真实事迹，使非公有制经济人士思想受到熏陶，情感得到升华。老革命、老党员、老模范的现实状况，特别是因各种原因有些家庭目前生活还比较困难，使非公有制经济人士真切感悟到致富思源、回报社会的责任，更加自觉地继承弘扬优秀建设者和光彩事业精神。老革命、老党员、老模范对党、对社会主义、对人民群众的深厚感情，使非公有制经济人士深受感染，更加深刻地体会到党的伟大、社会主义制度的优越、人民的可敬。事实已经说明并将继续证明，感恩行动极大地激发了非公有制经济人士的爱国情怀和社会责任感，是引导非公有制经济人士健康成长的创新之举。

第二，要充分认识感恩行动的道德追求。感恩行动的根本宗旨是知恩图报、感恩贡献，其显著作用在于弘扬社会主义风尚，推动形成传承美德、修养品德、践行公德的良好氛围。通过组织引导非公有制经济人士走访慰问、济困捐助、结对帮扶，以真情真爱诠释了中华民族的传统美德。通过感恩行动的示范作用，带动更多的非公有制经济人士增强感恩意识，自觉养成常怀感恩之情、常思感恩之事、常行感恩之举的高尚品德。通过感恩行动的辐射作用，潜移默化地影响统一战线广大成员更加注重人文关怀，心系社会、关爱他人，自觉践行助人为乐、热心公益的社会公德。可以说，感恩行动充分体现了社会主义道德文明的精神实质，是在非公有制经济人士中践行社会主义核心价值体系的示范之举。

第三，要充分认识感恩行动的价值导向。感恩行动承载着教育示范的功能，其重要导向在于激励和引导非公有制经济人士树立社会主义荣辱观，做到艰苦创业、诚实守信、团结友爱。通过

参与感恩行动，非公有制经济人士切身感知当年革命和建设的艰辛不易，进一步增强他们以艰苦创业为荣的观念，更加积极地奋发进取、兴业发展。通过履行帮扶善举，进一步增强他们以诚实守信为荣的观念，更加自觉地践行义利兼顾、以义为先。通过与帮扶对象的平等交流，进一步增强他们以团结友爱为荣的观念，更加主动地关爱员工、尊重他人。可以说，感恩行动充分体现了社会主义荣辱观的基本要求，是提升非公有制经济人士思想素质和境界的有效之举。

第四，要充分认识感恩行动的和谐理念。感恩行动不是单向行为、单方受益，其突出特点是互联互动互助，实现共荣共赢、和睦相处、和衷共济的和谐局面。通过实施感恩行动，将统一战线资源与其他社会资源有效对接、优势互补，取得受助人员物质上得帮助与非公有制经济人士精神上受教育的双重功效，实现了资源优化、各方共赢。通过参与感恩行动，提升非公有制经济人士的良好社会形象，使他们赢得更多理解和尊重，促进社会各阶层互相关爱、和睦相处。通过开展感恩行动，增强统一战线广大成员推动科学发展、促进社会和谐的自觉意识，与全社会共同团结奋斗、共担社会责任、共享发展成果。可以说，感恩行动极大地彰显了统一战线人团结人联合的理念，是融洽阶层关系、增进社会团结的和谐之举。

二、着力提升感恩行动，努力打造统一战线凝心聚力新品牌

感恩行动适应时代发展要求、符合统一战线实际，需要以更高标准、在更大范围实施，形成品牌效应。各地要结合实际，开展主题鲜明、形式多样的感恩行动，使“星星之火”成“燎原之势”，在统一战线形成弘扬感恩精神、投身感恩实践的良好氛围。

第一，要明确感恩行动的思路目标。实施感恩行动要立足当前、着眼长远，以正确思路为指导，以科学目标作牵引。总结山西、河北、重庆等地实践经验，结合当前统一战线实际，开展感恩行动的总体思路和目标是：着眼非公有制经济人士健康成长，大力弘扬优秀建设者和光彩事业精神，坚持把服务社会与接受教育相统一，把主动引导与自愿参与相结合，把典型示范与整体推进相统筹，重点帮扶为革命和建设事业作出突出贡献但目前生活困难的老同志，努力使感恩行动成为非公有制经济人士自觉践行社会主义核心价值体系的重要平台，加强非公有制经济人士思想政治工作的重要载体。各地要按照这一思路目标，精心设计内容，抓紧组织实施，确保取得实实在在的成效。

第二，要深化感恩行动的时代主题。主题是活动的灵魂，决定着内容，影响到成效。提升推广感恩行动，要深度挖掘主题，丰富拓展内涵，增强活动的吸引力和感召力。要以坚定信念为导向，引导非公有制经济人士在了解革命传统、感恩革命先辈中，深刻认识新中国来之不易，改革开放的好形势来之不易，进一步增强接受党的领导、走中国特色社会主义道路的坚定性。要以增强责任为要义，引导非公有制经济人士富不忘本，勇于担当先富帮后富、实现共同富裕的历史使命，更加注重事业发展与社会进步的有机结合，自觉回馈社会、造福人民。要以进取贡献为重点，引导非公有制经济人士以革命先辈不畏艰险、勇往直前的精神为激励，着力更新发展思路、转变发展方式，提高企业自主创新、抵御风险和可持续发展能力，在推动经济社会发展中有更大作为。要以健康成长为根本，引导非公有制经济人士在感恩贡献中，自觉践行社会主义核心价值理念，不断提升自身素质，塑造良好社会形象，争做优秀中国特色社会主义事业建设者。

第三，要把握感恩行动的主要原则。感恩行动具有教育性、社会性和自觉性的基本特点，在广泛推进中要遵循规律，把握原则，确保做到同向、同力、同心。要坚持自觉自愿，尊重非公有制经济人士意愿，量力而行、循序推进，不能强迫、不搞摊派，使感恩贡献成为他们的自觉行为。要坚持广泛参与，积极探索便于参加、乐于参与、易于接受的形式载体，团结吸引更多非公有制经济人士参与感恩行动。比如，山西明确规定非公

有制企业资金帮扶有上限、无下限、不攀比，让尽可能多的非公有制经济人士参与进来、接受教育。要坚持因地制宜，充分挖掘各地的思想教育资源，根据当地实际确定帮扶对象，明确帮扶内容，选择帮扶形式，充分体现各自特色。要坚持统筹安排，充分考虑非公有制企业与需要帮扶群体分布不对称的情况，在结对帮扶自愿优先的前提下，加强对帮扶资源的统一规划、合理调配，实现充分对接、广泛覆盖。

三、精心组织实施感恩行动，推动这一行动取得更大成效

目前，感恩行动虽然获得较大社会影响，但尚未在全国普遍开展。各地要以这次会议为契机，在思想上高度重视、行动上积极推进，做到主题鲜明、目标科学、内容实在、措施可行，使这一行动形成声势、富有成果。

第一，加强组织领导，做到层层推进。各级统战部门、工商联要把组织开展好这项活动摆上重要议事日程，制定详细的实施方案和措施，明确具体的责任分工和主体，确保工作有人抓、任务能落实。要对本地区需要帮扶对象的数量和状况、当地非公有制企业发展情况等进行深入调查，摸清底数，健全档案资料，明确帮扶重点和形式。要与光彩事业、智力支边、“温暖工程”等相统筹，合理组织力量、有效利用资源，形成既各有侧重、又相互促进的工作格局。

第二，结合各地实际，创造有效模式。各地具体情况千差万别，感恩行动形式也应丰富多彩，力求资源利用最优化、双赢效果最大化。要以结对帮扶为主，既可“一企一人”、“一企一户”，也可“一企多人”、“一企多户”；既可一次帮扶，也可持续帮扶。要通过捐资捐物，解决住房、饮水、用电、上学、就医等实际困难，使受助对象家庭生活条件得到改善；通过开展技能培训，帮助受助对象后代至少掌握一项实用技术，提高致富能力；通过创造就业机会，吸纳受助对象家庭成员就业，支持他们创业增收。在受助对象比较集中的地区，还可实施项目帮扶，开展企村结对，培育特色产业，切实提高当地的自我发展能力。

第三，坚持以点带面，逐步实现整体推进。实施感恩行动，要逐步扩大参与面、影响力，扩展实际效果。组织引导非公有制经济人士中的人大代表、政协委员、工商联执常委和受到表彰的优秀建设者，率先积极行动起来，发挥示范带动作用。感恩行动要循序渐进、因势利导，不断提升参与度，引导更多的非公有制经济人士积极参与。要把参与感恩行动作为非公有制经济代表人士培养的重要措施，作为参加优秀建设者评选表彰的重要条件，作为开展非公有制经济党组织创先争优活动的重要内容，进一步激发非公有制经济人士参与的荣誉感和主动性。

第四，加大宣传力度，扩大社会影响。要集中报道感恩行动开展情况，充分运用报刊、广播、电视和互联网等媒体，大力宣传非公有制经济人士踊跃参与的情况、受助人员生产生活的变化，形成良好的舆论氛围。要深度宣传典型事例，及时发现各地在感恩行动中涌现出来的感人事迹和先进人物，通过树立和学习典型，营造良好的舆论氛围和社会环境。要加强信息交流，积极推广好经验好做法，在相互学习借鉴中推动感恩行动深入开展，形成热潮、见到实效。

开展感恩行动，不仅仅局限于非公有制经济人士，统一战线广大成员都有这份责任。希望各民主党派、工商联和无党派人士发挥自身优势，引导各自成员积极参与各种形式的感恩实践，在回报社会、造福人民中继承传统、提升素质，不断巩固统一战线共同思想政治基础。

（杜青林时任全国政协副主席，中共中央统战部部长，中国光彩会会长）

在“光彩事业巴中行暨川商革命老区行”开幕式上的讲话

王钦敏 （2013年6月26日）

同志们：

由四川省工商联和巴中市人民政府共同主办的“光彩事业巴中行暨川商革命老区行”活动，今天隆重开幕了。我代表全国工商联，向此次活动的成功举办表示热烈的祝贺！

在建党纪念日前夕，来自全国各地的民营企业家相聚在革命老区巴中，本着“义利兼顾、以义为先”的光彩理念，为助推革命老区经济社会发展寻找项目、洽谈合作，这既是一次致富思源、回报老区的感恩行动，也是一次缅怀历史、追忆先烈，坚定理想信念的教育实践活动。下面，我讲三点意见：

第一，要学习、继承和发扬革命老区光荣传统，坚定中国特色社会主义理想信念。巴中是著名的革命老区，第二次国内革命战争时期，曾是川陕苏区的中心和首府，有12万巴中儿女参加红军，4万多人献出宝贵生命，为新民主主义革命作出了巨大贡献和牺牲。由于自然地理环境条件等原因，巴中地区经济发展相对滞后。全国工商联支持和参与本次“光彩事业巴中行”活动是今年开展的“非公有制经济人士理想信念教育实践活动”的一项重要内容。我们支持部分全国知名民营企业家走进老区、了解老区、帮助老区，开展具体的项目考察和投资活动。相信在座的各位企业家，经过与老区人民的近距离接触，感受改革开放带来的伟大变革，将有助于我们深入了解中国共产党领导人民走过的艰辛辉煌奋斗历程，有助于增强我们对中国特色社会主义的理论自信、道路自信和制度自信，有助于我们弘扬“光彩精神”，担当起先富帮后富，最终实现共同富裕的历史责任。

第二，与巴中市委、市政府一道共同打造促进民营经济投资发展的良好环境。组织、引导民营企业到老区投资兴业，是光彩事业的重要工作之一，是促进落后地区发展经济的重要手段。全国工商联鼓励民营企业家在以义为先、先富帮后富，积极扶贫助困的同时，也提倡企业家义利兼顾，引导帮扶巴中人民创业、兴业，开发市场和开展经济合作，实现双赢。民营经济是民本经济、民生经济。只有努力创造适于民营经济发展的良好环境，外部企业、资本、技术、人才才能顺利进入，进而促进本地企业健康成长。当前，国务院正着手新一轮的机构改革和职能转变，希望巴中市委、市政府以此为契机，努力创造适宜民营经济发展的良好环境。以市场需求为导向，简化审批程序、消除体制障碍，努力为企业提供简洁、高效、优质的服务，帮助其解决生产经营过程中遇到的具体困难和障碍，把促进非公有制经济发展，加强和完善基层工商联和基层商会组织建设，作为新一轮政府机构改革的着力点，优化投资环境、构建服务体系，推动巴中革命老区实现跨越式发展，与全国人民同步迈进小康。

第三，脚踏实地为全面建成小康社会积极贡献力量。党的十八大，确定了到2020年全面建成小康社会的奋斗目标。十八大以后，习近平总书记进一步提出了实现中华民族伟大复兴的“中国梦”。经过30多年的改革开放，非公有制经济已经成为推动国民经济发展的重要力量，广大非公有制经济人士已经成为中国特色社会主义事业的重要建设者、推动者和实践者，在全面建成小康社会的征程上，更加需要非公有制经济和非公有制经济人士的努力和贡献。习近平同志在阜平考察扶贫开发工作时指出：没有农村的小康，特别是没有贫困地区的小康，就没有全面建成小康社会。促进革命老区、贫困地区、民族地区、边疆地区经济发展，不断缩小与发达地区的发展差距，改善当地群众的生产生活条件是实现两个百年目标的关键一环。广大非公有制经济人士，得益于党的改革开放政策先富裕起来，要充分认识到自己肩上的责任，为我国全面建成小康社会做出积极的贡献！

最后，祝“中国光彩事业巴中行”圆满成功！祝各位企业家身体健康，家庭幸福。谢谢大家！

（王钦敏为全国政协副主席，全国工商联主席）

在"万企帮万村"精准扶贫行动启动仪式上的讲话

王钦敏 （2015年10月17日）

今天是第二个中国扶贫日，也是第23个国际消除贫困日。全国工商联、国务院扶贫办和中国光彩会，在此共同举办"万企帮万村"精准扶贫行动启动仪式，目的就是要深入学习习近平总书记关于扶贫开发系列重要讲话精神，贯彻落实中央统战工作会议精神，组织引导广大非公有制企业积极投身精准扶贫，为全面建成小康社会贡献力量。

刚才，谢经荣同志代表"万企帮万村"行动的三家主办单位，介绍了行动的目标任务、总体要求、实施途径和保障措施，方案的目标清晰、措施精准、分工明确，有特色、有抓手、可操作性强。26家民营企业以身作则、率先垂范，与国定贫困村签署了结对帮扶协议，为"万企帮万村"行动带了个好头。广东碧桂园集团和树山村分别代表签约的民营企业和贫困村做了发言。听了两位代表的发言，我很感动。你们既是精准扶贫的先行者，同时也为全国民营企业参与"万企帮万村"行动提供了成功经验和借鉴。刘永富同志介绍了我国当前的扶贫开发工作形势，对民营企业在我国扶贫开发事业中的贡献给予了高度评价，对民营企业在下一步扶贫攻坚战中的作用寄予了很高期望，对如何开展好"万企帮万村"行动提出了要求。我相信，在各级扶贫工作部门的鼓励支持下，在各级工商联、光彩会的组织推动下，在广大非公有制经济人士的积极配合下，"万企帮万村"行动一定能够圆满完成预期目标，为帮助贫困群众同步迈进小康社会做出重要贡献。

借此机会，我谈几点意见：

一、民营企业是扶贫开发的重要力量

10月16日，习近平总书记在2015减贫与发展高层论坛上发表的重要讲话指出：改革开放30多年来，中国人民积极探索、顽强奋斗，走出了一条中国特色减贫道路；6亿多人口摆脱贫困，是全球最早实现千年发展目标中减贫目标的发展中国家，为全球减贫事业作出了重大贡献。我在会见外国朋友或出国访问的时候，从来没有忘记介绍中国的扶贫成就。我们使6亿多人口摆脱贫困，外国朋友都感到惊讶，对中国共产党的执政能力十分钦佩。在我国扶贫开发事业中，7000多万非公有制经济人士，率先响应改革开放号召、顺应改革开放政策，通过自力更生、依靠诚实劳动、经过辛苦打拼，实现了自己和家人的脱贫致富；同时，通过创造和提供就业岗位，参与光彩事业等扶贫和公益慈善活动，先富带动后富，帮助其他贫困群众走上脱贫致富之路，成为我国扶贫开发事业中不可或缺的重要力量，在我国扶贫事业的军功章上，有你们一份沉甸甸的功劳。刚才签约企业代表发言中说，从自身经历中知道贫困是怎么一回事，说得很好。我们这一代人，知道贫困是什么，知道我们国家是怎么从贫穷落后走出来，如何取得今天这样大的发展成绩。下一代人还有的不了解。民营企业家的致富路，民营企业的扶贫路，是中国特色社会主义道路的组成部分。工商联要做好记录，让下一代人知道，我们是如何摆脱贫困的，伟大中国梦是如何实现的，民营企业在其中发挥了什么样的作用。

习近平总书记强调，要坚持开发式扶贫方针，把发展作为解决贫困的根本途径，既扶贫又扶志，调动扶贫对象的积极性，提高其发展能力，发挥其主体作用。这是世界扶贫史和我国扶贫开发的长期实践证明的有效经验。有效脱贫，脱贫后不返贫，光靠输血式的救济难以持续，必须建立开发式、造血式扶贫的长效机制，激活内生动力。这恰恰是民营企业开展扶贫工作的特色所在、优势所在。这条开发式扶贫之路是在实践中摸索出来的。民营企业到贫困地区进行扶贫开发，往往不仅带来了资金，同时还要派驻管理人员、培训当地员工，促进人与人的交流、融合，拉近了城乡距离，促进了区域平衡、民族团结和社会和谐。民营企业参与扶贫所利用的资源，是企业或企业家的自有资产和人力物力，更能反映先富帮后富的特征，是企业家履行社会责任的重要实践。在去年举办的首次全国社会扶贫工作表彰中，民营企业家占先进个人总数的36%。

二、组织引导民营企业参与扶贫开发是工商联、光彩会工作的重要内容

全国工商联作为国务院扶贫开发领导小组成员单位之一，在服务非公有制经济健康发展和非公有制经济人士健康成长的同时，始终把组织引导广大民营企业和企业家围绕中心、服务大局，积极参与扶贫开发，作为开展非公有制经济人士思想政治工作的抓手和履职尽责的重要内容。通过组织引导民营企业家参与扶贫，增强使命感、责任感，不断增强对中国特色社会主义的信念、对党和政府的信任、对企业发展的信心和对社会的信誉。

全国工商联、中国光彩会在上世纪末的八七扶贫攻坚、新世纪以来的农村扶贫开发、西部大开发、社会主义新农村建设等各个历史阶段，都开展了形式多样的特色工作，形成了涵盖定点扶贫、投资扶贫、吸纳就业、公益捐赠四条参与渠道，打造了光彩行、新农村建设、民营企业招聘周、光彩书屋、光彩水窖、光彩卫生院、红丝带等多个扶贫和社会服务品牌，光彩事业被国务院扶贫办列为十大扶贫公益品牌之首。

三、精准扶贫是对广大民营企业的新任务、新要求

习近平总书记指出，全面小康是全体中国人民的小康，不能出现有人掉队；未来5年，我们将使中国现有标准下7000多万贫困人口全部脱贫。这是一个宣言，是对全国人民、全世界的庄严承诺，是很实在的目标。到去年年底，我国还有7017万贫困人口，主要分布在11个集中连片特殊困难地区，加上西藏、四省藏区、南疆地区，共14个片区。这14个片区，以及全国的592个贫困县、12.8万个贫困村，基本上都在偏远大山里，行路难、吃水难、用电难，一些基础设施和公共服务的条件都比较差。这部分群众脱贫的难度更大、成本更高，也更容易返贫。要使全体人民共享改革开放的成果，到2020年同步迈进小康社会，任务十分艰巨、时间非常紧迫，离不开社会各界的共同努力，需要广大非公有制经济人士的贡献与付出。

工商联、光彩会组织民营企业参与扶贫工作，一直强调以项目投资为主要内容、以开发式扶贫为主要形式、以促进区域经济发展为主要目标，这与习近平总书记提出的“扶持对象精准、项目安排精准、资金使用精准、措施到户精准、因村派人精准、脱贫成效精准”要求还有差距。落实习近平总书记这“六个精准”要求，是我们“万企帮万村”精准扶贫行动的重要方面，要把“六个精准”作为下一阶段项目跟踪、总结考核的内容和指标。广大非公有制经济人士一定要深入贯彻习近平总书记关于扶贫开发贵在精准、重在精准和鼓励支持非公有制企业自愿采取包干方式参与扶贫的重要指示精神，体现特色、发挥优势，积极创新扶贫模式和参与途径，在到村、到户、到人的精准扶贫战役中，继续做出创造性贡献。十三五规划很重要的一个目标是民生工程。民营企业家们坚持自愿原则，到农村去寻找发展机会，加大创新力度，开发当地的资源，是民营企业转型升级的方向之一，同时也将企业的命运和国家的发展联系在了一起。在扶贫精准到人方面，我很关心就业问题，要抓好教育，尤其是职业教育，

这是斩断穷根、阻断贫困代际传递的基础，希望民营企业多关注教育，要把年轻人引出来就业，并进行教育培训，他们可以再回到家乡创业就业。

四、落实中央统战工作会议精神，抓好“万企帮万村”行动的顺利实施

习近平总书记在中央统战工作会议上明确提出，要继续用好光彩事业等载体，引导非公有制经济人士做到爱国、敬业、创新、守法、诚信、贡献；在中央党的群团工作会议上又指出，要强化服务意识，提升服务能力，挖掘服务资源。这是给各级工商联、光彩会提出的明确要求和殷切嘱托。各级工商联、光彩会要把抓好“万企帮万村”行动，作为当前和今后一个时期，落实中央统战工作会议精神的的一项重要内容，认真组织实施、做好指导服务。

第一，要做好组织动员。“万企帮万村”行动方案已经下发到各省工商联、扶贫办和光彩会。当前的主要任务是抓紧时间抓好文件的贯彻落实。部分省份已经召开专门会议，着手制定当地具体行动方案。各地工商联、光彩会要主动将“万企帮万村”行动向党委政府作汇报，争取支持，还没汇报的要结合这次启动仪式，抓紧时间汇报。要将各地以往开展的村企共建等各种形式的扶贫工作纳入“万企帮万村”行动中，结合当地具体实际，制定具体行动方案。还要注重发挥行业商会、地域商会在行动中的组织引导作用。要广泛宣传、深入动员，增强行动的影响力、扩大参与面。“万企帮万村”行动也是非公有制经济人士理想信念教育实践活动的重要方面。

第二，要做好指导、规划先行。“万企帮万村”行动的重要特点，是精准扶贫。体现在两个方面，一是结对帮扶的对象，是在扶贫部门建档立卡的贫困村；二是要有帮扶规划，体现措施精准。各级工商联、光彩会要配合各级扶贫工作部门，指导民营企业与贫困村在签订帮扶协议后，制定具体的帮扶规划，形成合力。规划要体现自觉自愿、量力而行、互惠双赢，推动建立扶贫长效机制，帮扶措施要细致，要按照习近平总书记的要求，坚持分类施策，因人因地施策，因贫困原因施策，因贫困类型施策。

第三，要做好保障服务。各省工商联、光彩会要积极协调扶贫办共同做好行动的组织保障。重点服务四个方面：一是对参与行动的民营企业提供大力支持，创造良好的政策环境，包括为企业争取更多促进健康发展的优惠政策，确保企业的各类投资和捐赠依法享受相关优惠，协调帮助企业解决在帮扶过程遇到的各种问题；二是要跟踪帮扶进度，做好统计工作，每年汇总民营企业在结对村的投入情况、规划落实情况和主要成效；三是要加强引导教育和帮助，当企业遇到经营困难无法完成帮扶目标时，要协调新的企业接力帮扶，要教育企业在结对帮扶过程中守法诚信，充分尊重和保护农民利益；四是要大力宣传表彰参与行动的民营企业，营造良好的舆论环境，充分利用各单位的表彰平台和自有宣传窗口，并努力拓宽表彰宣传渠道，向全社会传递民营企业的正能量。

第四，一定要形成合力。全国工商联、国务院扶贫办与中国光彩会专门成立了“万企帮万村”行动领导小组，各级工商联、扶贫办和光彩会也要参照成立相应机构，定期召开会议，深入研究解决行动实施中出现的障碍和问题。民营企业结对帮扶贫困村，不能单打独斗，要与专项扶贫、行业扶贫衔接好，作为贫困村整体脱贫力量的一部分，各负其责、形成合力，共同推动贫困村尽早实现脱贫致富。

“万企帮万村”行动期间，正是全面建成小康社会的决战决胜阶段。当前，集结号已经吹响，专项扶贫、行业扶贫、社会扶贫的各路扶贫力量都已做好准备。让我们以习近平总书记系列重要讲话精神为指引，振奋精神，戮力同心，用精准扶贫的实际行动，为打好扶贫攻坚战，为第一个百年奋斗目标的顺利实现作出自己应有的贡献。

（王钦敏为全国政协副主席，全国工商联主席）

在"中国光彩事业振兴东北老工业基地鹤城行"活动上的讲话

全哲洙 （2008 年 7 月 25 日）

各位来宾、同志们：

很高兴参加"中国光彩事业振兴东北老工业基地鹤城行"活动。齐齐哈尔市是我国的老工业基地，也是商品粮基地、畜牧业基地和绿色食品生产基地，同时享有中国绿色食品之都、中国优秀旅游城市、中国魅力城市等美誉。特别是近年来，齐齐哈尔市充分利用国家振兴东北等老工业基地和黑龙江省建设"哈大齐"工业走廊的政策机遇，经济社会发展焕发出了新的生机和活力，已成为黑龙江省发展速度较快的城市之一。可以说，光彩事业与齐齐哈尔市合作的领域广阔，潜力很大。

光彩事业是由部分非公有制经济人士倡议，以发扬中华民族传统美德、促进共同富裕为宗旨，以义利兼顾为基本理念，以扶贫开发为主要内容，以项目投资为主要形式的一项社会扶贫事业。光彩事业开展至今，规模和影响不断扩大，为促进城乡统筹发展和区域协调发展作出了积极贡献，已越来越得到社会的认可和各级党委、政府的重视。当前，我国发展站在了一个新的起点上，光彩事业的发展也站在了一个新的起点上。在新起点上要实现新发展，必须着眼新形势和新任务，深入贯彻落实科学发展观。科学发展观既为光彩事业发展开拓了新的领域、提供了更为广阔的舞台，也为光彩事业的发展提出了更高要求、指明了努力方向。按照科学发展观的要求，在继续推进光彩事业的过程中，必须把握好以下三点：

一要努力更新发展理念，坚持科学发展。在光彩事业具体项目推进中，民营企业要自觉实践科学发展观，努力更新发展理念，转变发展方式，提高发展质量，将光彩事业项目与促进地方产业结构优化升级相结合，积极参与国有企业改制，建立现代企业制度，努力实现企业的科学发展和可持续发展。决不能利用参与光彩事业的机会，把那些高耗能、高污染和不符合国家产业政策及安全生产要求的落后产能，转移到所投资的地区来。要大力发展那些既符合国家扶贫开发政策和产业政策，又能使当地尽快脱贫致富的增收项目，重点发展能够充分依靠当地资源、促进农业产业化的龙头企业，以加工业和劳动密集型产业为主、市场前景好、能够带动地方经济发展的工业项目，科技含量高、创新能力强、发展潜力大的新兴产业，为农村剩余劳动力向非农产业转移和城镇新增人员就业再就业创造条件。

二要积极承担社会责任，促进社会和谐。光彩事业本身就是先富帮后富、承担社会责任的一种很好的方式。在光彩项目的推进过程中，民营企业更应积极承担社会责任，把企业自身发展和促进社会和谐更好地结合起来，切实为构建和谐社会做贡献。要主动参与当地科技、教育、文化、卫生等各项社会事业建设，重视对当地基础设施的投入，加强对当地农民的职业技能培训，参与当地环境治理和生态保护项目建设。同时，企业不能只重视外部的"光彩"，也要重视企业内部的"光彩"，努力发展好本企业，构建和谐的劳动关系。不能把员工视为企业的"成本"，而要把员工看作是企业的重要人力资源，不断改善员工生产、生活条件，让员工有满足感、荣誉感和归属感。

三要始终坚持义利并举，实现共同发展。光彩事业的宗旨是促进共同富裕，基本原则是自觉自愿、量力而行、互惠互利、义利兼顾。只有始终坚持这一宗旨和基本原则，光彩事业才能保持它强大的生命力，才能实现真正意义上具有造血功能的扶贫开发。按市场经济规律运作，是光彩事业得以开展起来并不断发展壮大的前提和基础。民营企业在参与光彩事业的过程中，要善求“义中之利”，在积极参与社会慈善事业、社会救助事业、社会公益事业的同时，坚持以市场为导向，遵循市场法则，树立“双赢才是真赢、多赢才能久赢”的观念，懂得合作，学会让利，既能使自身得到发展，又能推动地方经济发展，努力实现共同发展，促进共同富裕。

“中国光彩事业振兴东北老工业基地鹤城行”，是中国光彩事业促进会2008年的一项重要活动，也是光彩事业积极参与振兴东北等老工业基地战略实施、推动区域协调发展的一次积极探索。中国光彩事业促进会要与当地党委、政府及有关部门密切配合，协调、组织民营企业在合作项目落实上取得更大的成效，共同推进本次活动取得圆满成功！

谢谢大家！

（全哲洙时任中共中央统战部副部长，全国工商联党组书记、第一副主席，中国光彩会副会长）

在中国光彩事业促进会三届四次理事会议上的讲话

全哲洙 （2009年4月20日）

刚才，全国政协副主席、中央统战部部长杜青林同志做了重要讲话，深刻总结了光彩事业已经取得的突出成就和基本经验，明确提出了推动光彩事业深入发展的总体思路和措施要求。我们要认真学习领会，结合各自实际，全面贯彻落实。下面，我受中国光彩事业促进会第三届理事会委托，向大会报告工作，请予审议。

一、2008年中国光彩会的主要工作

2008年是我国经济社会发展进程中极不平凡的一年。中国人民在中国共产党领导下，全面夺取抗击特大自然灾害的重大胜利，成功举办北京奥运会、残奥会，圆满完成神舟七号载人航天飞行；在国际金融危机不断蔓延的严峻形势下，保持经济较快增长，社会发展和谐稳定，国际声誉空前提高。这一年，中国光彩会团结、引导全体理事、会员和所联系的广大非公有制经济人士，与全国人民一道，按照党和国家统一部署，团结奋斗，共克时艰，各方面工作取得了新的成绩。

一是全力组织抗击自然灾害。在抗击南方雨雪冰冻灾害中，中国光彩会在第一时间组织捐款捐物，总价值达1365万元；各省市光彩会组织捐款捐物，总价值达2.9亿元。四川汶川特大地震发生后，中国光彩会第二天就将第一批捐赠款物发往灾区，总价值达2140万元。各省市光彩会也迅速组织捐款捐物，向灾区派出抢险工程队、医疗队、心理康复咨询服务队等各类救援队伍。许多身在灾区的理事、会员在自己企业遭受严重损失的情况下，仍积极主动抢修公共设施、营救被困群众、捐款捐物。各地理事、会员身在异地，心系灾区，捐赠了大量资金和灾区急需物资。在中央对灾后恢复重建做出部署后，各级光彩会积极响应，设立“非公有制企业赈灾公益基金”、成建制迁移灾区学校、免费提供职业技术培训、对口援助贫困家庭等各项支援灾区光彩行动陆续展开。在全国抗震救灾总结表彰大会上，我会理事刘沧龙、陈光标、韩长安被评为全国抗震救灾模范。

二是扎实推进参与新农村建设工作。经过努力，农业产业化拉动、非农产业开发、农村富余劳动力转移等光彩事业参与新农村建设方式成效明显。在“一企帮一村”、“一村一品”、“公司+基地+农户”等模式的基础上，各地因地制宜、因企制宜、因事制宜，又发展出“入户结对”、“公司+专业合作社+农户”等新做法，在促进农民增收、吸纳农民就业方面发挥了积极作用。组织召开部分省市新农村建设工作交流会和重点联系地区第四次年会，完成《民营企业参与新农村建设课题报告》，总结经验，分析问题，提出了新的工作思路。

三是继续组织开展“光彩行”活动。“光彩事业振兴东北老工业基地鹤城行”，是光彩事业积极参与振兴东北等老工业基地战略实施、推动区域协调发展的一次积极探索。此次活动共签订项目合同8项、项目协议6项，总金额33.45亿元；签订公益捐赠项目8项，总金额237万元。“中国光彩事业襄樊行”，是光彩事业为促进中部崛起，搭建承接产业转移平台而进行的一次积极尝试。此次活动共签订项目合同65项，总金额124.58亿元；公益捐赠总金额646.3万元。

四是不断推动专项基金建设。全面启动“西藏文化传承与保护专项基金”，先后实施了西藏传统民居保护、寺庙修缮、典籍出版、资助困难学生等项目，为藏区经济发展和社会稳定发挥了积极作用。新设立了井冈山革命老区新农村建设仪邦专项基金、光彩学校建设玖龙教育专项基金、环保和循环经济发展专项基金、旭化成水环保专项基金，大部分已进入项目遴选阶段，将很快付诸实施。

五是积极拓展国际交流与合作。与联合国开发计划署、联合国工业发展组织联合举办“联合国 -- 气候变化与企业契约圆桌会议”，中国光彩会成为我国应邀联合执行“联合国—气候变化与企业契约项目”的唯一非政府组织。目前，该项目已完成了《中国民营企业应对气候变化现状评估报告》，制定了《中国民营企业应对气候变化行动指南》。出席“联合国第十六届可持续发展大会”和“应对变幻前景，建筑亚洲可持续经济”两个会议，向国际社会介绍了我国光彩事业在参与生态建设、推动经济社会协调发展方面的工作和成绩。在后一个会议上，中国光彩会获得“亚洲最佳网络组织奖”。中非民间商会共接待了 13 个非洲国家以及联合国有关方面的 23 个来访团组，与各合作单位、机构联合筹备或参加了 20 次国际性会议、论坛和招待会。组织民营企业代表团出席联合国贸发大会第十二次全会，并对加纳等三国进行投资环境考察。

二、光彩事业的实践发展

光彩事业诞生以来，所面临的形势、任务、途径等都发生了很大变化。在认真总结光彩事业基本经验的基础上，努力探索新形势下光彩事业科学发展的新思路、新途径、新举措，始终保持光彩事业旺盛而持久的生命力，不断增强光彩事业对民营企业的感召力和对社会各界的影响力，需要我们更加深刻地把握光彩事业的实践发展。

（一）光彩事业已经发展成为符合中国国情、具有鲜明特色的社会扶贫事业

光彩事业是一项立足中国国情，以消除贫困为宗旨，以民营企业为主体，以贫困地区为领域，以项目投资为主要形式，以义利兼顾为核心理念，以共同发展为基本目标，由统战部和工商联组织推动的开发式社会扶贫事业。它的突出特点就是按照市场经济规律开展扶贫活动，达到企业经济行为与企业家道德行为的有机统一，实现中国传统文化道义观与现代市场经济利益观的紧密结合。义利兼顾就是光彩事业的特色优势，是光彩事业长期发展的根本动力。义者为先，坚持扶贫宗旨，弘扬扶危济困的传统道义，使光彩事业区别于一般的企业投资行为。兼顾其利，以项目投资为主要方式，在促进贫困地区经济社会发展的同时也为投资企业创造商机赢得发展，使光彩事业区别于一般的公益慈善行为。要推动光彩事业深入发展，必须坚持义者为先，否则光彩事业消除贫困促进共同富裕的宗旨就会无从体现，将不再焕发精神“光彩”。同时，必须兼顾其利，否则光彩事业就会难以为继，缺乏发展后劲，无法成为一项长期发展的“事业”。

（二）光彩事业已经发展成为统一战线服务党和国家中心工作、树立和落实科学发展观的重要实践

在光彩事业实践中，统一战线最大限度团结广大非公有制经济人士，调动他们的积极性，集中他们的智慧和力量，推动光彩事业紧紧围绕经济建设中心，立足于培养非公有制经济人士队伍和改善贫困地区群众生活水平，参与实施党和国家关于八七扶贫攻坚计划、西部大开发、振兴东北等老工业基地、中部崛起、建设社会主义新农村、就业与再就业工程等一系列战略部署，开发资源、兴办企业、培训人才、发展贸易，推动贫困地区经济社会发展。截至 2008 年，兴办有一定规模的光彩项目 19188 个，到位资金 1864 亿元，培训人员 442 万人，安置就业 540 万人，帮助带动 1012 万人脱贫，各类公益捐赠总额达到 1383 亿元。光彩事业从城镇到乡村，从老少边穷地区到更广阔的中西部、东北等老工业基地，从绝对贫困地区

到相对不发达地区逐步拓展，为贯彻落实科学发展观，统筹区域发展和城乡发展、统筹企业发展和地方发展、统筹经济发展和社会发展做出了积极贡献。

（三）光彩事业已经发展成为培育非公有制经济人士队伍、巩固和壮大统一战线的重要载体

随着非公有制经济迅速发展，以非公有制经济人士为主要组成部分的新的社会阶层，作为新世纪新阶段爱国统一战线的“第四者”联盟，成为党的群众工作的新领域和统一战线工作新的着力点。这一重大变化增强了广大非公有制经济人士建设中国特色社会主义事业的主动性和创造性，激发了他们履行社会责任、促进共同富裕的使命感和责任感，极大促进了光彩事业的发展。实践证明，光彩事业是广大非公有制经济人士进行自我教育和接受教育的重要载体，光彩精神是优秀中国特色社会主义事业建设者精神的生动体现，光彩项目是培养和提高非公有制经济人士驾驭市场经济能力的实践舞台，光彩活动是促进非公有制经济人士健康成长和非公有制经济健康发展、不断巩固和壮大爱国统一战线的有益探索。通过开展光彩活动、发展光彩事业，培育了一大批合格的中国特色社会主义事业建设者。许多非公有制经济人士在光彩事业实践中锻炼成长，一批非公有制经济人士成为优秀中国特色社会主义事业建设者和人大代表、政协委员，在进一步巩固和壮大爱国统一战线，巩固党的阶级基础、扩大党的群众基础中发挥了重要作用。

（四）光彩事业已经发展成为弘扬优秀传统文化、共建社会主义核心价值体系的重要途径

广大非公有制经济人士积极投身光彩事业，在实践中形成了“致富思源、富而思进，扶危济困、共同富裕，义利兼顾、德行并重，发展企业、回馈社会”的光彩精神，体现了企业自身发展与国家发展、个人富裕与全体人民的共同富裕、遵循市场法则与发扬社会主义道德间的三个结合，弘扬了乐善好施、扶贫济困、感恩回报的我国优秀传统文化，丰富了社会主义核心价值体系。独具特色的光彩精神，是参与光彩事业的民营企业家精神的浓缩与升华，体现了社会主义义利观，已经成为广大非公有制经济人士积极履行社会责任的一个精神追求。它引导广大非公有制经济人士成为合格的中国特色社会主义事业建设者，牢固树立中国特色社会主义共同理想；引导广大非公有制经济人士先富帮后富促进全体人民共同富裕，自觉弘扬以爱国主义为核心的民族精神；引导广大非公有制经济人士探索创新推动企业与贫困地区全面协调发展，充分体现以改革创新为核心的时代精神，为共建社会主义核心价值体系做出了有益探索。

（五）光彩事业已经发展成为民营企业树立良好形象、增强可持续发展后劲的重要渠道

贫困一直是世界性难题，扶贫一直是党中央密切关注的重大民生问题。长期处于社会主义初级阶段的不发达的经济社会发展水平，仍在不断扩大的城乡、区域、不同社会群体间的发展差距，复杂多变的致贫因素，加之当前国际金融危机影响下更加脆弱的贫困人群，决定了我国扶贫事业的长期性和艰巨性。只要有发展差距，相对贫困就将长期存在，扶贫任务就将长期存在，光彩事业的历史使命也将长期存在。社会需要光彩事业继续坚持消除贫困的奋斗目标，在扶贫事业中有大作为、大贡献，必须继续推动光彩事业深入发展。实践证明，光彩事业是民营企业树立良好形象、宣传民营企业良好形象的重要渠道，对营造民营企业发展的良好舆论环境、促进民营企业健康发展具有重要作用。在参与扶贫的实践中，光彩事业培育出了一批崇尚光彩精神、推行责任文化、促进科学发展的民营企业，为他们正了名、增了光、添了彩。光彩事业的不断发展，从正面积极宣传了民营企业的光彩形象，得到了胡锦涛等党和国家领导人的肯定和关怀，受到了广大人民群众和

地方党委政府的欢迎和支持，赢得了国际社会的关注和认同。许多民营企业在参与光彩事业的实践中，为企业自身发展带来了良好商誉，获得了光彩项目投资的合理利润，增强了可持续发展后劲。

总之，光彩事业特色优势不可取代，重要作用亟待发挥。我们要深入贯彻落实科学发展观，坚持发展光彩事业不动摇，不断推动光彩事业广泛发展、深入发展、科学发展。在今后一段时期，要按照科学发展观的要求，坚持突出义利兼顾特色，按照市场经济规律大力发展项目投资，推动实现投资地区与投资企业共同发展；坚持着眼于以光彩精神和项目建设培养合格的中国特色社会主义事业建设者，着眼于以增加收入、提高技能、转变观念提高贫困地区群众的生活水平和发展能力；坚持以参与新农村建设、推行国土绿化等活动推动贫困地区经济、社会、文化、环境等多领域的全面进步；坚持统筹处理好企业利益与地方利益、自愿参加与积极引导、个人行为与群体参与、光彩精神与投资活动这四种关系，开创光彩事业发展新局面。

三、2009年中国光彩会的重点工作

2009年，中国光彩会的主要任务是：以邓小平理论和“三个代表”重要思想为指导，深入贯彻落实科学发展观，引导民营企业坚定信心、应对挑战，自觉承担社会责任，完善项目建设机制，加强光彩会自身建设，认真做好明年换届筹备工作，为促进经济平稳较快增长、保持社会和谐稳定做出新贡献。

（一）切实帮助民营企业度危机谋发展

作为参与光彩事业的主体力量，民营企业的发展好坏直接关系光彩事业发展的根基是否稳固。在国际金融危机和国内经济周期性调整等叠加因素的影响下，国内经济下滑趋势明显，广大企业尤其是民营中小企业普遍受到冲击，做好企业本身已经成为光彩事业最紧迫的首要任务。

对复杂多变的经济局势，民营企业既要将困难估计得充分些，也要看到发展中的有利因素，坚定发展信心，抢抓发展机遇，将做好企业看作真正的光彩。当前，中国经济发展的基本态势和长期向好趋势没有发生根本变化，支撑中国经济持续较快发展的根基没有动摇。而且，最近一段时间以来，党中央、国务院为了应对危机及时调整宏观经济政策，果断出台扩大内需、促进经济增长的一揽子计划，已取得初步成效，我国经济正呈现积极迹象。这表明，我们有改革开放取得的良好根基，还有党和政府的强有力支持，完全有信心有能力度过难关。同时，我们也要看到，危机中蕴含着机遇，但机会总是留给有准备的人。我们民营企业要具备敏锐的眼光、非凡的胆识，抓住当前完善企业内部治理结构成本最低、整合国内外优势资源成本最低的大好时机，变压力为动力，推进企业转型升级，蓄势待发，一旦机会成熟，就能最先复苏，抢先发展。

光彩会要积极履行服务职责，为企业做实事，帮企业分忧解难。首先，要加强引导，积极宣传党和国家保增长、扩内需、调结构的政策措施，引导企业认清形势，坚定信心。其次，要深入企业，了解企业困难，倾听企业诉求，加强与有关部门的沟通协商，积极为企业解决实际困难。第三，要引导企业贯彻落实科学发展观，善抓机遇，勇担责任，创新发展。当前，特别要重点帮助在建光彩项目实现稳步发展。正在实施的光彩项目都地处老少边穷等贫困地区，跟一般投资项目相比，自然环境较为恶劣，利润空间微薄。在当前国际金融危机下，有些项目建设所受冲击更大、困难更多。光彩项目是我们会员的心血结晶，要切实掌握各地光彩项目发展状况，及时提供各种服务，保证在建项目早日竣工、已建项目良性发展，巩固和扩大光彩事业成果。

（二）积极引导民营企业自觉承担社会责任

光彩事业的本质就是民营企业积极承担社会责任，引导民营企业承担社会责任是光彩会的一项根本性工作。

要引导企业保就业，为国分忧，为民解难。就业是民生之本、民生之首，是今年中央最为关注的突出问题之一。当前，就业已经不是一个单纯的经济问题，如果解决不好，很有可能成为社会问题，给社会的和谐稳定造成不利影响。对此，我们要引导民营企业勇于承担社会责任，在企业调整结构中坚持以人为本的理念，真心关爱员工，采取在岗培训、弹性工时、轮休等多种手段，最大限度做到不裁员或尽量少裁员，将做好企业、促进就业作为当前企业为国家、社会、员工承担的首要社会责任。

要引导企业继续深入推进新农村建设。要总结推广成功经验，继续引导民营企业深入参与新农村建设。参与新农村建设不是要求所有企业都去农村，我们要进一步创新观念，拓展参与新农村建设的方式和途径。一是引导农业产业化企业特别是龙头企业以项目投资方式长期性参与，二是引导有实力的企业以基础设施投资方式阶段性参与，三是引导广大中小企业以吸纳农民工就业方式普遍性参与。对农业产业化企业参与新农村建设的，要根据新的形势，大力推广“龙头企业+专业合作社+农户”的更高层次的模式，组织农民参股专业合作社，使农民与企业连股连利连心，真正结为利益共同体，让农民参与生产、加工、销售、流通等多个环节的利益分配，切实帮助解决农民收入的可持续增长问题。

要重点抓好毕节光彩项目。抓好重点，对带动整体工作具有重要意义。今年，我们要继续突出光彩事业的扶贫主题，重点抓好参与毕节“开发扶贫、生态建设、人口控制”试验区建设有关项目。要高度重视、精心组织，做好规划、主动服务，加强协调、抓好落实。

（三）完善光彩项目建设机制

光彩项目建设是光彩事业发展的主要体现，要进一步完善光彩项目规划、论证、实施、跟踪程序，严格把好申报、推荐、批准、管理各个环节。要建立健全项目遴选机制，着力提高项目组织谋划能力，找准企业自愿、社会欢迎、当地支持的好项目，找准既能发挥企业主业、人才、管理优势又能发挥当地资源、劳动力优势的好项目，找准既符合国家产业政策又符合地方发展规划的好项目。要建立健全项目跟踪机制，着力提高协调落实能力，帮助投资地协调企业落实项目资金和运营，帮助企业协调投资地落实相关投资具体政策，及时跟踪项目实施情况，提供必要指导和服务，发挥中国光彩事业基金会作用，加大对光彩项目的支持力度。要建立健全项目国际合作机制，着力提高利用“两种资源”、开拓“两个市场”的能力，探索创新国际合作特别是中非民间合作的项目建设思路，为民营企业“走出去”发现新机会、寻找新途径。

（四）切实加强光彩会自身建设

推动光彩事业深入发展，切实加强光彩会自身建设是重要保证。以加强光彩会领导班子建设，带动光彩会工作人员能力素质的提高。以体制机制创新，推进各项规章制度的建立健全。以主动与有关部门、机构和媒体建立稳定的合作关系，加大光彩事业宣传力度。以卓有成效的组织工作和扎实有力的项目推进，赢得各地党委、政府的重视和支持。

（五）认真做好理事会换届筹备工作

中国光彩会第四届理事会大会将在明年召开。能否与时俱进，推动光彩事业深入发展，精心做好理事会换届筹备工作是重要基础。今年2、3月间，中国光彩会组织了4个调研组，分赴全国各地开展了一次广泛深入的专题调研，就光彩事业15年来取得的主要成绩、基本经验，以及当前存在的主要问题和未来发展思路，听取各地多方面的意见。这个调研只是一个开始，下一步将围绕换届筹备工作继续全面、深入展开，充分了解各地关于换届筹备工作的要求及建议。希望各地也要开展调查研究，就中国光彩会理事会换届筹备提出经过深入思考的真知灼见。在此基础上，我们要根据国际国内的形势变化和光彩事业的实践发展，进一步明确发展方向，拓展发展思路，注重体制机制创新，确定工作重点，为修改组织章程和撰写工作报告奠定良好基础。

各位理事、各位同志：2009年是充满挑战和机遇的一年，也是展现光彩事业生机与活力、实现在新的起点上开创新局面的一年。我们要在以胡锦涛同志为总书记的党中央领导下，坚定不移地高举中国特色社会主义伟大旗帜，以邓小平理论和“三个代表”重要思想为指导，深入贯彻落实科学发展观，坚持光彩事业宗旨，大力弘扬光彩精神，解放思想、实事求是、与时俱进，为服务科学发展、实现自身科学发展不懈努力！

（全哲洙时任中共中央统战部副部长，全国工商联党组书记、第一副主席，中国光彩会副会长）

在中国光彩事业促进会第四次会员代表大会暨四届一次理事会议上的讲话

全哲洙　（2010年8月31日）

各位理事、同志们：

中国光彩事业促进会第四次会员代表大会暨四届一次理事会即将结束了。会议期间，中共中央政治局常委、全国政协主席贾庆林同志亲切接见了全体与会代表并发表重要讲话，高度评价了光彩事业取得的成绩，对今后光彩事业发展提出了希望和要求；全国政协副主席、中央统战部部长、中国光彩事业促进会会长杜青林同志代表中国光彩事业促进会第三届理事会作了工作报告，回顾总结了过去五年的工作，全面部署了今后五年的任务；与会代表审议通过了中国光彩事业促进会章程修改草案，选举产生了中国光彩事业促进会第四届理事会领导机构。在大家的共同努力下，会议开得非常成功。

通过这次大会，大家统一了思想，增进了共识，认为推动光彩事业深入发展，必须坚持科学发展与促进社会和谐并行，必须坚持经济行为与道德追求并举，必须坚持起作用与受教育并重，必须坚持整体谋划与广泛参与并为。会后，各地统战部、工商联和光彩会，要认真学习、深刻领会会议精神，及时向党委、政府汇报会议情况，并结合本地实际，研究贯彻落实的具体措施。

中国光彩事业促进会第四届理事会共由400名理事组成，其中上届留任251名，新任149名，企业家理事306名，常务理事120名。与上一届相比，本届理事数量虽然减少了，但企业家理事数量比重增大了，区域和行业分布更广泛，年龄和知识结构更合理，企业实力和代表性更强了。全面完成贾庆林同志在重要讲话和杜青林同志在工作报告中提出的目标任务，推动光彩事业在新的起点上深入发展，关键在于我们这届理事要有更大作为。因此，围绕贯彻落实好这次会议精神，我重点就中国光彩事业促进会理事如何履行自身职责、发挥表率作用，再讲三点意见。

一、光彩会理事要当光彩的人

产品体现人品，做人决定做事。当好光彩会理事，根本在于做人。一方面，作为光彩会理事，要拥护党的领导，树立中国特色社会主义共同理想，坚定中华民族伟大复兴信念，当前尤其要切实理解、支持、配合在非公有制经济组织党组织和党员中深入开展的创先争优活动，促进企业发展、党建工作和维护员工利益的有机统一；注重品德修养，守信用、讲信誉、重信义，养成健康生活情趣；发扬奋发图强、锐意创新、勤劳兴业的精神，敢于探索、不怕失败、崇尚创业；牢固树立终身学习观念，不断学习和掌握新思想、新知识、新本领，全面提高自身素质。另一方面，作为光彩会理事，要以加入光彩会为荣，不断增强组织观念和责任意识，自觉遵守光彩会章程，带头承担光彩会章程所赋予的责任；按时出席理事会议，严格遵守会议要求，自觉维护理事会的严肃性和权威性；认真执行理事会决议，在工作上切实贯彻理事会部署，在活动上主动响应理事会号召，为推动光彩事业深入发展尽职尽责、尽心尽力。

二、光彩会理事要办光彩的企业

在社会上做光彩事业，首先企业内部要光彩。今年“两会”期间，胡锦涛总书记在参加全国政协民建、工商联界别委员联组会议时，对广大非公有制企业提出了“三个有更大作为”的殷切希望，明确提出要深入推进光彩事业，为促进共同富裕作出贡献。“三个有更大作为”，是新形势下“两个健康”的深化和发展，也是办好“光彩企业”的目标和标准。

一要努力争取在加快经济发展方式转变上有更大作为。加快转变经济发展方式，企业是主体。争取在加快经济发展方式转变上有更大作为，既关系到企业现在是否光彩，更关系到企业未来永放光彩。办好光彩的企业，必须按照科学发展观的要求，把企业加快转变发展方式与光彩事业主动转变发展方式有机结合起来，与推动欠发达地区加快经济发展方式转变有机结合起来。要加快转变过度消耗物质资源的发展方式，合理使用欠发达地区的土地、矿产等宝贵资源；加快转变依赖低劳动力成本的发展方式，在吸纳欠发达地区群众就业的同时更加注重提高员工综合素质；加快转变不计环境代价的发展方式，决不能把高能耗、高污染、高排放的落后产能转移到欠发达地区；加快转变企业投资结构，在投资区域上注重面向欠发达地区，在投资导向上注重面向先进制造业、现代农业和现代服务业。

二要努力争取在保障和改善民生上有更大作为。保障和改善民生，是实现社会进步和国家长治久安的基础，更是光彩事业为之奋斗的根本目标。办好光彩的企业，必须把就业作为民生之本、收入之源、稳定之基，按照科学发展观的要求，继续扩大光彩项目投资规模，创造更多适合于当地群众就业的劳动岗位，解决更多的困难群众就业；必须把构建和谐劳动关系作为保障和改善民生的重要方面，大力改善员工劳动条件，切实维护员工的合法权益，建立员工工资随企业效益增长稳步增加的机制，加强对员工的人文关怀，实行人性化管理，搞好员工培训，使员工工作有尊严、生活有体面。

三要努力争取在提升自身素质上有更大作为。企业只有不断提高自身素质，才能实现科学发展，才能由内而外、持续不断地焕发光彩。首先，要把参与光彩事业放在创新企业发展战略的高度来考虑。继续迸发创业激情，发扬创新精神，踊跃奔赴“老少边穷”等经济社会发展水平低、自然条件差、生活环境艰苦的地区投资兴业；把参与光彩事业作为调整企业投资结构与承担企业社会责任相结合的生动实践，在参与光彩事业中扩大生产、开拓市场、提高商誉，增强市场竞争力。其次，要把弘扬光彩精神作为企业文化建设的重要内容来考虑。企业文化是企业思维方式和行为方式的集中体现，在深层次上影响到企业的经营理念和发展思路，是增强企业凝聚力、创造力、竞争力的重要因素。要将弘扬光彩精神作为建设企业责任文化的重要内容，提高企业文化层次，最终形成员工认同、促进发展、富有个性、焕发光彩的先进企业文化。再次，要把实施光彩项目作为提升素质的重要途径来考虑。作为一种特殊的投资行为，许多光彩项目是在经济社会发展水平较低的区域进行的投资开发，投资周期相对较长，投资风险相对较大，投资回报相对较低。是否积极主动投资光彩项目，能否成功运作光彩项目，不仅考验企业整合资源、挖掘商机、开拓市场等驾驭市场经济的能力，也考验企业融入当地社会文化、赢得当地群众认可、争取社会各界支持的公共关系协调处理能力。投资光彩项目，实际上已成为锻炼、提高、检验企业生产经营能力和自身素质的重要实践平台。

三、光彩会理事要做光彩的事业

光彩会理事是光彩会的骨干成员，是光彩事业可持续发展的带动力量，理应认真践行光彩精神，积极从事光彩事业，努力使光彩项目创造更多物质财富，光彩活动创造更多精神财富，光彩队伍涌现更多先进人物。

一要积极投资光彩项目。紧紧围绕加快经济发展方式转变这一我国国民经济发展的重大战略，抓住国务院发布《关于鼓励和引导民间投资健康发展的若干意见》的有利契机，以项目投资方式，在促进欠发达地区经济社会发展的同时实现投资企业自身发展。努力做到项目立项符合国家产业政策，符合地方发展规划，符合企业战略布局；

项目实施能发挥企业技术、人才和资金优势，能发挥当地资源、政策和用工优势，能促进当地经济、社会、文化、生态协调发展，保障光彩事业可持续发展。在投资光彩项目过程中，要更多地着眼于促进当地群众就业，积极探索中小企业广泛参与的有效途径。投资企业要充分考虑自身的发展规模、经济实力、核心业务等实际条件，以参股、控股等多种方式与当地企业开展合作，这样既可以加快投资企业与当地的融合，又能够带动当地企业和产业的发展。

二要大力弘扬光彩精神。光彩精神是参与光彩事业的非公有制企业家精神的浓缩与升华，继承和弘扬了乐善好施、扶贫济困、感恩回报的我国优秀传统文化，丰富和发展了社会主义义利观，体现和践行了社会主义核心价值体系，已经成为引导广大非公有制经济人士积极履行社会责任的一面精神旗帜。我们要继承光彩事业的优良传统，深入贯彻落实科学发展观，坚持“先富帮后富、实现共同富裕”的根本宗旨和“义利兼顾、以义为先”的核心理念，解放思想，转变观念，在投身光彩事业的实践中大力弘扬光彩精神。要更加突出以人为本的发展理念，改变光彩事业主要是帮助贫困群众解决温饱问题的认识，注重投资教育、医疗、文化等关系民生的社会事业，注重提高贫困地区干部群众的综合素质，引导他们增强自立自强精神和自我发展能力，努力使扶贫与扶智相统一。要更加突出保护生态的发展理念，改变光彩项目主要是利用欠发达地区资源成本低的观念，在项目规划中注重提高生态建设项目的比重、改善生态脆弱地区的生态环境，在资源开发中注重考虑当地生态综合承载能力、推动当地生态文明建设，努力使经济效益、社会效益与生态效益相统一。要更加突出优势互补的发展理念，改变光彩活动模式化、趋同化的做法，丰富活动内容，创新活动形式，聚合优势要素，推动产业集聚，注重考虑投资地的资源禀赋、产业基础、人文环境等具体因素而因地制宜、因企制宜，努力使个体优势与集群效应相统一。

三要热心参加光彩活动。近年来，各级统战部、工商联、光彩会积极开展“民企系三农、共建新农村”、“光彩行”投资考察、抗灾救灾等形式多样、内容丰富、特色鲜明、参与面广、富有教育意义的实践活动，收到良好综合效益。各地要紧密结合实际，根据经济社会发展需求和非公有制经济人士特点，不断提高策划能力，继续探索开展能够促进非公有制经济人士进行自我教育、提升精神境界、锻炼发展能力的活动，逐步形成具有广泛社会影响力的活动品牌。今年，中央统战部在认真总结各地经验基础上，组织开展了“安康富民帮扶行动”和“回报社会感恩行动”，对于引导非公有制经济人士提高思想政治素质，进一步增强感恩党、感恩国家、感恩人民的自觉意识，弘扬社会主义荣辱观，在履行社会责任、促进社会和谐过程中健康成长具有重要意义。作为光彩会理事，更应积极参与其中并发挥表率作用，带动广大非公有制经济人士对社会困难群体更加注重人文关怀，心系社会、关爱他人、热心公益，在党和国家、人民需要的时候特别是重大关头挺身而出，充分展示中国特色社会主义事业建设者的精神风貌。

今年以来，中央先后召开第五次西藏工作座谈会、新疆工作座谈会、西部大开发工作会议，安排部署了进一步加快西藏、新疆以及西部地区发展的重要工作。明年我国还将实施“十二五”规划和中国农村扶贫开发纲要新十年规划，我国的经济社会发展和扶贫事业进入了新的阶段。这既为光彩事业发挥作用提供了新的广阔舞台，也对光彩事业的改革创新和光彩会的自身建设提出了新的更高要求。面对新形势、新机遇和新挑战，中国光彩事业促进会必须围绕国家的总体安排，按照贾庆林同志在这次会议上的重要讲话精神和杜青林同志在工作报告中的具体部署，切实增强紧迫感和责任感，以改革创新的精神全面加强自身建设。要创新工作思路，着眼加快经济发展方式转变，更加注重人民生活质量提高；创新工作内容，着眼巩固和壮大新世纪新阶段爱国统一战线，更加注重对非公有制经济代表人士的培养；创新工作方式，着眼创造有利于企业参与光彩事业的条件，更加注重为企业服务；创新工作机制，着眼推动光彩事业深入发展，更加注重协调和高效，推动光彩事业实现新起点上的新跃升。

当前，我国正处于加快经济发展方式转变的深刻变革时期，光彩事业发展机遇前所未有，挑战也前所未有。希望我们新一届中国光彩事业促进会理事会，在以胡锦涛同志为总书记的党中央的正确领导下，围绕中心，服务大局，始终坚持光彩事业宗旨，大力弘扬光彩精神，解放思想、实事求是、与时俱进，为全面建设小康社会、实现中华民族伟大复兴作出新的更大贡献！

（全哲洙时任中共中央统战部副部长，全国工商联党组书记、第一副主席，中国光彩会副会长）

在中国光彩事业孝感（老区）行主体活动上的讲话

全哲洙　（2010 年 10 月 27 日）

各位来宾、同志们：

由中国光彩事业促进会和湖北省人民政府共同主办的中国光彩事业孝感（老区）行活动今天开幕了，这是中国光彩会换届后举行的一次重要活动。在此，我代表中央统战部和全国工商联，对活动的举办表示热烈的祝贺，向参加此次活动的各位企业家和来宾表示热烈的欢迎和衷心的感谢！

光彩事业是非公有制经济人士响应党和国家号召、自觉参与扶贫开发事业的一项创举。今年“两会”期间，胡锦涛总书记在参加全国政协民建、工商联界别委员联组会议时，明确提出要深入推进光彩事业，为促进共同富裕作贡献。贾庆林同志在 8 月份接见中国光彩会第四次会员代表大会代表时，充分肯定了广大非公有制企业和非公有制经济人士积极参与我国扶贫开发、新农村建设和公益慈善事业，为促进共同富裕作出的积极贡献，对光彩事业的深入发展提出了殷切希望和明确要求，并强调指出，光彩事业已成为广大非公有制经济人士参与我国扶贫开发事业的重要形式、践行社会主义核心价值体系的有效途径、锻炼成长为合格中国特色社会主义事业建设者的重要载体。

当前，我国经济社会发展和扶贫事业步入了新的阶段，非公有制经济发展已经站在一个新的历史起点上，这既为光彩事业发挥作用提供了新的广阔舞台，也对光彩事业的改革、创新、发展提出了新的更高要求。今年 9 月 16 日，《中共中央国务院关于加强和改进新形势下工商联工作的意见》下发。以中共中央和国务院的名义联合发文，对工商联工作进行全面部署，这在工商联历史上是第一次，是我国非公有制经济发展、统一战线工作和工商联事业中的一件大事。《意见》是在全面总结改革开放以来非公有制经济发展、工商联工作的实践探索和历史经验的基础上，规划未来一段时期工商联工作的纲领性文件。《意见》明确要求工商联要引导非公有制经济人士践行社会主义核心价值体系，树立义利兼顾、以义为先理念，积极参与光彩事业及其他社会慈善事业，自觉履行社会责任，致富思源、回报社会，为推动科学发展、促进社会和谐作贡献。《意见》充分肯定了光彩事业过去的生动实践和成功经验，也对光彩事业未来继续深入发展提出了明确的要求，进一步巩固和丰富了广大非公有制经济人士在投资兴业的生动实践中自觉履行社会责任的活动内容。最近，中共中央召开了十七届五中全会，会议审议通过了《中共中央关于制定国民经济和社会发展第十二个五年规划的建议》，明确指出“十二五”规划要以科学发展为主题，以加快转变经济发展方式为主线，深化改革开放，保障和改善民生，促进经济长期平稳较快发展和社会和谐稳定，促进区域协调发展，加大对革命老区、民族地区、边疆地区、贫困地区扶持力度。我们要认真学习、准确把握五中全会精神和中央 16 号文件精神，将开展光彩事业活动与贯彻落实五中全会和中央 16 号文件精神紧密结合，与非公有制企业创先争优活动、加快转变经济发展方式紧密结合，与扶贫开发、感恩活动紧密结合，与非公有制经济人士思想政治工作、促进“两个健康”紧密结合。

近几年来，在湖北省委、省政府的高度重视下，在广大非公有制经济人士的积极参与下，湖北省的光彩事业取得了长足的发展。一是积极举办光彩事业行活动。先后举办了“中国光彩事业大别山（黄冈）老区行”、“中国光彩事业三峡库区（宜昌）行”、“中国光彩事业襄樊（老区）行”和“中国光彩事业走进恩施州”等活动，都取得了明显成效。二是结合湖北的实际，创造品牌活动载体。率先提出并实施了“回归工程”，一大批湖北籍在外创业成功人士纷纷回乡投资创业，支援家乡建设，有力地促进了县域经济的发展。三是在全省开展“民企联村”活动，组织引导非公有制经济人士参与新农村建设，帮助农村改变落后面貌，帮助农民脱贫致富，促进了农村的经济发展。四是注重教育引导，大力弘扬光彩精神。动员广大民营企业自觉投身抗震救灾、抢险救援和捐资助学工作，积极组织广大非公有制经济人士开展回报社会感恩行动，为促进地方教育事业、社会公益事业和慈善事业作出了贡献，树立了非公有制经济人士良好的社会形象。

今天，来自全国各地的近400名企业家又来到湖北，相聚孝感，有一批新的合作项目签约。孝感是革命老区，又是武汉城市圈的重要城市，其交通便利，区位优势明显，自然和人文资源丰富，发展潜力大，是投资兴业的热土。在孝感举办中国光彩事业孝感（老区）行，对于推动老区发展，实施中部崛起战略具有十分重要的意义。

我们相信，湖北省各级党委、政府一定会认真学习贯彻中央16号文件，按照文件的要求，加强党委对工商联工作的统一领导，加强政府对工商联工作的指导和支持。各级统战部和工商联要进一步深化对光彩事业发展规律的认识，广泛宣传光彩事业取得的成绩和经验。要充分信任、尊重和关心非公有制经济人士，将思想政治工作渗透到各个方面、各个环节，真心实意地帮助他们解决光彩事业发展中的困难和问题，为光彩事业发展创造更加有利的条件和环境，为投资项目的顺利实施提供更加优质便捷的服务。

希望广大非公有制经济人士大力弘扬义利兼顾、以义为先的理念和爱国、敬业、诚信、守法、贡献的优秀建设者精神，争当光彩的人，争办光彩的企业，争做光彩的事业。要进一步增强力争“三个更大作为”的使命感和责任感，围绕中心、服务大局，热心参加光彩活动，积极参与回报社会感恩行动，为实现自身科学发展、推动贫困地区经济社会发展作出更大贡献。

最后，预祝中国光彩事业孝感（老区）行活动圆满成功！

谢谢大家！

（全哲洙时任中共中央统战部副部长，全国工商联党组书记、第一副主席，中国光彩会副会长）

在“感恩革命老区井冈行”座谈会上的讲话

全哲洙　（2011年6月9日）

在纪念中国共产党成立90周年之际，中央统战部、中国光彩事业促进会组织开展以“感恩革命老区、传承井冈精神”为主题的井冈行活动，这是深入推进光彩事业和感恩行动的一项重要举措，也是对非公有制经济人士进行党的历史和革命传统教育的一次成功尝试。活动期间，大家瞻仰了烈士陵园，走访了革命故迹，观看了反映井冈山革命斗争的大型实景演出，参加了革命传统互动教学，进行了公益项目捐款捐物。刚才，江西省常委、统战部长莫建成同志和吉安市委书记周萌同志作了讲话，非公有制经济人士和“三老”人员代表作了发言，听后深受启发和教育。下面，我谈几点意见。

一、开展井冈行活动的主要目的

在今年春节前召开的党外人士座谈会上，胡锦涛总书记指出，中国共产党成立90年波澜壮阔的历史和实践充分证明，思想上同心同德、目标上同心同向、行动上同心同行，是我们不断夺取革命、建设、改革事业胜利的有力保证。选择中国共产党成立90周年这样一个时机，来到“中国革命的摇篮”井冈山接受教育，就是为了让大家重温中国共产党奋斗的光辉历程，感受老区人民的奉献精神，把握企业科学发展的方向，更坚定地与党和人民同心同德、同心同向、同心同行，共同担负起建设中国特色社会主义的重任。

（一）重温党史，增强产业报国的使命感。中国共产党成立后，直接面对和担当的就是自鸦片战争以来中国人民争取民族独立和解放、国家统一和富强这两大历史主题。党领导的井冈山革命斗争的全部目的和意义，就在于为完成这两大历史主题开启了正确的道路。现在，民族独立和解放早已实现，国家和人民的面貌发生了翻天覆地的历史性变化，但要实现强国富民和民族复兴的远大目标，还需要全国各族人民在中国共产党正确领导下，继续作出艰苦不懈的努力。近代以来，许多国家的工业化进程启示我们，加快民族产业升级发展，是实现国家现代化的必由之路。“十一五”期间，我国产业结构不断进行调整，非公有制企业较快进入资金密集型和技术密集型产业，尤其是在信息技术、新能源等新兴产业的一些领域已达到了国际领先水平。但目前从总体上看，非公有制企业仍主要集中在传统制造业和传统服务业，大多处于产业链低端。截至2010年6月，仅制造、建筑、批发零售、住宿餐饮、房地产五个行业的私营企业就达600万户，占全部私营企业户数的76%，这五大领域私营企业注册资本占到全部私营企业注册资本的67.5%。按照“十二五”规划关于优化产业结构、提高产业核心竞争力的总体要求，非公有制企业转型升级的任务十分繁重而紧迫。组织这次井冈行活动，就是要使我们从党确立的远大目标中认清自己的使命，既要思源感恩，更要产业报国，坚持科学发展观，推进转型升级，特别是下功夫改造和提升传统制造业，积极进军战略性新兴产业，大力发展现代服务业，切实推进农业产业化，以实际行动加快转变经济发展方式，促进民族产业振兴，为强国富民奠定坚实物质基础。

（二）感恩老区，增强回报社会的责任感。革命老区是为中国革命牺牲最大、贡献最多的地区。没有革命老区，党领导的武装斗争就没有坚实的落脚点，中国革命就没有可靠的依托。井冈山革命斗争点燃了中国革命的星星之火，创建了第一个农村革命根据地，井冈山因此成为最早的革命老区。正是从这里开始，革命根据地数量和面积不断扩大，中国革命不断取得胜利，最终建立了新中国。我国现有1389个老区县（旗、区、市），占全部2861个县级行政区划的48.5%，接近全国的一半。其中国家重点贫困县310个，占全部592个国定贫困县的52.5%；列入省（区、市）重点扶持的贫困老区县421个。以上二者合计共有731个贫困老区县，占到全部老区县的52.6%。党和国家对老区发展高度重视，“十二五”规划专门对扶持革命老区、民族地区、边疆地区和贫困地区发展作出部署。多年来，非公有制经济人士以光彩事业为主要平台，以扶贫开发、项目投资、吸纳就业、公益捐赠等为主要形式，积极参与老少边穷地区建设，体现了很强的社会责任意识。仅就光彩事业初步统计看，截至2009年底，共实施项目近2万个，到位资金2047亿元，安置就业592万多人，培训524万多人，带动脱贫1335万人，各类公益捐赠金额达到1475亿元。组织这次井冈行活动，就是要使我们通过实地感受老区为中国革命作出的巨大贡献，深刻认识搞好老区发展在整个经济社会发展全局中的重要意义，更好地承担起回报社会的责任，更多地参与光彩事业，支持老区建设。

（三）反思企业，增强科学发展的紧迫感。在井冈山革命斗争时期，我们党及时科学总结并深刻反思城市武装起义接连失败的惨痛教训，创造性地把中国革命的重心由城市转移到农村，开辟了一条以农村包围城市、武装夺取全国政权的革命新道路，充分表现出马克思主义实事求是的科学态度。经过30多年的快速发展，我国非公有制经济已站在新的历史起点上，呈现出一系列阶段性特征，主要表现为：经济总量不断扩大，但科学发展内生机制尚未形成；结构调整和产业升级愿望较强，但科技、人才、管理等要素支撑不牢；节能环保意识逐步增强，但资源消耗型、环境污染型企业比重仍然较大；集群化发展态势明显，但企业间的竞争合作关系发展迟缓。同时，能源、原材料、劳动力、土地等价格不断上涨，生产经营成本急剧升高，许多企业尤其是小型微型企业发展面临重重困难。实践表明，一些企业在经济形势严峻、市场环境突变时在市场中“消失”，主要是精神状态不振、发展战略不清、创新能力不强、管理水平不高、风险防范不力。组织这次井冈行活动，就是要使我们学习和弘扬共产党人开创中国革命新道路过程中体现的敢于实事求是、善于总结经验和教训的科学精神，按照“十二五”规划提出的各项任务和要求，以科学发展为主题，以加快转变经济发展方式为主线，认真反思、统筹解决阻碍企业可持续发展的突出问题和薄弱环节，进一步探索企业科学发展新道路。

二、参加井冈行活动的主要收获

总的来说，这次活动筹备充分，主题明确，内容丰富，是一次思想政治工作的有益探索。通过活动，大家进一步加深了对党的认识，增进了对老区人民的感情，坚定了走中国特色社会主义道路的信念，增强了对全面建设小康社会的信心，对促进非公有制经济健康发展和非公有制经济人士健康成长起到了形成共识和激励的促进作用。

（一）受到一次党情教育，加深了对今天大好局面来之不易的理解。通过活动，我们对井冈山革命斗争和中国革命历程有了生动直观的了解，留下了深刻的印象。大家从我们党始终代表和维护最广大人民根本利益、深受人民拥护和爱戴的事实，认识到党的使命之崇高；从我们党力量由弱小到强大、事业由挫折到胜利、国家由贫弱到富强的历史，认识到党的业绩之光辉；从我们党善于总结经验教训，敢于修正自己的错误，不断开创事业新局面的过程，认识到党的领导之正确。在认识深化过程中，大家深刻领悟到今天国家不断强大和非公有制经济不断发展的大好局面来之不易。有的同志说，井冈山革命斗争最让我震撼的是当时斗争环境的残酷、共产党人的无私奉献、老区人民为支持革命作出的巨大牺牲，最让我振奋和崇敬的是共产党人的创造性智慧和精神，正是有这样一个党的领导，中国人民才站了起来、富了起来。还有的同志表示，回去以后，要会同企业党组织分期分批组织党员和员工到井冈山接受教育，从中获取力量，更好地促进企业科学发展。这些表明，这次活动对帮助我们学党史、知党情、报党恩、跟党走产生了更加积极的影响，使大家进一步培养起以自觉接受党的领导为荣的思想感情，更加坚定了在党的领导下走中国特色社会主义道路的信念。

（二）受到一次国情教育，深化了对我国社会主义初级阶段长期性的认识。通过活动，大家认识到，经过30多年的改革开放，国家综合实力显著增强，但发展中不平衡、不协调、不可持续问题依然突出，特别是存在城乡和区域发展差距拉大的趋势，统筹城乡发展和区域协调发展任重而道远。革命老区大都地处中西部地区、农村地区、偏远山区，由于各种自然和历史等方面原因，经济社会发展水平多数还比较落后。大家普遍认为，我们国家还是发展中国家，将长期处于社会主义初级阶段，坚持“两个毫不动摇”，需要非公有制经济人士牢记社会责任，更加努力办好企业，多解决就业，多关爱员工，多创造财富，需要光彩事业和感恩行动长期深入开展下去，为报效祖国积极建功立业。有的同志说，广大农村特别是老区发展滞后、发展差距拉大，全国小康、全面小康就不可能实现，内需就难以扩大，可持续发展的内动力就难以增强，这就要求我们自觉把企业发展和老区发展、国家发展紧密联系起来。还有的同志讲到，共产党人和老区人民流血牺牲打江山是一种“大恩”，作为先富起来的群体应有回报和建设老区的“大爱”。这些都表明，这次活动使大家进一步加深了对国情尤其是老区的了解，认识到我国正处于并将长期处于社会主义初级阶段，各地发展不平衡，必须始终坚持以经济建设为中心，从而增强了大局意识和责任意识。

（三）受到一次革命传统教育，增强了勇于克难制胜的信心。长期的革命斗争积淀形成了丰厚的中国革命传统，其中一个重要方面，就是面对复杂形势和严重困难敢于坚持、敢于胜利，虽百折而不挠，虽万苦而不辞。井冈山时期，党所处环境之险恶、形势之复杂、敌人之强大、问题和困难之严峻，是难以想象的。在这样的条件下，革命力量不但得以保存，而且还不断发展壮大，革命事业不但得以坚持，而且不断向前推进。这使很多同志体会到，在国际金融危机冲击下，我国非公有制企业特别是中小企业虽然面临世界经济增长和外部需求放缓、各种形式保护主义明显抬头、国内生产要素价格剧增、融资难题更加凸显、资源环境刚性约束持续强化等严峻挑战，但没有理由丧失信心，而要百折不挠，不断激励斗志；没有理由畏惧不前，而要知难而上，不断开拓进取。只有这样，企业才能闯关攻坚、克难制胜，自身也才能不断提升精神境界，增强应对复杂局面的能力。这充分说明，对处在日益激烈市场竞争环境中的非公有制经济人士来说，革命传统不但没有失去其价值，反而更显其独特作用；接受革命传统教育不但没有过时，反而更显必要。

（四）受到一次群众观念教育，强化了对促进“两个健康”的共识和探索。井冈山革命斗争能得以坚持，中国革命从这里走向胜利，很重要的是因为我们党造就了一支具有牢固群众观念、善于做群众工作的共产党员队伍和新型革命军队，通过彻底的土地革命和深入细致的群众工作获得了广大人民的衷心拥护。这使我们从事统战工作的同志进一步体会到，非公有制经济人士思想政治工作作为新形势下党的一项重要群众工作，对巩固党的执政基础和发展党的事业至关重要。加强和改进非公有制经济人士思想政治工作，根本是要坚持以人为本，把思想教育和解决实际问题融为一体，真心实意帮助排忧解难，服务解决思想困惑和生产经营中的困难问题；关键是找准引导教育和自我教育的结合点，树立并推广可信、可比、可学的各类先进典型，增强典型的亲和力、说服力、感召力；注重以理服人和以情感人相结合，满腔热情关心人，加强人文关怀和心理疏导。做企业好比做人，产品有如人品，非公有制经济人士要讲政治、有理想，讲责任、做奉献，党的引导教育是为了培养人才、发展经济、造福社会，对此不能被动接受、更不应拒绝，而应真心理解、主动参与，从而实现企业健康发展和自身健康成长的统一。我们要按照《中共中央国务院关于加强和改进新形势下工商联工作的意见》和贾庆林主席在全国加强和改进工商联工作会议上的讲话要求，坚持“团结、服务、引导、教育”的方针，把非公有制经济人士思想政治工作作为贯穿经济领域统战工作和工商联工作始终的生命线，在服务关心中加强引导教育，在引导教育中更好服务关心，不断促进非公有制经济健康发展和非公有制经济人士健康成长。

三、弘扬井冈山精神的时代要求

中国共产党人在井冈山革命斗争的伟大实践中，培育和形成了井冈山精神。井冈山精神的核心是实事求是、敢闯新路，这一精神内核在我们党领导的长期革命、建设和改革事业伟大进程中，逐步发展为解放思想、实事求是、与时俱进的思想路线和以改革创新为核心的时代精神。从中国革命新道路的开辟到中国特色社会主义道路的开创，靠的就是这种精神的孕育、发展和弘扬。同时，坚定信念、艰苦奋斗，依靠群众、勇于胜利，作为井冈山精神的主要内容，在党的事业发展过程中也始终发挥了凝聚力量、鼓舞士气、激励斗志、催人奋进的作用。因此，井冈山精神既是中国革命精神的源头，也是我们时代精神的重要内涵，至今还起着引领社会发展进步、激励民族奋发图强的作用。当前，非公有制经济人士投身中国特色社会主义建设，最直接、最具体、最生动的实践，就是深入贯彻落实科学发展观，加快转变经济发展方式，而井冈山精神正是非公有制企业转型升级的强大精神动力。我们要以促进“两个健康”为出发点和落脚点，引导非公有制经济人士从井冈山精神中汲取营养、智慧和力量，在企业科学发展实践中不断丰富升华井冈山精神，让井冈山精神永放光芒。

（一）提高企业创新能力。在井冈山革命斗争中，共产党人之所以能成功地创建中国第一个农村革命根据地和第一支工农红军，开辟出中国革命的新道路，所依靠的就是“从斗争中创造新局面”的革命首创精神。今天，形势的发展变化迫切要求非公有制经济在发展方式上加快实现总量向质量、制造向创造、贴牌向品牌、分散向集群、粗放向集约、污染向绿色等一系列根本性转变。而要实现发展方式的转变，最需要的也是敢为人先的创新精神。广大非公有制经济人士要把创新作为企业转型升级重要支撑，培养不安于现状、不甘于平庸、不拘于成规和敢于探索、冒险、超越的精神品质，在锐意创新中推进转变，在加快转变中不断实现更新、更好的发展。围绕技术创新，要牢固树立市场意识、人才意识、合作意识，学会借鸡生蛋、借梯上楼、借船出海，形成产学研密切协作、利益共享的研发体系，做到生产一代、研发一代、储备一代，努力掌握自主知识产权，不断研发名优新特产品，努力取得并不断巩固技术竞争的优势地位。围绕战略创新，要牢固树立战略意识比战术实施更有意义的观念，努力做到熟知战略知识、掌握战略信息、善于战略咨询，做到知变、应变、善变，根据发展环境变化及时创新发展战略，引领企业率先转型、成功升级。参加这次活动的许多是大中型企业，要以全局眼光和关联意识，积极推动产业集群化发展，以产业链为基础，以自身“龙头”作用的发挥和小型微型企业的相关配套为依托，形成上下游和大中小微企业密切协作、共同发展格局。围绕管理创新，要牢固树立制度比能人更重要的理念，努力构建现代企业制度和科学管理模式，在产权制度上实现由封闭、单一向开放、多元的转变，以适应在更大空间中发展对资本集聚和资源整合的需求，在内部治理结构上着力改变家族管理方式，主动推进所有权与经营权分离，建立规范的内部法人治理结构，逐步培养一支市场化、职业化的企业经理人队伍。

（二）促进企业和谐发展。井冈山精神和光彩精神虽然形成背景、社会基础和参与主体不同，但有着密切的历史和逻辑的联系。从生成途径上看，光彩精神正是先富群体“致富思源、富而思进”，感恩共产党和革命先烈们的产物；从目标方向上看，两者都蕴含了对社会公平正义和全体人民共同富裕理想的执着追求；从具体内涵上看，都体现了以人为本的道德自觉，寄托了对人民群众切身利益的高度关切。在当今和平建设年代和市场经济条件下，非公有制经济人士弘扬井冈山精神，就要更自觉地发扬光彩精神，坚持“义利兼顾，以义为先”，把企业发展与社会进步结合起来，把个人富裕与员工福祉结合起来，努力为构建社会主义和谐社会作出贡献。首先，要以构建和谐劳动关系为重点，积极实现企业内部和谐。在思想观念上，要始终坚持以人为本，不能把员工视为企业简单成本，而应把员工当作企业最重要的人力资源；也不要把出资人和员工看成绝对对立的关系，而应视双方为利益共同体、命运共同体、事业共同体。在经营管理中，要完善员工管理和服务体系，加强对员工的人文关怀和人性化管理，切实尊重和维护员工工资福利、安全健康、社会保障等切身利益，重视员工精神文化生活的需要，在加强和创新社会管理中切实发挥协同作用。其次，要以服务改善民生为重点，努力促进社会和谐稳定。在价值追求上，不应将财富作为自身的唯一追求，也不应将利润作为企业的唯一追求，而应努力追求个人财富积累与社会效益增加、企业经济效益与社会效益的有机统一。在具体实践中，要积极参与老区建设、新农村建设、光彩事业和各项公益慈善事业，促进城乡统筹发展、区域协调发展和经济社会可持续发展。感恩行动是对光彩事业的深化发展，为非公有制经济人士弘扬光彩精神、真诚回报社会提供了新的实践平台。希望非公有制经济人士积极主动地参与，针对当地实际，利用自己掌握的信息、资金、人才、技术、市场等方面优势，为老少边穷地区发展多出好主意、多提好计策，多办些好事、实事。

（三）加强企业文化建设。井冈山精神以及长征精神、延安精神、西柏坡精神等，实质上是一种革命文化，是民族精神和时代精神高度统一的先进文化。井冈山时期，“星星之火、可以燎原”，“为主义而牺牲”，体现的是一种信念；“体察群众疾苦、关心群众生活”，体现的是一种宗旨；“反对本本主义”、“在斗争中开创新局面”，体现的是一种作风；“三大纪律、六项注意”和官兵平等、官兵一致，体现的是一种组织原则。今天，非公有制经济人士继承和弘扬井冈山精神，一个重要的方面，就是要大力加强企业文化建设。企业文化本质上是一个企业全体员工认同的价值观，是企业一切思维方式和行为方式的集中体现，它不直接解决企业是否盈利的问题，但可以解决企业发展是否可持续的问题。先进的企业文化有利于形成企业核心竞争力，实现企业与社会和谐发展。企业家是企业文化的倡导者，企业文化建设也必然带动其自身素质的提升。非公有制经济人士要勇于和善于进行文化创新，从注重形式向注重内容转变，从缺乏个性向突出特色转变，从“老板文化”向员工认同转变，努力形成体现时代特征、符合中国国情、富有企业个性的企业文化，使企业保持并不断增强凝聚力、创造力和竞争力。要把井冈山精神有机融入企业文化中，使企业文化更好地体现社会主义核心价值观，在创造更多物质财富的同时创造更多有益于社会进步的精神财富。

（四）支持企业党建工作。加强党的领导和党的建设，是井冈山革命斗争时期的一条根本经验。我们党在红军和地方政权中健全各级党组织，特别是在军队中全面推行“支部建在连上”原则、党代表制度和政治部制度，使党的组织在艰苦环境中保持了先进性和战斗力，为革命根据地发展和最终胜利提供了坚实的政治保障。今天，非公有制经济人士继承和弘扬井冈山精神，一方面，要充分认识在非公有制企业中，党建工作目的和企业发展目标是一致的，党组织在企业中战斗堡垒作用越强，发挥作用越明显，越有利于调动员工的积极性和创造性，越有利于保障企业发展目标的实现；另一方面，要积极配合企业组建党组织，全力支持党组织围绕企业生产经营开展各项活动，注重依靠党组织提升企业科学决策和科学管理水平，依靠党员骨干力量完成企业生产经营中的急难险重任务。当前，全国非公有制经济组织党组织创先争优活动正在深入开展，非公有制经济人士既要切实为此提供必要条件，也要主动与党组织就企业发展重要决策和重要工作进行充分沟通，形成共识，实现活动开展和企业发展协调一致。

重温党的历史是为了更好地展望未来，发扬革命传统是为了更好地开创未来。希望广大非公有制经济人士自觉接受革命传统教育，认清历史使命，勇担时代责任。各级党委统战部、工商联要继续高度重视并探索发挥好党的历史和革命传统的育人作用，不断拓展和深化光彩事业、感恩行动，不断提高新形势下非公有制经济人士思想政治工作水平，不断推进统一战线“同心”品牌建设，更好地促进非公有制经济健康发展和非公有制经济人士健康成长。

（全哲洙时任中共中央统战部副部长，全国工商联党组书记、第一副主席，中国光彩会副会长）

在新疆自治区与知名民营企业恳谈会暨签约仪式上的讲话

全哲洙　（2011 年 8 月 31 日）

同志们：

这次全国工商联和中国光彩会组织百余名知名民营企业家参加中国—亚欧博览会、开展“光彩事业新疆行”活动，今天又举行新疆自治区与知名民营企业恳谈会暨签约仪式，这是贯彻落实去年中央新疆工作座谈会的总体要求，民营企业参与西部大开发，特别是新疆大开发的实际行动。按照中央的要求和新疆的实际情况，当前最紧迫的是要解决跨越式发展问题。什么是跨越式发展？就是超常规发展，又好又快地发展。前年，全国工商联按照中央援藏工作要求，率领几十家民营企业负责人到西藏考察调研，举办了多场项目推介和洽谈会，实实在在落地了一些投资项目。今年 6 月在青海“青洽会”期间，又组织召开了“青海·国内知名民营企业恳谈会暨签约仪式”，签订合作协议项目 18 个，签约金额 130 亿元。这次以往的“乌洽会”正式升格为首届中国—亚欧博览会，旨在使国内外更深入地认识新疆、了解新疆，更多的企业在新疆开创新的事业，进一步改善民生，实现新疆跨越式发展和长治久安。新疆是祖国西部的门户和桥头堡，也是我国面向中亚、西亚、南亚乃至欧洲地区开放的前沿，战略意义至关重要。今天，苏宁环球集团、东方希望集团、万达集团、泛海集团、金花集团、四川宏达集团等企业与新疆相关企业和州县签订了 7 个投资项目，总投资额达到 1226 亿元。民营企业参加中国—亚欧博览会既是一次经贸活动又是一项重要的政治任务，企业家要提高历史使命感和政治责任感，大力弘扬光彩精神，自觉投身新疆大开发事业。下面就做好项目援疆工作我讲几点意见。

一是紧抓历史机遇，加快项目建设。多年来，新疆各级党委政府团结带领各族干部群众艰苦奋斗、锐意进取，新疆经济社会发展取得举世瞩目成就。去年，中央召开新疆工作座谈会，颁发了《关于推进新疆跨越式发展和长治久安的意见》，这是一次重要的历史机遇。对此我们要有预测、预见。所谓预见、预测最关键的是反应要快，新疆的各级领导、各级组织要更自觉、更早、更主动地抓住机遇。机遇有两大特征，非常驻性和非确定性。非常驻性、非确定性的机遇谁能抓、谁先抓、谁早抓，谁的机会就多，前景就更广阔。工作要少提口号，多加大措施，不能提法过多，招法过少。做事不算落实，成事才算落实，要一件事一件事落实下去。用机制落实，不能一般性号召。

自治区党委政府要加强项目建设，项目是生产力发展的一种重要载体。发展是硬道理，抓项目是硬道理中的硬道理。抓什么项目，要有善于谋划，制定规划、实施项目等各方面工作都要从长计议，不能搞短期行为，要以规划为基础，项目为抓手，民生为重点。一定要按照科学发展观的要求深入推进各项工作，项目选择性一定要强，不能饥不择食、来者不拒。昨天，贾庆林主席在内蒙古视察时一再强调，上煤化工项目也特别要注意污染问题。新疆在选择项目时要在生态治理、环境保护、可持续发展等方面实行“高门槛”政策，走低污染、低资源消耗的发展道路。必须在服务方面实行“低门槛”政策，通过有效的政策措施、良好的投资环境吸引各方投资。广大民营企业在新疆投资项目要与保障和改善民生、新疆跨越式发展的总体要求结合起来，充分考虑环境问题、污染问题、减排问题，实现科学发展，又好又快发展。

二是民营企业要投入新技术、新装备，体现高起点、高水平、高效益。广大民营企业来新疆投资，要带着深厚的感情，把新疆看作是自己的第二故乡。目前，全国各地一大批民营企业已经在新疆投资兴业、扎根结果。民营经济支持新疆跨越式发展要按照中央新疆工作座谈会的要求，项目援疆、产业援疆，就是经济援疆。要实现项目为抓手、民生为重点，不能只考虑一个方面而忽视另一个方面，一定要实现双赢、共赢。企业实现自身发展的同时，更应该成为新疆经济社会发展的一股强大的推动力，这是一个双赢、共赢的过程。就像安徽省的省会一样，合“肥”，大家“肥”。资源性项目建设一开始就要高起点、高水平，防止滥采乱挖，避免资源浪费，树立环保优先、生态立区的理念，精心保护秀美山川，确保绿洲常在。

发展是硬道理，指的是科学发展是硬道理，但是，硬发展没有道理，硬发展可能会破坏发展，甚至阻碍发展。要按规律办事，关键是技术标准问题。广大民营企业来新疆投资兴业，首先要投入最新的技术、最新的装备，产业发展层次要高，真正体现高起点、高水平、高效益，改造提升传统产业，积极投资电子信息、生物制药、新能源、新材料等高新技术产业。其次，当前经济结构中国有企业比重较大的一些省份正处在一个逐步调整的过程。东北老工业基地的辽宁省目前非公有制经济已经占到60%，沈阳市占到63%。一般西部省份所有制结构比较单一，非公有制经济比例还相对较低，央企、国企较多，民营经济比重偏低。缺乏民营企业的支撑，实现充分就业会比较困难，老百姓致富问题就较难解决，这是发达省份的一条基本经验。就全国而言，私营企业已经达到800多万户，占全国实有企业总数的70%以上，他们提供了近80%的城镇就业岗位，完成了75%以上的企业技术创新，创造的最终产品和服务价值相当于国内生产总值的60%左右，纳税额约占国家税收总额的50%左右，非公有制经济已成为推动改革开放的重要力量、保障和改善民生的重要方面、促进科技进步的重要主体、壮大县域经济的重要依托。只要符合产业政策要求和法律禁止的，不管哪一类项目，不管是非公有制经济还是公有制经济，新疆都要毫不动摇、一视同仁地予以支持，真正“国民”共进，才能国民经济可持续发展。第三，要充分认识新疆的区情，资源优势、生态优势，包括农业方面的优势，要推动将这些独特的资源优势向经济优势转化。落后就是希望，差距就是潜力。要树立世界眼光、战略思维，有实力的民营企业要加大战略性投资力度。同时，企业家也必须清醒地认识到投资新疆更多的是中长期投资，一定要科学论证，做不了，不要勉强做。项目要充分论证，实事求是，一切从实际出发，投资要采用多种多样、灵活可行的方式。少说多做，落实在行动上。

三是大力改善投资软环境，提升服务水平，提高工作效率。中央领导同志强调新疆的发展要特事特办、急事急办，新疆要充分把握好特事特办的原则，制定灵活多样的政策，企业家也要充分利用好这种灵活性，抓住机遇，乘势而上，快发展，大发展。这次全国工商联、中国光彩会组织民营企业到新疆不是观光旅游，更不是凑凑数。许多企业来了七八个人，都是专业团队来具体论证项目。春贤书记到新疆工作后多次和我通电话，谈的都是项目问题。自治区发改委、招商局等有关部门要及时提供数据、资料，产业导向、产业政策，要给企业家们交实底。春贤书记、艾斯海提主席今天专门出席这个会议，主要是给企业家们鼓劲来的。我们能感受到自治区党委政府的高度重视，也给我们自己一种无形的压力和动力。

内因是事物变化的根据，外因是事物变化的条件。毕竟我们的参与是外因，内因才是决定性因素。民营企业的效率相当高，给他们一个好的环境，大家就会来。新疆要继续解放思想，解放思想的重要标志是看投资软环境如何，要让来新疆的投资者体验到新疆是投资洼地、投资宝地。时间就是金钱，环境决定效率。决不能以“衙门作风”来对待项目工作，要做到办项目随来随办，这样才能推动跨越式发展。现在创新环境不是一般的改善问题，要彻底改变软环境，恐怕机制创新是个大问题。要注重投资软环境的机制创新，包括政策、服务、效率、观念等方面，都要及时果断地建立完善服务更好更快发展的工作机制。不能一般水平上就事论事，碰到什么抓什么。跨越式发展的过程是一个创新的过程，也是一个杀出一条血路的过程。要鼓励冒险，宽容失败，崇尚创业。冒险不是盲目、蛮干，发展有风险，不发展风险更大。要鼓励第一个吃螃蟹而且要不断地吃新螃蟹，必要的时候鳄鱼也要吃。改革创新的过程就要先有实践后有文件。能不能讲真话、办实事、抓落实，这也是干部综合素质的反映。新疆发展中还会遇到新的问题，现在形势好，一定要乘势而上，不能停，不能犹豫。希望自治区政府各部门要高效率、全天候为企业服务，主动服务，特别要注重项目的可研深度和服务工作的效率，两天能办成的事一天办成，一天能办成的事半天办成。

最后祝会议圆满成功，谢谢大家！

（全哲洙时任中共中央统战部副部长，全国工商联党组书记、第一副主席，中国光彩会副会长）

在中国光彩事业促进会四届理事会第二期理事培训班开班式上的讲话

全哲洙 （2011 年 9 月 20 日）

中国光彩事业促进会四届理事会第二期理事培训班今天正式开班了。这次培训班目的主要是为光彩会理事搭建一个学习、交流的平台，组织大家共同研讨新形势下光彩事业的发展，同时，这也是中央统战部加强非公有制经济代表人士队伍建设的重要举措。大家都是企业领导者，企业经营管理任务十分繁重，积极参加培训，体现了大家对学习的重视和对光彩事业的热爱。希望大家能迅速转变角色，把自己当成普通的学员，认真听课、深入思考、严守培训班纪律，争取学有所获。

今年 7 月 1 日，胡锦涛总书记在庆祝中国共产党成立 90 周年大会上发表的重要讲话，是继续全面推进中国特色社会主义伟大事业和党的建设新的伟大工程的纲领性文献。讲话明确把公有制为主体、多种所有制经济共同发展的基本经济制度纳入中国特色社会主义制度体系，表明了促进非公有制经济健康发展在坚持和发展中国特色社会主义事业中的重要地位。讲话强调要坚定不移发展社会主义先进文化，建设社会主义核心价值体系，坚持用社会主义荣辱观引领社会风尚；强调要更加注重以人为本，继续大力保障和改善民生，坚定不移走共同富裕道路，促进社会和谐。这些对非公有制经济健康发展和非公有制经济人士健康成长提出了新的时代要求。广大非公有制经济人上要认真学习贯彻“七一”重要讲话精神，大力弘扬和实践光彩事业发展过程中所形成的“义利兼顾、以义为先”理念，为“两个健康”指引正确方向，注入强大动力。

去年“两会”期间，胡锦涛总书记在参加民建、工商联界别委员联组会时，充分肯定广大非公有制经济人士坚持以强国富民为己任，自觉实践“义利兼顾、以义为先”理念，为推动科学发展、促进社会和谐作出了积极贡献。《中共中央国务院关于加强和改进新形势下工商联工作的意见》（中发 2010 年 16 号）也明确提出，要引导非公有制经济人士践行社会主义核心价值体系，树立“义利兼顾、以义为先”理念。这是新形势下党中央对广大非公有制经济人士的新期待，也应成为广大非公有制经济人士自觉追求的更高精神境界。

“义利兼顾、以义为先”理念具有鲜明的时代特色和丰富的科学内涵，需要从理论与实践的结合上深入探索和不断总结。今天，利用这个机会，我谈一些粗浅的看法和意见，供大家讨论。

“义利兼顾、以义为先”理念体现了当代中国的社会主义义利观。这里的“义”，主要指符合社会主义核心价值体系的本质要求，是促进社会全面进步的整体利益、根本利益和长远利益；这里的“利”，主要是指公民所追求的个人利益、企业利益、阶层利益。企业作为经济组织，赚钱、追求利润无可非议。但是，如何赚钱，必须要有规范，而且还要符合社会伦理道德，如果企业利益、个人利益与社会利益、大众利益、国家利益发生矛盾时，前者必须服从后者，做到“以义为上，以义统利”，致富思源，回报社会，这是“义利兼顾、以义为先”理念的核心所在。

践行“义利兼顾、以义为先”理念是促进“两个健康”的内在要求。“义利兼顾、以义为先”理念虽然源自光彩事业的实践，但它又不仅仅限于光彩事业，对促进非公有制经济健康发展和非公有制经济人士健康成长有重要的指导意义和现实意义。在市场经济条件下，企业在追求利益最大化的同时，往往会出现忽视社会责任、片面追求经济利益的现象；随着社会的逐步转型，人们自我意识增强，往往会出现忽视甚至损害公共利益、过于追求个人利益的现象。因此，“义利兼顾、以义为先”应该成为整个社会的价值取向。作为改革开放的最大实践者和受益者，非公有制经济人士要树立正确的义利观，把企业发展与国家发展、个人富裕与全体人民共同富裕、市场经济法则和传统道德有机结合起来，只有这样，才能实现企业的健康发展和自身的健康成长。

“义利兼顾、以义为先”理念有着丰富的实践内涵。它既包含了爱党爱国、诚实守信、合法经营，又包括了扶贫济困、先富帮后富，实现共同富裕等多方面内容。非公有制经济人士践行“义利兼顾、以义为先”理念，要坚持党的领导，坚定走社会主义道路，以强国富民为己任，积极履行社会责任，加快转变发展方式，在科学发展、和谐发展中把义和利更紧密地统一起来。当前，非公有制经济人士践行这一理念，参与光彩事业，尤其要注重从构建和谐劳动关系、参与扶贫开发、推进企业文化建设等方面着手。

一、努力构建和谐劳动关系是践行“义利兼顾、以义为先”理念的基本要求

构建中国特色和谐劳动关系，是建设社会主义和谐社会的重要基础。企业兴则经济兴，职工稳则社会稳。民营企业作为吸纳就业的主渠道，是构建和谐劳动关系的重要方面。当前，我国民营企业的劳动关系总体上是好的，但同时也存在一些不容忽视的问题，比如劳动合同签订率低、社会保险参保率低、劳动争议和安全生产事故发生率高，有的企业职工工资比较低，正常增长机制尚未形成，拖欠工资甚至欠薪逃匿现象时有发生，等等。这些问题如果处置不当、解决不好，就会损害劳动关系的和谐稳定，影响企业的发展。构建和谐劳动关系，前提是要搞好企业发展，企业发展了，才能创造更多就业机会，才能改善职工劳动条件，才能增加职工收入。企业搞不好，甚至倒闭、破产，是最大的不和谐。前不久，中央召开了全国构建和谐劳动关系先进表彰暨经验交流会，习近平、张德江等中央领导同志在会上发表重要讲话，对构建和谐劳动关系作了部署。光彩理事作为非公有制经济人士的优秀代表，要积极响应中央号召，在参与加强和创新社会管理中主动承担服务和管理企业员工的社会责任，带头构建和谐劳动关系。

一是切实维护员工合法权益。企业是由出资人和职工共同组成的，员工是企业的基石，是决定企业发展的重要因素。只有通过全体职工的努力和付出，企业家的发展战略才能付诸实践，企业才能实现长久持续的健康发展。因此，必须尊重员工、关爱员工，把维护员工的合法权益作为构建和谐劳动关系的根本出发点和落脚点。在依法规范用工、改善企业劳动条件等方面，要严格遵守有关规定和要求，努力实现员工体面劳动，创造宽松和谐的劳动环境；在追求经济效益的同时，关心全体员工的利益，努力建立企业员工工资正常增长机制，在企业效益增长的同时同步增加员工工资，并按时足额发放，让员工共享企业发展成果。

二是积极探索实行民主管理。企业管理不仅仅只是管理层的事情，还需要全体员工的主动参与和积极配合，才能发挥最大效应。在现在的企业员工中，80后、90后已逐渐成为主体，这一群体的特点是文化水平比较高、思想活跃，具有比较强的民主意识、独立意识和参与意识。企业要认清和适应这一形势，树立“以人为本”的管理理念，加强对职工的人文关怀和人性化管理，尊重、关怀、理解、信任职工，依法保障员工的知情权、参与权、表达权、监督权，建立规范有效的激励机制，为优秀员工提供发展空间，这样才能收住心、留住人，在民主、宽松的管理氛围中推动和谐劳动关系建设，这在当前企业用工难的形势下具有特别重要的意义。

三是妥善处理劳动关系中的矛盾和问题。社会主义制度下企业的劳资关系是一种新型关系，

不是单纯的雇佣关系，而是一个命运共同体，也应该是一种和谐的劳动关系。对于劳动关系中出现的矛盾和问题，需要政府、企业和职工三方共同努力，互相配合，妥善解决。政府要通过制定政策扶持企业发展，制定和监督执行好劳动法律法规；企业要密切关注职工的切身利益，建立和畅通员工诉求表达渠道，及时回应员工合理诉求，从源头上发现问题、解决问题；职工要爱岗敬业，遵守职业操守，合理表达利益诉求，为企业发展贡献力量。要充分发挥协调劳动关系三方机制、仲裁委员会等作用，有效调处劳动争议，避免激发矛盾。

二、积极投身扶贫开发是践行“义利兼顾、以义为先”理念的重要任务

《中国农村扶贫开发纲要(2011——2020年)》已由党中央、国务院正式下发，这是今后一个时期我国扶贫开发工作的纲领性文件。积极参与新十年扶贫纲要的实施特别是援藏援疆工作，努力推动贫困地区经济社会发展，帮助更多的贫困人群走上富裕道路，是光彩事业下一步的重要任务，也是光彩理事带头践行“义利兼顾、以义为先”理念的重要体现。今年是我国“十二五”规划开局之年，是全面建设小康社会的关键时期，虽然总体经济运行形势是好的，但也面临着十分复杂的国内外发展环境，如世界经济复苏进程缓慢且不平衡，国内企业成本上升、出口减缓、融资困难等等，非公有制经济特别是中小企业面临严峻的挑战和生存压力。这要求我们要冷静判断、顺势而为、抓住机遇、积极应对，确保企业的生存和发展。只有企业发展了，才能更好地参与扶贫开发，为保障和改善民生做出更多贡献。同时，要针对新阶段扶贫任务的特点和要求，在已有扶贫工作的基础上，不断有所创新，有所作为。

一要推进项目带动。光彩事业参与扶贫最大的优势是拥有一支实力强、素质高的企业家理事队伍，这支队伍拥有资金、技术、管理、信息等多方面的资源与经验。在社会扶贫实践中，我们要充分发挥自身优势，坚持项目开发为主，公益捐赠为辅。按照国家扶贫总体布局，有针对性选择到连片特困地区、革命老区、民族地区、边疆地区以及重点县和贫困村投资兴业，通过培植壮大贫困地区特色支柱产业、培育扶贫龙头企业，推动贫困地区经济社会整体发展，增强扶贫对象自我发展能力，实现增收脱贫目的。

二要实施就业促进。要积极以就业促进扶贫，以创业促进就业。坚持把促进扶贫对象稳定就业作为核心，为贫困地区的贫困劳动力开展免费职业教育，提升扶贫对象的生产技能和就业能力。具备条件的企业应尽量多地到贫困地区招收员工，通过就业帮助扶贫对象脱贫致富；要积极参与农村专业合作组织的建设，通过帮扶农民创业来促进就业。根据“十二五”规划提出的把促进就业放在经济社会发展优先位置的要求，中国光彩事业基金会正在筹划实施“同心·光彩创业工程”公益项目。这个项目以“企业参与面广，社会受益面广”为原则，力求吸引包括大、中、小各种类型民营企业和非公有制经济人士都能积极参与进来，通过创业培训、资金支持、项目指导、市场推广等多种形式，为高校毕业生、城镇失业人员、返乡农民工创业提供帮助，提高创业成功率，以创业带动就业，促进和谐社会建设。希望光彩理事们对这个项目多关注、多支持。

三要坚持科学扶贫。科学发展和加快经济发展方式转变是“十二五”期间经济社会发展的主题与主线，民营企业到贫困地区实施扶贫开发，对促进区域协调发展有着积极推动作用，是推动科学发展的生动体现。在具体实施扶贫开发项目中，要充分发挥贫困地区生态环境和自然资源优势，推广先进实用技术，引进高效、节能、环保的产业项目，使贫困地区不仅要脱贫，还要走上可持续发展的道路；在扶贫过程中，要注重对贫困地区人才的培养和使用，特别是努力发现和培养农村能人，发挥他们的影响力和带头作用，实现农民收入的可持续增长。同时，企业也要善于利用实施扶贫开发项目的时机，按照国家产业政策导向，努力推进自主创新，抓好节能减排，自觉调结构、转方式、上水平，不断提高市场竞争

能力、抵御风险能力和可持续发展能力。

三、切实加强企业文化建设是践行“义利兼顾、以义为先”理念的有效途径

企业文化是企业的灵魂，是企业在长期生产经营过程中逐步形成和培养出来、为广大员工普遍认同的企业价值观。它通过潜移默化的作用来影响企业的经营理念和发展战略，影响企业及员工的行为方式和价值取向，是构成企业核心竞争力的重要基础，是决定企业兴衰成败的关键因素。我们必须充分认识企业文化的价值和作用，在市场竞争中依靠文化的力量来带动生产力的发展，从而不断增强核心竞争力。许多长盛不衰的企业有一个共同的特点，即它们都拥有一套尊重职工、尊重社会、尊重劳动、尊重创造的核心价值观。

虽然企业文化作为一种企业管理理念和手段，是从国外引入的，但我国企业文化建设不可能照搬西方模式。要结合中国国情和企业实际，以社会主义核心价值体系为引领，建设具有中国特色的企业文化，这是我国企业文化发展的必由之路。当前，尤其要推动企业文化从注重形式向注重内容转变，从缺乏个性向突出特色转变，从“老板文化”向全员认同转变，逐步克服当前企业文化建设中普遍存在的缺乏个性、缺少职工基础的问题，使企业文化更好地体现社会主义核心价值体系，为此要做到三个结合。

一要把企业文化建设与倡导责任文化紧密结合。社会责任感的强弱是决定一个企业能否成功的重要因素。良好的社会责任形象会提升企业的信誉度，给企业带来持久竞争优势。企业家、职工乃至整个企业只有树立起强烈的责任意识，才能自觉地对自己的岗位负责、对自己的企业负责，进而对整个社会负责。企业文化建设应把倡导责任文化作为其重要组成部分，把责任意识蕴育于企业文化建设之中，用责任文化来丰富企业文化内涵。同时，企业要切实履行社会责任，用实际行动来体现和培育责任意识，参与“感恩行动”就是承担社会责任的生动实践，是光彩事业的应有之义。非公有制经济人士通过参与“感恩行动”，接受革命传统教育，加深对党情、国情的了解，在企业形成老板感恩职工、职工感恩老板，老板和职工共同感恩党、感恩国家、感恩人民的意识，从而进一步增强发展企业、回报社会的责任感。

二要把企业文化建设与思想政治工作紧密结合。企业文化建设与思想政治工作有着相互渗透、互相促进的关系，是进行引导教育和自我教育的重要途径。企业家是企业文化的倡导者，其政治觉悟和思想境界的高低，影响着企业文化建设的水平与方向。因此，企业家要把推动企业文化建设当成自我学习、自我发展和自我提高的有效载体，按照社会主义核心价值体系的要求，推动形成富有中国特色、具有企业个性的企业文化，不断提升自身政治觉悟和思想境界。企业职工是企业文化建设的主体，企业文化建设就是一个对全体职工宣传教育、广泛发动的过程。要通过企业文化建设增进职工共识，凝聚职工力量，使思想教育变“无形”为“有形”，扎实有效，深入人心，为企业生产经营提供强大的思想保证和精神动力。抓先进、树典型是企业家自我教育的重要形式，统战部、工商联在推动企业文化建设中，要大力宣传非公有制经济人士中的先进事迹，宣传他们的优秀品质和奉献精神，为非公有制经济健康发展和非公有制经济人士健康成长树立良好的榜样。

三要把企业文化建设与企业党建工作紧密结合。企业党建工作的目的与企业发展的目标具有一致性。在企业文化建设中，要注重发挥党组织的政治优势，用党倡导的先进文化提升企业文化建设的层次和水平，通过企业文化的辐射和渗透作用，使党建工作带动企业文化建设，用企业文化建设扩大党建工作成果，达到相互促进、相互推动的效果。要在企业内部深入开展创先争优活动，充分发挥党组织的战斗堡垒作用和党员先锋模范作用，把创先争优作为一种理念融入思想、作为一种动力融入工作、作为一种追求融入人生，建设富有个性、职工认同、促进发展的先进企业文化，调动全体职工的热情和动力，共同争科学发展之先、创和谐社会之优，为企业可持续发展

凝心聚力努力。

“义利兼顾、以义为先”是新形势下党对非公有制经济人士的新要求，具有鲜明的时代意义和积极的导向作用。广大光彩会理事要自觉树立“义利兼顾、以义为先”理念，积极参与光彩事业及其他社会公益事业，致富思源，回报社会，为推动科学发展、促进社会和谐作出新的贡献。

（全哲洙时任中共中央统战部副部长，全国工商联党组书记、第一副主席，中国光彩会副会长）

在中国光彩事业促进会四届三次理事会议上的讲话

全哲洙　（2012年5月28日）

各位理事、同志们：

中国光彩事业促进会四届三次理事会即将结束了。会议听取了全国政协副主席、中央统战部部长、中国光彩事业促进会会长杜青林同志重要讲话，表彰了“光彩事业奖章”、“光彩事业组织奖”、“光彩事业国土绿化贡献奖”获得者。杜青林同志回顾总结了两年来光彩事业的主要成绩，深刻阐述了以“同心”思想引领光彩事业科学发展的重要课题，明确提出了新形势下切实提升光彩会工作成效和水平，不断开创光彩事业工作新局面。下面，我就认真学习领会、深入贯彻落实杜青林同志重要讲话精神，在光彩事业中积极践行“同心”思想，促进非公有制经济健康发展和非公有制经济人士健康成长，讲三点意见。

一、以促进非公有制经济健康发展为重要基础，在光彩事业中积极践行“同心”思想

促进非公有制经济健康发展，既是我国社会主义初级阶段基本经济制度和党的“两个毫不动摇”长期方针的重要内容，也是深入持久开展光彩事业的重要基础。当前，非公有制经济健康发展，主要就是按照科学发展观的要求，实现企业自身科学发展。非公有制企业能否围绕我国“十二五”规划主题主线，加快转变发展方式，走科学发展道路，既关系到企业自身的生存发展，是光彩事业深入持久发展的迫切需要，也关系到改革开放和社会主义现代化建设全局，是非公有制企业与我们党思想上同心同德、目标上同心同向、行动上同心同行的最直接体现。因此，光彩事业必须按照非公有制经济科学发展的时代要求，在引导和推动非公有制企业加快转变发展方式上取得更大成效。

（一）推进结构调整，实现转型发展。要引导非公有制企业特别是大中型企业加快调整投资布局结构，抓住我国统筹城乡发展、区域协调发展和实施新一轮扶贫开发的契机，把企业发展空间向具有人力优势、资源优势、政策优势的中西部地区拓展，有针对性地到连片特困地区、革命老区、民族地区、边疆地区投资兴业，既增强扶贫地区自我发展能力，也按市场需求及时调整自身投资的布局结构。要引导非公有制企业加快调整产业结构，更加注重投资战略性新兴产业、先进制造业、现代农业、现代服务业和节能环保产业，善于在新的产业投资和扶贫项目实施过程中，切实加大研发投入，努力推进自主创新，提升产业发展水平。要引导非公有制企业加快调整要素结构，尽快改变主要依靠物力人力投入驱动增长的传统模式，努力实现主要依靠科技进步、管理创新、劳动者素质提升推动科学发展，立足当地培养专门人才，推广先进实用技术和节能环保技术，合理使用土地、矿产等有限资源，坚决防止把高能耗、高污染、高排放的落后产能转移到欠发达地区，使欠发达地区在脱贫致富的同时，走上可持续发展道路。

（二）帮扶小型微型企业，带动集群发展。今年4月，国务院出台了《关于进一步支持小型微型企业健康发展的意见》（国发〔2012〕14号）。中国光彩会理事所在企业多数是大中型企业，要认识到帮扶小微型企业就是帮自己，就是促就业、

保稳定，是十分光彩的事情。光彩事业要把帮扶小微型企业发展作为新的努力方向，引导理事企业自觉帮扶小微型企业。在融资方面，鼓励支持有条件的企业利用国家鼓励民间资本进入金融服务领域的政策，发起成立村镇银行、贷款公司、信用担保公司等金融机构，为小微型企业提供有效的融资服务，同时要针对变相转贷、非法集资、拖欠小微型企业货款等违法失信行为加强教育引导。在技术方面，鼓励大中型企业向小微型企业开放研发试验设施，带动小微型企业协作配套发展，走“专精特新”道路。在产业培育方面，发挥龙头骨干企业的引领作用，密切上下游企业的分工协作，推进产业园区和专业市场发展，促进产业集群转型升级。在市场开拓方面，鼓励大中型企业和小微型企业组成联合体共同参加政府采购，共同进行经贸活动，使小微型企业获得更好的发展条件。

（三）深化对外交流合作，引导“走出去”发展。在现阶段，加快“走出去”步伐，是缓解我国能源资源约束、生产能力过剩、内需不足等矛盾，推动我国产业转型升级、增强我国产业整体竞争能力的迫切要求，也是非公有制企业转变发展方式的重要内容和有效途径。目前，按照国务院部署，有关部门正在研究制定全面支持民营企业“走出去”参与国际竞争的具体措施。在推动光彩事业深入发展中，要加强与政府有关部门以及国内外重要商会的实质性合作，引导有实力的民营企业积极参与实施“走出去”战略，同时注意引导小微型企业采取抱团式“走出去”。当前，尤其要帮助非公有制企业及时捕捉国际商机，稳步开展跨国并购和投资合作，带动相关产品和服务出口，努力获得更丰富、更优质的自然资源、人才资源、技术资源和市场资源，不断提高国际化经营水平。

二、以引导非公有制经济人士健康成长为重要任务，在光彩事业中积极践行“同心”思想

引导非公有制经济人士健康成长，不断扩大我们党执政的群众基础和社会基础，是新世纪新阶段统一战线工作的重要着力点，也是新形势下光彩事业的重要着力点。当前，非公有制经济人士健康成长，主要就是按照“爱国、敬业、诚信、守法、贡献”的要求，做合格中国特色社会主义事业建设者。引导广大非公有制经济人士始终坚持党的领导，坚持走中国特色社会主义道路、理论体系和制度，自觉履行社会责任，既关系到非公有制经济人士个人价值的实现，是开展光彩事业的重要任务，也关系到非公有制经济人士社会价值的实现，是践行“同心”思想的核心要求。因此，光彩事业必须从巩固我们党执政地位的高度，在引导非公有制经济人士健康成长上有更大作为。

（一）以积极践行“同心”思想引领健康成长。现阶段，大多数非公有制经济人士是集资本所有者和企业经营者于一身的特殊社会群体。加强“同心”思想教育，引导非公有制经济人士真正与我们党同心同德、同心同向、同心同行，对于保证这一群体健康成长，巩固扩大党的执政基础尤为重要。一是要打牢思想基础。以邓小平理论、“三个代表”重要思想和科学发展观为主要内容，加强中国特色社会主义理论体系的学习教育，帮助非公有制经济人士在非公有制经济发展实践中，理解并掌握这一理论体系的科学性和真理性。二是要增强政治共识。以我国根本政治制度和基本经济制度为主要内容，加强中国特色社会主义制度的学习教育，帮助非公有制经济人士通过比较，深刻认识到社会主义制度的优越性；深刻认识到在政治上不能搞多党制和“三权分立”，必须坚持人民代表大会制度、共产党领导的多党合作和政治协商制度、基层群众自治制度；深刻认识到中国在经济上不能搞私有化和单一公有制，必须坚持公有制为主体、多种有所制经济共同发展的基本经济制度。三是要增进价值认同。以“义利兼顾、以义为先”为主要内容，加强社会主义核心价值体系的学习教育，帮助非公有制经济人士正确认识和处理先富与后富、资本与劳动、企业与国家、个人与社会的关系，以强国富民为己任，做合格中国特色社会主义事业建设者。

（二）以自觉承担社会责任体现健康成长。自觉承担社会责任，是非公有制经济人士健康成长的根本标志和基本条件。首先，作为工商界人士，要承担办好企业、产业报国的责任。要引导非公有制经济人士努力办诚信企业、守法企业、健康企业，把企业做强做久，在发展社会主义市场经济的大潮中增长才干，在实现国家现代化和民族复兴的伟业中实现人生价值。其次，作为企业经营管理者，要承担起管理和服务员工、构建和谐劳动关系的责任。要引导非公有制企业加强对员工的人文关怀和人性化管理，切实尊重和维护员工切身利益，使职工人格更有尊严、劳动更加体面，使企业出资人和员工真正成为利益共同体、事业共同体和命运共同体。再次，作为改革开放受益者，要承担起服务改善民生、促进共同富裕的责任。要引导非公有制经济人士广泛参与老少边穷地区建设、新农村建设和各项社会事业，利用自己掌握的信息、资金、人才、技术、市场等方面优势，为欠发达地区发展多出好主意、多提好对策，多办好事、多办实事。

（三）以切实加强道德修养支撑健康成长。非公有制经济人士群体的道德水平如何，直接决定其健康与否，深刻影响其企业发展。看得见的技术、产品和管理，背后引导和影响企业的理念、道德和责任，这两方面共同构成企业生存发展的基石。非公有制经济人士作为中国特色社会主义事业建设者，不仅要懂经营、会管理，而且身上要永远流淌着道德的血液，做受人尊敬的企业家。一要树立社会主义职业道德，其基本内容应该是“为人民服务，对社会负责；文明经商，礼貌待客；遵纪守法，货真价实；买卖公平，诚实无欺”。二要树立正确的财富观，不炫富，不挥霍，把积累用于扩大再生产，尽心回报社会。三要养成健康的生活情趣，自觉抵制不健康的生活方式，培养高尚的人格。德为事业之本，有德方可怀远。要引导非公有制经济人士在企业经营管理中加强道德自律，让道德在商业活动前起“指挥”作用，在商业活动中起“检查”作用，在商业活动后起“反省”作用，让道德的力量推动企业在市场经济大潮中健康发展。

（四）以培育代表人士队伍带动健康成长。今年2月，中共中央颁发的《关于加强新形势下党外代表人士队伍建设的意见》强调，要充分发挥代表人士在所联系成员和群众中的示范带动作用，共同推动科学发展、促进社会和谐。要把参加光彩事业、感恩行动和“同心”工程的表现作为选拔安排非公有制经济代表人士的重要依据，把参加光彩会组织作为非公有制经济人士政治安排的重要渠道。要通过加强教育培训和实践锻炼，不断增强代表人士的政治把握能力、科学发展能力、参政议政能力和承担社会责任的能力，始终保持并不断增强代表性和进步性。要建立健全代表人士发挥作用的激励约束机制，完善履职情况考核管理办法，对发挥作用突出的给予表彰和宣传，对起不到应有作用的给予帮助教育。

三、以先进企业文化建设为内生动力，在光彩事业中积极践行“同心”思想

建设先进企业文化，既是坚持中国特色社会主义文化道路的重要方面，也是确保光彩事业深入持久开展的内生动力。当前，非公有制企业建设先进企业文化，主要就是按照社会主义核心价值体系的要求，在企业长期发展实践中逐步形成富有企业个性、全体职工认同、促进本企业健康发展、利于出资人健康成长的企业核心价值观。把践行“同心”思想、参与光彩事业作为企业文化建设的重要范畴，既关系到企业发展的正确方向，是一种打牢共同思想基础的政治引领，也关系到企业发展的社会形象，是一种提升思想道德素质的价值追求。因此，光彩事业必须从激发内生动力出发，推动非公有制企业把光彩精神、“同心”思想深度融合于企业文化建设中。

（一）把企业文化建设与履行社会责任紧密结合。在现代市场经济中，一个企业在社会责任方面的表现，不但直接影响到企业的声誉，而且影响企业的市场开拓，成为决定企业能否取得持久竞争优势、实现基业长青的重要内在因素。感恩是责任之源，一个不懂得感恩的企业和经营者，

不可能形成对国家、对社会、对员工的责任感。因此，先进企业文化的建设要建立在感恩文化、责任文化的基础上，把培育和倡导感恩文化、责任文化作为重要任务。非公有制经济人士因改革开放而获得了财富、荣誉和地位，应当做到喝水不忘挖井人，带头践行感恩文化，积极参与“感恩行动”，接受革命传统教育，加深对国情、党情、民情的了解，从而进一步增强发展企业、回报社会的责任感和使命感。

（二）把企业文化建设与提升综合素质紧密结合。企业出资人是企业文化的倡导者，其政治觉悟和思想境界的高低，影响着企业文化建设的水平和方向。同时，企业文化建设又是非公有制经济人士开展自我教育、提升自身素质的有效途径。因此，一个高素质的企业出资人，一定会高度重视企业文化建设，以此来增强企业的凝聚力、创造力和竞争力。企业出资人要把职工群众看作企业发展的第一资源，看作企业文化建设的实践主体，善于发现职工群众中积极向上的精神追求，挖掘职工群众中闪光的思想亮点，汲取和集中职工群众的智慧，使企业文化建设深深植根于职工群众生产生活实践的深厚土壤之中，也使自己从职工群众身上受到启迪和教育。

（三）把企业文化建设与企业党建工作紧密结合。今年3月，中共中央办公厅印发《关于加强和改进非公有制企业党的建设工作的意见（试行）》，首次明确非公有制企业党组织在企业职工群众中发挥政治核心作用，在企业发展中发挥政治引领作用，首次把“建设先进企业文化”作为非公有制企业党组织的重要职责，把“企业文化好”作为创建“双强六好”党组织的重要标准。在企业文化建设中，要注重发挥党组织的政治优势，用党所倡导的社会主义先进文化确保企业文化建设的正确方向，提升企业文化建设的层次和水平，同时又发挥企业文化的辐射和渗透作用，扩大党建工作的阵地和成果，达到相互促进和推动的效果。希望各级光彩会的理事企业积极主动支持基层党建工作，把党组织建立起来，把党的工作开展起来，带动和促进企业文化建设把创先争优作为一种理念融入全体职工的思想信念，作为一种动力融入全体员工的工作岗位，作为一种价值融入全体员工的人生追求，激活全员创先争优的热情，形成全员同争科学发展之先、共创和谐企业之优的生动局面，为企业可持续发展凝心聚力。

总之，在新形势下，促进“两个健康”，密切关系到中国共产党长期执政和中国特色社会主义事业长远发展，已成为党和国家工作的一项重大任务；深刻影响到新形势下统一战线的可持续发展，已成为统战工作的一个战略重点；直接决定着工商联事业的历史地位和时代价值，已成为工商联的工作主题。随着“十二五”规划的深入推进和中国农村扶贫开发新十年纲要的颁布实施，我国经济社会发展和扶贫事业进入了新的阶段。光彩事业作为以非公有制企业和非公有制经济人士为参与主体的崇高事业，在践行“同心”思想、促进“两个健康”、服务科学发展中具有独特优势，负有重要责任。我们要按照杜青林同志的重要讲话要求，不断总结经验、探索规律，推进资源整合，突出服务功能，加强社会宣传，完善制度机制，进一步提升协调力、增强凝聚力、扩大影响力、强化执行力，推动光彩事业在新起点上实现新发展，以更放光彩的实际行动迎接党的十八大胜利召开。

（全哲洙时任中共中央统战部副部长，全国工商联党组书记、第一副主席，中国光彩会副会长）

在中国光彩事业基金会二届一次理事会议上的讲话

全哲洙　（2012 年 5 月 29 日）

同志们：

在各位理事的共同努力下，中国光彩事业基金会二届一次理事会议圆满完成了各项议程，选举产生了新一届理事会领导班子。在此，我代表中央统战部，对中国光彩事业基金会二届理事会的产生表示热烈祝贺！

中国光彩事业基金会，是中央统战部主管的全国性公募基金会。它以非公有制经济人士为参与主体，以服务和推动光彩事业为工作重点，紧紧依托各级统战部、工商联、光彩会开展工作，它既是服务社会公益事业、支持扶贫开发的社会组织，也是践行“同心”思想、促进“两个健康”的重要载体。中央统战部对基金会的工作高度重视，从工作规划、项目推动、资源配置、班子建设一直给予积极支持和大力指导。这次二届理事会成员是在与有关方面充分酝酿协商提出的，选出的企业家理事都是政治素质好、企业实力强、社会贡献大的非公有制经济代表人士。这次换届后，光彩基金会二届理事会结构进一步优化，层次有了显著提升，为开创工作新局面奠定了坚实基础。下面，我想主要围绕光彩基金会如何取得更大发展、光彩基金会理事如何更好发挥作用，谈几点意见。

一、准确把握光彩基金会面临的发展形势

光彩基金会作为一种社会组织，其自身发展，必须融入社会发展总体趋势和时代背景之中，做到顺势而为、乘势而上，这需要我们对其发展形势有准确的判断和把握。就当前而言，光彩基金会既处于可以大有作为的时期，又处于面临竞争挑战的时期。

一是空间更加广阔。随着我国改革开放的不断深入，政府职能已在逐步转变，为包括基金会在内的各类社会组织提供了参与社会管理和服务的发展空间。去年，中央出台了《关于加强和创新社会管理的意见》，强调要引导社会各方面积极参与社会管理服务，促进各类社会组织健康有序发展，增强其服务社会能力，并提出要重点培育和优先发展经济类、科技类、公益慈善类、城乡社会服务类社会组织，这预示着各类社会组织将在社会管理总体格局中承担更加重要的职责。近几年，我国基金会发展迅速，截至 2012 年 3 月 26 日，注册数量已到达 2600 多家，与 2005 年相比，6 年间基金会的数量翻了一倍多。但与国外主要发达国家相比，我们基金会发展还明显滞后。如美国，目前在联邦政府层面注册享受减税资格的基金会就达 2 万多家，这些基金会对社会财富的再分配、社会秩序的治理与稳定都发挥了积极作用。可见，我国基金会的发展还有着很大的上升空间。

二是条件更加有利。党和政府非常重视基金会的发展，不断出台相关扶持政策。2004 年，国务院颁布实施《基金会管理条例》，使我国公益基金会开始走上有序发展道路。为解决新形势下基金会发展所遇到的新情况、新问题，民政部正在起草《关于规范基金会行为的若干规定（试行）》，前不久已向全社会公开征求意见。《规定》的出台一定会为我国公益基金会的发展创造更加有利的政策环境，进入新一轮快速发展阶段。伴随非公有制经济的快速发展，我国非公有制经济人士

数量以及手中所掌握的财富都在迅速增长，广大非公有制经济人士的整体素质也在不断提升，社会责任意识日益增强，已经逐步成为我国公益事业的重要参与主体，这为光彩基金会的发展奠定了坚实的物质基础。而光彩基金会有着与非公有制经济人士联系密切的特点，与其他类型基金会相比，拥有更好的先天条件和发展优势。

三是竞争更加激烈。民间组织的发展，公益基金会数量的不断增多，在形成优势互补、共同发展的同时，也使光彩基金会所面临的同类组织间的竞争将越来越激烈。同时，随着社会公众对参与公益事业热情的提升，参与程度的加深，对基金会工作运作规范、公开透明方面的要求也进一步提高。能否让捐赠者满意、让受助者满意进而让社会公众满意，关系一个基金会的生死存亡，光彩基金会的发展压力与动力并存。

二、努力提升光彩基金会的发展水平

一个基金会能否从激烈的竞争中脱颖而出，外部环境固然重要，但自身的发展能力与水平更加重要。经过多年实践，我国一些公益基金会慢慢形成了具有自身特色的运作方式，逐步成长壮大。如中国青少年公益基金会，它以品牌建设为抓手，打造了以“希望工程”为核心的系列化、特色化的公益项目，同时，利用各级团组织构建起遍布全国的工作网络，形成强大的执行力。又如被福布斯评为2011年中国十佳公益基金会之首的“上海真爱梦想公益基金会”，它把商业管理模式引进公益事业，实现项目运作标准化、系统化、高效化，同时，坚持透明化，是中国首家按上市公司标准发表年报的公益基金会。这两家基金会虽然背景不同、各具特色，但共同点都是以特色品牌提升竞争，以规范透明赢得未来。光彩基金会要善于学习、借鉴这些好的经验、做法，在坚持规范运作、公开透明的基础上，形成自身特点，打造特色品牌。

一是要坚持突出主业，紧紧围绕光彩事业发展谋划基金会工作。设立光彩基金会的主要目的是为推动光彩事业服务，这是光彩基金会的根本所在，也是其价值所在。光彩基金会要始终自觉把支持光彩事业发展作为自己的中心工作，这是我们必须把握的基本原则。在工作谋划与实践中，要争取与光彩事业发展同步，协助推进光彩项目实施，主动为非公有制经济人士参与光彩事业提供服务和帮助。

二是要体现统战特色，使光彩基金会成为促进非公有制经济人士健康成长的平台。胡锦涛总书记在去年党外人士迎春座谈会上首次提出的“同心”思想，为非公有制经济人士的健康成长和光彩事业包括光彩基金会的科学发展指明了方向。光彩基金会必须牢牢把握自身特点与优势，以“同心”思想为引领，把开展公益项目与加强非公有制经济人士思想政治工作相结合，把推动基金会发展与培养非公有制经济代表人士相结合，在促进非公有制经济人士健康成长方面发挥积极作用，努力把基金会建设成为统战部门联系非公有制经济人士的一个重要平台，发现和培养非公有制经济代表人士的有效途径。

三是要立足改善民生，努力打造特色项目。打造具有自身特色的品牌公益项目，是提升一个基金会公众认知度和社会影响力的重要途径。在实践中，光彩基金会以专项基金为重点，在品牌建设上初步取得一些成果。如“西藏文化保护与传承专项基金”、“中华红丝带基金”、“旭化成水环保专项基金”等都取得了良好的效果。下一步，要在巩固已有成就基础上，重点围绕政府倡导、各方关注、群众受益、符合基金会特点、利于非公有制经济人士参与的社会事业去谋划、打造新品牌。目前，要扎实推进“同心·西藏和四省藏区幸福家庭工程----新农村新家庭计划”的开展，着力抓好“同心·光彩创业工程”方案的完善并尽早实施。这里，我想重点强调一下“同心·光彩创业工程”。就业是民生之本，是社会稳定的基础。鼓励自主创业，以创业促进就业，是当前党和政府的一项重要工作。开展这个项目的目的是通过帮扶大学生创业，落实就业优先战略，以促进经济社会和谐发展。同时，在帮扶过程中，培养造就新一代光彩企业家，为促进“两个健康”服务。项目实施采取资金支持与创业指导相结合的方式，由地方光彩会和大学生创业园征集、审核、推荐帮扶项目，光彩基金会联合企业家对帮扶项目进行资金、技术、管理等方面的支持。前一段时间，中国光彩会对“同心·光彩创业工程”的方案，广泛征求了多方意见。下一步，光彩基金会要在完善方案的基础上，按照先试点、后推广的原则，积极组织实施。

三、充分发挥光彩基金会理事的模范作用

理事会作为基金会的领导机构，对基金会的发展具有重要的引导作用。理事长谢伯阳同志，本身就是一届理事会的理事长，同时还担任过民生保险公司的领导职务，具有丰富的基金会管理经验和资本运作能力。大家担任光彩基金会理事，责任重大，使命光荣。希望大家积极履行理事职责，发挥表率作用，为基金会的发展多做贡献。

一是要大力支持光彩事业公益项目的开展。如何对待财富、如何使用和处置财富，体现一个人的人生观、价值观、道德观。作为改革开放受益者和中国特色社会主义事业建设者，广大非公有制经济人士在发展企业、积累财富的同时，要自觉履行社会责任，努力在服务改善民生、促进共同富裕方面发挥积极作用。光彩基金会以服务和推动光彩事业为主要内容，已成为非公有制经济人士参与扶贫开发、投身公益事业的重要平台。各位企业家理事都是各领域、各行业的代表人士，企业规模大、实力强，长期以来，为光彩事业及光彩基金会的发展做出了突出贡献。希望大家今后一如既往地关心、重视基金会工作，在发展企业的基础上，继续对光彩事业及基金会开展的各项活动给予大力支持。

二是要积极为光彩基金会发展出谋划策。大家在商海拼搏多年，有丰富的管理经验和敏锐的市场判断能力，希望大家能发挥这些优势，对基金会工作特别是一些事关全局的重大项目多提宝贵意见。在座的企业家理事中，有的已经以个人或企业名义成立了非公募基金会，更要把自己管理基金会的经验多向光彩基金会传授。也希望我们理事中的专业人士多从专业角度，帮助光彩基金会做好发展规划。

三是要加强对光彩基金会工作的监督。各位理事要充分行使自身权利，多听取基金会工作汇报，加强对资金使用情况的监督检查，对基金会工作中出现的问题要及时指出、帮助解决，对工作存在的不规范、不恰当做法要敢于批评、督促改正，促进基金会提升管理水平和工作效率。

四是要帮助宣传推广光彩基金会。各位理事要发挥联系面广的优势，多向外界介绍、宣传光彩基金会，扩大光彩基金会的影响面，团结和引导更多的非公有制企业和非公有制经济人士参加到光彩基金会建设和发展中来。

另外，我还想强调一下光彩基金会的自身建设问题。刚才伯阳同志在工作报告中提到了光彩基金会自身存在的问题，这些问题不解决，会严重影响基金会的今后发展。新一届理事会要高度重视基金会的自身建设，重点是要加强制度建设，完善工作机制，规范工作程序，提高管理水平，以严格的制度、规范的管理、高效的运作，实现捐赠透明、资助透明、管理透明，提升基金会公信力。要加强队伍建设，注重工作队伍的业务培训和思想教育，提升工作人员的职业水准与敬业精神，提高工作专业水平和能力。

各位理事，从今天开始，新一届光彩基金会理事会正式履行职责了。我相信，在新一届理事会的领导下，光彩基金会一定会取得更大的成就，为推动光彩事业发展和社会事业建设做出更大贡献！

（全哲洙时任中共中央统战部副部长，全国工商联党组书记、第一副主席，中国光彩会副会长）

在"中国光彩事业延边行"活动开幕式上的讲话

全哲洙 （2012年7月25日）

各位来宾、各位企业家，同志们：

大家上午好！

经过一段时间的精心筹备，中国光彩事业促进会和吉林省人民政府共同主办的"中国光彩事业延边行"活动，今天开幕了。光彩事业是一项具有中国特色，以消除贫困为宗旨，以民营企业为主体，以贫困地区为领域，以项目投资为主要形式，以义利兼顾、以义为先为核心理念，以互为依托、共同发展为基本目标，由统战部和工商联组织推动的开发式社会扶贫事业。经过多年的发展，光彩事业已经成为符合中国国情、具有鲜明特色的社会扶贫事业，成为统一战线服务党和国家中心工作、树立和落实科学发展观的重要实践，成为培育非公有制经济人士队伍、巩固和壮大统一战线的重要载体，成为弘扬优秀传统文化、共建社会主义核心价值体系的重要途径，成为民营企业树立良好形象、增强可持续发展后劲的重要渠道，得到了中央领导同志的充分肯定，受到了支持地区的热烈欢迎，赢得了社会各界的广泛赞誉。

举办"中国光彩事业延边行"活动，是今年中央统战部实施"同心"行动的重要内容，也是全国工商联践行"两个健康"工作主题的重要举措。延边是全国唯一的朝鲜族自治州，是中国最大的朝鲜族聚居区。六十年来，在党的民族政策正确指引下，在吉林省委、省政府和延边州委、州政府的有力领导下，在社会各方面的积极支持下，经过全州各族人民的共同努力，延边州的经济社会发展取得了可喜成就。特别是近年来，州委、州政府认真贯彻落实中央及省委、省政府的重大决策部署，紧紧围绕科学发展主题和加快转变经济发展方式主线，牢牢抓住发展和民生两大关键，确立实施"开放先导、项目带动、城乡统筹、文化引领、民生优先"的发展战略，全力打造开发开放新高地，构筑产业发展新优势，塑造现代城镇新形象，开启文化建设新篇章，增进各族人民新福祉，全州经济保持高速增长，呈现出了跨越式发展和长治久安的强劲势头。同时，延边还是革命老区，著名诗人贺敬之的"山山金达莱，村村烈士碑"，就是真实写照。在抗日战争、解放战争和抗美援朝战争中，有2万余名优秀的延边儿女献出了宝贵生命。这不仅是延边的奉献与光荣，在中华民族壮丽史诗上也写下了光辉一页。在这样一块特色鲜明、民族集聚的热土上，在喜迎延边朝鲜族自治州建州60周年之际，举行"中国光彩事业延边行"活动，对于进一步丰富"同心"思想和光彩事业内涵、拓展光彩事业的广度和深度，对于推动边疆少数民族地区经济发展、巩固民族团结和进步，都具有积极的意义。借此机会，我讲三点希望。

希望广大民营企业立足当前，着眼长远，积极在延边兴业发展。延边地处中、俄、朝三国交界，是我国面向东北亚开发的重要门户，是东北亚的核心区域。2009年，国务院正式批复《中国图们江区域合作开发纲要》，标志着长吉图开发开放先导区建设上升为国家战略。延边位于长吉图经济带，在东北亚开发开放大局中占据重要位置，正处在加快发展、实现跨越的关键时期。广大民营企业要充分利用延边具有的东北振兴、西部大开发、图们江区域合作开发、少数民族区域自治等国家战略叠加的政策优势，以敏锐的目光捕捉商机，抢抓中国图们江区域（珲春）国际合作示范区的建设发展机遇，依托延边丰富的自然资源、优越的生态环境、深厚的文化底蕴，围绕外贸加工、特色旅游、国际物流、资源开发利用、民族文化挖掘和生态文明建设等重点领域，紧密结合企业自身实际，投资培育当地优势产业，在实现自身规模扩大，产业链延长，提高产品的附加值和资源的综合利用率的同时，使民营经济在延边不断发展壮大，进一步提升延边经济的可持续发展能力。在这里要强调的是，投资企业必须按照科学发展观的要求，在项目对接和产业发展上，体现出高起点、高水平、高效益，既重眼前利益、更重长远发展，找准企业自愿、社会需要、地方支持的好项目，增强项目的针对性、可行性和实效性，做到项目实施能发挥当地资源和用工优势，促进企业结构调整和转型升级，最终能够推动地方和企业共同转变经济发展方式。

希望广大民营企业富而思源、回报社会，积极参与延边扶贫开发事业。先富帮后富、实现共同富裕是光彩事业的根本宗旨和奋斗目标，也是对非公有制经济人士贯彻“同心”思想的根本要求。光彩事业要坚持以“同心”思想为引领，着眼于促进非公有制经济健康发展和非公有制经济人士健康成长，丰富光彩精神、推进光彩实践、深化光彩宗旨、建设光彩队伍，引导广大非公有制经济人士踊跃参与扶贫开发，积极构建和谐劳动关系，自觉感恩回报社会，努力与党和人民在思想上同心同德、在目标上同心同向、在行动上同心同行。由于种种原因，延边经济总量不大、经济结构不优、城乡居民收入不高，全州还有 4 个国家级贫困县、27 万农村贫困人口，扶贫开发任务艰巨。参与民族地区的扶贫开发和民生事业，既是企业回报社会的体现，也是践行“同心”思想的具体举措。广大民营企业要积极参与延边的新农村建设，重点围绕经济发展和民生改善等方面开展扶贫开发，积极推动贫困地区改善文化教育、医疗卫生条件，参与基础设施和生态环境建设。农业产业化龙头企业要以项目投资方式长期参与，有实力的企业以基础设施投资方式阶段性参与，中小企业以吸纳就业的方式普遍参与，帮助延边贫困群众提高生产生活质量。在此过程中，要注重“扶贫”与“扶智”相结合，积极参与基础教育、民族教育，推进职业教育，资助农村实用技术人才、医疗人才和教育人才的培养培训项目，进一步增强延边贫困地区发展的内生动力。

希望吉林省各级党委、政府继续关心支持民营经济发展，为民营企业创造更加有利的环境。民营经济在创造财富上是典型的“富民经济”，在扩大就业上是典型的“民生经济”，光彩事业的深入发展离不开民营经济的发展壮大。近年来，吉林省委、省政府高度重视、积极扶持民营经济发展，大力倡导并积极推动全民创业，民营经济实现了又好又快发展。在当前国家不断出台扩大民间投资的各项政策措施，鼓励、支持和引导民营经济发展的大好形势下，我们要继续坚持“两个毫不动摇”长期方针，切实抓好这些政策措施的贯彻落实，努力为民营经济发展在政策上创造良好环境，在服务上提供各种便利，为光彩事业扎根吉林、造福群众，奠定民营经济大发展的坚实基础。各级统战部和工商联要继续深入贯彻落实中央 16 号文件，着眼于加快转变经济发展方式，不断提高服务引导民营经济发展水平；着眼于培育合格的中国特色社会主义事业建设者，积极推动光彩事业深入发展；着眼于提高服务科学发展能力，扎实抓好工商联基层组织建设。延边州要充分利用好“中国光彩事业延边行”这一载体，进一步做好项目谋划、论证和实施，特别是要做好项目的后续服务，牢固树立尊重民营企业就是尊重规律、尊重创造、尊重贡献的观念，在全州上下营造亲商、安商、扶商、富商的氛围，打造良好的政策、市场、社会和法治环境，努力创建全国投资环境最优地区，为民营企业来延边投资兴业提供更加优质便捷的服务。

延边曾经是我工作和生活过的地方，对这片热土我怀有深厚的感情，看到家乡日新月异的变化，心里感到由衷的高兴。希望各位企业家在延边多走走，多看看，多为边疆民族地区的发展繁荣作贡献。我相信，在吉林省委、省政府的正确领导下，有了广大民营企业的热情参与，经过全省各族人民持续不断的努力奋斗，吉林“科学发展，加快振兴，让全省各族群众生活得更加美好”的目标一定能够实现，延边州也一定能够建设得更加富庶、开放、生态、和谐、幸福。

最后，祝“中国光彩事业延边行”活动圆满成功！祝各位企业家身体健康、事业兴旺！

谢谢大家！

（全哲洙时任中共中央统战部副部长，全国工商联党组书记、第一副主席，中国光彩会副会长）

在“中国光彩事业宁夏行”开幕式上的讲话

全哲洙　（2012年8月8日）

各位领导、各位企业家，同志们：

正值全国上下扎实推进“十二五”规划落实，喜迎党的十八大胜利召开之际，中国光彩事业促进会和宁夏自治区党委、人民政府共同主办的“中国光彩事业宁夏行”活动，今天开幕了，我谨代表中央统战部、全国工商联和中国光彩事业促进会向活动表示热烈的祝贺。

此次活动是中国光彩会年初确定的一项重要光彩事业活动，也是贯彻落实国家新时期农村扶贫开发纲要的重要举措。去年国家颁布了《中国农村扶贫开发纲要（2011-2020年）》，充分肯定了我国扶贫事业取得的巨大成就，但也明确指出，我国仍处于并将长期处于社会主义初级阶段，经济社会发展总体水平不高，区域发展不平衡问题突出，制约贫困地区发展的深层次矛盾依然存在，扶贫对象规模大，相对贫困问题凸显，返贫现象时有发生，贫困地区特别是连片特困地区发展相对滞后，我国扶贫开发已经从以解决温饱为主要任务的阶段转入巩固温饱成果、加快脱贫致富、改善生态环境、提高发展能力、缩小发展差距的新阶段，新时期扶贫开发任务仍十分艰巨。

宁夏是我国五个少数民族自治区之一。改革开放特别是西部大开发战略实施以来，宁夏坚持走科学发展道路，经济增长连续10年保持在10%以上，城乡面貌和人民生活水平发生了很大变化。近年来，自治区党委、政府以科学发展观为引领，结合区情实际，制定了中长期发展战略和总体规划，宁夏自治区已经步入了历史上最好的发展时期。但宁夏仍属于西部欠发达地区，基础条件相对薄弱，贫困人口基数较大，发展仍然相对滞后，扶贫攻坚任务繁重。此时，举办“中国光彩事业宁夏行”，引导动员民营企业积极参与自治区经济建设和扶贫开发事业，既是践行统一战线“同心”思想、推进光彩实践的重要举措，也是促进“两个健康”、服务大局的具体行动。借此机会，我讲三点希望。

一是希望广大民营企业在扶贫开发中促进当地发展。民营企业参与光彩事业，促进少数民族地区经济社会发展，是贯彻中央新十年农村扶贫开发纲要的重要体现。作为西部经济欠发达少数民族地区，宁夏既是西部大开发的主战场，也是国家扶贫攻坚的主战场，目前尚有100余万贫困人口，扶贫开发任务十分艰巨。自治区的快速发展需要全区各族人民在地方党委、政府的领导下自力更生、艰苦奋斗，同时也需要社会各界人士，特别是民营企业的支持和参与。希望各位企业家以“中国光彩事业宁夏行”活动为契机，多考察产业项目、多提出发展建议，积极参与宁夏自治区的扶贫开发工作。要秉持科学发展理念，紧紧围绕自治区总体规划，充分利用宁夏的政策优势和资源优势，紧密结合企业自身实际，以开发自然资源为抓手，以培育龙头产业为关键，找准企业自愿、地方鼓励、社会需要的好项目，增强项目的针对性、可行性和实效性，着力培育当地优势产业，进一步提升宁夏的科学发展能力，为推动宁夏经济社会跨越式发展作出应有的贡献。

二是希望广大民营企业在投资创业中拓展发展空间。企业积极参与光彩事业，自身发展是基础。只有企业自身不断发展壮大，才能更有力地推动光彩事业向广度深度拓展。只有突出互惠互利、合作共赢，光彩事业才有生命力，才能可持续地开展下去。特别是在当前经济增速放缓和运行下行压力较大的情况下，广大民营企业要特别注重加快转变发展方式，在投资方向上更加关注“后发优势”，在投资区域上更加注重面向欠发达地区。宁夏自治区能源资源丰富、农业基础良好、城市发展较快、旅游资源独特，比较优势明显，合作领域广阔。2010年国务院《全国主体功能区划战略》把以银川为中心的宁夏沿黄经济区正式定位为“国家重点开发区域”，全力打造全国重要的能源化工、新材料基地，清真食品及穆斯林用品和特色农产品加工基地，区域商贸物流中心。希望广大民营企业家以敏锐的目光捕捉商机，抢抓机遇，在参与沿黄经济区发展战略中与宁夏人民共创美好事业，实现自身规模扩大，产业链延长，提高产品附加值和资源综合利用率，在进一步推动宁夏经济社会全面发展的同时，推进企业自身的科学发展和转型升级。

三是希望广大民营企业在感恩回报中履行社会责任。思想上同心同德、目标上同心同向、行动上同心同行，是贯穿统一战线始终的价值追求。在当前形势下，光彩事业坚定贯彻“同心”思想、奋力推进“同心”实践，关键是要着眼促进“两个健康”，大力弘扬“义利兼顾、以义为先”核心理念，引导广大民营企业在改善民生、服务社会中积极履行社会责任。到2020年，宁夏要与全国同步进入全面小康社会，这是党中央的要求，也是宁夏各族人民的共同愿望。宁夏自治区目前还有42万残疾人群，扶贫攻坚压力较大，保障和改善民生任务艰巨。自治区党委、政府提出了以公益慈善与经济发展、扶贫济困与产业培育相结合的“黄河善谷宁夏慈善模式”，契合光彩事业理念宗旨，符合“同心”思想要求。希望各位企业家增强使命感和责任感，自觉感恩回报社会，在进行项目投资的同时，努力帮助宁夏地区贫困群众和残疾人群提高生产生活质量。

“中国光彩事业宁夏行”是宁夏自治区今年经济社会发展中的一件大事。希望自治区各级党委政府充分利用好此次机会，进一步解放思想，注重行政效率，做好项目谋划和实施，特别是要做好项目的后续服务，要牢固树立尊重民营企业就是尊重规律、尊重创造、尊重贡献的观念，在全区上下营造亲商、安商、扶商的氛围，打造良好的政策、市场、社会和法治环境，努力创建良好的投资环境，为企业提供完善的服务、宽广的发展平台，创造开放合作、双赢发展的新成果。

最后，祝“中国光彩事业宁夏行”活动取得圆满成功。

（全哲洙时任中共中央统战部副部长，全国工商联党组书记、第一副主席，中国光彩会副会长）

在"中国光彩事业六安行"暨安徽省与全国知名民营企业家合作发展会议上的讲话

全哲洙　（2013年5月9日）

同志们：

由中国光彩事业促进会、全国工商联和安徽省人民政府共同主办的"中国光彩事业六安行"暨安徽省与全国知名民营企业家合作发展会议，今天在六安开幕了。安徽省委、省政府对这次活动高度重视，作了大量前期工作。一会儿，王学军省长还要讲话。借此机会，我代表中央统战部、全国工商联和中国光彩会，对参加这次活动的企业家和各界人士表示诚挚的欢迎！

刚才，大家一起观看了六安革命老区专题纪录片，举行了投资项目签约仪式和公益项目捐赠仪式。六安市是著名的"将军之乡"，具有光荣的革命传统。同时，处于大别山区的六安市也是欠发达地区，是国家新十年扶贫开发纲要确定的重点帮扶地区。新形势下加快六安革命老区发展振兴，使老区人民都能过上幸福生活，是全社会的共同责任。今天，我们在此举办活动，目的就是为了深入贯彻落实党的十八大精神和国家新十年扶贫开发纲要精神，努力为老区发展尽一份力。同时，这也是一次生动的理想信念教育和革命传统教育，有利于我们进一步增强为实现中国梦贡献力量的使命感和责任感。下面，我讲三点意见。

第一，学习老区精神，坚定理想信念。革命老区是为中国革命牺牲最大、贡献最多的地区。没有革命老区，党领导的武装斗争就没有坚实的落脚点，中国革命就很难取胜。学习老区精神，要学习他们始终坚持党的领导，坚定信念、心系全局、甘于奉献、百折不挠的精神。党的十八大提出要广泛开展理想信念教育，把广大人民团结凝聚在中国特色社会主义旗帜下。为深入贯彻党的十八大精神，中央统战部和全国工商联决定在今年集中开展以"民营企业家与中国梦"为主题的非公有制经济人士理想信念教育实践活动。我们5月6日刚刚召开了全国电视电话会议，作出了动员部署。今天，我们举办这次"光彩事业六安行"活动，组织民营企业家走进大别山革命老区，就是开展理想信念教育活动的一次具体实践。希望民营企业家这次在深入革命老区，和老区人民的近距离接触交流中，进一步增进对国情党情的认识，看到我们党能够带领全国人民取得新民主主义革命和社会主义革命的伟大胜利，来之不易，看到我们党能够带领13亿多人口已经走在中华民族伟大复兴的道路上，是在创造奇迹，从而进一步增强对中国特色社会主义的信念，对党和政府的信任，对企业发展的信心，深刻认识中国特色社会主义道路是民营经济可持续发展的康庄大道，是民营企业家梦想成真的必由之路；正确看待加快改革发展中出现的各种问题，认清毫不动摇地巩固和发展公有制经济，毫不动摇地鼓励、支持和引导非公有制经济发展是党和政府坚定不移的基本方针；发扬劳动创造精神和创业精神，积极应对困难挑战，努力实现科学发展，把个人梦想融入伟大的中国梦。

第二，支持老区建设，促进共同富裕。六安革命老区在各级党委和政府的重视支持下，近年来经济社会发展和扶贫开发工作取得了很大成就。但受自然和历史等因素影响，老区人民生产生活依然存在许多困难，区域性、整体性贫困问题比较突出。按照新的国家扶贫标准，六安市仍有贫困人口近200万。解决老区发展问题既是攻坚战，更是持久战。同时，六安市自然资源、矿产资源丰富，水利资源在全国居领先地位，钼金属储量超过220万吨，铁矿石蕴藏量近20亿吨；自然风光秀美，是国家级生态示范区，国家园林城市。加之民风淳朴、群众有吃苦耐劳的传统，发展的潜力很大。民营企业在这里要善于发现机遇，结合企业自身人才、技术、信息等优势选择产业、找准项目，投资兴业。应结合山区特点，重点发展特色农业、旅游业、劳动密集型产业等，更多吸纳农村转移劳动力就业。要坚持人才培养和智力扶贫，尽可能通过项目投资把企业先进的经营理念和管理模式传授给当地，帮助他们培养人才，提高自我发展能力。要注重资源节约和环境保护，既要经济发展、民生改善，又要绿水青山。企业家在这里投资，要坚持“义利兼顾、以义为先”理念，努力做到企业效益与社会效益的有机统一，更加注重社会效益。要以高度的责任心和使命感，积极支持老区公益慈善事业，更多回馈社会、造福人民。刚才，民营企业家进行了公益捐赠。4月20日四川省雅安发生强烈地震后，民营企业闻讯立即行动起来，不到10天，担任全国工商联副主席、中国民间商会副会长和中国光彩事业促进会副会长的企业家捐款捐物就超过1亿元，民营企业总计捐款捐物9.6亿多元，其中捐款6.6亿多元，充分体现了当代中国民营企业家的责任意识和爱国情怀，及时向社会传递了正能量。在老区作公益事业，要突出特色，紧紧围绕民生改善和百姓受益，重点改善文化教育、医疗卫生条件，参与基础设施和生态环境建设，帮助老区特困群众特别是困难革命家庭和军烈属等解决生活困难。

第三，提高服务水平，营造良好环境。民营经济是民生经济。近年来，安徽省委、省政府高度重视民营经济发展，大力倡导并积极推动全民创业。今年春节刚过，安徽省委、省政府召开了全省发展民营经济大会，出台了大力发展民营经济的意见，为民营经济发展注入新的动力。这次光彩事业六安行活动，全省已签约项目987项，签约金额达6618亿元，其中六安已签约项目42项，签约金额达272.3亿元。相信民营企业一定能够扎根六安、扎根安徽，在服务地方经济发展中实现自身科学发展。同时，也希望安徽各级党委政府进一步加快改革步伐，努力突破重点领域和关键环节，为民营经济快发展、大发展、科学发展创造良好环境、提供优质服务。一要建立定期交流平台，通过召开地方主要领导与投资企业家座谈会等形式，倾听企业家意见建议，帮助企业解决发展中的突出困难。二要为投资兴业提供高效服务，进一步做好项目规划、论证和实施，项目审批要按照简政放权原则，为企业提供一站式办理，做到多服务、少干预，切实提高办事效率，同时要注重抓好已落地项目的跟踪服务。三要营造亲商、安商、扶商的社会氛围，对于在当地投资产生良好效益的企业，要大力宣传，通过树立典型，营造尊重民营企业就是尊重创造、尊重劳动、尊重贡献的良好氛围。四要维护投资企业合法权益，做到严格规范公正文明执法，维护企业正常生产经营秩序，建立司法部门与工商联的沟通机制，妥善解决企业遇到的司法不公、权益受侵害等问题。希望各级统战部和工商联高度重视这次全国范围开展的非公有制经济人士理想信念教育实践活动，认真学习传达全国电视电话会议精神，结合实际精心抓好组织实施。要积极探索革命传统的育人作用，不断拓展和深化光彩事业、感恩行动和公益慈善事业，努力提高新形势下加强非公有制经济人士思想政治工作的水平。要主动加强与外地到皖投资企业家的沟通联系，及时了解他们思想上的困惑和生产经营中遇到的困难和问题，努力做好解疑释惑和各种帮扶工作，以贴心细致的服务让他们感受到家的温暖。

同志们，今明两天我们还为大家安排了一些项目考察和参观革命旧址等活动。各位企业家能集中几天时间走进六安革命老区不容易，希望大家充分利用好这次机会，集中精力、俯下身子、深入基层、贴近群众，一方面认真考察、找好项目，力争为老区脱贫致富、改善民生多作贡献；一方面认真了解革命斗争史和党史，多向老区人民学习，思源感恩、提升境界，为企业健康发展和自身健康成长汲取营养。

最后，祝“中国光彩事业六安行”暨安徽省与全国知名民营企业家合作发展会议圆满成功！祝各位企业家事业兴旺、身体健康！

谢谢大家！

（全哲洙时任中共中央统战部副部长，全国工商联党组书记、常务副主席，中国光彩会副会长）

在感恩革命老区延安行座谈会上的讲话

全哲洙 （2013年7月19日）

同志们：

在深入学习贯彻党的十八大精神的开局之年和全党深入开展群众路线教育实践活动之际，中央统战部、全国工商联、中国光彩事业促进会组织开展以“弘扬延安精神、共筑中国梦”为主题的感恩革命老区延安行活动，是加强非公有制经济人士理想信念教育、促进两个健康、为实现中华民族伟大复兴中国梦汇聚正能量的重要举措。活动期间，大家参观了枣园、杨家岭等革命旧址和延安革命纪念馆，听取了安振华、赵耀宏教授分别作的关于“延安精神及其时代价值”和“延安时期毛主席处理重大事件的策略艺术及现实启示”的授课，进行了公益捐赠、救灾捐款活动等，集中了解了延安时期我们党领导人民进行革命斗争的光辉历史和丰功伟绩，受到了一次深刻的延安精神和革命传统教育。在今天的座谈会上，几位同志做了很好的发言，听了很受启发。下面，我谈几点意见。

一、认真领会延安精神的基本内涵

延安精神是我们党在以毛泽东同志为代表的第一代中央领导集体的领导下，在延安十三年艰苦卓绝的革命斗争实践中，培育和创立的伟大革命精神。它贯穿和渗透了马列主义、毛泽东思想活的灵魂，与井冈山精神、长征精神、西柏坡精神一道，是我们党的宝贵财富，是我们战胜各种困难、不断取得胜利的重要法宝，具有超越时空的恒久价值和旺盛生命力。

（一）坚定正确的政治方向是延安精神的灵魂。延安时期，我们党能够不断创造奇迹，领导中国革命不断走向胜利，最根本的原因是我们党找到了正确的前进方向，树立了引领中华儿女共同奋斗的目标。我们党立足中华民族根本利益，以马克思主义中国化的毛泽东思想为指导，把统一战线、武装斗争、党的建设作为党的三大法宝，确立打败日本侵略者、解放全中国、建立新民主主义国家的政治路线，吸引成千上万革命者义无反顾地奔赴延安，汇聚起浩浩荡荡的抗日救国洪流，克服种种艰难险阻，不断从胜利走向新的胜利。

（二）解放思想、实事求是是延安精神的精髓。延安时期，我们党摒弃本本主义、教条主义，大胆探索、勇于创新，形成了解放思想、实事求是的思想路线，为中国革命最终胜利提供了重要保证。中国共产党坚持把马克思主义普遍原理同中国具体实际相结合，成功找到了解决中国前途命运的道路。特别是以整顿思想方法和思想作风为主的延安整风运动，帮助广大党员干部从主观唯心主义的禁锢中解放出来。毛泽东同志的许多经典著作，如《中国革命战争的战略问题》、《实践论》、《矛盾论》、《论持久战》、《新民主主义论》、《论联合政府》等，都是在延安时期完成的，毛泽东思想逐步走向成熟，并被确立为党的指导思想。

（三）全心全意为人民服务是延安精神的核心。在延安召开的党的“七大”把“为人民服务”写入党章，强调党除了人民大众的利益，没有自己的特殊利益。我们党就是以对人民的无限忠诚赢得了人民的拥护和支持，是历史和人民选择了中国共产党。延安时期，以“三三制”为特征的民主政权，包容了社会方方面面的代表；轰轰烈烈的双拥运动，实现了军政、军民团结如一人；各阶级、各阶层参加的抗日民族统一战线，汇聚了挽救民族危亡的强大力量。当时，涌现了一批像白求恩、张思德这样的先进楷模，形成了毫不利己专门利人的“白求恩精神”和全心全意为人民服务的“张思德精神”。

（四）自力更生、艰苦奋斗是延安精神的重要标志。延安时期特别抗日战争进入相持阶段的困难时期，国民党政府对延安和陕甘宁边区实行了军事包围和经济封锁。在艰苦条件下，我们党的领导人布衣草履、素食淡饭。毛泽东同志穿着补丁衣服给抗大学员讲课，林伯渠同志用绳子作腰带，展现了共产党人的良好形象。共产党人还以无比顽强的意志、坚韧不拔的精神，积极响应毛泽东同志自己动手、丰衣足食的号召，开展了轰轰烈烈的大生产运动。当时三五九旅开垦南泥湾，把荒无人烟的“烂泥湾”变成了“陕北的好江南”。正是在实践中培育了自力更生、艰苦奋斗的精神，我们党才克服和战胜了无数艰难险阻。

通过这两天的现场学习和参观考察，大家追忆历史、缅怀先烈，对延安时期我们党的艰苦奋斗史、对光照千秋的延安精神都有了更加深刻的理解，思想受到震撼，心灵受到净化，境界得到升华，取得很大收获。大家普遍感到，延安精神不仅是中国共产党和中华民族的宝贵精神财富，更是今天广大非公有制经济人士在新的历史条件下坚定理想信念、克服种种困难、不断做强做大企业的精神源泉。我们一定要继承优良革命传统和作风，自觉把中国特色社会主义作为精神支撑和行动遵循，增强对党和政府的信任，坚定发展企业的信心。

二、准确把握延安精神与时代精神的关系

当前，在全面建成小康社会、加快推进社会主义现代化的历史新时期，作为中华民族精神重要组成部分的延安精神，仍具有强烈的时代价值和重大的现实意义。我们仍然需要发扬延安精神，把延安精神作为凝聚人心、团结奋进的强大动力，作为战胜困难、推动发展的重要法宝。希望广大非公有制经济人士从延安精神中汲取营养和智慧，在继承延安精神中更好地弘扬以改革创新为核心的时代精神，不断攻坚克难，努力实现科学发展。

（一）弘扬改革创新精神必须坚持中国道路。道路决定命运。延安时期，以毛泽东同志为代表的中国共产党人以大无畏革命精神，探索形成了新民主主义的革命道路和建国纲领。同时，又在理论创造和实践探索中正确把握时代进步潮流，反映了中国人民建设独立、自由、民主、和平新中国的心声，使全党的认识和行动达到了空前统一，取得了抗日战争的胜利，为夺取新民主主义革命的胜利指明了正确方向。改革开放以来，我们党不断推进理论和实践创新，带领人民走出了中国特色社会主义道路。实践证明，这条道路是实现中华民族伟大复兴唯一正确的道路，也是非公有制经济健康发展和非公有制经济人士健康成长的正确道路。当前，我国正处在改革攻坚期、转变发展方式关键期、社会矛盾凸显期，有些人在中国走什么样的发展道路问题上出现了困惑、疑虑和担忧。这就需要通过历史和现实、国内和国外的比较，通过加强形势政策的宣传教育，引导非公有制经济人士正确看待改革发展中出现的矛盾和问题，认清经济形势深刻变化孕育的新机遇、深化改革扩大开放带来的发展新动力，增强对中国特色社会主义的道路自信、理论自信和制度自信，抓住机遇、应对挑战，在改革开放和现代化建设中开拓创新、建功立业。

（二）弘扬改革创新精神必须遵循科学发展。一切从实际出发，实事求是，在实践中不断探寻规律、开拓新路，不仅是党的事业不断取得成功的一条重要经验，对民营企业创新发展同样具有重要的指导意义。与改革开放初期相比，现阶段民营经济生存发展的环境已发生很大变化，正在从传统的计划经济向法治的市场经济转变、从短缺经济向结构性过剩转变、从粗放式增长向集约式发展转变。新的形势迫切要求广大非公有制经济人士解放思想、实事求是。唯有如此，才能找准企业发展中面临的突出问题和瓶颈，增强创新驱动发展能力，推进转型升级；才能开阔眼界和胸襟，在世界范围内配置

资源、开拓市场、提高核心竞争力。

（三）弘扬改革创新精神必须依靠员工群众。习近平总书记指出：人民群众是我们力量的源泉；每个人的力量是有限的，但只要我们万众一心、众志成城，就没有克服不了的困难。这与延安精神中我们党与人民同呼吸、共命运的优良传统是一脉相承的。当前正在全党开展的群众路线教育实践活动，正是为了在新形势下保持党同人民群众的血肉联系，凝聚起推动经济社会发展的强大力量。同样，对当前民营企业积极应对挑战、努力实现可持续发展，有着十分重要的启示。非公有制经济人士只有牢固树立发展依靠员工、发展造福员工的理念，使企业和员工成为命运共同体、事业共同体，才能最大限度地把广大员工的积极性调动起来。只有注重激发员工的创造热情，建立起鼓励创新的人才开发机制和收入分配机制，不断优化人才发展环境，才能推进自主创新、实现可持续发展。因此，希望大家努力为员工成长成才和各类人才发挥作用提供舞台、创造条件，使每一位员工都能够共享人生出彩和梦想成真的机会，让企业梦成就员工梦，员工梦融入企业梦，形成强大的创新发展合力。

（四）弘扬改革创新精神必须做到自立自强。一个国家、一个政党、一个企业，只有自立自强，才能有所作为，赢得发展。近年来，在我国实体经济发展普遍面临成本高、利润薄、转型难等诸多困难的同时，欧美等发达国家提出了再工业化的政策主张，其政策扶持着力点再次转移到高端制造业上来，使我国在全球经济竞争中面临新的严峻挑战。长期以来，国内一些企业过度依赖引进国外技术，消化、吸收、再创新能力薄弱，对自主研发和培育自主品牌重视不足，贴牌生产较多，导致在核心技术和高端市场上受制于人。民营企业只有把自立自强、敢于拼搏、注重创新作为发展的前提条件，才能够带领企业打造核心竞争力，实现基业长青。在十二届全国人大一次会议上，习近平总书记对全体非公有制经济人士提出了“发扬劳动创造精神和创业精神”的殷切期望，寓意十分深刻。希望大家坚定实业报国理想，永葆创业创造激情，以“不放弃不抛弃”的坚韧毅力，发挥“不等、不靠、不怨”的主观能动性，做强做大实体经济，为全面建成小康社会奠定更加坚实的基础。

三、以实际行动继承和发扬延安精神

延安革命老区为中国革命作出了巨大的历史性贡献。没有老区人民无私的奉献，中国革命就不可能“星星之火、可以燎原”，党领导的武装斗争就不可能取得胜利。这次延安行活动，就是要通过实地感受革命老区，进一步增强感恩党、感恩国家、感恩人民的意识，提高素质，办好企业，更好地回报社会，为实现中国梦贡献力量。

（一）要自觉坚持党的领导。中国共产党是中国特色社会主义事业的坚强领导核心，民营经济在新的起点上进行新的实践创新、实现科学发展，面临日趋复杂的国内外环境，更加离不开党的坚强领导。我们学习延安精神、坚定正确政治方向，就是要自觉拥护党的领导，积极贯彻党的路线方针政策，坚决抵制任何企图摆脱、削弱、否定党的领导的言行；就是要把个人的理想追求融入到中华民族伟大复兴的共同目标中，在党的领导下为实现中国梦贡献力量；就是要主动支持所在企业建立党组织，支持党组织发挥在职工群众中的政治核心作用和在企业发展中的政治引领作用。

（二）要坚定共同理想信念。理想是方向，信念是动力。理想的滑坡是最致命的滑坡，信念的动摇是最危险的动摇，坚定的理想信念是促进“两个健康”的根本所在。习近平总书记提出的中国梦，揭示了中华民族的前途命运和当代中国的发展方向，为坚持中国特色社会主义注入了新的内涵，体现了国家价值、社会价值和个人价值的完美融合，是当今中国的高昂旋律和精神旗帜。当前，我们开展的理想信念教育实践活动，就是要发挥中国梦的强大感召力和价值引领作用，激发广大非公有制经济人士的共鸣，自觉把个人梦、企业梦和中国梦结合起来，为实现中国梦凝聚最强大的中国力量。大家作为代表人士，是非公有制经济人士队伍的骨干和中坚，具有较大的影响力和号召力，要积极主动参加到理想信念教育实践活动中来，切实发挥主体作用，带头搞好自我教育，带头学习、带头讨论、带头实践，做到真相信、真拥护、真受益、真实践，在活动中进一步坚定对中国特色社会主义的信念、对党和政府的信任、对企业发展的信心；要变“自己参加”为“带动大家参加”，通过现身说法忆成长、话梦想、讲贡献，影响和带动广大处于“一般状态”的非公有制经济人士和小微企业经营者受教育、树信心、促发展。

（三）要带头办好企业。实干才能兴邦，兴业方能报国。大家作为代表人士，只有办好企业、产业报国，才能在共筑中国梦中实现人生出彩。要充分认识当前民营经济面临的形势是机遇与挑战并存，但总体是机遇大于挑战。要坚持投身实业，下功夫改造和提升传统制造业，积极进军战略性新兴产业，大力发展现代农业和现代服务业，不断优化产品结构，全身心打造民族品牌。要加强发展战略创新、企业制度创新、商业模式创新和内部管理创新，努力推进产权结构向开放、多元转变，提升企业管理科学化水平。要树立世界眼光和系统思维，善于在经济全球化的大趋势中和国内区域经济发展战略中把握发展商机。大型企业还要更多关注产业链上下游的中小企业，带动它们不断向“专、精、特、新”方向发展，推动形成大中小微企业密切协作、共同发展的格局。

（四）要积极履行社会责任。在社会主义市场经济条件下，社会的认可程度，往往决定着企业发展的现实空间和长远潜力。作为代表人士，有义务大力弘扬中华民族扶危济困的传统美德，在办好企业的同时，以扶贫开发、项目投资、公益捐赠等形式，积极参与光彩事业、感恩行动和各项社会事业，以良好品德和人格魅力赢得社会的信任，为非公有制经济人士树立良好形象做出表率。要更多吸纳劳动力就业，建立员工工资随企业效益增长稳步增加的机制，在企业内部加强人文关怀，积极构建和谐劳动关系，努力为社会和谐作出贡献。要以先进文化带动提升企业文化建设的内涵和水平，推动企业文化建设从缺乏个性向个性鲜明、职工认同转变，建设体现时代特征、符合中国特色、富有企业特点的先进企业文化，团结凝聚企业党员、职工群众，共同为实现企业梦、中国梦目标努力。

同志们，延安是中国革命圣地。1935 年中央红军长征胜利到达陕北后，延安就成为中国革命的指挥中心和战略总后方，毛泽东等老一辈无产阶级革命家在这里战斗生活了 13 个春秋，延安人民为中国革命作出了巨大牺牲和贡献。新中国成立以后，特别是改革开放以来，延安革命老区经济社会发展和扶贫开发工作取得了很大成就。但受自然和历史等因素影响，延安发展不平衡问题依然突出，全市仍有 187 个重点贫困村约 45 万低收入人口，占农业人口近三分之一，扶贫攻坚任务十分艰巨。同时，延安也是资源富集的地方，煤炭、石油、天然气、紫砂陶土储量丰富；所产红枣、核桃、羊肉、小杂粮等农产品品质优良，是世界最佳苹果优生区；拥有一大批革命旧址，有中华民族始祖轩辕黄帝陵、黄河壶口瀑布等著名景点，是全国爱国主义、革命传统和延安精神三大教育基地，是中国历史文化名城、中国优秀旅游城市。加之民风淳朴、群众有吃苦耐劳的传统，发展的潜力很大。目前，已有许多民营企业陆续到这里投资兴业，支持老区建设。我们希望以这次活动为契机，有更多的企业把对老区感恩之心，外化为关心、支持老区发展的自觉行动，结合企业自身技术、人才、信息、管理等优势选择产业、找准项目，更好地回馈社会、造福人民。

感恩革命老区延安行活动就要结束了，但我们追求理想信念没有结束，感恩回馈社会、履行社会责任没有终点，这都将是在更高起点上又一个新的开始。希望大家回去后，进一步深刻领会延安精神蕴含的宝贵财富，更加自觉接受革命传统教育，全面提高自身综合素质，认清历史使命，勇担时代责任，以自己的示范带动作用团结凝聚广大非公有制经济人士，为全面建成小康社会和实现中华民族伟大复兴中国梦作出新的更大贡献。

（全哲洙时任中共中央统战部副部长，全国工商联党组书记、常务副主席，中国光彩会副会长）

在"中国光彩事业西藏行"开幕式上的讲话

全哲洙　（2013年8月4日）

同志们：

这次由中国光彩事业促进会、西藏自治区党委、自治区人民政府共同主办的"中国光彩事业西藏行"活动，是中央统战部、全国工商联、中国光彩会贯彻落实党的十八大精神的一次具体实践，也是加强非公有制经济人士理想信念教育的一个重要举措，目的是组织广大民营企业家以实际行动为推进西藏跨越式发展和长治久安作贡献。西藏自治区党委、自治区人民政府对这次活动高度重视，做了大量前期工作。刚才，洛桑江村主席在致辞中指出要以更实的措施、更强的决心、更大的力度，推动西藏民营经济的发展，两位企业家代表也作了很好的发言，听后很受教育。借此机会，我谈三点意见。

一、深刻认识实现西藏发展与稳定的战略意义

西藏地域广阔，约占国土面积的1/8，与6个国家和地区接壤，是我国通往南亚的门户，战略地位十分突出；历史文化悠久，民族宗教特色突出；拥有丰富的农业、林业、野生动植物及矿产资源，其中铬、铜、锂等多种矿产资源储量居全国前列。由于这些因素，西藏成为我国重要的国家安全屏障和生态安全屏障、重要的战略资源储备基地和高原特色农产品基地、重要的中华民族特色文化保护地和世界旅游目的地。在实现中华民族伟大复兴中国梦的进程中，西藏工作具有重要的战略地位，事关全面建成小康社会宏伟目标的实现，事关经济社会可持续发展，事关祖国统一、民族团结和国家安全。

西藏和平解放60多年来，党和国家始终高度重视和关心西藏工作。1980年以来，中央先后召开5次西藏工作座谈会，出台了一系列特殊优惠政策，制定实施了"对口援藏"重大战略决策部署，为西藏经济社会发展注入了强大推动力。特别是党的十八大提出要加大对边疆地区的扶持力度、加快民族地区发展，习近平总书记明确提出"治国必治边、治边先稳藏"重要战略思想，进一步明确了西藏在党和国家工作全局中的特殊重要地位，为做好西藏工作进一步指明了方向。在中央的亲切关怀、全国人民的大力支援下，在西藏各级党委政府的带领下，经过各族群众的艰苦奋斗，西藏实现了翻天覆地的巨大变化。2012年西藏地区生产总值、税收和财政收入等一些主要指标的增长速度超过全国平均水平，旅游人数和总收入创历史新高，民族团结更加巩固，文化事业加快发展。但受自然、地理、历史等多种因素影响，西藏底子薄、积累少、实力弱的状况尚未根本改变，发展稳定仍然面临不少困难和问题，需要西藏各族干部群众抓住历史机遇、用好全国支援、继续艰苦奋斗，需要全国人民给予更多关注，提供更大支持。

二、推动西藏跨越式发展必须大力发展民营经济

西藏的发展既需要外部支援，更需要增强自我发展能力，而大力发展民营经济是西藏增强自我发展能力的重要途径。目前，我国民营经济对GDP的贡献已超过50%，城镇固定资产投资占比已超过60%，解决了城镇就业的80%和新增就业的

90%，为2亿以上从业人员提供了主要的工资性收入，带动更多人过上小康生活。西藏要实现跨越式发展，在2020年与全国一道共同实现全面建成小康社会的宏伟目标，大力发展民营经济是必解之题和必经之路。

西藏自治区党委、政府坚定贯彻“两个毫不动摇”的方针，在放宽市场准入、优化投资环境等方面出台了一系列政策措施，提出了放心放开放宽放胆放手发展民营经济的“五放”政策，为西藏民营经济发展创造了良好环境、注入了新的活力。截至2012年12月底，西藏民营企业和个体户总计已达11.86万户，占全区各类市场主体的95.4%，从业人员达56.1万人，税收总量达142.8亿元，占全区税收的93%，民营经济发展有了坚实的基础。但由于西藏民营经济起步较晚，无论从总体规模和实力看，还是从个体规模和质量看，与沿海省份和中西部多数省份相比，还有较大差距，进一步发展的空间还很大。

希望西藏自治区各级党委、政府继续重视民营经济发展，不断解放思想，狠抓各项政策措施的落实。要深化行政管理体制改革，加快转变政府职能，推进简政放权，做到多服务少干预、多设路标少设路障，着力打造良好的政策、市场、法治和社会环境。要把有资源、有效益、能双赢的优势项目推介给民营企业，加快培育一批有较强带动力的龙头企业，并注重加大对小微企业的扶持力度，大力提升产业发展整体水平。这次活动，西藏自治区签约项目达229个，总投金额逾3613.07亿元，其中合同项目131个，投资金额2393.29亿元；要下功夫抓好项目的落地和跟踪服务，与企业建立经常性的沟通交流机制，及时帮助它们解决生产经营中遇到的困难和问题，依法维护企业正当权益，解除进藏民营企业后顾之忧，使之放心、专心发展。

三、以坚定的理想信念助推西藏跨越式发展

民营企业家作为中国特色社会主义事业建设者，要承担起助推西藏跨越式发展和长治久安的重要使命，这既是服务党和国家工作大局的责任之举，也是感恩回报西藏人民为国家统一和民族团结所作重大贡献的情义之举。希望民营企业家用中国特色社会主义共同理想凝聚力量，用民族精神、时代精神和“老西藏”精神鼓舞斗志，以投资兴业的实际行动为西藏发展做出贡献。

要大力弘扬以爱国主义为核心的民族精神。建设团结、民主、富裕、文明、和谐的社会主义新西藏，是中国梦的重要组成部分。党对合格中国特色社会主义事业建设者的要求首先就是爱国。由于达赖集团在国际敌对势力支持下一直没有停止对西藏的渗透破坏活动，这里还存在着各族人民同以达赖集团为代表的分裂势力之间的特殊矛盾。民族团结是西藏各族人民的生命线，我们与分裂势力的斗争是长期的、尖锐的、复杂的。民营企业家要在西藏的历史性巨变中看到，没有共产党就没有新中国，也就没有新西藏，只有坚持中国共产党的领导、坚持中国特色社会主义制度，西藏的明天才会更美好，从而增强爱国、爱党热情，积极主动参与到援藏工作中来。这次光彩事业西藏行，企业家的公益捐赠达到7900万元，就充分体现了当代中国民营企业家强烈的责任意识和爱国情怀。和内地相比，西藏基础条件相对差些，人才资源相对少些，发展成本可能高些，民营企业家来这里投资发展需要经受更多的考验。这就需要广大民营企业家在投资西藏、扎根西藏发展中，积极践行“义利兼顾、以义为先”理念，始终把国家利益、民族大义牢记心头，满怀深情为西藏发展献计出力。

要大力弘扬以改革创新为核心的时代精神。西藏既有发展优势，也普遍存在基础设施相对薄弱、市场化程度较低等实际情况，特别是在生态环境保护方面有着特殊严格的标准。这就要求到西藏投资兴业的民营企业必须坚持科学发展观，因地制宜、大胆创新，积极探索既符合市场经济规律又适合西藏区情的发展新路。通过正确把握产业发展趋势和市场需求，选好社会需要、当地支持、环境允许的好项目；通过运用参股、重组等方式投资西藏，同时帮助当地企业加强员工培

训、提高员工的岗位技能，将先进的生产技术和管理经验带到西藏，不断提升当地企业的可持续发展能力和西藏经济的自我发展能力；通过为藏族群众提供更多的就业机会，维护员工合法权益，积极构建和谐劳动关系，使员工能够体面劳动、幸福生活，促进当地民生改善。

要大力弘扬以艰苦奋斗为核心的“老西藏”精神。“老西藏”精神，是建国初期在毛泽东、邓小平等老一辈无产阶级革命家亲手培育下，由进藏援藏大军创造的，其内涵就是“特别能吃苦、特别能战斗、特别能忍耐、特别能团结、特别能奉献”。传承和发展“老西藏”精神，是来藏投资企业和进藏员工适应艰苦环境、长期扎根发展的重要条件。要加强对全体进藏员工“老西藏”精神的教育，激励他们努力克服企业发展中遇到的困难和问题，始终保持旺盛的创业激情。要充分尊重民族地区的宗教信仰、风俗习惯和生活方式，积极参与光彩事业、社会公益活动，促进民族关系、宗教关系、阶层关系和谐。

同志们，支援西藏跨越式发展和长治久安是一项长期而艰巨的任务。各级工商联、光彩会要按照中央的要求，在推动西藏民营经济发展中积极承担任务、发挥作用。要更多组织民营企业家到西藏学习考察投资，在参与建设新西藏的实践中做贡献、受教育、长才干。要充分发挥中国梦的强大感召力和价值引领作用，深入开展理想信念教育实践活动，引导民营企业家从西藏历史巨变中进一步增强对中国特色社会主义的信念、对党和政府的信任、对企业发展的信心。要充分发挥代表人士的示范带动作用，对为西藏发展稳定作出突出贡献的人士，在安排使用、表彰宣传上给予重点考虑，激励更多的民营企业家为西藏跨越式发展作贡献。

最后，祝“中国光彩事业西藏行”圆满成功！祝各位企业家事业兴旺、身体健康！

（全哲洙时任中共中央统战部副部长，全国工商联党组书记、常务副主席，中国光彩会副会长）

在“中国光彩事业赣州行”开幕式上的讲话

全哲洙　（2013年10月21日）

由中国光彩事业促进会、江西省人民政府共同主办的“中国光彩事业赣州行”活动，今天开幕了。这是继中国光彩事业“六安行”、“西藏行”之后，年内举办的又一次光彩行活动。这次活动的主要目的是深入贯彻落实党的十八大精神，结合实际开展党的群众路线教育实践活动，认真落实《国务院关于支持赣南等原中央苏区振兴发展的若干意见》部署，进一步加强对非公有制经济人士的革命传统教育和理想信念教育，努力为赣南苏区经济社会发展作贡献。

一、弘扬苏区精神，坚定中国特色社会主义理想信念

赣南苏区是土地革命时期中央苏区的主体和核心区域，是中华苏维埃共和国临时中央政府所在地，是人民共和国的摇篮，为中国革命作出了巨大牺牲和贡献。中央苏区时期我们党逐步找到了“农村包围城市，武装夺取政权”的正确革命道路，在治党、治国、治军方面进行了积极探索，党的七大概括提出的理论和实践相结合、密切联系群众、批评和自我批评三大作风，也与这个时期的革命实践紧密相关。赣南苏区人民对党有着深厚感情，衷心拥护革命，当时只有240万人的赣南苏区，参加红军的有33万余人，参加支前的有60余万人，有名有姓的烈士十万八千余人，不少家庭是“全家革命，满门忠烈”。艰难困苦，玉汝于成。在革命根据地的创建和发展中，在建立红色政权、探索革命道路的实践中，无数革命先辈用鲜血和生命铸就了以“坚定信念、求真务实、一心为民、清正廉洁、艰苦奋斗、争创一流、无私奉献”为主要内涵的苏区精神。无论现在还是将来，我们都要积极从苏区精神中吸取智慧和力量，在企业发展中不断丰富升华传承苏区精神，让苏区精神永放光芒。

这次“中国光彩事业赣州行”活动，是理想信念教育实践活动的重要内容。希望大家在活动中认真学习苏区人民的革命传统，通过弘扬苏区精神，坚定理想信念。

二、增强责任意识，大力支持赣南苏区振兴发展

改革开放以来特别是近些年，赣南苏区经济社会发展取得了长足进步，人民生产生活有了较大改善。但受历史、自然等因素影响，苏区贫困落后面貌还没有根本改变，仍然是全国较大的集中连片特困地区，全市贫困人口还有170多万，占农村人口的1/4。振兴发展赣南苏区，既是一项重大的经济任务，更是一项重大的政治任务。为尽快改变这里贫困落后的面貌，党中央国务院着眼全面建成小康社会全局，专门出台国务院《若干意见》，明确支持赣南等原中央苏区振兴发展的指导思想、基本原则、战略定位和发展目标，制定了一系列特殊政策措施。民营企业家要积极响应党中央国务院号召，自觉承担起助推苏区振兴发展的重要使命，这既是服务党和国家工作大局的责任之举，也是感恩回报苏区人民为中国革命所作重大贡献的情义之举。

同时企业家们也要看到，尽管赣南苏区发展基础还较为薄弱，但加快发展的有利因素也很多。除享有一系列特殊政策外，这里区位优势

明显、特色资源丰富、旅游资源很多、生态环境优越，加之苏区人民思富图强意识不断增强，这里有着巨大的后发优势，是企业在更大范围优化资产配置、加快结构调整可供选择的重要区域。希望大家能在这里找到适宜的发展机会，同时积极践行光彩事业“义利兼顾、以义为先”的核心理念，坚持企业效益和社会效益的有机统一，在发展企业的同时，更加注重社会效益，始终把推进苏区振兴发展作为根本出发点和落脚点；要按照当地发展规划，结合企业自身实际选好项目，重点发展稀有金属产业、农产品深加工、红色旅游等地方优势产业。要特别关注苏区的民生问题，通过公益捐赠等方式，积极帮助解决农村土坯房和中小学校舍危旧、农民饮水不安全、部分老年人缺少养老保障等问题，努力回馈社会，造福苏区人民。

我这里还要特别提一下，脐橙是赣州农业中的重要产业，赣南脐橙不仅营养丰富、品质上乘，是中国知名品牌，在世界都有较大影响力，而且解决了赣南苏区100万农村劳动力就业，使70万果农人均收入增加5800元。今年，赣州脐橙预计增产20%，将再次实现大丰收。但受市场对脐橙的需求下降，以及销售组织化程度低、渠道不畅等多种因素影响，果农面临着严峻的卖橙难问题，希望大家高度关注赣州果农眼下遇到的这一现实难题，积极想办法，献出爱心。

三、营造良好环境，服务民营企业健康发展

江西省委、省政府，赣州市委、市政府制定了一系列鼓励支持民营经济发展的政策措施。赣州市民营经济每年都以两位数增长，对全市GDP的贡献已达61%，固定资产投资占比和缴税额占比分别已达62.7%和74.01%。这次光彩行活动共签约合同项目113个，签约金额1040.9亿元。这些项目的建成，一定会对当地经济社会发展起到有力推动作用。

企业的感受和发展是最好的投资指南。地方各级党委、政府要进一步解放思想，全面深化改革，结合党的群众路线教育实践活动，把服务民营经济作为加快民生改善的重要途径，积极营造良好发展环境，营造高效的政务环境、公平的市场环境、公正的法治环境和宽松的社会环境。各级统战部、工商联、光彩会要不断提高服务引导民营经济健康发展的能力和水平，主动帮助民营企业解决遇到的实际困难，让他们切实感受到关心和温暖。我相信，只要大家共同努力，民营经济一定能够扎根赣州，为赣南苏区振兴发展作出积极贡献。

（全哲洙时任中共中央统战部副部长，全国工商联党组书记、常务副主席，中国光彩会副会长）

在“光彩事业信阳行”开幕式上的讲话

全哲洙　（2014年5月21日）

同志们：

这次由中国光彩事业促进会和河南省人民政府联合举办的“中国光彩事业信阳行”活动，是非公有制经济领域贯彻落实党的十八大和十八届三中全会精神的重要举措，是深入开展非公有制经济人士理想信念教育实践活动的具体实践。河南省委、省政府，信阳市委、市政府对这次活动高度重视，做了大量前期准备工作。刚才，谢伏瞻省长介绍了河南经济社会发展情况和目标规划，信阳改变贫困落后面貌的思路，表达了党委政府要大力发展民营经济的决心。我们还观看了《辉煌大别山》专题片，举行了项目签约和公益捐赠仪式，两位企业家代表发了言，会后还要实地参观革命旧址。这里，我谈三点意见。

一、传承优良革命传统，坚定改革发展信心

大别山区是中国革命的重要发源地和战略支撑地。地处大别山区的信阳，具有光辉的革命历史。自1921年信阳新县组建党组织到新中国成立，28年红旗不倒；在新民主主义革命时期，信阳有近100万群众参军，超过30万人英勇牺牲，当时不足10万人的新县，就有55000人献出了宝贵生命；在血与火的峥嵘岁月里，英雄的信阳人民最后一碗饭送去做军粮，最后亲骨肉送去上战场，始终与党和人民军队心连心。信阳人民用鲜血铸就了大别山区坚守信念、胸怀全局、团结一心、勇当前锋的革命精神。用革命的实践证明了一条颠扑不破的真理，那就是中国共产党人有着敢闯难关、敢冒风险、敢开新局的智慧和勇气，只有坚持党的领导，我们才会战胜前进道路上的各种艰难险阻，也印证了只有人民才是真正的英雄，是历史的创造者，我们只有始终坚持从群众中来、到群众中去的群众路线，继续保持党同人民群众的血肉联系，才能为改革发展凝聚起强大正能量。

当前，市场需求不足、要素成本上升、环境约束加剧等问题凸显，经济下行压力依然较大，转型升级已经成为民营企业绕不开、躲不过的必经之路。我国改革也已进入攻坚期和深水区，面临许多思想观念的障碍和利益固化的藩篱，有许多硬骨头要啃，必须进一步解放思想，以敢涉险滩的精神开拓进取。信阳革命老区为我们留下的宝贵精神财富，既为新形势下推进全面深化改革提供了借鉴，也为非公有制经济人士攻坚克难、干事创业提供了强大的精神激励。希望广大非公有制经济人士在信阳能够深入革命老区、深入农村农户多走一走、看一看，在实地回顾革命历史、接受党情国情教育中，进一步坚定对中国特色社会主义的道路自信、理论自信、制度自信，自觉汲取智慧力量、凝聚改革共识，积极融入全面深化改革的伟大进程，支持改革、参与改革、推进改革，大力弘扬创业、创新精神，不断开拓科学发展新路。各级统战部、工商联要以党的群众路线教育实践活动为契机，深入开展以“信念、信任、信心、信誉”为主要内容的非公有制经济人士理想信念教育实践活动。要引导他们传承弘扬大别山革命老区精神，发扬以爱国、敬业、创新、诚信、守法、贡献为主要内容的“优秀建设者精神”，践行以“义利兼顾、以义为先”为核心内容的光彩精神，树立发展依靠员工、关爱员工的理念，

构建和谐劳动关系；树立财富源于社会、致富回馈社会的理念，自觉承担社会责任。

二、紧扣扶贫攻坚任务，共促老区跨越发展

全面建成小康社会，重点在农村，难点在贫困地区。中央强调，要把集中连片特困地区作为扶贫开发主战场。目前，信阳还有5个国家级贫困县，2个省级贫困县，757个贫困村，还有贫困人口66.6万人，不解决贫困问题，信阳就难以实现跨越式发展。信阳在战胜贫困、加快发展中也有诸多优势。这里区位优越、交通便利，是中原腹地和鄂豫皖三省交接处，多条铁路、高速、国道联通，是我国重要的枢纽城市；资源丰富、生态良好，是远近闻名的“鱼米之乡”和我国著名的绿茶之乡；民风淳朴、吃苦耐劳，长期在外务工人员260多万，劳动力资源丰富，素质较高。这些既是信阳的后发优势，也为民营企业来这里投资兴业提供了有利条件。希望大家结合企业实际深入考察，积极把握机遇，努力在参与信阳的扶贫开发建设、助力革命老区跨越发展中，实现自身科学发展。

参与扶贫开发，必须以发展产业、改善民生和增强老区“造血”功能、增添内生发展动力为着力点。民营企业要用好中央支持发展现代农业和推进城乡发展一体化的政策，积极发展农业产业化龙头企业和现代种养业，不断探索创新生产经营模式，有效拉动特色优势农业做强做大。用好信阳大力发展产业聚集区的平台，以电子信息、现代家居、新型建材、绿色食品、现代物流等当地核心产业为重点，主动走企业间分工协作、优势互补的发展路子，不断拉长和完善产业链条，带动小微企业发展。大力发展面向“三农”的金融机构和生产性服务业，积极扩大当地就业，吸引人才回归，努力培育壮大新型职业农民队伍，帮助扶贫对象提升就业创业能力，带动农民在家门口就近脱贫致富。各级工商联和商会组织要通过各种有效形式，及时准确传递解读中央各项重大改革举措，帮助企业把握和用好改革红利。要围绕助推企业转型升级，指导和帮助企业抓好制度创新、技术创新、商业模式创新、管理创新，不断增强创新发展、转型升级的动力。

三、加快全面深化改革，激发民营经济发展活力

解决落后地区的贫困问题，从根本上讲要大力抓好县域经济发展。当前，发展县域经济就是发展民营经济。民营经济是老百姓经济，抓民营经济就是抓民生。河南省委、省政府，信阳市委、市政府十分重视民营经济发展，近年来出台了一系列鼓励支持民营经济发展的政策措施。这次光彩行活动已签约项目231个，签约金额1899.3亿元，将有力促进信阳经济社会发展和贫困地方脱贫致富。

希望各级党委、政府加大全面深化改革力度，进一步破除制约民营经济发展的体制机制障碍，努力为民营企业落地发展营造更好的外部环境。一要创造良好政务环境。进一步简政放权，最大限度减少政府对微观经济活动的干预，充分发挥市场在资源配置中的决定性作用，同时强化政府公共服务、市场监管、社会管理等职责，多设“路标”，少设“路障”，让企业真正感受到门好进、脸好看、事好办。坚决反对“四风”，在全社会形成深化改革就是要优化市场环境，环境也是生产力的共识，切实解决提法过多、招法过少的问题，建立严格的工作问责机制，使各项政策真正落地。二要建立实行统一的市场准入制度。清除对民营经济各种形式的不合理规定和隐性壁垒，积极试行负面清单管理模式，支持鼓励民营企业进入特许经营领域、参与政府重点项目投资，鼓励不同所有制企业相互参股、持股、兼并重组，鼓励民营企业参与国有企业改革，鼓励发展民营资本控股的混合所有制企业。三要完善产权保护制度。坚持依法行政、依法办事，切实保护企业经营权、财产权和知识产权不受侵犯，进一步消除“小富即安、大富不安”的种种疑虑。推动形成全社会关心、支持民营经济发展，鼓励探索、宽容失败、崇尚创业的浓厚氛围。四要注重发挥工商联的优

势作用。建立民营经济发展联系协调机制，建立党委、政府和企业沟通平台，多听取企业家们的意见，坚定他们的发展信心。进一步加强和改进新形势下工商联工作，特别是要选好配强各级工商联领导班子，帮助工商联解决实际困难，为工商联更好发挥作用创造必要条件。

最后，祝中国光彩事业信阳行取得圆满成功！

（全哲洙时任中共中央统战部副部长，全国工商联党组书记、常务副主席，中国光彩会副会长）

在“中国光彩事业南疆行”开幕式上的讲话

全哲洙 （2014年8月12日）

同志们：

这次“中国光彩事业南疆行”，是中国光彩事业促进会和新疆维吾尔自治区党委、政府，新疆生产建设兵团共同举办的一次重要活动，是中央统战部、全国工商联贯彻落实党的十八大、十八届三中全会和第二次中央新疆工作座谈会精神的重要举措，是深化非公有制经济人士理想信念教育实践活动，引导他们为维护新疆社会稳定和实现长治久安贡献力量的具体行动。

新疆自治区党委、自治区人民政府和兵团党委对这次活动高度重视，做了大量前期准备工作。昨天下午，中央政治局委员、自治区党委书记张春贤同志在乌鲁木齐会见了出席这次活动的民营企业家代表，对企业家们参与和支持新疆发展稳定的行动给予高度评价，指出当前新疆非公有制经济发展正面临着落实第二次中央新疆工作座谈会精神、全面深化改革、建设丝绸之路经济带这些难得的历史机遇，希望民营企业抢抓机遇，在紧贴民心上取得新成效，在以产业促就业上实现新突破，在丝绸之路经济带建设上发挥新作用，在带动新疆民营企业家队伍成长上创造新业绩，在促进民族团结、维护社会稳定上作出新贡献。张春贤同志的讲话对办好这次活动具有重要指导意义，对参加活动的企业家是很大的鼓舞和肯定。

刚才，我们观看了《战略高地新疆》宣传片，举行了项目签约和公益捐赠仪式，两位企业家代表发了言，自治区党委副书记韩勇同志代表自治区党委、政府作了热情洋溢的讲话。会后，还要到喀什特殊经济开发区、保税区、金融贸易区和兵团41师学习考察。下面，我谈几点意见。

一、切实增强促进新疆发展稳定的责任感和使命感

新疆工作在党和国家工作全局中有着特殊重要的战略地位。新疆地大物博，是我国西北的战略屏障，是实施西部大开发战略的重点地区，是我国向西开放的重要门户，也是全国重要的能源基地和运输通道。新疆发展稳定，事关全国改革发展稳定大局，事关祖国统一、民族团结、国家安全，事关“两个一百年”奋斗目标和中华民族伟大复兴中国梦的实现。今年5月召开的中央第二次新疆工作座谈会，科学判断新疆局势，把社会稳定和长治久安确定为新疆工作的总目标，进一步明确新疆工作的指导思想、基本原则、目标任务、主攻方向和政策措施，为做好新疆工作提供了根本遵循。新疆这些年纵向看，无论天山南北，还是城市乡村，经济社会面貌都发生了巨大变化。但与我国发达地区相比，仍有较大差距，特别是当前新疆民族分裂、宗教极端、暴力恐怖“三股势力”活动多发频发，严重干扰新疆全面建成小康社会进程，严重影响全国安定团结局面，维护新疆社会稳定、推动新疆繁荣发展的任务比以往任何时候都更突出、更艰巨。做好新疆稳定和发展工作，必须夯实经济发展这一基础，抓住扶贫开发和改善民生这一基本环节。在这方面，光彩事业和民营企业责任重大，大有可为。

促进新疆发展稳定是时代赋予非公有制经济人士的重要使命。习近平总书记指出，不管发生什么情况，都要坚定不移推动新疆更好更快发展。经过36年改革开放，我国民营企业规模和实力都已发生历史性变化，在推动新疆更好更快发展中

已经成为不可或缺的力量。目前，我国私营企业已近1400万户，注册资本46万多亿元。非公有制经济人士已突破7000万，他们作为先富裕起来的群体，作为中国特色社会主义事业建设者，在稳疆建疆中担负重要使命，也有独特优势。早在20年前，民营企业家就通过光彩事业平台，在新疆和田地区实施了“打井工程”，使700多个自然村受益。在新一轮对口援疆中，100多位知名民营企业家参加首届“中国—亚欧博览会暨光彩事业新疆行”活动，引进建设7项重大项目，金额达1226亿元。党的十八大以来，中央对民营企业参与新疆建设寄予更多期望，中共中央政治局常委、全国政协主席俞正声同志多次鼓励民营企业家要积极参与、支持新疆发展稳定。这次组织“中国光彩事业南疆行”，就是要引导民营企业家深刻认识建设社会主义新疆是中国梦的重要组成部分，爱疆建疆是弘扬爱国主义精神、做合格建设者的必然要求，促进新疆发展稳定就是维护民营经济发展的空间和环境，从而以高度的政治责任感和使命感，以坚定扎实的行动，积极参与到稳疆建疆事业中来。

促进新疆发展稳定是民营企业坚持科学发展、加快转型升级的战略选择。新疆的诸多特殊优势为民营企业加快转型升级提供了良好机遇和条件。在资源方面，新疆是个宝库，石油、天然气储量占全国陆上油气资源总量的30%以上，煤炭储量占全国的40%，风力、光伏等可再生能源开发潜力巨大，产业发展与内地有很强的互补性，为民营企业调整优化产业结构提供了广阔空间。在区位方面，新疆按照中央统一部署，抓住丝绸之路经济带建设的重大机遇，正加大全方位对外开放力度，着力打通东联西出的国际国内大通道，打造向西开放的桥头堡，建设丝绸之路经济带核心区，这对入疆投资的企业无疑意味着更大商机和市场，意味着“走出去”发展将更加便捷和畅通。在政策方面，中央在财政、投资、金融、人才等方面给予新疆特别是南疆一系列特殊支持，并要求新疆抓好对内开放，积极吸引内地企业家到新疆投资兴业，吸引各类资本参与新疆基础设施建设和资源开发利用，使新疆成为新时期投资创业的热土。自治区也正积极推进非国有资本参股国有企业、地方企业参股央企，探索发展混合所有制经济。广大民营企业家要把握住新疆发展的黄金机遇期，为更可持续发展增添新的动力。

促进新疆发展稳定是非公有制经济人士坚定理想信念的重要实践。开展“中国光彩事业南疆行”活动，有利于把新疆作为教育课堂和实践基地，帮助民营企业家更好地接受理想信念教育。新疆辽阔而壮美的山河，近代以来新疆各族人民反对民族分裂、维护祖国统一的斗争历史，新中国成立以来新疆各地在党的领导下走社会主义道路、不断发展进步的巨大成就，数十万转业军人远离故土、屯垦戍边、保疆建疆的光辉业绩，一批又一批援疆干部埋头苦干、奋力拼搏的奉献精神，改革开放以来民营企业家踏着光彩事业的足迹到新疆投资兴业、实现人生出彩的成功实践，都为广大民营企业家坚定理想信念提供了强大精神动力。新疆发展稳定急在当前、任务艰巨、条件艰苦，引导民营企业家主动担当、有所作为，有利于进一步增强他们对中国特色社会主义的信念、对党和政府的信任、对企业发展的信心、对社会的信誉，有利于提升其思想政治素质和科学发展能力，造就一批优秀中国特色社会主义事业建设者。

二、紧扣社会稳定和长治久安助推新疆跨越式发展

发展新疆必须紧紧抓住的一条，就是发展要落实到改善民生上、落实到惠及当地上、落实到增进团结上。这就要求民营企业家必须转变经营理念，坚持就业第一、教育优先、扶贫为重，坚持参与式、包容性、融合式发展，切实让更多成果惠及新疆各族人民，从而为新疆社会稳定和长治久安发挥实质性、建设性作用。

要以发展教育、增加就业为重点加快改善民生。在南疆，发展教育、促进就业是从根本上解决发展稳定问题的重要方面。只有创造条件让所有的少年儿童都能融入学校、融入集体学习、生活和成长，从小就接受国家意识、法律意识、公

民意识的教育，更多掌握现代科学知识，积极培养向上的思想情感和人生追求，才能夯实新疆社会稳定的根基。民营企业家在南疆投资兴业，要重视教育类项目投资，积极开办双语学校、职业技术学校和技能培训机构等，努力为南疆的教育事业多做贡献。就业是最大的民生工程，接受教育在很大程度上也是为了就业。尤其是在企业集中就业，有利于促进民族团结，有利于群众生产生活方式的转变，有利于抵制宗教极端思想。民营企业在新疆一定要把增加就业作为重要任务，优先发展就业容量大、就业带动力强的产业和项目，更多吸纳当地群众就业，更多带动小微企业发展。要抓住新疆特色优质农副产品，在精加工、深加工上下功夫，不断延长产业链条，使农牧民能在种养殖、加工、销售等各环节增收。中央对新疆实施的发展纺织服装产业带动就业规划，在政策上给予了大力支持，这对民营企业投资是极大利好。内地有条件的纺织服装企业可有序向新疆棉花产地转移，降低原料和运输成本，通过产业链整合实现集中布局、集聚发展。要注重开发富有民族和地域特色的文化和旅游品牌，带动民族特色手工业发展，让新疆特色优势产品走出戈壁沙漠、进入国内外市场，让更多当地群众参与到旅游产业发展中来。

要以扶贫开发为途径更多惠及当地。帮助新疆贫困人口加快脱贫致富，关系新疆发展稳定全局。民营企业要在产业投资带动扶贫开发的同时，尽最大努力以公益项目和慈善捐赠等方式，积极参与贫困地区医疗卫生、饮水安全、村民住房、乡村公路、水利灌溉、天然气利民工程等建设，帮助农牧民增强就业能力，改善生产条件，提高生活质量。公益项目和捐赠要重点向农牧区、边境地区、特困人群倾斜，使扶贫真正扶到点上、扶到根上。发展中要注重资源节约、环境保护，尽可能把税收多留在当地，以增强新疆的“造血”机能和可持续发展能力。这次南疆行活动，中国光彩事业促进会组织民营企业家共捐款 6840 万元用于南疆四地州和兵团的民生项目建设。

要以交往交流交融为纽带增进民族团结。团结犹如空气和阳光，是新疆各族人民的生命线。增进民族团结，一个基本途径就是促进各民族之间的交往交流交融。到新疆投资的民营企业有优势有义务做好这方面工作。要把民族团结教育融入企业党的建设和企业文化建设全过程，面向全体员工普及党的民族政策，积极参与民族团结进步创建活动，引导各族员工像爱护自己的眼睛一样爱护民族团结、像珍视自己的生命一样珍视民族团结。企业主要出资人和管理人员要坚持有利于民族团结的话多说，有利于民族团结的事多做，平等对待各族员工，多交兄弟民族朋友。要积极参与和支持开发以弘扬优秀少数民族传统文化和传播现代文化理念为主题的文化作品和文化产业，激发群众爱国爱疆美好情感。内地民营企业要主动安排新疆群众特别是少数民族和大学毕业生到内地培训和就业，防止和纠正歧视、排斥新疆少数民族群众就业的做法。总之，要通过大家的努力，促进各族群众加深了解、增进感情，形成相互尊重、相互包容、相互欣赏、相互帮助的局面。

三、着力激发新疆民营经济活力和创造力

民营经济是民生经济、富民经济和活力经济，无“民”不稳、无“民”不富、无“民”不活。近些年，新疆民营经济虽然实现了较快发展，但在经济总量中的占比仍然偏低，中小微企业发育仍显不足。大力发展民营经济，已经成为新疆实现更好更快发展的必经之路，也是稳疆建疆的长久大计。这次“中国光彩事业南疆行”签约项目共计 266 个，投资额 1734.8 亿元，其中，签定合同 148 个，合同投资额 1175.5 亿元。随着项目的落实到位，必将对新疆经济社会发展产生较强带动效应。内地民营企业家克服各种困难到新疆投资兴业，体现出强烈的使命感和责任感，是新疆发展稳定的重要力量。地方党委政府要保护好民营企业家的投资积极性，最大限度地激发民营经济活力和创造力。

要在解放思想、简政放权上下功夫。新疆涉及社会稳定的深层次问题，最终都要通过发展来

解决。面对新的形势，各级干部要立足长远，理直气壮地抓发展，努力为各种所有制经济发展营造良好环境。当前，重点是要进一步深化行政审批制度改革，加大取消、缩减核准力度。要按照系统性、同步性、协调性原则，从顶层设计入手，全面梳理审批设立的依据，从上至下尽可能多地取消、缩减核准范围和核准权限。对非行政许可审批事项，应全部取消并杜绝转入内部审批。要进一步简化、改进和规范核准、备案行为，更多减少和取消前置审批，对国家没有明确要求作为项目审批核准前置条件的事项，一律在项目核准后、开工前完成。全面梳理相关部门职责，优化审批工作流程，探索建立项目审批一站式窗口服务制度。要进一步扩大民间投资领域，结合民营企业意愿和能力，尽快拿出一批看得见、进得去、能盈利的示范项目，以激发民间资本的参与热情。

要在落实政策、加大扶持上下功夫。当前，中央和地方出台了大量促进民营经济发展的好政策，但许多还是不落地。加快新疆民营经济发展，必须在政策落实上动真格，提高政府公信力和执行力。中央明确要扶持新疆纺织服装产业发展，支持符合条件的当地企业参与油气区块竞争性出让和勘探开发，有序放宽对新疆企业进口原油的资质条件，加大对中小微企业财税支持力度，允许民间资本在南疆设立民营银行、农村新型金融组织，支持民间资本更多参与交通运输体系建设，在南疆经商办企业并落户的人员享受当地教育、社保、计生优惠政策等。新疆应充分发挥主体作用，抓紧制定具体落实方案、配套措施和实施细则。对已出台的决策部署，要深入搞好宣传，健全评估、督查和问责制度，形成抓落实的有效机制。在制定和实施政策过程中，各级党委政府要积极搭建问需于企、问政于企、问计于企的平台，使政策制定更加科学务实，政策实施更加有效。

要在坚定理想信念、增强内生动力上下功夫。新疆地处反分裂反渗透反颠覆斗争的前沿，坚定的理想信念对“两个健康”尤为重要。新疆在开展非公有制经济人士理想信念教育实践活动中，在“四信”基础上，增加了“对各民族的信赖”这一教育内容，是符合实际的。新疆要紧紧围绕增强“五信”，把凝聚改革共识、助推转型升级、树立先进典型、建设企业文化、增进民族团结作为着力点，努力把活动不断推向深入。在这个过程中，要注重抓好三个结合，即把促进发展与维护稳定结合起来，引导非公有制经济人士把维护新疆社会稳定和长治久安作为谋划企业发展的重要出发点和着眼点；把解决思想上的困惑与解决生产经营中的困难结合起来，使活动开展的过程成为凝聚改革共识、增强发展信心的过程；把对出资人的引导与对员工的教育结合起来，在提高出资人思想政治素质的同时，把“五信”教育更好地渗透到全体员工中去。商会是非公有制经济人士最集中的地方，要让商会真正动起来、起作用，以充分发挥非公有制经济人士的主体作用，不断扩大活动覆盖面、增强活动的实效性。希望新疆各级党委、政府进一步加强对工商联工作的领导和指导，支持工商联加强县级工商联和中国特色商会组织建设，为工商联更好履行职责、发挥作用创造条件。

同志们，“中国光彩事业南疆行”活动，承载着党和国家对民营企业家参与稳疆建疆的殷切希望，寄托着新疆人民致富奔小康、团结求发展的热切期盼。我相信，在以习近平同志为总书记的党中央坚强领导下，在新疆各族人民的团结奋斗和全国各族人民的关心支持下，建设团结和谐、繁荣富裕、文明进步、安居乐业的社会主义新疆的目标一定会实现。

（全哲洙时任中共中央统战部副部长，全国工商联党组书记、常务副主席，中国光彩会副会长）

在中国光彩事业黄冈（红安）老区行上的讲话

全哲洙　（2015年11月10日）

同志们：

这次中国光彩事业促进会和湖北省人民政府联合主办的“中国光彩事业黄冈（红安）老区行”活动，是非公有制经济领域认真学习贯彻党的十八届五中全会精神和中央统战工作会议精神的具体行动，也是深化非公有制经济人士理想信念教育实践活动，引导企业家投身革命老区扶贫开发、接受革命传统教育，为老区如期全面建成小康社会作贡献的重要举措。湖北省委省政府，黄冈市、红安市党委政府对这次活动高度重视，前期做了大量的扎实工作。今天上午，大家参观了黄麻起义和鄂豫皖苏区纪念园、红安县七里坪长胜街。刚才，我们观看了革命传统教育片《铁血红安》，举行了项目签约和公益捐赠仪式，两位企业家代表发了言，湖北省委书记李鸿忠同志亲临会议并作了重要讲话。这里，我谈三点意见。

一、聚焦全面小康，增强使命意识

民营企业家参与黄冈（红安）革命老区扶贫开发，是担当中国特色社会主义事业建设者使命的内在要求。“十三五”时期是全面建成小康社会的决战决胜期，也是扶贫攻坚的最后冲刺期。未来五年，要实现我国现行标准下7000多万贫困人口全部脱贫、贫困县全部摘帽，解决区域整体性贫困，任务还很艰巨。革命老区多是山区和贫困地区，是扶贫开发重点区域和主要战场之一。改革开放以来，黄冈（红安）老区经济社会发展取得长足进步，但贫困落后面貌还没有根本改变。目前，黄冈还有102.8万贫困人口和892个贫困村，所辖10个县市区有6个被划入大别山集中连片特困地区，红安66.5万人口中还有10.2万贫困人口，亟须加大扶贫开发力度。组织这次“黄冈（红安）行”，就是要引导民营企业家进一步认清扶贫开发面临的形势和任务，增强大局意识和使命意识，致富思源，勇担责任，和社会各方面一道，帮助老区加快脱贫发展步伐，确保老区在全面建成小康社会进程中不掉队，让老区的人民群众都能过上好日子。

民营企业家参与黄冈（红安）革命老区扶贫开发，是带领企业加快转型发展的重要机遇。从地理位置看，黄冈大别山区位于楚头吴尾、长江中游北岸和鄂豫皖赣四省交界地带，与湖北省会城市武汉山水相连，具有承东启西、纵贯南北、得中独厚、通达江海的区位优势。从资源条件看，这里有丰厚的人文历史资源、自然资源和旅游资源，是中华农耕文化和楚文化发祥地之一，是国家重要的粮油生产基地和特色农产品产区。从产业基础看，黄冈已建成3家省级高新区，3个国家级农业标准化示范区，22个现代农业示范园区等，展示了跨越式发展的巨大潜力。从战略机遇看，长江经济带、长江中游城市群、武汉城市圈和大别山革命老区振兴发展等国家战略加快实施，黄冈成为多重战略机遇的叠加区。组织这次“黄冈（红安）行”，就是要帮助民营企业家抓住和用好黄冈老区发展的黄金机遇期，为企业可持续发展拓展新的空间，增添新的动力。

民营企业家参与黄冈（红安）革命老区扶贫开发，是自觉接受理想信念教育的重要途径。深化非公有制经济人士理想信念教育实践活动，是中央统战工作会议提出的一项重大课题，也是《中国共产党统一战线工作条例（试行）》提出的一项重要任务。党在长期革命斗争中形成的优良传统是党和人民极其宝贵的精神财富，是理想信念教育的生动教材。在27年艰苦卓绝的革命斗争中，红安先后有8万多百姓参加红军、新四军和解放军，14万儿女英勇牺牲，走出了200多位共和国高级军事将领，积淀形成了“万众一心、紧跟党走、朴诚勇毅、不胜不休”的红安精神。红安人民之所以能够在以山林岩洞当房、以青枝绿叶作床、以野菜葛根为粮的艰苦环境中，抱定“共产党是我的亲爹娘”，赤胆忠心干革命，许多仁人志士不惜放弃优越生活，毅然走上革命道路，直至付出自己和亲人的生命，根本在于他们树立起了崇高的理想信念。红安精神是共产党人革命理想高于天的生动写照，也是老区人民心向革命跟党走的历史见证。企业家不是职务，而是素质。它要求既要有创新、执着、开拓、担当的企业家精神，坚持“致富思源、富而思进，义利兼顾、以义为先，扶危济困、共同富裕”的光彩精神，还要了解党的光辉历史，从中长知识、受教育。组织这次“黄冈（红安）行”，就是要引导民营企业家把企业家精神、光彩精神、红安精神贯穿融合起来，铭记老区人民为革命事业作出的巨大牺牲和贡献，从中汲取智慧力量，升华精神境界，更加坚定对中国特色社会主义的信念，更加坚定不移听党的话、跟党走。

二、紧扣精准扶贫，促进老区发展

结合地方优势特点，精准选择产业项目。光彩事业服务精准扶贫方略和脱贫攻坚工程，助推革命老区发展，重在精准、贵在精准。要把握了解黄冈（红安）的比较优势和产业基础，结合国家产业政策导向和企业自身转型发展的需要，精准选择产业、选择项目。“十三五”时期，牢固树立并切实贯彻创新、协调、绿色、开放、共享的发展新理念，是关系我国发展全局的一场深刻变革。尤其创新居于国家发展全局的核心位置，企业必须把发展的基点放在创新上，更多依靠创新驱动。要积极服务大众创业、万众创新，支持黄冈“智慧城市”建设，促进新技术、新产业、新业态蓬勃发展，为老区创新发展注入新动力。要帮助当地加快转变农业发展方式，走产出高效、产品安全、资源节约、环境友好的农业现代化道路。要围绕建设“绿色大别山”，合理使用当地自然资源，积极开发利用新能源、可再生能源和环保节能技术，推动建立绿色低碳循环发展产业体系，为老区可持续发展创造更好条件。这次“黄冈（红安）行”活动，签约项目295个，投资额2604.83亿元，其中，合同项目210个，投资额1800.66亿元。这些项目涉及农副产品、基础设施、环保节能、电子信息、电子商务、医药化工、文化旅游、商贸物流、能源等众多领域。随着这些项目的落地，必将对黄冈老区的结构调整和产业升级产生强劲的带动作用。

着眼贫困村脱贫致富，精准实施村企共建。扶贫攻坚的重点在农村，难点也在农村特别是贫困村。光彩事业服务精准扶贫，首先要着眼于贫困村的精准脱贫。在今年的国家扶贫日，全国工商联、国务院扶贫办、中国光彩会联合启动了“万企帮万村”精准扶贫行动，力争用3到5年时间，动员全国1万家以上民营企业参与，帮助1万个贫困村加快脱贫进程，得到了广大民营企业家的积极响应。希望参加这次光彩行活动的企业家积极参与到这一行动中来，主动与黄冈（红安）老区完成建档立卡的贫困村签约结对。要根据结对村和自身企业实际，灵活运用产业扶贫、商贸扶贫、就业扶贫、智力扶贫、捐赠扶贫、电商扶贫等多种方式，帮助结对村发展生产，改善民生。对资源禀赋和基础条件较好的结对村，重在开发特色资源和产品，帮助对接外部市场、拓宽流通渠道。对剩余劳动力资源丰富的结对村，重在以集中招工、集中培训等形式，帮助解决就业难题，同时要注重指导和帮扶回乡大学毕业生、返乡农民工、乡村退伍军人、有志青年等带头创业创新，带动更多人就业。

依托公益慈善事业，精准帮扶特困人群解决特殊困难。公益慈善要发挥最大效益，关键在于选准帮扶对象，选准实施项目。要重点关注农村留守儿童和妇女、老人，因病或因灾致贫人口等特困群体，从解决兴教助学、医疗卫生、赈灾济困、养老助残等与特困群体生活关系最直接的问题入手，进行“靶向治疗”，精准投放公益资金，精准实施公益慈善项目，切实帮助他们排忧解难，使他们生活更有奔头，做人更有尊严。这次“黄冈（红安）行”活动，民营企业家捐赠1820.5万元用于在红安县实施“光彩新农村卫生室”公益项目，建设121所标准化村卫生室。我们一定要用好这笔善款，做好公益项目的跟踪、落实和监管，确保每一分钱都花在刀刃上，不辜负民营企业家参与社会公益事业的一腔热情。

三、狠抓项目落实，确保活动实效

“黄冈（红安）行”主体活动虽然时间短，但推进签约项目开工建设、建成投产、健康运行和发挥效益，需要做很多后期工作。光彩项目落地生根、开花结果，离不开民营企业主体作用的发挥。合同就是契约，就是承诺。每一个投资项目，从信息到意向，从意向到协议，从协议到合同，都经历了深入对接和反复论证，各方面做了大量工作。把这些项目落实好，寄托着地方加快发展的真诚愿望，承载着群众致富奔小康的殷切期待，签约企业一定要守法诚信，主动作为，精心做好项目规划，全力推进项目实施。对于项目运作中遇到的困难，要多与有关部门沟通，多向光彩会等有关方面反映，以最大诚意依法依规协商解决。公益项目是惠民之举、爱心之举。企业对老区公益事业作出的捐赠承诺，都应按时足额兑现，以实际行动维护好光彩事业和企业的良好形象。

希望地方党委政府深化行政管理体制改革，转变作风，不断优化政策环境、法治环境、市场环境、社会环境，打造投资兴业的乐园、开放创新的沃土。要把经济社会发展真正纳入法治化轨道，规范进行项目审批和监管，依法平等保护企业财产权、经营权和知识产权不受侵犯。要加大简政放权力度，最大限度提升行政效能，注重政策落实、合同履行，防止双方在项目合作中搞暗箱操作、权钱交易，着力提升政府公信力和执行力。要以不胜不休的精神，将项目落实一抓到底，抓出成效。

推进项目顺利实施，各级光彩会要主动担责，接续服务，当好党委政府的助手。要沉下去，密切与投资者的经常性联系，跟踪了解项目进展情况，认真倾听企业发展诉求，及时帮助解决项目实施中遇到的实际问题。要加强跟踪服务，为企业提供政策咨询、项目融资、法律维权等方面有效帮助，积极搭建党委政府和企业沟通协商的平台，及时总结和推广项目实施中的创新做法和典型经验。总之，我们不能在“光彩行”主体活动结束后就当“旁观者”甩手不管，而要通过扎实有效的工作，全过程抓好项目跟踪服务，使光彩会成为“民营企业家之友”，成为“民营企业之家”。

同志们，参与扶贫攻坚、促进老区发展，是时代赋予光彩事业的光荣使命，是民营企业家义不容辞的责任。我们要更加紧密地团结在以习近平同志为总书记的党中央周围，万众一心，锐意进取、真抓实干，共同推进黄冈（红安）老区振兴发展，为夺取全面建成小康社会决胜阶段的伟大胜利作出应有贡献！

（全哲洙为中共中央统战部副部长，全国工商联党组书记、常务副主席，中国光彩会会长）

在“万企帮万村”精准扶贫行动启动仪式上的讲话

刘永富　（2015年10月17日）

今天，是第二个扶贫日，第23个国际消除贫困日。昨天，我们召开了高规格的2015减贫与发展高层论坛。今天，全国工商联、国务院扶贫办、中国光彩会在这里启动“万企帮万村”精准扶贫行动，这是落实习近平总书记重要讲话精神，积极响应中央号召的实际行动。汪洋副总理对这项行动高度重视，给予充分肯定，提出明确要求。在这里，我代表国务院扶贫办，对“万企帮万村”精准扶贫行动的启动表示热烈祝贺，并向一直支持扶贫工作的中华全国工商业联合会、中国光彩会的领导和同志们，向为扶贫事业作出贡献的企业家朋友们表示衷心的感谢！

党中央、国务院高度重视扶贫开发工作，纳入“四个全面”战略布局进行部署。总书记昨天在论坛上说，“扶贫始终是我工作的一个重要内容，我花的精力最多”。总书记今年1月到云南、2月到陕西、6月到贵州调研考察扶贫工作，在延安和贵阳两次召开扶贫为主题的座谈会。7月召开中央财经领导小组会议专题研究扶贫工作，明确“十三五”扶贫工作的基本思路和主要措施。昨天出席2015减贫与发展高层论坛并发表重要讲话，亲切接见了消贫奖获得者。总书记提出了一系列扶贫开发的战略思想。总书记、总理亲自抓扶贫，在中央的高位推动下，各地各部门积极响应中央号召，形成了党政一把手抓扶贫、出台“1+N”扶贫新举措、社会各方面共同参与“一盘棋”的新格局，打赢扶贫攻坚战已经成为全党的统一意志、全社会的共同行动。

民营企业扶贫是社会扶贫的重要组成部分。把发展活力最强的民营企业，与发展需求最迫切的贫困群体有效对接起来，特别是民营企业与建档立卡贫困村直接结对帮扶，帮扶行动直接到村到户，是全面建成小康社会，走共同富裕道路的必然要求，也是扶贫开发的体制机制创新，是开创性的工作。民营企业与贫困村结对帮扶，可以给贫困村带来资金、技术、管理等先进生产力和先进理念，为贫困村营造商品生产、市场经济氛围，帮助贫困群众转变发展观念，从根本上激发内生动力和发展活力。同时，贫困地区特有的自然环境、投资需求和消费增长也为民营企业提供广阔的发展空间，有助于企业拓展自身文化建设和品牌建设。扶贫向善，帮助别人，提升自己，引领风尚，这是一个双赢的制度设计，值得我们共同努力。为做好这项工作，国务院扶贫办和全国工商联、中国光彩会下发了方案，进行了安排部署。刚才，谢经荣副主席宣布了一个好消息，民营企业帮扶建档立卡贫困村已超过一万家，有了良好开局。在今天的启动仪式上，我再提四点建议。

一是做好项目规划，明确精准帮扶目标。按照精准扶贫精准脱贫的要求，认真搞好调研，在吃透贫困村实情基础上，编制切实可行的帮扶规划和实施方案。充分发挥企业人才荟萃、资金技术信息富集、理念先进、管理精细等优势，通过开发资源、培育产业、培训技能、吸纳就业、捐资助贫等多种方式开展扶贫工作，因地制宜、突出重点，帮到点上、扶到根上。通过3—5年左右的帮扶，使所帮扶的贫困村集体经济有持续的收入来源，建档立卡贫困户全部稳定脱贫。

二是尊重群众主体地位，重在激发内生动力。习近平总书记多次强调，扶贫要扶志，要发扬自力更生、艰苦奋斗、勤劳致富的精神，不仅富口袋，更要富脑袋。在帮扶过程中，要坚持参与式方法，动员贫困村干部群众参与到扶贫项目的设计、施工、监督、评估等各个环节，鼓励他们集思广益、苦干实干，增强对项目的拥有感，效益的获得感，在项目实施和管理过程中接受市场理念、转变发展观念，不断积累和提高自我发展能力。

三是建立有效的联系机制，及时解决工作中存在的困难和问题。根据“万企帮万村”精准扶贫行动方案，扶贫系统要积极配合全国工商联、中国光彩会加强工作指导，积极做好协调服务工作，及时提供贫困村建档立卡信息数据，协助编制帮扶项目规划，协调整合扶贫资金。扶贫办将抓紧建立全国社会扶贫信息服务平台，利用建档立卡工作成果，实现扶贫资源供给与扶贫需求有效对接，进一步动员社会力量参与扶贫开发，形成合力。

四是总结推广经验，大力宣传先进典型。及时总结“万企帮万村”精准扶贫行动的好经验好做法，适时召开现场会开展交流。国务院扶贫办将积极会同全国工商联、中国光彩会等部门，使参与扶贫开发并做出突出贡献的企业，在社会上受尊重，在发展上有进步，努力在全社会营造扶贫开发光荣的舆论导向和社会氛围。

我们相信，在全国工商联、中国光彩会的高度重视和有力指导下，在大家的共同努力下，“万企帮万村”精准扶贫行动一定会取得圆满成功，成为典范。

（刘永富为国务院扶贫开发领导小组副组长，扶贫办党组书记、主任）

在中国光彩事业促进会第五次会员代表大会暨五届一次理事会议第二次全体会议上的讲话

谢经荣（2015年10月20日）

同志们：

中国光彩事业促进会第五次会员代表大会暨五届一次理事会议，已经完成了全部议程，即将结束。此次会议，深入学习贯彻中央统战工作会议和《中国共产党统一战线工作条例（试行）》精神，坚持两个健康主题，紧紧围绕国家扶贫开发战略，总结过去的工作，谋划未来的发展，是一次十分重要的会议。

10月16日，习近平总书记在2015减贫与发展高层论坛上，就实施精准扶贫方略发表重要讲话。会上，中共中央政治局常委、全国政协主席俞正声同志，亲切接见大家并作了重要讲话，再次肯定了非公有制经济是国民经济的重要组成部分，对光彩事业在扶贫开发中的贡献给予了高度评价，对光彩事业在促进两个健康中的作用给予了充分肯定，并向大家提出了遵纪守法、发展好企业和积极履行社会责任的三点希望。讨论中大家表示，亲耳聆听俞正声同志重要指示，很感动、很亲切、倍受鼓舞；俞正声同志的讲话既高屋建瓴又贴近企业实际，入耳入脑入心。中共中央政治局委员、中央统战部部长孙春兰同志在第一次全体会议上的重要讲话，深刻阐述了新形势下推进光彩事业发展的重要意义，阐明了新形势下光彩事业发挥作用的着力重点，对大力加强光彩会自身建设和企业家队伍建设提出了明确要求。讨论中大家认为，学习了孙春兰同志的重要讲话后，对光彩事业的认识更深刻，信心更坚定，目标更明确；很多同志讲，过去是零零散散的搞慈善，今后一定在光彩旗帜下有计划地持续地坚持下去。全哲洙同志代表四届理事会所作的工作报告，全面总结了过去五年来的工作，阐明了光彩事业发展方向，部署了未来的主要任务。与会代表就两位中央领导同志的重要讲话进行了认真学习讨论，审议了工作报告，通过了有关决议，选举产生了新一届常务理事会和会领导班子。分组讨论热烈并富有建设性，与会代表结合各自工作实际，从光彩活动、品牌建设、创新活动方式、加大宣传力度扩大光彩事业影响等方面，提出了许多很好的意见和建议，会后我们将深入研究，在今后工作中切实加以改进。一天半的会议，时间紧，内容多，在与会同志的共同努力下，取得了圆满成功。

光彩事业经过二十多年发展，取得许多理论创新和重要实践探索成果，俞正声同志和孙春兰同志的重要讲话，是此次会议精神和理论成果的集中体现。各级光彩会当前和今后一个时期的重要任务，就是认真组织学习贯彻习近平总书记、俞正声同志和孙春兰同志的重要讲话精神。会后，各省、区、市光彩会负责同志，要主动向当地党委、政府汇报会议精神，结合本地实际，提出贯彻落实会议精神、推动光彩事业发展的具体措施。

下面，我就贯彻落实好此次会议精神，再强调三点意见。

一、用好光彩事业载体

习近平总书记在中央统战工作会议上强调，要用好光彩事业载体。俞正声同志指出，光彩事业要始终坚持两个健康主题，推动非公有制经济实现更好的发展、引导非公有制经济人士做出更大作为。孙春兰同志指出，要把光彩事业作为促进两个健康的载体，以义利兼顾、以义为先为核心理念，使非公有制经济人士既履行社会责任，又更好地实现企业发展。落实会议精神，充分发挥光彩事业在促进两个健康中的载体作用，必须深刻理解光彩精神。光彩事业为配合国家八七扶贫攻坚计划发起，为我国扶贫开发事业做出重要贡献。与此同时，光彩事业在实践中不断探索发展，培育形成了“致富思源、富而思进，义利兼顾、以义为先，扶危济困、共同富裕”的光彩精神。光彩精神集中体现了依靠改革开放政策先富起来的中国民营企业家们，对共同富裕理想的自觉追求、对企业社会责任的自觉履行、对中华民族传统美德的自觉弘扬、对中国特色社会主义核心价值观的自觉践行。发挥光彩事业的载体作用，就是要通过光彩精神这份宝贵的精神财富，影响和带动越来越多的非公有制经济人士，团结到中国特色社会主义伟大旗帜下，参与到光彩事业中来，实现促发展、起作用、受教育的有机统一。

要使光彩精神成为企业家健康成长的行动指南。光彩精神通过将民营企业的生产经营活动，与履行社会责任、参与扶贫开发、促进共同富裕有机结合，实现义与利的相兼相融，把普通的经济行为赋予了回报人民、回报社会、回报祖国的内涵，使其变成了充满感情的道德行为，深度契合了人们对中国特色社会主义市场经济体制下财富观、伦理观的新诉求。发挥光彩事业的载体作用，就是要使广大非公有制经济人士，把光彩事业作为实践课堂，将光彩精神融入人生追求，始终牢记把企业发展与国家发展结合起来，把个人富裕与全体人民共同富裕结合起来，把遵循市场法则与发扬社会主义道德结合起来，在参与光彩事业的实践中，不断增强对中国特色社会主义的信念、对党和政府的信任、对企业发展的信心和对社会的信誉，做中国特色社会主义事业的合格建设者。中国光彩会的企业家理事应争做优秀建设者。

要使光彩精神成为民营企业健康发展的推动力量。一个企业，能够生产优质的产品、提供良好的服务，得到消费者的认可，才能在市场中生存。除此之外，企业还应积极履行社会责任、参与扶贫开发和公益慈善事业，赢得社会的好评，才能成为一个光彩的企业。在当前经济发展新常态下，企业还要通过增强创新创造能力、提升经营管理水平、加快产业转型升级，才能获得持续健康发展。发挥光彩事业的载体作用，就是要使广大非公有制经济人士，把光彩事业作为促进企业健康发展的舞台，将光彩精神融入到企业文化中、体现在企业愿景里，使企业与投资者、合作者、消费者互惠共赢，与员工、社会、环境和谐共生，与人民富裕、国家富强、民族复兴同心同向同行，成为实现伟大中国梦的基石和力量。

二、积极参与精准扶贫

孙春兰同志指出，光彩事业要按照十八大以来党中央对扶贫开发的新部署新要求，进一步明确思路、创新理念，切实找准参与扶贫开发的着力点，更加有效地推动贫困地区经济和社会发展。全哲洙同志所作的工作报告中提出，今后五年，中国光彩会要紧紧围绕全面建成小康社会奋斗目标，以更大力度参与扶贫开发。落实会议精神，准确把握光彩事业参与扶贫开发的着力点，应充分认识光彩事业的特色优势，增强责任感、使命感。世界扶贫史和我国扶贫开发的长期实践证明，有效脱贫，脱贫后不返贫，光靠输血式的救济难以持续，必须建立开发式、造血式扶贫的长效机制，激活内生动力。这是光彩事业的特色所在、优势所在、创新所在、生命力所在。光彩事业发起实施以来，紧紧围绕国家扶贫战略，在上世纪末的八七扶贫攻坚、新世纪以来的农村扶贫开发、西部大开发、社会主义新农村建设等各条扶贫战线上，均取得了优异成绩，同时开创并积累了丰富的扶贫经验，成为中国特色扶贫事业的有益探索和成功实践，在世界减贫事业中也留下了浓墨重彩的一笔。当前，扶贫攻坚的集结号已经吹响，专项扶贫、行业扶贫、社会扶贫等各路扶贫力量都已积极行动起来。光彩事业应不辱使命、不负重托，继续创新扶贫模式，拓展参与途径，认真实施精准扶贫方略，在全面建成小康社会的攻坚战中再立新功。

要在精准上下功夫，在扶真贫上见成效，实

施好“万企帮万村”精准扶贫行动。光彩事业未来五年的一项重要任务，是实施“万企帮万村”精准扶贫行动。孙春兰同志的重要讲话中，对行动提出了明确要求。全哲洙同志在工作报告中，就如何实施好这项行动做出了具体部署。10月17日，中国光彩会已经与全国工商联、国务院扶贫办共同举办了行动的启动仪式。这个行动，是在充分总结“民企系三农、共建新农村”光彩行动、充分借鉴各省开展的村企结对扶贫工作经验基础上，经过大量调查研究推出的一项光彩事业新品牌，目标是组织动员民营企业与建档立卡的国定贫困村建立结对帮扶关系，推动政府扶贫、行业扶贫与民营企业参与的社会扶贫有效形成合力，加快贫困村的脱贫进程。这个行动的最大特点是精准，最大的难度也在精准。贯彻党中央提出的“六个精准”要求，行动方案中明确了签约启动、制定规划、示范指导、调研推动、验收总结五步走的实施进度。在签约阶段，要精准识别帮扶对象，引导民营企业与已在扶贫部门建档立卡的国定贫困村建立结对帮扶关系。在制定规划阶段，要根据致贫原因、“贫根”，根据帮扶村的自然环境、交通条件等因素，精准规划项目，措施落实到户，使帮扶的重点向贫困户、贫困人口聚焦。在示范指导、调研推动阶段，要不断发现民营企业的好典型，总结他们创造的好经验，提供指导，解决企业遇到的困难和问题。在验收总结阶段，要准确统计、精准检验扶贫成效，根据扶贫实效开展宣传表彰。各级光彩会，都要把“万企帮万村”精准扶贫行动作为一项重要任务来抓，做好组织引导和协调服务。各级光彩会会员，都应积极参与到行动中来，结合产业特点和企业实际，因人因地施策、因贫困原因施策、因贫困类型施策，真扶贫、扶真贫、真脱贫，带动贫困村群众共享改革开放的成果、同步迈进小康社会。

要在光彩事业各项活动中体现精准扶贫的思想。“光彩行”是光彩事业最重要的活动品牌，通过搭建民营企业与贫困地区合作的平台，以协助开展招商引资形式促进区域经济发展和产业转型升级，受到了社会各界普遍好评。未来五年，各级光彩会都要充分利用“光彩行”的品牌优势和多年实践探索出的有效经验，推动光彩事业在集中连片特困地区扶贫开发中发挥更大作用。同时，要不断创新活动组织形式，提高服务保障能力，切实解决项目签约不少但开工率和资金到位率不高的问题。“光彩行”要提高项目落地率，就应在举办活动前，协调地方政府按照十三五规划，深入研究贫困地区的资源禀赋和产业基础，提供真实可行的项目；企业应根据自身情况正确选择合适的项目，提升项目质量和对接成功率。活动结束后，要继续做好跟踪服务，督促地方政府落实政策、落实承诺、落实项目所需的条件；了解企业情况、做好企业工作，提高签约协议履约率，保障项目顺利实施。各级光彩会会员参与“光彩行”活动，也要体现精准扶贫要求，在项目选择上，将投资重点向扶贫效果显著的项目倾斜，在项目实施中，要注重增强贫困村、贫困户、贫困人口自我发展能力，切实提升项目的扶贫成效。

公益项目是广大民营企业参与光彩事业的重要形式，在推动民生改善、促进社会和谐稳定方面的作用明显，成为提高光彩事业美誉度的重要方面。公益项目同样也应是精准扶贫的重要内容，今后应更多向农村、贫困村、贫困户倾斜。未来五年，各级光彩会要继续把组织引导民营企业参与公益事业作为推动光彩事业发展的重要方面，针对贫困群众最关心最期盼最急需解决的困难和问题，精准选择项目，精准监督监管，把好钢用在刀刃上，使民营企业捐赠的每一笔善款都能发挥出最大的扶贫成效。

三、扩大光彩事业覆盖面

习近平总书记在中央党的群团工作会议上指出，要强化服务意识，提升服务能力，挖掘服务资源，坚持从群众需要出发开展工作。孙春兰同志的讲话和全哲洙同志所作的工作报告，都对如何贯彻习近平总书记讲话精神，加强光彩会自身建设提出了具体要求。各级光彩会干部，要以强烈的政治担当意识和认真负责的工作态度，真正把光彩会打造成为非公有制经济人士受教育的平台、相互交流学习的平台、谋合作促发展的平台。大力提高非公有制经济人士参与光彩事业的比例。

孙春兰同志明确提出，要扩大光彩事业覆盖面，提高企业参与比例。这是我们各级光彩会、各级光彩会理事努力的方向。各级光彩会要大力宣传在光彩事业中做出突出贡献的人和事，提高光彩事业的社会知晓度和感染力。各位理事也应成为光彩精神的传播者、践行者，影响身边的企业家，带动更多企业加入到光彩活动中。

光彩事业是一项开放的事业，一项与时俱进的事业，不能固步自封、自娱自乐，应与我国非公有制经济总量、非公有制经济人士数量保持同步发展。光彩会要深入研究当前非公有制经济人士群体特点，根据不同行业、不同规模、不同类型的企业，采取差别化的组织引导形式，吸引更多的民营企业家参与进来。要不断适应中小企业、年轻一代企业家的特点，改进活动组织形式和内容，提高吸引力。要加强与商会组织合作，发挥商会与会员联系密切的特点，使之成为壮大光彩力量的重要渠道和服务光彩事业的重要载体。

制度是组织目标实现的保证。创新决策机制、建立健全各项工作制度，是工作报告提出的一项工作任务。光彩会要深入贯彻全面推进依法治国的精神，按照提高社会组织管理能力的要求，认真吸收此次会议期间代表们提出的意见和建议，逐步建立会议、培训、项目管理、内部管理、理事培养考核等工作制度，完善光彩行、公益项目选择、宣传及信息披露等工作的具体办事程序和规矩。要拿出具体规划和时间表，一项一项具体推进落实。

当前，以民营企业和企业家为主体的社会团体逐渐增多。面对经济发展新常态下的企业家群体变化、扶贫工作格局变化和社会舆论环境、传播方式的深刻变化，光彩会必须增强创新和竞争意识，才能永葆组织活力。要积极拓展合作、延长服务手臂，努力为会员排忧解难。要加大宣传力度，扩大光彩事业的知名度、美誉度，提高光彩会的号召力、凝聚力。

干部是工作落实的关键。光彩会要按照中央统战工作会议和中央党的群团工作会议精神，着力加强对工作人员的培养培训，进一步提升他们的业务能力和敬业精神。策划实施好公益慈善项目需要专业知识。要积极创造条件，把政治坚定、业务精通、作风过硬的同志，不断充实到光彩会组织中来。每一名光彩会干部，都应自觉加强学习，不断提高自身综合素质，成为企业家信得过的知心人、贴心人，共同努力，把光彩会建设成为光彩会员交流思想和经验的家园。

会议期间，各相关部门给予了大力支持和帮助，京西宾馆给与了热情、周到的服务，各新闻单位对会议进行了及时报道，付出了辛勤劳动，让我们以热烈掌声对他们的服务、支持表示衷心的感谢！

同志们，让我们以此次会议为新的起点，承前启后、继往开来、锐意进取、开拓创新，为实现全面建成小康社会目标、实现中华民族伟大复兴的中国梦，做出新的更大贡献！

现在，我宣布，中国光彩事业促进会第五次会员代表大会暨五届一次理事会议闭幕！

（谢经荣为全国工商联副主席、中国光彩会副会长）

第二部分

理事会工作报告

THE COUNCIL WORK REPORT

中国光彩事业促进会三届四次会议工作报告

杜青林　（2009年4月21日）

光彩事业实施以来，党中央、国务院始终给予高度重视。胡锦涛、江泽民、贾庆林等中央领导同志多次作出重要指示，为光彩事业的发展指明了方向。特别是去年12月5日，胡锦涛总书记在会见出席中华慈善大会代表时，希望海内外社会团体、各类企业和各界人士进一步发扬人道主义精神，乐善好施，扶危济困，热情参与慈善活动，向需要帮助的人们奉献更多的关爱，为光彩事业发展进一步指明了前进方向。今年4月1日，贾庆林同志在会见中国扶贫基金会成立20周年纪念表彰大会代表时，也强调要进一步加大扶贫工作力度。我们要认真学习贯彻落实中央有关精神，扎扎实实做好各项工作，努力使光彩事业在扶贫开发的崇高事业中实现新的发展。下面，我讲几点意见。

一、锐意进取、奋力开拓，光彩事业十五年成就辉煌

光彩事业实施的十五年，是国际形势深刻变化、国内改革深入发展的十五年，也是光彩事业取得丰硕成果的十五年。十五年来，光彩事业始终坚持围绕中心、服务大局，秉承实现共同富裕的根本宗旨，不断转变发展观念、拓展发展思路、创新发展模式，逐步探索出农业产业化扶贫、生态建设扶贫等有效形式，形成了“一线、一片、多点”的扶贫格局，打造出一批精品项目和活动，实现了企业和贫困地区群众的共赢、经济效益和社会效益的双丰收。十五年来的实践充分证明：

光彩事业是崇高的事业，促进了贫困地区的经济社会发展。光彩事业坚持先富帮后富、先富带后富，走出了一条利在当代、功在千秋的光彩道路，谱写了实现共同富裕的华彩乐章。十五年来，光彩事业充分发挥广大理事和非公有制经济人士的独特优势，积极参与国家重点项目建设，参与农业产业化经营，到老少边穷和中西部地区投资办厂、兴办项目、安排就业，建立优势互补、利益共享、长期稳定的合作关系，帮助贫困地区群众脱贫致富，成为促进城乡和区域协调发展的有效途径。截至到2008年底，光彩事业共实施项目19188个，到位资金1864亿元，培训人员442万多人，安排就业540万多人，帮助1012万多人摆脱了贫困，受到各级党委、政府和贫困地区群众的高度评价。

光彩事业是进步的事业，促进了社会和谐与文明。光彩事业坚持经济行为与道德行为的有机统一，把发展扶贫事业与推动社会和谐结合起来，把弘扬光彩精神与推动社会文明结合起来，成为弘扬社会主义义利观和中华民族传统美德的重要途径。十五年来，光彩事业积极投身社会公益事业，大力开展捐资助学、赈灾济困等活动，踊跃参与国土绿化和沙漠治理行动，形成了“致富思源、富而思进，扶危济困、共同富裕，义利兼顾、德行并重，发展企业、回馈社会”的光彩精神，成为整个中华民族的精神财富。据统计，光彩事业实施以来，实施各类公益捐赠达1383亿元，产生了良好的社会反响。

光彩事业是开放的事业，促进了国际交流与合作。光彩事业坚持用世界眼光和国际视野审视大局、着眼未来，把改革作为发展的动力，把开放作为发展的途径，呈现出蓬勃的生命力和旺盛

的发展势头。十五年来，光彩事业打破地区、国籍的限制，努力搭建国际国内两个平台，在发挥国内非公有制经济人士作用的同时，大力争取港澳台和海外工商界人士积极参与，与联合国有关机构和地方政府共同举办系列国际研讨会，参加重要国际性会议。特别是中国光彩事业促进会取得联合国经社理事会非政府组织特别咨商地位和联合国贸易发展大会特邀观察员身份，使光彩事业走上了国际舞台，促进了我国同其他国家的交流与合作。

光彩事业是发展的事业，促进了爱国统一战线的巩固和壮大。光彩事业坚持自我教育、自我提高的原则，引导广大非公有制经济人士致富思源、富而思进，成为教育引导非公有制经济人士健康成长的重要载体。十五年来，光彩事业工作网络更加健全，参与队伍不断壮大，拥有637人的理事队伍，在全国31个省区市和新疆生产建设兵团都有光彩事业组织，号召力和吸引力极大增强。广大非公有制经济人士通过参与光彩事业，深入了解国情社情民情，增强诚实劳动、守法经营的意识，增强先富帮后富、实现共同富裕的使命感，增强回报社会、造福人民的自觉性。十五年来，全国共有111个单位和个人获中国光彩事业组织奖，251名非公有制经济人士获中国光彩事业奖章。统一战线也在参与光彩事业的实践中发现人才、锻炼人才，培养了一支高素质的中国特色社会主义事业建设者队伍。

统一战线在实施光彩事业的创新实践中，积累了许多成功经验，成为推动光彩事业发展的宝贵财富。一是坚持把光彩事业作为服务中心工作的具体实践，紧扣我国扶贫工作的形势任务，主动参与党和政府扶贫工作，切实帮助贫困地区经济社会发展和群众脱贫致富。二是坚持把光彩事业作为践行社会主义义利观的有益尝试，鼓励和引导非公有制经济人士把弘扬社会主义道德与遵循市场规则结合起来，自觉承担社会责任，在互利互惠的基础上致力于实现共同富裕的目标。三是坚持把光彩事业作为巩固统一战线的重要载体，以光彩事业团结人，以光彩精神引导人，在发展中增进共识，在前进中提升素质，为光彩事业的实施、统一战线的发展提供力量支持。四是坚持把实施光彩事业作为加强自身建设的有效途径，努力更新发展观念、拓宽工作视野、健全体制机制、探索活动载体，在光彩事业的持续健康发展中锻炼了队伍、提高了能力。这些经验既是对光彩事业实践发展的客观反映，也是新形势下实施光彩事业必须坚持的重要原则。我们要不断深化对新形势下光彩事业规律的认识，准确把握光彩事业的发展趋势，努力推动光彩事业的蓬勃发展。

二、更新观念、创新模式，科学谋划光彩事业的发展思路

经过十五年的发展，光彩事业已经站在一个新的历史起点上。党的十七届三中全会提出了一系列推动中西部欠发达地区经济社会发展的政策举措，为实施光彩事业提供了宝贵的政策支持。中央决定调整扶贫标准，扩大我国扶贫开发的范围，为光彩事业发挥作用提供了更加广阔的舞台。国际金融危机仍在持续蔓延，对实体经济的影响尚未见底，对开展光彩事业也带来了严峻的挑战。我们要实现新的发展、发挥更大作用，必须抓住机遇、乘势而上，努力走出一条既符合时代要求又具有自身特色的发展之路。

当前和今后一个时期，实施光彩事业的总体要求是：以邓小平理论和"三个代表"重要思想为指导，深入贯彻落实科学发展观，坚持围绕"开发式扶贫"的主题，大力弘扬"光彩精神"，着力突出"抓发展、抓扶贫、抓服务"三个重点，求真务实、与时俱进、开拓创新，为加快我国扶贫开发进程、实现共同富裕的目标作出积极贡献。

第一，坚持围绕中心，做到自身发展与社会发展相统一。光彩事业作为全国社会扶贫的重要组成部分，只有按照党和政府扶贫开发的总体部署和要求，牢固树立服务全国扶贫大局的思想，着眼促进贫困地区经济社会发展，才能找准围绕中心的对接点、服务大局的着力点，以自身的发展促进贫困地区经济社会实现全面发展。要着眼保持经济平稳较快发展，积极参与社会主义新农

村建设，大力开拓农村市场，参与发展现代农业，参与发展县域经济，努力帮助农民工就业和返乡创业，积极为农村发展牵线搭桥。着眼国家实施西部大开发等战略部署，积极参与国家和地方的重点建设项目投资，参与国有企业公司制股份制改革，推动区域和城乡协调发展。着眼国家实施“走出去”战略，充分利用联合国非政府组织特别咨商地位和联合国贸发组织特别咨商地位，推动非公有制经济企业走出国门，增进国际交流与合作，为光彩事业的发展寻求更加广阔的空间。

第二，突出扶贫宗旨，做到义利兼顾与共同富裕相一致。面向中西部地区和老少边穷地区实施开发扶贫，是光彩事业的出发点和落脚点。这既决定了光彩事业的宗旨和方向，也直接影响着光彩事业的意义和价值，必须始终坚持，不能有丝毫的偏离。要强化扶贫意识，牢牢把握扶贫开发的根本宗旨，既要强调义利兼顾，更要强调义在利先，引导非公有制经济人士把个人事业成功与社会进步、人民幸福紧密联系起来，使光彩事业始终沿着正确的方向前进。要丰富扶贫内容，在带动贫困地区群众致富的基础上，把提高贫困人口自我发展能力作为工作重点，配合国家实行整村推进、劳动力培训和产业化扶贫，切实提高贫困人口的综合素质，从根本上改变贫困地区的落后面貌。要拓展扶贫模式，既要做好“开发式”扶贫，尽快解决贫困对象温饱并实现脱贫致富；也要做好“救助式”扶贫，切实保障没有解决温饱的贫困人口、低收入人口的基本生存问题，实现农村最低生活保障制度和扶贫开发政策有效衔接。

第三，服务项目落实，做到企业发展与富民惠民相衔接。光彩事业是以项目推动为主要特色的扶贫事业。光彩事业参与项目的实施过程，既是非公有制企业做强做大、增强实力的过程，也是当地经济社会发展、贫困群众受益的过程。光彩事业的载体是项目，发展的关键是项目。光彩事业促进会的工作成效集中体现在服务项目的实际工作之中。要将项目推动工作引向深入，不断完善以项目推动为中心的工作格局。为推进项目确定服务，扶贫项目要注意与当地资源特点、产业特点、劳动力特点、历史文化特点相结合，注意与企业自身发展相结合，选择那些适应市场需要、能够让当地群众切实得到实惠的特色产业项目。为项目规划制定服务，要坚持面向市场、面向资源，做到贫困村和贫困户项目优先，有带动作用的项目优先，防止浪费资源、破坏生态的项目上马，防止项目资金不落实、人才技术没保障问题的发生。为项目实施服务。扶贫开发工作的重点在农村，扶贫开发的主战场在一线。要把贫困村尤其是特困村作为工作的重点，做到项目规划到村、资金安排到村，措施落实到户、帮扶覆盖到户，真正使贫困户获得实实在在的收益。

第四，广泛凝聚力量，做到实施扶贫与教育引导相同步。团结吸引越来越多的非公有制经济人士参与光彩事业，形成一支朝气蓬勃的光彩事业队伍，是光彩事业持续发展的基本保证，也是光彩事业上台阶、上档次的必然要求。要立足于拓宽视野、提高素质、扩大影响，在推进实施光彩事业的实践中发展壮大队伍，在服务社会的过程中锻炼培养人才。要大力弘扬“光彩精神”，创新活动形式，积极探索便于参加、乐于参与、易于接受的组织形式和活动方式，吸引更多非公有制经济人士参与到光彩事业队伍中来。加强教育引导，寓思想政治教育于光彩事业的各项活动之中，引导非公有制经济人士致富思源、富而思进，自觉承担社会责任，努力做爱国报国、诚信守法、义利兼顾、德行并重的中国特色社会主义事业建设者。加强培养选拔，把光彩事业作为培养、选拔非公有制经济代表人士的重要途径，把参与光彩事业情况作为非公有制经济代表人士综合评价体系的重要内容，使非公有制经济人士在事业上得到发展，在素质上得到提升，在社会上扩大影响。

三、加强组织、强化措施，确保光彩事业顺利实施

当前，我国贫困人口还有4000多万，扶贫的任务十分艰巨，光彩事业任重道远。我们一定要振奋精神、坚定信心，变挑战为机遇，化责任为动力，扎实工作，坚持不懈，不断开创光彩事业

工作新局面。

第一，完善体制机制。光彩事业发展的动力，在于改革创新；改革创新的重点，在于体制机制。要建立健全协调沟通机制，定期召开统战部、工商联、光彩会的协调会议，设立联络员制度，及时通报情况、统一思想、明确任务，形成职责清晰、分工明确、优势互补的工作新格局。建立健全多元化的发展投入机制，坚持以企业投入为主，适时注入光彩基金，吸收民间资金参与入股，形成企业、光彩会、民间三位一体的发展模式。建立健全项目跟踪机制，实行项目分工负责制，完善信息公开和披露制度，实行项目全程跟踪、定期推动、分层监管、回避验收制度，确保项目进展顺利、取得实效。

第二，加强分类指导。我国地域辽阔，各地资源禀赋和发展基础差异很大；光彩事业项目众多，各企业的优势特长和发展重点也千差万别，必须统筹协调、科学指导，有针对性地实施。要分地区推动，革命老区重点是要推进农林、水利和基础设施建设项目，促进区域协调发展；边疆地区重点是要推进绿化和防沙治沙，促进环境保护和生态建设；农村地区重点是要推进农业科技、劳服转移、医疗卫生和基础设施建设项目，促进农民增产增收。要分类别推动，开展投资扶贫重点是在实现扶贫地区和企业“双赢”上下功夫，选好项目、做精做实；兴办公益事业重点是在扩大覆盖面上下功夫，争取更多的非公有制经济人士参与，力争让更多贫困群众得到实惠；“走出去”项目重点是在促进交流合作、争取国际支持上下功夫，加强协调配合，搞好服务保障，力争收到良好的经济效益。

第三，抓好品牌工程。品牌工程是光彩事业提升社会认可度、扩大社会影响力的有效手段，是凝聚力量、壮大队伍的重要途径。要加强研究，不断加强市场调查和考察论证，进一步完善品牌战略，规划出社会满意、企业得利、群众受益的品牌工程。要重点推进，坚持通过重点项目带动一般项目的成功做法，在继续推进光彩事业行、光彩工业园、光彩大市场等传统项目的基础上，着力打造以“保民生、保就业”为主题的职业教育和招工扶贫等精品活动。要加强宣传，宣传光彩理念、光彩精神和先进典型，宣传中国光彩会所具有的联合国经社理事会特别咨商地位和联合国贸发大会特约观察员身份，不断扩大光彩事业的影响，努力使光彩事业成为扶贫工作的重要品牌。

第四，提高服务水平。光彩事业的顺利实施需要营造良好的内外部环境，需要各方面的积极参与和大力支持。要树立服务意识，坚持把为参与光彩事业的非公有制经济人士服务作为首要任务，以良好的服务态度凝聚力量，以高质量的服务促进发展，以服务的成效来衡量业绩。要搭建服务平台，充分利用现代通讯手段、金融工具和网络，积极搭建方便、快捷的服务平台，让广大非公有制经济人士更好地了解、认同、投身光彩事业。要解决实际困难，为企业提供融资、维权、管理等方面的咨询和服务，争取在政策、融资、人才等方面取得更多优惠条件，切实维护非公有制经济人士的合法权益，为他们投身光彩事业创造有利条件。

多年来，光彩事业涉及许多领域，牵动方方面面，必须确立整体意识，强调协作配合。各级统战部、工商联要加强对光彩事业的领导，积极争取当地党委、政府的重视和支持，切实加强光彩会组织建设，解决好经费、人员、办公条件等问题，为光彩事业可持续发展创造良好条件。各级光彩会要立足自身条件，进一步加强自身建设，规范内部管理，改进工作方法，提高工作效率，切实增强履行职责的能力和水平。

（杜青林时任全国政协副主席，中共中央统战部部长，中国光彩会会长）

中国光彩事业促进会四届一次会议工作报告

杜青林　（2010年08月30日）

各位代表、同志们：

今天，我们隆重召开中国光彩事业促进会第四次会员代表大会，总结过去五年工作，明确近期目标任务，谋划今后发展思路，推动光彩事业在新起点上开创新局面。首先，我代表中央统战部，向大会的召开表示热烈祝贺！向出席会议的各位代表、各位来宾表示诚挚欢迎！

党中央、国务院高度重视光彩事业，中央领导同志多次作出重要指示。特别是今年“两会”期间，胡锦涛总书记在参加民建、工商联界委员联组讨论时，强调要深入推进光彩事业，为促进共同富裕多作贡献。刚才，贾庆林同志亲切接见与会代表并发表重要讲话，充分肯定光彩事业的显著成绩，明确提出今后发展的目标要求。这些充分体现了中央领导同志的亲切关怀和殷切期望，为光彩事业发展指明了方向。我们要认真学习贯彻，牢记时代使命，着力开拓奋进，推动光彩事业各项工作迈上新台阶。

受中国光彩事业促进会三届理事会委托，我向大会报告工作，请予审议。

一、过去五年工作的回顾

中国光彩事业促进会三届理事会以来的5年，是我国全面建设小康社会成就辉煌的5年，也是光彩事业推动科学发展、促进社会和谐贡献突出的5年。5年来，光彩事业秉持共同富裕宗旨和扶贫开发主题，以推动农业产业化加快新农村建设，以着力扩大就业促进社会和谐稳定，以开展国土绿化推动生态文明建设，以组织参与赈灾济困为党和国家分忧，成为推动欠发达地区经济社会发展的积极力量，成为促进非公有制经济健康发展和非公有制经济人士健康成长的重要平台，成为先富帮后富、促进共同富裕的生动实践。

第一，探索扶贫济困的崭新模式，推动城乡统筹和区域协调发展。坚持把实施扶贫开发、促进共同发展作为主题，紧紧围绕党和国家扶贫工作大局，立足贫困地区实际，运用民间渠道，采取市场化方式，着力实施重点项目，走出一条符合我国国情、独具中国特色的开发式扶贫道路。深入推进“民企系三农、共建新农村”光彩行动，探索农村产业化拉动、非农产业带动、特色旅游驱动等多种模式，有力促进农业增效、农民增收和农村面貌改变。组织参与贵州毕节试验区建设，开展阜新、白城、齐齐哈尔、宜昌、万州、襄樊、恩施等“光彩行”投资考察活动，有力助推西部大开发、东北老工业基地振兴和中部崛起。5年来，光彩事业共实施项目6425个，到位资金978.86亿元，安排就业292.03万人，培训230.33万人，带动786.63万人脱贫致富。

第二，创建公益服务的知名品牌，促进社会和谐进步。坚持把推动民生改善、促进共建共享作为重要任务，团结引导广大非公有制经济人士自觉履行社会责任，热心参与公益事业，创建了一批特色鲜明、影响广泛、效益显著的公益工程。大力实施“安康富民帮扶行动”，捐建光彩学校、光彩医院、光彩文库，开展“新晋商万企联万户感恩行动”等活动，开展农民工技能培训，促进农村富余劳动力转移，收到良好社会效益。积极协助党和政府应对国际金融危机冲击，千方百计不裁员，竭尽所能不减薪，为保就业、保民生、保稳定作出重要贡献。创立中国光彩事业基金会，建好用好“中华红丝带”等8个专项基金，为推进环境保护、教育医疗、艾滋病患者孤儿救助、少数民族文化保护发挥了积极作用。

第三，拓宽对外交往的渠道途径，深化民间经贸交流合作。积极发挥联合国经社理事会特别咨商和贸发大会特约观察员作用，围绕国家“走出去”战略，拓展民间交流，深化国际合作，为我国营造良好外部环境、促进国际扶贫事业发展作出了贡献。参加联合国经社理事会会议、全球契约峰会等活动，与联合国开发计划署、环境规划署联合举办“库布其国际沙漠论坛”，为推动防治荒漠化、发展低碳经济发挥积极作用。与联合国开发计划署和工业发展组织共同执行“联合国——气候变化与企业契约项目”，开展中国非公有制企业应对气候变化现状调查，制定行动指南，从民间角度展示我国在环境保护等方面负责任大国的形象。充分发挥中非民间商会国际交流平台功能，组织非公有制经济人士赴非洲进行投资考察，在农业、能源、基础设施等领域实施31个合作项目，拓宽企业发展空间。

第四，加强非公有制经济人士引导教育，塑造中国特色社会主义事业建设者良好形象。坚持把促进非公有制经济人士健康成长作为重要职责，引导他们深入了解国情，积极回报社会，充分展示中国特色社会主义事业建设者的时代风貌。积极参与国土绿化，努力探索生态建设产业化发展道路，实现生态效益、经济效益和社会效益有机统一，在参与生态文明建设中不断增强科学发展意识。踊跃参与抗击雨雪冰冻、特大地震、罕见干旱、严重洪涝和泥石流等自然灾害，深入一线开展救援，慷慨解囊捐款捐物，积极投身灾后重建，多个会员企业和理事被评为“全国抗震救灾英雄集体”、“全国抗震救灾模范”，中国光彩事业促进会被评为“全国先进社会组织”，赢得社会各界的充分尊重和广泛赞誉。自觉把参与光彩事业作为践行社会主义核心价值体系、提高综合素质的重要途径，在诚信经营中树立良好形象，在扶贫济困中提升精神境界，在报效国家中体现价值追求，涌现出一大批政治觉悟高、经济实力强、社会贡献大的代表人士，在国家政治社会生活中发挥了重要作用。

五年历程很不平凡，骄人业绩来之不易。这源自于党中央、国务院的高度重视和亲切关怀，得益于社会各方面的热情关心和大力支持，归功于广大会员、理事的共同努力和无私奉献。在此，向长期以来关心支持参与光彩事业的社会各界人士，表示衷心感谢！向为光彩事业倾注大量心血、作出重要贡献的各位理事，特别是已离任的理事，致以崇高敬意！

回顾光彩事业16年的光辉历程，总结过去5年的生动实践，我们深刻体会到，谋好光彩事业的局，干好光彩事业的事，必须坚持科学发展与促进社会和谐并行，始终将这两大着力点贯穿于光彩事业的各个环节、各个方面，作为项目选择的基本依据，作为活动开展的实践准则，作为工作成效的评价标准，推动改革、发展、稳定成果惠及贫困地区群众。必须坚持经济行为与道德追求并举，既遵循市场规律，讲经济效益；又弘扬社会主义道德，重回报社会，始终保持旺盛的生命力和强大的感召力，实现光彩事业良性循环、蓬勃发展。必须坚持起作用与受教育并重，着眼非公有制经济健康发展和非公有制经济人士健康成长，以光彩实践促进积极有为，以光彩精神提升思想境界，造就一支高素质的中国特色社会主义事业建设者队伍。必须坚持整体谋划与广泛参与并为，把光彩事业作为长远事业，把非公有制经济人士作为参与主体，着眼集合效应，立足各方优势，实现资源最优化、效益最大化。这些既是长期实践的经验结晶，是弥足珍贵的精神财富，也是光彩事业持续发展必须遵循的重要原则。

二、在科学轨道上推动光彩事业蓬勃发展

光彩事业作为一项参与广泛、成效显著、影响深远的社会扶贫工程，要适应服务科学发展、促进社会和谐的时代要求，承担先富帮后富、推动共同富裕的历史使命，履行促进非公有制经济

健康发展和非公有制经济人士健康成长的重要责任，必须坚持科学发展观指导，以科学精神把握工作规律，以科学理念更新发展思路，以科学方法提升品质内涵，推进光彩事业实现和谐发展、特色发展、持续发展。

第一，坚持以人为本，实现促进发展与改善民生相统一。富民惠民既是以人为本的取向所指，也是光彩事业的职责所定。光彩事业必须着眼富民惠民把握功能定位，在目标方向上注重突出民生，在路径选择上优先考虑民生，在作用发挥上切实带动民生。要全力扩大社会就业，鼓励劳动密集型企业、商贸服务企业和中小企业积极吸纳就业，帮助贫困地区组织劳务输出，重点帮助零就业家庭、大学毕业生等群体就业。要推动基础设施建设，组织有实力的企业，参与贫困地区综合交通网络和信息基础设施建设，实施饮水安全工程，努力改善贫困地区群众生产生活条件。要促进基本公共服务均等化，推动贫困地区发展医疗、卫生、文化等社会事业，带动社会资源向贫困地区、贫困人口倾斜，使贫困地区群众共享改革发展成果。

第二，提供智力支撑，实现扶贫与扶智相统一。“输血”更要“造血”，“扶贫”更要“扶智”，是扶贫开发必须遵循的客观规律。光彩事业必须着眼增强贫困地区自我发展能力优化项目布局，发展规划更加注重支持教育培训，项目建设更加注重科技支撑，资金投入更加注重人力资源开发，推动贫困地区实现可持续发展，从根本上改变贫困落后面貌。要参与基础教育，捐建光彩学校，改善办学条件，巩固普及九年制义务教育成果，提高贫困地区人口综合素质。要开展职业培训，推进职业教育，资助培训项目，提高贫困地区群众就业技能，培养实用人才和致富带头人。要推广先进科技，大力开发高技术含量、高附加值的优质、有机农牧产品，帮助贫困地区群众掌握现代农业技术，增强科学致富本领。

第三，秉持和谐理念，实现经济效益与社会效益相统一。经济行为与道德行为的密切互动，经济效益与社会效益的有机统一，是光彩事业的本质特点和价值追求。光彩事业必须秉持和谐理念提升价值功效，在兴业发展中履行社会责任，在扶贫济困中推动科学发展，在服务社会中促进和谐进步。要推动区域协调发展，积极投身新一轮西部大开发，以国家级贫困县为战略重点，以集中连片贫困地区为优先地带，以边境线附近贫困地区为突破区域，形成“点、片、线”帮扶格局。要促进生态文明建设，坚持绿色、生态的项目选择导向，优先发展低碳、节能、环保产业，重点参与国土绿化、沙漠治理，推动生态基地、生态村庄建设，促进人与自然的和谐。要注重增进民族团结，把帮助少数民族地区群众脱贫致富作为重要任务，无论是资源开发、基础设施建设，还是投资办企、兴教助学，都要有利于维护民族团结、促进民族交往交流交融，推动各民族共同发展、共同进步。

第四，加强力量整合，实现个体优势与集群效应相统一。项目实施作为光彩事业的基本方式，效能最大化取决于资源配置最优化。光彩事业必须有效整合力量扩大规模效应，把优势集中到能够产生最大效益的方面，把资源集中到能够发挥最佳作用的地方，全面提升光彩事业的层次和水平。要聚合优势要素，把企业的产业优势、资金优势、技术优势、市场优势，与贫困地区的资源优势结合起来，帮助贫困地区培育特色产业、支柱产业。要推动优势产业集聚，发挥龙头企业的带动作用，构建上下游企业互动配合的现代产业体系，辐射带动县域经济发展。要加强企业产业链整合，通过光彩基金、项目投入等，探索中小企业参与光彩事业的途径方式，不断壮大光彩事业的实力和队伍。

第五，践行核心价值，实现履行社会责任与弘扬光彩精神相统一。经过 16 年的实践发展，光彩事业探索形成了“致富思源、富而思进，扶危济困、共同富裕，义利兼顾、德行并重，发展企业、回馈社会”的光彩精神，成为广大非公有制经济人士最可珍视的宝贵财富和不断前进的强大动力。今年“两会”期间，胡锦涛总书记明确指出，光彩事业要大力弘扬“义利兼顾、以义为先”的理念。

这是对光彩精神的升华，是光彩精神的实质，也是非公有制经济人士践行社会主义核心价值体系的集中体现。光彩事业秉承“义利兼顾、以义为先”的理念，就要引导广大非公有制经济人士，坚持感恩思进的价值追求，深刻认识企业发展、个人致富，无不源于革命先辈创建新中国的奋斗奉献，源于党的改革开放政策，源于中国特色社会主义伟大实践，不断增强坚持党的领导、走中国特色社会主义道路的自觉性和坚定性；就要把社会主义荣辱观、义利观内化为道德标准和价值追求，外化为具体实践和行为习惯，塑造非公有制经济人士良好形象；就要深化回报社会的具体实践，丰富济贫帮困的形式，创建参与公益事业的载体，拓宽促进民生改善的渠道，形成先富帮后富、实现共同富裕的良好局面。

三、今后五年的主要任务

今后五年，是全面建设小康社会的关键时期，也是光彩事业提升水平、彰显作用、扩大影响的重要时期。“十二五”规划将对经济社会发展作出全面部署，为光彩事业指明方向和任务。西部大开发战略的深入推进，为光彩事业提供更加广阔的平台。2011年至2020年扶贫开发纲要的实施，将为光彩事业确立主攻方向。中国光彩事业促进会要坚持以邓小平理论和“三个代表”重要思想为指导，深入贯彻落实科学发展观，大力弘扬光彩精神，深化开发扶贫主题，强化综合服务职能，创新优势特色载体，努力在增强工作科学化水平上迈出新步伐，在拓展扶贫开发的广度深度上取得新成效，在推动科学发展、促进社会和谐上作出新贡献。

第一，强化服务职能，增强发展活力。把提升服务能力作为提高工作成效的重要内容，努力充实服务内容，拓宽服务渠道，创新服务方式。要服务地方发展和扶贫规划，深入考察了解资源禀赋、发展水平和产业特点，加强与党委政府的统一协调，对就业容量大、辐射能力强的扶贫项目优先安排，对有市场潜力、有竞争优势的特色产业重点扶持，做到因地制宜、科学合理、富有实效。要服务企业发展，及时提供市场、产业、政策等方面的资讯信息，积极争取土地、税收、融资等方面的优惠条件，帮助非公有制企业壮大实力，为他们投身光彩事业创造条件。要服务项目实施，设立项目评审委员会开展项目论证，完善重点项目数据库加强项目推介，构建跟踪服务体系指导项目推进，与有关方面协调解决项目建设中的问题，力争做到“实施一个、成功一个、影响一片”。

第二，打造精品项目，提升品牌形象。把品牌作为提升层次的核心、展示形象的窗口，在继续推进“光彩行”等品牌活动的基础上，着力在关键项目上取得突破，在特色活动中创出精品。要突出民生、丰富品牌内涵，项目实施重点向“老少边穷”地区倾斜，着力推进帮扶贫困和边疆地区群众的“富民惠民工程”，帮扶革命老区群众的“感恩回报工程”，帮扶少数民族地区群众的“团结共进工程”，实现扶贫开发与民生改善同步，加快发展与共享成果同时。要形成规模、增强品牌效应，在服务新农村建设上探索企业与农户“联股、联利、联心”形式，在推动县域经济发展上推广“龙头企业带动、中小企业跟进”的产业集群模式，在公益慈善事业上完善以光彩基金为主体、非公有制经济人士广泛参与、特定群体普遍受益的运作方式，推动光彩项目实现从零散到规模、从短期到长效的发展。

第三，加强舆论宣传，营造良好氛围。把扩大宣传作为提高光彩事业感召力、影响力的重要途径，加大宣传力度，深化宣传内容，丰富宣传形式。要切实搞好宣传的统筹规划，加强与宣传部门和相关媒体的沟通配合，努力做到重点活动、重点项目事前宣传造势、事中跟踪报道、事后总结推广，形成支持光彩事业发展的强大声势。要广泛宣传光彩事业的宗旨意义和理念目标，深度报道实践成效和成功经验，积极推介先进典型和品牌项目，多层次、多角度展示光彩事业的时代风采。要注重传统媒体与新兴媒体的充分运用，系统内媒体与系统外媒体的联合互动，采取新闻通讯、电视专题片等多种形式，通过事迹报告会、评比表彰会等多种途径，切实提高宣传效果，形成良好社会效应。

第四，加强对外交流，扩大国际影响。把走开放式发展道路作为增强光彩事业活力的内在要求，支持有实力、有条件的非公有制企业"走出去"，开展对外经贸合作，开拓国际市场，在发展企业的同时增进与各国人民的友谊。要在加强国际合作中完善扶贫模式，充分利用非政府组织和中非民间商会的平台，学习借鉴国际扶贫经验，创新和发展光彩事业。要在开展国际交流中展示中国形象，深化与联合国机构和国际非政府组织的交流合作，广泛宣传我国改革开放和现代化建设伟大成就，扩大中国在国际社会的影响。要在参与国际竞争中提升企业品牌，帮助"走出去"的企业遵循市场经济规律，抓住机遇、防范风险，在借力借智中提高发展质量，在优化升级中增强竞争力，同时积极传播光彩精神，开展公益慈善活动，营造良好发展环境。

第五，健全制度机制，形成工作合力。把加强制度机制建设作为提高工作科学化水平的重要保障，努力形成用制度建会、按制度办事、靠制度提高的良好局面。要完善沟通协调机制，建立健全与财政、民政、金融、工商、税务、扶贫办等部门的协调机制，积极为参与扶贫开发的非公有制企业争取优惠政策，形成联系密切、互相支持的工作格局。要健全光彩事业队伍科学发展机制，完善通过光彩事业培养选拔代表人士的制度，加强教育培训、提高思想素质，开展社会考察、了解国情民情，团结凝聚更多的企业家参与光彩事业。要加强内部工作制度建设，健全统战部、工商联、光彩会的配合联系机制，及时通报情况，加强协作配合，努力形成统战部牵头协调、工商联支持推动、光彩会组织实施的工作格局，确保各项工作更加科学合理、规范有序、运转高效。

同志们，抚今追昔，正是豪情满怀；展望前程，更当大展宏图。让我们更加紧密地团结在以胡锦涛同志为总书记的党中央周围，高举中国特色社会主义伟大旗帜，携手奋进，负重自强，共同谱写光彩事业崭新篇章，以优异业绩为中国特色社会主义事业增光添彩！

（杜青林时任全国政协副主席，中共中央统战部部长，中国光彩会会长）

中国光彩事业促进会四届三次会议工作报告

杜青林 （2012年5月28日）

各位理事、同志们：

今天，我们在这里召开中国光彩事业促进会四届三次理事会，主要是总结工作成绩，把握当前形势，部署今后任务，推动光彩事业进一步开创新局面。首先，我代表中央统战部，向会议的召开表示热烈祝贺！向出席会议的各位代表、各界朋友表示诚挚欢迎！

光彩事业源自义利兼顾、以义为先的文化精髓，根植扶贫攻坚、为党分忧的丰富实践，体现先富帮后富、实现共同富裕的强烈责任，探索出市场化运作、开发式扶贫的共赢发展模式，成为非公有制经济人士践行“同心”思想的有效载体、感恩回馈社会的广阔舞台、展示形象价值的重要窗口。经过近20年发展，光彩事业已经站在新的发展起点，迎来实现新跃升的有利契机。“十二五”规划顺利实施，新一轮西部大开发战略深入推进，拓展了光彩事业作用发挥的领域空间；中央召开扶贫开发工作会议，颁布实施新十年农村扶贫开发纲要，奠定了光彩事业扶贫开发的政策基础；非公有制经济蓬勃发展，非公有制经济人士健康成长，集聚了光彩事业持续发展的丰沛资源。我们要牢固树立机遇意识、使命意识、创新意识，加强顶层设计，注重实践推动，不断提升工作科学化水平，切实增强光彩事业实际效能，为夺取新一轮扶贫开发工作新胜利作出更大贡献。

下面，我受中国光彩事业促进会四届理事会委托，向大会报告工作，并就新形势下推动光彩事业发展，谈几点意见。

一、两年来光彩事业的主要成绩

四届一次理事会以来，光彩事业秉持根本宗旨，践行光彩理念，以产业化扶贫推动区域发展，以富民惠民工程促进民生改善，以公益慈善项目履行社会责任，在服务科学发展、促进社会和谐中取得了突出成绩。

第一，扎实推进光彩行动，服务区域发展成效显著。面向老少边穷地区组织投资考察，项目签约金额3500多亿元，捐款捐物2.5亿多元。面向连片特困地区进行实地调研，形成推进秦巴山区扶贫开发建设的报告，中央领导同志高度重视并作出重要批示。面向西部贫困地区设立帮扶基金，开展定向资金帮扶活动，有力提升贫困地区和受助群众自我发展能力。

第二，广泛参与“同心”实践，助推毕节试验区建设作用突出。着眼跨越发展实施“同心”项目，引导非公有制企业走进毕节、考察项目、投资洽谈，共签约项目53个，投资合同金额300多亿元，为试验区建设增添强劲动力。着眼改善民生募集“同心”基金，设立“同心·光彩助农基金”、“同心·光彩助学基金”，助推农民增收，资助学生求学，产生了良好社会效应。着眼示范带动打造“同心”新村，推动东部10省市光彩会共同建设9个“同心”新村，成为贫困山区实施整村推进、建设社会主义新农村的示范项目。

第三，积极履行社会责任，促进社会和谐彰显价值。大力推进“感恩行动”，13万家非公有制企业捐资90亿元，帮扶30多万人。策划实施“创业工程”，在5个城市探索推进创业扶贫试点，帮助高校毕业生、农民工等群体扩大就业。

正式启动“西藏和四省藏区幸福家庭工程——新农村新家庭计划”，预计受益群众150万人。积极参与环境保护，与国家发改委、联合国开发计划署合作举办“气候变化与企业契约CEO论坛”，提高应对气候变化的认识水平和实际能力。

第四，切实加强自身建设，持续发展基础更加牢固。着力提升队伍素质，分批轮训全体理事，组织企业家赴美培训班和光彩事业统计员培训班。着力健全工作机制，完善统战部牵头协调、工商联支持推动、光彩会组织实施的工作格局，探索建立秘书长办公会议制度及日常管理制度。着力扩大社会影响，加大主流媒体宣传力度，完成光彩会网站改版升级，参加“新世纪中国农村扶贫开发成就展”，光彩事业的影响力和美誉度显著提升。

以上这些成绩的取得，得益于党中央、国务院和各级党委、政府的高度重视、正确领导，离不开各级统战部、工商联、光彩会的积极推动，也离不开广大理事和非公有制经济人士的无私奉献。在此，向长期以来关心支持、热心参与光彩事业的各界朋友，表示衷心的感谢！

实践充分证明，深入推进光彩事业，必须聚焦共同富裕找准定位，立足中国特色扶贫开发道路谋划发展思路，围绕欠发达地区经济社会发展拓宽工作领域，着眼贫困群众脱贫致富统筹项目资源。必须践行核心价值升华信念，努力实现经济行为与道德行为相互结合，企业发展与国家发展相互协调，起作用与受教育相互统一。必须发展壮大队伍夯实基础，把实施光彩事业的过程作为培养非公有制经济代表人士的过程，以光彩精神凝聚力量，以光彩实践锻炼队伍。这些既是光彩事业实践探索的规律认识，也是光彩事业持续发展的基本要求，需要牢牢把握、始终遵循。

二、坚持以“同心”思想引领光彩事业科学发展

胡锦涛总书记提出的思想上同心同德、目标上同心同向、行动上同心同行的“同心”思想，深刻揭示了统一战线最本质的理念特征，是统一战线重大理论创新成果，是贯穿统一战线始终的价值追求。光彩事业在精神内核上坚持与党同心，在实践运行中注重各方协同，在目标取向上强调同享共赢，必须始终坚持以“同心”思想为引领，谋划思路更加突出同心，推进工作更加紧扣同心，发挥作用更加彰显同心，努力实现更高层次、更大价值的发展。

第一，坚持以“同心”丰富光彩精神，把握光彩事业发展的价值遵循。“致富思源、富而思进，扶危济困、共同富裕，义利兼顾、以义为先，发展企业、回馈社会”的光彩精神，体现了“同心”思想对非公有制经济人士的根本要求，必须按照“同心”思想，深刻领会光彩精神丰富内涵，准确把握光彩精神内在本质，并落实到非公有制经济人士的实际行动中。要突出同心同德的政治导向，通过参与光彩事业，不断增强对坚持中国共产党领导的高度自觉，对中国特色社会主义理论体系的高度认同，对中国特色社会主义制度的高度自信，坚定不移走中国特色社会主义道路。要深化同心同向的目标追求，把推动贫困地区加快发展作为职责所系，把服务民生改善作为重点所在，把促进共同富裕作为目标所向，实施更多合民意、解民忧、得民心的精品项目，努力推动全体人民共享改革发展成果。要凝聚同心同行的发展合力，培养造就一支与党同心奋斗的中国特色社会主义事业建设者队伍，整合开发扶贫的资源优势，调动社会各界的参与热情，激发广大理事的创造活力，形成共同推动科学发展、促进社会和谐的良好局面。

第二，坚持以“同心”推进光彩实践，提升服务科学发展的实际效能。“同心”不仅是一种思想境界，更体现为指导光彩事业发展的实践引领，服务党和国家工作大局的自觉行动。要致力服务主题主线，严格选取契合“十二五”产业规划、符合低碳经济要求的扶贫项目，科学使用贫困地区的土地、矿产等稀缺资源，推动非公有制企业调整产业结构、优化要素构成、增强创新能力，在促进贫困地区又好又快发展中实现企业转型升级。要致力服务区域发展，以集中连片特困地区

为攻坚重点，以促进贫困群众增收和劳动力就业为首要任务，积极发展“光彩产业园”、“同心新村”、“光彩助农基金”等项目，大力实施先进制造业、现代农业和现代服务业等产业化扶贫，不断促进县域经济发展、加快推进城乡一体化进程。要致力深化对外合作，充分运用光彩事业的国际影响和平台优势，积极支持有意愿、有实力的非公有制企业“走出去”，稳步扩大对外投资，瞄准国际中高端市场，培育国际知名品牌，在更大范围、更广领域、更高层次上参与国际经贸交流合作。

第三，坚持以“同心”深化光彩宗旨，体现促进共同富裕的根本要求。光彩事业参与“同心”实践，为的是民生，求的是民心，必须牢牢把握先富帮后富、实现共同富裕的根本宗旨，努力增进非公有制经济人士与党同心、人民群众与党同心。要把推动开发扶贫作为着力重点，坚持以产业化发展带动经济增长和群众致富，特别是要引导广大理事参与毕节试验区村企帮扶活动，推动百企连百村，探索利益互联、风险共担、收益共享的扶贫新途径。要把促进社会事业作为主攻方向，积极推动贫困地区改善文化教育、医疗卫生条件，参与基础设施和生态环境建设，鼓励劳动密集型企业和中小企业积极吸纳就业，帮助贫困群众提高生产生活质量。要把提升群众素质作为根本之举，坚持“扶贫”“扶智”相结合，积极参与基础教育、推进职业教育，捐建光彩学校，资助培训项目，着重培养农村实用技术人才、医疗卫生人才和教育人才，进一步增强贫困地区发展的内生动力。

第四，坚持以“同心”建设光彩队伍，夯实光彩事业发展的人才基础。“同心”思想强调理想信念上的共识、道路方向上的一致、具体实践上的协力，既是非公有制经济代表人士的评价标准，也是光彩会理事队伍建设的努力方向。要注重在教育培养中强化同心，将“同心”思想作为理论培训和实践锻炼的核心内容，通过学习讲座、专题研讨、考察调研等，深刻领会“同心”思想的理论内涵、实践价值和根本要求，自觉提升政治素养和精神境界，增强发展企业、回馈社会的能力。要注重在推荐选拔中突出同心，纳入综合评价指标体系，把履行社会责任作为推荐使用的基本条件，把参与光彩事业具体表现作为安排考察的实践依据，努力使优秀光彩企业家成为培养非公有制经济代表人士的重要源头。要注重在发挥作用中践行同心，引导非公有制经济人士找准贯彻落实“同心”思想的着力点，踊跃参与光彩事业，积极构建和谐劳动关系，自觉感恩回报社会，努力在服务大局中体现“同心”价值，在树立良好形象中扩大“同心”影响。

三、切实提升光彩会工作成效和水平

当前和今后一个时期，中国光彩事业促进会要坚持以邓小平理论和“三个代表”重要思想为指导，深入贯彻落实科学发展观，着力突出重点、发挥优势，着力健全网络、增强效能，着力壮大队伍、夯实根基，不断开创光彩事业工作新局面，为实现全面建设小康社会目标作出新贡献。

第一，推进资源整合，进一步提升协调力。要立足贫困地区的优势资源，深入考察当地自然条件，有效对接当地发展规划，科学制定适合当地的项目实施方案，使非公有制企业创富资源与贫困地区禀赋资源相互补充，非公有制经济人士投资兴业与困难群众脱贫致富相互促进。要争取相关部门的政策资源，加强与财政金融、工商税务、民政扶贫等部门的沟通协调，拓宽与扶贫组织、公益慈善组织的合作渠道，为非公有制企业参与光彩事业提供政策支持，形成协力助推光彩事业发展的格局。要统筹光彩会的内部资源，协调配合感恩行动、“同心工程”等活动，把光彩企业的资金、技术、市场优势集中到能够产生最大效益的方面，把光彩会的人才、渠道、信息资源集中到能够发挥最大作用的地方，努力实现资源最优配置。

第二，突出服务功能，进一步增强凝聚力。要搭建助推企业发展平台，及时提供市场、产业、政策等重要信息，努力争取土地、税收、人才等优惠政策，帮助解决融资、管理等实际困难，促进非公有制企业不断发展壮大，吸引更多非公有制经济人士参与光彩事业。要打造理事交流合作平台，加强光彩会与理事的沟通联系，拓宽理事之间的交流渠道，使广大理事更及时地了解相关政策和项目信息，更便捷地开展企业合作、实现优势互补，努力提升光彩事业的规模效应。要强化对外联系平台，为非公有制企业走出国门牵线搭桥，支持它们投资国外优质资产、引进先进品牌技术、开辟新兴市场，在提升国际竞争力的同时实现更大发展。

第三，强化价值引领，进一步扩大影响力。要着力打造光彩品牌，研究制定光彩事业品牌战略实施方案，统一规范光彩品牌标识，挖掘已有精品活动的发展潜力，围绕“同心”实践打造新的精品名牌，不断提升光彩事业的品牌价值。要大力弘扬光彩精神，引导非公有制经济人士积极参与光彩实践，自觉投身社会服务，深刻领会光彩事业的精神内涵，树立非公有制经济人士核心价值观，展示中国特色社会主义事业建设者良好形象。要努力扩大社会影响，集中报道光彩事业的实施情况，全面展示服务科学发展的实践成效，广泛宣传先进典型和先进事迹，进一步扩大光彩事业的知名度和感召力。

第四，完善制度机制，进一步强化执行力。要规范工作责任机制，着眼工作职能，明确职责分工，统战部门要主动争取党委、政府的关心重视，加强光彩会组织建设，帮助解决实际困难和问题；工商联要积极支持推动，团结更多的非公有制经济人士参与光彩扶贫行动；光彩会要切实加强自身建设，规范内部管理，提高工作层次和水平。要健全上下联动机制，加强中国光彩会与地方光彩会的互动合作，推动各地光彩会密切沟通联系，信息上交流共享，工作上协作配合，努力打造全国光彩事业“一盘棋”的工作格局。要完善督查落实机制，实施光彩项目全过程管理，建立定期报告制度督导项目推进，完善跟踪服务流程指导项目管理，构建绩效考评体系开展项目评价，进一步提升光彩事业的实践成效。

同志们，齐心协力成就光彩事业，同心奋斗铸就光彩人生。让我们紧密团结在以胡锦涛同志为总书记的党中央周围，高举中国特色社会主义伟大旗帜，以邓小平理论和“三个代表”重要思想为指导，深入贯彻落实科学发展观，开拓进取，锐意创新，以实际行动推动光彩事业更加光彩，以优异业绩迎接党的十八大胜利召开！

（杜青林时任全国政协副主席，中共中央统战部部长，中国光彩会会长）

中国光彩事业促进会四届五次会议工作报告

全哲洙　（2014年5月20日）

各位理事、同志们：

今天，我们在河南省信阳市召开中国光彩事业促进会四届五次理事会议。这是本届理事会的最后一次会议，又恰逢光彩事业发起20周年，具有特别的意义。会前，中共中央政治局常委、全国政协主席俞正声同志专门为光彩事业做出重要批示，充分肯定光彩事业的显著成绩，对光彩事业紧扣两个健康主题，更多地履行社会责任，为全面深化改革作贡献、为实现中国梦增添光彩指明了方向。这次会议的主要任务就是，认真贯彻落实党的十八大和十八届三中全会精神，学习贯彻俞正声主席重要批示，总结2013年中国光彩会的工作，回顾20年来光彩事业的成就，研究新形势下如何推动光彩事业深入发展。下面，我谈三个问题。

一、过去一年的工作

2013年，中国光彩会从实际出发贯彻落实党的十八大精神，紧紧围绕扶贫开发和理想信念教育实践活动，扎实推进各项工作，取得了明显成绩。

（一）组织开展“光彩行”，着力促进老少边穷地区发展。去年，中国光彩会共举办六安、西藏、赣州3次“光彩行”活动，参加的非公有制经济人士共计达到1800人次，签约合同项目1232个，投资总额10078.19亿元，创造了光彩行活动单年最高纪录。中国光彩会还与地方光彩会一起，在甘肃兰州、宁夏固原、湖北十堰、辽宁阜新举办了4次小型投资考察活动，共签约项目128个，投资总额807.32亿元。光彩事业的扶贫开发活动有效促进了老少边穷地区经济社会发展，受到当地党委政府和群众的欢迎。

（二）积极参与理想信念教育实践活动，发挥政治引导作用。非公有制经济人士理想信念教育实践活动是在习近平总书记等中央领导同志的关心支持下开展起来的。中国光彩会将“光彩行”有机融入教育实践活动，开展革命传统和基本国情教育，受到企业家们的欢迎。举办“全国非公有制经济人士感恩革命老区延安行”活动，组织与会代表观看教育片，听取专题讲座，参观革命旧址，召开“弘扬延安精神，共筑中国梦”主题座谈会，使大家受到了一次深刻的理想信念教育。

（三）勇于承担社会责任，为抗震救灾、公益事业作出贡献。四川雅安、甘肃定西地震灾害发生后，中国光彩会第一时间与全国工商联联合下发通知，号召各级光彩会和理事会员积极投身抗震救灾。据不完全统计，各地光彩会和理事会员共为灾区捐款捐物9.8亿元，其中，捐款6.6亿元，有力支援了抗震救灾和灾后重建工作。去年“光彩行”和“感恩行”活动中，中国光彩会共组织公益捐赠1.58亿元，实施了饮水、养老、医疗、危房改造等8个公益项目，在扶危济困、改善民生方面发挥了积极作用。

与此同时，中国光彩会其他各项工作顺利推进。与全国工商联、国家林业局联合下发《关于引导和鼓励非公有制经济参与现代林业发展推进生态文明建设的意见》，组织开展了“光彩事业国土绿化贡献奖”评选活动。在中央和地方各类媒体刊发报道近900篇，传递了非公有制经济人士勇于担当的正能量。

在总结成绩的同时，也要看到工作中的不足。

主要是在新形势下坚持两个健康工作主题，充分发挥非公有制经济人士的主体作用，提高光彩活动的广泛性和实效性有待于加强；光彩事业的理论研究和社会宣传方面还比较薄弱；光彩会组织主动服务理事的意识和能力有待增强；光彩事业基金会的功能、作用发挥不够。这些问题都需要认真研究，努力加以解决和改进。

今年，中国光彩会要重点抓好的工作是：在理事和会员中继续深入开展理想信念教育实践活动；举办中国光彩事业信阳行和南疆行；以发起光彩事业20周年为契机，加强对光彩事业理论和实践问题的调查研究，加大对光彩事业成就和非公有制经济人士贡献的宣传力度；认真做好中国光彩会换届筹备工作。希望各位理事积极参与，共同推动光彩事业取得新的更大成绩。

二、光彩事业20年历程的基本启示

1994年4月，为配合“国家八七扶贫攻坚计划”的实施，10位非公有制经济人士联名发出《让我们投身到扶贫的光彩事业中来》的倡议，号召先富起来的非公有制经济人士积极到老少边穷地区参与扶贫开发，拉开了光彩事业发展的序幕。20年来，光彩事业坚持围绕中心、服务大局，秉持共同富裕宗旨，不断探索和发展，成为推动欠发达地区经济社会发展的重要力量，成为促进“两个健康”的重要平台，成为推动科学发展、促进社会和谐的重要实践。20年来，光彩事业得到了中央领导同志的充分肯定，得到了各级党委、政府的大力支持，被社会各界普遍赞誉为一项利国利民利企、崇高而美好、进步和发展的事业。光彩事业20年的丰富实践，给予我们许多宝贵的启示，最基本、最重要的结论有四个方面。

（一）光彩事业致力于扶贫攻坚，是实现先富帮后富、最终达到共同富裕目标的具体行动。在改革开放初期，邓小平同志曾说过，实现共同富裕是社会主义的“大原则”，要利用各种手段、各种方法、各种方案来解决这个问题。非公有制经济人士在自身先富裕起来以后，如何使用财富帮助未富群体，是重大的历史课题。20年前，非公有制经济人士中的一批优秀分子正是带着对这个问题的思考，认识到他们的致富得益于党的路线、方针、政策，决心“和老少边穷地区的父老乡亲、兄弟姐妹们一起谱写我们的共同理想，一起创造我们共同的财富，一起携手共同发展，一起达到共同富裕的美好目标”。这种朴素的思想、崇高的追求，表达了非公有制经济人士感恩改革开放、承担社会责任的强烈心声，体现了他们在党的领导下走共同富裕道路的高度自觉，说明了光彩事业在我国发起和发展的历史必然性。20年来，光彩事业组织和引导非公有制经济人士到贫困地区，本着平等协作、互助共赢的原则，和当地群众结成利益共同体，帮助他们脱贫致富奔小康，使他们技能有了提升，日子有了奔头，同时也为非公有制经济人士自身的出彩搭建了舞台、提供了机会。截至2013年底，光彩事业共实施扶贫项目43329个，实际到位资金5987.75亿元，培训人员860.46万人，安置就业1092.74万人，带动脱贫2022.09万人。实践证明，光彩事业之所以有吸引力、影响力、生命力，很重要的一条，就是因为坚持了共同富裕这一根本宗旨。光彩事业只有始终以促进消除贫困为己任，为实现共同富裕作贡献，才能确保正确方向，取得更大成就。

（二）光彩事业致力于科学发展，是加快转变经济发展方式的重要路径。早在国家制定“九五”计划的时候，党中央就提出要转变经济增长方式。党的十六大以后，我们党按照科学发展观的要求，坚持全面协调可持续发展，提出加快转变经济发展方式并做出战略部署。光彩事业密切配合党和国家一系列重大发展战略的实施，促进了经济社会又好又快发展，也为非公有制企业自身转变发展方式探索了新的道路。通过光彩事业，一大批非公有制企业参加到西部大开发、东北等老工业基地振兴、中部崛起和三峡库区移民安置、新农村建设、援藏援疆中来，成为推动城乡区域统筹协调发展的重要力量。光彩事业先后开展的全国性“光彩行”活动共计29次，足迹遍及20个省份的33个贫困地区。在“民企系三农、共建新农村”光彩行动中，有7.5万家非公有制企业与6.1

万个村结对共建。坚持不懈参与国土绿化和生态治理工程，建设了一大批防沙治沙、水土保持和荒山绿化项目，积极探索生态建设产业化发展道路。实践证明，光彩事业的理念和任务，与科学发展要求完全一致，光彩事业只有始终着眼助推转变经济发展方式来谋划和推进，才能更好地彰显时代价值。

（三）光彩事业致力于改善民生，是构建和谐社会的积极力量。大力保障和改善民生，在经济发展基础上逐步提高人民群众物质文化生活水平，是改革开放和社会主义现代化建设的根本目的。光彩事业坚持经济行为和道德行为的有机统一，努力实现现代市场文明与当代责任文化的紧密结合，既不同于一般的企业投资行为，也不同于一般的公益慈善行为，在服务改善民生中体现出鲜明的特色和优势。20 年来，光彩事业公益捐赠共计 1794.17 亿元，在兴教助学、医疗卫生、赈灾济困、养老助残、环境保护、危房改造、文化传承等领域实施了一大批公益项目。各地光彩会还因地制宜开展了丰富多彩的活动，“万企联村共同发展”、“光彩创业带动就业”、“光彩助学行动”等已成为特色品牌。实践证明，服务保障和改善民生，多做扶贫济困、雪中送炭的好事实事，是光彩事业促进阶层关系、民族关系和谐的应有之举，也是今后光彩事业继续坚持两个健康主题、扩大社会影响的必由之路。

（四）光彩事业致力于人的培养，是引导非公有制经济人士健康成长的一面旗帜。1991 年颁发的中央 15 号文件，提出要做好非公有制经济人士思想政治工作，并把这一光荣使命交给了统战部、工商联。光彩事业的兴起，为做好非公有制经济人士思想政治工作提供了有效载体和具体形式。非公有制经济人士通过光彩事业广泛参与社会实践、了解国情党情民情，不断增强了中国特色社会主义信念，深化了对企业发展和国家发展、个人利益和社会利益、市场法则和道德准则之间关系的认识，培育了“致富思源、富而思进，扶危济困、共同富裕，义利兼顾、以义为先，发展企业、回馈社会”的光彩精神，为投身中国特色社会主义事业提供了重要精神力量。20 年来，光彩事业紧紧围绕践行光彩精神，开展了内容丰富、形式多样的思想政治工作。通过“致富思源、富而思进”教育，不断激发创业热情，自觉承担社会责任；通过“光彩行”活动，进行革命传统教育和理想信念教育；通过开展感恩行动，弘扬以致富知恩、贡献回报、敬德利他、和谐共赢为内容的感恩文化；通过“信誉宣言”活动，广泛倡导“守信用、讲信誉、重信义”的行为准则。在光彩事业这个平台上，非公有制经济人士中涌现了一大批优秀分子和代表人士。在中国光彩事业促进会目前的 321 名企业家理事中，有 6 名全国工商联副主席，28 名全国人大代表，41 名全国政协委员。实践证明，以光彩精神教育人、激励人，是引导非公有制经济人士健康成长的有效举措，光彩事业只有始终把握好思想政治工作这一生命线，把引导教育和自我教育结合起来，才能更好地服务于非公有制经济代表人士的培养，培育合格中国特色社会主义事业建设者队伍。这次会上我们要向 103 名为光彩事业 20 年发展作出突出贡献的企业家授予荣誉证书，希望各级光彩会理事和广大非公有制经济人士更加自觉地践行光彩理念、弘扬光彩精神，在实现企业科学发展中更多地造福人民。

三、以改革创新精神推动光彩事业广泛深入发展

俞正声主席的重要批示，对引导民营企业家增强发展信心、做强做大做优企业，更多地参与扶贫开发，更多履行社会责任，做合格的中国特色社会主义事业建设者，具有十分重要的意义。各地一定要及时向党委汇报，认真组织学习传达，切实抓好贯彻落实。

光彩事业兴起并实施于我国改革进程之中，也必须适应改革的全面深化而不断发展。党的十八届三中全会对全面深化改革做出了具体部署，并强调让发展成果更多更公平惠及全体人民。这必将为非公有制经济和光彩事业发展创造更有利条件和更广阔空间，也对非公有制经济人士承担

社会责任提出了更高标准，对光彩事业服务科学发展、和谐发展提出了更高要求。我们一定要胸怀全局，顺应改革大势，弘扬创新精神，推动光彩事业深入发展。

（一）正确把握光彩精神，不断增强感召力。光彩精神的核心理念是“义利兼顾、以义为先”，这是对光彩精神的浓缩与升华，也是非公有制经济人士践行社会主义核心价值观的集中体现。我们要提升光彩事业发展水平，必须从更深层次上理解光彩精神，把握“以义为先”的着力点，引领非公有制经济人士在中国特色社会主义道路上成长进步。一是要突出扶贫开发的本义。消除贫困是关乎政治方向、根本制度和发展道路的大事。光彩事业为扶贫而生，因扶贫而兴，只有立足扶贫、紧扣扶贫、推动扶贫，才能体现光彩精神的价值和意义。今后7年，是全面建成小康社会的关键时期，扶贫攻坚任务十分艰巨和紧迫。弘扬光彩精神，必须以扶贫实践来体现，以扶贫成果来衡量。非公有制经济人士要以扶贫为荣，在企业效益增长过程中逐步加大扶贫投入，在参与和支持扶贫事业中使自己的人生更加出彩，使自己的企业更加光彩。二是要彰显承担社会责任的道义。光彩精神蕴含了光彩事业参与者们对公平正义、社会和谐的追求，融入了他们发展企业、回馈社会的具体实践，归根到底体现了他们自觉担当社会责任的道义。在当今经济全球化和科学发展、和谐发展时代条件下，企业承担社会责任，已不是想不想、要不要的“自选”动作，而是无可选择、无可回避的“规定”动作。光彩事业要旗帜鲜明地引导企业以“义”反思、规范、提升经营行为和社会行为，以保障产品质量和安全、构建和谐劳动关系、参与社会治理和服务、节约资源保护环境等为重点，着力提升非公有制企业履行社会责任的整体水平。三是要体现有利长远发展的大义。当前，我国经济下行压力加大，不少企业生产经营遇到较大困难。在这种形势下，我们企业家特别是光彩会的理事，仍能尽自己最大的努力，积极为光彩公益项目捐赠，体现了顾大局、尽责任、讲贡献。践行光彩精神，首先要把自身企业办好，必须推进转型升级。企业要有长远眼光，自觉把企业利益和社会利益、短期利益和长远利益有机结合。大家要多算大账、长远账，做到小账服从大帐，眼前账服从长远账。这些账算清楚了，参与光彩事业就有了内在动力。很多非公有制企业正是在积极参与光彩事业的过程中，树立了良好的社会形象，赢得了广泛的社会信誉，拓展了自身的市场空间，为长远发展奠定了坚实基础。先予后取、多予少取，有时甚至只予不取，这是大义，也是大利，是光彩事业“以义为先”理念下的取予之道。

（二）科学运作光彩项目，不断增强带动力。光彩项目是光彩事业落地生根、开花结果的具体体现，看得见，摸得着，既能达到群众得实惠、企业有发展、参与者受教育的现实目的，也能起到带动非公有制经济人士广泛参与、促进光彩事业形成“星火燎原”态势的示范作用。光彩项目的运作水平直接关系到光彩事业的生命力。全面深化改革重大举措的落实，必然带来经济体制的变革，扶贫工作的创新。我们要把握趋势，抓住机遇，着眼于推动光彩事业更有效率、更可持续，大力提升光彩项目实施的科学化水平。一是要坚持民生导向。解决好民生问题，对加快贫困地区发展具有基础性作用。选择光彩项目要优先考虑民生，实施光彩项目要切实带动民生。要着重围绕增加就业岗位、完善公共服务和优化生态环境，大力发展生产性和生活性服务业，发展对当地中小微企业有较强带动效应的项目，有条件的企业要积极参与基础设施、医疗、文化、教育、旅游等领域项目。在实践中，有的投资暂时没多少赚头，但地方欢迎，群众需要，也符合企业转型升级，就应着眼长远，切不可只顾眼前，因小失大。当前，解决高校毕业生的就业创业问题和化解产能过剩中下岗失业职工的再就业问题，尤其需要光彩项目给予关注和支持。二是要坚持产业导向。培育和发展特色优势产业，构建现代产业体系，是贫困地区加快发展的根本之举。中西部地区不是落后产能的“收容所”，而是产业升级的重要依托。项目建设和资金投入要更加注重科技支撑和人力资源开发，帮助贫困地区群众掌握现代技术，增强科学致富本领。注重依托产业聚集区，以核心产业为导向，走企业间分工协作、优势互补的路子，努力形成和完善产业链条。要本着经济效益、社会效益与生态效益相统一的原则，合理使用土地、矿产等自然资源，充分考虑当地生态承载能力，决不能把高能耗、高污染、高排放产业转移到欠发达地区。三是要坚持市场导向。光彩项目的投资是一种经济行为，必须遵循市场规律，以市场思维和市场方式运作，这是光彩项目得以成功的根本之策、关键之举。要由企业来判断项目是否科学合理、是否具有投资价值，自主作出投资决策，绝不搞“拉郎配”项目和“人情项目”。参与光彩项目的企业要积极探索以互相参股等方式，密切与当地企业的协作、上下游企业之间的合作以及产学研协作，聚集各种要素和创新资源，实现融合发展、包容发展、创新驱动发展。特别是在农村地区实施的光彩项目，要注重以农民收入的可持续增长为重点，积极探索以混合所有制形式，发展农业产业化和规模化经营，形成并不断发展龙头企业与农户、专业大户、种养基地、农民合作社、农村金融机构、技能培训机构等方面的利益联结关系。

（三）务实开展光彩活动，不断增强落实力。光彩活动是光彩事业的实施载体。正是有了形式多样的光彩活动，光彩事业才从美好愿望转化为具体实践，结出丰硕成果。一分部署，九分落实。开展光彩活动，关键在落地，重点在实效。习近平总书记反复强调，要以踏石留印、抓铁有痕的劲头抓工作，以钉钉子的精神干事业。开展光彩活动不能存在浮躁心态，一味讲形式、图热闹，而要贴近扶贫开发的真实需求，在抓落实、出实效上下真功、使狠劲。一是大型活动要重在辐射带动。“光彩行”、“感恩行”等集中性的大型光彩活动，对于扶贫开发能起到以点带面的辐射作用。要充分发挥地方积极性，积极争取地方党委、政府的领导，把大型光彩活动纳入地方工作部署，互相配合，共同推进。要面向老少边穷重点地区，聚焦扶贫攻坚、公益慈善和教育引导等主题，利用重大节日、重大事件、重大政策出台、重大战略部署等关键节点开展活动。要加强与宣传部门和相关媒体沟通，努力做到事前宣传造势、事中跟踪报道、事后总结推广，形成强大声势。二是日常活动重在形成长效机制。多年来，各地统战部、工商联、光彩会结合本地实际，创造性开展了许多小型、分散、灵活的日常活动，如村企结对、技能培训、招工就业、创业辅导、爱心助学等，这些活动对象明确、内容实在、个性鲜明，参与门槛低、参与企业多，也富有综合效益和教育意义，深得受助地区和受助群众的欢迎，也能带动中小微企业广泛加入进来。我们要鼓励和支持这种探索，认真总结经验，对行之有效的做法加以推广，推动实现长效化、常态化运作格局。三是活动落实重在具体深入。光彩活动由许多具体环节构成，只有抓具体、具体抓，活动才能深入，项目才能落地，成效才能凸显。目标要具体，每次活动都应立足培育品牌，制定具体的目标任务。谋划要具体，抓好光彩活动目标任务的分解，明确责任主体和时间进度，提出细化措施和要求，一件一件抓好落实。跟踪服务要具体，形成联动机制，坚持一抓到底，着力解决抓而不实和“最后一公里”等问题，确保光彩活动达到企业满意、群众受益、地方乐意的共赢局面。

（四）推动建设光彩组织，不断增强影响力。各级光彩事业促进会是光彩事业的组织依托和运行枢纽。组织强，光彩事业才能发展得好；组织弱，光彩事业就难以走远。党的十八届三中全会围绕创新社会治理，就激发社会组织活力作出专门部署，使光彩会发展面临更大空间和更多挑战。切实加强自身建设，不断增强组织凝聚力、影响力和竞争力，是光彩会当前重要而紧迫的任务。一是要加强会员队伍建设。离开企业家的积极参与，光彩事业就失去了力量源泉。目前，我国非公有制经济人士总数已近7000万人，在推动我国扶贫开发事业中将承担起更多任务，发挥更大作用。光彩事业需要进一步拓展会员来源，扩大会员队伍。非公有制经济人士加入光彩会不仅是一种荣誉，更是一项责任，需要高素质和硬实力。要切实把好会员特别是理事的质量关，把真正素质好、实力强、有代表性和影响力的企业家吸收到组织中来。二是要加强思想理论建设。加强理论武装和理论指导，是光彩事业科学发展的重要基础。要持久深入抓好理想信念和社会主义核心价值观教育，大力提升非公有制经济人士思想政治素质，激发他们参与光彩事业的主动性和积极性。要充分发挥好非公有制经济人士的智慧和资源，开展扶贫开发、公益事业、社会治理等方面理论政策研究，加强公益文化和慈善理念的培育传播，推动民间公益组织发展，提升组织定位和工作层次，努力走在同类社会组织的前列。三是要加强组织体系建设。建立起全国范围的组织网络，是光彩会的一大优势。中国光彩会要加强与地方光彩会的联系，支持有条件的省（区、市）成立光彩基金会，推动健全市地级光彩会组织，注重发挥县级统战部、工商联在开展光彩事业中的积极作用，进一步扩大光彩事业的组织覆盖和活动的广泛性，不断探索创新组织形式，拓展工作领域。四是要加强工作机制建设。制度机制具有规范、激励和约束作用，是提高光彩会工作水平的重要保障。要着眼发挥企业家主体作用，探索设立专业委员会或咨询委员会，建立听取企业家理事意见建议制度，使他们真正参与到光彩事业的决策、执行和监督等工作中来。要着眼发挥典型示范作用，建立企业家参与光彩事业登记和统计制度，完善先进典型发现评选机制，制定和规范表彰条件和办法，提高表彰的公信度。要从创造良好外部环境出发，建立健全与党政部门沟通协作机制，重点加强与财政、民政、金融、工商、税务、扶贫等部门的协调，积极参与制定和落实有关政策，加强重点和专项工作的相互配合和支持。

同志们，本届理事会还有一年的时间。相信各位理事一定会有始有终、善始善终，一如既往地牢记职责、发挥作用，为自己在中国光彩会的任期留下光彩印记。虽然理事任期有时限，但光彩事业无终点。希望大家始终无愧于时代，继续为推动光彩事业新发展和实现中华民族伟大复兴“中国梦”作出更大贡献。

（全哲洙时任中共中央统战部副部长，全国工商联党组书记、常务副主席，中国光彩会副会长）

中国光彩事业促进会五届一次会议工作报告

全哲洙（2015 年 10 月 19 日）

各位理事：

今天，我们隆重召开中国光彩事业促进会第五次会员代表大会暨五届一次理事会议。会议的主要任务是：深入学习贯彻党的十八大、十八届三中和四中全会以及中央统战工作会议、中央党的群团工作会议精神，坚持促进非公有制经济健康发展和非公有制经济人士健康成长的主题，总结过去五年工作，谋划未来发展，积极参与国家扶贫开发战略，团结带领广大非公有制经济人士共同开创光彩事业新局面，为全面建成小康社会作出新贡献。

党中央、国务院高度重视光彩事业，中共中央总书记习近平，中共中央政治局常委、全国政协主席俞正声等中央领导同志多次对推进光彩事业作出重要指示。习近平总书记在中央统战工作会议上明确指出，要继续用好光彩事业等载体，引导非公有制经济人士做到爱国、敬业、创新、守法、诚信、贡献。刚才，俞正声同志亲切接见大家并做重要讲话，充分肯定广大非公有制经济人士通过光彩事业这个平台载体，为党和政府分了忧，为贫困地区和贫困群众造了福，为全面建成小康社会立了功，勉励大家始终坚定理想信念，切实增强企业发展信心，积极履行社会责任。中共中央政治局委员、中央统战部部长孙春兰同志的重要讲话，深刻阐述了新形势下推进光彩事业发展的重要意义，阐明了新形势下光彩事业发挥作用的着力重点，对大力加强光彩会自身建设和企业家队伍建设提出了明确要求。这些都充分体现了中央领导同志的亲切关怀和殷切期望，对光彩事业发展具有重大指导意义。我们要认真学习，深刻领会，抓好贯彻落实。

现在，我受中国光彩事业促进会四届理事会委托，向大会报告工作，请予审议。

一、过去五年的主要工作

四届一次理事会以来，中国光彩会紧紧围绕党和国家中心工作，积极参与扶贫开发，加强教育引导工作。全国各级光彩会共实施光彩项目 39559 个，培训 463 万人，安排 654 万人就业，带动 826 万人脱贫，公益捐赠 427 亿元，为促进共同富裕、构建和谐社会作出了突出贡献。

1．总结光彩事业 20 年历程，激发非公有制经济人士荣誉感和使命感。在去年光彩事业发起 20 周年之际，俞正声同志作出重要批示，指出光彩事业实施 20 年来，在助推科学发展、服务民生改善、促进共同富裕方面取得了显著成绩，是一项利国利民利企的实事好事。他要求光彩事业紧扣两个健康主题，引导民营企业家更多地参与扶贫开发，更多地履行社会责任，为实现中国梦增光添彩。四届五次理事会议认真学习领会俞正声同志重要批示精神，回顾总结了光彩事业 20 年的成就和经验，提出了贯彻落实俞正声同志重要批示的新思路新举措。组织拍摄了专题宣传片《中国梦·光彩情》，生动展示了光彩事业的发展历程，充分体现了非公有制经济人士积极履行社会责任的高尚情怀。向在光彩事业 20 年中作出突出贡献的 103 位民营企业家颁发了荣誉证书，进一步激发了广大非公有制经济人士参与光彩事业的热情。

2．办好“光彩行”活动，助推老少边穷地区加快发展。5 年来，中国光彩会先后举办 10 次“光彩行”活动，次数较上届大幅增长，同时举办了8次小型投资考察活动，在实践中探索形成了一些务实有效的做法。一是更加聚焦老少边穷地区。孝感、新疆、延边、宁夏、六安、西藏、赣州、信阳、南疆等“光彩行”活动，覆盖中西部和东北地区。二是更加突出产业扶贫。“光彩行”活动共签约项目2234个，投资总额达18412亿元；小型投资考察活动签约项目367个，投资总额3085亿元，有力促进了老少边穷地区经济社会发展和非公有制经济健康发展。三是更加注重结构调整和项目落地。协同当地党委政府积极推进“光彩行”项目实施，项目履约率得到提升，先进制造业、现代服务业、环保产业等项目不断增多。同时，许多地方光彩会连续多年在本地自主开展“光彩行”活动，取得较好效果，进一步扩大了“光彩行”品牌效应，赢得了当地党委政府充分肯定和群众真心拥护。

3. 服务保障和改善民生，促进社会事业发展成效明显。5年来，“光彩行”活动和感恩革命老区行活动共捐赠5.6亿元，实施了延边在乡困难烈士遗属危房改造、宁夏同心县枸杞产业园、金寨县饮水工程、西藏儿童先天性心脏病救治、新县光彩实验学校、和田地区农村天然气入户、延安市八一敬老院康复楼等26个公益项目。青海玉树、四川雅安、甘肃定西等地发生地震后，各级光彩会和企业家积极投身抗震救灾。据不完全统计，全国民营企业为雅安、定西灾区捐款捐物9.8亿余元，其中捐款达6.8亿余元。与国家卫计委联合开展了“光彩·西藏和四省藏区健康促进工程”，累计为1.5万余农牧民提供义诊，培训基层医务工作者1400余人次。在重庆市3个区县10个村实施“光彩爱心家园·乐和之家”试点项目，1200多名留守儿童得到关爱和扶助。中国光彩事业基金会在民政部社会组织评估定级中，由3A级提升为4A级。

4. 加强调查研究，为推动完善社会扶贫政策发挥积极作用。中国光彩会深入重庆、四川和陕西三地十几个县的农村，在扎实调研的基础上形成了《关于秦巴连片特困地区扶贫开发的政策建议》，受到中央领导同志充分肯定。与全国工商联联合下发了《关于鼓励和引导非公有制经济参与农村扶贫开发的意见》，指导各地光彩会做好农村扶贫工作。与国家林业局、全国工商联联合下发了《关于引导和鼓励非公有制经济参与现代林业发展推进生态文明建设的意见》，指导各地光彩会在服务林业科学发展中发挥作用。2014年全国“两会”期间，中国光彩会两位常务理事提交的设立国家扶贫日的提案，为推动设立国家扶贫日发挥了积极作用。在首个国家扶贫日，中国光彩会会同全国工商联共同举办了主题活动，下发了《关于组织引导民营企业进一步加大社会扶贫力度的通知》，组织36位企业家联名发出投身社会扶贫事业的倡议，取得良好社会反响。

5. 寓教育引导于光彩活动，使作贡献、促发展与受教育有机结合。坚持把理想信念教育贯穿于光彩活动中，进一步彰显了光彩事业对非公有制经济人士的教育引导功能。历次“光彩行”活动都注重发掘和用好当地红色教育资源，组织企业家理事瞻仰烈士陵园、走访革命故迹、参加专题讲座和观看教育片，帮助非公有制经济人士深化对党情国情民情的认识。根据中央统战部统一部署，开展了以非公有制经济人士为参与主体，以结对帮扶老红军、老八路、老党员等“三老”人员为主要内容的“感恩行动”，举办全国非公有制经济人士感恩革命老区“井冈行”、“延安行”活动，使广大非公有制经济人士受到了深刻的革命传统教育，增强了感恩党、感恩国家、感恩人民的意识。加强教育培训，基本实现对企业家理事轮训一遍，同时还举办了5期民营企业及管理干部林业培训班，帮助学员更好把握党的方针政策，提高企业科学发展能力。

在去年国务院召开的首次全国社会扶贫工作会议上，共有60家民营企业和5个基层光彩会组织荣获先进集体荣誉称号，占表彰总数的25%；94名民营企业家荣获先进个人荣誉称号，占表彰总数的36%。这些荣誉承载并体现了广大非公有制经济人士为光彩事业和扶贫开发作出的重要贡献。

五年来的成绩来之不易，是党中央、国务院

高度重视和各级党委政府大力支持的结果，凝聚着广大非公有制经济人士特别是各级光彩会理事的心血和智慧、付出和奉献。在此，我代表中国光彩会，向积极投身光彩事业的广大民营企业家表示衷心的感谢！向离任的各位理事表示崇高的敬意！向勤恳工作在光彩事业一线的同志们致以诚挚的问候！

同时，我们还要看到，与新的形势任务相比，我们的工作还存在一些差距。主要是：光彩事业参与面仍需进一步扩大，光彩活动与教育引导结合的方式有待创新，光彩会自身建设有待加强。今后要在工作中认真研究，切实加以改进。

二、正确把握光彩事业的发展方向

中央统战工作会议就非公有制经济领域统战工作作出新的理论阐释、政策规定和工作部署，强调要继续用好光彩事业载体，明确把引导非公有制经济人士投身光彩事业写入《中国共产党统一战线工作条例（试行）》。我们要认真抓好中央统战工作会议精神和《条例》的学习贯彻，更好地把握新形势下光彩事业发展的正确方向，抓住新机遇，明确新要求，推动光彩事业迈上新台阶。

（一）坚持围绕中心服务大局。实践证明，光彩事业只有融入党和国家中心工作与改革发展稳定大局去谋划，着眼配合落实中央决策部署和实施国家发展战略去推进，才能有作为、有地位、有影响。从现在起到2020年，是全面建成小康社会的最后冲刺阶段。中央统战工作会议指出，全面建成小康社会是艰巨系统的工程，需要发挥统一战线的优势和作用，最大限度凝聚共识、凝聚人心、凝聚智慧、凝聚力量。全面建成小康社会，最艰巨任务在农村，最大短板在贫困地区。目前，全国还有12.8万个贫困村、7017万贫困人口。可以说，扶贫攻坚战吹响了冲锋号，完成脱贫任务进入了倒计时。习近平总书记指出，扶贫开发是全党全社会的共同责任，要动员和凝聚全社会力量广泛参与。国务院把光彩事业列为十大扶贫品牌之首，对引导民营企业参与扶贫开发寄予了更高期待。这就要求光彩事业必须立足扶贫开发，把非公有制经济人士的智慧和力量凝聚起来，和社会各方面一道，共同打好打赢这场攻坚战，充分彰显统一战线凝心聚力的法宝作用。

（二）坚持两个健康主题。党的十八大以来，党中央对两个健康给予高度关注，习近平总书记、俞正声同志多次作出重要指示。在中央统战工作会议上，习近平总书记高屋建瓴地明确提出，促进两个健康是重大经济问题，也是重大政治问题，深刻揭示了两个健康在党和国家事业全局中的战略性意义。根据这一重要论断，中央统战工作会议明确把两个健康确定为非公有制经济领域统战工作的主题。光彩事业作为非公有制经济领域统战工作的重要方面，也必须坚持两个健康主题，努力成为非公有制经济健康发展的大舞台和非公有制经济人士健康成长的大课堂。要把握健康发展和健康成长之间相融相合、相辅相成的关系，按照习近平总书记的要求，做到既关注思想也关注困难，一手抓鼓励支持一手抓教育引导。落实“两个关注”，就是要加强与非公有制经济人士的联系，在谋划和推进光彩事业过程中充分考虑到企业生产经营实际和企业家思想实际，为他们解疑释惑、排忧解难，为他们鼓劲加油、减负助力，激发他们发展企业的自信心和参与光彩事业的积极性。落实“两手抓”，就是在我国经济发展新常态下，既要为企业参与扶贫开发、加快转型发展营造更好环境、提供更好服务，又要耐心细致地做好人的心理疏导、思想引导、素质提升工作，努力把教育引导寓于鼓励支持的具体服务中，用鼓励支持的实际行动强化教育引导的实效。

（三）坚持把理想信念教育摆在突出位置。深化非公有制经济人士理想信念教育实践活动，引导非公有制经济人士增强对中国特色社会主义的信念、对党和政府的信任、对企业发展的信心、对社会的信誉，是中央统战工作会议提出的加强和改进非公有制经济人士思想政治工作的一项重大课题。光彩事业坚持以促进共同富裕为宗旨，集中表达了光彩事业参与者对共同富裕价值目标的内心认同，反映了他们把个人梦、企业梦融入中国梦的高度自觉，有利于引导广大非公有制经济人士不断增强对中国特色社会主义的信念。光彩事业倡导致富思源、富而思进，把党史国情教育、革命传统教育、改革开放教育融入各项光彩活动中，依托革命老区开展感恩行动，有利于引导广大非公有制经济人士不断增强对党和政府的信任。光彩事业推行开发式、造血式扶贫，以产业投资和项目开发为主要形式，在帮助贫困地区增强发展内生动力和造血功能的同时，又帮助民营企业拓展发展空间、加快转型升级，创造了一种扶贫主体与扶贫对象互利共赢的崭新扶贫模式，有利于引导广大非公有制经济人士不断增强对企业发展的信心。光彩事业始终致力于回馈社会、造福人民，倡导顾大局、讲贡献的责任担当和守信用、重信义的行为准则，推动企业树立良好社会形象，有利于引导广大非公有制经济人士不断增强对社会的信誉。要进一步发挥好光彩事业在深化理想信念教育实践活动中的载体作用，大力弘扬以义利兼顾、以义为先为核心理念的光彩精神，引导更多的非公有制经济人士在参与光彩事业中更好地把企业发展与国家发展结合起来，把个人富裕与全体人民共同富裕结合起来，把遵循市场法则与发扬社会主义道德结合起来，从而把“四信”体现在扶贫开发的具体实践中。

（四）坚持发挥好商会组织在光彩事业发展中的重要作用。习近平总书记指出，统战工作要向商会组织有效覆盖。这是党中央对新形势下非公有制经济领域统战工作提出的一个重大时代课题。发挥好商会组织在光彩事业发展中的重要作用，既是统战工作向商会组织有效覆盖的重要体现，也是不断壮大光彩力量的重要途径，必须使各类商会担负起参与推动光彩事业发展的责任。各级光彩会要注重加强与商会组织合作，积极探索吸纳商会为光彩会团体会员，吸引商会组织支持和参与各项光彩活动，引导光彩会企业家理事在各类商会中传播光彩精神，带动商会会员参与光彩事业。各级工商联要把推动光彩事业发展融入指导、引导、服务商会组织的各项工作，把热心光彩事业作为推荐商会领导班子人选的重要条件，把参与扶贫开发作为商会开展理想信念教育实践活动的重要载体，把支持参与光彩事业的情况纳入商会履行社会责任的考核之中，把光彩精神阐释和有关业务工作纳入商会人员教育培训内容。特别是在县一级绝大多数没有光彩会组织的情况下，统战部、工商联更要注重依托各类商会开展好光彩事业，使理想信念教育实践活动和光彩活动在基层更加深入开展。

三、今后五年的主要任务

习近平总书记在“2015减贫与发展高层论坛”上明确指出，现在中国在扶贫攻坚工作中采取的重要举措，就是实施精准扶贫方略，找到“贫根”，对症下药，靶向治疗；要注重扶贫对象精准、项目安排精准、资金使用精准、措施到户精准、因村派人精准、脱贫成效精准，确保各项政策好处落到扶贫对象身上。习近平总书记的重要讲话，为我们发展光彩事业进一步指明了方向。今后五年，中国光彩会要紧紧围绕全面建成小康社会奋斗目标，坚持两个健康主题，大力弘扬“致富思源、富而思进，义利兼顾、以义为先，扶危济困、共同富裕”的光彩精神，以更大力度参与扶贫开发，以更实举措加强自身建设，推动光彩事业创新发展。

（一）组织实施“万企帮万村”精准扶贫行动。按照习近平总书记关于扶贫开发贵在精准、重在精准和鼓励支持非公有制企业自愿采取包干方式参与扶贫的重要指示精神，会同全国工商联、国务院扶贫办，整合各级光彩会力量，实施“万企帮万村”精准扶贫行动。目标任务是：组织引导民营企业与建档立卡的贫困村建立帮扶关系，以签约结对、村企共建为主要形式，力争用三到五年时间，帮助一万个以上贫困村加快脱贫进程，打造全国性光彩扶贫新品牌。一是要创新扶贫方式。坚持企业自觉自愿、村企互惠双赢原则推进开发式扶贫，根据贫困村和帮扶企业实际，综合运用产业扶贫、商贸扶贫、就业扶贫、智力扶贫、捐赠扶贫、电商扶贫等方式，实现民营企业资本、技术、市场、人才等优势与贫困村土地、劳动力、特色资源的有机结合，稳固农民就业和增收基础，推动建立扶贫长效机制。二是要形成工作合力。坚持政府主导、农民主体、部门联动、民企帮扶、社会参与，配合各级扶贫部门，将专项扶贫资金、行业扶贫项目，及时向贫困村倾斜；推动本级统筹支配的扶贫贴息贷款，优先支持参与结对帮扶的民营企业；推动政府有关部门，对企业在结对村的各类投资和捐赠，落实有关财税优惠政策。三是要加强调查研究和教育引导。深入贫困地区和贫困村开展调查研究，总结经验、解决困难、指导工作，教育引导企业充分尊重和保护农民利益，不伤农，不坑农。加大调研成果转化力度，推动完善并落实鼓励支持民营企业参与精准扶贫的政策措施。培育一批示范村，对表现突出的企业和企业家进行广泛宣传，并优先推荐参加全国社会扶贫评选表彰，发挥好先进典型的示范引导作用。

（二）继续办好“光彩行”活动。经过多年实践探索，“光彩行”对地方经济社会发展的推动力和在社会上的影响力显著增强，已成为光彩事业助推区域协调发展的知名品牌。要根据新的形势要求，科学谋划和精心开展好“光彩行”活动，更好地发挥产业项目对提升区域发展整体水平的辐射效应，以及对民营企业加快转型升级的拉动效应。一是要进一步提升产业开发项目实施质量和效果。中西部地区不是落后产能的“收容所”，而是产业升级的“开阔地”。项目建设和资金投入要更加注重科技支撑和人力资源开发，帮助贫困地区群众掌握现代技术，增强致富本领。更加注重低碳、循环、绿色发展，合理使用当地自然资源，充分考虑当地生态承载能力，着力引进节能环保产业项目，决不能把高能耗、高污染、高排放产业转移到欠发达地区。更加注重优化产业链分工布局，推动上下游产业链和关联产业协同发展，鼓励建立研发、生产和营销体系，提升区域产业配套能力和综合竞争力。二是要在服务“一带一路”建设中有所作为。处在“一带一路”规划区内的国内重点省份中，许多属于欠发达地区。实施“一带一路”战略，既使这些地区加快扶贫开发显得更为重要和紧迫，也给这些地区带来巨大的投资和就业机会，为扶贫攻坚提供强大助力。光彩事业要把参与扶贫开发与服务“一带一路”建设结合起来，引导民营企业把握好沿线老少边穷地区与“一带一路”建设相适应的当前投资需求和未来投资导向，在积极发展劳动密集型产业、先进制造业和现代农业的同时，重视基础设施互联互通、商贸物流、金融服务、生态保护、文化科教等领域投资，帮助这些地区形成扩大对外开放的更优良环境和更坚实基础。三是要进一步提升“光彩行”活动的组织水平。组织“光彩行”活动，不能存在浮躁心态，一味讲形式、图热闹，不能盲目追求签约项目的数量，关键要看项目落地，最终要看项目成效。“光彩行”主体活动时间短、节奏快，不能主体活动一结束就甩手不管，而应该把活动的结束当作产业项目运作的开始，在抓项目落地上下功夫、使狠劲。前期要协助地方扎扎实实做好项目推介、对接工作，后期要尽心尽力做好项目的跟踪服务，确保更多合同项目落地生根，开花结果。要积极依靠地方党委、政府的领导，把“光彩行”活动和项目落实纳入地方工作部署，互相配合，共同推进。

（三）打造公益项目品牌。公益事业是非公有制经济人士履行社会责任的重要形式，也是塑造企业良好社会形象的重要途径。要坚持把推动民生改善、促进社会和谐作为重要任务，引导非公有制经济人士自觉履行社会责任，热心参与公益事业，实施一批特色鲜明、效益显著、影响广泛的公益项目。要引导光彩人切实做光彩的事，办光彩的项目，绝不说大话、放空炮，只图名利，数字造假，影响光彩品牌的形象。当前，农村留守儿童缺失情感关怀，安全问题频发，已成为全社会之痛。要认真总结“光彩爱心家园•乐和之家”项目试点的经验，不断完善并探索推广这一项目运作模式，努力使更多的留守儿童得到关爱，健康成长。大学毕业生和返乡农民工的创业就业问题，关系经济发展和社会稳定。要充分发挥光彩会的企业家理事作用，积极探索以聘请导师、提供资金、培育创客空间、开办创业大讲堂等形式，为创业者提供公益性创业辅导和支持，提高其创业成功率，推动创业带动就业。坚持自觉自愿、重在参与、尽力而为、量力而行原则，扩大企业参与面。加强与政府专业部门、社会专业机构和公益慈善组织的有效合作，提升公益项目实施的专业化水平。发挥好中国光彩事业基金会作用，继续运作好“同心·光彩助学基金”、“西藏文化传承与保护专项基金”，加强对专项基金公益项目的跟踪、落实和监管。

（四）切实加强企业家理事队伍思想政治建设。企业家理事是光彩会的主体力量和骨干队伍，也是非公有制经济代表人士的重要组成部分。要以引导增强“四信”为主要内容，切实加强企业家理事队伍思想政治建设，使之不断增强主体意识和责任意识，发挥示范带动作用，不断焕发光彩事业的活力和创造力。一是要加强培训教育。以坚定理想信念、助推企业发展、增强责任担当为内容，对企业家理事进行轮训，着重开展光彩精神的研讨，加强形势政策、统战理论、守法诚信、经营管理、转型升级等方面专题培训。引入企业转型升级案例和扶贫示范项目案例教学，提倡企业家现身说法，体现办班特色，增强培训效果。二是要注重实践教育。无论是结对帮扶贫困村，还是举办“光彩行”活动，都要与理想信念教育实践活动紧密结合，使光彩活动成为企业家理事增长才干、发挥才能的实践教育平台，成为统一战线考察和培养代表人士的重要教育基地。三是要抓好年轻一代教育。着重从“致富思源、富而思进”教育入手，引导他们践行社会主义核心价值观，弘扬创业创新精神，增强为党和政府分忧、为人民幸福出力的使命意识，增强参与光彩事业的积极性，使光彩精神薪火相传，光彩事业后继有人。四是要加强典型引导。深入发掘和大力宣传非公有制经济人士在创业创新和扶贫开发中涌现出的先进典型，总结交流精准扶贫示范项目成功经验，以“光彩理事话光彩”等形式，讲好鲜活生动的光彩人物和光彩故事，大力弘扬中华民族扶危济困的传统美德，大力宣传民营企业的善举和义举，把先进典型事迹转化为引导非公有制经济人士坚定“四信”的强大正能量。

（五）切实加强光彩会自身建设。习近平总书记在中央党的群团工作会议上的重要讲话，为加强和改进党的群团工作提供了根本遵循。光彩会作为统一战线的重要组织，必须旗帜鲜明地按照中央统战工作会议和中央党的群团工作会议精神抓好自身建设。一是要以增强“三性”为统领。保持和增强政治性、先进性、群众性，是党对群团工作和群团组织的总要求。光彩会建设体现政治性，就要把思想政治工作作为贯穿光彩事业始终的生命线，引导会员听党话、跟党走；体现先进性，就要弘扬民族精神和时代精神，引导会员在转型升级、扶贫攻坚第一线建功立业；体现群众性，就要充分尊重和发挥企业家在谋划推进光彩事业中的主体作用，而不能让他们当配角、当观众。二是要以服务会员为职责。增强服务意识，注意防止和克服脱离会员现象，及时了解企业参与扶贫遇到的实际困难，满腔热情为他们服务，努力成为会员的知心人、贴心人。主动加强与地方党委、政府和有关部门、金融机构的联系，推动扶贫、融资、慈善等领域政策落实，加强贫困地区项目需求和企业投资需求的对接，为企业提供政策法规辅导和项目信息咨询，协调解决项目建设中遇到的问题。搭建企业家理事交流平台，分享成功经验，增进相互合作。三是要以改革创新为动力。创新决策机制，完善会长会议制度，探索设立专业委员会或咨询委员会，推进企业家副会长参与光彩事业决策、执行和监督工作。创新活动方式，探索由企业家副会长带队开展投资考察和课题调研等活动，配合做好光彩行组织工作，围绕扶贫攻坚积极建言献策。创新宣传手段，在坚持以光彩事业的积极作为和实际成效扩大社会影响的基础上，适应信息化快速发展态势，通过各类新媒体和企业家自媒体开展宣传，切实提升宣传工作实效。

同志们，扶贫攻坚任务艰巨、时间紧迫，光彩事业使命光荣、大有可为。让我们更加紧密地团结在以习近平同志为总书记的党中央周围，高举中国特色社会主义伟大旗帜，以高度的社会责任感和更加务实的行动，努力开创光彩事业新局面，在全面建成小康社会中实现更大作为！

（全哲洙时任中共中央统战部副部长，全国工商联党组书记、常务副主席，中国光彩会副会长）

第三部分

中国光彩事业行

CHINA GUANGCAI PROGRAM

中国光彩事业振兴东北老工业基地鹤城行

2008年7月24日至25日，由中国光彩事业促进会，黑龙江省委统战部、省工商联、省光彩会共同主办，黑龙江省齐齐哈尔市政府承办的振兴东北老工业基地·中国光彩事业鹤城行投资考察活动在黑龙江省齐齐哈尔市举行。中央统战部副部长，全国工商联党组书记、第一副主席，中国光彩会副会长全哲洙和黑龙江省委常委、省委组织部长龙新南出席并讲话。黑龙江省政协副主席、省委统战部部长、省光彩会会长王涛志，省政协副主席、省工商联主席洪袁舒，全国工商联副主席、中国光彩会副会长、内蒙古亿利资源集团总裁王文彪及齐齐哈尔市主要领导同志出席。福建、江西、黑龙江、广东、河北、吉林、湖北等省光彩会和台商委员会、全联农产商会组织的共130多位企业家参加了此次活动。

齐齐哈尔市是我国的老工业基地，也是商品粮基地、畜牧业基地和绿色食品生产基地，同时享有中国绿色食品之都、中国优秀旅游城市、中国魅力城市等美誉。特别是近年来，齐齐哈尔市充分利用国家振兴东北等老工业基地和黑龙江省建设“哈大齐”工业走廊的政策机遇，经济社会发展焕发出了新的生机和活力，已成为黑龙江省发展速度较快的城市之一。

全哲洙指出，光彩事业是由部分非公有制经济人士倡议，以发扬中华民族传统美德、促进共同富裕为宗旨，以义利兼顾为基本理念，以扶贫开发为主要内容，以项目投资为主要形式的一项社会扶贫事业。光彩事业开展至今，规模和影响不断扩大，为促进城乡统筹发展和区域协调发展做出了积极贡献，已越来越得到社会的认可和各级党委、政府的重视。当前，我国发展站在了一个新的起点上，光彩事业的发展也站在了一个新的起点上。在新起点上要实现新发展，必须着眼新形势和新任务，深入贯彻落实科学发展观。科学发展观既为光彩事业发展开拓了新的领域、提供了更为广阔的舞台，也为光彩事业的发展提出了更高要求、指明了努力方向。

全哲洙强调，与会企业一要努力更新发展理念，坚持科学发展。在光彩事业具体项目推进中，民营企业要自觉实践科学发展观，努力更新发展理念，转变发展方式，提高发展质量，将光彩事业项目与促进地方产业结构优化升级相结合，积极参与国有企业改制，建立现代企业制度，努力实现企业的科学发展和可持续发展。决不能利用参与光彩事业的机会，把那些高耗能、高污染和不符合国家产业政策及安全生产要求的落后产能，转移到所投资的地区来。要大力发展那些既符合国家扶贫开发政策和产业政策，又能使当地尽快脱贫致富的增收项目，重点发展能够充分依靠当地资源、促进农业产业化的龙头企业，以加工业和劳动密集型产业为主、市场前景好、能够带动地方经济发展的工业项目，科技含量高、创新能力强、发展潜力大的新兴产业，为农村剩余劳动力向非农产业转移和城镇新增人员就业再就业创造条件。二要积极承担社会责任，促进社会和谐。光彩事业本身就是先富帮后富、承担社会责任的一种很好的方式。在光彩项目的推进过程中，民营企业更应积极承担社会责任，把企业自身发展和促进社会和谐更好地结合起来，切实为构建和谐社会做贡献。要主动参与当地科技、教育、文化、卫生等各项社会事业建设，重视对当地基础设施的投入，加强对当地农民的职业技能培训，参与当地环境治理和生态保护项目建设。同时，企业不能只重视外部的“光彩”，也要重视企业内部的“光彩”，努力发展好本企业，构建和谐的劳动关系。不能把员工视为企业的“成本”，而要把员工看作是企业的重要人力资源，不断改善员工生产、生活条件，让员工有满足感、荣誉感和归属感。三要始终坚持义利并举，实现共同发展。光彩事业的宗旨是促进共同富裕，基本原则是自觉自愿、量力而行、互惠互利、义利兼顾。只有始终坚持这一宗旨和基本原则，光彩事业才能保持它强大的生命力，才能实现真正意义上具有造血功能的扶贫开发。按市场经济规律运作，是光彩事业得以开展起来并不断发展壮大的前提和基础。民营企业在参与光彩事业的过程中，要善求“义中之利”，在积极参与社会慈善事业、社会救助事业、社会公益事业的同时，坚持以市场为导向，遵循市场法则，树立“双赢才是真赢、多赢才能久赢”的观念，懂得合作，学会让利，既能使自身得到发展，又能推动地方经济发展，努力实现共同发展，促进共同富裕。

全哲洙希望，此次活动是中国光彩事业促进会2008年的一项重要活动，也是光彩事业积极参与振兴东北等老工业基地战略实施、推动区域协调发展的一次积极探索。中国光彩事业促进会要与当地党委、政府及有关部门密切配合，协调、组织民营企业在合作项目落实上取得更大的成效，共同推进本次活动取得圆满成功。

龙新南表示，这次中国光彩事业振兴东北老工业基地鹤城行活动，是中国光彩事业促进会第一次光临黑龙江省，并将齐齐哈尔作为首到城市，为全面展示齐齐哈尔、促进企业间更好合作搭建了一个重要平台，对于促进黑龙江省经济社会发展，扩大对外开放，提升知名度具有十分重要的意义。黑龙江省是全国著名的老工业基地、商品粮基地和畜牧业基地，具有较好的区位优势、资源禀赋、人文环境，是投资兴业的又一热土。近年来，黑龙江省全面贯彻落实科学发展观，充分利用国家实施振兴东北老工业基地的重大战略机遇，积极实施哈大齐工业走廊建设，有力地促进了全省各项事业的发展。作为哈大齐工业走廊国家高新技术产业带上重要组成部分的齐齐哈尔，是全省的第二大城市，也是国家重要的装备工业基地和中国绿色食品之都，具有良好的发展前景和广阔的发展空间。

此次活动共签订项目合同8项、项目协议6项，总金额33.45亿元。签订公益捐赠类项目8项，总金额237万元。

出席活动的还有杨信、刘刚、戚建美、李有彬、曲秀丽等同志。

中国光彩事业孝感（老区）行

2010年10月26日至28日，为支持革命老区、贫困地区的经济和社会发展，尽快使老区人民脱贫致富，弘扬红军精神，增强企业家爱国爱民意识，由中国光彩会、湖北省人民政府共同主办，湖北省委统战部、工商联、光彩会和孝感市人民政府共同承办的“中国光彩事业孝感（老区）行”在湖北省孝感市隆重举行。中央统战部副部长，全国工商联党组书记、第一副主席，中国光彩会副会长全哲洙，湖北省委常委、统战部长、省光彩事业促进会会长苏晓云等有关领导和来自全国各地的200位企业家参加了本次活动。

孝感是革命老区，又是武汉城市圈的重要城市。十七届五中全会审议通过了《中共中央关于制定国民经济和社会发展第十二个五年规划的建议》，明确指出“十二五”规划要加大对革命老区、民族地区、边疆地区、贫困地区扶持力度。光彩事业是非公有制经济人士响应党和国家号召、自觉参与扶贫开发事业的一项创举。经过十几年发展，光彩事业已成为广大非公有制经济人士参与我国扶贫开发事业的重要形式、践行社会主义核心价值体系的有效途径、锻炼成长为合格中国特色社会主义事业建设者的重要载体，举办中国光彩事业孝感（老区）行，对于推动老区发展，实施中部崛起战略具有重要意义。

全哲洙指出，各级党委、政府一定要认真学习贯彻中央16号文件，按照文件的要求，加强党委对工商联工作的统一领导，加强政府对工商联工作的指导和支持。各级统战部和工商联要进一步深化对光彩事业发展规律的人士、广泛宣传光彩事业取得的成绩和经验。要充分信任、尊重和关心非公有制经济人士，将思想政治工作渗透到各个方面、各个环节，真心实意地帮助他们解决光彩事业发展中的困难和问题，为光彩事业发展创造更加有利的条件和环境，为投资项目的顺利实施提供更加优质便捷的服务。

全哲洙希望，广大非公有制经济人士要大力弘扬“义利兼顾、以义为先”的理念和“爱国、敬业、诚信、守法、贡献”的优秀建设者精神，争当光彩的人，争办光彩的企业，争做光彩的事业。要进一步增强力争“三个更大作为”的使命感和责任感，围绕中心、服务大局，热心参加光彩活动，积极参与回报社会感恩行动，为实现自身科学发展、推动贫困地区经济社会发展作出更大贡献。

苏晓云代表湖北省委、省政府、省委统战部讲话。他说，光彩事业在湖北举办的几次活动，弘扬了光彩精神，促进了贫困地区的经济社会发展，收到了各级党委、政府的充分肯定和社会各界的好评，为湖北经济社会发展作出了积极贡献。企业家先富起来后，要感恩社会，履行社会责任。此次签约的项目，双方要讲诚信落实好。

此次活动共签约项目197个，总投资412.99亿元，捐赠款物价值达1.88亿元。

孝感市委书记黄关春主持签约和颁证仪式，市长梁伟年作推介讲话。杨启儒、孙凌雁、魏登田、程传忠、赵晓勇、吴一坚、王再兴、陈志列、茅永红等人参加了活动。

非公有制经济人士感恩革命老区井冈行

2011年6月8日至9日，由中央统战部、中国光彩事业促进会主办的“非公有制经济人士感恩革命老区井冈行”活动暨纪念建党90周年座谈会，在中国革命的摇篮井冈山隆重举行。中央统战部副部长，全国工商联党组书记、第一副主席，中国光彩会副会长全哲洙出席并讲话。江西省有关领导和来自全国的150余位企业家代表参加了活动。

全哲洙在座谈会上指出，此次井冈行活动，思想收获巨大。一是受到一次党情教育，加深了对今天大好局面来之不易的理解；二是受到一次国情教育，深化了对我国社会主义初级阶段长期性的认识；三是受到一次革命传统教育，增强了勇于克难制胜的信心；四是受到一次群众工作教育，强化了对促进“两个健康”的共识和探索。中国共产党人在井冈山革命斗争的伟大实践中，培育和形成了井冈山精神。井冈山精神的核心是实事求是、敢闯新路，这一精神内核在我们党领导的长期革命、建设和改革事业伟大进程中，逐步发展为解放思想、实事求是、与时俱进的思想路线和以改革创新为核心的时代精神。从中国革命新道路的开辟到中国特色社会主义道路的开创，靠的就是这种精神的孕育、发展和弘扬。井冈山精神既是中国革命精神的源头，也是我们时代精神的重要内涵。当前，非公有制经济人士投身中国特色社会主义建设，最直接、最具体、最生动的实践，就是深入贯彻落实科学发展观，努力实现科学发展，而井冈山精神正是非公有制企业转型升级的强大精神动力。组织这次井冈行活动，就是要使我们从党确立的远大目标中认清自己的使命，既生思源感恩之心，更树产业报国、产业富民之志，加快推进产业优化升级，特别是下功夫改造和提升传统制造业，积极探索进军战略性新兴产业，大力发展现代服务业，切实推进农业产业化，以实际行动促进民族产业振兴，为强国富民奠定坚实物质基础。同时，广大非公有制企业要增强科学发展的紧迫感，学习和弘扬共产党人开创中国革命新道路过程中体现的敢于实事求是、善于总结教训的科学精神，按照“十二五”规划提出的各项任务和要求，以科学发展为主题，以加快经济发展方式转变为主线，深刻反思、认真查找、全面梳理并切实解决阻碍企业可持续发展的突出问题和薄弱环节，积极探索企业科学发展新道路。一要提高企业创新能力；二要促进企业和谐发展；三要加强企业文化建设；四要支持企业党建工作。组织这次井冈行活动，就是要使我们通过实地感受老区为中国革命作出的巨大贡献，深刻认识搞好老区发展在整个经济社会发展全局中的重要意义，更好地承担起回报社会的责任，更多地参与光彩事业，支持老区建设。

全国工商联副主席、中国光彩会副会长谢经荣，江西省委副书记张裔炯，江西省委常委、组织部长、统战部长莫建成，江西省副省长洪礼等领导出席活动。

来自全国各地的150余位非公有制经济代表人士满怀崇敬的心情，瞻仰革命烈士陵园，走访革命故迹，实地参观革命传统教学点，受到了一次生动深刻的党情、国情和革命传统教育，加深了对新的时代条件下大力弘扬井冈山精神重要意义的认识，进一步增强了感恩党、感恩国家、感恩人民的思想感情和社会责任感，更加坚定了在党的领导下走中国特色社会主义道路的信念。

活动期间还举行了感恩行动公益项目捐赠仪式，与会非公有制经济人士向井冈山革命老区感恩捐款1400万元，向吉安市特殊教育学校，井冈山市残疾人托养中心，吉安老区老革命、老党员、老模范等捐赠款物。合计人民币399万元，电脑200台。

中国·欧亚博览会暨光彩事业新疆行

2011年8月31日，由全国工商联、中国光彩会组织的“中国·欧亚博览会暨光彩事业新疆行”在乌鲁木齐举行，中共中央政治局委员、新疆维吾尔自治区党委书记张春贤，中央统战部副部长，全国工商联党组书记、第一副主席，中国光彩会副会长全哲洙出席会议并讲话。40多家国内民营企业家参加了开幕式。

全哲洙指出，在中央新疆工作座谈会精神指导和推动下，新疆出现了跨越式发展和长治久安的强劲势头。全国工商联十分重视援疆工作，去年专门召开了全国工商联援藏援疆工作会议。在全国工商联的引导、支持和带动下，来自内地和沿海发达地区诸多优秀民营企业纷纷来到新疆，投身于新疆的大建设、大开放、大发展行列，许多企业都在新疆寻找到了合作伙伴和投资项目。

全哲洙表示，民营企业家要有一种历史使命感和政治责任感，要带着深厚的感情投入到新疆的经济和社会建设中来。科学发展是硬道理，抓项目是硬道理中的硬道理，要着重项目援疆、产业援疆，以项目为抓手，民生为重点，实现经济社会发展的双赢。新疆具有资源和生态的发展优势，需要广大民营企业家认真考虑的是如何利用好这种优势，引导项目和产业落地。希望广大民营企业家坚持按照科学发展观的要求，在产业对接和发展上，体现出高起点、高水平、高效益，将眼前利益与长远利益结合起来。在新疆投资的民营企业要综合考虑新疆基础设施相对薄弱、市场化程度较低、投资成本较高、企业人才不足的现状，实事求是、因地制宜，根据产业发展和市场需求，进行投资项目论证，找准企业自愿、社会需要、当地支持、有利于加快转变经济发展方式的好项目，增强援疆项目的针对性、可行性和实效性，做到项目实施能发挥当地资源和用工优势，促进结构调整和产业升级，加大节能减排力度，不断提高项目的经济效益。

全哲洙强调，援疆援藏是民营企业义不容辞的责任，新疆实现跨越式发展，也是民营经济自身发展的需要。广大民营企业要紧紧围绕农牧业产业化经营、资源开发利用、特色旅游、民族文化挖掘和生态文明建设等重点领域，以开发自然资源为抓手，以培育龙头产业为关键，将内地的资金、管理、技术等优势与新疆地区的矿产资源、能源、区位优势对接，积极帮助新疆地区通过产业集群化延长产业链，注重产品精深加工，提高产品的高附加值和资源的综合利用率，推动新疆经济结构的调整和特色产业的发展，不断提升新疆地区民营经济的可持续发展能力，使民营经济在新疆不断发展壮大，走出一条带动产业发展的援疆之路。

张春贤在会见民营企业家代表时表示，感谢全国工商联和广大民营企业长期以来对新疆的支持和帮助。当前，以中央新疆工作座谈会为标志，新疆各项事业站在了新的历史起点上，新疆经济社会发展进入了新时期，进入了把新疆建设成为西部强区、全国可持续发展的重要支点的新阶段。新疆具有包括石油天然气、矿产、农牧业和旅游等四大类丰富的资源优势，在今后一个时期将在突出优势优先、抢占制高点、坚持“资源开发可持续、生态环境可持续”的原则基础上，重点发展石油石化、煤电煤化工、优势金属矿产资源、特色农副产品深加工业，以及包括旅游业、资讯业、信息服务、工业设计、物流在内的生产性服务业，全国广大民营企业可以围绕这些资源的上下游产业来进行投资。另外，新疆还具有重要的区位优势，在面向国内市场的同时，向西还可进一步开拓中亚、西亚等国外商贸区。新疆将积极引导和开拓民营企业通过光彩事业的方式，在新疆跨越式发展、保障和改善民生方面发挥更大作用。

在新疆维吾尔自治区与知名民营企业恳谈会暨签约仪式会上进行了重点项目签约仪式，苏宁环球集团、东方希望集团、万达集团、泛海集团、金花集团、四川宏达集团等企业分别与新疆相关企业和州县签订了7个投资项目，总投资额达1226.89亿元人民币。

恳谈会上，新疆自治区政协主席艾斯海提·克里木拜向企业家介绍了新疆自治区区情和“十二五”期间的产业规划、重点项目及相关政策。

全国工商联代表团向新疆捐赠1200万元，用于新疆的社会事业和公益事业。

全国工商联副主席、中国光彩会副会长谢经荣，中央统战部五局局长、中国光彩会副会长兼秘书长杨启儒，全国工商联副主席王文彪、刘沧龙、吴一坚、傅军，中国光彩会副会长王再兴、李学春、何俊明、陈世强、茅永红和来自全国的民营企业家，新疆自治区党委常委、自治区常务副主席黄卫等有关领导出席了会议。

中国光彩事业延边行

2012年7月25日，在延边朝鲜族自治州喜迎建州60周年之际，由中国光彩事业促进会和吉林省人民政府共同主办的“中国光彩事业延边行”投资考察活动在延吉市隆重开幕。中央统战部副部长，全国工商联党组书记、第一副主席，中国光彩会副会长全哲洙，吉林省委副书记、省长王儒林出席并讲话，中央统战部、全国工商联、中国光彩会、吉林省有关领导和来自全国各地的230余位民营企业家出席活动。

延边是我国唯一的朝鲜族自治州，同时又是具有光荣历史的革命老区。在抗日战争、解放战争和抗美援朝战场中，有2万余名优秀延边儿女献出了宝贵生命。著名诗人贺敬之曾为这里留下“山山金达莱，村村烈士碑”的诗句。延边建州60年来，经济社会发展取得了令人瞩目的巨大成就。随着《中国图们江区域合作开发规划纲要》的实施和中国图们江区域（珲春）国际合作示范区的设立，延边又迎来了加快开发开放、推进经济社会全面发展的新的重大历史机遇。但是，由于种种原因，延边至今仍有4个国家级贫困县和27万农村贫困人口，扶贫开发任务仍然艰巨。

全哲洙指出，举办“中国光彩事业延边行”活动是今年中央统战部实施“同心”行动的重要内容。要坚持以“同心”思想为引领，着眼于促进非公有制经济健康发展和非公有制经济人士健康成长，丰富光彩精神、推进光彩实践、深化光彩宗旨、建设光彩队伍，引导广大非公有制经济人士踊跃参与扶贫开发，积极构建和谐劳动关系，自觉感恩回报社会，努力与党和人民在思想上同心同德、目标上同心同向、行动上同心同行。

全哲洙强调，广大民营企业充分利用延边具有的东北振兴、西部大开发、图们江区域合作开发、少数民族区域自治等国家战略叠加的政策优势，抢抓中国图们江区域（珲春）国际合作示范区设立的机遇，按照科学发展观要求，在项目对接和产业发展上，体现出高起点、高水平、高效益，找准企业自愿、社会需要、地方支持的好项目，做到项目实施能发挥当地资源和用工优势，促进企业结构调整和转型升级，推动地方和企业共同转变经济发展方式。

全哲洙希望，延边州要充分利用好“中国光彩事业延边行”这一载体，牢固树立尊重民营企业就是尊重规律、尊重创造、尊重贡献的观念，在全州上下营造亲商、安商、扶商、富商的氛围，打造良好的政策、市场、社会和法治环境，努力创建全国投资环境最优地区，为民营企业来延边投资兴业提供更加优质便捷的服务。

王儒林代表吉林省委、省政府致欢迎辞。开展“延边行”投资考察活动充分体现出中央统战部、全国工商联、中国光彩会对吉林省和延边州的关心和厚爱，体现出全国知名民营企业家关心和支持边疆民族地区发展的拳拳之忱。各位企业家的慈善义举，项目帮扶，必将对边疆少数民族地区加快发展、科学发展、和谐发展起到重要的推动作用。吉林将一如既往地为在吉林投资兴业的企业家创造优良的投资环境和优质高效的服务，竭尽全力为企业发展保驾护航，与各位企业家朋友共创企业振兴和吉林发展的美好未来。

全国政协常委、中国民间商会副会长、新奥集团董事局主席王玉锁，全国政协委员、中国光彩会副会长、豪德集团董事局主席王再兴代表企业家发言。

活动期间，企业家们先后到珲春国际合作示范区、延吉市高新区等地进行了实地考察。此次活动共签订投资项目159项，其中合同类项目92项，总投资近1000亿元。签约合同项目35项，协议项目7项，签约金额866.3亿元，向延边在乡烈士遗属危房改造项目公益捐款2490万元。

中国光彩事业宁夏行

2012年8月8日，由中国光彩事业促进会和宁夏回族自治区党委、政府共同主办的“中国光彩事业宁夏行”大型投资考察活动在银川市隆重举行。中央统战部副部长，全国工商联党组书记、第一副主席，中国光彩会副会长全哲洙，宁夏回族自治区党委书记、人大常委会主任张毅，自治区政府主席王正伟等中央统战部、全国工商联、中国光彩会、宁夏自治区有关领导和来自全国各地的400余位民营企业家出席活动。

此次活动是中国光彩会年初确定的一项重要光彩事业活动，也是贯彻落实国家新时期农村扶贫开发纲要的重要举措。去年国家颁布了《中国农村扶贫开发纲要（2011-2020年）》，充分肯定了我国扶贫事业取得的巨大成就，但也明确指出，我国仍处于并将长期处于社会主义初级阶段，经济社会发展总体水平不高，区域发展不平衡问题突出，制约贫困地区发展的深层次矛盾依然存在，扶贫对象规模大，相对贫困问题凸显，返贫现象时有发生，贫困地区特别是连片特困地区发展相对滞后，我国扶贫开发已经从以解决温饱为主要任务的阶段转入巩固温饱成果、加快脱贫致富、改善生态环境、提高发展能力、缩小发展差距的新阶段，新时期扶贫开发任务仍十分艰巨。此时，举办“中国光彩事业宁夏行”，引导动员民营企业积极参与自治区经济建设和扶贫开发事业，既是践行统一战线“同心”思想、推进光彩实践的重要举措，也是促进“两个健康”、服务大局的具体行动。

全哲洙在会上向民营企业家提出三点希望。一是希望广大民营企业在扶贫开发中促进当地发展；二是希望广大民营企业在投资创业中拓展发展空间；三是希望广大民营企业在感恩回报中履行社会责任。

全哲洙表示，“中国光彩事业宁夏行”是宁夏自治区今年经济社会发展中的一件大事。希望自治区各级党委政府充分利用好此次机会，进一步解放思想，注重行政效率，做好项目谋划和实施，特别是要做好项目的后续服务，要牢固树立尊重民营企业就是尊重规律、尊重创造、尊重贡献的观念，在全区上下营造亲商、安商、扶商的氛围，打造良好的政策、市场、社会和法治环境，努力创建良好的投资环境，为企业提供完善的服务、宽广的发展平台，创造开放合作、双赢发展的新成果。

张毅代表宁夏自治区党委、政府致辞。他对光彩事业长期以来为宁夏发展作出的积极贡献给予高度评价。他说，今年宁夏确立了“建设和谐富裕新宁夏、与全国同步进入全面小康社会”的奋斗目标，同时提出了打造“黄河善谷”的构想，通过实施特殊的优惠政策，兴建慈善产业园区，支持和助推企业家、慈善家在互利共赢中帮助贫困群众、残疾人口早日脱贫致富。“中国光彩事业宁夏行”活动，是宁夏扶贫开发事业中的一件大事，也是各族群众期盼的一件喜事。宁夏将努力创造优良的投资环境，提供优质、高效、便捷的服务，为企业家在宁夏投资兴业施展才华、创造业绩提供有力保障。

全国工商联副主席、中国光彩会副会长谢经荣代表中国光彩会，向吴忠市同心县河西同德生态移民项目区枸杞种植基地项目捐赠资金3170万元，吴忠市委常委、同心县委书记张兴斌接受捐款。

开幕式后，全哲洙一行考察了同心县河西同德生态移民项目区枸杞种植基地项目的建设情况。活动期间，企业家们先后到银川经济技术开发区、石嘴山市惠农陆路口岸、吴忠市固原盐化工循环经济扶贫示范园区、中卫市厚德慈善产业园区等地进行了实地考察。

此次活动共签约项目142个，投资总额2060.02亿元。中国光彩事业促进会组织企业家向吴忠市同德生态移民项目区枸杞种植基地等项目捐赠资金3170万元，河仁慈善基金会向宁夏回族自治区定向捐赠1000万元，用于教育和扶贫事业。

宁夏回族自治区党委常委、统战部部长马三刚代表宁夏回族自治区党委、政府向中国光彩会赠送感谢牌匾，中国民间商会副会长、中国光彩会副会长、中国光彩事业基金会理事长谢伯阳代表中国光彩会接受感谢牌。

中国光彩事业六安行暨安徽省与全国知名民营企业家合作发展会议

2013年5月9日，由中国光彩事业促进会、全国工商联和安徽省人民政府共同主办的“中国光彩事业六安行暨安徽省与全国知名民营企业家合作发展会议”，在大别山革命老区六安市隆重举行。中央统战部副部长，全国工商联党组书记、常务副主席，中国光彩会副会长全哲洙，安徽省委副书记、代省长王学军出席活动并讲话。中央统战部、全国工商联、中国光彩会、安徽省有关领导和来自全国各地的300余位民营企业家参加了活动。

大别山地区是我国著名革命老区之一。曾经为中国革命胜利付出巨大牺牲，作出了不可磨灭的贡献。六安是著名的“将军之乡”，具有光荣的革命传统。同时，六安也是欠发达地区，是国家新十年扶贫开发纲要确定的重点帮扶地区。加快六安革命老区发展振兴，使老区人民都能过上幸福生活，是全社会的共同责任。举办此次活动，目的就是为了深入贯彻落实党的十八大精神和国家新十年扶贫开发纲要精神，努力为老区发展尽一份力。

全哲洙指出，首先要学习老区精神，坚定理想信念。学习老区精神，就是要学习他们始终坚持党的领导，坚定信念、心系全局、甘于奉献、百折不挠的精神。党的十八大提出要广泛开展理想信念教育，把广大人民团结凝聚在中国特色社会主义旗帜下。为深入贯彻党的十八大精神，中央统战部和全国工商联决定在今年集中开展以“民营企业家与中国梦”为主题的非公有制经济人士理想信念教育实践活动。举办这次“光彩事业六安行”活动，是开展理想信念教育活动的一次具体实践。希望民营企业家在深入革命老区，和老区人民的近距离接触交流中，进一步增进对国情党情的认识，从而进一步增强对中国特色社会主义的信念，对党和政府的信任，对企业发展的信心。

全哲洙强调，要支持老区建设，促进共同富裕。解决老区发展问题既是攻坚战，更是持久战。六安市资源丰富、环境优美、民风淳朴，发展潜力很大。企业家在这里投资，要坚持“义利兼顾、以义为先”理念，努力做到企业效益与社会效益的有机统一，更加注重社会效益。要以高度的责任心和使命感，积极支持老区公益慈善事业，更多回馈社会、造福人民。

全哲洙希望，地方党委、政府努力为民营经济快发展、大发展、科学发展创造良好环境、提供优质服务。重点是要建立定期交流平台，以各种形式倾听企业家意见建议，帮助企业解决实际困难；要为投资企业提供高效服务，进一步做好项目规划、论证和实施；要通过树立典型，营造尊重创造、尊重劳动、尊重贡献的良好氛围；要维护投资企业合法权益，做到严格规范公正文明执法。希望各级统战部和工商联高度重视这次全国范围开展的非公有制经济人士理想信念教育实践活动，结合实际精心抓好组织实施。积极探索革命传统的育人作用，不断拓展和深化光彩事业、感恩行动和公益慈善事业，努力提高新形势下加强非公有制经济人士思想政治工作的水平。

王学军在发言中说，中国光彩会选择在六安开展此次活动，充分体现了党的十八大关于加大对革命老区、贫困地区扶持力度的部署，充分体现了心系老区人民、支持老区发展的情怀，对于进一步拓展光彩事业、推进扶贫开发、加快老区经济社会发展，都将产生积极作用和深远影响。当前，安徽正处于黄金发展期，综合优势显现，进一步深化与知名民营企业的合作发展，具有更加广阔的前景。安徽省委、省政府将继续把大力发展民营经济摆上重要位置，进一步推动各级各部门不断提高服务质量，努力营造高效快捷的政务环境、平等竞争的市场环境、践诺守信的信用环境、公平正义的法治环境，努力在全社会形成重商、安商、亲商的浓厚氛围，让每位投资者都能在安徽的发展沃土上得到丰厚的回报。

此次光彩事业六安行暨安徽省与全国知名民营企业合作发展会议活动，共签约项目988项，签约金额达6644亿元，其中六安签约项目42项，签约金额达272.3亿元。中国光彩基金会向金寨县公益捐款2000万元。

参加此次活动的全国工商联、中国光彩会领导还有谢经荣、谢伯阳、孙荫环、李河君、何俊明、张建宏、茅永红、周海江、王文彪、王再兴、陈世强、陈志列。

光彩事业巴中行暨川商革命老区行

2013年6月26日至27日，由中国光彩会、四川省工商联和巴中市委、市政府共同发起并组织的“光彩事业巴中行暨川商革命老区行”活动在四川革命老区巴中市举行。全国政协副主席、全国工商联主席王钦敏，全国工商联副主席安七一，全国工商联副主席、中国光彩会副会长何俊明、史贵禄，秘书长欧阳晓明，四川省政协副主席、省委统战部长崔保华，省工商联主席陈放以及来自四川和全国各地的知名企业家200多人参加了此次活动。

巴中是有着光荣革命传统的地方，这片神奇的土地对中国革命作出了巨大贡献，并为我们留下了宝贵的精神财富。作为川陕革命根据地的中心和首府，徐向前、李先念等老一辈无产阶级革命者和几百位将军曾在此浴血奋战，有12万巴中儿女参加红军，4万多巴中儿女献出宝贵生命，为实现民族独立、人民解放和推翻三座大山、建立新中国作出了巨大贡献和牺牲。今天，我们为实现中华民族伟大复兴的中国梦，与之是血脉相承。由于自然地理环境条件和特殊的历史原因，巴中地区经济发展相对滞后，属于中国贫困人口最集中的连片贫困地区之一。在实现“中国梦”进程中，我们决不能不感恩于为新中国成立作出巨大贡献的革命老区，不能不关注老区人民群众的发展与生活。

王钦敏指出，在纪念建党92周年的前夕，来自全国各地的民营企业家相聚在革命老区巴中，本着“义利兼顾、以义为先”的光彩理念，为助推革命老区经济社会发展寻找项目、洽谈合作，这既是一次致富思源、回报老区的感恩行动，也是一次缅怀历史、追忆先烈，坚定理想信念的教育实践活动。

王钦敏表示，全国工商联支持和参与本次“光彩事业巴中行”活动是今年开展的非公有制经济人士理想信念教育实践活动的一项重要内容。支持部分全国知名民营企业家走进老区、了解老区、助推老区发展，开展具体的项目考察和投资活动。经过与老区人民的近距离接触，感受改革开放带来的伟大变革，将有助于民营企业家深入了解中国共产党领导人民走过的艰辛辉煌奋斗历程，有助于增强对中国特色社会主义的理论自信、道路自信和制度自信，有助于弘扬“光彩精神”，担当起先富帮后富，最终实现共同富裕的历史责任。

民营经济是民生经济、富民经济，是实现中国梦的重要推动力量。王钦敏说，巴中有着很好的绿色生态、交通区位和其他特色资源的后发展优势，相信这对民营企业投资巴中会产生很好的吸引力。而民营企业投资巴中也一定能有丰厚的回报。同时，对于投资巴中，民营企业应该义利兼顾、以义为先，用实际行动来回报这片红色土地对中国革命的贡献。

王钦敏强调，经过30多年的改革开放，非公有制经济已经成为推动国民经济发展的重要力量，广大非公有制经济人士已经成为中国特色社会主义事业的重要建设者、推动者和实践者，在全面建成小康社会的征程上，更加需要非公有制经济和非公有制经济人士的努力和贡献。促进革命老区、贫困地区、民族地区、边疆地区经济发展，不断缩小与发达地区的发展差距，改善当地群众的生产生活条件是实现两个百年目标的关键一环。广大非公有制经济人士，得益于党的改革开放政策先富裕起来，要充分认识到自己肩上的责任，为中国全面建成小康社会做出积极的贡献。

巴中市委书记李刚，市委副书记、市长周喜安，市政协主席李树海等巴中市领导对参加此次活动的全国工商联和四川省统战部、省工商联领导及企业家表示热忱欢迎和衷心感谢。李刚和周喜安分别介绍了巴中的革命传统、市情、优势及近年来所呈现的可喜发展和变化，并推介了具体项目。

期间，全国工商联向巴中市平昌县捐赠帮扶资金500万元；同时，参加活动的112家企业中，有37家企业与巴中市签约了39个项目，投资总额达346.2亿元。

全国非公有制经济人士感恩革命老区延安行

2013年7月18日，由中央统战部、全国工商联、中国光彩事业促进会主办，陕西省委统战部，延安市委、市政府承办的“全国非公有制经济人士感恩革命老区延安行”活动在延安举行。中央统战部副部长，全国工商联党组书记、常务副主席，中国光彩会副会长全哲洙，全国工商联副主席庄聪生，陕西省委常委、省委统战部部长陈强出席开幕式并讲话。来自31个省市自治区的统战部、工商联及113家知名民营企业的200名企业家参加了活动。

延安精神的灵魂是坚定正确的政治方向，精髓是解放思想、实事求是，核心是全心全意为人民服务，重要标志是自力更生、艰苦奋斗，贯穿和渗透了马列主义、毛泽东思想活的灵魂，与井冈山精神、长征精神、西柏坡精神一道，是我们党的宝贵财富，是我们战胜各种困难、不断取得胜利的重要法宝，具有超越时空的恒久价值和旺盛生命力。

全哲洙指出，广大非公有制经济人士要准确把握延安精神与时代精神的关系。弘扬改革创新精神必须坚持中国道路。要正确看待改革发展中出现的矛盾和问题，认清经济形势深刻变化孕育的新机遇、深化改革扩大开放带来的发展新动力，增强对中国特色社会主义的道路自信、理论自信和制度自信。弘扬改革创新精神必须遵循科学发展。要解放思想、实事求是，找准企业发展中面临的突出问题和瓶颈，增强创新驱动发展能力，推进转型升级；开阔眼界和胸襟，在世界范围内配置资源、开拓市场、提高核心竞争力。弘扬改革创新精神必须依靠员工群众。要牢固树立发展依靠员工、发展造福员工的理念，使企业和员工成为命运共同体、事业共同体，最大限度地把广大员工的积极性调动起来，形成强大的创新发展合力。弘扬改革创新精神必须做到自立自强。要把自立自强、敢于拼搏、注重创新作为发展的前提条件，才能够带领企业打造核心竞争力，实现基业长青。

全哲洙希望广大非公有制经济人士一要自觉坚持党的领导。坚决抵制任何企图摆脱、削弱、否定党的领导的言行；把个人的理想追求融入到中华民族伟大复兴的共同目标中，在党的领导下为实现中国梦贡献力量；主动支持所在企业建立党组织，支持党组织发挥在职工群众中的政治核心作用和在企业发展中的政治引领作用。二要坚定共同理想信念。要发挥中国梦的强大感召力和价值引领作用，激发广大非公有制经济人士的共鸣，自觉把个人梦、企业梦和中国梦结合起来，为实现中国梦凝聚最强大的中国力量。切实发挥主体作用，通过现身说法忆成长、话梦想、讲贡献，影响和带动广大非公有制经济人士和小微企业经营者受教育、树信心、促发展。三要带头办好企业。要坚持投身实业，下功夫改造和提升传统制造业，积极进军战略性新兴产业，大力发展现代农业和现代服务业，不断优化产品结构，全身心打造民族品牌。加强发展战略创新、企业制度创新、商业模式创新和内部管理创新，努力推进产权结构向开放、多元转变，提升企业管理科学化水平。树立世界眼光和系统思维，善于在经济全球化的大趋势中和国内区域经济发展战略中把握发展商机。大型企业还要更多关注产业链上下游的中小企业，带动它们不断向“专、精、特、新”方向发展，推动形成大中小微企业密切协作、共同发展的格局。四要积极履行社会责任。在办好企业的同时，以扶贫开发、项目投资、公益捐赠等形式，积极参与光彩事业、感恩行动和各项社会事业，以良好品德和人格魅力赢得社会的信任，为非公有制经济人士树立良好形象做出表率。更多吸纳劳动力就业，建立员工工资随企业效益增长稳步增加的机制，在企业内部加强人文关怀，积极构建和谐劳动关系，努力为社会和谐作出贡献。以先进文化带动提升企业文化建设的内涵和水平，推动企业文化建设从缺乏个性向个性鲜明、职工认同转变，建设体现时代特征、符合中国特色、富有企业特点的先进企业文化，团结凝聚企业党员、职工群众，共同为实现企业梦、中国梦目标努力。

庄聪生在讲话中指出，举办这次活动是深化非公经济人士理想信念教育实践和党的群众路线教育实践活动的重要举措。希望广大非公经济人士深入学习延安精神及其时代价值，积极践行延安精神，大力弘扬延安精神，在感恩实践中积极履行社会责任，回馈社会、造福人民，关心革命老区和贫困地区发展，特别是要通过参与光彩事业、公益慈善事业和投资兴业、扶贫开发等实践行动回报延安人民对中国革命的贡献。

陈强代表省委、省政府向出席活动的嘉宾表示欢迎，对中央统战部、全国工商联、中国光彩事业促进会长期以来的指导和帮助表示感谢。他说，陕西省委、省政府高度重视和关心支持非公有制经济发展。当前，全省上下正在加快富裕陕西、和谐陕西、美丽陕西建设，为实现陕西人的中国梦而努力。希望全国各地的民营企业家加强与陕西全方位交流合作，努力做经济发展的促进者、人文交流的传播者和感恩社会的建设者。陕西省委、省政府将一如既往地鼓励和支持非公有制经济发展，为大家来陕投资兴业创造条件、搞好服务。

企业家们还听取了党史专家关于“延安精神及其时代价值”和“延安时期毛主席处理重大事件的策略艺术及现实启示”的讲座，参观了枣园、杨家岭等革命旧址和延安革命纪念馆，举行了“弘扬延安精神，共筑中国梦”座谈会。非公有制经济代表人士史贵禄、何俊明、王均金在座谈会上发言，共同表示要大力弘扬延安精神，努力发展企业，切实履行社会责任，积极参与感恩行动和光彩事业。在“弘扬延安精神，共筑中国梦”座谈会上举行了招商引资项目集中签约仪式，共签订 25 个项目，签约金额 348.48 亿元，其中，合同项目 15 个，签约金额 23 亿元；协议项目 10 个，签约金额 325.48 亿元。同时进行了公益捐赠、救灾捐赠活动，捐赠金额分别为 1180 万元和 740 万元。

来自中央统战部、全国工商联、中国光彩会的有关同志和陕西省政协副主席、省工商联主席冯月菊，省委统战部副部长、省工商联党组书记、第一副主席刘玉明，省光彩会副会长李建军和延安市委副书记、市长梁宏贤等同志参加了活动。

中国光彩事业西藏行

2013年8月4日至5日，由中国光彩事业促进会，西藏自治区党委、自治区人民政府共同举办的“中国光彩事业西藏行”活动在西藏拉萨市隆重举行。这是中央统战部、全国工商联、中国光彩会贯彻落实党的十八大精神的一次具体实践，也是加强非公有制经济人士理想信念教育的一个重要举措。中央统战部副部长，全国工商联党组书记、常务副主席，中国光彩会副会长全哲洙，西藏自治区政府主席洛桑江村出席活动并讲话。来自全国300多位非公有制经济代表人士参加了此次活动。

全哲洙强调，在实现中华民族伟大复兴中国梦的进程中，西藏工作具有重要的战略地位，事关全面建成小康社会宏伟目标的实现，事关经济社会可持续发展，事关祖国统一、民族团结和国家安全。西藏和平解放60多年来，党和国家始终高度重视和关心西藏工作，为西藏经济社会发展注入了强大推动力量。习近平总书记明确提出“治国必治边、治边先稳藏”的重要战略思想，进一步明确了西藏在党和国家工作全局中的特殊重要地位。在中央的亲切关怀、全国人民的大力支援下，在西藏各级党委政府的带领下，经过各族群众的艰苦奋斗，西藏实现了翻天覆地的巨大变化。但受自然、地理、历史等多种因素影响，西藏发展稳定仍然面临不少困难和问题，需要全国人民给予更多关注，提供更多支持。

全哲洙指出，西藏实现跨越式发展，大力发展民营经济是必解之题和必经之路。西藏民营经济发展与沿海省份和中西部多数省份相比，还有较大差距，进一步发展的空间还很大。希望西藏自治区各级党委、政府继续重视民营经济发展，不断解放思想，狠抓各项政策措施的落实，下功夫抓好落地项目的跟踪服务，依法维护企业正当权益，解除进藏民营企业后顾之忧，使之放心、专心发展。

全哲洙强调，民营企业家作为中国特色社会主义事业建设者，应承担起助推西藏跨越式发展和长治久安的重要使命。要大力弘扬以爱国主义为核心的民族精神。要在西藏的历史性巨变中看到，没有共产党就没有新中国，也就没有新西藏，只有坚持中国共产党的领导、坚持中国特色社会主义制度，西藏的明天才会更美好，从而积极践行“义利兼顾、以义为先”理念，满怀深情为西藏发展献计出力。要大力弘扬以改革创新为核心的时代精神。坚持因地制宜、大胆创新，正确把握产业发展趋势和市场需求，选好社会需要、当地支持、环境允许的好项目，将先进的生产技术和管理经验带到西藏，不断提升当地企业的可持续发展能力和西藏经济的自我发展能力。要大力弘扬以艰苦奋斗为核心的“老西藏”精神。努力克服企业发展中遇到的困难和问题，始终保持旺盛的创业激情。

全哲洙同时希望各级统战部、工商联、光彩会要更多组织民营企业家到西藏学习考察投资，在参与建设新西藏的实践中受教育、长才干。充分发挥中国梦的感召力和引领作用，深入开展理想信念教育实践活动，引导民营企业家进一步增强对中国特色社会主义信念、对党和政府的信任、对企业发展的信心。充分发挥代表人士的示范带动作用，激励更多的民营企业家为西藏跨越式发展作贡献。

洛桑江村主席在讲话中指出，自治区党委、政府高度重视非公有制经济发展，出台了“放心、放开、放宽、放胆、放手”和“低门槛、强支撑、少检查、重激励”的“五放”、“六支持”等政策，极大地推动了非公有制经济的快发展大发展。非公有制经济在西藏跨越式发展和长治久安的进程中发挥着越来越重要的作用。当前西藏发展环境持续改善，政策优势、资源优势和后发优势突出，为海内外投资者来藏兴业提供了广阔空间和舞台，希望企业家积极投资基础设施、生态环保、优势矿产、特色农产品、藏医藏药、特色文化、旅游开发等领域，自治区将全力营造亲商、重商、安商、富商的人文环境，开明开放、宽松优惠的政策环境，优质高效、快捷便利的服务环境，规范有序、公正公平的市场环境，以更加优惠的政策、更加优质的服务，更加开放的胸怀，欢迎和鼓励各类市场主体和企业家在藏投资兴业、创造一流业绩。

民生银行行长洪崎代表参会企业家发言。

活动期间，举行了项目签约和公益捐赠仪式，举办了西藏特色产品展示会，考察了西藏娃哈哈食品有限公司、自治区藏药厂、天地绿色饮品公司、奇圣土特产有限公司等当地企业。全区共签约项229个，投资总额3613.07亿元，其中合同项目131个，总投资额2393.29亿元。中国光彩事业基金会向拉萨市曲水县养老院捐款1800万元；中国光彩会与国家卫生和计划生育委员会合作举行了“光彩·西藏和四省藏区健康促进工程”启动仪式，泛海集团向该项目捐款1000万元；西藏自治区人民政府与中国民生银行签署了合作框协议，民生银行捐款4000万元，分4年实施，用于支持西藏儿童先天性心脏病救治工作；奇正藏药集团捐款1100万元，用于支持西藏林芝、那曲地区藏医诊所等项目建设。

全国工商联副主席谢经荣、安七一、何俊明、茅永红，中国民间商会副会长刘沧龙，中国光彩会副会长陈世强、雷菊芳，西藏自治区党委副书记、人大常委会主任白玛赤林，自治区党委常委、拉萨市委书记齐扎拉，自治区党委常委、自治区常务副主席丁业现，自治区党委常委、统战部部长公保扎西等领导出席活动。

中国光彩事业赣州行

2013年10月21日，由中国光彩事业促进会、江西省人民政府共同主办的“中国光彩事业赣州行”活动在赣州市举行。中央统战部副部长，全国工商联党组书记、常务副主席，中国光彩会副会长全哲洙出席活动并讲话，江西省委书记强卫宣布活动开幕，江西省省长鹿心社致辞。来自全国的200多位民营企业家参加活动。

赣南苏区是土地革命时期中央苏区的主体和核心区域，是中华苏维埃共和国临时中央政府所在地，是人民共和国的摇篮，为中国革命作出了巨大牺牲和贡献。近些年虽然赣南苏区经济社会发展取得了长足进步，人民生产生活有了较大改善，但受历史、自然等因素影响，苏区贫困落后面貌还没有根本改变，仍是全国较大的集中连片特困地区。这次光彩事业赣州行目的就是深入贯彻党的十八大精神，结合实际开展党的群众路线教育实践活动，认真落实《国务院关于支持赣南等原中央苏区振兴发展的若干意见》部署，进一步加强对非公有制经济人士的革命传统教育和理想信念教育，努力为赣南苏区经济社会发展作贡献。

全哲洙指出，在革命根据地的创建和发展中，在建立红色政权、探索革命道路的实践中，无数革命先辈用鲜血和生命铸就了以“坚定信念、求真务实、一心为民、清正廉洁、艰苦奋斗、争创一流、无私奉献”为主要内涵的苏区精神。这一精神光照史册，历久弥新，具有永恒和强大的生命力，为我们坚定信念、振奋精神、鼓舞斗志提供了强大的精神力量。希望民营企业家通过弘扬苏区精神，坚定理想信念。无论发展中遇到何种困难，都要坚定不移走中国特色社会主义道路，牢记建设者责任和使命，为实现中国梦凝聚最强大的中国力量。通过弘扬苏区精神，提升对党和政府的信任。

全哲洙强调，助推苏区振兴发展，既是企业家服务党和国家工作大局的责任之举，也是感恩回报苏区人民为中国革命所作重大贡献的情义之举。希望大家能在苏区找到适宜的发展机会，同时积极践行光彩事业“义利兼顾、以义为先”的核心理念，坚持企业效益和社会效益的有机统一，在发展企业的同时，更加注重社会效益。

全哲洙指出，在加快转变经济发展方式和经济结构调整的新形势下，资本、技术、人才等生产要素在国内的流动更加频繁，其中企业是重要的载体，民营企业是最具活力的主体。在这个阶段，哪个地方更加重视民营经济，主动为民营经济发展营造良好环境，哪个地方就会吸引更多企业到那里投资兴业，就会聚集更多要素资源，助推地方经济转型、加快发展。希望地方各级党委、政府进一步解放思想，全面深化改革，结合党的群众路线教育实践活动，把服务民营经济作为加快民生改善的重要途径，积极营造高效的政务环境、公平的市场环境、公正的法治环境、宽松的社会环境，努力在全社会形成关心、支持民营经济发展和鼓励探索、宽容失败、崇尚创业的浓厚氛围，树立尊重民营企业就是尊重规律、尊重创造、尊重贡献的观念。希望各级统战部、工商联、光彩会不断提高服务引导民营经济健康发展的能力和水平，主动帮助民营企业解决遇到的实际困难，让他们切实感受到关心和温暖。

鹿心社在致辞中说，光彩事业赣州行活动为广大民营企业家参与赣南原中央苏区振兴发展提供了良好平台，这是中国光彩事业促进会和广大民营企业家送来的一份厚礼，必将对加快赣南等原中央苏区振兴发展产生积极的推动作用。大力发展非公有制经济，是加快江西经济社会发展的重大举措。江西省正在制定促进非公有制经济发展的政策意见，进一步放宽投资领域，引导支持民间资本进入交通、能源、市政、教育、医疗等领域，参与全省重大项目建设。江西省将采取更加积极务实的措施，提供更加优质高效的服务，竭诚为各位企业家营造开明开放、宽松优惠的发展环境，并将采取有力措施，推动这次签约的重大项目尽快落地、顺利实施，支持入赣企业做强、做大。我们希望更多企业家关注江西、投资江西，共同谱写合作发展、互利共赢的新篇章。

活动期间，全哲洙与强卫、鹿心社进行了座谈，中央统战部、全国工商联、中国光彩会有关领导和部分民营企业家参加了座谈。

企业家们还观看了中央苏区革命历史教育片《永远的荣光》专题片，瞻仰了瑞金叶坪、沙洲坝等革命旧址群并向革命烈士纪念碑敬献花篮，先后到赣州市国家级开发区、赣州综合商贸物流园等地进行了实地考察。大家纷纷表示，一定要从苏区精神中汲取巨大力量，坚定走中国特色社会主义道路，积极履行社会责任，努力为苏区振兴发展作出贡献。

此次活动共签约项目113个，总投资额1040.9亿元。公益捐款2070万元，用于支持瑞金在乡烈士遗属危房改造等项目。

参加此次活动的还有全国工商联、中国光彩会领导谢经荣、何俊明、张建宏、周海江、王再兴、陈世强，江西省领导史文清、蔡晓明、谢亦森、李贻煌、孙菊生等。

中国光彩事业信阳行

2014年5月21日，由中国光彩事业促进会、河南省人民政府联合举办的“中国光彩事业信阳行”活动在河南信阳举行。中央统战部副部长，全国工商联党组书记、常务副主席，中国光彩会副会长全哲洙，河南省委副书记、省长谢伏瞻出席并讲话，来自全国450位民营企业家参加了活动。

信阳地处大别山区，具有光辉的革命历史。在新民主主义革命时期，信阳有近百万群众参革命，超过30万人英勇牺牲。尽管在新中国成立以后特别是改革开放以来，信阳经济社会发展取得长足进步，但始终未能彻底解决贫困问题。到2014年，信阳还有5个国家级贫困县，2个省级贫困县，贫困人口66.6万人。扶贫任务繁重紧迫。

全哲洙指出，大别山区坚守信念、胸怀全局、团结一心、勇当前锋的革命精神，为非公有制经济人士攻坚克难、干事创业提供了强大的精神激励。非公有制经济人士要传承优良革命传统，进一步坚定对中国特色社会主义的道路自信、理论自信、制度自信，支持改革、参与改革、推进改革，大力弘扬创业、创新精神，不断开拓科学发展新路。各级统战部、工商联要以党的群众路线教育实践活动为契机，深入开展以“信念、信任、信心、信誉”为主要内容的非公有制经济人士理想信念教育实践活动。要引导他们传承弘扬大别山革命老区精神，发扬以爱国、敬业、创新、诚信、守法、贡献为主要内容的“优秀建设者精神”，践行以“义利兼顾、以义为先”为核心内容的光彩精神，树立发展依靠员工、关爱员工的理念，构建和谐劳动关系；树立财富源于社会、致富回馈社会的理念，自觉承担社会责任。

信阳区位优越、交通便利，资源丰富、生态良好，具有后发优势，希望民营企业把握机遇，努力在参与信阳的扶贫开发建设、助力革命老区跨越发展中，实现自身科学发展。参与扶贫开发，要以发展产业、改善民生和增强老区“造血”功能、增添内生发展动力为着力点，用好中央支持发展现代农业和推进城乡发展一体化的政策，积极发展农业产业化龙头企业和现代种养业，有效拉动特色优势农业做强做大。用好信阳大力发展产业聚集区的平台，以电子信息、现代家居、新型建材、绿色食品、现代物流等当地核心产业为重点，主动走企业间分工协作、优势互补的发展路子，不断拉长和完善产业链条，带动小微企业发展。大力发展面向“三农”的金融机构和生产性服务业，积极扩大当地就业，带动农民在家门口就近脱贫致富。

全哲洙强调，解决落后地区的贫困问题，从根本上讲要大力抓好县域经济发展。当前，发展县域经济就是发展民营经济。民营经济是老百姓经济，抓民营经济就是抓民生。他希望地方各级党委、政府加大全面深化改革力度，进一步破除制约民营经济发展的体制机制障碍。要创造良好政务环境，建立实行统一的市场准入制度，完善产权保护制度，注重发挥工商联的优势作用，努力为民营企业落地发展营造更好的外部环境。

谢伏瞻在讲话中说，举办“中国光彩事业信阳行”活动，为老区带来一批投资项目和公益捐赠，体现了中央统战部、全国工商联、中国光彩会对河南的关心厚爱，体现了全国知名民营企业家支持革命老区发展的真挚情谊。推动大别山革命老区振兴发展，承载着无数革命先烈的奋斗理想，寄托着老区人民致富奔小康的热切期望。“中国光彩事业信阳行”活动，为广大民营企业参与老区发展提供了良好平台，必将对信阳老区振兴发展起到积极的推动作用。

河南省委、省政府始终高度重视民营经济发展，认真落实中央鼓励支持引导民营经济发展的各项决策部署，实施了放宽准入、资金扶持、营造环境等一系列重大举措，全省民营经济已成为经济增长和发展方式转变的生力军。真诚希望全国各地的民营企业家继续关注河南、支持河南，来豫投资兴业，共谱合作发展、互利共赢的新篇章。河南将采取更加积极务实的措施，提供优质高效服务，营造更好发展环境，支持来豫州企业做大做强。

活动期间，企业家们观看了《辉煌大别山》专题教育片，瞻仰了鄂豫皖苏区烈士陵园，实地参观了鄂豫皖苏区首府革命博物馆、中共中央鄂豫皖分局和红四方面军总部旧址等，接受革命传统和理想信念教育。

此次活动共签约项目231个，总投资额1899.3亿元。中国光彩会向新县捐赠2000万元，用于支持新建一所九年一贯制新县光彩实验学校。

全国工商联、中国民间商会、中国光彩会领导谢经荣、史贵禄、茅永红、徐冠巨、刘志强、杨启儒、王安康、李学春、陈世强、陈志列、赵永亮、南存辉、雷菊芳，光彩事业发起人代表、新希望集团董事长刘永好，河南省领导邓凯、史济春、张维宁、梁静等参加了活动。

中国光彩事业南疆行

2014年8月12日，由中国光彩事业促进会，新疆维吾尔自治区党委、政府，新疆生产建设兵团共同主办的“中国光彩事业南疆行”活动在新疆喀什举行。这次活动是中央统战部、全国工商联、中国光彩事业促进会贯彻落实党的十八大、十八届三中全会和第二次中央新疆工作座谈会精神的重要举措，是深化非公有制经济人士理想信念教育实践活动，引导民营企业家为维护新疆社会稳定和实现新疆长治久安贡献力量的具体行动。中央统战部副部长，全国工商联党组书记、常务副主席，中国光彩会副会长全哲洙，新疆自治区党委副书记韩勇出席活动并讲话，来自全国各地的300多位民营企业家参加了活动。

新疆工作在党和国家工作全局中有着特殊重要的战略地位。新疆发展稳定，事关全国改革发展稳定大局，事关祖国统一、民族团结、国家安全，事关“两个一百年”奋斗目标和中华民族伟大复兴中国梦的实现。做好新疆稳定和发展工作，必须夯实经济发展这一基础，抓住扶贫开发和改善民生这一基本环节。在这方面，光彩事业和民营企业责任重大，大有可为。促进新疆发展稳定是时代赋予非公有制经济人士的重要使命，是民营企业坚持科学发展、加快转型升级的战略选择，是非公有制经济人士坚定理想信念的具体实践。

全哲洙指出，广大民营企业要紧扣社会稳定和长治久安助推新疆更好更快发展。坚持就业第一、教育优先、扶贫为重，坚持参与式、包容性、融合式发展，切实让更多成果惠及新疆各族人民。要以发展教育、增加就业为重点加快改善民生，注重教育类项目投资，积极开办双语学校、职业技术学校和技能培训机构等，努力为南疆的教育事业多作贡献。一定要把增加就业作为重要任务，优先发展就业容量大、就业带动力强的产业和项目，更多吸纳当地群众就业，更多带动小微企业发展。要以扶贫开发为途径更多惠及当地，在产业投资带动扶贫开发的同时，尽最大努力以公益项目和慈善捐赠等方式，积极参与贫困地区医疗卫生、饮水安全、村民住房、乡村公路、水利灌溉、天然气利民工程等建设。要以交往交流交融为纽带增进民族团结，把民族团结教育融入企业党的建设和企业文化建设全过程，积极参与民族团结进步创建活动，平等对待各族员工，主动安排新疆群众特别是少数民族和大学毕业生到内地培训和就业。通过大家的努力，促进各族群众加深了解、增进感情，形成相互尊重、相互包容、相互欣赏、相互帮助的局面。

全哲洙强调，民营经济是民生经济、富民经济和活力经济，大力发展民营经济，已经成为新疆实现更好更快发展的必经之路，也是稳疆建疆的长久大计，希望地方党委、政府要最大限度激发新疆民营经济活力和创造力。要在解放思想、简政放权上下功夫，继续深化行政审批制度改革，进一步扩大民间投资领域，切实抓好第二次中央新疆工作座谈会所制定一系列政策的落实落地。要在坚定理想信念、增强内生动力上下功夫，把凝聚改革共识、助推转型升级、树立先进典型、建设企业文化、增进民族团结作为着力点，坚持把促进发展和维护稳定、解决思想上的困惑和解决生产经营中的困难、对出资人的引导和对员工的教育结合起来，充分发挥商会的作用，不断把非公有制经济人士理想信念教育实践活动推向深入。

韩勇在讲话中指出，举办这次“中国光彩事业南疆行”活动，充分体现了广大民营企业家谋发展、创大业和讲奉献、兴善举的高尚品质。新疆各方面要认真履行职责，主动做好跟踪服务，促成已签约的投资项目早落实、早开工、早建成，尽早发挥效益；切实把公益捐款管理好、使用好，使之真正发挥扶危济贫、改善民生的作用。新疆地域辽阔，资源丰富，向西开放的地缘优势明显，与内地经济有很强互补性，在中央的特殊政策支持下，正在迎来千载难逢的发展机遇，希望广大民营企业家多到新疆尤其是南疆来，寻找更多投资创业、合作发展的商机。

红豆集团有限公司总裁周海江、月星集团有限公司董事长丁佐宏代表参加活动的企业家发言。

活动期间，举行了项目签约和公益捐赠仪式，组织企业家观看了南疆行教育片和兵团宣传片，参观考察了喀什特殊经济开发区、经济贸易区、喀什广州新城、兵团41团草湖工业园区及小城镇建设，慰问了军垦老战士代表。

此次光彩事业南疆行活动，全区共签约项目266个，投资额1734.8亿元，其中，签定合同148个，合同投资额1175.5亿元。中国光彩事业促进会组织民营企业家向南疆地区和新疆生产建设兵团捐赠6840万元，用于实施和田地区农村天然气入户项目、喀什地区农村省柴节煤灶和太阳能灶建设项目、克州人畜饮水工程项目、阿克苏地区养羊基地项目和新疆生产建设兵团基层连队“风光互补”路灯项目等公益项目。

全国工商联副主席谢经荣、史贵禄、李河君、张建宏、茅永红，中国光彩会副会长杨启儒、南存辉、王均金、陈世强、新疆自治区政府副主席吉尔拉·依沙木丁、政协副主席巨艾提·伊明，新疆生产建设兵团副政委阿布力孜·　等参加了活动。

光彩事业丝路行暨2015西宁城市发展投资洽谈会

2015年9月15日，以“新丝路、新梦想、新机遇”为主题的“光彩事业丝路行暨2015西宁城市发展投资洽谈会”在青海省西宁市盛大开幕。

本次活动由中国光彩事业促进会和西宁市人民政府联合主办，海东市、海西州和有关省市光彩事业促进会共同协办。北京、天津、上海、重庆、山东、江苏、浙江、湖北、辽宁、四川、陕西、甘肃、河北等13个省（区、市）的光彩会代表团参加活动。

青海省委常委、西宁市委书记王晓，西宁市长张晓容，上海市政协副主席周汉民，中央统战部光彩事业指导中心主任余敏安，中央统战部办公厅副主任章建敏共同启动开幕仪式。

中国光彩事业促进会副秘书长、中央统战部光彩事业指导中心主任余敏安在致辞中指出，这次活动是统一战线服务“一带一路”战略的重要举措，也是引导动员广大民营企业积极参与青海经济建设和扶贫开发的一次光彩行动。余敏安强调，中央统战部和中国光彩事业促进会将继续关注青海，特别是西宁及海东、海西等市州的发展，积极引导有实力、有信誉、自觉承担社会责任的企业走进青海，了解青海，认识青海，参与青海的经济社会建设和扶贫开发事业，大力支持青海省加快构建开放型经济发展新格局。

西宁市长张晓容表示，西宁是青海省会城市，地处青藏高原和黄土高原结合部，是古“丝绸之路”南路和“唐蕃古道”的必经之地。作为中国向西开放的重要基地和国家级综合交通运输枢纽，拥有丰富的区位、资源优势，未来将成为我国与西亚、中亚、南亚等地区对外开放大通道以及丝绸之路经济带与长江经济带连接上的重要战略支点城市，后发优势强劲，投资空间广阔，合作潜力巨大。

本次活动设置了三大展区，同时还举办了土地挂牌出让专场、城市建设项目专场推介会、西宁市工业项目专场推介会、企业家实地考察、重点招商项目集中签约等专项活动。截至9月16日，已落实签约项目187个，总投资金额910.5亿元。其中，西宁市促成项目66个，投资额356亿元；海东市达成投资意向项目38个、投资额203亿元；海西州促成项目40个，投资额208.8亿元；青海省工商联促成项目43个，投资额142.7亿元。

中国光彩事业黄冈（红安）老区行

由中国光彩事业促进会、湖北省人民政府共同主办的“中国光彩事业黄冈（红安）老区行”活动10日在湖北红安县举行。这是认真学习贯彻党的十八届五中全会和中央统战工作会议精神的具体行动，引导民营企业家投身革命老区扶贫开发、接受革命传统教育，为老区如期全面建成小康社会作贡献的重要举措。来自全国各地的500多位民营企业家参加了活动。

中央统战部副部长、全国工商联党组书记、中国光彩会会长全哲洙出席活动并讲话。他强调，民营企业家参与黄冈革命老区扶贫开发，是担当中国特色社会主义事业建设者使命的内在要求，是加快企业转型发展的重要机遇，是自觉接受理想信念教育的重要途径。要结合地方优势特点，精准选择产业项目，为老区创新发展和绿色发展注入新动能。着眼贫困村脱贫致富，精准实施村企共建，引导民营企业积极参与“万企帮万村”精准扶贫行动。依托公益慈善事业，精准帮扶特困人群解决特殊困难，使他们生活更有奔头，做人更有尊严。

全哲洙强调，民营企业要发挥主体作用，守法诚信，主动作为，精心做好项目规划，全力推进项目实施，以实际行动维护光彩事业和企业的良好形象。希望地方党委、政府不断优化政策环境、法治环境、市场环境和社会环境，打造投资兴业的乐园、开放创新的沃土。希望各级光彩会在推进项目顺利实施中主动担责，接续服务，当好党委政府的助手。

湖北省委书记、省人大常委会主任李鸿忠出席活动并讲话，他希望有更多的企业家关注湖北、投资湖北，要求黄冈各级党委、政府进一步优化发展环境，切实维护投资者合法权益。

活动期间，企业家们参观了黄麻起义和鄂豫皖苏区纪念园、红安七里坪长胜街等革命纪念地，观看了革命传统教育片《铁血红安》，举行了项目签约和公益捐赠仪式。

此次活动共签约项目295个，投资额2604.83亿元，其中，合同项目210个，投资额1800.66亿元。民营企业家还捐赠1820.5万元，用于在红安县实施“光彩新农村卫生室”公益项目，建设121所标准化村卫生室。

小型投资考察活动

共促国家级新区发展研讨会

2013年4月19日，中央统战部光彩事业指导中心牵头，邀请上海市、天津市、重庆市、浙江省、甘肃省光彩会和兰州市人民政府，在兰州新区共同主办了“共促国家级新区发展座谈会”。中国光彩会，甘肃省委、省政府，兰州市有关领导及来自全国各地的民营企业家80余人参加会议。活动期间共签订投资项目8个，投资金额89.3亿元，公益捐赠410万元。

光彩事业六盘行

2013年7月25日至27日，由中央统战部光彩事业指导中心、宁夏回族自治区光彩会主办，固原市人民政府承办的“光彩事业六盘行”活动在固原举办。自治区党委、自治区政协、中央统战部光彩事业指导中心等有关领导和来自自治区内外的200多位民营企业家共260人参加了活动。活动期间，共签订投资项目19个，签约金额44.02亿元，公益捐赠607万元。

饮水思源光彩十堰行

2013年7月28日至8月3日，由中央统战部光彩事业指导中心与北京市、天津市、河北省、湖北省主办、湖北省十堰市人民政府承办的“饮水思源光彩十堰行”活动，分别在北京、天津、石家庄等地进行招商推介，企业家近千人参加，签约项目101个，投资金额674亿元。在北京市招商推介期间，中共中央政治局委员、北京市委书记郭金龙接见了十堰代表团。全国工商联副主席、中国光彩会副会长谢经荣和湖北省委常委、统战部长张岱梨出席活动启动仪式。

哈尔滨（延寿、巴彦、木兰）小型投资考察活动

2014年9月16日至18日，由中央统战部光彩事业指导中心主办、哈尔滨市委统战部承办的“哈尔滨（延寿、巴彦、木兰）小型投资考察活动暨项目签约仪式”在哈尔滨成功举行。北京、河南、湖北、四川、黑龙江等地50余位企业家参加活动，签约项目投资额达410亿元。

光彩事业湖北幕阜山区（咸宁）行

2014年9月28日，由中央统战部光彩事业指导中心，广东省、上海市、福建省光彩会，湖北省工商联、光彩会共同主办，咸宁市人民政府承办的“光彩事业湖北幕阜山区（咸宁）行”活动于在咸宁举行。中国光彩会副会长兼秘书长杨启儒和湖北省委统战部等有关领导出席。北京、广东、上海、福建、湖北、宁夏、甘肃光彩会组织企业家80余人参加活动。活动期间，共签约项目62个，总投资546.79亿元。其中合同项目48个，总投资341.59亿元。

中国光彩事业抚州（广昌）行

2015年11月28日上午，由中国光彩事业促进会和抚州市主办的，以“弘扬光彩精神、建设幸福抚州”为主题的“中国光彩事业抚州（广昌）行”活动隆重开幕。江西省省委常委、统战部长蔡晓明出席并讲话；副省长刘昌林，省政协副主席、民建省委会主委孙菊生，中央统战部光彩事业指

导中心主任、中国光彩会副秘书长余敏安，中央统战部办公厅副巡视员王丽颖等有关同志以及来自全国各地的企业家和中央、省、市有关媒体记者共计280余人参加开幕式。

抚州市围绕光彩事业抚州（广昌）行主体活动，先后在抚州、北京、泉州、香港、东莞、台北、杭州、宁波、上海成功举办了10场大型专题招商对接活动，取得了丰硕的成果。共与各地企业达成合作项目232个，项目签约金额累计达1616.22亿元，其中在开幕式上举行了14个代表项目集中签约仪式，签约总额194.3亿元。全国、全省统一战线和光彩企业家援建广昌苏区各项民生事业、基础设施捐赠资金累计达9075万元，协调项目资金2.54亿元，开幕式上又接受了公益捐赠2700多万元。

开幕式上，与会人员观看了抚州红色革命宣传教育片；副市长韦萍作了重点产业推介，广昌县作了招商推介，全国人大代表、中国光彩会副会长、正邦集团有限公司董事局主席林印孙和腾邦集团董事、行政总裁、党总支书记秦四喜先后作了发言。

第四部分

全国光彩事业重点项目
国家扶贫贷款推荐项目

THE NATIONAL KEY PROJECT OF GLORY SOCIETY
RECOMMENDED PROJECTS FOR THE LOANS OF NATIONAL POVERTY ALLEVIATION

2008年全国光彩事业重点项目

序号	项目名称	实施地点			实施公司	推荐	到位资金
		省	市	县	公司名称	省区	（万元）
1	薰衣草名优花卉基地建设	河北		张北	河北省张家口市普罗旺斯庄园有限公司	河北	2000
2	4000t/d熟料水泥生产线暨低温余热发电工程	河北		井陉	河北鼎星水泥有限公司	河北	8600
3	光电缆工程	河北	保定		河北荣毅通信有限公司	河北	10000
4	包头市九原工业园2×50MW发电机组	内蒙古	包头		内蒙古自治区包头市智能煤矸石发电有限公司	内蒙古	12000
5	林木种苗产业化基地建设	内蒙古	锡林浩特		锡林浩特市国华农林开发中心	内蒙古	1290
6	年产3万吨高品质镁合金	内蒙古	包头		包头市明达镁业科技有限公司	内蒙古	3800
7	20万套肉种鸡饲养、孵化	辽宁	锦州	义县	锦州大成禽业有限公司	辽宁	6000
8	长白山葡萄资源经济产业化暨盛帝堡酒庄产业化	吉林	吉林		吉林盛帝堡酒庄有限公司	吉林	600
9	北五味子系列功能食品	吉林		汪清	吉林市博维药业有限公司	吉林	
10	脱毒马铃薯繁育基地和1亿公斤深加工	黑龙江		林口	宏达特产实业有限公司	黑龙江	500
11	20万吨水稻综合加工	黑龙江		庆安	黑龙江省庆安同源商贸有限公司	黑龙江	600
12	100万吨玉米深加工	黑龙江		萝北	黑龙江省兴汇食品加工有限公司	黑龙江	55000
13	高性能预应力钢绞线生产线	安徽	马鞍山		奥盛新材料股份有限公司	上海	15000
14	九江（通远）— 武宁（宋溪）一级公路	江西	九江		九江市银泰交通开发有限公司	江西	
15	年产4万吨果蔬罐头生产加工技术改造	安徽	滁州		安徽小岗村食品有限公司	安徽	7600
16	有机酸提取粮食副产物植酸新工艺	安徽		砀山	安徽天创生物科技有限公司	安徽	1000
17	良种猪繁育	山东		阳谷	山东阳谷华鑫养殖有限公司	山东	2068
18	甲壳胺纤维及系列产品产业化	山东	泰安		山东华兴纺织集团有限公司	山东	10400
19	高档环保型卷烟及食品类包装用镀铝纸	山东	青州		青州金青云新材料有限公司	山东	10000
20	年产10万吨生物柴油	河南		宜阳	洛阳天昌生物工程有限公司	河南	8000
21	15万吨饲料加工	河南		内乡	河南省内乡县牧原养殖有限公司	河南	2500
22	蔬菜基地建设及产品加工整理包装配送	河南		新野	新野县宛绿蔬菜专业合作社	河南	2300
23	秦皇食府（湖南安化）生态农产品产业化	湖南	益阳	安化	湖南秦皇食府农业科技有限公司	湖南	1000
24	宁乡豪德光彩贸易广场	湖南		宁乡	宁乡豪德光彩贸易广场开发有限公司	湖南	6000

25	一体化养殖	海南	儋州		海南温氏禽畜有限公司	海南	9272
26	果蔬冷藏保鲜加工基地扩建	海南	琼海		琼海福松实业有限公司	海南	5500
27	生态高效农业基地	海南	东方		东方金岛实业有限公司	海南	2185
28	1 万吨全薯营养粉丝改扩建	四川	绵阳		四川光友薯业有限公司	四川	2020
29	年产 60 万吨精对苯二甲酸	重庆	涪陵区		重庆市蓬威石化有限责任公司	重庆	100000
30	50 万亩林业工程	广东		大埔	树人木业（大埔）有限公司	广东	4500
31	中药材规范化生产基地建设	陕西	安康		杨凌东科麦迪森制药有限公司	陕西	621
32	奶牛养殖、乳制品加工	陕西		吴起	吴起县五鑫实业有限公司	陕西	1390
33	年产 1 万吨胡萝卜浓缩汁建设	青海		湟中	青海华慧生物科技开发有限公司	青海	1817
34	波浪滩生态旅游观光园	青海		循化	青海兴旺建工贸（集团）有限责任公司	青海	809
35	青海兴华医院改扩建	青海	西宁		青海兴华医院	青海	11000
36	万亩有机枸杞产业链	宁夏	银川		宁夏西夏贡酒业实业有限公司	宁夏	4380
37	200 万头生猪繁育加工一体化	湖南	韶山		韶山市三旺实业有限公司	光彩会	50830

2009 年全国光彩事业重点项目

序号	项目名称	实施地点			实施公司	推荐	到位资金
		省	市	县	公司名称	省区	（万元）
1	年产 2 万吨马铃薯全粉	河北	石家庄		张家口弘基农业科技开发有限责任公司	河北	600
2	年产 10 万头规模化、标准化养殖场	河北		大名	大名县合盛猪业养殖有限公司	河北	63
3	5000 吨速冻果蔬加工	河北		卢龙	秦皇岛市卢龙县华新食品厂	河北	
4	年产 3000 台高效节能风机设备制造	内蒙古	包头		包头市田力环发机电有限公司	内蒙古	2000
5	脱硫粉、轻质碳酸钙生产	内蒙古	乌海		内蒙古弘业投资集团有限责任公司	内蒙古	8000
6	农牧业养殖综合示范园建设	内蒙古	乌兰察布		乌兰察布市力成农牧业发展有限责任公司	内蒙古	6000
7	春雨光彩国际汽车城	安徽	亳州	蒙城	安徽春雨汽车销售服务有限公司	安徽	
8	梨香雪海生态文化旅游经济示范园	安徽		寿	安徽省寿县康寿农家乐旅游发展有限公司	安徽	2700
9	年产 20 万辆“海戈”牌摩托车	山东	泰安	宁阳	山东海戈工贸有限公司	山东	15000
10	紧密纺技改	山东	莱芜		山东泰丰纺织有限公司	山东	8000
11	山东省冠县儿童医院建设	山东	聊城	冠	冠县人民医院	山东	
12	年产 5000 吨农用机械用密封材料	河南	南阳	内乡	南阳天一密封制品有限公司	河南	2197
13	20 万头无公害生猪基地建设及生猪产业扶贫	四川	绵阳		四川陆银饲料有限公司	四川	5000
14	树莓开发	辽宁	阜新	阜蒙	阜新市禾鑫树莓浆果有限公司	辽宁	3800

2010 年全国光彩事业重点项目

序号	项目名称	实施地点			实施公司	推荐	投资总额	到位资金
		省	市	县	公司名称	省区	（万元）	（万元）
1	畜禽养殖基地和 20 万头生猪交易市场	河北		滦南	滦南县鑫华畜禽养殖专业合作社	河北	5000	2000
2	生态农业开发	河北	唐山		唐山弘仁实业集团有限公司	河北	3277	1500
3	奶牛养殖基地及奶食品	内蒙古		正蓝旗	正蓝旗塞音呼都嘎苏木萨拉沁民族奶食专业合作社	内蒙古	4500	2500
4	年产 8000 吨气相法二氧化硅	内蒙古	赤峰		赤峰盛森硅业科技发展有限公司	内蒙古	20000	11000
5	白鹅屠宰及羽绒深加工改扩建	吉林	舒兰		吉林市白翎羽绒制品有限公司	吉林	18539	8500
6	2 万头有机猪养殖及生态循环经济体系建设	吉林	吉林		吉林普康有机农业有限公司	吉林	2189	1500
7	生物有机调节肥改良盐碱地种植水稻	吉林		长岭	吉林省吉喆农业生态科技有限公司	吉林	4548	1500
8	花生大豆食品深加工系列产品开发	辽宁	阜新		阜新维远食品科技有限公司	辽宁	8292	5700
9	年加工 15 万吨花生果	辽宁		阜新	阜新黑土地油脂有限公司	辽宁	9580	6850
10	马铃薯产业化生产示范基地	辽宁	阜新	彰武	辽宁申博生物技术有限公司	辽宁	9800	5000
11	年产一万吨全氟水基涂料	辽宁	锦州	义	辽宁天合精细化工股份有限公司	辽宁	34113	14000
12	年产 3000 吨速冻树莓和 2000 吨树莓果汁饮料	辽宁	阜新	彰武	阜新市彰武金谷副食品冷冻加工厂	辽宁	9900	3000
13	年存栏 2000 头优质奶牛扩建	河南	新乡		新乡市牧野区利民养殖农民专业合作社	河南	5100	3100
14	新建葡萄观光园、年产 2000 吨葡萄酒	安徽		舒城	舒城县宏丰农业技术开发有限公司	安徽	5560	2260
15	农业综合开发示范基地建设	安徽	铜陵		安徽五月花农业综合发展有限责任公司	安徽	89890	52800
16	思丹现代生态农业园	安徽	铜陵		安徽思丹园艺有限公司	安徽	33000	8000
17	农产品冷藏加工配送中心	海南		陵水	海南陵水鲁宏农业开发有限公司	海南	3600	1700
18	咖啡生态农业休闲观光园	海南		澄迈	海南侯臣咖啡产业有限公司	海南	3119	2839
19	农副产品批发市场	海南		乐东	乐东绿源农业科技发展有限公司	海南	11880	11880
20	许家河水电站、蛇嘴梁水电站、箭竹河水电站	陕西		紫阳	紫阳县鸿源水电开发有限公司	陕西	8217	6328
21	年产 15000 吨魔芋健康系列食品	陕西	汉中		汉中市津珅工贸有限责任公司	陕西	6022	6022
22	3 万吨玉米超细粉加工	陕西	汉中		汉中市春雨农业产业开发有限责任公司	陕西	3200	2800

2011 年全国光彩事业重点项目

序号	项目名称	实施地点			实施公司	推荐	投资总额	到位资金
		省	市	县	公司名称	省区	（万元）	（万元）
1	光彩圣火科技园	天津			天津光彩圣火科技企业孵化器有限公司	北京市	20000	2000
2	100 万只 / 年肉羊屠宰加工项目	内蒙古		五原	内蒙古渔蒙家食品科技有限公司	内蒙古	9800	4800
3	安快物流中心园区	内蒙古	锡林浩特		内蒙古安快物流发展有限公司	内蒙古	20000	8000
4	正蓝旗特色产业园区在建项目	内蒙古		正蓝旗	正蓝旗汇通商贸有限责任公司	内蒙古	17550	9000
5	东北亚・长春光彩商贸物流城	吉林	长春	农安	吉林省光彩商贸物流城开发有限公司	吉林省	200000	6000
6	育苗基地扩建	吉林	白山		白山市立成园林有限公司	吉林省	8548	3568
7	五味子种植和加工	吉林	桦甸		吉林省龙兴生态农业开发有限责任公司	吉林省	10000	6801
8	北方辣椒种植综合服务项目	吉林	洮南市		吉林省金塔实业（集团）股份有限公司	吉林省	9902	6902
9	吉安丽人医院	江西	吉安		吉安丽人医院	江西省	8000	5000
10	村企共建、六村联建开发	山东		邹平	山东东尉集团	山东省	15000	7000
11	年处理 15 万吨废旧蓄电池综合再利用	河南	新乡		河南省新乡市亚洲金属循环利用有限公司	河南省	15160	12000
12	现代农业示范基地建设	河南	新乡		新乡市天之星实业有限公司	河南省	13800	8500
13	年产 100 万套医疗器械建设	河南	新乡		新乡长东医疗器械有限公司	河南省	12000	7200
14	生态棕榈藤开发	海南	儋州		海南宏祺藤业科技股份有限公司	海南省	25000	5000
15	海南香蕉产业产学研示范园区	海南	海口		海南万钟实业有限公司	海南省	39700	10700
16	略阳县同辉乌鸡生态养殖加工示范园	陕西		略阳	略阳县同辉农业发展有限责任公司	陕西省	3500	1400
17	年产 5 万尾大鲵	陕西	汉中	南郑	陕西汉源生物工程有限责任公司	陕西省	2600	1400
18	城固泓源五倍子产业化综合开发	陕西		城固	城固泓源五倍子开发有限公司	陕西省	6499	3500
19	年产 40000 吨铁路运输专用装载加固材料生产线	陕西	汉中	南郑	南郑顺翔草制品有限公司	陕西省	8000	3000
20	年产 30 万吨甲醇汽柴油新能源	陕西	汉中		陕西胜隆能源实业有限公司	陕西省	11614	6143

2012年全国光彩事业重点项目

序号	项目名称	实施地点			实施公司	推荐	投资总额	到位资金
		省	市	县	公司名称	省区	（万元）	（万元）
1	专用电磁辐射防护产品产业化项目	北京	海淀		安方高科电磁安全技术（北京）有限公司	北京	3000	3000
2	8万吨纯净水项目	河北	承德	平泉	承德辽河源食品有限公司	河北	11000	4000
3	4500吨/年多晶硅项目二期工程	内蒙古	阿拉善盟		内蒙古锋威硅业有限公司	内蒙古	236000	154000
4	100MWp太阳能光伏电站	西藏	日喀则		上海超日太阳能科技股份有限公司	上海	21700	21700
5	喀什月星上海城	新疆	喀什		喀什月星上海城房地产开发有限公司	上海	108000	65000
6	年产240万吨电解铝项目	新疆	昌吉州		新疆东方希望有色金属有限公司	上海	5150000	400000
7	高支精梳纯棉纱产品升级项目	江苏	宿迁		宿迁市苏绵纺织有限公司	江苏	2700	2000
8	年产18万吨菜籽加工油脂项目	江苏		滨海	江苏震洲粮油工业有限公司	江苏	18000	11000
9	华东农机汽车城	江苏	宿迁		宿迁吴昇农业发展有限公司	江苏	10291	6308
10	二期工程扩建项目	江苏	连云港	东海	江苏白龙马面业有限公司	江苏	25064	18000
11	年产2×4000吨高品质纱线生产线	江苏	盐城		江苏祥和纺织股份有限公司	江苏	9600	3180
12	年产500万米重磅阔幅提花真丝绸生产线技改项目	江苏	宿迁		江苏玖久丝绸股份有限公司	江苏	9000	7000
13	用粮副产物提取植酸产业化	安徽	宿州		安徽省天创生物科技有限公司	安徽	4500	2000
14	红心地瓜干系列食品加工生产线建设项目	福建	龙岩	连城	龙岩德邦生物科技有限公司	福建	2394	1880
15	年产400吨优质金牡丹茶叶生产线	福建	三明	宁化	福建省翠云茶业有限公司	福建	6044	4044
16	年产5万吨米乳系列饮料生产项目	福建	三明	宁化	三明市扬晨食品有限公司	福建	7500	5500
17	景德镇双龙湾农业生态园建设项目	江西	景德镇	浮梁	景德镇双龙湾农业生态园有限公司	江西	20000	6000
18	造林及林产品加工、大棚蔬菜等生态种养殖项目	江西	赣州	兴国	兴国宏兴木业有限责任公司	江西	5330	3200
19	金银花、曼地亚红豆杉产业化及终端产品项目	江西	九江	德安	江西万茂科技有限公司	江西	160000	40000
20	井冈山市茅坪乡大坪大坪光彩新村建设	江西	井冈山		井冈山市大坪生态农业观光有限公司	江西	6500	5000
21	土特产生产厂区扩建项目	河南		确山	确山县四孩土特产专业合作社	河南	5000	2800
22	环保厨具生产	湖北	荆州	江陵	家和宝（江陵）厨具有限公司	湖北	30000	20000
23	黄梅挑花技改与生产规模扩建	湖北		黄梅	黄梅挑花工艺有限公司	湖北	6180	4500

24	粤东水产品物流中心	广东		饶平	饶平县鸿洲渔港建设开发有限公司	广东	103000	94000
25	120吨/小时柑桔保鲜加工基地建设项目	江西	赣州	寻乌	广东杨氏南北鲜果有限公司	广东	33000	18000
26	华南大宗农产品物流交易中心	广东	韶关	仁化	韶关宝能物流投资有限公司	广东	625000	10000
27	四川九威阁中药饮片产业化项目	四川	南充	仪陇	四川九威阁中药饮片有限公司	四川	22311	5100
28	年产1000吨子母辣系列绿色食品生产线技改扩建	云南	大理州	弥渡	弥渡县德苴华瑞绿色食品有限公司	云南	1280	880
29	年产1万吨姜系列产品加工建设项目	云南		砚山	砚山县同和辣椒有限责任公司	云南	5694	1640
30	农产品深加工工厂建设项目	陕西	杨凌		陕西竹园嘉华农产品开发有限公司	陕西	8243	5243
31	现代循环农业科技产业园区建设项目	陕西	汉中		汉中中园农畜产品科贸有限公司	陕西	5800	5800
32	20万吨/年磷铵扩能技改及资源综合利用项目	陕西	汉中	勉	汉中远东化肥有限责任公司	陕西	15188	4900
33	秦王川山地户外运动生态项目	甘肃	兰州		兰州普天置业有限公司	甘肃	120000	20000
34	有机枸杞果精深加工基地建设	青海	格尔木		青海居易生物科技股份有限公司	青海	5020	3844
35	青海民和“天源桃源”旅游度假区	青海	西宁		青海物通（集团）实业有限公司	青海	86730	4376
36	济宁市高新区大学生光彩创业公寓	山东	济宁		山东永胜房地产开发有限公司	山东	90000	15000

2013 年全国光彩事业重点项目

序号	项目名称	实施地点			实施公司	推荐省市	到位资金（万元）
		省	市	县	公司名称		
1	大禾现代生态农业科技示范基地	山西	太原	清徐	山西大禾新农业科技有限公司	山西	27000
2	矿山生态恢复养殖、种植、林业等项目的生态园	山西	晋中	灵石	山西天星集团灵石县农业开发有限公司	山西	6451
3	20 万亩连翘种植产业化	山西	长治	平顺	山西振东道地药材开发有限公司	山西	4700
4	肉鸡产业化养殖基地	山西	临汾	汾西	汾西县洪昌养殖有限责任公司	山西	15000
5	3000 亩林果优良品种种植基地	山西		平遥	山西省平遥煤化（集团）有限责任公司	山西	3240
6	年产 19 万立方米复合型刨花板二期工程	内蒙古	通辽		内蒙元丰木业有限公司	内蒙古	24314
7	河蟹精深加工扩建	辽宁	盘锦	大洼	盘锦光合蟹有限公司	辽宁	2640
8	年产 2 万吨腌渍菜扩建	辽宁	凌海		锦州百通食品集团有限公司	辽宁	580
9	11.5 万吨 / 年丙烯项目 C4 液化气综合利用	辽宁	抚顺		辽宁同益石化有限公司	辽宁	36000
10	生态奶业基地	辽宁	铁岭	铁岭	铁岭市大牛乳品有限公司	辽宁	16000
11	酱香酒科技研发	辽宁	阜新		阜新仙潭酱香酒科技研发有限公司	辽宁	24000
12	安图县西江水电站	吉林		安图县	安图县富尔河水电开发有限公司	吉林	3000
13	申禄达国际灯饰采购中心	黑龙江	绥化		黑龙江泰德申禄达商贸集团有限公司	黑龙江	10500
14	航空座椅研发与生产	江苏	盐城	建湖	江苏恒盛航空座椅有限公司	江苏	8000
15	30 万亩油茶产业基地	湖南	耒阳		湖南神农油茶科技发展有限公司	湖南	18500
16	5 万吨 / 年柑桔酶法加工	湖南	永州		湖南国秀食品有限公司	湖南	7263
17	红石林旅游扶贫	湖南	湘西州	古丈	湖南红石林旅游开发有限公司	湖南	15800
18	2500 亩精品苗木基地	湖南	益阳	赫山	益阳市华林实业发展有限公司	湖南	9436
19	杂粮产品研发产业园	湖南	常德	汉寿	浏阳河农业产业集团有限公司	湖南	18500
20	闽西地瓜产业化基地	福建		连城	福建省连城县连通饲料有限公司	福建	5000
21	茂旺政和红茶产业园	福建	南平	政和	福建省茂旺茶叶有限公司	福建	3000
22	竹制品加工	福建	南平	政和	福建省天悦竹木有限公司	福建	2000
23	海峡两岸（国际）农产品物流城	福建	漳州	龙文区	福建省海峡两岸农产品物流城发展有限公司	福建	18200
24	猕猴桃生物技术加工、生态旅游创意园	湖北	宜昌		中博绿色科技股份有限公司	湖北	6956

25	肉鸭产业化生产工业园	湖北		崇阳	湖北汉口精武农业发展崇阳有限公司	湖北	55028
26	20 万吨粮油加工	湖北	当阳		湖北晶盛惠粮油股份有限公司	湖北	8900
27	中国光彩（郧西）物流商贸中心	湖北	十堰	郧西	湖北鑫通物流有限公司	湖北	15000
28	金马物流中心	海南		澄迈	海南金畅现代物流中心有限公司	海南	3000
29	海南天涯驿站休闲旅游	海南		白沙	海南天涯驿站旅游项目开发有限公司	海南	7000
30	现代农业科技生态产业园	海南		陵水	海南广陵高科实业有限公司	海南	3000
31	华南名贵树木现代化种植生态示范区	广东	梅州	梅	广东华鼎新维设计工程有限公司	广东	6300
32	22000 亩油茶林基地	广东	潮州	潮安	潮州市华榕油茶生态农业有限公司	广东	8115
33	万亩茶园种植	广东	英德	黄花	广东德高信种植有限公司	广东	8000
34	生猪养殖基地	广东	云浮	云安	云安县增泰种猪饲养有限责任公司	广东	2100
35	现代中药产业园	四川	遂宁		四川回春堂药业连锁有限公司	四川	8000
36	全喂入环保联合收割机	四川	绵阳		绵阳市伊俊货厢改制有限公司	四川	5000
37	银耳系列产品精深加工生产线	四川	巴中	通江	四川省通江山霸三野生食品有限公司	四川	5089
38	青峪猪全产业链开发	四川	巴中	通江	通江县巴山生态牧业科技有限公司	四川	6000
39	烟山桔柑产业化开发	四川	南充	高坪	四川吉言农业科技发展有限公司	四川	2000
40	年产 4000 吨子母辣系列绿色食品生产线技改扩建	云南	大理州	弥渡	大理州弥渡县德苴华瑞绿色食品有限公司	云南	2500
41	种猪基地	云南	丽江	华坪	华坪县定华农业综合开发有限责任公司	云南	2300
42	2.5 万亩加工型马铃薯基地	云南	邵通	鲁甸	云南理世实业（集团）有限责任公司	云南	1250
43	晋宁县弥陀村敬老院	云南	昆明	晋宁	云南郧商集团有限公司	云南	3000
44	高原特色农产品精深加工	云南	红河州	建水	建水阳光食品有限公司	云南	2600
45	金山综合市场	兵团	图木舒克		新疆德润房地产开发有限公司图木舒克市分公司	兵团	4500
46	疆农农产品物流市场园区	兵团	图木舒克		新疆图木舒克市疆绒纺织有限公司	兵团	16630
47	30 万只蛋鸡养殖基地	兵团			新疆东方绿波农业开发公司	兵团	1000
48	标准化奶牛养殖基地	兵团			新疆乌苏祥盛通牧业有限公司	兵团	1500
49	农业机械制造和新产品项目开发及生产	兵团	奎屯		新疆奎屯双五机械制造有限公司	兵团	1000
50	年产 5000 吨特种玉米粉生产	新疆		克州阿克陶县	阿克陶县台外库力农业开发有限公司	新疆	2000
51	4 万吨 / 年玉米淀粉生产	新疆		拜城	新疆拜城万帮淀粉制造有限公司	新疆	14741

52	全自动五层纸板生产线及高档礼品盒生产线	新疆		新和	新疆中天彩印包装有限公司	新疆	3000
53	东疆春农产品综合交易市场冷链物流	新疆	哈密		新疆东疆春农产品综合交易市场开发有限公司	新疆	3500
54	哈密长河5000吨大枣精加工	新疆	哈密		哈密长河工贸集团有限公司	新疆	2850

2014年全国光彩事业重点项目

序号	项目名称	实施地点			实施公司	推荐省市	到位资金（万元）
		省	市	县	公司名称		
1	煤矸石综合利用一期工程项目	山西	晋中	灵石	山西聚义实业宝鑫新材料有限公司	山西	70000
2	大明烟矿区矿山治理及生态旅游项目	山西	忻州	繁峙	繁峙县矿产品有限责任公司	山西	15000
3	轻基质容器育苗项目	山西	晋城	高平市	高平市益农贸易有限责任公司	山西	5900
4	2520万只/年美国枫叶鸭养殖屠宰加工扩建项目	山西	吕梁市	孝义市	山西铭信禽业有限公司	山西	25550
5	酱用番茄综合加工利用技改项目	山西	大同市	南郊区	山西华晟果蔬饮品有限公司	山西	12000
6	新建周通绿色农业生态开发项目	山西	忻州市	岢岚县	山西周通农业生态开发有限公司	山西	52000
7	300万只商品鸡养殖及禽蛋加工项目	山西	阳泉市	平定县	山西大正饪业农牧有限公司	山西	100000
8	农业综合发展项目	内蒙古	赤峰市	敖汉旗	内蒙古金沟农业发展有限公司	内蒙古	16950
9	年产6.4万吨玻璃制瓶生产线建设项目	内蒙古	通辽市	奈曼旗	内蒙古博奥玻璃制品有限公司	内蒙古	2700
10	年产8万吨微生物肥生产线建设项目	内蒙古	通辽市	科左中旗	内蒙古和源生态科技有限公司	内蒙古	1400
11	年产10万平方米断桥铝门窗及其配套项目	内蒙古	通辽市		内蒙古通辽市振兴工贸有限责任公司	内蒙古	1500
12	年产10万吨长效生物配方肥生产线建设项目	内蒙古	通辽市	科左中旗	科左中旗昌盛肥业有限责任公司	内蒙古	3100
13	彩色马铃薯深加工生物循环产业化项目	辽宁	阜新		辽宁彩客彩印食品有限公司	辽宁	9807
14	肉牛养殖及苜蓿草种植、深加工项目	吉林	白城	大安市	大安市金苜神生物科技有限公司	吉林	2200
15	汽车座椅项目	江苏	盐城	盐都区	盐城市九州汽车配件有限公司	江苏	10000
16	江苏贝林科工贸有限公司项目	江苏	淮安	清河区	淮安市同人建筑工程公司	江苏	5900
17	竹海湾影视拍摄基地及生态农业综合体项目	安徽	亳州	蒙城	蒙城县青山绿水农业科技有限公司	安徽	12000
18	芜湖大浦绿色农产品生产基地及电子商务平台项目	安徽	芜湖	地陵	芜湖东源新农村开发股份有限公司	安徽	1876
19	意农生态农业示范园项目	安徽	滁州	来安	来安县意农现代农业开发有限公司	安徽	8900
20	宁国市山门景区乡村旅游项目	安徽	宁国		宁国山门美好乡村建设发展有限公司	安徽	7200
21	蚌埠市万亩供港蔬菜基地项目	安徽	蚌埠	怀远	安徽龙晨农业科技有限公司	安徽	4800
22	野生紫山药综合开发项目	安徽	黄山	休宁	黄山市田紫农业发展有限责任公司	安徽	600
23	红达环球广场项目	安徽	六安		六安市鸿金置业有限公司	安徽	60000
24	绿泉农业综合生态园项目	安徽	滁州	来安	滁州绿泉农业生态有限公司	安徽	11000

25	年产 260 万平方米环保型浸渍纸层压木质墙板项目	安徽	宿州	埇桥	宿州市东大木业有限公司	安徽	12350
26	多缸柴油机生产项目	安徽	马鞍山	当涂	马鞍山市常立发机械制造有限公司	安徽	12000
27	年产 5 万吨闽台特色果蔬无菌冷灌装饮料项目	福建	漳州市	金峰经济开发区	福建康之味食品工业有限公司	福建	12000
28	漳州牛庄文化创意产业园项目	福建	漳州市	芗城区	漳州牛庄文化创意产业有限公司	福建	15000
29	智能光伏发电系统集成技术开发与应用项目	湖北	恩施州	建始县	湖北永恒太阳能股份有限公司	湖北	4600
30	年产 22000 吨木瓜系列产品项目	湖北	十堰	郧县	湖北耀荣木瓜生物科技发展有限公司	湖北	4560
31	年产 600 万株雷竹种苗项目	湖北	荆州	荆州市	湖北旺膳生态科技有限公司	湖北	3500
32	华口闽台产业新城建设项目	湖北	黄冈	团风县	湖北闽鑫投资建设有限公司	湖北	100000
33	农业特产深加工及冷链物流项目	湖北	襄阳	谷城县	湖北春又生菜业股份有限公司	湖北	4000
34	咸丰县万亩老鹰茶基地建设项目	湖北	恩施州	咸丰县	奇泉茶业（咸丰）有限责任公司	湖北	1780
35	中国淡水产品交易中心项目	湖北	荆州	荆州市	荆州中盛国际投资有限公司	湖北	24821
36	高岭国际商贸城项目	湖南	长沙	开福区	长沙香江商贸物流城开发有限公司	湖南	135000
37	兴国宏兴木业有限公司农副产品生产加工项目	江西	赣州		兴国宏兴木业有限公司	江西	5200
38	丰顶山高山生态农林保护性综合开发项目	江西	宜春	袁州区	江西丰顶山农林生态有限公司	江西	4000
39	海南槟榔现代加工产业园项目	海南		万宁	海南口味王科技发展有限公司	海南	8000
40	海南呀诺达雨林文化旅游区项目	海南		保亭	海南三道圆融旅业有限公司	海南	70000
41	现代生态农业综合园项目	广东	韶关	仁化	韶关宝能现代生态农业有限公司	广东	6000
42	引进水产原良种泰国罗氏沼虾项目	广东	珠海	斗门	珠海市一洋水产科技有限公司	广东	380
43	现代医药物流项目	广东	梅州	丰顺	广东深华药业有限公司	广东	6200
44	连锁商场和物流配送中心建设项目	广东	汕尾	城区	汕尾市信诚贸易有限公司	广东	6000
45	年产 5 万吨无氧铜杆生产线项目	广东	清远	清城区	清远市进田企业有限公司	广东	4200
46	潮州紫莲生态森林度假村现代产业观光园项目	广东	潮州	湘桥区	潮州市紫莲生态森林度假村有限公司	广东	16200
47	营山老年公寓项目	四川	南充	营山	营山仁和医院	四川	50900
48	佛心现代生态园区域优势农业产业链培育项目	四川	泸州	合江	泸州佛心茶业有限公司	四川	1800
49	烟山桔柑产业化开发项目	四川	南充	高坪	四川吉言农业科技发展有限公司	四川	2000
50	机动车驾驶员培训项目	四川	巴中	巴州区	巴中市光彩机动车驾驶员培训有限公司	四川	1600
51	智能测控系统产业化项目	陕西		南郑	汉中精测电器有限责任公司	陕西	8500

52	新疆千果食品有限公司农副产品深加工项目	兵团	哈密		新疆千果食品有限公司	兵团	11000
53	果蔬精深加工及冷链物流项目	兵团	塔城		新疆冠凌生物科技有限公司	兵团	10439
54	七十团谊群农业科技生态园建设项目	兵团	伊宁	伊宁	伊宁县鑫强商贸有限公司	兵团	2060
55	年产 2 万吨蛋白及果蔬汁饮料项目	兵团	库尔勒		新疆香格尔食品有限责任公司	兵团	3100
56	巴州澳华油脂有限公司 300 吨 / 生物柴油建设项目	兵团	巴州		巴州澳华油脂有限公司	兵团	12100

2015 年全国光彩事业重点项目

序号	项目名称	实施地点			实施公司名称	推荐省区	投资总额	到位资金
		省	市	县			（万元）	（万元）
1	年加工 2 万吨食用菌系列产品建设项目	内蒙古	赤峰	喀喇沁旗	赤峰宏锦食品有限公司	内蒙古	7037	4300
2	宝应县名优花卉苗木及高效林果示范基地项目	江苏	扬州	宝应	江苏兰馨园林有限公司	江苏	2620	1800
3	生物制药技术改造及新药技术工程中心项目	江苏	盐城	射阳	江苏九阳生物制药有限公司	江苏	23508	10638
4	特色食用菌生产基地建设项目	福建	南平	顺昌	福建神农菇业股份有限公司	福建	24000	18700
5	年产 20 万吨高强瓦楞纸废纸制浆造纸项目	福建	南平	建瓯	福建利树股份有限公司	福建	70000	47978
6	将乐县生态高端米生产及加工项目	福建	三明	将乐	福建绿景农生态农业有限公司	福建	10000	6500
7	1 万吨 / 年蜜柚综合利用建设项目	福建	漳州	平和	中宝（福建）食品科技有限公司	福建	12000	8000
8	诏安县欢乐谷生态农业观光园	福建	漳州	诏安	诏安县欢乐谷生态农业观光有限公司	福建	12000	1360
9	源中园生态农场	江西	吉安	青原	江西吉安金农实业有限公司	江西	30000	9000
10	白莲废弃物资源中提取原花青素高科技产业化项目	江西	抚州	广昌	江西安正利康生命科技有限公司	江西	12800	6800
11	东源箱包基地	江西	吉安	新干	江西东源置业有限公司	江西	90600	75000
12	年产 2 万吨食品加工项目	江西	南昌	南昌	江西煌上煌集团食品股份有限公司	江西	17716	17716
13	浮梁县华美现代农业科技园区	江西	景德镇	浮梁	浮梁华美园林工程有限公司	江西	20000	11600
14	年产 60 万吨干粉砂浆建设项目	河南	驻马店	确山	驻马店市鼎圣建材有限公司	河南	27000	21000
15	汉口精武中央大厨房农产品深加工及电商物流配送中心	湖北	武汉	黄陂	武汉市汉口精武食品工业园有限公司	湖北	52772	52772
16	谷城国际汽车物流城	湖北	襄阳	谷城	谷城三人行实业有限公司	湖北	6000	6000
17	双氧水技术改造项目	广东	韶关	乳源	乳源东阳光电化厂	广东	4110	2800
18	年产 2 亿罐天然果汁及饮料生产线全面升级技术改造项目	广东	韶关	乳源	韶关绿之源包装食品有限公司	广东	3800	2400
19	广东岚溪森林公园现代农业产业园区	广东	潮州	饶平	潮州市柏嘉农业生态有限公司	广东	56210	33920
20	三亚小鱼温泉养生旅游小镇	海南	三亚	天涯	三亚小鱼温泉实业有限公司	海南	23000	23000
21	华海·凤凰城	海南		白沙	白沙华海房地产开发有限公司	海南	39000	23700

22	临高花卉产业开发项目	海南		临高	海南雅新园艺开发有限公司	海南	31000	16000
23	50 万头优质安全肉猪产业基地建设项目	四川	凉山	冕宁	四川利源养殖有限责任公司	四川	18697	11222
24	农畜产品深加工综合配套项目	四川	阿坝	马尔康	阿坝州雪源食品有限责任公司	四川	8800	4000
25	第三方物流项目一期工程	四川	泸州	龙马潭	四川共筑投资有限公司	四川	5000	5000
26	天一农庄农业生态观光园项目	四川	泸州	龙马潭	泸州市天一都市农园农业科技有限公司	四川	15000	9000
27	西南建材家居产业物流港一期项目	四川	泸州		四川龙港建材有限责任公司	四川	20300	13200
28	荣华葡萄庄园 2400 亩建设项目	陕西	西安	户县	西安荣华农业科技发展有限公司	陕西	14700	8700
29	年产 5000 吨特色辣椒酱清洁生产线扩建项目	青海	海东	循化	青海仙红辣椒开发集团有限公司	青海	2540	2120
30	年产 2000 吨清真牛羊肉深加工项目	青海	海东	循化	青海白驼清真肉业有限公司	青海	2800	2800
31	丝路缘—撒拉黄河奇石艺画创意产品扩建项目	青海	海东	循化	循化县博艺旅游文化有限公司	青海	2423	1743
32	藏文化旅游产品加工项目	青海	海东	循化	青海循化县岗拉民族用品有限公司	青海	2467	2467
33	大通佳兴农产品冷链物流建设项目	青海	西宁	大通	大通佳兴现代农业科技发展有限公司	青海	3674	2274
34	年产 2.4 亿块（拆标）烧结煤矸石、淤泥制品生产线项目	新疆	和田	于田	于田县兴和新型建材有限公司	新疆	13800	13800
35	环锭纺 6 万纱锭生产线项目（一期）	新疆	克州	阿克陶	阿克陶县上林纺织有限公司	新疆	15000	9000
36	番茄籽油深加工项目（二期）	兵团	第二师	库西经济工业园	新疆百禾晶生物科技有限公司	兵团	2000	1500
37	唐城国际五金建材交易市场建设项目	兵团	图木舒克		图木舒克市唐城购物广场有限责任公司	兵团	8000	4400
38	菜篮子基地、冷链及配送项目	兵团	五家渠		五家渠嘉鑫农民种植专业合作社	兵团	800	500

2008年国家扶贫贷款推荐项目

序号	项目名称	实施单位	法人代表	实施地点	推荐金额（万元）
1	高抗黄萎病棉花杂交种研发与优质棉产业化工程	南宫市禾源良种棉有限公司	张华真	南宫市	1000
2	肉鸡养殖及屠宰	唐山鑫利农业开发有限公司	历山	迁安市	3000
3	异地扩建年产30万吨啤酒（二期工程）	蓝贝酒业集团有限公司	倪春林	滦县	8500
4	蓄热式玻璃熔炉改造及扩建	定兴县长城玻璃工艺品厂	董术英	定兴县	1000
5	畜禽养殖、饲料加工	唐山市冀滦纸业有限公司	陈生龙	滦县	1000
6	新型环保高效涂层缓释肥产业化工程	河北新动力现代农业有限公司	王海滨	鹿泉市	4000
7	陶瓷色料一玫瑰红开发生产	赞皇县高砂陶瓷材料有限公司	杜振恒	赞皇县	2000
8	15万吨醇氨综合节能技改	石家庄正元化肥有限公司	张立军	灵寿县	5000
9	农业生态园建设	饶阳县牧兴有限责任公司	郝万省	饶阳县	500
10	精品粮加工技改扩建	扎兰屯市达翰尔鸿巍农畜有限责任公司	张威	扎兰屯市	500
11	年产1千吨4N高纯硅	内蒙古金宇硅业有限公司	黄东	乌海市	800
12	20万吨甲醇和4万吨二甲醚	山西鑫盛煤化工有限公司	韩东晓	运城市夏县	5000
13	朔州豪德商贸物流园区	山西朔州豪德贸易广场开发有限公司	王健利	朔州市	8000
14	肥肝鹅综合深加工	阜新华禾实业有限公司	李春胜	阜新市	6000
15	年产1000万支新型流感裂解疫苗	辽宁天成生物工程有限公司	王成余	沈阳市	8000
16	奶牛养殖基地	泰安金兰奶牛养殖有限公司	金兰英	泰安市	1500
17	孵化、屠宰、冷库改扩建及生态养殖基地建设	沂南县兴业风味食品厂	刘树亮	沂南县	2000
18	鲁中“三辣一麻”商贸物流集散园	山东同春商业发展有限公司	朱巍	莱芜市	5000
19	20万头肉牛养殖屠宰加工产业化	腾尔（河南）牧业科技有限公司	翟金城	周口市	1000
20	土地复垦及特色种、养	新乡市世利农业科技有限公司	周龙龙	新乡市	1500
21	扩改10万立方米细木工板、多层胶合板生产线	河南省刘氏木业有限公司	刘满良	驻马店确山县	2000
22	年产14万立方米中高密度纤维板材	桐柏天润有限公司	张鹤	南阳市桐柏县	3000
23	万亩优质蚕茧生产基地综合开发	南阳市民兴蚕丝绸有限责任公司	卢福堂	南阳市社旗县	1200
24	年产5000套奥德曼环保节约型生活污水处理装置	南阳市奥德曼环保建安有限公司	杨栋材	南阳市	1500
25	新建新型可充电池生产线	麻城市众盈电源电子有限公司	余旭东	麻城市	1800

26	新建年产 26000 吨新型健康大米方便食品	福娃集团有限公司	谢松柏	监利县	5000
27	蒙城春蕾光彩机动车驾驶培训学校	安徽春雨汽车销售服务有限公司	陈义军	蒙城县	800
28	年新增 300 万双皮鞋	浙江青田老人头鞋业有限公司	叶圣芳	青田县	2000
29	普阳稻谷干燥储藏及加工设施	黑龙江泰丰粮油食品有限公司	郑明珠	鹤岗市	3500
30	咸蛋白脱盐加工蛋白粉	湖南衡东县衡金优质农产品有限公司	龙金平	衡东县	1000
31	蚕丝绸产业中心基地	祁东县金阳桑蚕养殖实业发展有限公司	王颖华	祁东县	1000
32	甘薯淀粉超强吸水剂	保靖县万发农业产业发展有限公司	石万华	保靖县	2000
33	有机枣果、有机蔬菜、枣酒、枣醋深加工	衡阳玉泉生态农业发展有限公司	藏新民	衡阳市	8000
34	双羊饲料生产基地建设	益阳双羊科技饲料有限公司	李长青	益阳市	2000
35	兴海水产品深加工厂	海南万宁市兴海养殖有限公司	翁振文	万宁市	1000
36	生态高效无核琼中绿橙示范园	琼中新奇果业发展有限公司	龙雪保	琼中自治县	1500
37	木材加工厂建设	五指山山山林业发展有限公司	李君勇	五指山市	500
38	100 万吨马铃薯保鲜储藏包装雪花全粉食品深加工	陕西省榆林市治国荣源粮油贸易有限责任公司	张治国	榆林市	5000
39	阿克苏丝绸之路文化旅游城	新疆阿克苏巨星实业有限责任公司	邓凯	阿克苏市	8000
40	10 亿只标准果实套袋生产线扩建	甘肃高原果袋有限责任公司	王进琪	静宁县	500
41	和平温泉之都	和平县和平温泉之都有限公司	卢和丰	和平县	10000

2009年国家扶贫贷款推荐项目

序号	项目名称	实施单位	法人代表	实施地点	推荐金额（万元）
1	薰衣草名优花卉基地建设	张家口普罗旺斯度假庄园有限公司	闫晓云	河北张北县	3000
2	4000t/d熟料水泥生产线暨低温余热发电工程	河北鼎星水泥有限公司	安会平	河北井陉县	8000
3	年产18000吨玻璃钢夹砂管道电脑自动缠绕法生产线装置	河北可耐特玻璃钢有限公司	郜东河	冀州市	1000
4	肉鸡养殖、屠宰加工产业化	邢台豪达牧业有限责任公司	田鸿翔	威县	1000
5	万吨天然无公害特色农产品深加工	青龙满族自治县八旗贡米有限公司	杨忠元	青龙满族自治县	1000
6	光电缆工程	河北荣毅通信有限公司	苑宝义	保定市	3000
7	2×50MW发电机组	包头市智能煤矸石发电有限公司	乌仁其木格	包头市	4000
8	年产20万吨豆乳生产线	包头市惠龙商贸有限责任公司	金利斌	包头市	6000
9	年产3万吨高品质镁合金	包头市明达镁业科技有限公司	高爱民	包头市	6000
10	年产2000万支羊胎盘转移因子注射液（兽用）工程	内蒙古神元生物工程股份有限公司	郝文华	呼和浩特市	2000
11	北五味子系列功能食品	吉林市博维药业有限公司	王景峰	吉林汪清县	3000
12	九江（通远）——武宁（宋溪）一级公路	九江市银泰交通开发有限公司	彭义高	江西九江市	5000
13	年产4万吨果蔬罐头生产加工技术改造	安徽小岗村食品有限公司	王家华	安徽滁州市	3000
14	有机酸提取粮食副产物植酸新工艺	安徽省天创生物科技有限公司	刘秀丽	安徽砀山县	800
15	山东雪野现代化农业科技示范园	山东固德化工有限公司	翟君	山东莱芜市	3000
16	甲壳胺纤维及系列产品产业化	山东华兴纺织集团有限公司	胡广敏	山东宁阳县	4000
17	高档环保型卷烟及食品类包装用镀铝纸	青州金青云新材料有限公司	赵光剑	青州市	6000
18	年产10万吨专用粉	肥城富世康制粉有限公司	周军	肥城市	3000
19	年产10万吨生物柴油	洛阳天昌生物工程有限公司	韩富兴	河南宜阳县	5000
20	15万吨饲料加工建设	河南省内乡县牧原养殖有限公司	秦英林	河南内乡县	1500
21	蔬菜基地建设及产品加工整理包装配送	新野县宛绿蔬菜专业合作社	刘洪定	新野县	1000
22	年产3万吨生态功能奶工程	南阳市丹江湖乳业有限公司	杨溥	南阳市	2000
23	秦皇食府（湖南安化）生态农产品产业化	湖南秦皇食府农业科技有限公司	柏鹏	湖南安化县	3000
24	3万吨果蔬综合加工	湖南盛节节高食品股份有限公司	郭应球	石门县	2000
25	5万吨草产品加工及2万吨乳制品加工	湖南惠龙草业有限公司	申琼芳	通道县	3000

26	10 万立方米中高密度板	湖北中林木业有限公司	吴春华	湖北麻城市	4000
27	注射用鼠神经生长因子技改	武汉海特生物制药股份有限公司	陈亚	武汉市	1000
28	种猪繁育及配套工程建设	咸宁市神童牧业有限责任公司	童光耀	咸宁市	2000
29	10 万立方生产线技改生产草木复合纤维板	连云港市欣森木业有限公司	李良真	江苏灌云县	3000
30	九洲数码城	常州九洲福宏房地产开发有限公司	刘灿放	常州市	7000
31	年产 400 万支冻干粉针、400 万支水（粉）针生产线	贵州百花医药股份有限公司	黄文荣	遵义市	2000
32	苗药九味痔疮胶囊生产线技改	贵州万胜药业有限责任公司	宋玉	遵义市	2000
33	生态高效农业基地	东方金岛实业有限公司	陈秀琛	海南东方市	2800
34	山寮鸡养殖加工	海南万宁李杰实业有限公司	李杰	万宁市	1000
35	2000 亩大棚哈密瓜生产基地	乐东方氏果业有限公司	方才和	乐东市	500
36	修建海南金牌港船舶修造厂	海南金牌港船舶修造有限公司	黄宏昌	临高县	2000
37	海南黎锦产业化工程	海南锦绣织贝实业有限公司	郭凯	海口市	1500
38	奶牛养殖乳制品加工	吴起县五鑫实业有限公司	刘世洲	陕西吴起县	350
39	中药材规范化生产基地建设	杨凌东科麦迪森制药有限公司	赵东科	杨凌市	2000
40	波浪滩生态旅游观光园	青海兴旺建工贸（集团）有限责任公司	韩兴旺	青海循化县	5000

2010 年国家扶贫贷款推荐项目

序号	项目名称	实施单位	法人代表	实施地点	推荐金额（万元）
1	年产 2 万吨马铃薯全粉	张家口弘基农业科技开发有限责任公司	张海	张家口	7000
2	年产 10 万头规模化、标准化养殖场	大名县合盛猪业养殖有限公司	王本健	大名县	500
3	5000 吨速冻果蔬加工	秦皇岛市卢龙县华新食品厂	杨玉国	卢龙县	500
4	安新泰兴有色金属物流中心	河北省安新县泰兴废旧有色金属有限公司	张银增	安新县	2000
5	年产 3000 台高效节能风机设备制造	包头市田力环发机电有限公司	董鸿存	包头市	3000
6	脱硫粉、轻质碳酸钙生产	内蒙古弘业投资集团有限责任公司	高枫	乌海市	5000
7	农牧业养殖综合示范园建设	乌兰察布市力成农牧业发展有限责任公司	李文进	乌兰察布市	3600
8	年产 5 万吨奶酒沙生植物发酵酒	鄂尔多斯市蒙元乳业有限责任公司	张增祥	鄂尔多斯市	2000
9	年产 10 万吨钙镁钾肥资源综合利用	山西凯盛肥业有限公司	王开成	运城市	2000
10	树莓开发	阜新市禾鑫树莓浆果有限公司	许庆东	阜蒙县	5000
11	春雨光彩国际汽车城	安徽春雨汽车销售服务有限公司	陈义军	亳州市	5000
12	梨香雪海生态文化旅游经济示范园	安徽省寿县康寿农家乐旅游发展有限公司	焦侠	寿县	1500
13	年产 20 万辆“海戈”牌摩托车	山东海戈工贸有限公司	彭业振	宁阳县	3000
14	紧密纺技改	山东泰丰纺织有限公司	刘庆平	莱芜市	5000
15	万吨果脯加工	肥城坤庆食品有限公司	吕承胜	肥城市	4000
16	良种猪繁育	山东阳谷华鑫养殖有限公司	潘福功	阳谷县	2000
17	年产 5000 吨农用机械用密封材料	南阳天一密封制品有限公司	杨明祖	内乡县	1300
18	20 万头无公害生猪基地建设及生猪产业扶贫	四川陆银饲料有限公司	刘雪华	绵阳市	4800
19	奉节县富硒玉米产业化	重庆庆能食品有限公司	董昱	奉节县	10000

2011年国家扶贫贷款推荐项目

序号	项目名称	实施单位	法人代表	实施地点	推荐金额（万元）
1	年产2万吨马铃薯全粉	张家口弘基农业科技开发有限责任公司	张海	张北县	7000
2	年产10万头规模化、标准化养殖场	大名县合盛猪业养殖有限公司	王本健	大名县	500
3	5000吨速冻果蔬加工	秦皇岛市卢龙县华新食品厂	杨玉国	卢龙县	500
4	安新泰兴有色金属物流中心	河北省安新县泰兴废旧有色金属有限公司	张银增	安新县	2000
5	奶牛养殖基地及奶食品	正蓝旗塞音呼都嘎苏木萨拉沁民族奶食专业合作社	哈斯朝鲁	正蓝旗	2000
6	年产8000吨气相法二氧化硅	赤峰盛森硅业科技发展有限公司	马公林	赤峰市	10000
7	年产3000台高效节能风机设备制造	包头市田力环发机电有限公司	董鸿存	包头市	3000
8	脱硫粉、轻质碳酸钙生产	内蒙古弘业投资集团有限责任公司	高枫	乌海市	5000
9	农牧业养殖综合示范园建设	乌兰察布市力成农牧业发展有限责任公司	李文进	乌兰察布市	3600
10	年产5万吨奶酒沙生植物发酵酒	鄂尔多斯市蒙元乳业有限责任公司	张增祥	鄂尔多斯市	2000
11	年产10万吨钙镁钾肥资源综合利用	山西凯盛肥业有限公司	王开成	运城市	2000
12	白鹅屠宰及羽绒深加工改扩建	吉林市白翎羽绒制品有限公司	张玉宝	舒兰市	3000
13	生物有机调节肥改良盐碱地种植水稻	吉林省吉喆农业生态科技有限公司	彭英姿	长岭县	500
14	花生大豆食品深加工系列产品开发	阜新维远食品科技有限公司	杨维远	阜新市	4000
15	年加工15万吨花生果	阜新黑土地油脂有限公司	赵晶	阜新县	4000
16	马铃薯产业化生产示范基地	辽宁申博生物技术有限公司	张雷	彰武县	4000
17	树莓深加工	彰武县金谷副食品冷冻加工厂	付伟	彰武县	4000
18	树莓开发	阜新市禾鑫树莓浆果有限公司	许庆东	阜蒙县	4000
19	新建葡萄观光园、年产2000吨葡萄酒	舒城县宏丰农业技术开发有限公司	邵恩来	舒城县	2000
20	农业综合开发示范基地建设	安徽五月花农业综合发展有限责任公司	周铮	铜陵市	10000
21	思丹现代生态农业园	安徽思丹园艺有限公司	潘丽萍	铜陵县	5000
22	春雨光彩国际汽车城	安徽春雨汽车销售服务有限公司	陈义军	亳州市	5000
23	梨香雪海生态文化旅游经济示范园	安徽省寿县康寿农家乐旅游发展有限公司	焦侠	寿县	1500
24	年产20万辆“海戈”牌摩托车	山东海戈工贸有限公司	彭业振	宁阳县	3000
25	山东省冠县中心医院建设	山东省冠县中心医院	郭保敬	冠县	6000

26	零排放无污染发酵床生态养猪	淄博河源养殖繁育有限公司	禚启东	高青县	2000
27	紧密纺技改	山东泰丰纺织有限公司	刘庆平	莱芜市	5000
28	万吨果脯加工	肥城坤庆食品有限公司	吕承胜	肥城市	4000
29	良种猪繁育	山东阳谷华鑫养殖有限公司	潘福功	阳谷县	2000
30	年存栏 2000 头优质奶牛扩建	新乡市牧野区利民养殖农民专业合作社	孙同平	新乡市	2000
31	年产 5000 吨农用机械用密封材料	南阳天一密封制品有限公司	杨明祖	内乡县	1300
32	邳州苏农农资连锁配送中心	邳州市福星供销有限公司	汤继乐	邳州市	1000
33	韶山生猪繁育加工一体化	韶山新真喜食品有限公司	王安山	韶山市	800
34	20 万头无公害生猪基地建设及生猪产业扶贫	四川陆银饲料有限公司	刘雪华	绵阳市	4800
35	奉节县富硒玉米产业化	重庆庆能食品有限公司	董昱	奉节县	10000
36	有机生态农业休闲观光园	海南祥古头实业有限公司	邱铨祥	三亚市	2800
37	10000 亩棕榈藤高效种植基地建设	海南宏祺藤业科技股份有限公司	吴少宏	儋州市	800
38	海南加来农产品批发市场改（扩）建	海南来发农业综合发展有限公司	董健	临高县	2000
39	热带高效菠萝蜜有机农业产业化综合开发	昌江南方剑麻开发有限公司	陈兆裕	昌江县	1000
40	许家河水电站、蛇嘴梁水电站、箭竹河水电站	紫阳县鸿源水电开发有限公司	邱慧灵	紫阳县	2000
41	年产 15000 吨魔芋健康系列食品	汉中市津珅工贸有限责任公司	李斌	汉中市	2000
42	3 万吨玉米超细粉加工	汉中市春雨农业产业开发有限责任公司	周耀英	汉中市	500

2012年国家扶贫贷款推荐项目

序号	项目名称	实施单位	法人代表	实施地点	推荐金额（万元）
1	100万只/年肉羊屠宰加工项目	内蒙古渔蒙家食品科技有限公司	詹强	内蒙古五原县	5000
2	内蒙古锡林浩特安快物流中心园区	内蒙古安快物流发展有限公司	张海峰	内蒙古锡林浩特	6000
3	正蓝旗特色产业园区在建项目	正蓝旗汇通商贸有限责任公司	马海龙	内蒙古正蓝旗上都镇	5000
4	中药材种植和农产品加工	吉林省龙兴集团有限公司	刘湃	吉林省桦甸市	1000
5	育苗基地扩建	吉林省白山市立成园林有限责任公司	卢立相	吉林省白山市	300
6	吉安丽人医院	吉安丽人医院	郭益茹	江西省吉安市吉州区	3000
7	年产100万套卫生器械建设	新乡市长东医疗器械有限公司	杨同林	河南省新乡市长垣县	4800
8	现代农业示范基地建设	河南新乡市天之星实业有限公司	郑爱菊	河南省新乡市	5000
9	年处理15万吨废旧蓄电池综合再利用	河南新乡市亚洲金属循环利用有限公司	侯世贵	河南省新乡市	3000
10	5万尾/年大鲵标准化养殖	陕西汉源生物工程有限责任公司	王崇明	陕西省汉中市南郑县	1200
11	年产40000吨铁路运输专用装载加固材料	南郑顺翔草制品有限公司	姜希来	陕西省汉中市南郑县	2000

2013 年国家扶贫贷款推荐项目

序号	项目名称	实施单位	法人代表	实施地点	推荐金额（万元）
1	8 万吨纯净水项目	承德辽河源食品有限公司	贾巍	河北省承德市	2400
2	4500 吨 / 年多晶硅项目二期工程	内蒙古锋威硅业有限公司	李香娃	内蒙古阿拉善盟	80000
3	100MWp 太阳能光伏电站	上海超日太阳能科技股份有限公司	倪开禄	西藏	6000
4	喀什月星上海城	喀什月星上海城房地产开发有限公司	丁佐宏	新疆喀什市	40000
5	年产 18 万吨菜籽加工油脂项目	江苏震洲粮油工业有限公司	李震洲	江苏省盐城市	5000
6	2×4000 吨高品质纱线生产线	江苏祥和纺织股份有限公司	胡国祥	江苏省盐城市	2000
7	二期工程扩建项目	江苏白龙马面业有限公司	郝小雷	江苏省连云港市	8000
8	年产 500 万米重磅阔幅提花真丝绸生产线技改项目	江苏玖久丝绸股份有限公司	朱烈	江苏省宿迁市	4200
9	用粮副产物提取植酸产业化项目	安徽省天创生物科技有限公司	刘秀丽	安徽省宿州市	1000
10	金银花、曼地亚红豆杉产业化及终端产品项目	江西万茂科技有限公司	王志军	江西省德安县	24000
11	景德镇双龙湾农业生态园建设项目	景德镇双龙湾农业生态园有限公司	李新明	江西省浮梁县	4000
12	造林及林产品加工、大棚蔬菜等生态种养殖项目	兴国宏兴木业有限责任公司	朱来英	江西省兴国县	1500
13	土特产生产厂区扩建项目	确山县四孩土特产专业合作社	赵四孩	河南省确山县	1500
14	黄梅挑花生产技术改造与生产规模扩建	黄梅挑花工艺有限公司	陈敏策	湖北省黄梅县	1000
15	清远家禽产业化养殖服务平台	广东天农食品有限公司	张正芬	广东省清远市	1200
16	华南大宗农产品物流交易中心	韶关宝能物流投资有限公司	姚建辉	广东省韶关市	6000
17	四川九威阁中药饮片产业化项目	四川九威阁中药饮片有限公司	雍兴明	四川省仪陇县	3000
18	蚕桑一体化种养殖项目	云南海润茧丝绸有限公司	左士明	云南省楚雄州	300
19	年产 10000 吨姜系列产品加工建设项目	砚山县同和辣椒有限责任公司	吴绍路	云南省砚山县	1000
20	20 万吨 / 年磷铵扩能技改及资源综合利用项目	汉中远东化肥有限责任公司	金锡生	陕西省汉中市	2500
21	汉中中园现代循环农业科技产业园区建设项目	汉中中园农畜产品科贸有限公司	叶金凤	陕西省汉中市	2000
22	农产品深加工工厂建设项目	陕西竹园嘉华农产品开发有限公司	周素琴	陕西杨凌示范区	
23	兰州新区秦王川山地户外运动生态项目	兰州普天置业有限公司	李忠鑫	甘肃省兰州市	10000

2014 年国家扶贫贷款推荐项目

序号	项目名称	实施单位	法人代表	实施地点	推荐金额（万元）
1	大禾现代生态科技示范基地	山西大禾新农业科技有限公司	王春亮	山西太原市	10000
2	矿山生态恢复养殖、种植、林业等项目的农业生态园	山西天星集团灵石县农业开发有限公司	张洪益	山西晋中市	2000
3	肉鸡产业化养殖基地	汾西县洪昌养殖有限责任公司	陈军军	山西汾西县	3000
4	万吨干果系列产品冷库	汾州裕源土特产品有限公司	俞翠萍	山西汾阳市	1300
5	年产 2 万吨葵二酸生产线	山西振钢化工有限公司	梁振光	山西忻州市	3500
6	年产 5000 吨系蜂产品和 20 万群养蜂基地	山西康源蜂业有限公司	姜宝乐	山西垣曲县	2100
7	年产 1 万吨核桃酪产品加工	山西山里红食品有限公司	丁刚民	山西垣曲县	1200
8	谷之爱幼儿营养小米粉	山西沁州黄小米集团谷之爱食品有限公司	曹永庆	山西沁县	2000
9	年产 6 万吨葡萄糖及 3 万吨变性淀粉技术改造	长子县福源淀粉有限公司	王荣华	山西长子县	3300
10	生态农业园区	山西凯永养殖有限公司	张永鑫	山西高平市	3000
11	新建熟肉制品、豆制品、速冻食品系列加工产品	太原市六味斋实业有限公司	阎继红	山西太原市	5000
12	定点屠宰厂	山西松溪河食品有限公司	宋以斌	山西昔阳县	1000
13	12 万套父母代种鸡繁育基地	武乡县大山禽业有限公司	李旭根	山西武乡县	1500
14	3000 亩林果优良品种种植基地	山西省平遥煤化（集团）有限责任公司	郭兴银	山西平遥县	2000
15	杂粮深加工	晋中凯众实业有限公司	王成生	山西晋中市	900
16	酱香酒科技研发	阜新仙潭酱香酒科技研发有限公司	关长荣	辽宁阜新市	5000
17	年产 2 万吨腌渍菜扩建	锦州百通食品集团有限公司	张清文	辽宁凌海市	300
18	河蟹精深加工扩建	盘锦光合蟹有限公司	李晓东	辽宁大洼县	1500
19	生态奶业基地	辽宁铁岭市大牛乳品有限公司	戴维东	辽宁铁岭市	6500
20	安图县西江水电站	安图县富尔河水电开发有限公司	韩永贵	吉林安图	5000
21	申禄达国际灯饰采购中心	黑龙江泰德申禄达商贸集团有限公司	吴中军	黑龙江绥化市	6000
22	航空座椅研发与生产	江苏恒盛航空座椅有限公司	沈吕根	江苏盐城市	5000
23	30 万亩油茶产业基地	湖南神农油茶科技有限公司	李万元	湖南耒阳	5000
24	2500 亩精品苗木基地	益阳市华林实业发展有限公司	陈华斌	湖南益阳市	5000
25	杂粮产品研发产业园	浏阳河农业产业集团有限公司	罗可大	湖南常德市	4500

26	洞庭湖 15 万亩竹柳基地开发	湖南省恒旭林业开发有限公司	蔡武雄	湖南省攸县	6000
27	猕猴桃生物技术加工、生态旅游创意园	中博绿色科技股份有限公司	黄祥礼	湖北宜昌市	4000
28	肉鸭产业化生产工业园	湖北汉口精武农业发展崇阳有限公司	涂国华	湖北咸宁市	17000
29	年产 800 万只不粘锅生产线	家和宝（江陵）厨具有限公司	周华	湖北江陵	2000
30	红薯深加工	湖北明发薯业有限公司	何向鹏	湖北黄梅	3000
31	20 万吨粮油加工	湖北晶盛惠粮油股份有限公司	王道金	湖北当阳市	5000
32	中国光彩（郧西）物流商贸中心	湖北鑫通物流有限公司	庞建春	湖北十堰	9000
33	2.5 万亩加工型马铃薯基地建设	云南理世实业（集团）有限公司	李斌	云南鲁甸县	700
34	5000 吨小米辣加工生产线技改	云南阳光食品有限公司	岳修辉	云南省江川县	480
35	闽西地瓜产业化基地	福建省连城县连通饲料有限公司	邹子明	福建清流县	3000
36	年产 5000 吨机制实心竹炭	连城鑫晟大科技有限公司	黄春进	福建连城	900
37	万亩茶园种植	广东德高信种植有限公司	李志雄	广东英德	5000
38	22000 亩油茶林基地	潮州市华榕油茶生态农业有限公司	吴森光	广东潮州	4400
39	华南名贵树木现代化种植生态示范区	广东华鼎新维设计工程有限公司	洪亮	广东梅州	3500
40	年产 5 万吨无氧铜杆生产线	清远市进田企业有限公司	赖建菲	广东清远市	1500
41	现代中药产业园	四川回春堂药业连锁有限公司	梁山	四川省遂宁市	1200
42	年产 500 万只兽药针剂自动化生产线	四川天红牧业有限公司	陈涛	四川绵阳市	300
43	烟山柑桔产业化开发	四川吉言农业科技发展有限公司	唐子理	四川南充市	1000
44	香湖柚海	泸州三益生态农业发展有限公司	牟昌容	四川合江县	2000
45	全喂入环保联合收割机	绵阳市伊俊货厢改制有限公司	邓成礼	四川绵阳市	1200
46	银耳系列产品精深加工生产线	四川省通江山霸王野生食品有限公司	牟桃亿	四川通江县	3000
47	竹木制品深加工	通江县同心木业有限公司	张永忠	四川巴中市	3000
48	青峪猪全产业链开发	通江县巴山生态牧业科技有限公司	秦芬	四川省通江县	8000
49	年产 5000 吨特种玉米粉生产	阿克陶县台外库力农业开发有限公司	买买提吐尔逊·台外库力	新疆	839
50	全自动五层纸板生产线及高档礼品盒生产线	新疆中天彩印包装有限公司	周玉华	新疆	800
51	4 万吨 / 年玉米淀粉生产	新疆拜城万帮淀粉制造有限公司	于清生	新疆	5000
52	华春毛纺工业园二期	新疆华春毛纺有限公司	李成功	新疆	10000

53	东疆春农产品综合交易市场冷链物流	新疆东疆春农产品综合交易市场开发有限公司	孙中村	新疆	1500
54	玉米加工厂	新疆浩祥饲料有限公司	胡寻江	兵团	800
55	6000 吨 / 年特色果品储藏气调保鲜库	新疆石河子和顺天源果业有限责任公司	王艺洁	兵团	900
56	精致食用植物油小包装生产线技术改造	新疆震企油脂有限公司	陈国刚	兵团	500
57	五金建材交易市场	图木舒克市唐城购物广场有限责任公司	马文龙	兵团	3600

2015年国家扶贫贷款推荐项目

序号	项目名称	实施单位	法人代表	实施地点	推荐金额（万元）
1	山西聚义宝鑫新材料有限公司（煤矸石综合利用一期工程）	山西聚义实业宝鑫新材料有限公司	王殿辉	山西晋中市	30000
2	大明烟矿区矿山治理及生态旅游项目	繁峙县矿产品有限责任公司	黄卫红	山西忻州市	9000
3	食用菌栽培及系列产品加工项目	山西山宝食用菌生物有限公司	李秋娥	山西吕梁市	30000
4	3.5万吨红枣综合深加工扩建项目	山西天之润枣业有限公司	贾立军	山西芮城县	3000
5	有机山楂制品加工综合开发项目	山西维之王食品有限公司	宋永祥	山西绛县	3500
6	20万亩连翘种植产业化项目	山西振东道地药材开发有限公司	李安平	山西平顺县	3000
7	节能食用菌工厂化生态循环农业项目	山西嘉沁农业有限公司	刘沁峰	山西沁水县	5000
8	年产500吨桑叶保健茶项目	山西康禾农业有限责任公司	马金成	山西沁县	1500
9	水果玉米系列产品加工项目	代县金九州农产品实业有限公司	陈文清	山西代县	500
10	肉牛规模化育肥园区建设项目	山西龙旺农业开发股份有限公司	张蕾	山西和顺县	2000
11	太谷石亩生态农业观光旅游综合开发项目	晋中金谷纬业生态农业科技有限公司	王长顺	山西太谷县	4800
12	轻基质容器育苗项目	高平市益农贸易有限责任公司	焦福荣	山西高平市	3000
13	2520万只生态肉鸭养殖及深加工扩建项目	山西铭信禽业有限公司	薛宇铭	山西吕梁市	12800
14	酱用番茄综合加工利用技改项目	山西华晟果蔬饮品有限公司	魏建平	山西大同市	5000
15	新建周通绿色农业生态开发项目	山西周通农业生态开发有限公司	周所肉	山西岢岚县	10000
16	300万只商品蛋鸡养殖及禽蛋加工项目	山西大正伟业农牧有限公司	龚俊强	山西平定县	20000
17	农业综合发展项目	内蒙古金沟农业发展有限公司	张立恒	内蒙古赤峰市敖汉旗	10000
18	年产6.4万吨玻璃制瓶生产线建设项目	内蒙古博奥玻璃制品有限公司	张东旭	内蒙古通辽市奈曼旗	2000
19	年产8万吨微生物肥生产线建设项目	内蒙古和源生态科技有限公司	鲁威	内蒙古通辽市科左中旗	800
20	铝木门窗配套工程项目	内蒙古通辽市振兴工贸有限责任公司	肖振	内蒙古通辽市	900
21	年产10万吨长效生物配方肥生产线建设项目	科左中旗昌盛肥业有限责任公司	关亚新	内蒙古通辽市科左中旗	1800
22	彩色马铃薯深加工生物循环产业化项目	辽宁彩客彩印食品有限公司	李国祥	辽宁阜新市	3000
23	肉牛养殖及苜蓿草种植、深加工项目	大安市金苜神生物科技有限公司	鞠东辰	吉林白城市	1000
24	江苏贝林科工贸有限公司	淮安市同人建筑工程公司	杨永生	江苏淮安市	2000

25	淮通物流仓储配送及分拨二期项目（商业物流）	江苏淮通物流有限公司	朱太峰	江苏淮安市	1800
26	汽车座椅	盐城大捷实业有限公司	陈玲	江苏盐城市	6000
27	竹海湾影视拍摄基地及生态农业综合体	蒙城县青山绿水农业科技有限公司	李林媛	安徽亳州市	7200
28	芜湖大浦绿色农产品生产基地及电子商务平台建设项目	芜湖东源新农村开发股份有限公司	汪锡文	安徽芜湖市	800
29	意农生态农业示范园	来安县意农现代农业开发有限公司	曹本清	安徽滁州市	3000
30	宁国市山门景区乡村旅游建设项目	宁国山门美好乡村建设发展有限公司	毛传平	安徽宁国市	2900
31	蚌埠市万亩供港蔬菜基地	安徽省龙晨农业科技有限公司	房超	安徽蚌埠市	4300
32	田紫野生紫山药综合开发项目	黄山市田紫农业发展有限责任公司	徐鲜艳	安徽黄山市	300
33	红达环球广场	六安市鸿金置业有限公司	杨世平	安徽六安市	36000
34	滁州绿泉生态农业有限公司农业综合生态园项目	滁州绿泉生态农业有限公司	江文林	安徽滁州市	1000
35	年产 260 万平方米浸渍纸层压木质墙板项目	宿州市东大木业有限公司	李伟	安徽宿州市	2000
36	多缸柴油机生产项目	马鞍山市常立发机械制造有限公司	芮志英	安徽马鞍山市	1000
37	年产 22000 吨木瓜系列产品项目	湖北耀荣木瓜生物科技发展有限公司	吴伟忠	湖北郧县	2700
38	年产 600 万株雷竹种苗项目	湖北旺膳生态科技有限公司	林忠祥	湖北荆州市	2100
39	华中闽台产业新城建设项目	湖北闽鑫投资建设有限公司	王永钟	湖北团风县	20000
40	农业特产深加工及冷链物流项目	湖北春又生菜业股份有限公司	李光远	湖北谷城县	4200
41	万亩老鹰茶基地建设项目	奇泉茶业（咸丰）有限责任公司	熊金玲	湖北咸丰县	1000
42	中国淡水产品交易中心	荆州中盛国际投资有限公司	杨忠洲	湖北荆州市	15000
43	湖南湘圆生态农业综合产业园建设	湖南湘圆生态农业综合产业园建设	李国华	湖南株洲	6000
44	“牛大力”种植项目	韶关市翁源县粤新中草药专业合作社	张仕光	广东韶关	1000
45	汕尾市信诚贸易有限公司连锁商场和物流配送中心项目	广东省汕尾市信诚贸易有限公司	邱承杰	广东汕尾	4000
46	现代医药物流项目	广东深华药业有限公司	徐代燎	广东梅州	3700
47	茂名市 1 万吨果树保鲜加工出口项目	茂名市电白区旦场镇松山村	林志杰	广东茂名	150
48	阳山县桑蚕产业化服务平台	阳山县兴达蚕业有限公司	何镜新	广东清远	480
49	潮州紫莲生态森林度假村现代产业观光园	潮州市紫莲生态农业有限公司	罗财光	广东潮州	7900
50	现代农业科技生态产业园	海南广陵高科实业有限公司	戴扬	海南陵水	3000
51	兴国宏兴木业有限公司农副产品生产加工	兴国宏兴木业有限责任公司	朱来英	江西兴国县	3000

52	丰顶山高山生态农林保护性综合开发项目	江西丰顶山农林生态科技有限公司	舒惠东	江西宜春	1000
53	泸州佛心现代生态茶园区域特色优势农业产业链培育项目	泸州佛心茶业有限公司	陈学才	四川泸州市	1000
54	烟山柑桔产业化开发	四川吉言农业科技发展有限公司	唐子理	四川南充市	1000
55	营山老年公寓	营山仁和医院	何俊	四川营山县	1000
56	机动车驾驶员培训	巴中市光彩机动车驾驶员培训有限公司	韩友军	四川巴中市	1000
57	智能测控系统产业化项目	汉中精测电器有限责任公司	林新民	陕西省南郑县	2000
58	新疆穗峰绿色农业科技有限公司年产 4800 吨果品加工线建设项目	新疆穗峰绿色农业科技有限公司	邵小平	兵团	1600
59	图木舒克市四十四团金山民贸农产品交易中心	新疆德润房地产开发有限公司图木舒克市分公司	姚东锋	兵团	6600
60	环锭纺配套气流纺技术改造项目	图木舒克市前海棉纺织有限责任公司	刘佳	兵团	2700
61	年存栏 60 万只多胎肉羊产业化项目	新疆五家渠鑫宝农业科技开发有限公司	赵鑫	兵团	30000
62	年产 18000 吨油田化学剂项目（一期）	新疆真帝石油科技有限公司	马明宏	兵团	1000
63	年产 3000 吨果醋饮料建设项目	石河子圣果生物科技有限公司	王晓舟	兵团	1000

第五部分

公益事业

PUBLIC WELFARE ESTABLISHMENTS

中国光彩事业基金会项目实施情况报告

（2008 年 -2013 年）

一、项目选择基本原则

作为光彩事业的重要组成部分，为弘扬“义利兼顾、以义为先”的光彩事业核心理念，中国光彩事业基金会始终坚持团结非公有制经济企业和人士，围绕党和政府高度重视，社会普遍关注的扶贫问题、直接关乎民生改善问题、急难问题、民族和谐团结问题、可持续发展问题等选择项目，促进扶贫和社会公益事业发展。

二、项目实施特点

1. 资金量大，见效快，当地影响大

如延边在乡困难烈属危房改造项目，直接资助 2100 万元，每户资助 3 万元，帮助解决延边地区 700 户在乡困难烈属住房改善问题。

延边州总人口 219.1 万人，其中朝鲜族人口 80.1 万人，是全国唯一的朝鲜族自治州和最大的朝鲜族聚居地。全州有 16000 名烈士，素有“山山金达莱，村村烈士碑”之称。由于经济发展相对滞后，许多在乡烈属生活十分困难，长期居住在泥草房。在我们的资助下，全州在乡困难烈属危房改造问题在一年内得到彻底解决。项目实施不仅使得在乡烈属直接受益，更促进了民族和谐团结、边疆稳定。

2. 项目实施地区相对集中，受益时间长

以老少边穷以及欠发达地区为项目资助重点，从产业发展、助学、助困等方面下工夫。如同心·光彩助学基金，资助范围目前限定于贵州毕节地区。西部光彩帮扶基金以毕节织金县为重点开展产业扶贫，通过援建产业设施，扶持当地农户发展养猪业、葡萄种植业；在西藏援建农村水利设施，改善甘肃通渭农村群众饮水条件，使困难群众长期受益。

3. 倡导和示范相结合，在示范基础上推广

如旭化成水环保专项基金，围绕广大民众水环保意识薄弱、水环保知识欠缺问题，连续三年开展“小记者、大提案”项目，通过“小手拉大手”的方式，提高民众水环保意识，自觉投入到节水、保水工作中，还把青少年对水环保的建议汇集成“提案”提交当地“两会”，推动政府出台更有效的水环保政策。

为有效保护水源地，该专项基金还示范实施闽江支流水源地保护项目，资助残疾人在水源地植树造林，一方面提高了残疾人劳动收入，另一方面保护了水源，受到残疾人这一特殊群体的欢迎，得到地方政府的肯定。现在，该项目已推动当地政府出台鼓励植树造林的相关文件，大力支持弱势群体参与植树造林，探索出了残疾人自救和社会救助相结合的公益模式。在示范成功的基础上，又决定将该项目在甘肃定西渭源县渭河水源地推广实施。

4. 重视从源头入手，解决突出的社会问题

中华红丝带基金是我会专项基金之一，设有专门工作机构。该基金以提高艾滋病知晓率为切入点，普及预防艾滋病知识，重点针对易受影响的农民工群体开展工作，采用“红丝带健康包”方式将预防艾滋病知识融入其中，使得农民工容易接受和受到尊重。对已经受到感染的人群则通过实施切断母婴阻断、红丝带卫生室、红丝带栋梁班、红丝带抗病毒关爱中心等项目，使感染者

在尊严和人格得到保护的前提下得到社会关爱和温暖。

由于藏区科学生育观念普及不足，婴幼儿死亡率、发病率较高，我们实施了“同心·光彩西藏和四省藏区幸福家庭工程—新农村新计划”项目，通过组织医疗专家赴藏区义诊、手把手培训基层医生、制作电视专题片并在电视台播出等方式传播科学生育知识，以降低婴幼儿发病率、死亡率，从根本上提高藏族百姓的健康水平。

5. 通过实施文化保护项目，促进民族和谐团结

西藏文化保护和传承专项基金紧紧围绕藏族悠久文化保护主题，先后实施了藏族经典出版、藏族文化中最精髓的“五明文化”学习、传统藏医培养等，让藏族同胞感受到社会对藏文化的尊重。正如该专项基金主要捐赠人、奇正藏药董事长雷菊芳所说，文化保护看起来是一个比较空泛的概念，但却是在藏区实施公益项目的有效手段。文化认同必然促进心灵相通。心灵相通，民族团结就能很好实现。

6. 围绕国际热点问题，目开展国际合作

气候变化是全球关注的问题，也是制约我国民营企业可持续发展问题，大多数民营企业对此认识不足。我们与联合国开发计划署、联合国工业发展组织合作实施“联合国—气候变化与企业契约项目”，撰写了中国民营企业应对气候变化调查报告；中国民营企业社会责任及应对气候变化行动指南；中国民营企业应对气候变化培训教材；应对全球气候变化的绿色投融资机制研究报告；能效最佳实践报告等。这些报告由联合国工业发展组织总部秘书处出版，并在全球发布，还通过举办论坛，在四川、广西、江西开展了民营企业应对气候变化培训活动，促进民营企业自觉把应对气候变化纳入企业经营战略中，引导广大民营企业自觉调整产业结构、转变发展方式。国家发改委应对气候变化司领导说，中国光彩事业基金会项目立意很高，对自身使命认识很充分。中联部民间组织国际交流促进局领导说，这个项目的成果由联合国相关组织在全球发布，展示我国广大民营企业在应对气候变化方面所做出的努力和取得的成就，发挥了民间组织的积极作用。

三、项目管理特点及成效

1. 创新项目管理办法，捐赠人参与程度高

我们在网上公布接受捐赠信息，方便捐赠人随时查询。邀请捐赠人加入专项基金管理委员会，并设计了捐赠人在管理委员会组成人员中占多数的决策机制，每个专项基金都制定相应的管理办法和议事规则，使得捐赠人能更好地直接参与决定捐赠资金使用和项目实施过程监督。

2. 项目审批、实施和监督管理分离，保证项目实施透明、公开、公平

我会以专项基金为主实施项目，项目确定的基本流程是：申请人提出项目策划书—公益领域专家对项目策划书进行初步评估—基金会将初审建议反馈申请人 -- 申请人提交正式方案—基金会将方案提交专项基金管理委员会办公室讨论并提出意见 -- 专项基金管理委员会主任、副主任提出审核意见 -- 管理委员会主任签署意见报秘书长批准—向项目申请人下达任务执行书 -- 基金会跟踪监督管理项目实施。

3. 创新项目实施方式，注重和社会各部门的合作

根据项目特点，创新项目运作方式，择优选择项目实施合作伙伴。如“同心·光彩西藏和四省藏区幸福家庭工程—新家庭新计划”项目，由于项目主要目标是传播科学生育知识、降低婴幼儿发病率和死亡率，专业性很强。因此，我们选择国家计划生育委员会作为项目实施合作伙伴，借助行政部门的组织优势具体实施。

又如，旭化成水环保专项基金开展的青少年水环保教育活动，一些文化公司、媒体积极申请举办，专项基金管理委员会就决定资助。针对一些在水环保领域做出贡献的草根社会组织，我们还以发放奖励的方式，支持他们开展工作。不仅如此，我们还将草根水环保组织的在水环保领域的经验做法加以理论总结，出版《水环境保护中的 NGO—理论与案例》一书，引导草根组织加强自身建设、提升实现组织价值的能力、掌握更好的社会工作方法。为促进水环保组织更好地与企业之间的沟通交流，我们还组织“十大碧水环保先锋企业”奖项获得者企业负责人、公益领域专家同场对话，让草根水环保组织更多地了解企业的想法，也让企业更多地认识草根水环保组织在促进企业可持续发展方面的积极作用。环保部政策研究室主任别涛说，中国光彩事业基金会是第一家针对促进水环保事业发展而开展榜样评选工作的社会组织，项目活动设计很有新意，效果很好。

4. 引进第三方评估，确保项目决策科学性、项目实施可持续性、项目效果体现客观性

邀请北京师范大学公益研究中心对旭化成专项基金资助的“小记者、大提案”项目、闽江支流水源地保护植树造林项目进行效果评估后，发现“小记者、大提案”项目参与面、影响面有限，专项基金管理委员会根据评估意见，果断决定暂停实施该项目。而闽江支流水源地保护植树造林项目既实现植树造林、又提高残疾人工资收入、还推动地方政府出台相关政策予以支持，社会效果显著，专项基金管理委员会就决定继续实施，并将项目实施重点转移到甘肃。

又如，“同心·光彩西藏和四省藏区幸福家庭工程—新家庭新计划”项目，实施范围大、资金量大（1000万元）、持续时间长（两年）、项目实施地自然条件和人文条件都存在难度，我们邀请北京师范大学公益研究中心对项目进行过程监督，监督方随同项目组进行现场评估，及时矫正和改进。该项目实现了既定目标后，我们根据捐赠方意愿又支持1000万元，继续开展为期两年的新的合作。

5. 项目运作规范、有序，有效降低项目风险

我们建立了规范的项目论证和决定机制，做到所有项目立项有计划、审批有规程。项目实施过程中，坚持项目实施和资金审批两条线，项目部向财务部提出资金拨付申请，财务部按资助协议审核项目进展后向秘书长提出审批意见。在监督管理过程中，项目部严格按照资助协议监督项目实施，督促项目执行方按要求提交进展报告，发现问题及时提出纠正意见，并向捐赠人及时报告项目实施情况。对重大项目，还由项目部、财务部以及第三方审计力量组成项目审计小组共同开展项目审计，有效降低了项目风险。迄今，没有发生过任何违规使用捐款，或出现项目中途无法实施的情况。

四、项目实施存在的不足和今后考虑

几年来，我们在建立项目论证、选择、实施、监督管理及评估机制上做了一些探索，积累了一定的经验，产生了较好的社会效益，捐赠人满意、受益人满意。但我们也清楚地认识到，光彩公益项目多种多样，项目不同，实施方式和管理监督模式都不一样。因此，还需要继续努力，按照我国相关法律法规，学习和借鉴先进的公益项目选择和实施管理经验，不断探索、总结、改进完善我们的项目实施管理模式，进一步突出光彩公益项目直接关乎民生，见效快，直接受益和可持续受益的特点，提升专业化服务和管理水平。

中国光彩事业基金会主要专项基金实施的公益项目

1. 西藏文化保护和传承专项基金

由甘肃奇正藏药集团捐赠于2007年7月发起设立。迄今，共捐赠资金3741.6万元，实施西藏文化古迹修缮保护、西藏文化古籍整理和出版、藏医诊所建设等、藏医学校建设、藏区贫困学生救助、资助藏区小学校建设太阳能浴室以及灾害救助等130多个项目。

2. 同心光彩助学基金

由苏寿堂先生捐赠500万元发起于2011年设立，本金1400万。按照本金不动，以基金增值部分资助贵州毕节地区贫困学生完成大学教育。

该基金每年资助100名新生，大学四年每名学生共资助6000元，已资助贫困学生400名。

3. 旭化成水环保专项基金

由日本旭化成化学株式会社捐赠于2009年设立，本金为2000万元，为封闭式基金。资助范围包括高等院校师生开展水环境研究、有利于推动水环境产业发展的公益活动、中小学生水环境保护教育活动、光彩事业主办的环保事业等社会公益项目等。

实施项目包括：全国高校师生水环境优秀论文评选、水环保公益人物评选、十大民营企业碧水环保先锋评选、甘肃文县百人志愿者教育援助计划、小记者大提案活动（辽宁、广西、福建）、大学生暑期水环境调研活动、水源地保护植树造林（福建、甘肃）等。

此外，旭化成化学株式会社捐赠两台可移动水净化装置，在舟曲泥石流灾害发生后，为解决灾区群众安全饮水问题发挥了重要作用。

4. 西部光彩帮扶基金

由全国工商联扶贫工作委员会于2008年8月发起设立。截至2014年10月，该专项基金收入11,497.33万元，用于扶贫支出8,807.09万元。主要实施的项目有：

贵州省织金县农业发展项目、饮水改造工程项目，四川省仪陇县、巴中市助农项目，以无息小额贷款的方式支持农民生产性的项目，促进了农民增收，农村发展，创新了扶贫工作的新模式。

内蒙古通辽市沙地衬膜水稻种植示范项目。直接开发上千亩沙地水田、推动开发面积1.2万亩，亩均纯收入可在2500元以上，125户农牧户直接受益，有效地推动了农民增收、农业增效、农村发展。

新疆生产建设兵团边、新疆阿勒泰地区农牧民太阳能发电项目，改善了边防连队干部职工的生产生活条件，有力促进了新疆边境地区的稳定，改善了农牧民生活条件。

西藏自治区“光彩·民生工程”项目。通过在岗巴县、隆子县实施饮水灌溉项目，在日喀则地区实施太阳能发电项目，改善了项目地农牧民的生产、生活条件。

甘肃定西市通渭县光彩水窖建设项目。通过援建水窖，解决了通渭县2000户农民的人畜饮水问题。

甘肃生态移民项目、湖南省光彩小学建设项目、河北滦平县绿色蔬菜扶贫项目，北京盛基艺术学校藏族孤儿艺术艺术班资助项目等，也都发挥了积极作用。

5. 中华红丝带基金

由中华红丝带基金理事企业单位捐赠设立。2010年至2014年底共募集善款、物资近1.5亿元，累计投入超过8200万元。

捐建四川昭觉县红丝带抗病毒治疗关爱中心、四川美姑民生银行红丝带爱心学校。建设53所凉山州红丝带村级卫生室、为新疆120所村/连卫生室提供配套设施，捐建项目累计资助已达2392万元，受助艾滋病患者2584名，使项目地的约24万名受艾滋病影响群体受益。

在河南、云南、四川、安徽、新疆、山西实施受艾滋病影响人群的救助安置项目。累计资助1270名受艾滋病影响儿童，50名艾滋病孤老。

开展艾滋病母婴阻断项目。在四川凉山州、新疆伊犁州和喀什共支持了1432名家庭贫困、喂养困难的产妇住院分娩婴儿，273名HIV阳性家庭新生婴儿。在凉山州10个县发放1万个红丝带母婴平安包。

支持受艾滋病影响严重地区基层卫生人员能力建设和技能培训。培训四川凉山州乡村医生220多名，“彝绣”绣娘6000多名。

广泛开展艾滋病防治宣传教育工作。截至2014年底，共向29个省（市、自治区）1800余家企业工厂、工地、社区50万余名外来务工者发放红丝带健康包，全国近300所高校约9000名志愿者参与。

此外，还联合联合国艾滋病规划署等机构开展各类主题宣传活动。与众多合作单位建立了持续性的伙伴关系，助推艾滋病防治宣传教育工作的纵深开展。

6. 光彩·民生银行西藏先心病儿童救助基金

由中国民生银行动员全行员工捐赠，于2013年12月设立。四年内捐款不低于4000万元，每年资助资金为1000万元，专项用于资助西藏自治区先心病儿童接受免费手术治疗，2014年正式启动。

7. 许健康新农村建设专项基金

由宝龙集团捐赠设立。2007年捐赠3900万元设立新农村建设专项基金，在四川仪陇资助农村基础设施改造项目，改善了当地农民生产生活条件；在河南省孟津县梁凹村资助蔬菜大棚建设项目，辐射带动周边村镇发展成为洛阳市蔬菜种植基地，梁凹村也已建设成为农业部“美丽乡村”示范基地；北县喜顺沟村资助兴办燕麦加工厂，提高了燕麦附加值，不仅壮大村集体，农民收入也从项目实施前的2200元提升到7058元，为当地教育事业和特色农业产业发展夯实了基础。

8. 联合国－气候变化与企业契约项目

2008年-2011年，中国光彩事业促进会应邀与联合国开发计划署、联合国工业发展组织共同执行“联合国—气候变化与企业契约”项目。本项目是“中国—联合国气候变化伙伴框架项目（CCPF）”的子项目，国家发改委应对气候变化司作为项目管理办公室负责统筹各子项目的实施，旨在引导我国民营企业关注气候变化，自觉地将气候变化融入企业发展战略。

中国光彩事业基金会具体组织实施了该项目。按照项目方案，完成了中国民营企业应对气候变化调查，编制了中国民营企业应对气候变化行动指南、企业应对气候变化绿色投融资报告，以及中国民营企业应对气候变化倡议书、中国民营企业应对气候变化最佳实践报告，举办了一系列培训活动。其中，企业应对气候变化行动指南、企业应对气候变化绿色投融资报告、企业应对气候变化最佳实践报告由联合国工业发展组织秘书处编印，在全球推广。

中国民营企业应对气候变化行动倡议书

全球气候变化及其不利影响是人类共同关心的问题。工业革命以来的人类活动，尤其是发达国家在工业化过程中大量消耗能源资源，导致大气中温室气体浓度增加，引起全球气候近50年来以变暖为主要特征的显著变化，对全球自然生态系统产生了明显影响，对人类社会未来生存和发展带来严重挑战。全球气候变化问题正在或将要成为国际政治、经济、军事、贸易的新焦点。

国际社会先后签署了《气候变化框架公约》、《京都议定书》，以及“巴厘岛路线图”等一系列公约及文件，动员世界各国共同采取行动，积极应对气候变化所带来的机遇与挑战。中国是一个发展中国家，人口众多、经济发展水平低、气候条件复杂、生态环境脆弱，易受气候变化的不利影响；同时，中国正处于经济快速发展阶段，面临着发展经济、消除贫困和减缓温室气体排放的多重压力，应对气候变化的形势严峻，任务繁重。但依然本着共同和有区别责任的原则，积极应对气候变化。中国民营企业是社会的重要成员，应对气候变化，民营企业应该、也能够发挥积极作用。推动技术进步，提高能源效率和开发可再生清洁能源是企业应对气候变化的重要手段。民营企业普遍提升环境管理水平，推行环境友好与可持续发展的策略，将对减缓温室气体排放做出巨大贡献，这需要整个工商业界的共同努力。

为此，我们倡议：

一、加强培训，提高企业自身应对气候变化紧迫性的认识，把应对气候变化纳入到企业宏观战略中去；

二、提高企业内部应对气候变化的能力建设；

三、正确理解应对气候变化对企业可持续发展面临的机遇和挑战，并制定应对方案；

四、选择绿色生产和生活方式，履行社会责任，减缓二氧化碳排放；

五、认真履行国际公约，执行中国应对气候变化的政策；

六、实施清洁生产，选择绿色技术及生产工艺，减少能源消耗；

七、开发节能产品及低能耗产品，减少产品在生命周期内的能源消耗及对环境的污染；

八、通过参与植树活动，实施碳中和策略，履行碳责任，

九、积极参与社会公益事业，定期发表企业可持续发展报告或社会责任报告，与相关方形成更紧密的合作关系，共同进步；

十、积极参与国际合作，拓展融资渠道，根据不同发展阶段吸收先进的节能与可再生能源技术。

中国光彩事业促进会

联合国开发计划署

联合国工业发展组织

2008年11月

中国光彩事业基金会实施的大型公益项目

共实施了19个项目。

1.舟曲特大泥石流灾害灾后重建项目

2010年8月，甘肃舟曲特大泥石流灾害发生后，中国光彩事业基金会资助2300万元，用于支持灾后重建。

2.感恩革命老区井冈山行公益项目

2011年6月，中国光彩事业基金会资助资金1430万元，支持在江西省吉安市实施特殊学校迁建项目、吉安市青原区社会福利院建设项目、吉安市70岁以上“三老人员”慰问项目、吉安县特殊学校建设项目、井冈山市残疾人康复托养中心建设项目。

3.甘肃岷县、漳县地震灾害灾后重建项目

2012年，甘肃岷县、漳县地震灾害发生后，中国光彩事业基金会资助2100万元，用于支持岷县六所学校重建。

4.同心·西藏和四省藏区幸福家庭工程

2012年4月，中国光彩事业基金会与泛海公益基金会合作，资助1000万元实施该项目

项目覆盖西藏、云南、四川、青海、甘肃藏族人口聚居区21个县，国家计划生育委员会所属相关机构通过组织医疗专家赴项目区开展义诊、培训，发放“家庭健康包”、拍摄全家福、创办专题电视栏目等形式，提升藏区医疗水平，帮助群众掌握科学生育知识，促进家庭幸福。

2013年，中国光彩事业基金会与泛海公益基金会再次合作，资助1000万元实施“光彩·西藏和四省藏区健康促进工程”。

5.延边在乡烈属危房改造项目

2012年7月，中国光彩事业基金会资助2100万元，支持实施该项目。

项目位于吉林省延边朝鲜族自治州珲春、图们、龙井、汪清、安图、和龙等县市，建设350栋公住连体房，700户在乡烈士遗属无偿入住，每户40平米，解决在乡烈士遗属晚年安居问题，体现党和政府、非公经济企业及人士对先烈的敬仰及对烈属的关怀。

6.宁夏同心县同德移民新区有机枸杞基地建设项目

2012年12月，中国光彩事业基金会资助3170万元，支持实施该项目。

项目位于宁夏同心县河西同德移民新村。按照宁夏自治区党委、政府制定的生态移民工程“搬得出、稳得住，逐步能致富”的目标，在该移民新村种植苦水枸杞7150亩项目，由县林业局统一招标、统一种植、统一管护。项目建成并丰产后，移民村每户年增收50000元，人均年增收10000元。

7.光彩爱心家园－乐和之家试点项目

2013年开始，中国光彩事业基金会与重庆市光彩事业促进会、北京地球村环境教育中心合作，资助640万元，在重庆3个县10个村试点实施以关注农村留守儿童为核心的“光彩爱心家园－乐和之家试点项目”。按照“政府统筹、社会参与、

社工服务”的运作模式和流程，通过选派社工驻村工作，为当地农村留守儿童等特殊群体搭建爱心家园，让留守儿童学有所教、困有所助、爱有所依、托有所管。重点帮助农村3000名小学阶段留守儿童和困难儿童，使试点村农民工父母和老人解除后顾之忧；动员试点村大部分妇女和老人参与项目组织的爱心活动，接受文化和生计教育；促进试点村社区建设，在社会建设、文化建设、经济建设、生态文明建设等方面取得明显成效。

8. 延边边境农村安全饮水项目

2013年6月，中国光彩事业基金会资助610万元，支持实施该项目。

项目在图们市长安镇长岭村3、4组，汪清县百草沟镇龙岩村，龙井市开山屯镇爱民村，珲春市密江乡三安村，敦化市雁鸣湖镇大山村泉水组，安图县石门镇镜城村，和龙市福洞镇福洞村、南阳村实施，解决1019户、3800人安全饮水问题。

9. 延安洪灾灾后重建项目

2013年7月，延安发生洪水灾害后，中国光彩事业基金会资助740万元，支持延安市宝塔区川口乡180户、富县茶坊镇156户受灾农户住房重建。

10. 安徽金寨县白塔畈镇安全饮水项目

2013年7月，中国光彩事业基金会资助2000万元，支持实施该项目。

项目位于安徽金寨县白塔畈镇，对接县城自来水主管道，敷设自来水管226.7千米，彻底解决该镇14个行政村286个村民组4.2万农村群众安全饮水问题。

11. 西藏曲水县五保人员集中供养中心项目

2013年8月，中国光彩事业基金会资助1800万元，支持实施该项目。

项目位于西藏自治区曲水县，在原有基础上整合三处农村敬老院进行扩建。新建宿舍楼8栋、128张床位，综合楼1栋17张床位，拆除原平房5栋24间及配套基础设施。总建筑面积6824.97平方米，其中综合楼707.75平方米，老年公寓8栋6086.88平方米，特殊用房30.34平方米，以及附属设施。

该项目解决了原供养中心床位不足，房屋结构不合理，基础设施简陋，供水、供暖无法保证，室内生活环境较差，管理滞后，缺乏任何配套设施的问题。实现了全县五保老人集中供养和孤儿集中收养的目标，让老人们在吃、住、医等方面得到了照顾，基本生活得到了保证。

12. 江西省瑞金市在乡困难烈士遗属及烈士子女危房改造项目

2013年10月，中国光彩事业基金会资助2100万元，支持实施该项目。

项目位于江西省瑞金市，解决该市17个乡镇2100户在乡烈士遗属及烈士子女的危旧土坯房改造，体现党和政府、非公经济企业及人士对先烈的敬仰及对烈属的关怀。

13. 延安市八一敬老院建设项目

2013年12月，中国光彩事业基金会资助1180万元，支持实施该项目。

项目位于革命圣地延安。资助资金用于八一敬老院康复楼建设及配备康复训练配套设施，为延安革命先辈安享晚年提供支持。

14. 新疆乌什县依麻木乡养羊基地建设项目

2014年8月，中国光彩事业基金会资助440万元，支持实施该项目。

项目位于新疆阿克苏州乌什县依麻木乡亚贝希村和马场村，建设羊舍10000平方米，羊活动场地20000平方米，草料彩钢储存房2000平方米，办公室和出栏交易室250平方米，道路硬化3000平方米和水、电设施（包含水井、自吸泵等设备），年育养5000只，惠及469常住居民户，户均年增收1380元。

15. 新疆喀什地区贫困农户炊事采暖炉推广普及项目

2014年8月，中国光彩事业基金会资助2000万元，支持实施该项目。

项目覆盖新疆喀什地区12个县（市），为20000农户安装高效节能、环保卫生、功能齐全、操作简便的生物质节能灶，不仅保护环境、降低生态破坏，还为每户农户年节约1500元以上的燃料支出。

16. 新疆克州阿克陶县巴人乡人畜饮水工程项目

2014年8月，中国光彩事业基金会资助800万元，支持实施该项目。

项目位于新疆克州阿克陶县巴人乡，敷设管道共65千米，修建机井8座，输变电设备8套，管理站房8座及相关配套设施。惠及巴人乡15个行政村117个村民小组，解决全乡8546户34710人和62000头牲畜的饮水安全问题，每年可直接挽回农民群众的直接经济损失近300万元。农业、畜牧业发展年人均纯收入提高至少200元。

17. 新疆和田地区天然气入户项目

2014年8月，中国光彩事业基金会资助3000万元，支持实施该项目。

项目位于新疆和田地区，覆盖和田市、和田县、墨玉县、洛浦县20000农户80000人，户均年节约能源支出850元，项目覆盖区农户年节约能源支出总计可达1700万元以上，同时对环境保护、改善生态、提升农牧业产出产生积极作用。

18. 新疆生产建设兵团基层连队LED视频及风光互补路灯建设项目

2014年8月，中国光彩事业基金会资助1200万元，支持实施该项目。

项目覆盖新疆生产建设兵团一、二、三、十四师，在基层连队群众活动广场建设LED视频设备，并为基层连队安装风光互补路灯，活跃基层连队文化生活，提升基层连队群众生产生活安全。

19. 雅安芦山地震灾后重建项目

四川雅安芦山地震发生后，中国光彩事业基金会接受捐款4787.26万元（详见《芦山地震捐款统计表》），与四川省光彩事业促进会合作，资助实施“红心猕猴桃基地建设”项目。

项目位于四川省芦山县思延乡，建设红心猕猴桃基地7000亩，覆盖思延乡四个行政村2178户、6436人，建设周期3年。资助资金主要用于改土、购苗、培肥、栽苗等种植基地建设以及培育农业专业合作社、技术保障体系、低碳生产体系、生态循环养殖、社区重建体系建设等。

该项目是按照中央领导关于创新灾后重建模式，注重产业重建等指示精神实施的。项目建成投产后，每亩可年产红心猕猴桃1500公斤，每亩年收入约24000元，总收入1.68亿元，直接惠及园区农户在15年内户均年增收入1万元以上。通过农业先进技术导入、无害化生产技术应用，保持水土，绿化和美化当地农业生态环境，重建生态芦山、和谐芦山、幸福芦山、美丽芦山。同时，展示现代农业循环经济发展成果，推动芦山县从传统农业向现代农业转变，提高当地农民科学文化素质，带领农民由传统农民向知识化、技能化新型农民转变，实现产业兴村、产业强村、产业富村。

企业捐赠榜

2012 年光彩事业“延边行”捐赠情况表

序号	姓　名	捐款单位名称	捐款（万元）
1	戴　皓	合众人寿保险股份有限公司	500
2	董文标	中国民生银行股份有限公司	400
3	孙荫环	大连慈善基金会	300
4	卢志强	泛海公益基金	200
5	王健林	大连万达商业地产股份有限公司北京分公司	200
6	王玉锁	新奥公益慈善基金会	200
7	刘志强	香江社会救助基金会	100
8	高德康	德康博爱基金会	100
9	汤燕雯	常州长兴集团房地产开发有限公司	100
10	阎　志	卓尔发展（武汉）有限公司	100
11	史贵禄	陕西荣民房地产集团有限公司	50
12	张杰庭	北京光彩教育基金会	50
13	王再兴	珲春长德国际商贸物流开发有限公司	50
14	李河君	汉能控股集团有限公司	50
15	陈志列	深圳市龙润实业发展有限公司	50
16	陈经纬	经纬置地（天津）有限公司	50
17	陈　丽	上海新丽装饰工程有限公司	50
18	张思民	深圳海王集团股份有限公司	50
19	冯东明	美克投资集团有限公司	50
20	郑松兴	深圳市慈善会	50
21	邱淦清	北京中和珍贝科技有限公司	20
22	吴华春	福建省光彩事业促进会	10
23	郭新富	河南百泉药都集团有限公司	10
合　计			2740

2012年光彩事业“宁夏行”捐赠情况表

序号	姓 名	捐款单位名称	捐款（万元）
1	孙珩超	宁夏宝塔慈智慈善基金会	300
2	王文彪	亿泽公益基金会	200
3	卢志强	泛海公益基金	200
4	王健林	大连万达商业地产股份有限公司北京分公司	200
5	郭广昌	上海复星创业投资管理有限公司	200
6	董文标	中国民生银行股份有限公司	200
7	刘志强	香江社会救助基金会	100
8	郑跃文	科瑞集团有限公司	100
9	南存辉	浙江正泰公益基金会	100
10	王均金	上海市光彩事业促进会	100
11	苏寿堂	乐陵市华乐丽景房地产有限公司	100
12	李学春	西南大学育才学院70万，重庆工商大学派斯学院30万	100
13	何俊明	科创控股集团有限公司	100
14	陈世强	信阳弘昌管道燃气工程有限责任公司	100
15	刘金虎	宁夏华侨园集团公路工程有限公司	100
16	高德康	德康博爱基金会	100
17	汤燕雯	常州长兴集团房地产开发有限公司	100
18	王再兴	珲春长德国际商贸物流开发有限公司	50
19	史贵禄	陕西荣民房地产集团有限公司	50
20	伍跃时	湖南新大新股份有限公司	50
21	张杰庭	北京光彩教育基金会	50
22	李河君	汉能控股集团有限公司	50
23	陈志列	深圳市龙润实业发展有限公司	50
24	李占通	天津新天投资有限公司	50
25	张思民	深圳海王集团股份有限公司	50
26	陈经纬	经纬置地（天津）有限公司	50
27	陈 丽	上海新丽装饰工程有限公司	50
28	秦升益	北京仁创科技集团有限公司	50
29	宗立成	青州市宗艺红木家具厂	30
30	王建华	山西省光彩事业促进会	30
31	王安康	云南南磷集团股份有限公司	20

32	王风斌	山西安泰集团股份有限公司	20
33	邓 伟	亿阳集团股份有限公司	20
34	桂国杰	上海中房置业股份有限公司	20
35	曾少强	深圳市广安石油化工有限公司	20
36	冯东明	美克投资集团有限公司	10
37	朱太忠	开封市龙成置业有限公司	10
38	张 海	张家口时代橡胶制品有限公司	10
39	林振伟	深圳铁塔投资集团有限公司	10
40	薛扳进	包头市金泰置业有限公司	10
41	霍庆华	青海庆华矿冶煤化集团有限公司	10
合 计			3170

2013年“光彩行”捐赠情况表

序号	姓 名	捐款单位名称	捐款（万元）
1	陈 丽	上海新丽装饰工程有限公司	200
2	茅永红	湖北百步亭集团	400
3	潘 刚	内蒙古伊利实业集团股份有限公司	200
4	王文彪	亿利公益基金会	400
5	杜双华	日照钢铁控股集团有限公司	600
6	蔡文革	福建石狮裕通集团有限公司	20
7	周海江	红豆集团	100
8	陈志列	深圳研祥集团	400
9	张建宏	东岳集团	200
10	邢利斌	山西柳林郭家山煤业有限公司	20
11	宗立成	青州尧王制药有限公司	10
12	李安平	山西振东制药股份有限公司	10
13	王长青	山西天星能源产业集团	10
14	曹建军	山西汇丰兴业焦煤集团有限公司	10
15	徐冠巨	浙江传化集团	300
16	祝义财	雨润集团	50
17	伍跃时	湖南新大新股份有限公司	100
18	王均金	均瑶集团	200
19	孙荫环	大连亿达集团	200

20	王再兴	豪德集团	200
21	南存辉	浙江正泰集团股份有限公司	50
22	汤燕雯	常州市长兴集团	40
23	吴华春	福建兴业皮革服饰公司	10
24	朱太忠	开封市龙成置业有限公司	10
25	钟付全	北京光彩长城投资有限公司	10
26	刘东海	北京迪信通商贸股份有限公司	10
27	李河君	汉能控股集团有限公司	200
28	王　填	步步高投资集团股份有限公司	1000
29	卢志强	泛海公益基金会	800
30	丁佐宏	上海月星集团有限公司	100
31	李学春	重庆人文科技学院	100
合　计			5960

2014年“光彩行”捐赠情况表

序号	姓　名	捐款单位名称	捐款（万元）
1	陈　丽	上海新丽装饰工程有限公司	100
2	许淑清	广西梧州制药（集团）股份有限公司	200
3	朱新胜	环球石材集团有限公司	10
4	潘仲光	东方高尔夫国际集团有限公司	100
5	何万盈	华彬能源	10
6	汤天鹏	辽宁乾元国际投资集团有限公司	20
7	南存辉	浙江正泰电器股份有限公司	210
8	伍跃时	湖南新大新股份有限公司	200
9	苏志刚	广州长隆集团有限公司	250
10	修涞贵	修正药业集团股份有限公司	10
11	茅永红	百步亭集团	250
12	韩　伟	大连韩伟企业集团有限公司	10
13	张建宏	东岳集团	250
14	包紫臣	本溪矿业有限责任公司	10
15	王再兴	豪德集团	200
16	邱小林	南昌理工学院	10
17	桂国杰	上海中房置业股份有限公司	10

18	黄文仔	星河湾集团	50
19	潘　刚	内蒙古伊利实业集团股份有限公司	250
20	刘伟宏	深圳市怡景投资发展有限公司	20
21	韩　庆	兰州天庆房地产开发有限公司	10
22	邓超华	广东朗能电器有限公司	10
23	郭彩信	陕西诚信实业有限公司	10
24	蒋红星	湖北枝江酒业股份有限公司	10
25	邱淦清	北京中和珍贝科技有限公司	20
26	周海江	红豆集团有限公司	250
27	王玉锁	新奥公益慈善基金会	300
28	许连婕	恒安国际集团	150
29	王成利	潍坊神州重工机械有限公司	10
30	陈志列	研祥高科技控股集团有限公司	200
31	史贵禄	陕西荣民房地产集团有限公司	250
32	王伟明	西部伟业	5
33	李占通	天津大通投资集团有限公司	30
34	曾少强	广东长和控股有限公司	10
35	张杰庭	锡华实业	200
36	王西林	延安王家坪实业发展集团有限公司	10
37	王均金	上海均瑶（集团）有限公司	200
38	黄远成	远成集团有限公司	20
39	秦升益	北京仁创科技集团有限公司	10
40	徐冠巨	浙江传化股份有限公司	250
41	李学春	重庆人文科技学院	200
42	孙荫环	大连亿达集团有限公司	250
43	孙珩超	宁夏宝塔慈智慈善基金会	200
44	邓　伟	亿阳集团股份有限公司	100
45	王　石	万科集团	200
46	卢志强	泛海公益基金会	1000
47	董文标	中国民生银行股份有限公司	1000
48	金占忠	金都集团	10
49	张近东	苏宁集团	200
50	曹德旺	河仁慈善基金会	200

51	郭东泽	仁建集团	50
52	刘志强	香江集团	150
53	陈世强	河南弘昌集团	400
54	雷菊芳	奇正藏药集团	30
合　计			8115

2015年"光彩行"捐赠情况表

序号	姓　名	捐款单位名称	捐款（万元）
1	何文	满洲里市富豪房地产开发有限责任公司	15
2	张学增	方远建设集团股份有限公司	15
3	姚奎章	河北养元智汇饮品股份有限公司	15
4	尚吉永	万达控股集团有限公司	50
5	余渐富	南翔集团	50
6	李占通	天津大通投资集团有限公司	50
7	邓伟	亿阳集团股份有限公司	50
8	金政辉	安徽省司尔特肥业股份有限公司	5
9	修涞贵	修正药业集团有限公司	50
10	李灿东	广东丹霞农机有限公司	1
11	米恩华	新疆华凌工贸（集团）有限公司	15
12	梁亮胜	丝宝实业发展（武汉）有限公司	50
13	张宗真	厦门永同昌集团有限公司	50
14	余竹云	安徽中环商业运营管理有限公司	5
15	李浩	武汉人天包装自动化技术股份有限公司	3
16		甘肃省光彩事业促进会	45
17	曹五院	海南雅新园艺开发股份有限公司	2
18	王树生	华田（海南）置业有限公司	10
19	王磊	安徽桃花科技园置业有限公司	15
20	杨利荣	云南祥丰化肥股份有限公司	15
21	张杰庭	北京光彩公益基金会	50
22	李士强	河南亿星实业集团有限公司	5
23	王伟	贵州省兴东民族大健康产业有限责任公司	50
24	袁亚非	三胞集团有限公司	50
25	吕世平	辽宁福鞍控股有限公司	10
26	韩长安	山西潞宝集团晋钢兆丰煤化工有限公司	50
27	陈丽	上海舜达软件技术开发有限公司	30
28	尼玛扎西	西藏宏绩集团有限公司	10
29	金生光	青海正平路桥建设股份有限公司	3
30	黄文仔	星河湾集团有限公司	50

31	王斌	西藏阜康医药公司	10
32	旺拉	西藏宏发建筑工程有限公司	1.5
33	周航旭	湖北金汉江精制棉有限公司	6
34	徐军	海南花冠投资有限公司	5
35	林印孙	正邦集团有限公司	50
36	王均金	上海均瑶（集团）有限公司	50
37	陈世强	河南信阳毛尖集团有限公司	50
38	任武贤	亚宝药业集团股份有限公司	105
39	严建文	合肥合锻机床股份有限公司	5
40	卢志强	中国泛海控股集团	300
41	吴少勋	劲牌有限公司	100
42	张涛	海南三道圆融旅业有限公司	3
43	孙珩超	宝塔石化集团有限公司	50
44	陈春明	中习集团有限公司	15
45	陈志列	研祥高科技控股集团有限公司	50
46	史贵禄	陕西荣民房地产集团有限公司	50
47	王建沂	浙江富通集团有限公司	50
48	幸运	广东黄金铺集团有限公司	5
49	茅永红	百步亭集团	50
50	曹德旺	河仁慈善基金会	50
51	王文彪	亿利公益基金会	30
52	邓伟	亿阳集团股份有限公司	10
53	尹明善	力帆集团	10
54	郭广昌	上海复星公益基金会	10
55	刘志强	香江社会救助基金会	10
合　　计			1894.5

第六部分

国际交流

INTERNATIONAL EXCHANGE

杜青林、胡德平等会见日本蛭田史郎

2008年3月29日，全国政协副主席、中央统战部部长、中国光彩会会长杜青林，中央统战部副部长、中国光彩会副会长胡德平在中央统战部会见了日本旭化成株式会社社长蛭田史郎一行。中央统战部副部长黄跃金和全国工商联副主席谢经荣、中国光彩会副会长谢伯阳等参加会见。

杜青林转达了刘延东对蛭田先生的问候，并代表中央统战部、中国光彩事业促进会对蛭田先生一行表示欢迎。杜青林在向蛭田先生介绍当前我国形势时说："今年是中国改革开放30周年，中国的经济、政治、文化、社会各方面发展状况良好。中国人民正在中国共产党的领导下，全面贯彻落实中国共产党第十七次全国代表大会和刚刚闭幕的全国人大、全国政协会议精神，为完成全面建设小康社会的任务而努力。"杜青林高度评价中国光彩事业促进会与旭化成的合作并提出新要求，他说："中国光彩事业促进会与旭化成建立友谊与合作很有意义。今年是中日和平友好条约缔结30周年，胡锦涛主席将于5月访问日本，中日双方为此将开展一系列交流活动。这些都会有力推动中日友好关系的新发展。希望中国光彩事业促进会与旭化成积极深化合作，为两国经济技术和环保领域交流合作，为增进两国人民的友谊作出贡献。"

旭化成株式会社以化工、环保为主业，是世界500强企业之一，在污水处理、隔膜、纤维等方面的研发和技术水平居世界领先。旭化成在中国已有多项投资，建有水处理、人工肾脏等7个企业。去年7月，应中国光彩事业促进会邀请，蛭田先生率"中日邦交正常化35周年环境技术友好交流访华团"访华。其间，与中国光彩事业促进会共同举办了环境技术交流会，发表了倡导企业公民积极参加环保事业的《北京宣言》，捐资2000万元人民币在中国光彩事业基金会项下设立光彩环保专项基金。访华团抵京的当晚，蛭田史郎从电视中看到温家宝总理在安徽视察水灾时关注人民饮水安全的感人情景，当即决定要向温总理赠送一套具有国际先进水平的车载可移动污水净化设备。访华团在污水净化设备捐赠标识牌上用中文楷书题写："知温总理关心国民饮水，特请中国光彩事业促进会将此设备转呈温总理，并赠日本民谚'能治水者，定能治理好国家'。"时任中央统战部部长、中国光彩事业促进会会长的刘延东会见了访华团全体成员。双方重温中日友好发展历程，憧憬未来发展美好前景，互勉为中日友好进一步发展携手作出新贡献。蛭田史郎十分感动，当场表示：为纪念这一美好时刻，表达愿与中国光彩事业促进会长期合作、愿中日两国人民世代友好的真诚祝福，来年春天将向中央统战部和中国光彩事业促进会赠送100株樱花树。蛭田此次来访即是去年双方达成合作的落实和深化。目前，2000万元光彩环保专项基金已落实，捐赠温总理和中国光彩事业促进会各一台污水净化设备和100株樱花树已经运抵北京。

蛭田说："我这次到北京，首先在北京机场感受了新航站楼的高度现代化，而这不过是中国现代化建设的一个小小缩影。我对中国人民现代化建设取得的伟大成就和带领人民取得这些成就的中国领导人表示由衷的敬佩！旭化成愿尽最大努力为中国的发展助一臂之力！"蛭田说："去年我来访时，刘延东女士在这里接见了我，大家谈得非常愉快。旭化成在浙江投资建厂时，也曾得到过习近平先生的关心和支持，现在他们都荣任了新的领导职务，我向他们表示衷心祝贺！”蛭田请杜青林转呈他给习近平、刘延东的祝贺信。杜青林愉快地接受了委托。会见结束时，杜青林、胡德平同蛭田等共同种下象征双方亲密合作和中日两国人民深厚友谊的樱花树。

会见后，胡德平与蛭田进行了工作座谈。胡德平向蛭田详细询问了有关旭化成环保技术、海水淡化技术、节能建筑材料技术等情况，并着重向蛭田介绍了中国的环保情况。胡德平说：“减少污染，保护环境，是中国政府当前最为重视的大事之一。旭化成在这方面有世界一流的先进技术和能力。希望你们把这些技术和能力引入中国，愿我们在这些方面有更多的合作。”蛭田说：“旭化成愿意把这些技术和能力引入中国，愿尽最大努力帮助中国环保事业的发展。中国光彩事业促进会组织引导民营企业参与扶贫和环保，作了很多实事，在国内国际都有重要的地位和影响，在推动中外民间交流，促成经济技术合作、企业合作方面有很丰富的经验，我们愿意不断加强和扩大双方合作。”

双方在磋商光彩环保专项基金使用及管理问题时，蛭田说：“旭化成与中国光彩会已经建立起互信关系，因为我们不太了解情况，所以2000万元基金委托中国光彩会根据实际情况使用。”胡德平感谢蛭田的信任，表示中国光彩会会负责任地使用好这笔基金，使用情况将及时告知旭化成方面。

双方还就共同参与湖南环境生态会议、旭化成参与洞庭湖水污染治理、旭化成向中国制碱行业提供离子交换技术等问题进行了具体探讨。

胡德平会见联合国前助理秘书长马丁

2008年2月27日下午，联合国前助理秘书长马丁（Martin lees）在联合国开发计划署驻华国别副主任卖瑞德、助理国别主任栾丽英、联合国开发计划署气候变化顾问Andrea De Angelis的陪同下访问了中国光彩会。中央统战部副部长，中国光彩会常务副会长胡德平会见了马丁一行。全国工商联社会扶贫部副部长王钢治、中非商会副秘书长张丽等陪同会见。

马丁在联合国工作期间，长期负责与中国合作的国际项目，参与全球气候变化工作已经10年，是全球气候变化方面的专家。1994年与国家环境保护局解振华局长、曲格平教授等共同创建中国环境与发展国际合作委员会，为政府领导提交研究报告；1997年至2000年担任国家发改委项目国际副主席，将经济规划和环境保护纳入我国第十个五年计划；2007年开始参与筹备发改委与联合国开发计划署合作建立的中国气候变化和可持续发展全球中心。他访问中国光彩会的主要目的就是就筹备该中心的相关事宜听取胡德平副部长的意见。

马丁首先介绍了中国气候变化和可持续发展全球中心未来主要支持的工作：在中国的可持续发展国家战略内，探讨如何应付中国的气候变化问题；与国际社会开展广泛的合作；建立高水平的研究合作能力，支持相关的技术开发培训活动；促进创新政策的制订和合作实施；促进建立国际合作机制。他说，全球气候变化是全世界都关注的问题，在中国人人也都在谈这个事，国家发改委希望能协调相关工作，成立中国气候变化和可持续发展全球中心的计划得到了国际社会的高度赞誉和肯定。这个中心的成立将便于国际技术对中国的转让，促进中国环境产业和环境工业的发展。

他说，环境产业包括环境保护、能效、服务、设备、技术支持等多方面，而环境保护、能效是环境产业的核心，一个企业如果没有环境方面的相关支持，可持续发展就是一句空话。环境产业已经成为重要产业，比如在加拿大，环境产业已经是第三大产业。在西方发达国家，环境支持已经非常方便，一个电话就能解决，但在中国这个问题目前还没能得到很好解决。在对中国十五计划进行评估后发现，在环境方面还有很多工作要做。中国领导人和中国人民具有非凡的聪明才智，我们可以把国际上对环境问题的理念和知识介绍给中国人民，相信中国人民很快就能认识和解决这个问题。气候变化是当今人类最大的挑战，必须采取更大和更有力的措施，有些工作不必等到2012年以后再谈判，现在就可以先做起来。在中国，要想实现GDP翻两番，必须对这个问题更加重视。因此也想听听民营企业对气候变化问题的认识和理解。

胡德平高度评价马丁在气候变化问题上的长期关注和取得的成就，感谢马丁先生对中国社会发展所发挥的积极促进作用。他说，过去十年来，中国大灾害每五年发生一次，1998年全国范围的洪水、2003年的SARS、今年我国南方冰雪灾害已经给我们上了很好的一课。这些灾害是在我国改革开放的后半段发生的，不能不引起我们的注意和思考。今天上午我参加人大常委会，意见反映最充分的就是今年的冰雪灾害问题。联合国秘书长潘基文一马当先提出环境、气候、温室效应问题，为世界、为人类做了一件大好事，希望联合国要继续推动。即使不发生核战争，我们人类的代价也是够惨重的。我国民营企业家对气候变化问题的态度大体上可以分三个层次。第一层次是真正认识气候变化的严重性，这个层次的企业家文化层次比较高，高度关注节能减排，消除污染，确实希望可持续发展。比如，刘永行在内蒙投资的电解铝厂，环境标准超过了国家标准，也可以和世界水平比赛，由于车间空气不含氟这个腐蚀气体，他的工厂就可以安装玻璃，这在世界上恐怕也没有的。又比如张令玉的三安农业，生产的食品真正达到零排放，甚至都超过了有机食品，现在该公司已经获得银行的信用贷款。但这类企业比例不是很高。第二层次是认识到这个问题，但不得其门而入，不知道怎么搞，还担心利润受影响，这就是中国气候变化和可持续发展全球中心最大的服务群体。第三层次就是完全没认识，这部分也不是很多。我们希望和中国气候变化和可持续发展全球中心密切合作，我们组织企业家积极配合，告诉企业家支持这项工作不仅是企业的责任，也是可以营利的。现在已经进入后工业时代，环境和气候变化应该引起更高的重视。

胡德平希望联合国方面提出更具体的方案。马丁对胡德平的接见十分高兴和感谢，表示要继续通报有关工作进展情况。

全哲洙出席“中国与世界：促进南南合作高层对话会”

2009年11月28日，应联合国开发计划署驻华代表处邀请，中央统战部副部长，全国工商联党组书记、第一副主席，中国光彩会副会长全哲洙出席了在京召开的“中国与世界：促进南南合作高层对话会”并致词。

一、基本情况

“中国与世界：促进南南合作高层对话会”由联合国开发计划署、国务院扶贫办中国国际扶贫中心联合举办，是庆祝中国与联合国开发计划署合作30周年系列活动之一。会议主要议题为：扶贫开发领域经验共享、探讨如何促进基于社会责任的南南合作伙伴关系。全哲洙与国务院扶贫办主任范小建、联合国开发计划署署长海伦·克拉克及来自外交部、商务部等政府部门、联合国开发计划署、金融机构、研究院所和企业界共计40多位代表出席了对话会。

二、主要内容

对话会上，全哲洙、范小建及海伦·克拉克女士分别致词，与会的专家学者、企业界代表也围绕会议主题发言、讨论，对南南合作存在的问题进行了深刻的剖析，对如何推动南南合作深入开展提出了建设性的建议。

范小建在致词中介绍了中国在扶贫领域取得的成就，对联合国组织给予中国扶贫事业的支持表示了感谢。海伦·克拉克女士在致词中回顾了联合国开发计划署在减贫领域与中国的合作所取得的积极成绩，并对未来的合作领域与空间进行了展望。

全哲洙在致词中高度概括了中国光彩事业15年来在社会扶贫开发领域所做出的积极贡献、取得的重要成就及与联合国开发计划署等共同发起成立的中非民间商会在推动南南合作、中非民间交流与合作方面取得的重要进展。

全哲洙指出，光彩事业的突出特点就是按照市场经济规律开展扶贫活动，达到企业经济行为与企业家道德行为的有机统一，实现中国传统文化道义观与现代市场经济利益观的紧密结合。成立中非民间商会是光彩事业支持有经济实力、有社会责任感的民营企业贯彻国家“走出去”战略，着眼于扩大影响和长远发展，加强国际交流与合作的重要举措，意在以民间、开发、互惠互利的方式投资非洲，以务实的方式服务于南南合作。

与会代表充分认同光彩事业在社会开发扶贫领域所作出的突出贡献，同时对光彩事业向国际延伸、发起成立的中非民间商会在推动南南合作方面取得的重要进展表示赞赏。

三、后续工作

当前，国际金融危机的影响还远没有消除，南南合作面临新的挑战和机遇。在今后一段时期，中国光彩会、中非民间商会国际扶贫工作的交流与合作应立足于如何更有效的对危机，来推动互利共赢，谋求南南国家的经济社会发展；应利用现有平台，广泛学习借鉴国外非政府组织在扶贫领域的先进理念和有效措施，积极参加国际主题会议、参与国际合作项目，进一步扩大光彩事业的国际影响力；应不断创新合作模式，巩固中非民间商会一期项目成果，以项目合作为主体，务实地推动南南合作。

全哲洙会见日本旭化成株式会社社长藤原健嗣一行

2010年10月29日下午，中央统战部副部长，全国工商联党组书记、第一副主席，中国光彩会副会长全哲洙在京亲切会见日本旭化成株式会社社长藤原健嗣一行。

全哲洙首先代表杜青林会长欢迎藤原健嗣先生一行访问中国光彩事业促进会。他说，近年来，旭化成株式会社和中国光彩事业促进会的合作越来越密切。中国光彩事业基金会旭化成水环保专项基金已经开展了一些有意义的活动；旭化成公司捐赠的两台可移动水净化装置在舟曲灾区发挥了很好的作用，在此代表舟曲灾区人民表示感谢！

全哲洙指出，中国改革开放以来虽然取得了很大成就，但在很多方面还需要向日本学习。环境问题不仅是一个国家的问题，也是世界性问题。不久前召开的中国共产党十七届五中全会明确要把转变经济发展方式作为我国十二五期间贯彻始终的头等大事来抓，充分体现了作为一个负责任大国的决心和信心。旭化成株式会社作为世界500强企业之一，在环保等领域具有国际领先的技术，希望在藤原健嗣社长的带领下，站在更高的战略高度，加大与中国民营企业的合作，为促进中国的环保事业发展作出新的贡献。

藤原健嗣说，很高兴看到双方的合作已经结出了丰硕的果实。中国发展很蓬勃，在这样的环境里开展业务很放心，旭化成集团决定加大在华投资。希望今后能为促进中日两国人民友好往来、尤其在帮助中国青少年环保教育方面多做工作。

全哲洙会见联合国开发计划署驻华代表罗黛琳一行

2011年5月19日下午，中央统战部副部长、中国光彩会副会长全哲洙在中央统战部亲切会见了联合国驻华协调员、联合国开发计划署驻华代表罗黛琳女士一行。

全哲洙首先对联合国开发计划署驻华代表处多年来为中国扶贫减灾方面所作的贡献表示感谢，之后向罗黛琳女士介绍了中央统战部的职能和光彩事业的发展历程及扶贫模式。

罗黛琳感谢全哲洙副会长的介绍，并对双方之前的紧密合作表示赞赏。双方一致同意继续加强扶贫领域的合作，特别是针对国内一些具体的扶贫项目将共同实施。

中央统战部五局局长、中国光彩会副会长杨启儒，中央统战部五局副局长、中国光彩会副秘书长戚建美，中央统战部光彩事业指导中心副主任孙凌雁出席此次会谈。

中国光彩事业促进会参加联合国“应对变幻前景建筑亚洲可持续经济”会议

2008年6月16日至20日，中国光彩事业促进会派代表赴韩国首都首尔参加了联合国方面组织的“应对变幻前景，建筑亚洲可持续经济”会议。会议以联合国全球契约总部名义给中国光彩事业促进会颁发了“亚洲最佳网络组织奖”。这是此次大会颁发的唯一奖项。主要情况如下：

一、会议基本情况

本次会议由联合国全球契约、责任投资原则、联合国环境署联合金融倡议主办，全球契约韩国网络组织承办。来自全球金融界、投资界、亚洲区域的全球契约成员企业和地区网络组织成员约750人出席了会议。韩国总理韩升洙出席开幕式并致辞。

会议由责任投资原则闭门会议、全球契约网络组织发展会议、环境和社会信用危机三部分组成。责任投资原则闭门会议主要讨论了全球投资面临的问题，认为，全球现在有可投资资金约60兆美元（参加本次会议的投资机构掌握13兆美元），投资对象应该是具有社会责任的企业；全球契约网络组织发展会议主要包括了全球契约关注气候变化的原则专题报告会，全球契约中国、韩国、日本网络组织早餐会，全球契约亚洲网络组织成员大会及圆桌会议；环境和社会信任危机会议主要讨论在经济高速发展时期的环境保护和社会发展、新危机和新机会、可持续城市发展等问题。

二、会议期间的主要工作

会议期间，我会代表参加了责任投资原则闭门会议，全球契约中国、韩国、日本网络组织早餐会，全球契约网络组织成员大会及圆桌会议并在大会上发言。

1. 与美国、瑞典、澳大利亚等国家的基金投资公司进行了交流闭门会议明确提出亚洲国家尤其是中国是国际投资的重点；国际投资未来的投资原则是企业社会责任，即投资者需具有社会责任，接受投资者也应该是具有社会责任的企业，尤其以全球契约成员企业为首选对象。会议期间我会代表主动与美国加州雇员退休基金会（管理2400亿美元资金）、瑞典国民退休金第二基金会（管理约900亿元人民币资金），澳大利亚的健康和社区服务基金会（管理约500亿美元资金）等基金公司的参会代表进行了交流，向他们介绍了光彩事业的主要工作和成就、今后的工作重点，光彩事业参与灾后重建工作情况。三家公司对参与灾后重建工作表示浓厚兴趣，希望我们向他们提供光彩事业参与重建工作的主要计划，他们考虑通过联合国系统与光彩事业进行合作，参与我国汶川灾后重建。经与联合国开发计划署商量，美国加州雇员退休基金会近期将派代表与联合国驻华系统灾害应急处理小组讨论如何与该系统及光彩事业促进会合作参与灾后重建问题。

2. 参加全球契约亚洲网络组织大会并在会上发言 18日上午，全球契约总部执行长乔治凯尔先生出席了亚洲网络组织大会并致辞。致辞前，他首先提议全体人员为中国地震遇难者默哀，这个举动感动了在场的所有人。在致辞中，他再次希望各网络组织积极发挥作用，促进全球契约在各国的发展。

按照会议议程，我会代表在全球契约网络组织会议上作了发言，重点介绍了我会的工作和成绩；未来工作重点（根据本次大会情况临时增加了光彩事业促进会在关注气候变化的工作介绍）；对全球契约总部执行长乔治凯尔先生呼吁成员企业援助地震灾区的行动以及世界各国给予的大力支持表示衷心感谢；呼吁各国企业界朋友投资参与灾后重建，回答了与会者提出的问题。发言赢得了4次掌声。主持会议的全球契约高级顾问杜彼先生赞扬发言“非常好”；全球契约总部网络发展部总经理彼德森说“你的发言让我们更加坚信光彩事业将做得越来越好”。新加坡网络组织负责人托马斯、马来西亚网络组织负责人斯尔瓦纳丹、日本法政大学教授江桥崇等纷纷表示祝贺，并希望能派人到光彩会访问学习和开展相关案例研究。

3. 接受全球契约颁发“亚洲最佳网络组织奖”17日下午，应全球契约巴基斯坦网络组织代表提议，经参加会议的各国网络组织代表讨论和表决，全球契约总部宣布向中国光彩事业促进会颁发“亚洲最佳网络组织奖”，以表彰中国光彩事业促进会积极引导民营企业切实履行企业社会责任、推广全球契约的贡献。这是大会颁发的唯一奖项。

4. 与全球契约执行长乔治凯尔先生进行非正式商谈应全球契约执行长乔治凯尔先生的邀请，我会代表与他进行了非正式商谈。乔治凯尔先生对光彩事业促进会所取得的成就表示由衷的敬佩，并请转达对中国光彩事业促进会领导的崇高敬意。同时关切地询问去年在墨西哥会议中他提议的几个设想（即1、全球契约与光彩事业促进会联合设立奖项，奖励为承担社会责任做出重大贡献以及提交优秀进展报告的民营企业；2、联合举办培训班，帮助中国民营企业掌握全球契约知识；3、允许全球契约中国民营企业会员在产品宣传和包装上使用全球契约标志等）的进展情况，表示将在其内部进一步商量后以文字形式予以正式确认，进而推进相关工作的开展，同时希望在适当的时候访问光彩事业促进会。对此，我会代表表示感谢和欢迎。

三、体会和建议

中国光彩事业促进会应该为民营企业参加全球契约做更多实际的服务工作。国际化是个大趋势，世界各国已经越来越关注全球契约发展。一方面，我们看到其他国家的网络组织都在利用这个平台为本国企业开展了有成效的工作，包括编订指引、开展培训、举办论坛、出版报告、大力宣传全球契约成员企业在承担社会责任方面的成就等。另一方面，全球投资者已经把一个企业是否具有社会责任作为其投资的首要考虑条件。光彩事业促进会是全球契约成员，各国对我们抱以很高期望，都希望学习和借鉴我们的经验，我们应该认真研究如何加强和全球契约总部的合作，努力为我们的民营企业提供更实际的服务。

中非民间商会工作

（2008年-2011年）

中非民间商会是由中国光彩事业促进会、联合国开发计划署和商务部国际经济技术交流中心共同发起成立的联合国项目。主要任务是顺应国家走出去战略，引导帮助有实力、有企业社会责任感的民营企业走进非洲，进行投资开发合作。

四年来，中非民间商会已成为颇具影响力的社团组织，为国家“走出去”战略作出了一定贡献，得到了各级领导的充分肯定、联合国的大力支持、民营企业家的积极响应、非洲国家的热烈欢迎。中央统战部杜青林部长对商会的工作给予了充分的肯定，全哲洙副部长在肯定的基础上对商会的工作提出了新的要求，特别是胡锦涛总书记、温家宝总理分别在有关报告上做出了重要批示，这是对商会极大的鼓励和支持。

自成立以来，中非商会牢牢把握住中非合作与发展的主脉，在“文化先行、义利兼顾、合作共赢”的理念下，顺利完成了联合国一期项目并确保了联合国二期项目评审的顺利通过和签约启动。针对金融危机爆发以来面临的新形势、新任务，商会适时调整工作战略，加强了对工作的理论和实践指导，以建设学习型、服务型商会为指导，以营造中非经济技术合作良好氛围为己任，以项目推动为工作重点，积极借助联合国平台优势，充分借鉴光彩事业经验，扎实推进各方面工作。在推动南南合作、服务于联合国千年发展目标，在推动公共部门与私营部门合作、企业社会责任落实，促进中非民间经贸交流与合作方面作出了积极探索和贡献。

一、完善组织机构，打造了中非民间商会的服务平台

通过不断完善组织架构、健全规章制度、提升自身能力，商会建立了比较完整的组织机构和顾问机构，为工作开展确立了组织保障和制度保障。在苦练“内功”的同时，我们也注重向外拓展合作网络，建立了广泛的国内、国际合作伙伴网络。按照建设“服务型商会”的要求，商会开展创新服务。启动了咨询、培训、信息“三大支柱，一个金融载体”的建设。

首先，完善了中非民间商会自身机构的设置，成立了中非民间商会理事会和顾问委员会根据项目文件和相关法规，商会成立了秘书处，完成了社团法人登记。秘书处设置了综合部、联络部、项目部、培训部四个主要职能部门，在实际工作中采用了骨干队伍+志愿者、实习生的模式，多渠道、多形式吸引人才，取得了良好的效果。各部门按照“既分工又合作，既有重点又相互协调”的原则，保障各项工作的顺利开展。截至目前，商会共吸收团体和个人理事、会员300多名。为了提高商会的服务能力，于2007年成立了以黄孟复主席为首的专家顾问委员会，在积极引导和帮助民营企业“走出去”方面发挥了重要作用。

其次，推动了地方和海外组织的建设，建立了广泛的合作伙伴网络。为了更好地为国内外广大民营企业家提供服务，商会积极探索发展新的模式，充分调动地方和民营企业的积极性，四年来商会相继推动在湖北、衡水、香港、澳门、青岛成立了对非工作的民间商会组织，同时发挥海外华人华侨和中资机构的凝聚力和桥梁作用，整

合各种资源，推动了坦桑尼亚、尼日利亚、津巴布韦、加纳等国华人华侨成立相应的民间商会组织，在肯尼亚、安哥拉、南非、莫桑比克、马达加斯加、博茨瓦纳、喀麦隆等20多个国确立了重点联系人。与我驻非各使馆和经参处、40多个非洲国家政府部门、投资机构和驻华使馆保持着密切的工作联系，与联合国系统各部门、组织、非洲发展新伙伴计划以及海外华人华侨团体、工商社团、国际NGO组织等建立了合作机制。实践证明，这些组织和国内国际合作伙伴网络为国内企业走进非洲提供了最便捷、最安全的信息渠道，大大拓展提高了商会的服务范围和服务能力。

第三，在服务平台建设方面初见成效。为适应中非合作飞速发展的需要，商会充分利用网络信息优势，建立了中非民间商会的中英文网站，逐步完善了理事库、项目库、政策库三大数据库系统，初步建立了全面、便捷的信息服务平台。编辑整理了行业调研报告等供企业参考。积极推动“中非时代（北京）信息咨询中心”和“中非兄弟投资管理有限公司”的建立，通过商业化运作建立咨询服务平台。同时通过举办各种类型的培训班、企业交流、考察等探索新的培训模式，为企业提供了有效的培训平台。我们相继以主办和协办形式组织了40余场研讨、培训及论坛等活动，取得了良好的效果。针对企业“走出去”融资难的现状，商会积极与金融机构建立合作伙伴关系。商会与国家开发银行签署了金融合作协议，还与中非发展基金、中国进出口银行、渣打银行、国际金融公司、葡萄牙银行、南非标准银行、加纳Ecobank在内的国内外多家金融机构也建立了全面合作关系，搭建了一个初见成效的金融合作平台。此外，还成立了中非青年俱乐部，搭建中非文化交流平台，以文化为载体促进经贸交流，拓宽中国民营企业“走出去”的合作渠道。

二、深化中非民间交往，实现合作共赢

按照“尊重非洲国家的文化，理解非洲人民的习惯，帮助中非企业解燃眉之急，团结中非人民谋和谐共赢”的总体要求，商会抓住中非论坛后民间经贸迅速发展的契机，深化民间交往和项目合作。一方面，广交非洲朋友，将非洲朋友们“引进来”，让他们从直观上认识中国改革开放取得的巨大成就和中国民营企业的经济技术实力；另一方面，积极引导中国民营企业“走出去”，让企业深入了解非洲的投资环境和发展潜力，创造投资机会。

1. “引进来”力度加大，广交、深交了一批非洲朋友。截至2011年，商会接待了来自加纳、肯尼亚、坦桑尼亚、塞内加尔、多哥、津巴布韦、纳米比亚、安哥拉、卢旺达、尼日利亚、布基纳法索、莫桑比克、刚果（金）、埃塞俄比亚、南非等23个非洲国家以及来自联合国系统各个国际组织共计63个政府、企业和机构代表团，与一批对华友好、影响力大的非洲朋友和民间组织建立了友好、互信的合作关系，同时也与多个非洲国家的中小企业协会、贸易促进机构等组织建立了合作关系。

2. “走出去”成效显著，对非民间投资成为热点。为了鼓励民营企业“走出去”、了解非洲国情民情、规范投资行为、减小投资风险，商会先后组织了30多次投资考察活动，对22个国家进行了商务考察和友好访问，其中有4次是部级领导率领的高级代表团。非洲国家和相关国际组织对商会代表团高度重视，多位非洲国家领导人和联合国相关机构负责人都会见了代表团，并成功地推动了一批合作项目在非洲落实实施。

在商会的推动下，企业对非投资热情高涨，投资领域向多元化发展，给中非民间经贸合作带来了勃勃生机。事实证明，“引进来”与“走出去”这两种形式相互作用、互为补充，对增进中非企业之间的相互了解、加强双方经贸合作非常有效。同时也为推动中非民间文化互补、经贸互利、合作共赢提供了一个广阔的平台。

三、坚持以项目推动为主开展工作，落实具体合作项目

商会始终坚持以项目为主的工作方针，一是为有投资意向的企业提供投资商情、寻找合作伙

伴、促成项目协议，二是对已经开展的项目积极跟进、掌握动态。在具体操作过程中，坚持帮助非洲当地大力发展农业和基础设施建设，同时利用非洲丰富的资源反哺我国工业化过程中日益增长的资源需求，实现中非优势互补、良性互动。同时，我们始终讲求工作实效，根据不同的发展阶段在项目推动中采取务实的工作策略，从最初阶段的大规模考察到专业小分队式的项目考察，逐步采取了分类指导、深化服务，提高了服务水平和能力。

为了满足中非双方合作的需要，一方面通过国际合作伙伴网络搜集各国有关的项目信息，及时由我们的信息网络平台发布，寻找对项目感兴趣的企业；另一方面我们通过地方组织和企业的直接反馈将项目需求和意向提供给有关非洲国家寻求机会。同时我们及时将有关资料搜集到项目库中，仅从联合国方面提供的项日就有356个之多，涉及农业、加工制造等多个方面。这些都由商会专人负责服务，提供前期接洽沟通。根据项目前期的沟通进展情况我们还在项目的实地考察，商务谈判乃至项目融资方面提供了全方位的服务，充分发挥了商会服务平台的积极作用，有力地推动了项目的落实。

四年以来，商会跟进和落实了31个项目，涉及农业、医药、工业、基础建设、能源、旅游、矿产等行业。商会重点支持了一批项目在非洲成功实施并自始至终提供了全方位的服务。如，深能源加纳电厂项目， 2008年4月由加纳总统和胡德平会长亲临举行了开工仪式剪彩，目前总装机容量20MW的项目已经建成并成功发电，该项目也成功得到了中非基金的融资支持。还有宏达集团在坦桑尼亚的煤电、矿业综合项目，自2007年以来、在商会的服务下先后与坦桑尼亚总统、各政府相关部门部长等举行了多次沟通，目前项目也得到了中非基金的加盟支持，正在进入到项目投标的关键阶段，而且非常有希望中标。该项目落成后已成为坦桑尼亚有史以来最大的重工业项目，将直接带动几千人的就业，满足国内发展急需的钢材和电力等需求，极大地改善该国的基础工业发展。而曙光集团在马达加斯加的水泥建材项目一期投资8000万美元，已经在2008年落成投产，年产30万吨水泥，对当地基础设施开发和满足国家整体发展战略急需的原材料提供了重要保证，同时也培养了大批当地人才。以上几个有代表性的项目都是涉及国计民生的基础性项目，企业既开拓了国际市场，又解决了当地发展的燃眉之急，真正做到了互利双赢。

除此以外，商会还积极支持国内有实力的农业企业、医药企业以及加工制造企业在非洲寻求合作，开拓市场。农业方面如广西北海喷施宝有限公司，多次向非洲的坦桑尼亚、马拉维捐助价值350万元的产品，并派农业技术专家到当地指导培训有关技术人员，帮助当地解决粮食生产和经济类作物提高产能和质量，发挥了积极的作用，目前正在全力拓展在非洲的市场。医药方面华立科泰不仅在非洲销售有关抗疟疾药品，而且已经在部分国家生产同时还承担了国际援外项目－－非洲疟疾防治中心，同时还积极履行社会责任，向当地提供奖学金、动物保护基金等公益事业。为满足国内制造业转移和非洲制造业发展的需要，商会还积极支持浙江宝石集团在加纳建立非洲工业园、浙江越美集团非洲在非洲尼日利亚纺织工业园并向塞内加尔、马里、加纳等国拓展业务。

中国光彩事业促进会企业家理事首期赴美培训

经中央统战部和国家外国专家局审批，2011年11月14日-12月5日，为期21天的中国光彩事业促进会企业家理事首期境外培训班在美国举行。培训期间，经过全体学员的共同努力，特别是参加培训的企业家学员的大力支持和配合，本次培训班取得了圆满成功，达到了预期效果。现将有关情况汇报如下：

一、培训班基本情况

此次培训班，是由中国光彩事业促进会主办的首次企业家理事境外公务培训活动，具体由中央统战部五局、光彩事业指导中心组织实施，光彩事业指导中心1名局级负责同志担任领队。中国光彩会及山西、内蒙古、辽宁、河南四省（自治区）光彩会推荐的19名学员参加了本次培训，其中企业家学员11名，以中国光彩会企业家理事为主。

此次赴美培训不仅是中国光彩会组织的首期企业家理事境外培训班，也是中央统战部组织的第一次境外企业家培训班，具有一定的开创性和探索性，为今后非公有制经济人士培训工作积累了经验，提供了借鉴和参考。五局和光彩事业指导中心针对企业家的特点和需求，与外专局指定的接待方美中交流协会进行多次协商，力求科学安排培训日程和课程，努力确保培训的针对性和实效性。

本次培训班主题是：企业社会责任和创新发展。培训主要内容：企业社会责任、企业管理、企业转型与创新、企业融资与风险控制、中小企业成长与发展模式、企业国际合作与竞争。培训主要形式：专题授课、交流研讨、企业考察。在美国期间，培训班主要开展了以下活动。

课堂教学。根据外专局关于境外培训要求，这次培训班最初安排了7次课堂教学内容，后因受到美国大学生“占领华尔街”事件的影响，临时取消了伯克利大学和洛杉矶1所大学的教学课。授课主要集中在旧金山和华盛顿进行，内容包括美中交流协会培训、金融融资讲座、斯坦福大学企业创新讲座、IBM企业文化讲座、乔治城大学企业责任与可持续发展讲座。其中，斯坦福大学资深教授谢德荪关于企业创新内容的讲座，受到学员的一致好评和欢迎。乔治城大学对培训班非常重视，该校成人教育学院院长托尼教授亲自出面接待并致欢迎辞，学院专职教授、华盛顿地区企业可持续发展协会会长马瑞教授带领3名助教及同事给培训班学员授课，并与学员们进行了互动交流，现场气氛热烈而友好。

交流走访。除了课堂教学外，培训班还先后拜访了位于旧金山的国际企业社会责任协会、华盛顿的美国联邦政府中小企业管理局，培训班学员与这两个部门的负责人就企业履行社会责任、中小企业发展等问题进行了深入的交流和探讨。此外，还组织学员实地考察了硅谷高新技术产业区以及苹果、因特尔、惠普等知名跨国公司，大家对世界高新技术产业中心和世界500强企业的先进管理理念有了更直观的体会和感受。

参观考察。在安排上课、走访等公务活动外，培训期间，还组织全体学员先后考察了斯坦福大学、西点军校、哈佛大学、麻省理工学院、耶鲁大学等著名高等学府，参观了旧金山世界博览会旧址、洛杉矶市区和乡村农场、华盛顿市政办公区及博物馆等人文和自然景观。通过让大家多走、多看、多听，亲身近距离地去了解和感受美国经济、政治、文化制度和美国社会的现实生活，并从中深刻地体会和认识中美之间在自然禀赋、历史文化和政治经济制度方面的差异和各自的比较优势。

二、主要收获

虽然这次培训的时间只有21天，但内容丰富、安排紧凑、效果显著。学员们普遍反映，通过培训，开阔了视野、增长了知识、拓宽了思路、坚定了信心，受益匪浅。此次培训班班长、全国政协委员、河南弘昌集团董事长陈世强在培训总结会上发言时，将此次培训成果概括为“三个很”，即全体学员表现很好、全体学员收益很多、全体学员回国干事创业决心很大，他表示，这次美国培训班将会在中国光彩会企业家理事培训史上留下浓重的一笔。陈世强的发言说出了全体学员的共同心声、特别是企业家学员的切身感受，引发了大家的共鸣和响应。

这次培训主要有以下几点收获：

一是学习了先进经验。美国是发达资本主义国家，在发展市场经济方面积累了丰富的经验，特别是美国企业在把握市场机遇、创新发展模式、科学经营管理方面，对于参加培训的企业家学员企业自身发展有着很强的学习和借鉴作用。在参观培训班学员郝艳涛（内蒙古自治区人大代表、内蒙古大唐药业董事长）在洛杉矶购买的农场时，几位有“走出去”意愿并对农业产业项目感兴趣的学员，认真询问和了解了如何投资美国农业及如何进行农业产业化管理等一些专业及技术性问题，并现场进行了热烈的交流。班长陈世强称，通过参观农场，了解了一些美国农业的先进生产模式和管理方法，对于自己企业在大别山区发展茶产业具有很大的启发和借鉴作用。在拜访美国联邦政府中小企业管理局时，很多学员对该机构介绍的扶持中小企业的融资、培训的办法和运作模式很感兴趣，提了很多具体问题，还主动互留联系方式，表示日后要专门与对方联系和探索有关问题。在乔治城大学“企业可持续发展”课堂上，大家对如何处理好企业自身可持续发展的相关问题有了更深入的认识和了解。

二是提升了学员素质。三人行必有我师，他山之石可以攻玉。美国企业及相关机构的一些观点、做法、经验，对学员启发思想、开拓视野很有帮助，促进了企业家学员们全球竞争意识的树立和经营管理能力的提升。有的企业家学员谈到，这些年都在忙于企业的发展，无暇拿出时间让自己静下来学习和思考，通过此次在国外学习，的确让自己“大脑有充电的感觉”，找回了久违的创业激情。在斯坦福大学培训时，谢德荪教授结合国际国内企业案例所提出的“源创新”与“流创新”观点，引起了很多企业家学员的兴趣，大家认真听讲、仔细记录、积极提问。课后，有几位企业家都表示深受启发，对于企业为什么要创新、怎么样创新有了更深刻的理解和思考。在整个培训期间，通过与美国社会各个阶层人士的接触和交往，学员们对他们在工作中表现出的敬业性、专业性留下了深刻的印象。此外，大家不仅认真学习美国的先进理念和方法，企业家内部也互相交流、积极探讨，在不断的“头脑风暴”之中，学习对方的长处，发现自己的问题，既结下了友谊又达成了合作共识。许多企业家称，通过此次培训，自己对企业的管理、战略的制定、责任的理解都有了一个新的提高。同时，在了解中美之间的差距和各自比较优势过程中，学员们既不盲目崇外，又不夜郎自大，树立了自信、自立、自强的信心，增强了奋起追赶的动力和紧迫感，更加坚定了拥护党的领导、坚持科学发展的信念和决心。

三是增强了社会责任意识。在与旧金山国际企业社会责任协会交流时，该协会副总裁认为，企业社会责任涵盖两方面内容：一方面是企业的可持续发展，另一方面是指社会捐赠，两者之间既有关系又有区别，每一方面都包含着丰富的内容。据对方介绍，虽然美国企业从根本上仍以赢利为目的，但一般都会拿出当年利润的5%自觉自愿地从事社会公益事业。乔治城大学教授也介绍，2009年美国出现了一种新型的公司评价体系，即除了传统的经济指标外，还有一整套关于社会责任形象的指标。这些观点及做法对我们学员深入理解和处理企业发展与履行社会责任关系有着很好的启发，许多企业家学员表示，更加坚定了秉承光彩事业“义利兼顾，以义为先”理念的信心，在今后既要将履行社会责任内化到企业可持续发展当中，又要将企业的社会责任外化到全社会当中。

四是考察了企业家队伍。培养非公有制经济代表人士队伍是经济领域统战工作的一项重要职责，也是中国光彩会的一项重要任务。这次在美国培训期间，统战干部和企业家朝夕相处，是考察和培养代表人士队伍的良好机会。在此次培训中，一些企业家表现出了良好的个人综合素质，如培训班班长陈世强和学员郝艳涛、郭新富（中国光彩会理事、河南百泉药贸有限公司董事长）、张跃武（包头市光彩会理事、包头佳禾房地产开发有限公司董事长）等几位企业家，在培训期间严格遵守纪律、认真学习、深入思考，主动关心、帮助其他学员，受到全体学员的一致好评。在与乔治城大学授课教授互动时，这几位企业家围绕美国过度消耗能源的发展模式是否科学、能否可持续发展等问题现场进行了踊跃的提问，所提问题即客观又有针对性。美方教授认真而坦诚地回答到，美国的确存在中国企业家所提出的过度消费的问题，美国的一些有识之士也在积极呼吁，努力寻求解决的办法。该教授认为，中国经济目前充满活力，在可持续发展方面可能会比美国更有作为和成果。虽然只是课堂互动，但从几位企业家身上体现了强烈的政治觉悟、责任感及爱国情怀，展现了中国民营企业家的水平和风貌。

此次美国培训班以中国光彩会理事和光彩会干部为主体，在培训过程中，学员们针对光彩事业发展提了不少的意见和建议。建议中国光彩会应加强对地方各级光彩会的指导和联系，增进与政府部门和金融机构的合作，加大对光彩项目的扶持和对企业家理事的服务和帮助，努力形成有影响力的工作局面和项目品牌，让企业家感到加入光彩事业组织既履行了社会责任，又感受到了荣誉和温暖，这样才能不断提升光彩事业的影响力和各级光彩会组织的吸引力。此外，一些同志建议，要对美国联邦政府中小企业管理局在融资、培训方面扶持中小企业的一些做法进行研究，以供今后在开展以帮扶大学生创业为目标的“同心·光彩创业工程”时学习和借鉴。

中国光彩事业促进会企业家理事第二期赴美培训

经中央统战部和国家外国专家局审批，2012年11月8日至27日由光彩事业指导中心一名局级负责同志担任领队，组织来自全国7个省市的优秀民营企业家及省委统战部同志共计17人，赴美国5个州7个城市的学校及企业培训参观、交流考察。内容就美国经济、法律、投资环境及企业社会责任等议题，邀请了中美专家、学者及企业界人士现场观摩授课。整个培训班取得了较好效果，收获很大。

一、培训班基本情况

此次培训班以培训授课加参观考察为主要形式，目的是开阔视野、提升企业管理水平。此次培训班由于参团企业家素质相对较好，加上组织方法得当，前后持续20多天，授课、参观、交流、考察多个环节，无论该团本身和在美国的各种交流活动，没有发生任何问题，团员评价较高。

其次是培训、考察、交流内容。本期培训班以“企业社会责任和创新发展”为主题，包括企业社会责任、企业管理、企业创新、企业转型、企业竞争、非政府组织的慈善工作，以及了解美国的历史、现行法律、中国企业在美投资及相关政策等。在美期间所接触的机构及企业，首先是由我国外专局指定的在美接待单位美中交流协会。整个课程安排和参观考察交流内容委托他们联系（事先与我共同商量），学习期间，先后到访斯坦福大学、伯克利大学、普林斯顿大学、西点军校等美国高级名校，相继拜会并参观了美国硅谷OSI软件公司、佐治亚州红十字总会、优比速国际快递公司（UPS）、可口可乐公司、圣文森公会、联合之路慈善总会、亚特兰大市政厅、美国中小企业管理局等。除此之外，还就美国的自然环境、社会发展理念、悠久的历史文化形成作了深入探讨。

二、主要收获

一是培训内容丰富、组织方法得当、企业家评价高

培训班结束后及时召开总结会。全体成员一致表示，十分感谢中央统战部组织的这次境外培训。尤其是参加培训的民营企业家，他们认为这次赴美国培训从设计上“内容实、课程多、层次高、效果好”。让大家能够走进世界500强公司，走进大型公益慈善机构，走近美国社会，对大家在企业创新发展、履行社会责任方面给予了很多启发和帮助。

二是企业家素质高，具有高度的爱国热情

这次组团出国培训时间定在党的十八大召开前一天出发，所有的团员特别是民营企业家，自始至终都十分关注和关心党的十八大胜利召开。在亚特兰大期间，由于当地的华人比其他城市相对较少，所住酒店看不到中文电视，又没有华人报纸，企业家们都纷纷利用自己的手机，以短信方式与国内朋友保持密切联系，然后在车上或酒店相互传递党的十八大信息。特别是以习近平同志为首的新的中央领导集体当选后，大家信心倍增。大家纷纷表示，努力做好自己的企业，为中国全面建成小康社会贡献自己力量。

三是围绕企业发展长了见识，找到了差距，提高了发展企业信心

参加此次培训的企业家，大都做传统产业和一般的信息技术，公司虽然在当地有一定知名度，企业有一定实力。但与美国大公司比，无论从企业经营者的知识水平，还是企业高层管理，以及企业产品的科技含量，还都有很大差距。通过参观交流考察，使他们增长了见识、开阔了视野，找到了差距。

中国光彩事业促进会企业家理事赴法培训

为提升中国光彩会企业家理事加快创新发展、履行社会责任的能力，按照年度培训计划，经外国专家局批准，中央统战部五局在法中经济文化交流中心配合下，于2013年6月29日至7月19日在法国举办中国光彩会理事培训班。现将培训班主要情况总结如下：

一、基本情况

本次培训班由中央统战部五局局领导任领队，中国光彩会及天津、湖北、贵州省委统战部推荐的学员参加，培训班共18人，其中企业家学员10人，以中国光彩会、各省级光彩会企业家理事为主。培训班以“企业创新发展与社会责任”为主题，主要就法国整体投资环境与经济发展特点、中小企业创新发展、跨国公司履行社会责任、家族企业管理等问题进行专题培训，考察法国有关商会社团、知名跨国公司、大型家族企业，进行文化交流等。培训班听取了欧洲创新发展研究院院长吉盖特先生（Marc Giget）就企业创新发展战略的演讲，听取了法国企业社会责任和企业客户关系发展促进会关于企业社会责任认证的介绍，拜会了法国塞纳-马恩省投资促进局等机构，考察了达索集团（飞机制造）、法国拉普斯（Lapous Viagers）房地产公司、Galimard香水集团等跨国公司和法国知名企业。

本次培训主要有以下三个特点：一是学员层次较高。参加培训的10位企业家中，中国光彩会或省级光彩会理事有9人，很多企业家学员参与光彩事业表现突出，在当地较有影响力，在各级政协、工商联进行了安排，其中全国政协委员1名，省级政协常委3名，省级工商联副主席（商会副会长）3名。二是培训活动主题明确。按照全哲洙副部长在去年光彩理事培训班上提出的“光彩会企业家理事必须做到十八大提出的加快形成新的发展方式，积极履行社会责任，投身光彩事业实践”的要求，培训班紧扣“企业创新发展与社会责任”主题，结合参团企业家特点进行授课和交流，对开阔企业家创新发展视野，提高对企业社会责任的认识很有帮助。三是在培训中自觉贯彻落实中央八项规定。7月上中旬，正值群众路线教育实践活动全面开展，我们切实把贯彻落实中央八项规定、抵制“四风”作为重要原则。尽管学员中企业家很多，他们以往参加高层次出访团接待条件都比较好，但培训班坚持在吃住行等方面自觉执行有关规定，不搞特殊化。严格遵守境外培训纪律，所有活动均在法国境内开展。本部参团同志恪尽职守，以身作则，及时研究问题，非常圆满地完成带团任务。

二、主要收获

一是对企业创新发展有了更深的认识。法国作为传统的发达国家，市场经济经验丰富，经济界、企业界对于创新文化、创新理念有更深的理解和认识。在培训中，我们通过授课讲座、考察企业现场教学等方式，认真学习法国企业的创新理念和创新方法。在巴黎，欧洲创新战略和创新研究院（Institute European for Creative Strategies and Innovation）院长吉盖特先生（Marc Giget）就创新战略和创新文化作了专题演讲。欧洲创新战略和创新研究院是法国从事创新战略研究的非官方机构，主要工作：一是面向欧洲为各大跨国公司提供创新战略、方法培训，每年培训1 万多人，其巴黎创新领导人俱乐部汇集了45位创新企业家，其中三分之二是世界500强企业领导人。他们还有常规培训课程，参加者大多有10年以上企业管理经验。他们与一所大学、300个企业有密切的合作关系，在电视台开设“发明家礼拜二栏目”，录制公开课，每周通过视频网站向公众普及创新知识，在线培训达3.2万人；二是会同有关方面评选“赫姆斯创新奖”（Hermes Awards for Innovation），获奖对象主要是在改进人类生产生活及环境等方面有突出贡献的人，在每年一次的创新企业家大会上颁发。值得关注的是，他们评奖的12项指标很多与我们评选的非公企业转变经济发展方式优秀案例以及优秀中国特色社会主义事业建设者的要求相一致，如：技术创新水平、企业社会责任、企业创造财富与就业机会、企业管理水平、环境保护等等；三是组织企业家见面会，每年都确定一个主题进行研讨，今年的主题是“走出经济危机需要什么样的发明？”他们很需要中国中小企业的案例，希望能够邀请到中国的企业家作为嘉宾。吉盖特先生从哲学和文化的高度对创新的内涵进行了分析和阐述，对于创新与继承的关系，从创意到成果转化的过程进行了深刻剖析，使大家受益匪浅。

通过对拉普斯（Lapous Viagers）房地产公司、Galimard香水集团的考察，学习了现代法国企业的创新经营模式。有的学员表示，法国经济界人士对创新的理解更加深入，从历史、文化、哲学、美学的角度来解读创新，其中“专利的有效期只有3个月”、“创新要给人美的感受”等观点令人耳目一新，“创新必须以继承传统为基础”的观点发人深省，值得每一位中国企业家反思。有的企业家表示，从法国行业发展历程看，香水本来是为了去除鞣皮生产中的异味而研制出来的，随着经济的发展从皮革制造业中独立出来，形成一个新的产业并成为全球香料产业龙头，就是一个不断创新和发展的过程。现在法国Galimard公司的“香水学院”又开辟了让顾客自己调制个性化香水的业务，即游客到此参观，只要花上两个小时、45欧元，就可以在香水师的指导下调制出一款专属于自己的个性化香水，这又是一种营销模式的创新，值得中国企业借鉴。在与拉普斯房产公司交流中我们了解到“终身年金制房产交易模式。”这是一个历史悠久而在近年得到充分发展、融合房地产交易与养老保险为一体的行业。通过法律程序签约后，卖方可以增加低微的退休金，一直在自己的房子里居住至寿终，而买方增加了房产而不用费心管理，不额外纳税，无需向银行贷款，以支付年金的方式购买一套房东居住的房产，这种模式成为法国人乃至国际成功人士日益青睐的投资方向。

二是拓展了对企业社会责任的理解。培训中，法国企业社会责任和企业客户关系发展促进会负责人法雷（Sebastien Faure）先生向我们介绍了法国企业对社会责任的理解，以及协会开展企业第三方社会责任认证的情况。他提出，企业社会责任理论起源于美国，随后迅速扩展至全球，协会对于企业社会责任主要通过以下指标进行判断，包括企业与员工之间的关系，企业与客户、承包商和供货商的关系，企业与公众和地区的关系，企业的环保责任等。协会邀请政府、企业、工会等方面对企业在社会责任等方面的表现进行量化评级，对合格的企业进行认证，让公众了解其履行社会责任的情况。中法两国由于社会发展阶段的差异，对于社会责任标准的认识也有所不同，中国企业更多的注重参加公益事业回报社会，而法国企业更加注重企业与员工、供应链、公众的关系以及环境责任，但相同的是都强调企业应当积极履行社会责任，为社会发展提供更多正能量。有一位房地产学员参观了法国众多历史悠久的古堡建筑和民居后十分感慨地说，就我们房地产行业而言，履行社会责任不单是参与公益事业，很重要的是建造最好的房子，满足老百姓的需求。

三是开展了经济文化方面交流。本次培训不但是一次学习之旅，也是交流之旅、合作之旅。培训中，我们通过拜会巴黎塞纳马恩省投资促进局等政府机构，了解法国各地经济发展形势，以及政府在推动当地经济发展，鼓励外商投资的政策措施。从宏观来说，法国经济受金融危机影响仍未消退，2012年增长只有0.1%，失业率接近11%，养老保险已成为政府重要负担，福利国家负面影响日益显现。培训中每到一地都能感到法国企业开拓中国市场、推销法国产品的迫切愿望。吉盖特院长认为，经历近5年的经济衰退，他们不期望像中国一样经济高速增长，再回到原来的增长速度也比较困难。但实际上欧洲面临的困难并非像外界说的那么严重，现在许多企业已走出低迷，他们的危机主要在管理方面和中小企业的税负较重。欧洲一些大企业历史悠久，承受力也比较强，他们最需要稳定，最需要管理的创新。我们还借助培训拜会的机会，积极向法国政府机构、民间组织和企业宣传中国民营经济发展情况，和民营企业投身光彩事业的情况。培训期间，一些法方组织提出希望与中国光彩事业促进会进行更加深入的合作，如欧洲创新战略和创新研究院主动表达了希望和中国光彩会加强工作合作的想法，并提出他们打算将明年的创新年会安排在中国举行，希望能进一步探讨与中国光彩会进行实质性合作的可能性，法中经济文化交流中心刘刚副主席表示愿意积极配合。一些企业家也结合自身企业特点，积极开展经济交流。中国光彩会理事、湖北中博绿色科技股份有限公司是一家农业产业化企业，是中国猕猴桃产业化标准制定企业。董事长黄祥礼在法期间认真考察法国葡萄酒生产，不远万里带上他公司的中华猕猴桃酒给团员和客户品鉴，并与法国企业家就如何将猕猴桃酒推向法国等问题深入交换意见。贵州省商会副会长、贵州双龙实业发展有限公司是一家磷化工企业，在非洲有多个有色金属矿，并有一批美容连锁店，企业正在寻找新的转型方向。董事长安之忠认为，今后随着生活水平的提高，健康和养老产业会快速发展。他抓住一切机会接触法国企业，并他通过在法国的学习考察、洽谈，就代理法国美容产品与乔治安娜.鲁尔公司等达成了初步投资意向。天津市光彩会理事、天津新华投资集团有限公司总裁张春静在与天津旅法侨商会交流中发现，在巴黎非常缺少高档有特色的中餐馆，而在天津滨海新区空客320组装基地，外国人比较多但至今还没有一家正宗的法国餐馆，很快就与法国有关企业达成了中法餐饮交流的意向。

四是加深了对代表人士的了解和认识。20多天的共同生活，同车同行3000多公里，是我们了解代表人士的有利时机。很多企业家学员对本次培训高度重视，中国光彩会理事、湖北长城建设控股集团有限公司董事长涂亿万为了参加培训推掉了陪同省委统战部领导出访的机会，中国光彩事业促进会理事、山东永胜房地产开发有限公司董事长杜月野，天津市光彩会理事、市商会副会长、太平洋医药科技集团有限公司董事长宋德成都是刚刚回国几天，时差还没有调整过来，就跟随培训班来到法国，体现了他们对光彩事业和中国光彩会的深厚感情。天津赛象科技股份有限公司是法国米其林公司的合作伙伴，为空客320配套轮胎，董事长张建浩出发前希望能够趁申根之便请两天假到荷兰谈公务，了解到有关规定后一直等到回国，短暂处理了公司的工作后又重新飞到法国和荷兰，体现了较高的大局意识。我们在公务活动之余，利用长途行车的机会，以大巴车当会议室开了三次会，包括培训总结会。在个别交谈之外，每一位企业家都在会上介绍了自己的创业经历、企业发展、参与光彩事业等情况，既有利于企业家之间充分交流，彼此汲取企业经营管理经验，探讨企业间的合作，也使我们更加全面、立体地考察了代表人士。7月8日到达波尔多第二天，正值杜月野50岁生日，我们悄悄准备了蛋糕，安排了第一次正宗的西餐，大家同唱“生日快乐歌”，在异国他乡为他过了一个没有家人陪伴却别开生面的生日，杜总非常感动，全体团员也非常开心。值得一提的是，此次培训班天津人员较多，我们请天津市委统战部常务副部长、天津市光彩会副会长刘剑英作班长，他非常负责任，在协调关系、做企业家思想工作方面发挥了积极作用。在培训前期接待方安排的客车制冷系统出现问题，到了法国南部天气炎热，车内酷热难耐，在与法方交涉换车过程中，企业家始终对工作人员给予理解和支持，体现了良好的素质。

三、有关建议

本次培训班总体上达到了预期的目的，参团企业家和干部都表示，今后光彩会应继续坚持境内境外培训两条腿走路，有组织地“走出去”开阔视野非常必要，对于经济处干部更显重要，由三四个省市统战部干部带企业家参团的方式也非常科学，今后应总结经验做得更好。随着非公有制经济的迅速发展，中国融入经济全球化程度日益加深，民营企业“走出去”日趋普遍，本期培训的企业家学员中很多人在海外有投资或者设立了分支机构，有的企业还是世界500强企业的合作伙伴。企业家出国培训早已摆脱了开开眼界、见见世面的初级阶段，而是需要听到真正高水平的演讲，与世界一流的企业家接触。本次培训正处于法国大学放假、暑休等原因，高水平的课程较难安排，与法国企业的交流多限于企业发展历程和产品的介绍，对发展经验的总结和发展战略的研讨较弱。因此建议今后开展境外培训时，应注意时间和培训机构的选择。一是加强沟通，确保公务活动层次和培训质量；二是拓展公务安排渠道，尝试“两条腿”走路，通过工商联、行业商会等组织与国外主流商会、大型跨国公司直接联系，安排更加对口的公务活动；三是拓展境外培训渠道，培训机构不能一家独大，要引入竞争机制，引进在当地有影响、高层次的培训机构，确保境外培训的含金量。

第七部分

地方光彩会

PLACE THE BRILLIANCE

北京市光彩事业促进会

【综述】

北京市光彩会立足首都非公经济发展现状和发展方向，团结、引导首都非公有制经济人士，弘扬“义利兼顾、以义为先”的核心理念和光彩精神，践行社会主义核心价值观，坚定中国特色社会主义理想信念，引导非公有制经济人士致富思源、富而思进，积极承担企业的社会责任，热心公益事业，投身光彩事业，为首都经济社会可持续发展作出了许多贡献，为首都非公经济健康发展营造了良好环境。

一、广泛发动非公有制经济，积极参与首都新农村建设

民企助力“同心”工程，建设社会主义新农村。在市委统战部的号召下，组织首都非公企业积极参与“同心工程”，其中京奥港集团、曲美家具、集美家居、东方美亚、东亚新华等五家会员企业筹集1100万元资金，资助怀柔区喇叭沟门满族乡帽山村和密云县不老屯镇史庄子村整村搬迁工程配套设施建设项目。两座新村建成后，又为两新村的“光彩书屋”捐赠了2200余册图书及书柜。现两村全部建设工程已经竣工，初现社会主义新农村面貌，仅通过民俗旅游一个新的经济增长点，每年就为农户收入增加万元以上

打造“甜蜜事业”品牌，推进光彩惠农京郊行。2014年年初，“甜蜜事业”在平谷启动，近200家非公有制企业参加，并与平谷区新农村建设项目进行了对接，东华软件等50余家非公有制企业捐资120余万元，通过认养桃树、蜂业养殖项目，帮助农民脱贫致富，促进了平谷新农村建设的步伐。此外，本次活动中，北京中腾时代集团还签约投资5亿元在平谷开发红木文化产业园项目，促成联东集团投资50亿元打造“联东U谷－平谷产业综合体”，推动当地高端产业聚集，促进当地农民增收就业。

二、勇于承担社会责任，为抗震救灾作出贡献

四川雅安、云南鲁甸地震灾害发生后，市光彩会第一时间下发通知，号召北京光彩会理事会员和会员企业积极投身抗震救灾。据不完全统计，光彩会理事和会员共为灾区捐款捐物7500万元，其中，为四川雅安捐款3202万元，捐物折价1653万元，合计4856万元；为云南鲁甸捐款2381万元，捐赠物资折价260万元，合计2641万元。

三、组织开展“光彩行”，着力促进老少边穷地区发展

近年来，北京市光彩会组织非公企业参加中国光彩会组织的安徽六安、西藏拉萨、江西赣州、河南信阳、新疆喀什5次“光彩行”活动，参加的非公有制经济人士共计达到300人次，签约合同项目32个，投资总额20亿元，公益项目捐款近千万元。协助湖北十堰、四川大凉山、湖北咸宁、新疆和田、西藏拉萨、贵州毕节在京招商推介会，顺义区工商联和延庆县工商联分别参与了黑龙江哈尔滨和湖北咸宁两地小型投资考察活动。光彩事业的扶贫开发活动有效促进了老少边穷地区经济社会发展，受到当地党委政府和群众的欢迎。“光彩行”有机融入非公有制人士理想信念教育实践

活动，组织叶氏集团、明天置业等会员企业等参加“全国非公有制经济人士感恩革命老区延安行”活动，召开“弘扬延安精神，共筑中国梦”主题座谈会，使企业家们传承革命传统，坚定理想信念，实现共同发展。

四、搭建对口支援平台，助力企业拓宽发展空间

（一）公益捐赠与产业援藏相结合，搭建京藏交流合作平台。组织北京民营企业赴藏考察投资，拓展市场，进一步加强京藏两地的经济交流合作。握奇数据、爱家家居等企业向西藏捐赠250万元用于拉萨公益项目；北京航天宏宇医用设备公司投资3000万元参与开发拉萨教育城项目；中发集团投资注册1720万元，在拉萨市开展建筑、商贸、咨询等项目；推动“河谷藏鸡”规模化养殖，建立“种源基地+合作社养殖+加工基地+冷链物流+市场营销”的全产业链模式，带动当地藏民就业。市工商联选派光彩办在拉萨市工商联挂职的同志，大力推广“拉萨市净土健康产业”，在新发地市场和京东商城分别开设线上线下展馆，并牵头组织了拉萨市“净土”健康产品发布会，促成与华联商厦整体推广合作，推动西藏特产规模化、规范化走进北京市场。

（二）引导首都民企产业援疆，促进民族交融共生共赢。为新疆自治区和和田在京招商提供便利条件，同时组织北京集美家居、珍贝集团、福环集团、东方国狮集团、科瑞生物制药等企业到新疆喀什等地投资考察，并为南疆公益项目捐款600余万元。北京仁创集团充分利用和田地区周边沙漠资源，开发高科技砂产品，形成砂产业链；北京春光集团结合新疆资源禀赋，投资10亿元在博尔塔拉蒙古自治州用于高端农牧产业，采取养殖合作社的经营模式，惠及3000多牧民家庭，对当地GDP的贡献将在35亿元以上；庆华能源集团作为全国民营500强企业，在伊犁州投资上百亿元发展煤制气和精细化工产业，建设低碳化、清洁化、循环型的国家级产业园，解决3000多人就业，其中少数民族员工占一半左右。

（三）结合“南水北调”对口支援，拓宽企业发展空间。将对口支援活动定位在助力首都民企转型升级，到京外拓展企业发展空间，服务首都改革发展需要。将对口帮扶与企业自身转型需要相结合，与首都产业转移相结合。将公益捐赠与企业投资兴业相结合，营造企业发展的外部环境。争取北京市对口支援合作办公室的南水北调专项资金40万元，用于在湖北十堰和河南南阳开展招商考察等互动交流活动，为企业积极履行社会责任创造更加便利的条件。

【参与抗震救灾】2008年5月16日，北京市工商联、北京市光彩事业促进会、北京市非公经济人士联谊会联合举行“万众一心，众志成城”——北京市非公企业抗震救灾捐赠仪式。捐赠仪式上共有27家企业现场捐款619.68万元。据不完全统计，18个区县累计为地震灾区捐款捐物24391.6328万元人民币。

2010年4月20日，青海玉树地震发生后，全市非公有制经济为青海玉树地震灾区捐款910.1905万元，捐物240.632万元，合计1150.8225万元。

【携手共建】叶氏集团与怀柔区渤海镇北沟村达成携手共建协议，拟投资5000万元人民币在当地建设一座旅游精品酒店项目，可直接吸纳当地100名农村富余劳动力就业，以推动当地农村经济发展和农民生活水平的提升。

【甜蜜事业】2013年2月，“甜蜜事业”在平谷启动，近200家非公有制企业参加，并与平谷区新农村建设项目进行了对接，东华软件等50余家非公有制企业捐资120余万元，通过认养桃树、蜂业养殖项目，帮助农民脱贫致富，促进了平谷新农村建设的步伐。此外，本次活动中，北京中腾时代集团还签约投资5亿元在平谷开发红木文化产业园项目，促成联东集团投资50亿元打造“联东U谷－平谷产业综合体”，推动当地高端产业聚集，促进当地农民增收就业。

（北京市光彩事业促进会供稿）

天津市光彩事业促进会

【综述】

天津市光彩事业促进会近年来积极引导全市广大非公有制经济人士深入践行光彩事业核心理念和“同心”思想，投身中西部和老少边穷地区的帮扶工作，认真履行企业社会责任，在服务科学发展、促进社会和谐中取得了优异成绩。

一、服务大局，全力帮扶促发展

市光彩会按照国家发展战略部署，引领全市民营企业秉承光彩精神，以高度的社会责任感和使命感积极参与西部大开发，热心帮扶老少边穷地区发展经济。据不完全统计，目前全市民营企业投资兴业的贫困地区涉及新疆、青海、宁夏、贵州、云南、湖南、陕西、江西、安徽、吉林、河北、山东等省区，投资总额约20.3亿元，涉及产业有矿产、新能源、石油管道、中草药种植、食品饮料、养殖、建材、电缆、现代农业及商贸物流等。这些光彩项目的实施，有力助推了中西部和老少边穷地区经济建设，促进了当地就业和民生改善。

对口帮扶工作是国家扶贫开发工作的重要组成部分，市光彩会始终注重鼓励广大民营企业积极参与，通过民间渠道和市场化运作确定投资项目。在援疆工作中，近几年市工商联、市光彩会协同新疆天津商会分别组织企业赴我市对口帮扶的新疆和田地区考察，与策勒县、于田县、民丰县政府就25个产业招商项目签订了框架协议。截至目前，全市已有16家民营企业落户和田地区，协议投资额23亿元。

在援藏工作中，2009年市工商联、市光彩会开展“手拉手，奔小康，对口支援作贡献”活动，42家会员企业克服金融危机影响，向西藏自治区及昌都地区捐款280万元，支援当地经济建设；同年，为支持全市援藏工作，市光彩会向天津援藏干部联谊会捐款7万元。2010年，市工商联、市光彩会安排昌都地区工商联副主席斯郎群培同志来津挂职锻炼三个月，促进了天津与西藏人员交流，密切了两地关系。2011年，市光彩会捐款160万元，援建全市对口支援青海黄南藏族自治州民族中学光彩综合楼项目，为促进民族团结和发展民族教育做出了贡献。2014年，为进一步推进青海省黄南州同仁县教育事业发展，市光彩办经过实地考察，与同仁县人民政府签订协议将第一届书画展拍卖所得款项30万元援建“同仁县天津光彩幼儿园”项目。在支援贵州毕节试验区建设中，全市广大非公有制经济人士发挥了重要作用。2010年，天津市统一战线响应中央统战部的号召，为毕节试验区“同心水窖”工程捐款1000万元。2011年，市光彩会捐款50万元，支持毕节试验区教师来津培训。2012年7月，中央统战部号召东部十省市开展参与毕节试验区建设“百企帮百村”活动。根据市委统战部的统一部署，市工商联、市光彩会召开启动仪式，和平区、河西区、东丽区、津南区、 西青区、北辰区、宝坻区和宁河县工商联、浙江商会、华商书院天津校友会等10家单位承担帮扶任务，随后组成代表团赴毕节考察对接。12月，市委统战部、市工商联、市光彩会联合举行“百企帮百村”活动新闻发布会。2014年7月，市委常委、市委统战部部长、市光彩会会长刘长喜率队赴贵州省毕节，检查推动 “百企帮百村”

工作，为纳雍县海子村中心小学和老年活动中心揭牌，为期三年的“百企帮百村”的活动正式结束。本次活动到位帮扶资金共计400万元。在支援外省市贫困地区的同时，始终把全市贫困地区的帮扶工作摆在重要位置，蓟县孙各庄满族乡是天津市较为贫困的少数民族乡镇之一。2011年，在“光彩事业老区行”活动中，市光彩会组织民营企业家对蓟县孙各庄满族乡实施重点帮扶，捐款捐物累计达1130万元，为孙各庄满族乡捐修道路、捐建学校、帮扶贫困。市工商联会办企业元宝山庄在蓟县孙各庄投资2366万元，为当地贡献税收累计达1052万元。2014年，康因投资控股有限公司捐助50万元人民币帮扶孙各庄满族乡建造农贸市场。2014年10月31日，市委统战部、市工商联、市光彩会共同开展“光彩蓟县行”活动，市光彩会积极组织民营企业家参与此次活动，并且推动落实市光彩会、部分民主党派、区县统战部及工商联、民营企业与孙各庄满族乡签订了总额约190万的帮扶协议，部分民营企业与蓟县有关方面签订了约4.82亿元的投资协议并举行了孙各庄满族乡“光彩事业实践基地”揭牌仪式。

二、情系灾区，危难之中显爱心

近年来，我国多有自然灾害发生，天津广大民营企业在危难时刻总能挺身而出，积极奉献爱心。汶川地震后，市工商联和市光彩会迅速发出向灾区人民捐款献爱心的倡议，广大会员企业积极响应，通过各种渠道向灾区人民捐助款物累计达3.1亿元。在中央电视台“2008抗震救灾募捐‘爱的奉献’主题晚会”上，荣程集团董事长张祥青捐款1亿元，展示了天津民营企业家的光彩形象。2010年玉树地震后，全市民营企业捐款捐物7966万元，帮助受灾地区人民群众重建家园。2011年，民营企业家捐资791.99万元援建的陕西省略阳县“嘉陵江天津光彩大桥”和“徐家坪上坪村通村公路”竣工。该项目被评为“全国‘十一五’期间为全面建设小康社会作贡献社会服务优秀成果”。2011年，市光彩会捐款160万元援建青海黄南州民族中学天津光彩综合楼。2013年4月20日雅安地区发生地震，光彩办在市委统战部和市工商联的领导和帮助下，积极行动，组织我市民营企业捐款捐物。2014年4月11日，工商联党组书记李广文赶赴四川省雅安市，经实地考察后，与雅安市宝山县人民政府达成捐赠意向：市光彩会向坐落在宝山县灵关镇的宝山县幼儿园项目捐赠500万元，2015年秋季幼儿园建成后，将以“宝山县天津光彩幼儿园”命名。

三、感恩思进，热心公益讲奉献

多年来，全市广大民营企业致富思源、回报社会，积极参与教育、卫生、环保、绿化和社区及新农村建设等公益事业，为促进社会和谐做出了贡献。2008年，市委统战部、市工商联和市光彩会开展了“光彩事业安徽行”活动，组织民营企业家到我国改革开放的发源地安徽小岗村，实地感受三十年来安徽农村的巨大变化，接受改革开放好、中国特色社会主义好的教育。民营企业家张彦森、禹作胜、应泽从、周中发、柴忠强等各出资20万元，为安徽省凤阳县和肥西县捐建光彩小学。2011年以来连续三年，市光彩会牵头与团市委和市卫生局联合组织了宣传防治艾滋病“红丝带健康包”发放活动，范围涉及30余家民营企业7000余名员工。自2012年6月，连续三年，市光彩会联合市工商联举办天津市民营企业职工书画艺术提名展暨公益拍卖会，所得义款累计300万元用于我市对口支援的新疆和田地区、青海黄南藏族自治州、贵州毕节试验区的光彩助学项目及雅安抗震救灾项目。截至2014年，我市民营企业参与家乡新农村建设捐款298万元；在修建学校、资助贫困生等支教助学活动中累计捐赠2.9亿余元；在捐建医院、救助病人和其他医疗卫生方面捐赠1.3亿余元；在救济贫困、扶助残疾人等方面捐赠1亿余元；在污水治理、垃圾处理和其他环境美化方面捐赠3.4亿元；在修建路桥、改善人畜饮水、改造农田水利设施、修建电力和信息设施等方面捐赠3300余万元；在村镇绿化、产业帮扶基金和其他公共设施方面捐赠约1亿元。

四、广辟渠道，促进就业惠民生

民营企业家努力开辟就业渠道，创造更多就业岗位，吸纳更多劳动者就业，有效缓解了社会就业压力。2008 年，为应对国际金融危机，市工商联开展了“手拉手，渡难关，科学发展上水平”活动，与市政府有关部门派出联合工作组，深入企业调研，帮助解决问题。2009 年，市工商联、市光彩会发起了“促进就业光彩行动”，在天津市就业工作会议上，40 余家民营企业联合发出倡议，庄严承诺金融危机期间不裁员、不减薪。此外，市工商联、市光彩会与天津大学、南开大学、天津师范大学、天津工业大学、天津科技大学等高校先后联合举办 5 次“创业大讲堂”活动，邀请知名企业家走上大学讲台，宣讲创业经验，2000 余名在校大学生聆听了讲座，多名企业家被高校聘为创业导师。截至 2014 年，市光彩会与市人力资源和社会保障局、市总工会、市教委等部门联合举办了 9 次“民营企业招聘周”；与市残联等部门联合举办了 6 次“残疾人招聘会”。据不完全统计，2010 年以来全市民营企业新增各类就业人员 26 万人，培训员工 31 万人次，投入经费 1.3 亿余元。

五、凝心聚力，光彩实践育新人

天津市光彩会注重发挥企业家的主体作用，通过各种光彩活动，培养锻炼人才，展示新时期民营企业家的亮丽风采。在“感恩行动”中，60 家民营企业结对帮扶蓟县“三老”人员，他们不但自己带头探望慰问老革命、老党员、老模范，有的还带着亲属和职工一起到“三老”人员家中嘘寒问暖，帮助解决生活中的具体问题，共同接受革命传统教育和感恩教育。这项活动已持续了两年多，使一大批企业家得到了锻炼，增强了产业报国的使命感和回报社会的责任感。再如，在历次的抗震救灾活动中，全市很多民营企业家亲赴灾区参加救援，与灾区人民共度难关，帮助受灾群众重建家园。无数事例证明，光彩事业已在我市民营企业家的心中扎下了根。勇于承担社会责任，热心参与社会慈善公益事业，已经成为全市企业家群体普遍的价值追求。光彩事业已经与非公经济健康发展和非公经济人士健康成长紧密联系在一起。一大批个人和企业因贡献突出受到了党中央、国务院、国家有关部委、全国工商联、中国光彩会和天津市的表彰。截至目前，闫希军、李金元、柴宝成、闫山林、王树生、张荣华、杜克荣、李占通等 9 位企业家先后获得了中国光彩事业奖章；大田集团、小护士集团、友发钢管集团、天士力集团、天重江天重工有限公司、贻成集团、狗不理集团、宝成集团、荣程集团、天地伟业等 10 家企业先后获得了全国就业与社会保障先进民营企业荣誉称号；荣程集团和天士力集团于 2012 年获得由国务院颁发的全国促进就业先进企业荣誉称号；荣程集团、天士力集团、广聚源纸业集团、获得 2012 年非公经济企业十大碧水环保先锋奖；天津滨海国际花卉集团获得最佳企业水环保管理奖；傲绿集团获得最佳环境效益奖。2012 年，市光彩会办公室也获得“中国光彩事业组织奖”、“环境保护组织奖”，市光彩会办公室一名干部获得国务院颁发的“全国促进就业先进个人”荣誉称号。

【援建嘉陵江天津光彩大桥】2008 年汶川地震后，全市民营企业家积极参与灾后重建工作，11 月 15 日，由全市民营企业家捐资 791.99 万元援建的“嘉陵江天津光彩大桥”开工，该项目被评为“全国‘十一五’期间为全面建设小康社会作贡献社会服务优秀成果”。

【光彩事业感恩行动】2011 年 1 月 6 日，由天津市委统战部、天津市工商联和天津市光彩事业促进会联合发起的“天津市非公有制经济人士光彩事业感恩行动”启动仪式在蓟县举行。全市 60 家民营企业参会，与当地 60 位老党员、老革命、老模范结成帮扶对子。这是继“光彩事业老区行”之后，全市非公经济人士投身光彩事业的又一新举措。非公有制经济人士对生活困难的“三老”人员每年给予一定的资金帮扶，并采取提供就业和培训等方式，尽力帮助“三老”人员及其家人发展生产、增加收入。

【捐建雅安宝兴县光彩幼儿园】2014 年 4 月

11日，市光彩会向坐落在雅安市宝山县灵关镇的宝山县幼儿园项目捐赠500万元，2015年秋季幼儿园建成，以“宝山县天津光彩幼儿园”命名。市光彩会为捐款人树立石碑作永久纪念。

【光彩事业促进会换届】2013年9月18日，天津市光彩事业促进会第二次会员代表大会暨二届一次理事会在天津礼堂隆重召开。大会审议通过了由市工商联副主席杨蔚东作的第一届理事会工作报告，选举刘长喜同志担任天津市光彩事业促进会会长，同时，聘请张元龙、黎昌晋为新一届光彩会名誉会长。民营企业家张秀燕宣读《倡议书》。在会上，天津市光彩事业促进会向蓟县孙各庄满族乡教育提升工程捐赠20万元。10月17日，在孙各庄乡政府召开了第二届一次会长办公会，向孙各庄乡政府捐赠了用于孙各庄乡中心校小学教育提升改造的20万元支票并签署了孙各庄农贸市场改扩建提升项目投资意向书。

【光彩蓟县行】2014年10月31日，市委统战部、市工商联、市光彩事业促进会联合开展“光彩事业蓟县行”活动，主办方有关负责同志和部分民营企业家共140余人参加。活动期间，举行了投资帮扶项目签约仪式、孙各庄满族乡“光彩事业实践基地”揭牌仪式和蓟县康因光彩市场的奠基仪式。部分民营企业与蓟县有关方面签订了总额达4.82亿元的投资协议。市光彩事业促进会、部分民主党派、区县委统战部、区县工商联、民营企业与孙各庄满族乡签订了总额约190万元的帮扶协议。滨海新区工商联向蓟县捐助了人民币20万元。项目的落成，改善蓟县孙各庄满族乡农贸市场硬件条件，使当地3000多名群众受益。

（天津市光彩事业促进会供稿）

河北省光彩事业促进会

【综述】

河北省光彩事业紧紧围绕党委和政府中心工作，完善思路、创新载体，在帮扶区域上更加注重选择相对贫困的农村地区特别是革命老区，在帮扶方式上更加注重扶贫与扶智兼顾，在帮扶效果上更加注重建立起长效帮扶机制，积极履行社会责任，投身扶贫与社会服务事业，为促进贫困群众增收、推动欠发达地区经济社会全面发展、促进社会和谐稳定，作出了积极的贡献。

一、着眼于促进城乡经济共同发展，引导民营企业投身新农村建设

贯彻落实中央和地方关于社会主义新农村建设的重大战略部署，引导民营企业发挥人才、资金、技术、信息、管理等方面的优势，积极投身新农村建设工作，着重改善贫困乡村和群众生产生活条件，促进当地城乡经济的统筹发展。2008年3月，省委统战部、省工商联、省光彩会联合启动了“民企系三农，共建新农村”活动，我省参与的民营企业达到1534家，与1471个贫困村结对帮扶，投入资金5.9亿元，培训村民1.7万人。2013年10月，根据省委、省政府《关于实施农村面貌改造提升行动的意见》精神及要求，谋划开展了“村企携手，共建美丽乡村”示范点创建活动，动员会员企业参与农村面貌改造提升行动，共组织20余家直属商会对113个村进行了重点帮扶，修路5000多米，打井13眼，建设农村卫生室7个，捐献健身器材500多件套，建设文化广场10万多平方米，捐赠扶残助教资金500多万元。

二、着眼于提高贫困群众生活水平，引导民营企业投身感恩行动

为增强非公有制经济人士感恩党、感恩国家、感恩人民的自觉意识，帮助贫困地区、革命老区加快经济发展，提高群众生活水平，省光彩会结合自身工作实际开展了系列活动。2010年5月，省委统战部、省工商联、省老促会、省光彩会联合启动了“同心·千家民企进老区帮万户光彩示范行动”，通过项目带动、就业培训、公益捐助、帮贫济困等多种形式，帮助老区人民发展生产、增加收入、改善生活。据统计，活动中全省共帮扶老党员、老革命、老模范及贫困户23135人，参与帮扶企业1420家，资助金额达29336.2万元，企业在老区招工20779人，培训群众13675人次，实施惠民项目1789个。该活动取得了明显成效，受到中央统战部、全国工商联和全国老促会的肯定。为落实好省委、省政府《关于动员全社会力量实施扶贫帮困“春雨行动”的意见》要求，扎实做好对口帮扶工作落实，2014年在全省工商联系统开展了“春雨行动－光彩手拉手”活动，组织全省工商联企业家副主席418名、执常委9885名、各类商会组织1507家对全省50115名帮扶对象围绕“三解决、三提高”六个方面进行结对帮扶。

三、着眼于建立农民致富的长效动力，大力开展光彩农技培训活动

为资助贫困地区农民及有志服务农村建设的贫困毕业生学习农技知识，帮助农村培养一批用得上、留得住的技术人员，在新奥慈善基金会的大力支持下，省光彩会自2011年开展了为期三年

的“新奥·威远环保型农技人才培训活动”。在培训形式上，根据不同需求采用短期培训班、巡回培训、农技专业学历教育三种形式开展培训；在培训内容上，注重结合当地农业生产实际需要，聘请不同领域的专家讲授农业综合技术管理、农业种植、畜牧养殖等内容。截至2012年底，新奥慈善基金会投入资金130多万元，分别举办了“新奥·威远环保型畜牧养殖培训班”和“ 新奥·威远环保型果树种植培训班”，共培训农村学员180人；举办了种植、养殖技术巡回培训11期，培训农民群众和技术人员1660人；在邢台农业学校举办了为期三年的“新奥·威远环保型农技学历教育班”，共有来自全省的213名学生参加了学习。此项工作的开展，在提高农民科学文化素质、促进农业产业结构的调整和农村经济发展等方面起到了积极作用，得到了各级政府的好评，受到了广大农民朋友的欢迎。

四、着眼于在保障和改善民生上有更大作为，引导民营企业积极参与公益慈善事业

为引导非公有制经济人士把企业利益与社会利益有机统一起来，在发展企业的同时努力造福社会，我会积极组织民营企业参与社会公益事业。在促进就业方面，会同省劳动保障厅、省总工会每年举办“民营企业招聘周”活动，为民营企业招聘人员服务，为下岗失业人员、大中专院校毕业生、技能人才和其他劳动者实现就业再就业服务。七年来，共有2.7万多家民营企业参加招聘，提供空岗信息50.57万个，签订就业意向人员21.91万人，签订职业培训7.41万人。在教育事业方面，引导广大民营企业通过捐资、捐物等形式改善贫困地区的办学条件，支持贫困家庭的子女入学。2012年，省光彩会在全省范围内组织开展“明日之星·助学支教”捐赠活动，向全省义务教育阶段品学兼优的贫困学生及优秀教师捐赠总价值1000余万元的电子学习和教学用品。在卫生事业方面，我会按照全联统一安排部署，开展了红丝带健康包“百校进千企”活动，向企业中的外来务工人员发放了5000套健康包，并组织高校学生志愿者开展了预防艾滋病知识的科普宣传。在赈灾济困方面，组织会员企业发扬“一方有难、八方支援”的传统美德，以实际行动向灾区人民献上爱心。省工商联、省光彩会先后组织我省民营企业开展了向汶川地震、玉树地震、雅安地震及我省“7·21”洪灾等受灾地区的捐赠活动。据不完全统计，历次捐款捐物折合人民币共达33919.6万元。

五、着眼于树立社会主义建设者良好形象，大力开展宣传表彰工作

为宣传民营企业作为社会主义建设者良好形象，进一步扩大光彩事业的影响，省光彩会在日常工作中注意做好发掘典型、宣传典型工作。2009年，与省电视台联合拍摄了系列片《河北优秀民营企业展播》，宣传了全省100家典型民营企业。2011年，在全省开展了民营企业树典型、学典型活动，把“保障改善民生、自觉履行社会责任”作为其中重要的一个方面进行大力宣传。为了进一步激发民营企业家参与光彩事业的热情，我会还加大了对民营企业家参与光彩事业的推荐和表彰力度。七年来，我会先后向上级部门或单位推荐优秀企业或企业家代表80多人次，共有16位民营企业家荣获中国光彩会颁发的“中国光彩事业奖章”；12名民营企业家被国家林业局、全国工商联、中国光彩会授予“光彩事业国土绿化贡献奖”；10家民营企业获得“全国就业与社会保障先进民营企业”荣誉称号。

（河北省光彩事业促进会供稿）

山西省光彩事业促进会

【综述】

自2008年以来，山西省光彩会紧紧围绕省委、省政府中心工作，结合自身特点，不断创新工作载体，积极培育品牌活动，取得了明显成效。

一、着力打造"新晋商万企联万户感恩行动"品牌

自2008年7月启动"新晋商万企联万户感恩行动"以来，我们先后在吕梁、太行革命老区组织开展了以省工商联副主席（副会长）、常委、省直商会为主体的光彩事业"兴县行"、"武乡行"、"左权行"等活动，把非公有制经济人士接受革命传统教育与帮助在乡的老红军、老八路、老党员（简称"三老"）改善生产生活条件相结合，得到广大民营企业的积极参与。全省1万多户民营企业出资1亿多元参与感恩行动，帮扶"三老"1.42万名，建立光彩助学基金1500万元，为"三老"家庭子女提供就业岗位600余个，落实帮扶项目600多个，受到中央统战部的表彰并在全国进行经验推广，成为我省开展光彩事业工作的品牌活动。

为引深"新晋商万企联万户感恩行动"，从2011年3月起，联合省科协连续两年开展"同心·新晋商科普惠三老"活动，全省19户民营企业捐赠1200万元用于活动开展，向"三老"人员赠送爱心手机1700部，联合省联通公司向全省"三老"人员赠送话费200万元，为全省14250名"三老"人员免费发放绿色通道会员卡，提供科普服务36500人次，组织科普大篷车巡回服务200多场次，联合山西农业大学开展大学生红色寻访"九个一"活动，让"三老"人员及其家庭真正享受到科普服务的实惠。

二、打造民企参与产业扶贫工作品牌

2013年，省委、省政府实施"百企千村产业扶贫开发工程"以来，我们坚持把开展光彩事业与引导民营企业参与产业扶贫开发相结合，积极引导民营企业调整发展理念和思路，发挥其在资金、管理、技术、市场等方面的优势，转产转型农业项目，实现农企双赢。一是加强引导宣传。2013年6月，在吕梁市柳林县召开全省民营企业参与产业扶贫动员会。2014年7月，在晋中市左权县召开全省非公有制企业产业扶贫观摩推进会。动员太原、大同、吕梁、忻州等市组织开展产业扶贫分片观摩活动。通过开展集中观摩、分片观摩、宣传典型、举行签约会等活动，引导民营企业积极参与、扎实推进，在促进农民增收的同时，开辟了企业转型发展的新路径，取得阶段性成效。据统计，目前参与产业扶贫开发的200多家规模以上各级各类企业中，省内民营企业就达180多家，已成为我省产业扶贫开发的生力军。二是拓宽产业扶贫领域。目前，民营企业投资产业扶贫项目已有307个。其中，投资建设的项目包括特色农业种植加工项目129个，畜禽规模养殖加工项目70个，现代设施农业项目37个，农产品市场体系建设及物流配送项目12个，生态旅游开发项目11个，土地整理等开发性农业建设项目8个，其他相关产业项目40个。三是注重经济社会效益。参与产业扶贫开发的民营企业充分发挥当地农业发展的优势，大力发展区域特色明显、带动农民增收效果显著

的产业开发项目，依托龙头建基地，拉长产业链条，着力打造品牌，涌现出了山西紫云牧业公司、山西振东集团、山西康禾农业有限公司等一批产业链条长、科技含量高、品牌效益强的区域化、规模化产业扶贫开发项目。这些项目既拓展企业的发展空间，培植了新的增长点；又带动当地形成新的特色产业，解决农民就业和增收问题，取得了较为明显的经济效益和社会效益。

三、打造民营企业社会责任工作品牌

近两年，在推进光彩事业发展中，我们创新工作思路，把推进民营企业社会责任报告制度作为有效抓手，引导民营企业全面准确认识和自觉履行社会责任，适应经济发展新常态，走可持续发展道路。

2013 年，省工商联扶贫部创新服务手段，首次在民营企业中推行社会责任报告制度，组织开展“发扬晋商精神•提升晋企形象”主题活动，举办“新晋商与企业社会责任”主题座谈会，公开发布了 22 份《企业社会责任报告》。2014 年，修订完善了《山西民营企业社会责任报告编写指南》，在组织动员、对报告综合评价分析、深入调研的基础上，组织召开了民营企业社会责任报告会暨 2013 年度企业社会责任报告新闻发布会，再次集中公开发布 50 份社会责任报告。此项工作受到中央统战部、全国工商联的高度关注，同时也引起中国社科院和省内高校、科研院所的浓厚兴趣，全国工商联、中国社会科学院联合调研组专题调研我省开展民营企业社会责任报告制度工作。在 2014 年 12 月 9 日召开的全国工商联社会扶贫工作座谈会上，我省以《发布社会责任报告•树立责任晋商形象》为题进行大会发言，介绍开展企业社会责任工作的主要做法和经验体会，受到全联领导和与会代表的高度赞扬。

四、组织开展深化光彩事业系列活动

一是开展国土绿化“光彩林”建设活动。2013 年 4 月 28 日举行了“光彩林”建设活动启动仪式，省委统战部主要领导、省工商联班子成员和机关干部，省造林局、省绿化委员会办公室有关负责同志，省直商会负责人、认种会员企业代表、媒体记者等共计 200 余人参加启动仪式并进行了义务植树。省直商会共组织捐款 600 余万元，参与“光彩林”建设，在全省起到了良好的示范作用。5 月 22 日由省委统战部、省绿化委员会、省工商联、省光彩会联合发出《关于组织全省民营企业投身国土绿化建设“光彩林”的通知》，对全省开展“光彩林”建设活动作出安排部署。2013 年在全省绿委办主任会议上，省委统战部经济处处长、省光彩会秘书长高志勇被授予“山西省绿化奖章”。截至目前，参与“光彩林”建设的民营企业共 140 户，其中参与“一企一矿绿化一山一沟”活动企业 84 户，建立义务植树基地 120 个，植树 11.6 万亩，捐助绿化费 4.64 亿元，认种认养绿地 14.9 万亩、树木 1482 万株。二是做好全国光彩事业重点项目申报、跟踪服务工作。已有 5 个项目获批“2013 年度全国光彩事业重点项目”、15 个项目获批“全国光彩事业扶贫贷款项目”。2014 年向中国光彩会申报全国光彩事业重点项目、光彩事业扶贫贷款项目共 16 个。邀请中央统战部光彩事业指导中心、中国农业银行总行来我省专题调研、推动光彩事业重点项目贷款实施情况。经多次协调，共 7 家项目企业达成扶贫贷款协议金额 2.28 亿元。三是组织部分企业家参加光彩事业信阳行、延安行等活动。我省企业家共为延安八一敬老院和延安抗洪救灾捐款 450 万元，其中李彦宏、李猛各捐款 200 万元。

【光彩事业“两区行”】2008 年 3 月 26 日至 28 日，光彩事业“两区行”活动在晋绥革命老区兴县和太行革命老区武乡县顺利展开。活动期间，参观了晋绥边区革命纪念馆、八路军太行纪念馆，并向两座纪念馆各捐资 30 万元，用于完善馆内设施，增加馆内陈列；深入 60 户老党员、老红军、老八路、军烈属家庭进行走访慰问，向每户捐赠 2000 元慰问金，并结成帮扶对子，进行为期三年的帮扶，每年捐资 6000 元帮助他们发展生产，改善生活，同时采取吸纳其后代子女就业等多种方式，帮助脱贫致富，增强造血功能；分别在兴县、左权县各捐资500万元，设立了“光彩助学基金”。

【光彩事业“左权行”】2010年5月20日开展了光彩事业“左权行”活动，为左权县捐资500万元，建立“光彩助学基金”，用于资助家庭困难的老红军、老八路、建国前老党员后代子女上学；捐资333万元，结对帮扶左权县全部“三老”人员共185户，每户每年帮扶6000元、连帮三年，共18000元；为麻田八路军总部纪念馆捐资30万元；为左权县盲人宣传队捐资10万元，帮助改善演出条件。

【新晋商万企联万户感恩行动】2008年8月，省委统战部下发了《新晋商万企联万户感恩行动实施方案》。活动开展期间，全省有6500多名非公有制经济人士，投入资金8053万元，结对帮扶12000多名生活困难的老红军、老八路和建国前老党员，产生了极大的社会反响，起到了良好的示范作用。2010年1月，省委统战部、省工商联联合举办了“新晋商万企联万户感恩行动”表彰大会，隆重表彰了在活动中做出突出贡献的37家企业和22个统战部门、工商联组织。

【同心·新晋商科普惠三老】2012年，组织开展了同心·新晋商科普惠“三老”活动。4月8日，举行了活动推进会。省委统战部先后两年向省科协捐赠活动经费280万元，省科协专门为全省“三老”人员定制并免费发放了一款名为“金同心”的专用手机，并利用科普惠农体系，为“三老”人员和家庭提供绿色通道等十项优惠服务，负责建立健全科普惠“三老”服务站，组织企业为“三老”人员及家庭提供生产生活服务等。省联通公司为全省“三老”人员赠送话费200万元。

【建立民营企业社会责任报告制度】2013年，我省首次在民营企业中推行社会责任报告制度，组织开展“发扬晋商精神·提升晋企形象”主题活动，举办“新晋商与企业社会责任”主题座谈会，公开发布了22份《企业社会责任报告》。2014年，修订完善《山西民营企业社会责任报告编写指南》，组织召开民营企业社会责任报告会暨2013年度企业社会责任报告新闻发布会。此项工作受到了中央统战部、全国工商联的高度关注，同时也引起了中国社科院和省内高校、科研院所的浓厚兴趣，全国工商联、中国社会科学院联合调研组专题调研我省开展民营企业社会责任报告制度工作。在2014年12月9日召开的全国工商联社会扶贫工作座谈会上，我省以《发布社会责任报告·树立责任晋商形象》为题进行大会发言，介绍开展企业社会责任工作的主要做法和经验体会。

【国土绿化“光彩林”】2013年4月28日举行了“光彩林”建设活动启动仪式，省委统战部主要领导、省工商联班子成员和机关干部，省造林局、省绿化委员会办公室有关负责同志，省直商会负责人、认种会员企业代表、媒体记者等共计200余人参加启动仪式并进行了义务植树。省直商会共组织捐款600余万元，参与“光彩林”建设，在全省起到了良好的示范作用。5月22日由省委统战部、省绿化委员会、省工商联、省光彩会联合发出《关于组织全省民营企业投身国土绿化建设“光彩林”的通知》，对全省开展“光彩林”建设活动作出安排部署。参与“光彩林”建设的民营企业共140户，其中参与“一企一矿绿化一山一沟”活动企业84户，建立义务植树基地120个，植树11.6万亩，捐助绿化费4.64亿元，认种认养绿地14.9万亩、树木1482万株。

（山西省光彩事业促进会供稿）

内蒙古光彩事业促进会

【综述】

七年以来，内蒙古光彩事业促进会团结和带领广大光彩理事，配合国家西部大开发战略的实施，以扶贫开发为重点，面向我区“老、少、边、穷”地区，以项目投资为中心，开发资源、兴办企业、培训人才、发展贸易，并通过包括捐赠在内的多种方式，为促进我区经济社会发展作出了应有贡献，体现了中华民族乐善好施的传统美德，赢得了社会各界的普遍赞誉，成为促进非公有制经济健康发展和非公有制经济人士健康成长的重要平台，成为先富帮后富、促进共同富裕的生动实践。

一、扎实推动光彩事业项目深入开展

坚持把实施扶贫开发、促进共同发展作为主题，紧紧围绕自治区扶贫工作大局，立足贫困地区实际，运用民间渠道，采取市场化方式，着力实施重点项目，光彩事业项目布局不断拓展延伸，项目投资规模不断扩大。通过整合优势资源，发展规模经济，提升产业集聚度和辐射带动效应，增强核心竞争力，实现政府、企业、地方百姓多赢局面。我区光彩事业积极参与社会公共事业领域，实施生态建设工程，改善了我区的生态环境，促进了企业的科学发展，加快了农牧民脱贫致富的步伐，产生了良好的生态效益、经济效益和社会效益。近年来，我会共向中国光彩会推荐全国光彩事业重点项目和申请国家扶贫贷款项目23个。这些重点项目利用当地资源，发挥产业化的拉动效应，带动当地劳动力就业，为促进地方经济社会的发展发挥了积极作用。为掌握我区重点项目运行情况，对24个全国重点光彩项目的运行情况进行了全面调查，其中绝大多数项目运转良好。针对有个别项目在运行中还存在着一定困难的情况，及时向中国光彩会汇报，努力争取在项目资金方面的支持。在发挥全国重点项目带动效应的同时，积极组织全区的广大非公有制经济人士参与光彩事业，七年来，全区参与光彩事业活动的非公有制经济人士1.3万人次，实施光彩事业项目2825个，到位资金318.38亿元，培训人员4.49万人次，安排就业6.9万人，脱贫人数总计4.7万人 。

二、积极开展以扶贫济困为重点的公益慈善活动

坚持以扶贫济困为重点，团结引导广大非公有制经济人士坚定社会主义理想信念，自觉履行社会责任，热心参与公益事业，为促进社会和谐进步作出积极贡献。近年来，全区组织非公有制经济人士参与社会主义新农村、支持教育事业、资助失学儿童和贫困家庭大学生，救助困难家庭等社会公益活动和慈善活动，据不完全统计，投入资金和捐款捐物价值达100多亿元。其中：向四川汶川地震灾区捐款捐物3.5亿元；向南方雨雪冰冻灾区、遭受风灾的台湾同胞、青海玉树地震灾区捐款捐物近亿元；为资助我区失学儿童和贫困家庭大学生，救助困难家庭等捐款捐物1.5亿元；为我区“三老”人员和少数民族进城务工人员提供帮扶资金8000多万元。此外，我们充分利用光彩会这一平台为地方经济发展争取扶贫资金，援建光彩小学和光彩文库。我们与自治区工

商联协调全国工商联扶贫部、中国光彩事业基金会，为通辽市库伦旗茫汗苏木争取沙地衬膜水稻项目助农帮扶专项资金300万元。在全国工商联扶贫与社会服务部的支持下，在我区呼伦贝尔市阿荣旗、乌兰察布市兴和县、二连浩特市援建了三所光彩学校，资助全区25所学校建立了“光彩文库”。

三、深入推进民营企业参与新农村、新牧区建设工作

深入推进“民企系三农、共建新农村”光彩行动，积极探索民营企业参与农村脱贫工作的新思路，组织、引导、支持民营企业加盟我区新农村、新牧区建设，为实现“十个全覆盖”工程作出了应有贡献。近年来，我们根据农牧区的现状和农牧民的需求，结合民营企业家的发展特点，通过组织民营企业直接参与、产业带动、合作开发等形式，实施以企带村、以村促企、整村迁移、村企对接、招工扶贫等活动参与新农村、新牧区建设。这些活动的开展给农牧民带来了思想观念的转变和素质的提高，带动了农村牧区产业开发，实现了村（嘎查）企共赢。据不完全统计，六年来，我区民营企业以不同形式参与社会主义新农村新牧区建设2000多家，其中83家企业参与了82个光彩项目，投资总额300多亿人民币，带动279个村，安排就业近10万人，培训9万多人；同时，96个企业参与了45个光彩项目捐赠，帮扶88个村。民营企业投入在农村基础设施路、电、讯、田、井、林、改变村容面貌上的资金已近2亿元。

四、积极开展以光彩事业为平台的招商引资活动

以光彩事业为平台，在招商引资和项目实施过程中，积极发挥桥梁纽带作用，吸引更多的海内外企业参与我区经济建设。近年来，连续举办了三届“创业北方内蒙古商贸洽谈会”，达成意向性合作项目177个，协议资金276亿元。组织54名企业家赴包头固阳县进行参观考察，就35个招商项目进行了洽谈，协议金额3300万元。在赤峰市举办了招商引资项目推介会，达成合作意向28个，意向投资5亿元。组织40余名企业家参加乌兰察布察右前旗投资环境介绍暨项目推介会，现场签约8个，签约资金10.2亿元。组织50余名企业家参加通辽市经济合作项目对接会，签约6个项目，意向投资64.5亿元。协助自治区党委、政府组织召开了全区招商引资大会，签约项目119个，投资金额6100多亿元。2014年，开展了内蒙古光彩事业兴安行活动、内蒙古异地商会乌海行暨招商项目对接会及“全国知名企业家赤峰行”等多项活动。这些活动的开展，对培育当地优势产业，推动当地经济社会跨越性发展，发挥了积极作用。

五、深入推动民营企业参与国土绿化和生态建设

将国土绿化和生态建设作为光彩事业的一项主要工作，积极组织民营企业实施生态治理光彩事业项目，为改善我区的生态环境，促进人与自然和谐发展，将我区建成我国北方重要的生态安全屏障作出了积极贡献，得到了中国光彩会的充分肯定。国家林业局、全国工商联和中国光彩会联合对参与国土绿化并作出显著成绩的民营企业家进行表彰，至今我区共有内蒙古东达蒙古王集团董事长赵永亮等11名企业家荣获 “光彩事业国土绿化贡献奖”。为促进我区民营企业参与国土绿化和生态治理的积极性，我会与自治区林业厅、自治区工商联联合召开国土绿化先进民营企业表彰大会，对全区20家民营企业进行了表彰。此外，我会还配合中国光彩会组织了两次国土绿化沙漠治理会议及考察活动：一是协助中国光彩会接待了日本日中百人会“中国内蒙古沙漠再生—绿化治沙技术实验森林管理员派遣团”，中日双方签署了“中日环境生态再生研究中心”框架协议，将日本最新科研成果治理库布齐沙化土地；二是协助中国光彩会、内蒙古政府等四家单位，举办了主题为“沙漠－生态－新能源”的“库布齐沙漠国际沙漠论坛”。2013年，为积极引导和鼓励非公有制经济参与现代林业发展，国家林业局、

全国工商联、中国光彩会制定了《关于引导和鼓励非公有制经济参与现代林业发展推进生态文明建设的意见》，我会与自治区林业厅、自治区工商联及时转发并提出我区的贯彻意见。

六、不断加大对光彩事业的宣传表彰力度

在光彩事业实施过程中，我区始终把宣传推动、表彰激励作为扩大光彩事业社会影响的重要手段。多年来，利用自治区各大主流新闻媒体，开展了优秀建设者评选表彰、感动内蒙古人物评选、光彩事业奖章和光彩事业组织奖评选、光彩事业国土绿化奖评选等活动，对光彩事业典型事迹和先进人物进行广泛宣传报道。几年来，先后有内蒙古奈伦集团董事长郭占春等 10 名企业家荣获中国光彩会授予的“光彩事业奖章”，内蒙古亿利资源集团董事长王文彪等 3 人被中国光彩会授予“光彩事业 20 周年突出贡献”荣誉证书，内蒙古光彩会、呼和浩特市光彩会和包头市光彩会被中国光彩会授予优秀组织奖。通过宣传和表彰活动，扩大了光彩事业的影响，树立了非公有制经济人士的良好形象，激发了广大非公有制经济人士参与光彩事业的热情，光彩事业队伍在发展中不断壮大。

七、大力推动非公有制经济代表人士队伍建设

我会在开展光彩事业工作中，坚持“团结、帮助、引导、教育”的方针，多层次、多形式地开展思想政治工作，积极引导广大非公有制经济人士投身光彩事业，弘扬中华民族的传统美德。强化理想信念和爱国主义教育，增强非公有制经济人士“爱国、敬业、诚信、守法、贡献”意识，树立守法经营、依法纳税的观念。在中国特色社会主义事业建设者的评选表彰活动中，我们把参与光彩事业情况作为评选的重要条件，取得了良好的效果。目前，我区有 8 位非公有制经济人士被授予“全国优秀中国特色社会主义事业建设者”称号，有 62 位非公有制经济人士被授予“内蒙古自治区优秀中国特色社会主义事业建设者”称号，极大地推动了非公有制经济代表人士队伍建设。我们通过组织光彩理事参与非公有制经济人士理想信念教育实践活动，进一步统一思想，凝聚共识，引导他们投身改革实践，为谱写好中国梦的内蒙古篇章贡献智慧和力量。对积极参与光彩事业并作出突出贡献的非公有制经济代表人士，通过政治安排，为他们提供参政议政、为当地经济建设建言献策的平台，同时也增加了他们参与光彩事业的积极性和主动性。在光彩事业这个平台上，非公有制经济人士中涌现了一大批优秀分子和代表人士。据不完全统计，全区各级光彩理事共有 2243 名，其中有 543 名人大代表，809 名政协委员，400 名工商联副主席。在自治区光彩会 197 名理事中，有 2 名全国政协委员，7 名自治区人大代表，18 名自治区政协委员，7 名自治区工商联副主席。

（内蒙古自治区光彩事业促进会供稿）

辽宁省光彩事业促进会

【综述】

2008年以来，辽宁省光彩会秉承先富帮后富、实现共同富裕的根本宗旨，以非公有制经济人士为参与主体，紧紧围绕辽宁经济社会发展的中心任务，以开发式扶贫为主要形式，以贫困地区为重点，以项目投资为支撑，广泛开展了一系列富有成效的活动，为实现辽宁全面振兴，建设富庶文明幸福新辽宁做出了积极贡献。据不完全统计，7年来共实施光彩项目5716个，投入资金306.89亿元；提供就业岗位110.6万个，新增就业216.3万人次；捐资助学18万人，提供资金6.88亿元；扶贫帮困54.3万人，投入资金13.23亿元，得到了各级党委、政府的充分肯定，赢得了社会各界的广泛好评。

一、大力打造品牌工程，举办“友好商会辽宁行”系列活动

“友好商会辽宁行”活动由省委统战部、省工商联主办，是全省统战系统深入实施“同心同行·建设新辽宁”主题实践活动的重要举措。活动以“交流合作、发展共赢”为主题，着力促进国内外商会组织间、商会与政府间的交流、沟通与合作，搭建企业合资、合作、投资、融资平台，扩大辽宁地区、辽宁商会组织及辽商的知名度和影响力。这项活动自2012年开展以来，在各级党委和政府的关心支持下，在各级统战部、工商联和光彩会的大力协助下，省委统战部、省工商联已连续举办三届“友好商会辽宁行”活动，共有欧洲、美国、加拿大等30多个国家和地区，以及全国工商联直属行业商会和兄弟省友好商会代表近2500人参加。三届活动共签订友好商会协议43项，达成签约项目125个，签约额共计2020亿元，取得了良好的经济效益和社会效益。“友好商会辽宁行”活动已成为我省统一战线成员践行社会主义核心价值体系和“同心”思想的重要途径，已成为扩大辽宁地区、辽宁商会组织及辽商的知名度和影响力的孵化器和催化剂，也成为我省统一战线围绕中心、发挥优势、服务大局的一个重要品牌。

二、紧紧围绕发展大局，组织开展“千企联千村·同走致富路”活动

按照中央和省委关于社会主义新农村建设的部署，省委统战部、省工商联、省扶贫办联合开展了“千企联千村·同走致富路”活动，主要工作由工商联系统和会员企业家承担，已成为全省非公有制经济人士理想信念教育实践活动的一项重要内容。自活动开展以来，全省各级工商联组织结合实际，积极探索开展活动的新途径、新办法，积累了宝贵经验，为广大非公有制经济人士投身新农村建设提供了广阔舞台，培养和锻炼了一批爱国、敬业、诚信、守法、奉献的非公有制经济代表人士，带动了农村经济发展，产生了较大的社会影响，得到了省委省政府的充分肯定。截至目前，全省已有3214个行政村（社区）与民营企业结成对子，参与企业家达到3510人，实施帮扶项目632项，提供培训29678人次，提供就业岗位74200个。活动中，广大非公有制企业通过兴办光彩项目、开展公益活动、开展技能培训、支持教育事业等，与帮扶的贫困村一起实现发展

共赢。

三、充分发扬光彩精神，积极参加抗灾救灾和扶贫活动

2008年四川汶川发生特大地震后，省委统战部、省工商联在第一时间发出通知，号召全省非公有制经济人士紧急行动起来，全力支援抗震救灾。各级统战部、工商联、光彩会积极响应，行动迅速，组织广大非公有制经济人士向灾区人民捐款捐物，并通过不同方式参与抗震救灾工作。据统计，我省非公有制经济人士向灾区共捐款捐物折合人民币6.2亿元。青海玉树发生强烈地震、甘肃舟曲发生特大洪水泥石流灾害后，我省非公有制经济人士积极捐款捐物，奉献爱心。我省岫岩、清源等地发生洪涝灾害后，省委统战部、省工商联、省光彩会及时组织广大非公有制经济人士和商会向灾区捐款捐物，其中，仅抚顺市工商联执常委会员就累计向清源灾区捐款1301.71万元，往灾区运送赈灾物资价值108万元，出动抢险救灾车辆设备近100台。省温州商会、省农业商会、省内衣商会、河北沈阳商会等也分别以各种形式和途径捐款捐物，表达爱心。在多年的“感恩行动”中，各级光彩会引导会员企业共帮扶“五老”人员12000余名，其中老党员3293人、老革命936人、老模范742人、老职工4239人、老统战人士2547人；参加活动的企业家3270名，资助金额近6000万元；落实惠民帮扶项目383个，到位资金5.6亿元；招工扶贫78338人，培训扶贫5433人。积极组织9个团（组）共92人次参加中国光彩会组织的“延安行”、“西藏行”等“光彩行”活动，捐赠资金近2亿元用于支持革命老区和贫困地区发展建设。充分体现了我省非公有制经济人士强烈的社会责任感，展现了非公有制经济人士队伍健康成长的良好风貌。

四、积极探索光彩活动新模式，开展“人人通—助力教育信息化”光彩助学活动项目

为支持省中小学校的教育信息化建设，帮助我省贫困中小学生提升学习质量，省工商联、省光彩会联合全国明日之星教育基金会在我省开展“人人通—助力教育信息化”光彩助学活动。活动在我省每个县（市、区）捐赠42所义务教育阶段的初级中学和小学，捐赠品包括多媒体电子白板、多媒体学习机、眼保仪、全国优秀教师教学视频卡等，共价值人民币1510余万元。这一活动把帮助贫困孩子，关注留守儿童及农民工子女，促进素质教育有机结合起来，对于促进我省贫困地区教育事业起到重要作用。

五、自觉承担联谊责任，组织开展“民营企业招聘周”活动

省工商联、省光彩会与省直有关部门联合组织我省民营企业在全省开展“民营企业招聘周”活动。精心制定实施方案，将责任落实到单位、个人。各市也周密安排部署，采取多种形式，积极开展“民营企业招聘周”活动。沈阳市在活动现场设立职业技能培训和创业培训报名点，免费开展再就业培训、创业培训、农村劳动力转移培训工作。鞍山市设立专门服务窗口，为高校毕业生、农民工和其他失业人员开展“一对一”政策咨询、求职登记、职业指导、技能培训引导等“一站式”就业服务。据统计，全省参与的民营企业有近2万家，提供就业岗位40余万个，其中为高校毕业生提供岗位7万多个，有25.9万求职者与用人单位达成就业意向协议。特别是2009年，在国际金融危机的严重影响下，我省广大非公有制企业积极参与全省统一战线开展的“三保一促”活动，95%的企业做到了不裁员、少裁员、不放假。

六、切实加强教育培训，精心抓好非公有制经济代表人士队伍建设

我省非公有制企业数量已达37.4万户。多年来，我们通过各种形式，做好非公有制经济代表人士思想政治工作，加强非公有制经济代表人士队伍建设。七年来，在中央党校连续举办了三期非公有制经济代表人士高级培训班，在清华大学、井冈山、省委党校分别举办了多期培训班，共培

训学员800余名。培训班邀请国内著名专家学者为企业家讲授宏观经济形势和政策，传授企业经营管理、法律和商务礼仪与沟通等知识。通过学习和培训，我省非公有制经济代表人士对党的方针政策有了进一步理解，增强了做大做强企业的自觉性和责任感。我们还通过定期不定期的联谊会、座谈会等形式，了解非公有制经济人士的思想动态，增强大家对中国特色社会主义的信念、对党和政府的信任、对企业发展的信心、对社会的信誉，做到“爱国、敬业、诚信、守法、贡献”，争做优秀中国特色社会主义事业建设者。

（辽宁省光彩事业促进会供稿）

吉林省光彩事业促进会

【综述】

近年来，吉林省光彩会紧密结合实际，以项目推动为主，加大宣传培训力度，加强项目协调服务，抓住振兴老工业基地和新农村建设等历史机遇，创新工作思路，拓宽活动领域，积极引导和精心组织广大非公有制经济人士投身到光彩事业中来，在开发资源，创建大市场，实施农业产业化项目，高科技光彩项目，参与国有企业改造和安置下岗职工再就业工程，国土绿化建设，捐资助教助学，扶贫帮困，抗震救灾等方面，做了有益探索和实践，取得了显著的经济效益和社会效益。工作中不断完善体制机制建设，坚持以项目推动为主，按照市场经济规律运作，在组织、引导、推动上下功夫，在调研、宣传、服务上做文章，积极探索具有吉林省特色的光彩事业组织推动新模式。截至2014年底，吉林省实施光彩事业项目总数1732个，全省共有国家级光彩事业重点项目21个，参与企业714个，到位资金340亿元，安排就业287719人，培训220545人，帮助脱贫225070人，9名企业家担任中国光彩事业促进会理事，3名企业家荣获“光彩事业20周年突出贡献”奖，8名企业家荣获全国光彩事业奖，省光彩会5次荣获光彩事业组织奖，4次在全国性会议上介绍经验。

一、以“光彩·创业带动就业”活动创新品牌

2006年起，省委统战部、省工商联、省光彩会作为吉林省就业工作联席会议项目实施单位，按照省就业工作会议精神要求，连续9年组织全省统一战线开展“光彩·创业带动就业”活动。每年根据工作重点，制定当年的活动方案，明确指导思想和工作目标，提出具体要求，科学设计并向就业工作联席会议申报项目，在每年初召开的光彩事业秘书长会议上做出部署，明确落实责任，确保活动取得实效。近10年里，积极开展光彩事业新农村建设活动，积极引导光彩项目向贫困地区倾斜，为招商引资搭桥铺路，以光彩项目促就业；积极组织各项活动，以光彩活动促就业，共安排就业287719人，培训220545人。活动取得良好社会效益的同时，吉林省光彩会也在省就业工作联席会议获得了一部分活动经费，促进了光彩事业工作的发展。

二、组织光彩行活动扩大影响

为扩大光彩事业在全省的影响力，支持经济欠发达地区，吉林省光彩会坚持“走出去、请进来”原则，搭建“投资、合作、交流”的平台，宣传光彩项目、资源优势和投资环境，积极组织策划了“光彩白城行”、“光彩长白行”、“光彩向海行”、“天池汇”等系列活动，特别是近年来的“百名全国优秀建设者吉林行”、“中国光彩事业延边行”，使光彩事业的社会影响力不断扩大。

（一）“全国建设者光彩吉林行”活动。为继续支持东博会，2008年省光彩会、省工商联共同策划，商请中央统战部、全国工商联、中国光彩会的支持，成功组织“振兴东北老工业基地优秀中国特色社会主义事业建设者光彩吉林行活动”。由130人组成的“全国建设者光彩吉林行代表团”由中央统战部副部长、全国工商联党组

书记全哲洙任团长，全国工商联副主席孙安民为副团长，其中全国优秀中国特色社会主义事业建设者及全国知名民营企业家75人。省委、省政府、省政协主要领导同志亲切会见了代表团一行，并详细介绍省情和投资环境。会议期间，代表团成员与全省九个市州和部分开发区进行交流和考察洽谈。

（二）“中国光彩事业延边行”活动。2012年，由中国光彩会和吉林省人民政府主办的“中国光彩事业延边行”活动，共签订投资项目159项，其中合同类项目92项，总投资近1000亿元。在主体活动中签约合同项目35项，协议项目7项，签约金额866.3亿元，包括医药加工、太阳能光伏、油气资源勘探开发、延边黄牛屠宰加工、珲春国际物流园区基础设施、矿泉水开发、旅游开发、特色小镇建设、生活垃圾焚烧、现代生物农业产业园、循环经济产业园等项目。中国光彩会向延边州在乡困难烈士遗属危房改造项目捐款2490万元。中央统战部、全国工商联、中国光彩会、吉林省有关领导和来自全国各地的230余位民营企业家出席活动。

三、以项目建设为核心惠及民生保障

以项目推动为主，加大宣传培训力度，加强项目协调服务，抓住振兴老工业基地和新农村建设等历史机遇，拓宽活动领域。结合实际，重点推动惠及民生的十项光彩事业项目建设。包括：农业产业化项目、高科技扶贫项目、光彩大市场项目、国企改造项目、社会扶贫项目、生态建设项目、国土绿化项目、教育培训项目、新农村建设项目、创业带动就业项目。

（一）农业产业化项目方面，吉林华正农牧业开发股份有限公司投资6亿元，建成“规模大、水平高、外向型、产品新”的产业化项目，全方位打造一条生猪一体化产业链，完成了从前端养殖、饲料加工到屠宰、分割、熟肉制品精深加工、连锁专卖为一体的完整生猪产业链条的闭合，形成了年屠宰300万头生猪、年生产系列熟肉制品2万吨的生产加工能力。吉林省长春皓月清真肉业股份有限公司现有生产能力为年肉牛屠宰50万头，熟食制品10万吨，皮革加工50万标张、饲料生产30万吨、有机肥5万吨，形成了完整的产业链条，提升了企业盈利空间和抗风险能力。皓月采取“公司+农户”签育肥牛合同、订单农业，“公司+基地带农户”、“公司+牧业小区带农户”、“公司+合作社带农户”等名种形式，带动5万户20多万农村剩余劳动力从事养牛业，每年可增收5亿元以上。目前，皓月、华正、茂祥、金昌、裕丰、吉安、春光、德春、龙丰等光彩项目发展势头良好，光彩事业龙头企业的产业链不断延伸。

（二）高科技扶贫项目。长春金鹰智谷科技集团研发并运营的“黑土地网”，让普通农民坐在家里，在不经过电脑知识等专门培训的情况下，不需要别人帮助就可以自己操作电脑上网，就可以向外发布自己的信息并进行购销活动。企业累计建设各类农民信息服务点2600余个，培养了乡镇信息助理、农村信息员、企业信息员、专业市场信息员和政府信息员等各级信息员5000余名。网内直接参与发布的试点地区农民达到17万人，使用网络查询的农民超过350万人次，农民累计发布各类信息170万余条，各县域间交换信息3000余次，产生互动13万余次，达成交易2318笔，成交额3.5亿元，涉及粮油、建材、畜牧、蔬菜、瓜果、山货、人参、食用菌、生产资料、农机具等10大类品种。国家农业部批示为“这是最贴近农村的网络，最适合农民使用”。国家财政部、商务部联合考察组到公司调研后评价“黑土地网”为“设备便宜农民买得起，操作简单农民用得上，内容真实农民信得过”。

（三）兴建光彩大市场项目。顺风集团农业生产资料大市场，占地12万平米，安置就业1400人，成为我省乃至东北地区最大的农机销售市场。长春中东集团始终面向普通百姓进行市场建设，现在中东灯具城、中东鞋城、中东天宝家居城、中东家具城、中东小商品批发中心、中东大市场的设立，环抱半个长春市。吉绿集团在长春、吉林、松原、梅河、珲春等相继创办各类光彩市场11家，安排 35000 人就业。

（四）参与国企改造项目。通化茂祥药业公司注入资金 570 多万元收购联合化工厂。支付养老保险金 100 多万元，还发放职工工资，减少 748 人的生活负担。佳林集团收购辽源、吉林、长春 3 家国有企业，直接安置下岗职工 400 人，为下岗职工和离退休人员 800 人发放生活费。1996 年德全公司收购和龙市特种水泥厂，改名为德全水泥厂，现已发展到拥有员工 4000 余人。

（五）参与社会扶贫事业项目。2008 年积极开展抗震救灾工作，动员和组织全省非公有制经济人士为四川汶川灾区捐款捐物总计 2.2 亿元。2011 年以来，以结对帮扶、项目帮扶、无偿捐资、提供就业岗位、开展劳动技能培训等方式参与感恩行动的非公有制企业 8600 家，共帮扶“三老”、农村贫困群众、困难党员、老工商业者、老工商联会员近 9000 人，赠送慰问金 5600 万元，捐赠实物价值 4900 万元，帮助就业近 3000 人，技能培训 3300 余人次。

（六）生态省建设项目。继 2003 年我省光彩会组织光彩理事企业赴通榆“向海自然保护区”种植 190 亩杨树和 50 亩的杏树及 2004 年由中国光彩事业促进会主办，我省光彩会协办开展“百名台商参加吉林省荒漠化治理活动”，开创我省光彩事业参与生态建设、荒漠化治理的先河。吉林省光大实业集团年产 1.2 亿块煤矸石空心砖生产项目、公主岭正业集团的草原开发项目等项目、吉林省慧鲸绿色农业有限公司慧鲸有机稻米产业园区项目、吉林市博维药业有限公司北五味子系列功能食品项目，均在生态省建设上作出了贡献。

（七）国土绿化项目。延吉宗强农林贸易有限公司，实施“绿色银行计划”，连续三年总投资 710 万元，共栽种 300 万株科技新成果嫁接红松果树苗。

（八）光彩教育培训项目。正业集团捐资 400 万元，在吉林省 10 所重点高校设立“华正扶贫助学金”，每年资助 100 名贫困大学生完成学业。省光彩会与孙进教育集团联合创办下岗职工就业技能培训基地，开设汽车、家电、通讯、厨师、计算机等培训课程，免费培训下岗职工。孙进教育集团免费培训下岗职工、残疾人、农村剩余劳动力、家庭困难者累计 5 万多人，减免学费达 8000 多万元。

（九）新农村建设项目。按照中国光彩会关于开展社会主义新农村建设活动的要求，吉林省光彩会结合省情，认真研究政府关于新农村建设的政策措施，争取政府和金融机构对参与新农村建设的民营企业给予支持，与吉林省工商联、省新农村建设领导小组联合开展“民企系三农、共建新农村”光彩活动，鼓励引导 100 位民营企业家参与光彩事业产业化项目，采取产业带动、项目拉动的办法，实现民营企业以多种形式实现定点、定向直接带动和帮扶到村。光彩行动启动仪式，签约 20 个项目，签约资金 25.6 亿元，项目可带动 15.8 万户农民增收 11.2 亿元，安置农民就业 4.2 万人。

（十）创业促进就业项目。结合“光彩·创业带动就业”活动，积极开展光彩事业新农村建设活动，引导光彩项目向贫困地区倾斜，为招商引资搭桥铺路以光彩项目促就业，积极组织各项活动以光彩活动促就业，多年来，共安排就业 287719 人。

四、“十个结合”基本工作经验、“三个一批”工作思路和指导工作“四个方法”

我省光彩事业促进会从经济工作需要出发，推动引导民营企业家积极投身国企改革和县域经济发展、促进农村经济发展。总结出“十个结合”的基本工作经验，即：光彩事业项目与农业产业化相结合；光彩事业与国企改革相结合；光彩事业与市场建设相结合；光彩事业与县域经济突破相结合；光彩事业与科技兴农相结合；光彩事业与公益扶贫相结合；光彩事业与再就业工程相结合；光彩事业与建设生态省的目标相结合；光彩事业与教育培训相结合；光彩事业与企业出口创汇相结合。

在工作实践中，我们提出了“确认一批老项目，发展一批新项目，宣传一批好项目”的“三个一批”

工作思路。主要是积极做好项目推动工作，把项目调研、考察和典型带动作为光彩事业的重中之重，了解新情况，解决新问题，重点发展能带动农民致富、提供较多就业岗位的劳动密集型项目，对重点项目立项、审批、融资、培训等做好跟踪服务，围绕农业产业化培植一批新项目，积极宣传好项目，宣传光彩事业的经济效益和社会效益，扩大和提高光彩事业的影响力和凝聚力，引导光彩事业上层次、上水平。

指导工作“四个方法”：第一是加强政策指导，开展光彩事业方针政策的指导、国家产业政策的指导、非公有制经济政策的指导；第二是做好组织策划，做到光彩事业开发前有调研、有计划，开展过程中有方案、有检查，项目建成有总结、有宣传；第三是争取政策扶持，争取省、市有关部门和金融机构的支持，特别是地方县委、县政府的重视支持；第四是开展项目推动，通过项目推动开展扶贫，促进非公有制经济企业的发展，培育非公有制经济典型。

五、抓“一体两翼”拓展光彩事业扶贫新模式

光彩事业是一项具体的扶贫工作，更是有很强的政治性、社会性、时代性的统战工作。引导非公有制经济人士正确处理履行社会责任与实现自身发展的内在关系，正确认识履行社会责任对于企业提高核心竞争力具有重要意义，在今后的工作中要不断加强，具体为抓“一体两翼”。

（一）抓一体：把促进非公有制经济健康发展和非公有制经济人士健康成长的政治任务，及非公有制经济人士担负起的科学发展、民生改善、共同富裕的历史使命和社会责任合二为一，作为一体来抓。光彩事业一端连着市场，一端连着贫困群众；共同富裕的目标一端连着非公有制经济人士担负起的社会责任，一端连着老、少、边、穷地区受助对象的尊重和感情血脉。

（二）抓两翼：一个翼，就是抓光彩人物。培养使用非公有制经济人士是党中央交给各级统战部、工商联的政治任务，非公有制经济人士又是光彩事业的主体，是投资者、亲受者、资本所有者。抓光彩人物，是把“两个健康”工作主题作为经济领域统战工作和工商联工作的出发点和落脚点的一个有力举措。另一个翼，就是抓光彩项目。项目是实施光彩事业的载体和实现的渠道，也是光彩事业的方式方法。光彩人物和光彩项目相互支撑、相互融合，是“一体两翼”驱动光彩事业向前发展的最大动力，有利于推动光彩事业，有利于促进“两个健康”工作主题的实现。

（吉林省光彩事业促进会供稿）

黑龙江省光彩事业促进会

【综述】

黑龙江省光彩会高举光彩事业旗帜，坚持“先富帮后富、促进共同富裕”的宗旨和“义利兼顾、以义为先”的核心理念，紧紧围绕中心工作，积极引导广大民营企业履行社会责任。先后参与了老少边穷地区投资开发、国土绿化和生态治理，推动农业产业化加快社会主义新农村建设，扩大就业促进社会和谐稳定，组织参与赈灾济困及公益捐助扶贫为党和政府分忧。七年来，全省参与光彩事业的民营企业529个，实施项目178个，累计到位资金13.6亿元，培训各类人员4.5万人次，安置就业人数2.8万人，公益捐赠款物5.6亿元。光彩事业成为推动欠发达地区经济社会发展的积极力量，成为促进民营经济健康发展和民营企业家健康成长的重要平台，成为弘扬优秀传统文化、共建社会主义核心价值体系的重要途径。

一、积极参与社会主义新农村建设，为构建和谐社会作出贡献

党的十六届五中全会作出建设社会主义新农村重大决策，省光彩会连续参与三轮新农村建设试点村帮建工作。我们贯彻中央统战部、中国光彩会“民企系三农、共建新农村”的精神，提出“百会帮百村”的工作目标，遵循“以促进农民增收为主、以改善村容村貌为辅”的工作原则，积极组织、引导民营企业以发展农村经济、带动农民增收为重点，通过村企合作、项目带动、企业包村、改善乡村基础设施等方式，为农民增收、农业增效、农村发展作出了贡献。七年来，全省70个地方工商联组织引导会员企业投入34.26亿元参与了121个村的新农村建设工作，建设农业产业化项目85个、基础设施项目153个、社会事业及农村环境改善项目15个，为农村公益事业捐赠款物折合人民币共计2645万元，共培训农村劳动力2万多人、安置近15万人就业。全省各级工商联积极组织、引导民营企业参与新农村建设工作，不仅受到了当地农民的欢迎和好评，还得到了省委、省政府的肯定。自2006年以来，省工商联被省委、省政府连续评为全省新农村建设帮建工作先进单位。

二、积极参与抗灾救灾，踊跃捐款捐物

在自然灾害面前，我们积极组织动员民营企业发扬“一方有难，八方支援”的优良传统，为灾区捐款、捐物，奉献爱心。汶川地震，全省民营企业累计捐赠款物1.5亿元，荣获省委、省政府颁发的“先进集体”荣誉称号。玉树地震全省1079家民营企业累计捐赠款物5818.2万元，雅安地震捐赠款物3000余万元。2013年我省发生了1998年以来最大洪水，给我省造成了极大的损失。在省工商联、省光彩会的组织下，全省各级工商联会员企业约有160余户，捐赠款物累计约2100余万元；省联兼职副主席、副会长都通过省联或其他渠道为灾区捐赠款物。将捐款分别送往受灾比较严重的黑河、抚远、同江、通河及省联新农村帮扶村兰西康荣乡荣泰村等地区，帮助灾区渡过难关，克服暂时的困难。

三、积极搭建就业平台，为促进社会和谐贡献力量

我们已经连续九年同省人力资源和社会保障厅、省总工会、省教育厅等单位，在全省十三个市（地）同时举办民营企业招聘周活动，为高校毕业生求职建立通道，为民营企业吸纳人才搭建平台。七年来，全省参加招聘周民营企业三万余户，签订就业意向21万余人，其中高校毕业生13.6万人、进城农民工6.2万人；提供空岗信息51万个；取得职业技能培训意向5.4万人；维权及法律援助近3.5万人次；印发政策宣传品二百万余份。这些活动的成功举办，有效缓解了我省的就业压力，促进积极就业政策的落实，充分发挥了民营企业在推动就业和再就业工作中的重要作用。西林钢铁集团有限公司等七家企业被全国工商联、人力资源社会保障部、全国总工会联合授予“全国就业与社会保障先进民营企业”荣誉称号，哈尔滨市和齐齐哈尔市被评为民营企业招聘周活动组织工作优秀城市。

四、开展多种公益活动，引导民营企业家履行社会责任

注重引导民营企业“回报社会、感恩人民”，开展送温暖、献爱心、帮困助难社会公益活动。由省委统战部牵头，会同有关单位发起了“献爱心、受教育、促和谐”感恩回报对接活动。通过电视电话会议、组织参观、图片宣传、树立典型等多种行之有效的方式，引导民营企业家参与到这项活动中来，感恩行动公益捐赠总额达1392万元。通过定期开展走访、慰问等形式，把继承革命传统与改革开放、爱心奉献为主题的思想教育融为一体，使民营企业家切身感知革命和建设的艰辛不易，进一步增强他们以艰苦创业为荣的观念，激发他们的爱国情怀和社会责任感。牡丹江市光彩会积极响应市委、市政府号召，落实“百园工程”宜居城市的建设任务，深入到民营企业进行广泛动员，有20余家企业通过独立包建、合伙包建或捐建的方式参加了“百园工程”建设，共建设13个园区，投入资金450多万元。齐齐哈尔市光彩会举办的“用爱点亮希望”希望工程圆梦之夜公益募捐晚会，17家企业为贫困学生现场捐助助学金103万元，并为22名刚刚考入大学的贫困学生，每人发放了1000元助学金。齐齐哈尔浩盈钢铁有限公司捐资60万元，为克山县北兴乡建设一所希望小学。中发集团为省光彩会捐赠了价值43万元400套的《社会主义新农村建设现代农业实用技术》丛书，发给13市地（重点是国家级及省级贫困县）的390个村屯，充实农民农业种植、农业养殖、农业机械、农业实用技术等方面的知识，推动新农村建设。民营企业家参与社会公益活动树立了良好形象，得到了社会的好评，营造了互相关爱、和睦共处的和谐氛围。

五、组织企业参加中国光彩事业行活动

2012年“中国光彩事业宁夏行”活动，省政协副主席、省工商联主席洪袁舒亲自率领省联11位企业家副主席、副会长参会。活动期间，省工商联副主席、哈尔滨亿阳集团董事长邓伟为宁夏捐赠20万元，省工商联副主席、哈尔滨鸿盛集团总经理林国海为宁夏建筑科学研究院无偿转让新型建筑节能专利技术。2013年“中国光彩事业西藏行”，省光彩会组织5家大型省直会员企业参加，发挥光彩事业优势作用，积极搭建合作交流平台。2014年由中央统战部光彩事业指导中心、黑龙江省光彩会和有关省份共同主办了“聚焦三农、振兴东北”“光彩事业哈尔滨行”活动，来自全国各地的企业家先后赴国家级贫困县延寿和省级贫困县木兰、巴彦进行了投资考察活动。

六、加强基础服务性工作

一是培训服务组织企业家参加国家林业局和中国光彩会联合举办的民营企业家林业培训班，使民营企业家更多、更深入的了解国家关于林业改革发展的相关政策，引导民营企业积极参与光彩事业国土绿化和社会主义新农村建设。组织我省的中国光彩会理事参加中央统战部举办的理事培训班，提升光彩事业企业家队伍素质，扩大光彩事业吸引力、影响力、凝聚力。二是宣传工作。充分利用新闻媒体，在《哈尔滨日报》《新晚报》

等刊物上开辟专栏，刊发光彩事业稿件，宣传光彩事业的重大意义；在工商联网站、东北网等宣传在光彩事业中涌现的典型人物和先进事迹，宣传光彩企业实施光彩项目的示范作用，弘扬光彩精神。努力营造关心、支持光彩事业的良好舆论氛围。三是申报奖项。七年来，黑龙江盛兴集团股份有限公司杨孝义、黑龙江伊春新昊绿色旅游集团赵德友、黑龙江嘉荫县华银热电厂总经理赵斌、齐齐哈尔市新中林场场长甄殿举、抚远县和兴造林股份有限公司王志刚五位企业家荣获“光彩事业国土绿化贡献奖”，亿阳集团股份有限公司邓伟荣获“中国光彩事业奖章”和“中国光彩事业突出贡献奖”，东方集团张宏伟、亿阳集团邓伟荣获“光彩事业20周年突出贡献”，西林钢铁集团有限公司、亿阳集团股份有限公司、黑龙江兴安矿业开发集团有限公司荣获首届“龙江慈善奖”十大慈善企业奖，黑龙江省工商联牟春丽、黑龙江兴安矿业开发集团有限公司公明淑、七台河宝泰隆煤化工股份有限公司焦云、哈尔滨光宇集团股份有限公司宋殿权、黑龙江盛兴集团股份有限公司杨孝义分别被省政府评为灾后重建“先进集体”及“先进个人”荣誉称号。四是统计工作。我会贯彻落实中国光彩会、全国工商联的指示精神，做好民营企业参与光彩事业、保障与改善民生、履行社会责任等方面贡献的统计工作，积极推进统一数据库和信息化建设，我会举办了全省数据库统计工作培训班，并连续四年荣获全国工商联授予的光彩事业统计工作二等奖和一次三等奖。

【参与汶川抗震救灾】5.12汶川特大地震发生后，全省各级工商联组织和会员，通过多种渠道共捐款捐物6457万元。组织召开了有40多位企业家参加的对口支援座谈会，会员企业对口支援捐款808.829万元。组织企业承揽卫生院、供水站、学校等7个援建项目，投资1000万元。我省在两年的援建过程中，投入援建资金15.5亿元。

【振兴东北老工业基地鹤城行】2008年7月24日至25日，由中国光彩会、黑龙江省委统战部和省光彩会主办，齐齐哈尔市政府承办的“中国光彩事业振兴东北老工业基地鹤城行”活动在齐齐哈尔市隆重举行。中央统战部副部长，全国工商联党组书记、第一副主席，中国光彩会副会长全哲洙，黑龙江省省委常委、组织部部长龙新南，省政协副主席、省委统战部部长、省光彩事业促进会会长王涛志和齐齐哈尔市有关领导与来自全国各地的100多位民营企业家参加了本次活动。光彩事业“鹤城行”活动共签订合作项目14项，总投资额33亿元；中国光彩会为齐齐哈尔市带来扶贫捐赠款8项，捐助总额202.2万元。

【召开第四次光彩事业总结表彰大会】2009年11月，由黑龙江省委统战部、省工商联和省光彩会组织的黑龙江省第四次光彩事业总结表彰大会在哈尔滨召开，会上以省政府名义授予80名在光彩事业中作出突出成绩的非公经济人士和企业“光彩企业家”及“光彩企业”荣誉称号；授予哈尔滨市光彩事业促进会等3个单位“光彩事业组织奖”荣誉称号。同日，省光彩会三届一次理事会在哈尔滨市召开，会议审议通过了《黑龙江省光彩事业促进会章程》，选举产生了新一任领导班子。

【参与社会感恩行动】2010年9月，按照中共中央有关要求，黑龙江省委统战部、省工商联通过“回报社会 感恩行动”电视电话会议向全省非公经济人士发出倡议书，启动非公有制经济人士回报社会感恩行动。中共黑龙江省委副书记、黑龙江省政协主席杜宇新出席会议并讲话。老抗联战士、原省政协副主席李敏作了革命传统教育专题报告。20名非公经济人士与20名“老抗联、老解放、老抗美援朝、老劳模”结成了对子给他们发放慰问金，企业家们表示将会提供更多回报形式。感恩行动实施以来，全省13个市（地）都已经组织了对接，共组织近千名非公经济人士与4501名帮扶对象进行了对接，其中资金帮扶1589人，就业安置帮扶2306人，技能培训帮扶606人，已投入帮扶资金604.41万元，到位资金159.4万元，捐赠实物价值381.2万元，启动感恩行动惠民项目199个。

【新农村帮建工作】省光彩会、工商联连续参与三轮新农村建设试点村帮建工作，组织引导全省各级工商联及会员企业参与新农村建设。六年来，全省参与光彩事业的民营企业529个，实施项目178个，累计到位资金13.6亿元，培训各类人员4.5万人次，安置就业人数2.8万人，公益捐赠款物5.6亿元。2006年至今，省工商联连续三次被省委、省政府评为全省新农村建设帮建工作先进单位。

【积极参与抗洪救灾】2013年8月份，黑龙江省由于强降雨频发，引发1998年以来最大洪水，给我省造成了极大的损失。省工商联于9月22日召开主席办公会、党组联席会议，决定组织全省会员企业对我省洪灾开展捐助工作。全省各级工商联会员企业约有160余户，捐赠款物累计约2100余万元；省工商联兼职副主席、副会长都通过省工商联或其他渠道为灾区捐赠款物。其中，19位兼职副主席、副会长，3位常委和1位执委通过省工商联进行了捐助，共捐款147万元。

【心系藏民 光明万里行】大庆眼科医院是一所股份制非营利性三级专科医院，七年来，大庆眼科医院为大庆280个社区、25所敬老院的15000多位60岁以上老人全部进行了眼病普查；为270所幼儿园、190所小学、4所大学的14万多名儿童和学生做免费眼病普查；共免费诊治患者20万余人次，光明行程超过23万多公里。大庆与日喀则相隔万里，“光明行”拉进了两座城市的距离，增进了藏汉人民的友谊。2008年6月，大庆眼科医院成立了黑龙江省第三批援藏医疗工作队，12天的行程医疗队为346名藏族同胞进行眼部检查，为125名白内障患者实施复明手术。

（黑龙江省光彩事业促进会供稿）

上海市光彩事业促进会

【综述】

上海市光彩事业促进会在中共上海市委统战部的领导和上海市工商联的推动下，认真贯彻党的十七大、十八大和十八届三中、四中全会精神，结合中国特色社会主义理论学习和理想信念教育实践活动，弘扬“致富思源、富而思进、扶危济困、共同富裕、义利兼顾、以义为先、发展企业、回馈社会”的光彩精神，围绕上海的发展大局和中心工作，组织、引导全体理事和广大民营企业家，顺应时代发展，认真履行社会责任，参与光彩事业和对口支援、社会公益工作；广大非公有制经济人士，以先富帮后富，促进共同富裕为宗旨，支持对口支援地区建设、西部大开发、振兴东北老工业基地、促进中部崛起，在光彩的旗帜上书写了崭新的篇章。据不完全统计，有255家民营企业参与西部和老少边穷地区建设，投资光彩项目295个，到位资金达109.7亿元。13个项目获上海市政府3403万元专项资金资助。上海市光彩会收到各类捐款8159.21万元，全部用于光彩事业和公益慈善事业的29个项目。开展感恩行动，慰问支内返沪困难老劳模348名，帮助解决生活困难。上海市民营企业家用大爱之心、慷慨之举，为四川地震灾区捐款捐物达6.8亿元，共同托起了遭受自然灾害地区人民群众的信心和希望。4000余家民营企业参与各类就业招聘活动80余场，有21000余名求职者与用人单位现场达成录用意向。通过推动区县工商联、光彩会，积极引导民营企业参与项目投资、资源开发、兴办企业、培训人才、安排就业等，为贫困人群脱贫致富、贫困地区经济发展和社会进步作出了重要贡献，涌现了一批热心光彩事业的先进单位和个人。

一、参与项目投资，为促进区域协调发展作出新贡献

组织民营企业参加中央统战部、全国工商联、中国光彩会、上海市政府赴外省市的投资活动。

2008年，组团参加第五届中国河南国际投资贸易洽谈会、“振兴东北老工业基地优秀中国特色社会主义事业建设者吉林行”、“2008海内外知名企业家齐鲁行暨中国济宁投资经贸洽谈会”、“第九届中国西部博览会”、赴都江堰市地震灾区慰问等重要活动，85位企业负责人参加。

2009年，以上海市对口支援地区为重点，组织民营企业家深入云南、四川、三峡地区、西藏、贵州等地开展项目投资，65位企业负责人参与，援建社会公益事业等项目59个，签定经济合作项目和战略合作项目24个。

2010年，先后组团到上海对口支援地区新疆喀什投资考察，参与第五届苏北投资贸易洽谈会、中国中部投资贸易博览会等重大活动。月星集团在喀什签约投资建设“月星上海城”商贸综合体项目；金博建工集团投资建设年产100万平方米石材产业园、物流中心、核桃油加工等5个项目。

2011年，组团赴上海对口支援地区新疆喀什、西藏日喀则、青海果洛、云南四州市、三峡库区、贵州遵义地区和长三角区域的洽谈合作项目，参与企业家达166人次。

2012年，参加了中国光彩事业宁夏行、西藏行、山东行、湖北行、抚州行、武汉行等活动，投资建设13个项目。另外，组织上海民营企业家还参

与了三峡援建移民新农村建设项目、爱心助学公益项目、库区经济合作投资项目等；协助第十九届中国昆明进出口商品交易会暨第四届南亚国家商品展组办上海展区，参加青海绿色经济投资贸易洽谈会、新疆喀什经贸交易会、豫沪经济合作交流会、南京重大项目投资洽谈会、南通行等活动，促进了当地经济发展。

2013 年，参加“中国光彩事业大别山革命老区（安徽）行暨安徽省与全国知名企业合作发展会议”、“2013 中国·青海绿色发展投资贸易洽谈会”、第 19 届兰洽会暨民企陇上行活动和湖北省武汉首届楚商大会，组织区县统战部、工商联到贵州遵义、毕节试验区对接“百企帮百村”活动。另外，市光彩会还组织企业参加了中国光彩事业延安行、西藏行、安徽行、赣州行、巴中行暨川商革命老区行等项目投资活动。吉祥航空、春秋航空近年先后开通了毕节、宜昌、遵义等 15 个老少边穷地区的航线。

2014 年，除项目支援外，上海市光彩会收到定向捐款人民币 2185 万元，账户支出 1778 万元；参加“中国光彩事业信阳行”活动，是出席团队阵容最大的省市之一，中央统战部副部长，全国工商联党组书记、常务副主席，中国光彩会副会长全哲洙出席了信阳行活动中的上海市光彩理事座谈会，对上海市光彩会加强组织领导、创新开展光彩投资工作给予了充分肯定；参加“中国光彩事业南疆行”，均瑶集团董事长王均金、月星集团董事长丁佐宏等上海民营企业家代表受到中共中央政治局委员、新疆自治区党委书记张春贤的亲切会见。为中国光彩事业“信阳行”、“南疆行”活动企业捐赠共计 510 万元。

二、承担社会责任，为共享文明进步成果作出新贡献

每当中华大地遇到不可抗拒的自然灾害，上海民营企业家都慷慨解囊，热情相助。上海市光彩会以捐赠推动公益事业建设，收到的各类捐款全部用于光彩事业和公益慈善事业。资助了四川都江堰、青海玉树、甘肃舟曲、新疆莎车、四川雅安地区的灾后重建，其中，累计为汶川大地震灾区捐款捐物达 6.8 亿元，为青海玉树地震灾区捐赠金额 2079 万元；向甘肃省舟曲灾区捐赠人民币 300 万元，中国光彩会理事单位世茂集团、复星（集团）向灾区各捐赠人民币 500 万元；向雅安地震灾区捐款捐物达 5160 万元，上海市民营企业家用大爱之心、慷慨之举，共同托起了遭受自然灾害地区人民群众的信心和希望。市光彩会还资助了新疆莎车县图文中心、云南香格里拉县第一中学、西藏日喀则上海实验学校、贵州毕节地区小水窑、江西老区农村公路和城乡卫生院及学校、上海崇明县米行村道路和水渠等建设及资助支内返沪困难老劳模和困难学生就学。这些捐款，主要来自于本市民营企业家。其中单笔较大的有：均瑶集团捐资 1000 万元，建设对口支援地区新疆喀什莎车县图文信息中心项目；长峰房地产有限公司、紫江（集团）有限公司、美特斯邦威服饰股份有限公司等三家企业，联合完成了中央统战部提出的东部 10 省市向贵州毕节实验区各捐赠 1000 万元的任务。

三、引导民营企业发挥就业主渠道作用

市光彩会每年与市人力资源社会保障局、市总工会、市教委联合开展“民营企业招聘周活动”，采用专场、小型招聘会，借助“上海公共招聘网”、“民营企业招聘周专栏”和市工商联网站等，广泛发布招聘信息，为高校毕业生求职建立通道，为民营企业吸纳人才搭建平台。2013 年共同主办在上海理工大学举办的全国民营企业招聘周启动仪式，发起“校企合作　培养人才　促进就业”合作机制，组织 4 所高校与 4 家知名民营企业（代表全市 9 所高校与 23 家民营企业）现场签约，动员 371 家民营企业参加，提供就业岗位 5802 个，约有 8000 多名求职者入场应聘，现场达成初步意向 1687 人。据统计，六年来共举办各种招聘活动 100 余场，参与招聘的企业达 5000 余家，发布招聘岗位超过 12 万个，受理各类就业咨询 25 万余人次，发放各类宣传资料约 15 万份，有 25000 余

名求职者与用人单位现场达成录用意向，另有近20万求职者通过网络应聘。静安区工商联主办的第九届百家民企人才招聘会的经验，在人力资源和社会保障部、教育部、全国总工会、全国工商联合作推动就业再就业工作简报上进行了介绍。上海汇银集团获“全国就业与社会保障先进民营企业”。

四、用感恩行动回报社会

按照“围绕上海市工作重点，结合光彩事业特点，形成感恩行动亮点”工作思路，自2010年开始，市光彩会贯彻中央统战部电视电话会议精神，连续三年，在全市范围内发起了慰问支内返沪困难老劳模为主要内容的回报社会感恩行动。2010年9月20日隆重举行了上海市民营企业回报社会感恩行动启动仪式，对上海348名支内返沪困难老劳模进行了慰问，企业家也受到了创业、艰苦奋斗精神的教育。据不完全统计，截至2013年6月，全市民营企业家回报社会感恩行动慰问（帮扶）对象及人数为：老党员2187人、老革命642人、老模范1900人（含支内返沪老劳模）、资助原工商业者、老统战人士、军烈属、村干部及老先进、贫困家庭、困难学生等合计41403人（次），慰问金3324.864万元，捐赠实物372.499万元，招工扶贫2050人，培训扶贫480人，投资惠民项目103个，到位资金1283.67万元。

五、适应形势要求，为深化光彩精神作出新贡献

上海市光彩会在积极引导、服务企业项目投资的同时，对对口支援地区人力资源帮扶进行了有益探索。

2012年2月，在沪举办新疆喀什地区4个县22名工商联干部的培训；快钱支付清算信息有限公司成功为西藏地区医护人员医疗器械操作培训；2013年4月，市光彩会又在上海对青海果洛州27名工商联干部、民营企业家，进行了为期15天的培训。2014年为上海对口支援地区云南省储备人才资源，培训工商联系统干部二期120人。通过专家、学者及市工商联领导辅导讲课、到本市民营企业参观见学、与区县商会交流、专题学习讨论等形式，增强了对口支援地区自我持续发展能力，得到了多方好评。

参加世博场馆建设和服务。2010年举办的上海世博会，是承载中华民族光荣与梦想的一届盛会。上海民营企业在参与世博，服务世博，奉献世博中作出了贡献。全市345家民营企业参与世博场馆的设计、建造、原材料供应、装饰、世博会期间的出行、餐饮、住宿、礼品、综合服务等。上海复星高科技（集团）有限公司与15家全国知名的民营企业联袂打造了民营企业联合馆；62位民营企业家佩戴志愿者标识担当体验志愿者；一批批民营企业家冒着酷暑深入世博园区慰问执勤部队、公安和世博志愿者。世博会结束后，市光彩会举办“上海百家知名民营企业世博会服务者专场招聘会”，210家民营企业参加，共提供6000余个岗位，现场录用1071人。

六、推进区县开展光彩活动

各区县工商联、光彩会注重结合实际，拓展光彩事业新领域。奉贤区光彩会引导民营企业面向农村兴办市场，探索建立产销直挂、连锁结合流通方式。浦东新区光彩会以项目带动贫困地区发展，发动35个街镇基层商会，开展慈善联合扶贫帮困，强化企业社会责任感。静安区光彩会针对区内企业特点，开展就业招聘、捐建光彩学校、组织光彩学校师生来沪参观等活动。徐汇区光彩会结合光彩帮扶工作，多次组织民营企业家赴革命老区接受革命传统教育。松江区光彩会联合新阶层人士广泛开展结对帮扶工作。虹口区光彩会动员众多企业参与“千企联万户”活动。金山区光彩会积极推动“村企结对”。长宁区光彩会组织企业家在元旦春节等传统节日开展“百企助百老”活动。嘉定区光彩会通过举办光彩事业主题活动，展示非公有制经济人士感恩回馈社会的风采。宝山区光彩会鼓励企业吸纳就业、促进就业、克服困难少裁员。闸北区光彩会开展“闸北区百户特困家庭个案帮扶计划”助学活动。闵行区光

彩会开展光彩助学、扶贫帮困、光彩拥军活动。杨浦区光彩会每年坚持开展一日捐活动。黄浦区光彩会一手搭平台鼓励民营企业家兴办光彩事业项目，一手开展点亮光明工程主题公益活动捐资助学。普陀区光彩会对全区80岁以上劳模、重病劳模、特殊困难劳模全覆盖帮扶。青浦区工商联把感恩行动帮扶对象扩展到困难支前模范、抗美援朝老兵。崇明县工商联坚持依靠骨干民企投资惠民项目、关爱农村困难老人、贫困学生。近年来，黄浦区光彩会、长宁区光彩会、普陀区光彩会、闸北区光彩会、静安区光彩会还积极组织企业参加中国光彩会光彩行活动。

七、举办光彩事业主题宣传活动

上海市委统战部、市工商联和市光彩会汇聚各方力量，每年举办光彩事业活动日。上海光彩事业主题活动的凝聚力、影响力不断加强，已成为展示民营企业在对口支援、西部开发、捐建光彩学校、促进就业、扶贫济困及各项公益活动中突出业绩的重要窗口；成为汇聚民营企业主动融入光彩事业重要平台；成为把“两个健康”精神落在实处，充分体现上海城市精神的品牌活动。2008年的主题是“情系灾区　携手共建”、2009年的主题是“逆势飞扬促发展　相辅相携添光彩”。2010年是世博年，为推动上海市民营企业家参与建设世博、服务世博、奉献世博热情，上海市光彩会举办了“与世博同行　展民企风采”主题活动，并对来自不同行业的民营企业家参与世博服务进行授旗誓师，引起巨大社会反响。2011年，围绕纪念建党90周年，以“党的光辉映同心，感恩行动添光彩”为主题，展示了上海民营企业在光彩精神的鼓舞下，积极参与“回报社会感恩行动”、对口支援和赈灾助困，感恩党、感恩国家、感恩人民的良好精神风貌。2012年，围绕上海后世博开发建设，以“发挥上海优势　服务全国民企　促进转型发展”为主题，邀请39位全国和上海的知名民营企业家共商后世博发展大计，帮助外省市知名民营企业家在上海寻找新机遇，实现新发展，从侧面实现了扩展和壮大光彩事业队伍的目的。2013年，连续开展三年的以慰问支内返沪困难老劳模为主要内容的回报社会感恩行动，取得丰硕成果。2011年10月，上海市光彩会在全国感恩行动经验交流会上介绍了组织开展回报社会感恩行动的情况。2014年，结合上海市光彩会换届和光彩事业启动20周年，以“在光彩的旗帜下”为主题，全面回顾和展示了上海光彩事业在贯彻执行西部大开发战略，对口支援、参与振兴东北老工业基地、支持老少边穷地区等工作中，上海民营企业家铁肩担道义，践行先富带动后富号召，投资项目促进欠发达地区发展的风采；再现了光彩事业与时代同步，致力发展社会关注的新农村建设、实施村企结对、科技信息、生物工程、种植养殖、工艺加工、道路修建、公共设施建设的积极贡献。

七年来，一大批热心光彩事业的先进单位和个人受到表彰。2009年，静安区光彩会、闸北区光彩会、杨浦区光彩会、金山区光彩会、奉贤区光彩会及宝山区工商联会员部荣获“2009年光彩事业组织奖”，丁佐宏、王岳祥、朱永兴、刘幸偕、杨桂生、周成建、林凯文、高华林、钱建蓉、童锦泉等十位民营企业家荣获“2009年上海光彩之星”。2011年，浦东新区光彩会、普陀区工商联、闸北区光彩会、宝山区工商联、闵行区工商联、嘉定区光彩会荣获“2011年光彩事业组织奖”，丁佐宏、王均金、纪德法、何忠孝、沃伟东、宋伯康　、张火法、张德安、陈伟峰、童锦泉等十位民营企业家荣获“2011年上海光彩之星”。2012年，市光彩会荣获民政部授予的中华慈善奖、中国光彩事业组织奖、上海市人道博爱奖集体、第二届上海慈善奖（优秀慈善组织）、对口支援都江堰市灾后重建突出贡献集体；郭广昌、王均金、丁佐宏荣获中国光彩事业奖章，洋帆实业公司、高榕食品公司荣获上海市对口支援都江堰市灾后重建先进集体，普陀区工商联、钢之杰钢结构建筑有限公司分别获上海市对口支援都江堰市灾后重建突出贡献集体，丁劲松、袁立、严健军、陈伟峰、陈丽、丁佐宏、林凯文、马瑞忠、胡书芳、刘永行、陈海风、沈善敏荣获上海市对口支援都江堰市灾后重建突出贡献个人。

【2008年光彩事业活动日】2008年7月20日，市光彩会在上海张江集电港会展中心举办以“心系灾区 携手共建”为主题的“2008年光彩事业活动日”。活动由市委统战部、市工商联、市民政局、市红十字会、市慈善基金会、解放日报和文汇报支持，上海月星家具有限公司承办。上海民营企业代表近600人参加了主题活动。丁佐宏代表企业家宣读“情系灾区、奉献爱心”倡议书；活动现场推出12个公益和企业定向项目及“光彩再行动”定向助学、助业、结对、研修培训等援助项目。45家企业向都江堰市受灾严重的1591名初中和高中困难学生提供资助，总计捐助额为839.1万元；47家民营企业和相关行业商会为灾后闲置人员腾出了2025个就业岗位。

【2009年光彩事业活动日】2009年6月25日，市光彩会在上海国际会议中心举行主题为“逆势飞扬促发展、相辅相携添光彩”的“2009年上海光彩活动日”。上海市委统战部、市工商业联合会为支持单位，上海海泰集团承办。本市500多位民营企业家代表和各区县工商联、部分省市驻沪商会、市工商联行业商会的有关领导参加本次活动。静安区光彩事业促进会、闸北区光彩事业促进会、杨浦区光彩事业促进会、金山区光彩事业促进会、奉贤区光彩事业促进会、宝山区工商联会员部荣获“2009年光彩事业组织奖”；企业家丁佐宏、王岳祥、朱永兴、刘幸偕、杨桂生、周成建、林凯文、高华林、钱建蓉、童锦泉荣获“2009年上海光彩之星”。2009年新增投资项目188.6亿元，带动投资2000亿元。现场举行“百位民营企业家世博志愿者报名活动”。

【2010年光彩事业活动日】2010年4月20日上午，市光彩会在上海国际会议中心举办主题为“与世博同行，展民企风采”的2010年光彩事业活动日，旨在宣传上海民营企业积极参与、建设、服务世博会，为演绎“城市－让生活更美好”献计、出力、创新、奉献的风采。上海市委统战部、市工商联为支持单位，上海复星集团承办。会上，分《创新风范，民企建设篇》、《活力闪耀，民企参展篇》、《奉献风采，民企服务篇》三个篇章，展现上海民营企业为世博精心筹备、为盛会真诚奉献的动人风采。《光彩，与世博同行》视频片获广泛好评。27家市工商联企业家副主席、市商会副会长、市光彩事业促进会副会长和其他代表人士单位举牌捐赠，捐款1751.5万元，捐赠物资价值人民币330万元。现场举行“我为世博添光彩”授旗誓师的仪式，为上海世博会提供餐饮、住宿、出行、旅游以及礼品等各类综合服务的35名民营企业家代表庄严宣誓，杨晓渡同志亲自为企业家代表授旗。本市700多位民营企业家代表和市区县的有关领导参加活动。

【2011年光彩事业活动日】2011年7月5日，市光彩会在上海国际会议中心举办主题为“党的光辉映同心，感恩行动添光彩”的2011年光彩事业活动日，市委统战部、市工商联为支持单位，上海市委常委、统战部部长、市光彩会会长杨晓渡出席活动并致词，全国工商联为活动发来贺电。上海市有关部委、18个区县工商联和500多位民营企业家共800人出席了活动，并分10个组对中心城区50位支内返沪困难老劳模进行慰问走访。浦东新区光彩会、普陀区工商联、闸北区光彩会、宝山区工商联、闵行区工商联、嘉定区光彩会荣获2011年光彩组织奖；丁佐宏、王均金、纪德法、何忠孝、沃伟东、宋伯康、张火法、张德安、陈伟峰、童锦泉等10位企业家荣获2011年光彩之星。

【“红丝带”夏令营】2010年8月12日，上海市光彩会在世博园区志愿者广场举行“爱与艾的相连”——2010中华红丝带百名艾滋病致孤儿童夏令营活动，该活动由中华全国工商业联合会、中国光彩事业基金会主办，上海市光彩会、市工商联协办，主题为“大手牵小手，欢乐游世博”。上海市委常委、统战部长、市光彩会会长杨晓渡，夏令营儿童、老师、众多海内外知名企业家、爱心人士和媒体200余人共同参加活动。

杨晓渡向来自四川和河南的100余名夏令营孩子代表赠送签名版，王新奎希望孩子们时刻铭记胡锦涛总书记“勤奋学习、快乐生活、全面发展”的期望，从各方面提高自身素质，努力成长为中国特色社会主义事业的建设者和接班人。与会领导及嘉宾一起向孩子们赠送世博会吉祥物“海宝”。夏令营成员先后参观了中国馆、荷兰馆、意大利馆和世界贸易中心协会馆等场馆。

【世博会志愿服务者专场招聘会】2010年11月13日上午，在市委统战部的领导和市光彩会的推动下，市工商联联合团市委、上海世博局、市人力资源保障局，在浦东源深体育场成功举办了“2010年上海百家知名民营企业世博会服务者专场招聘会”。上海复星（集团）、均瑶（集团）、中锐控股集团、东方希望集团等200多家来自制造业、机械加工、互联网信息服务、建筑、房地产、纺织服装等产业的知名民营企业参与了本次招聘会，为包括世博会工作人员、世博会建设者、世博会见习生、世博会志愿者等所有世博服务者提供管理、专业技术、普通岗位1000多个，招聘6000余人。整个招聘会持续了3个小时左右，据初步统计，共收到简历12196份，当场面试人数达6698人次，有1071人初步达成录用意向。

（上海市光彩事业促进会供稿）

江苏省光彩事业促进会

【综述】

江苏省光彩事业促进会成立于1996年，2008－2014年，中共江苏省委统战部、江苏省工商联、江苏省光彩事业促进会紧紧围绕中央和省委的中心工作，联系团结广大非公有制经济人士，秉承“致富思源、富而思进，扶危济困、共同富裕，义利兼顾、德行并重，发展企业、回馈社会”的光彩精神，坚持“自觉自愿、量力而行、互惠互利、义利兼顾”的基本原则，采取多种方式，搭建有效平台，引导非公有制经济人士积极参与光彩事业，切实履行社会责任，为推动欠发达地区经济社会发展作出了积极的贡献。2013年召开了第四届理事换届大会，目前有副会长47名，常务理事31名，理事168名，理事中有非公有制经济人士137名。全省13个地级市光彩会有理事1950名，企业理事数1911名，全省100个区县中有10个区县成立了光彩会，理事人数1210名，企业理事1180名。截至2014年底，我省民营企业家到中西部地区、老少边穷地区、东北老工业基地和苏北地区累计实施光彩事业项目2148个，到位资金总额493.1亿元，安置就业94.2万人，带动脱贫93.6万人；累计参与公益慈善捐赠项目近3万项，捐赠金额（含款、物）123.6亿元。张近东、丁佐宏、车建新、高仕军、蒋加平、高纪凡等6人荣获中国光彩会颁发的“光彩事业奖章”，汤燕雯、张近东、高仕军、崔根良等企业家荣获中国光彩会颁发的“光彩事业20周年突出贡献奖”，省光彩会、南京市、苏州市、常州市、南通市、淮安市委统战部等荣获中国光彩会颁发的“光彩事业组织奖”，宜兴狮王木业有限公司董事长吴俊、江苏友联投资有限公司董事长孙润民荣获光彩事业国土绿化贡献奖。在中国光彩事业基金会组织的“2012年非公经济企业十大碧水环保先锋奖评选”中，省光彩会荣获最佳组织奖。

一、引导民营企业积极参与扶贫开发，促进民生改善

探索民间扶贫开发的新形式，采取政府引导、光彩会促进、市场化运作的思路，变“输血式”扶贫为“造血式”扶贫，加强对光彩项目的可行性研究、分析评价及日常管理，以项目投资为主体，组织引导非公企业深入贫困地区、边疆地区和少数民族地区实施产业扶持，兴办企业、开发资源、促进就业，带动群众脱贫致富。月星集团在新疆喀什地区投资4.8亿元建设的喀什月星上海城项目，当年吸纳就业580人，带动脱贫人数800人以上。苏州天烨集团在成都投资5000万元钣金自动化公司，华芳集团在河南焦作、安徽蚌埠等地投资建厂都极大地促进了当地就业，带动了当地脱贫致富。

二、引导民营企业积极投身社会公益事业，促进社会和谐

引导和鼓励广大民营企业家积极投身到“扶贫济困送温暖、回馈社会献爱心”活动中来，增强民营企业家争做优秀中国特色社会主义建设者的自觉性。江苏民营企业活跃在助残助学、救灾扶贫等各个领域，树立了民营企业良好的社会形象。2010年无锡市光彩事业促进会企业家与新疆阿合奇县签署协议，捐款50万元，在阿合奇县设

立“无锡光彩助教奖学金”，奖励优秀教师和学生，并向霍城地区一次性捐赠20万元，支持当地教育事业的发展。2010年太阳雨新能源集团有限公司启动“阳光热水行动”，为拉萨盲人康复培训中心和日喀则盲人康复培训中心无偿安装了太阳能热水系统，改造了“阳光浴室”，并向盲校赠予“阳光校车”，成立了西藏盲人艺术团。2012年起太阳雨公益慈善基金又为盲童治疗眼疾，减轻痛苦、进行视力的恢复。在面对自然灾害时，全省广大民营企业家积极响应党和国家号召、捐款捐物，深入一线灾区救灾，体现出报效国家、回报社会、扶贫济困的强烈社会责任感和中华民族“一方有难、八方支援”的优秀品德，2008年汶川地震期间，全省民营企业共捐赠钱物12.11亿元，众多企业家和企业被评为“抗震救灾先进个人”和“抗震救灾先进集体”。 2009年西南严重干旱， 2010年青海玉树地震时，全省民营企业捐款近2亿元，2013年4月四川省雅安市发生了7.0级地震灾害，全省民营企业向灾区捐款物近8000万元。据不完全统计，2013年、2014年全省民营企业捐款分别达到11亿、13亿，形成了不仅大企业积极参与社会公益事业，而且中小企业也纷纷解囊相助的良好氛围。

三、引导民营企业积极参与社会主义新农村建设，推进农村经济和城乡统筹协调发展

参与省政府实施的五方挂钩帮扶和村企共建活动，积极探索实践以政府为主导、农民为主体、社会力量广泛参与的有效合作机制，通过产业带动帮扶、吸纳农村劳动力就业、改善村容村貌、完善农村基础设施、建设发展农村文化教育等形式，动员广大民营企业积极参与社会主义新农村建设。南京市光彩事业项目—高淳县桠溪镇尚义村标准厂房项目是由南京市委统战部、市工商联和市光彩事业促进会组织苏宁电器集团等10家民营企业共同捐资建设的。该项目在高淳县桠溪镇尚义村兴建标准厂房5000平方米，并且提供配套的技术服务、融资担保服务和商务服务。雨润集团推行的“政府+公司+基地+农业经纪人+农村合作社”五位一体的订单农业发展模式，每年就可带动900万户农民实现增收，增收总额超过130亿元。在波司登集团的带领和推动下，曾经贫穷落后的康博村实现了工农并举发展的良好格局，全村100%的家庭用上了液化气，90%以上的家庭装上了太阳能，60%的农户拥有小轿车，被农业部评为中国十佳小康村。

四、引导民营企业积极捐资助学，推动人才培养

智力扶贫是光彩事业活动的重要组成部分，捐资助学是民营企业回报社会的有效载体。全省民营企业坚持多形式、多渠道、全方位地助推贫困地区、少数民族地区及困难群体的教育发展。一是捐建光彩学校。据不完全统计，省光彩会成立至今，累计兴建光彩学校200多所。二是设立奖学助学基金。一大批苏商都设立了形式多样的助学基金。比较突出的有，波司登集团在常熟理工大学、江南大学设立助学金，江苏振达助学基金已帮助500多名大学生圆梦，吴江区助学基金运作10多年，出资企业家400多人次，奖助总金额达到500万元。三是加强师资培训。省光彩小学教师培训班已经举办四期，来自全国新疆、西藏、云南、贵州、青海、甘肃等15个省（自治区、直辖市）近150多名光彩小学教师接受了培训。

五、引导民营企业支持贵州毕节地区建设

江苏雨润集团、江苏高力集团分别捐资500万用于贵州毕世地区小水窖建设。2012年我部先后多次组织省级统一战线成员赴毕节地区进行帮扶，组织南京、苏州、无锡、镇江、南通等六市光彩会同志共赴贵州毕节考察。2014年先后协调苏宁、雨润资金65万元，用于修建教师周转房和小水窖。2014年协调连云港鹰游集团资金130余万元用于修建道路。

六、以区域共同发展为目标引导民营企业产业转移和升级

推进我省民营企业北上西进，在东北老工业基地振兴、中部崛起、西部开发的国家战略中寻找新的发展商机，多次组织民营企业赴吉林、辽宁、宁夏、河南、江西、湖北、湖南、云南、贵州、四川、重庆、安徽等地投资考察，一批又一批光彩事业项目在全国各地落户，实现了自身发展与地区发展的“双赢”。2011年和2014年，分别把乌鲁木齐、唐山作为全球苏商领袖峰会的承办地，助推苏商进入当地投资兴业。同时，连续六年配合省政府苏北发展协调小组办公室合作举办“苏北地区投资贸易洽谈会”，累计组织省内外近千家企业参加活动，有力地推动了苏南产业向苏北转移，使一批苏南企业在苏北大地上找到了新的发展空间。围绕省委、省政府加快推进沿海开发的战略布局，多次组织民营企业家赴沿海地区进行投资考察。2010年5月“江苏民营企业家高层论坛”在连云港举办。2011年10月31日至11月2日，由省委统战部、省工商联、省光彩会共同组织省内知名民营企业家赴沿海连云港、盐城、南通三市进行投资考察，宣传推介沿海三市的独特优势，帮助民营企业拓展新的合作空间，推进在谈合作项目，促进沿海三市与民营企业对接。活动期间，共签订项目13个，涉及新医药、新能源、新材料、物流、城市开发等多个领域，累计金额达274.5亿元。

七、大胆实践，开拓创新，全省各级光彩会工作异彩纷呈

全省各级光彩事业促进会服务政府工作大局，积极探索、大胆实践，形成了各具特色的光彩品牌工作。南京市实施的“同心·万家民企帮万户工程” 是全市光彩事业具有战略性、全局性、实践性的重要“同心品牌”工程。2012年5月南京市委、市政府转发了市委统战部、市民政局、市工商联《关于在全市统一战线组织实施“同心·万家民企帮万户工程”的意见》。苏州市倾情新苏州人子女教育，打造“同在蓝天下，共建新天堂”的爱心主题活动，成立专项基金，捐资助学，先后在二十四中、十二中开办“闽商班”、“徽商班”等光彩班，帮助在苏品学兼优的外地贫困学生。第一届“光彩班”已有97位学生毕业。其中，有20%的学生被四星级以上高中录取。走出了一条具有苏州特色的光彩之路。无锡市光彩会每年围绕一个主题，组织非公有制企业开展感恩社会光彩公益系列活动，弘扬光彩精神。常州市根据商会和企业意愿，引导企业成立光彩基金。全市已建立“百万及以上光彩基金”152个，其中千万以上37个，累计基金协议总额超过8亿元。镇江市加强与政府有关部门的联系，主动为民营企业参与国有企业改革牵线搭桥，会同劳动部门多次举办“规模型民营企业专场招聘会”、 “民营企业招工会”等活动，为促进国企改革和社会稳定作出了贡献。南通市积极探索在市光彩事业促进会设立相关基金，为帮助社会特困家庭摆脱困境，为特定人群发放救助基金。连云港市加强领导，统一认识，合力推进“民企帮村”，一批民营企业也在帮村富民的实践中逐步发展壮大。“民企帮村”活动被纳入市政府组织实施的全市“兴村富民”五大工程之一，受到了市委、市政府的嘉奖。淮安市按照“拓宽思路、构建载体、打造亮点、培育品牌、提升效能”原则，精心打造光彩事业“五个行（生态行、教育行、救助行、强村行、国防行）”品牌工程。2009年荣获淮安市委、市政府“服务大局、争创一流”创新优秀项目奖。徐州市积极引导异地商会投身光彩事业，提升商会影响力。盐城市以项目活动为抓手，推动光彩事业向深度发展。扬州市以加强宣传为抓手，营造光彩事业良好氛围，培养民营企业家参与光彩事业的责任感。泰州市光彩会组织全市非公有制企业积极参与“村庄环境整治在行动”工程，开展了以“百企挂百村、履行新责任、共建新农村”为主题的“双百双新”活动。树立了非公有制经济人士的良好形象，取得了明显的社会成效。宿迁市着眼于提升代表人士素质，进一步打造光彩人士的新形象。以“暖心工程”、 “企业家健康工程”和“招才引智工程”这三项“工程”为抓手，深化服务内涵。

八、积极推进自身建设，为推动光彩事业科学规范运转奠定基础

我省光彩事业促进会成立以来，始终坚持充实和扩大理事队伍，建立健全政策、资金、信息、宣传、荣誉等社会支持系统，使光彩事业促进会的组织体系更加完备；始终坚持制定和完善信息交流、项目统计、重点项目立项等各项制度，推进光彩事业各项工作更加科学合理、规范有序、运转高效；始终坚持把光彩事业贡献作为民营经济人士评选表彰和政治安排的重要标准，形成制度，对在光彩事业中做出突出成绩的民营经济人士，积极推荐和及时表彰，为他们提供参政议政、为地方经济建设建言献策的平台；始终坚持组织开展各类大型活动，宣传光彩事业，提升民营企业家的良好社会形象，增强民营企业家的社会责任感；始终坚持调查研究，了解企业生产经营状况，检查光彩事业项目实施情况，帮助解决存在的困难和问题，调动民营经济人士参与光彩事业的积极性，收到较好效果。

【支援汶川抗震救灾】2008年5.12汶川地震发生后，江苏省光彩会号召全省广大民营企业家和非公经济人士充分发挥“一方有难、八方支援”的精神，为四川地震灾区抗震救灾踊跃捐款捐物。省光彩会在第一时间给四川省光彩会发去了慰问信，并将企业家捐赠的200万元救灾款通过四川省光彩会送往灾区。之后，又向绵竹市捐款270万元，用于绵竹市大西街光彩小学灾后重建，并向绵竹市工商联捐赠了5台办公电脑。在罕见的自然灾害面前，江苏民营企业家第一时间奔赴灾区开展救援行动，踊跃捐款捐物支援救灾，不计成本生产救援物资驰援灾区，申请领养孤儿情牵灾区。我省民营企业和非公经济人士向地震灾区捐款捐物累计达12.11亿元（占全省向四川地震灾区捐款捐物和特别党费的三分之一），其中捐款9.78亿元，捐赠物资价值2.33亿元。

【资助千名学生活动】2014年，8月29日上午，南京市委统战部、市工商联、市光彩会在六合横梁街道开展“同心·万家民企帮万户工程——资助千名学生”捐赠活动。市委常委、统战部长李世贵与民营企业家代表一起将2014年123万元助学金捐赠给六合、溧水、高淳三区困难家庭非义务教育阶段的246名学生。在过去的两年里，“同心·万家民企帮万户工程”共捐赠扶贫济困资金10433.6万元，帮扶贫困家庭15894户；捐赠助学资金1838万元，资助贫困家庭学生4011名。

【“迎新春千企暖万户”活动】南京市持续抓好“同心·万家民企帮万户工程”，不断拓展活动内容，引导组织市非公有制经济人士广泛开展“迎新春千企暖万户”活动，为改善民生、建设和谐南京、幸福都市做出新贡献。春节前，市委统战部联合市工商联共同组织部分主席会长企业代表走访慰问了建邺、浦口、六合、溧水、高淳等区结对帮扶的30个街镇和社区930多户贫困家庭，向每户捐赠了1000至5000元不等的帮扶资金，共计310多万元，把温暖送到千家万户，帮助困难家庭群众过一个欢乐祥和的春节。

【华兴慈善教育发展基金】2010年，江苏华兴投资集团积极倡导盐都企业家协会捐资成立“华兴慈善教育发展基金”，并带头向盐城市盐都区慈善会一次性捐赠1000万元，自2010年起，每年八月中下旬举行一次由盐都区委、区政府举行的慈善救助“献爱心·圆梦想”困难大学生资助金集中发放活动。几年来，已先后资助困难大学生近700名之多，为入学难、生活难的学子助上了一臂之力，“华兴慈善教育发展基金”的成立，为企业向贫困家庭的学生奉献真情，为党和政府为社会带来温暖构建了一个良好的平台，目前，被资助的大学生已纷纷走向社会，并在不同的工作岗位奉献着自己的青春和智慧。

【方天助学】方天集团于2005年1月设立了方天光彩助学基金，现有基金总额900万元，基金成立以来，先后组织了10次助学金、奖学金以及生活、学习用品的集中发放活动，受助学生1500多人次，发放助学金逾200万元，优秀学生奖学金18.5万元。

（江苏省光彩事业促进会供稿）

浙江省光彩事业促进会

【综述】

浙江是全国非公有制经济发展最早、最快的省份，据调查统计，目前，全省有私营企业52万家，列全国第一。近几年来，浙江省个体私营企业创造出全省80%的GDP，贡献着全省2/3的税收，提供了全省90%的新增劳动岗位，承担起全省近80%的公益和慈善捐款。

浙江省光彩事业促进会自成立以来，广泛团结浙籍非公有制经济代表人士和港澳台及海外工商界人士，成为有效激发我省非公有制企业家致富思源，富而思进积极承担社会责任的重要平台。浙江省光彩事业坚持自觉自愿、量力而行、互惠互利、义利兼顾的原则，紧紧围绕省委"八八战略"、"两创"总战略以及建设"两富"现代化浙江的目标，充分发挥各级组织优势，积极引导和动员全省非公有制经济代表人士投身社会主义新农村建设，参与中西部地区和东北老工业基地经济建设，支持省内欠发达地区和山区发展，开展爱心助学、扶危济困、参与社会公益事业等活动，取得了明显的成效。据统计，2008年以来，我省民营企业家到中西部地区、老少边穷地区、东北老工业基地和苏北地区累计实施光彩事业项目8790个，到位资金总额395.13亿元，安置就业270.3万人，带动脱贫67.9万人；累计参与公益慈善捐赠金额（含款、物）100.4亿元，捐建光彩小学160多所。

2009年，根据浙江省委统战部统一部署，省光彩事业加大了对省内欠发达地区经济社会发展和群众生产生活的支持力度。省光彩会团结带领广大理事，募集资金、精选项目、科学筹划，与我省开展的"服务企业、服务基层"专项活动相结合、与"低收入农户奔小康工程"专项行动相结合、与"少数民族低收入群众增收帮扶计划"相结合，着重以欠发达地区为工作重点，帮助解决公共基础设施建设资金不足、建立低收入群众增收项目，促进低收入群众脱贫，带动农民增收，缩小贫富差距。

一、围绕中心促发展

几年来，省光彩会围绕省委、省政府工作大局，积极支持服务省内各地经济社会快速发展，多次组织非公有制经济代表人士赴各地进行考察调研。同时，结合省委统战部在全省部署开展的"义行天下——浙商感恩"行动，引导和支持广大非公有制企业把光彩精神与建设社会主义新农村有机地结合起来，以多种方式参与新农村建设，着力推动以"村企挂钩"等为载体，引导非公有制企业家结对帮扶，挂钩帮促，与帮扶对象优势互补，共同发展。形成了一些好的做法：一是深入开展"千企联千村，合力治污水"专项行动。围绕省委、省政府"五水共治"决策部署，采取省市县三级联动，充分发挥统战部、工商联和光彩会联系天下浙商的渠道优势，以农村污水治理为突破口，组织开展"千企联千村，合力治污水"专项行动，动员广大浙商以村企结对为重点，以捐助、投资、认建等多种途径，积极参与农村污水治理。将衢州市龙游县横山镇作为联系点，组织7家知名民营企业实地考察并分别出资50万元参与7个行政村污水治理。截至去年底，全省非公有制经济人士认捐治水资金16.62亿元，组织动员6414家非公有制企业参与"五水共治"捐资和农村污水治理工作，结对行政村1229个。二是广泛开展“两联”活动。一个是“万商联万户”行动，发动万名非公有制经济人士，特别是光彩会成员，以结对帮扶为主，采取“一企一人”、“一企一户”或“一企多人”、“一企多户”等方式，通过捐资捐物，解决帮扶对象住房、饮水、用电、就医等实际困难；通过对帮扶对象家庭成员进行技能培训、吸纳就业等，帮助创业增收。再一个是“万企联万村”行动，引导万家非公有制企业，结合实际、因地制宜、发挥优势，重点实施带动力强、受益面大的基础设施项目或其他项目，因地制宜地开展“产业帮扶”、“结对帮扶”、“医疗帮扶”、“科技帮扶”、“素质帮扶”、“救济帮扶”等多种帮扶，切实提高当地自我发展能力。三是深入推进“两和谐”活动。一方面，深入构建企业和谐劳动关系，引导非公有制企业主动关心职工群众疾苦，多为职工群众办好事实事。另一方面，在构建有利于非公有制经济和谐发展的环境上下功夫，省光彩会与统战部门、工商联一起在坚持服务企业、服务发展的理念同时，采取各种措施，积极协调有关职能部门，为非公有制企业在投融资、税收、土地使用、对外贸易同等待遇等方面提供政策支持，建立完善对非公有制经济的鼓励、保障和监督体系。

二、扶贫帮困见实效

光彩事业是非公有制经济人士响应党和国家号召、自觉参与扶贫开发事业的一大创举。根据少数民族地区、贫困地区、革命老区是浙江经济健康发展薄弱点的现状，多年来浙江省光彩事业促进会一直以扶贫开发为重点，搭建起了非公有制经济人士与帮扶地区之间的帮扶平台。一是持续推进“光彩行”系列实践活动。自2010年起，连续四年开展“光彩行”系列实践活动，主要做到了“四个扩展”：1. 扩展实践地域，省市县三级统战部门上下联动、对全省欠发达地区反复深入地开展了摸底调研，切实掌握了欠发达地区的经济发展、社会民生等方面的底数，有针对性地制订逐年帮扶计划。2. 扩展实践对象，在“衢州行”中，对当地困难少数民族群众进行了帮扶，涉及33个村；“丽水行”将当地贫困群众也纳入其中，覆盖到107个行政村；在“温州行”活动中，将范围进一步扩大到了革命老区，共175个行政村（学校、单位）。在2014年根据省委省政府提出的“五水共治”决策部署，针对性开展“光彩事业山区行”活动，着力在推进农村生活污水治理上下功夫，共帮扶对接81个项目，涉及6个县50个（乡镇）街道81个行政村。3. 扩展参与主体，鼓励引导优秀的海外人士和党外知识分子、年轻一代创业者、非公有制企业“新生代企业家”参与到光彩实践之中。系列行活动中就有近百名省海联会和省知联会成员到现场参与活动。4. 扩展实践内容，从以前单纯地帮助当地建设道路、水渠、防洪堤等公共基本设施，延伸到针对帮扶村资源特色发展村集体经济，结合困难户自身特点帮建增收项目，如泰顺县畲族乡畲族风情休闲广场建设、文成县玉壶镇青坑民族村中药材基地建设等。二是多形式落实帮扶引导行动。省市县统战部各级领导分组到各地企业开展教育动员工作，引导非公有制经济人士树立正确的财富观，积极投身光彩实践。省光彩会针对每年帮扶地区的特点，设立形式多样的活动主题，如通过对全省“三老”进行全面摸排，并结合浙江实际对“两户”进行了调研，带领非公经济人士到革命老区、贫困地区实地考察，访贫问苦，共走访约6000名老革命、老党员、老模范和22000多户城乡贫困户、困难户，慰问金额达6000多万元。在每年召开的光彩事业理事会上都有企业家代表发言，对表现突出的企业家进行表彰，以鲜活的例子带动更多非公经济人士参与其中。三是科学管理扶贫帮困项目。将光彩实践与我省开展的“低收入农户奔小康”、“少数民族低收入群众增收帮扶计划”等专项工程有机结合，在调研掌握欠发达地区的经济社会发展现状和非公有制经济帮扶资源的基础上，进行梳理分类，明确帮扶内容，完成项目可行性和经济社会效益分析，做好资源项目匹配工作。同时，注重项目推进进度与资金投入衔接工作，进行细化分解，明确责任分工，加强对资金使用的管理，实行全程严格监督，使帮扶资金发挥最大的效益。

三、上下联动有作为

一是组织我省非公有制经济代表人士参加中央统战部、中国光彩会组织的“非公有制经济人士感恩革命老区井冈行”和光彩事业“延边行”、“宁夏行”、“西藏行”、“信阳行”等十余次“光彩行”活动；二是选送了18名学员参加了中央统战部举办的非公有制经济代表人士培训班、光彩会理事培训班等的培训；三是响应中国光彩会号召，组织我省非公有制经济人士，为玉树、舟曲灾区捐助7000余万元款项物资；四是配合参与做好毕节地区帮扶活动，发动企业家为支持贵州毕节试验区建设捐款1000万元；2013年在赫章县捐赠100万元帮助援建两座小学和教师周转房，同时以一企一村方式结对帮扶14个村，捐赠资金420万元。五是会同省林业厅、省工商联推荐上报我省2家企业参评全国光彩绿化奖，并召开协调会议，共同下发关于《省林业厅、工商联、光彩会联席会议纪要的通知》。

四、强基固本扩影响

为有效扩大光彩事业的社会影响，首先在宣传上下功夫。省委统战部、省工商联与浙江广电集团，联合在浙江新闻联播中开办“义行天下”电视新闻专栏，以及运用各种媒体和各地的宣传途径，形成有效的宣传机制，大力宣传浙商在慈善事业、新农村建设、助学、扶贫济困等方面作出的贡献，对在光彩事业中涌现出来的感人事迹、先进人物进行宣传报道。通过树立和宣传典型事迹，营造良好的舆论氛围和社会环境，扩大社会影响，截至目前，“义行天下”栏目已播出、拍摄共计77期节目。同时，省光彩会还积极加强自身建设。组织召开了省光彩会二届二次、三次理事会议，对部分领导班子进行了调整和增补，并通过了《省光彩会捐赠资金管理使用办法》，在三次理事会议上对全省100名“光彩之星”进行了表彰；2014年省光彩会进行了换届，召开了三届一次理事会，在会上对2名“光彩事业特殊贡献奖”、36名“贡献奖”和11个“组织奖”进行了表彰，换届后进一步充实了队伍，加强了组织建设，部署和明确了今后的发展方向。浙江光彩事业获得长足发展过程中，先后涌现出众多义利兼顾的闪光人物：如，徐冠巨、宗庆后荣获中国光彩会“光彩事业突出贡献奖”，南存辉、王建沂、汪力成、楼永良、倪良正等13人次荣获中国光彩会颁发的光彩事业奖章；任文达、罗春英、何品才、高长虹、帅新武、徐红素等6人荣获光彩事业国土绿化贡献奖；在中国光彩事业基金会组织的“2012年非公经济企业十大碧水环保先锋奖评选”等评选中，千岛湖啤酒有限公司等4家企业获奖。浙江光彩事业促进会先后4次获得全国“光彩事业组织奖”。

【光彩事业系列行】这是我省光彩事业促进会成立以来全力打造的一项品牌活动，活动连续举办四年，规模大、层次高、受众广、反响好。2010年，开展了“光彩事业衢州行”活动。共有28家企业先后参与衢州地区结对帮扶行动，捐赠扶持资金和扶贫经费702万元，涉及33个村，共惠及农户1万5千多户，近6万多村民。每年可为村民增加收入近3千元，并在村容村貌，村级文化教育卫生事业等方面得到改善。2011年，在总结“光彩事业衢州行”活动经验的基础上，配合首届世界浙商大会的举办，组织开展了“光彩事业丽水行”活动，重点帮扶景宁畲族自治县和其他县（市、区）的7个少数民族乡镇，主要涉及74个乡镇（街道）和农管区，共涉及109个行政村（学校、单位）。共计结对帮扶项目109个，合作双赢结对项目1个，帮扶资金1586万元，惠及42290多农户、158600多人。具体帮助支持农业、水利、卫生、文化和公共设施建设等。2012年，我会又组织开展了“光彩事业温州革命老区行”，活动以永嘉、文成、平阳、泰顺、苍南5个革命老区县的低收入群众为帮扶重点，围绕开发扶贫主题，着力在项目带动、农民增收上下功夫，共帮扶对接166个项目，帮扶资金3000万元，惠及50个乡镇（街道）、175个行政村（学校、单位）。

2014年，根据省委省政府提出的“五水共治”决策部署，针对性开展“光彩事业山区行”活动，着力在推进农村生活污水治理上下功夫，共帮扶对接81个项目，涉及6个县50个（乡镇）街道81个行政村，帮扶资金共计1600万元。

【同心·送温暖】为引导我省非公有制经济人士“回报社会感恩行动”，我会连续三年组织广大非公有制经济人士开展“同心·送温暖”浙商感恩惠民活动。全省统战系统组织发动广大非公有制经济人士，集中时间、集中力量，采取上下联动、政企联合、上门慰问的形式，在省内各地广泛开展了“送温暖”浙商感恩惠民行动。省、市、县三级在广泛发动非公有制经济人士、调查确定受访对象的基础上，制定了周密的慰问计划。省委统战部、省工商联领导带队组成慰问组，每组带领若干名省级非公有制经济代表人士，分赴各地深入乡镇（街道）、村（社区）走访慰问“三老”、“两户”人员。活动中，采取现金慰问形式，由每名非公有制经济代表人士负责若干人（户），按照每人（户）3000元—5000元左右的标准将慰问金直接发放到受访对象手中。市、县两级统战系统参照省里的做法同步组织。市、县三级统战系统共组织2600多个“送温暖”慰问组，由2000多名领导干部分别带队，6631名非公有制经济人士参与，走访了15100多名老革命、老党员、老模范和10015户城乡贫困户、困难户，慰问金额总计约8300多万元。

（浙江省光彩事业促进会供稿）

安徽省光彩事业促进会

【综述】

2008年以来，安徽省光彩事业促进会，以义利兼顾、以义为先为核心理念，以共同发展为基本目标，以项目投资为主要形式，主动参与全省扶贫开发，积极配合美好乡村建设、加快皖北发展等重大发展战略的实施，打造了一批精品项目，开展了一系列品牌活动，实现了民营企业和贫困地区群众的互利共赢，经济效益与社会效益的互促共进。

据不完全统计，截至2014年12月，全省参与光彩事业活动的民营企业家达22000多人，落实光彩事业项目912个，到位资金231.44亿元，帮助168.41万贫困人口解决了温饱问题，组织培训47.41万人次，安置就业人员51.59万人，向光彩事业、公益事业、赈灾捐款捐物达30.06亿元。由于工作成绩突出，2012年，省光彩会分别被中国光彩会和全国工商联授予“全国光彩事业组织奖先进单位”，获全国光彩事业统计工作特等奖、一等奖各一次。2014年10月，被国务院扶贫开发领导小组授予“全国社会扶贫先进集体”荣誉称号，并受到通报表彰。

一、积极开展光彩活动，助推美好安徽建设

光彩事业是非公有制经济人士和民营企业响应国家号召，发起实施的一项开发式扶贫的社会事业。七年来，安徽省光彩事业围绕党委、政府工作中心，服务全省发展大局，推动城乡和区域协调发展，为美好安徽建设作出了积极贡献。

一是大力开展“光彩耀江淮”活动。2009年9月，省光彩会首次在全省组织开展了以非公有制经济人士积极参与社会主义新农村建设为主题的“光彩耀江淮”活动，发出了《致我省非公有制经济代表人士的函》，号召广大非公有制经济代表人士积极参与“光彩耀江淮”活动。同年12月，省光彩会举行了隆重的捐赠签约仪式，共上报“光彩耀江淮”项目116个，定向投资额达33亿元，非定向款物达1540万元。

二是持续推进“百家民企进皖北”活动。落实省委、省政府加快皖北发展战略部署，利用工商联网络组织体系，整合省内外行业商会和民营企业家资源，多层次、全方位开展“百家民企进皖北”活动。先后组织了20余批民营企业家赴皖北考察，开展了“百家民企进皖北—阜阳、亳州行”、“宿州行”、“蚌埠行”、“淮北行”、“滁州行”等系列活动。截至2014年12月底，签约项目总投资额达1900多亿元。通过引入外来资金、项目、技术和发展理念，推动皖北地区发展，促进全省共同富裕。

三是积极促成中国光彩事业“六安行”活动。省光彩会积极向中央统战部、全国工商联和中国光彩会汇报，全力争取并促成了“中国光彩事业六安行暨安徽省与全国知名民营企业合作发展活动”，借力服务安徽经济发展和企业转型升级。省委、省政府对这项工作高度重视，把其列入了2013年省政府重点工作之一，成立了活动领导小组。省委统战部、省工商联、省光彩会在北京、上海、山东、湖北、浙江、福建、广东等地举行新闻发布会和招商引资推介会，作了大量前期准备工作。2013年5月，活动在六安成功举办，不仅推动全

国知名民企在皖协议投资6644亿元，中国光彩会还向金寨县捐赠2000万元公益资金，用于资助白塔畈镇实施农村自来水管网建设项目。

二、广泛参与“同心”实践，带动贫困地区发展

七年来，省光彩会着力夯实以守法诚信为重点的理想信念教育实践活动，努力实施“同心工程”项目，大力引导非公有制企业在思想上同心同德、目标上同心同向、行动上同心同行，更加坚定走中国特色社会主义道路的理想信念，进一步激发民营企业积极参与贫困地区扶贫开发的创业激情，增强了统一战线的凝聚力和感召力。

一是精心组织实施“同心工程”，推进光彩事业“十大行动”。省委统战部、省工商联、省光彩会下发了《关于在全省非公有制经济人士中组织开展实施同心工程，推进光彩事业“十大行动”的通知》，确定六安市金寨县、舒城县和池州市石台县为“建设美好乡村”示范联系点，提出用3年左右的时间确保联系点达到“美好乡村”创建目标。在省光彩会三届二次理事会上，全体企业理事捐赠总价值达4697万元的款物。阜阳、六安、芜湖、铜陵市光彩会组织民营企业积极参与“美好乡村”建设，积极开展“百企联百村”活动，在回报社会中实现自身发展和企业的转型升级。安徽鲁班集团在芜湖许镇大浦新村投资建设的“美好乡村”示范区，被确定为国家级农产品加工示范基地、省级新农村建设示范点，当代“鲁班”巧手转出“新天地”被评为2011年全国民营企业转变发展方式优秀案例。

二是广泛动员全省民营企业家积极参与“同心”实践。六安市金安区三十铺镇黄堰村是省委统战部重点帮扶的贫困村，也是省市重点治理的“难点村”。2010年3月以来，省委统战部组织数十名民营企业家到村扶贫帮困，奉献爱心。争取资金1139万元，修桥铺路，种植蔬菜，转包鱼塘，盘活资产，救助弱势群体，发展特色农业，再现了民营企业在农村广阔舞台上的新风采，安徽民企黄堰光彩路等数十名民生工程得到群众欢迎和拥护，中央组织部《组工通讯》[2011]年第7期肯定了黄堰村产业结构调整经验做法。省工商联在对口帮扶金寨县斑竹园镇桥口村“美好乡村建设”中，组织企业投资和捐赠1000多万元，通过项目开发，帮助桥口村脱贫致富，中央电视台在《新闻联播》中进行了专题报道，在全社会产生了良好的效应。省光彩会会同省民委、省扶贫开发协会开展“民族一家亲”爱心行动，共筹措资金800多万元，帮助少数民族地区脱贫致富。省光彩会还在合肥市肥东县、巢湖市、六安市金安区、霍邱县、金寨县、池州市石台县等地举行了“实施同心工程，贝因美爱心行动”，向贫困家庭和敬老院捐赠了价值330万元的奶粉。

三是切实做好石台县、舒城县帮扶工作。根据《中共安徽省委、安徽省人民政府关于全面推进“美好乡村”建设的决定》文件精神，以省委统战部为牵头单位的省直8个部门和单位定点帮扶池州市石台县，先后牵头召开了2次帮扶工作协调会，省委常委、省委统战部部长沈素琍多次听取石台县委、县政府工作汇报，带领相关处室专程赴石台县调查研究，驻村蹲点，并亲率省扶贫团成员单位及70多名企业家赴石台县投资考察，亲自协调帮助争取项目资金6000万元。2012年12月，成功举办了“光彩事业石台行”活动，120多名企业家赴石台考察，签订意向性合作协议7个，协议投资8.23亿元，捐款捐物332万元。2014年3月，又成功组织了“光彩事业舒城行”活动，来自全省各地的105名非公企业家参加，现场签约项目15个，总投资额31.7亿元。

三、认真践行光彩理念，促进和谐社会建设

七年来，我省广大非公有制经济人士积极践行“义利兼顾、以义为先”的光彩理念，以扶贫开发为重点，以项目投资为中心，通过开发资源、兴办企业、培训人才、发展贸易和公益捐赠等多种方式，积极促进贫困地区的经济发展和教育、卫生、文化等社会事业全面进步。

一是全面开展“新徽商回报社会感恩行动”系

列活动。组织全省非公有制经济人士开展“三老”结对帮扶活动。共有1404家非公有制企业帮扶“三老”人员3034名，落实帮扶资金1654.04万元，为贫困家庭提供就业岗位13850个，开展技能培训4883人次，实施惠民工程项目29个，到位资金1948万元，资助300名“三老”人员家庭孩子和贫困大学生及时入学。组织实施“贫困白内障复明工程”。省光彩会与安医大第二附属医院合作，投入资金60余万元，完成了602例贫困白内障患者的手术医治救助工作。

二是大力开展公益慈善活动。一是兴建公益项目。为改善我省农村地区办学条件和交通状况，省光彩会根据捐助企业家的意愿，积极兴建光彩小学和光彩路项目。六年来共援建各类光彩小学、幼儿园、敬老院161所，捐助残疾人服务中心1所，援建光彩路22条。二是开展捐资助学。省光彩会组织“迎六一关爱儿童光彩行”活动，募集了一批价值2000余万元的儿童食品和文具，在六一国际儿童节到来之际为全省的留守儿童、贫困儿童送去节日的祝福。各市光彩会、省直属商会积极筹资，开展“同心”助学活动，帮助贫困学生完成学业，受助大中小学贫困学生13798名，捐助资金2759.6万元。宣城市光彩会联合宣酒集团实施“春蕾”、“栋梁”百万工程，帮助1000多名失学女童重返校园。三是组织慈善活动。积极举办义拍、慈善义卖活动，为抗震救灾募集资金。2010年5月和2013年5月，省光彩会、省工商联和省文史馆，先后举行了“心系玉树”、“情系雅安”书画作品义拍暨抗震救灾捐赠活动仪式，所得竞拍款和捐赠款210多万元，全部用于玉树灾区和雅安灾区抗震救灾和灾后重建工作。2013年4月，省光彩会、省工商联又会同中国光彩事业基金会联合主办了“携手防艾·抗震救灾”慈善竞买活动。邀请了全国工商联名誉主席、中华红丝带基金名誉理事长黄孟复等领导同志参加活动，共筹集善款424.4万元，用于支援雅安灾区灾后重建和帮助皖北1000余名受艾滋病影响的儿童和老人。四是拓展合作交流。组织企业家赴西藏、江西等地参加中国光彩事业“西藏行”、“赣州行”、“延安行”、“信阳行”及“南疆行”等活动，支持兄弟省份老少边穷地区发展。

四、切实加强自身建设，夯实持续发展基础

着力健全工作机制，完善统战部牵头协调、工商联支持推动、光彩会组织实施的工作格局，积极探索建立秘书长办公会议制度及日常管理制度，制订了《安徽省光彩事业促进会项目管理暂行办法》、《安徽省光彩事业促进会项目资金管理办法》、《安徽省光彩事业项目统计工作细则》，举办5期全省光彩事业统计工作培训班及6期省市县新任工商联领导班子培训班。

合肥、蚌埠、六安、马鞍山、芜湖、宣城、铜陵、安庆等市光彩会工作开展有声有色，受到当地党委、政府的高度重视和充分肯定，也受到当地社会各界的一致好评。安徽南翔集团创始人余渐富、江淮电缆集团董事长后力、安徽中环投资集团有限公司董事长余竹云分别受到中国光彩会表彰，获中国光彩事业奖章。阜阳市金种子集团在民政部主办的第六届中华慈善奖评选中，获得“最具爱心企业”称号。安徽恩龙林业集团有限公司董事长李谢恩、安徽省成果石榴酒酿造有限公司董事长李杰、安徽新荣久农业科技有限公司董事长杨国荣分别被全国工商联、国家林业局、中国光彩会联合授予“光彩事业国土绿化贡献奖”。在省委统战部协调支持下，省光彩会在2010年5月获享捐赠税前扣除政策，解决了长期困扰省光彩会和光彩事业持续发展的政策通道问题。近年来，有364个单位和个人在“优秀中国特色社会主义事业建设者”、安徽省优秀民营企业、安徽省优秀民营企业家及安徽省光彩事业奖章获得者、光彩事业突出贡献奖、光彩事业组织奖等多项评选活动中获省级表彰，全省共安排非公有制经济人士担任全国、省、市县人大代表3185名，政协委员5381名，工商联常执委以上10479名，进一步推动了安徽省光彩事业的深入开展。

【光彩耀江淮】2009年12月15日，“光彩耀江淮”活动签约捐赠仪式在安徽合肥举行，32名定向投资捐助项目和16名非定向捐赠项目的企

业家代表参加签约和举牌仪式。

此次的“光彩耀江淮”活动是由省委统战部、省工商联、省光彩会共同主办，以民营企业积极参与社会主义新农村建设为主题的公益活动。活动自今年9月启动以来，截至12月11日，全省共上报“光彩耀江淮”项目116个，其中定向项目87个，投资总额302356.3万元；非定向捐赠项目29个，捐赠总额1524.5万元；投资和捐赠总额达303880.8万元。

【同心示范工程】2011年7月26日，安徽省统一战线“同心示范工程”启动仪式在六安市金寨县举行。“同心示范工程”首批帮扶4个乡镇9个村，包括产业扶贫、新农村建设、农民增收、旅游发展、助医助教等5项工程。

【“民族一家亲”爱心行动】为推进少数民族贫困户脱贫工程建设，实现少数民族群众脱贫致富的目标，加快少数民族聚居地区的发展，从2012年6月开始，安徽省民委、省光彩事业促进会、省扶贫开发协会联合组织在全省开展“民族一家亲”爱心行动。

“民族一家亲”爱心行动旨在通过全省民族宗教界、其他社会团体以及企事业单位等多渠道筹措扶贫资金，为少数民族贫困家庭统一购置种植业、养殖业种苗或农资等，依托相关合作社、基地或龙头企业统一经营，或采取贫困农户入股等方式，以获取增值效益来提升安徽省少数民族贫困家庭“造血”功能、自我发展能力和持续增收能力，从而不断增加少数民族贫困家庭收入，早日脱贫，步入小康，为巩固和发展民族团结，实现“十二五”少数民族和民族聚居地区农民人均纯收入稳定赶上或超过全省平均水平的目标打下坚实基础。2013年6月8日，安徽省举行爱心行动启动仪式，14家企事业单位和民族宗教界人士参加首批捐助，共募集资金510万元。

【光彩事业“十大行动”捐赠仪式】2012年9月28日，安徽省光彩事业促进会三届二次理事会在合肥召开。会议向全省民营企业家发出了积极投身建设美好乡村行动的倡议书，举行了推进光彩事业“十大行动”捐赠仪式，全体企业理事捐赠款物总价值达4697万元。

【中国光彩事业六安行暨安徽省与全国知名民营企业合作发展会议】2013年5月9日，中国光彩事业六安行暨安徽省与全国知名民营企业合作发展会议在六安隆重举行。中央统战部副部长，全国工商联党组书记、常务副主席，中国光彩事业促进会副会长全哲洙，代省长王学军分别讲话。活动达成合同项目988个，总投资6644亿元。举行了公益捐赠仪式，中国光彩事业促进会、中国光彩事业基金会向金寨县捐赠2000万元公益资金。

【光彩事业石台行】2013年12月11日，由省委统战部、省光彩事业促进会主办的安徽省“光彩事业石台行”活动在石台县举行。省直有关单位负责人、企业家，以及池州市、石台县和帮扶乡镇的负责同志等170余人参加会议。活动举行了项目签约和捐赠仪式，协议项目和捐款、捐物总金额共计8.2628亿元。

【光彩事业舒城行】2014年3月25日，由省委统战部、省工商联及省光彩事业促进会组织开展的安徽省“光彩事业舒城行”活动启动仪式在舒城县隆重举行。省委常委、统战部部长，省光彩事业促进会会长沈素琍以及来自全省各地的105名民营企业家出席活动。经过项目考察和对接，活动现场举行了3个公益性和12个投资类项目签约仪式，协议或意向投资达31.69亿元。

【百家民企进皖北—滁州行】2014年6月30日，由安徽省工商联、滁州市人民政府共同主办的“百家民企进皖北——滁州行”活动在滁州举行。截至2013年底，全省各地工商联借助“百家民企进皖北”活动平台，共组织了20批民营企业家540多人次赴皖北考察，签约项目206个，项目总投资额达1821.37亿元。

期间，与会代表还参观考察了滁州市规划馆、苏滁产业园、小岗村大包干纪念馆、沈浩事迹陈列室、金小岗农林科技产业发展有限公司、凤宁现代产业园、凤阳工业园等。

（安徽省光彩事业促进会供稿）

福建省光彩事业促进会

【综述】

全省的光彩事业在七年的时间里，取得了不凡的成绩。截至2014年12月，全省参与光彩事业的民营企业家已达3051人，实施项目2668个，到位资金7.9960亿元，培训人员17557人次，安排就业24142人，捐资助学暨支持社会公益事业225143.87万元。

一、以产业扶贫助推县域经济发展，形成了一批特色鲜明的农业产业化项目

农业产业化项目，是带动贫困地区农民脱贫致富的有效途径。七年来，省光彩会紧紧围绕我省扶贫工作战略部署，积极引导民营企业参与23个省级扶贫开发重点县经济社会建设，开展科学扶贫，精准扶贫，助推县域经济发展，取得较好成效。

一是引导民营企业积极参与新农村建设。建设社会主义新农村，首要任务是发展生产、增加农民收入。省光彩会引导我省民营农业龙头企业以建设基地为切入点，运用“公司+基地+农户”和“订单农业”等模式，把资金、技术、人力、物力投向农村，进行开发、经营、管理。并与农村的土地资源、劳力资源等结合，在发展壮大自己企业的同时，实现农民的增收和农村经济迅速发展。如：南平的圣农集团、漳州的紫山集团、厦门的银鹭集团、泉州的中绿集团、福州的百洋海味食品等农业产业化龙头企业不但解决了当地许多农民的就业、增加了农民的收入，还改变了农村面貌，促进了农村精神文明建设。

二是开展“造血式”扶贫，以“造血式”方式扶贫，是我省“海西春雨光彩行动”的一个亮点。2007-2008年，我省“海西春雨光彩扶贫行动”在龙岩、宁德、三明、南平16个县展开，帮扶1700个农村贫困户，每户资助3000元，我会共出资510万元。这项“造血式”扶贫活动取得很好的脱贫成效。据调查，受助户年均增收2000—8000元。

三是共建园区，助推发展。省委省政府确定23个扶贫开发重点县与对口帮扶县共建产业园区后，我会主动作为，积极参与“同心·县域经济发展助推行动”，发动民营企业筹资500万元助推政和同心经济开发区的建设，为园区的开工建设提供有力的支持，现已被省政府命名为省级经济开发区。第一期入园企业54家，总投资52亿元，其中开工建设27家，投产8家，预计年产值104亿元。

四是金融服务，助推发展。组织企业家捐赠820万元，推动成立政和县中小企业发展基金，现基金规模达3000万元，已为16家企业提供4000多万元融资服务，为中小企业解决短期融资困难问题，助力当地中小企业健康成长，为政和县域经济发展提供了有力支撑。在次年发布的全省县域经济评价排名中，政和县经济发展指数位次提升35位，进位增幅全省第一，县域经济综合实力排名提升2位，改变了长期处于全省末位的状况。

五是精准发力，助推脱贫。省光彩会采取专业户带贫困户的模式，选择当地与农户联系紧密、社会责任感强的企业或专业户牵头，实施“大手拉小手，一起向前走”光彩扶贫开发项目，带动当地贫困户发展种植业、养殖业、加工业。变输血扶贫为造血扶贫，促进贫困农户早日脱贫致富，

取得了良好的社会效益和经济效益。如出资50万元支持光泽县李坊乡管密村建设140亩茶山光彩扶贫基地，扶持该村32个贫困户种植茶叶，帮助农户增收，每户贫困户每年可增收近3万元；扶持连城县赤岭村39户农户以“公司+农户”形式发展289亩淡水鱼养殖，以50万元光彩资金撬动300万元投资，贫困户人均年增收1950元，实现脱贫；在建宁以“公司+基地+农户”的生产经营模式，带动当地200户贫困户参与笋干加工，贫困户年可增收3000元。至2014年年底，我会筹措240万，资助9个光彩扶贫开发项目，可撬动投资4146万元，带动808户贫困户脱贫，户均年收入可增加14000多元。

二、助推贫困人群摆脱意识贫困

国运兴衰，系于教育省光彩会积极引导民营企业开展光彩助学、助教、光彩公益培训等活动，创新方式，助推摆脱意识贫困。

一是助学助教，重点打造“同心·海西春雨光彩助学”品牌。七年来，省光彩会重点打造“同心·海西春雨光彩助学”品牌，先后为1070名贫困师生发放助学金515.32万元，并带动全省各级工商联和非公有制经济人士参与各类学校、奖教助学活动，据不完全统计，自光彩助学活动开展以来，全省统战系统共捐赠1.3亿元帮助19860名贫困师生。

二是为省级贫困县添置教育设施。如盼盼集团捐资1000万元，支持晋江市养正中学建设，我会捐资480万元支持政和一中建设多功能教学楼、我会捐资200万元支持连城县海西光电产业园文化活动中心和连城一中光彩篮球馆建设；我会捐资80万元会同省教育厅在连城、寿宁、泰宁、政和、霞浦、顺昌等6个县的8所学校援建多媒体互动阅读教室，并向8所学校共捐赠24000多本新书，改善了乡村孩子以及留守儿童的阅读学习条件，为他们汲取精神食粮、开拓视野，在书香中获得知识力量提供平台等；

三是资助福建对口支援的新疆昌吉州贫困学生上学。2014—2016年，我会每年将筹措30万元光彩资金帮助100名昌吉州贫困学生上学，推动昌吉州教育事业发展，其中贫困大学生40名、贫困中学生40名、贫困小学生20名。

四是开展公益培训，提高劳动技能。“授人以鱼，不如授之以渔”，福建省光彩事业促进会为增强贫困落后地区自我“造血”功能，提高贫困户的自我发展能力，转变思路，采取扶贫与扶智相结合，鼓励贫困户依靠自身力量实现脱贫目标。自2013年7月换届以来，省光彩会共投入180万元，培训8000多名贫困农民，受到广大群众的极大欢迎。如2013年10月在南平开展茶农、茶艺师光彩公益培训活动，共有1200名贫困茶农参与培训，帮助培训学员掌握种茶技术，100名茶艺师获得由国家人力资源和社会保障部颁发的中级茶艺师证书。2013年12月，在三明沙县开展沙县小吃烹饪公益培训，让500多名贫困家庭子女、闲职青年农民掌握技能，解决他们的就业问题，实现家庭脱贫。2014年，省光彩会再投入85万元资助6个公益培训，如南平市“千名茶农、百名茶艺师”、三明市尤溪县油茶农公益培训、龙岩市永定招宝农庄特种养殖技术培训项目、宁德市霞浦县沙江镇少数民族村公益培训、平潭紫菜养殖新技术培训、西藏贫困农牧民科技培训，增强农民增收致富的内在活力、内生动力与“造血”功能。

三、就业扶贫取得新成效

省光彩会开展就业工作，充分发挥民营企业在扩大就业中的重要作用。

一是与相关部门合作共建就业平台，为就业工作提供有力的组织保障。省光彩会一方面与省劳动与社会保障厅、省总工会建立了三方合作机制，互相配合，共同推进就业工作的开展。另一方面，认真开展民营企业招聘周活动，与劳动部门、省总工会每年共同组织开展一次企业招聘周活动，为许多民营企业寻找人才和需要就业的人员找岗位提供平台。各设区市工商联也以“民营企业招聘周”活动启动仪式为契机，积极搭建民营企业和高校毕业生双向对接平台，引导民营企业充分发挥就业主渠道作用。据不完全统计，在民营企业招聘周活动期间，每年都有上千家民营企业入场招聘，提供就业岗位超万个，促成就业几千个，有效发挥了我省民营企业吸纳社会就业的主渠道作用。我们还注意引导企业多招收贫困地区的大中专毕业生，为促进共同致富和社会和谐做出了积极贡献。除了招聘周活动外，我们还与各级劳动部门的劳务市场合作，打造常年性的招聘活动，受到了广大民营企业和就业人员的好评。为鼓励在促进就业和参加社会保障方面做出突出贡献的民营企业，2009 年我会推荐福建三元达通讯有限公司、福建国航远洋集团、厦门弘信创业投资有限公司、恒安集团公司、亚伦集团、福建麦丹生物集团有限公司、福安闽东亚南电机有限公司、漳州科华技术有限公司成为全国就业与社会保障先进民营企业，受到全国工商联、全国总工会和劳动与社会保障部的联合表彰；省光彩会与福建海峡经济文化协作交流中心等单位联合举办“海峡大学生创业大赛”活动，征集了福建省永泰县清凉天蓝蓝畜牧场等 5 个创业项目参加创业大赛活动。同时，推荐漳州科华技术有限公司董事长陈建平等 10 位企业家作为本次创业大赛的创业导师，为青年学子提供创业指导，充分发挥我省民营企业家帮扶大学生创业就业的示范作用。

二是助学与助推就业相结合。2014 年 9 月，我会组织福建匹克集团有限公司、东方伟业（中国）投资控股有限公司等 12 家企业发起倡议，成立“福建高校学子创业就业见习基地”，企业与闽商报社、高校三方搭建合作平台，由企业提供实习或见习岗位，福建高校筛选推荐优秀学生到企业实习见习，并优先录用符合企业要求的大学生，闽商报社收集校企双方需求，常态化对接服务高校和企业。

四、社会公益活动丰富多彩，拓展了光彩事业的内涵

一是引导民营企业积极履行社会责任，大灾显大爱。2008 年 1 月我国南方部分地区遭受雨雪和冰冻灾害，我省民营企业家慷慨捐资，全省民营企业共捐款捐物 3200 多万元。“5•12”汶川特大地震后，我省非公经济人士积极响应省委、省政府的号召，发扬“一方有难、八方支援”的精神，积极履行社会责任，为抗震救灾重建家园尽心尽力。据不完全统计，我省会员企业通过各种渠道共捐款人民币 7 亿多元、捐物 1 亿多元。其中，捐款捐物在 1000 万元以上的企业近 20 家。省光彩事业促进会在 5 月 20 日就给遭受“5.12”地震灾害的闽籍企业、闽籍乡亲送去慰问金 20.8 万元。2009 年 8 月，台风“莫拉克”袭击台湾，台湾同胞生命财产遭到重大损失。我会根据省委统战部的统一部署，立即动员全省广大非公经济人士积极向台湾受灾同胞捐款捐物。在短时间内，全省非公经济人士捐款突破 2000 万元。2009 年 4 月，青海省玉树县发生 7.1 级强烈地震，给人民群众生命财产造成了重大损失。我国西南地区遭遇历史罕见的特大旱灾。省光彩会发动广大非公有制经济人士弘扬“一方有难、八方支援”的中华民族传统美德，通过捐款捐物等多种方式支援玉树抗震救灾，以实际行动为受灾群众解困、为党和政府分忧。据不完全统计，全省民营企业共向玉树灾区捐款 1.4856 亿元，捐赠物资价值 960 万元，其中福耀集团董事长曹德旺父子个人捐资 1 亿元，创全国捐款支援玉树灾区之最。云南、广西等西南五省遭受严重旱灾，曹德旺父子又带头捐出 2 亿元，直接发到受灾农民手中，被当地农民称为“救星”；在云南省投资兴业的黄如论等闽籍企业家先后为当地捐赠抗旱救灾资金 1647 万元。2010 年 6 月，我省闽西北地区遭受持续强暴雨袭击。为支援闽西北灾区抗灾救灾和重建家园，各地民营企业积极响应省委、省政府号召，通过各种渠道捐赠了抗灾救灾资金 1.3 亿多元，捐物近千万元。2013 年四川雅安地震发生后，省光彩会第一时间向各级工商联和民营企业家传达了全国工商联、中国光彩会《关于积极参与四川雅安抗震救灾工作的紧急通知》精神，动员部署了我省的救灾工作。恒安集团、冠城大通股份有限公司、福建省晋江福源食品有限公司等企业通过我会捐赠 1070 万元，有力支援了雅安灾后重建。甘

肃定西地震，省光彩会会员企业阳光城集团捐赠1000万元。在“中国光彩行”活动中，泰禾集团、永同昌集团分别为延安、延川洪灾捐赠100万元、50万元，裕通集团、兴业皮革公司分别为革命老区捐赠20万元、10万元。我会还向遭受水灾的永泰县捐赠100万元。

二是为对口帮扶地区提供援助。2009年，我省“民企联村”活动深入开展，取得了良好成效。福州市开展的“榕商联村”、泉州市开展的“民营企业家与贫困村共成长”、南平市开展的“民企联百村”、三明市开展的商会组织与革命老区县“结对帮扶”、龙岩市开展的“民营企业服务新农村建设志愿团”等活动，都是“民企联村”活动的有效载体，给帮扶村带来了可喜变化，不仅改善了农村基础设施、带动了当地自然资源的开发，还整合了农村的土地、技术、资金，发展了高效农业，实现了企业与农户双赢的目标。如连江百洋食品有限公司先后投入数百万元引进新型鱼苗，免费为连江养殖户建立养殖设施，并进行专业培育指导。“公司+基地+农户”的运作模式，给公司和农户带来了良好的经济效益，有力带动了连江县的养殖业发展。同时，各级工商联、光彩会利用春节、中秋节闽商回乡的时机，以各种形式，召开闽商座谈会、招商推介会等活动，宣传新农村建设的发展项目，引导民营企业积极参与新农村建设的“回归工程”，有效推动了各地新农村建设。省委统战部、省工商联、光彩会领导多次赴政和县调研考察，探讨帮扶举措，发动企业家捐资助推政和发展。先后支持了政和同心经济开发区建设，政和县医院同心放射科建设，政和一中同心多功能教学楼项目，政和星溪乡幼儿园、光彩敬老院及农民新村示范点等项目，金额达1850多万元。此外，我们还联系中国银行福建省分行向政和县竹木商会赠送了15台液晶电脑，用于当地企业员工的技术培训，帮助解决实际困难。开展连城对口支援，积极发动民营企业家开展连城项目对接活动，于2012年5月举行“福建省工商联（总商会）连城对口支援洽谈会”，成功签约福建省工商联女企业家商会创业园、大型建材综合市场、光纤传感器等13个项目，总投资额28.48亿元，并筹集支持连城县水土流失治理和扶贫项目专项基金300万元。省工商联和光彩会捐赠100万元，支持连城县林坊乡中心幼儿园教学楼建设，推动闽西老区加快发展。

五、进一步加强对光彩事业的组织和服务工作

一是设立企业留本冠名慈善基金。省光彩会先后设立香缤、中辉、安踏、恒安、中泽农、永同昌、盼盼、匹克等8个光彩基金，省工商联副主席、泉州市香缤置业发展有限公司出资5000万元成立了福建省光彩事业香缤基金，根据协议，集团连续五年每年提供250万元给福建省光彩事业促进会用于扶贫、慈善、公益等光彩事业。2014年新设立的盼盼光彩基金，一次性到资2000万元，进一步壮大光彩基金队伍，为省光彩会开展社会扶贫提供内生新动力。

二是不断健全规章制度和运行机制。省光彩会积极充实光彩办公室工作人员，并配备办公用车和办公设备，创造有利工作条件。为更好开展光彩扶贫公益事业，根据《中华人民共和国公益事业捐赠法》、国务院《基金会管理条例》等有关规定，借鉴其他省市的做法，省光彩会将近年累积的、安排在今后五年使用的资金，设立光彩事业基金进行规范管理。对不定向捐赠、定向捐赠、冠名捐赠等方式作了规定，特别是对定向捐赠按规定留下捐赠数额的3%作为省光彩会日常工作费用的规定，在2013年省光彩会第四次会员代表大会上提交讨论通过。制定了《福建省光彩基金管理办法》、《福建省光彩基金财务管理制度》，完善了《省光彩会财务管理规定》，依据《福建省光彩事业促进会章程》、《福建省光彩基金管理办法》，制定了《福建省光彩基金财务管理细则》，明确光彩资金的使用流程，所有光彩项目必须在省工商联网站公示，无异议后方可拨付，进一步规范了资金管理，让企业家捐得放心。

六、加大对光彩事业的宣传力度，推动光彩事业向纵深发展

一是加大宣传、表彰力度。随着省光彩会工作的不断深入，社会影响面的不断扩大，福建省光彩事业促进会加大了对光彩事业的宣传力度。对在光彩事业中作出突出成绩的非公有制经济人士，给他们荣誉、给他们地位，努力营造光彩事业向广度、深度发展的良好环境和氛围。通过表彰活动树立了一批先进典型，扩大了光彩事业的影响，带动了更多的非公有制经济人士投身光彩事业，走“光彩路”、做“光彩人”在非公有制经济人士中蔚然成风。使以“发扬中华民族传统美德，促进共同富裕”为宗旨的光彩事业不断深入人心、不断发扬光大。2008年，省光彩会拍摄了“海西春雨光彩行动”电视宣传片《黄时灯的春天》，在福建电视台播出；出版了《福建光彩》和《福建光彩事业光荣榜》两册书，既宣传了光彩事业的成绩，又积累了历史资料；为进一步宣传光彩精神，在2012年8月省工商联换届大会上，印发了《走光彩道路，做光彩事业》的宣传册，广为宣传光彩精神、光彩事业宗旨和义利观；省光彩会充分利用主流媒体、门户网站、会刊会讯等新闻媒体宣传树立典型，广泛宣传光彩事业先进典型和先进事迹，充分调动非公有制经济人士投身光彩事业的热情，在全社会形成良好的舆论氛围。

二是通过组织有效的活动，使光彩事业在更大的区域内得以开展，使更多的人认识和了解光彩事业，使光彩事业逐步得到全社会的认同和支持。2008年以来，省光彩会和省工商联先后3次组织非公有制经济代表人士学习党的十七大、十七届三中、四中全会精神，举办了一期中国特色社会主义主题教育培训班，召开了纪念改革开放30周年座谈会；以多种形式召开闽商座谈会、招商推介会等活动，宣传海西的发展形势和投资环境，积极参与“回归工程”，仅2008-2009年，全省实施“回归工程”116项，总投资370多亿元；省光彩会先后组织企业家参与“全国民营企业家西藏行”“中国光彩事业延边行”“中国光彩事业宁夏行”，赣州、信阳、南疆、延安、咸宁等“光彩行”活动，助推经济落后地区经济发展。2014年以来，我省民营企业为信阳、南疆当地民生设施建设捐赠了420万元；省光彩会在2014年7月组织三棵树、春伦茶叶、龙川集团等企业的40多位企业家开展“光彩事业连城行”活动，这些活动的开展，宣传了光彩事业，扩大了光彩事业在社会上的认知度和影响力，对于更好地让社会了解光彩事业及其实践，加强交流和合作，提供了广阔的舞台。

【参与抗震救灾】“5·12”汶川特大地震后，非公经济人士积极响应省委、省政府的号召，发扬“一方有难、八方支援”的精神，积极履行社会责任，为抗震救灾重建家园尽心尽力。据不完全统计，我省会员企业通过各种渠道共捐款人民币7亿多元、捐物1亿多元。其中，捐款捐物在1000万元以上的企业近20家，新大陆集团在第一时间就将净水设备送到灾区，三盛集团不但捐款捐物，还由领导带队组织员工到灾区担任志愿者；盛辉物流集团主动请缨，承担运送救灾物资和活动板房任务。省光彩会在5月20日就给遭受“5.12”地震灾害的闽籍企业、闽籍乡亲送去慰问金20.8万元。省光彩会名誉会长、省政协副主席、省工商联主席李祖可，省委统战部原副部长、省光彩会副会长陈大明和省工商联、省光彩会的专职领导多次带领企业家共200多人到四川考察，积极做好对口支援彭州市灾后恢复重建项目考察洽谈工作。为了褒奖我省民营企业家在抗震救灾中的善举，经省工商联推荐，盛辉物流集团有限公司和三盛集团总经理程璇分别被省委、省政府表彰为“福建省抗震救灾先进集体、先进个人”。福建恒安集团公司等5个单位和李新炎等5名非公经济人士被全国工商联表彰为“抗震救灾先进集体、先进个人”。

【为台湾抗风灾捐赠款物】2008年8月，台风“莫拉克”袭击台湾，台湾同胞生命财产遭到重大损失。根据省委统战部的统一部署，立即动员全省广大非公经济人士积极向台湾受灾同胞捐

款捐物。在短时间内，全省非公经济人士捐款突破2000万元。其中，省工商联副主席、福耀集团总裁曹德旺和曹晖先生通过省红十字会捐款1000万元人民币；顺盛集团股份有限公司、福建圣农发展股份有限公司、辽宁省福建商会等企业通过省光彩会账户捐款200万元。省工商联副主席、龙工集团董事局主席李新炎捐赠了价值130万人民币的两台挖掘机。

【新农村公益事业建设】2008年以来，金融危机对我省非公企业影响较大，省光彩会从实际出发，不主动向企业家募捐，但仍有许多企业不忘社会责任，仍然积极捐资支持各种公益和慈善事业。福建明辉机电有限公司董事长吴明津通过省光彩会捐款40万元支持四川营山西桥光彩小学；福万集团通过省光彩会捐款50万元，支持福建师大建设福万广场；财茂集团捐款40万元，支持平潭城关中学建设财茂图书馆。

福建国航远洋集团公司董事长王炎平，2008年出资100万元，在武汉理工大学培训39名来自我省老区和贫困地区的学生，并接收安排在公司工作。2009年又继续出资47.25万元，继续在我省招收29名贫困学生参加海员培训，并承诺学成后由企业安排就业。还有许多企业家以各种方式参与社会公益事业，为促进共同富裕作出了自己的贡献。

【为全国特奥会捐款】2009年9月，全国第五届特奥会在福州市举办，省光彩会响应省委宣传部的号召，动员非公有制经济人士为残疾人事业献爱心，在2009年1月省光彩会三届三次理事会上，与省委统战部、省工商联联合举行了“积善助残、情系特奥”捐赠仪式。据不完全统计，全省非公有制经济人士为特奥会踊跃捐款1200多万元。他们的善行义举，展现了我省民营企业家“乐善好施、助弱扶残”的传统美德，展现了我省民营企业家行善积德、回报社会的崇高精神风貌。

【抗洪救灾】2009年6月中旬，我省闽西北地区遭受持续强暴雨袭击。为支援闽西北灾区抗灾救灾和重建家园，各地民营企业积极响应省委、省政府号召，通过各种渠道捐赠了抗灾救灾资金1.3亿多元，捐物近千万元，为支援闽西北灾区抗洪救灾和重建家园做出重大贡献，得到了社会各界的广泛好评。更可贵的是，灾区的许多民营企业家无灾帮有灾、小灾帮大灾，展示了企业家超越自我、勇于担当的高尚情怀。省工商联副主席、省光彩会副会长、圣农集团董事长傅光明先生在自己的企业因灾损失7000多万元的情况下，积极组织自救，在最短时间内恢复了生产，还慷慨捐资600万元支持当地修复道路桥梁；针对当地部分企业灾后面临的融资困难，提供3000万元资金给当地15家企业用于恢复生产。全国工商联常委、三爱药业集团董事长林欧文先生企业严重受损，仍然不忘带头捐资500万元，帮助受灾群众渡过难关。

【积极援藏】根据中央新疆工作会议精神和省委、省政府关于开展援疆工作“要引导和促进更多有实力的福建民营企业抓住新疆跨越式发展的机遇，到新疆投资兴业，努力把福建的经济、产业和技术优势与当地的资源、土地、市场等优势有机结合起来”的部署和要求，2009年5月，福建省光彩事业促进会组织了38位民营企业家到新疆昌吉州考察，是中央新疆会议后第一个组团到新疆的省级考察团，中央电视台作了专门报道。通过听、看、问和实地考察洽谈，签订了50多亿元的合同和意向项目。目前，已有莆田华林蔬菜、恒安纸业、长乐食用菌工厂化加工等项目在昌吉州奠基开工，为支持西部建设、协调区域发展、促进共同富裕做出了应有的贡献。

【光彩感恩行动】回报社会感恩行动是中央统战部确定的“安康富民回报社会帮扶行动”的重点工作，主要是引导非公有制经济人士通过结对帮扶老革命、老党员、老模范，接受革命传统教育，增强感恩党、感恩国家、感恩人民的自觉意识，做合格的中国特色社会主义建设者。这与我省开展的“海西春雨光彩行动”在本质上是相同的、目标上是一致的、行动上是同步的、资源上是共享的。福建省光彩事业促进会制定印发了《“海西春雨·光彩感恩”行动方案》，在我省非公有制经济人士中开展“海西春雨·光彩感恩”

行动，赋予了光彩事业新内容，丰富了感恩行动新内涵。

【海西春雨光彩助学】多年来，省光彩会以“海西春雨光彩助学”为平台，在引导广大会员企业捐资办学、捐资办校、捐资助教方面，取得了显著成效。2011 年，为进一步扩大“光彩助学”品牌的影响，带动全省各地统一战线成员广泛行动起来，引导更多的非公有制经济人士参与光彩助学活动，帮助更多的贫困大学生完成学业，省光彩会与省委统战部、省工商联联合于 2011 年 8 月底在福州举行“同心·海西春雨光彩助学”捐赠仪式。在我省全面开展光彩助学的基础上，重点捐助老区、苏区、少数民族地区品学兼优、家庭人均收入低于当地平均水平的新入学贫困大学生。捐赠仪式上共发放助学款 62.32 万元，捐助贫困大学生 164 名。各设区市工商联和部分县（市、区）也在同一时间举行光彩助学捐赠仪式，多方筹集捐助资金 314.44 万元，捐助贫困大学生 1268 名。据不完全统计，2011 年全省各级工商联和非公有制经济人士参与捐建各类学校、奖教助学活动，共捐资 3375 万元。省光彩会通过同心品牌的统一行动，带动了全省“同心·海西春雨光彩助学”行动持续、扎实地开展起来，有效提升光彩助学的知名品牌，扩大了社会影响，受到了各级领导和广大民众的好评。六年来，省光彩会重点打造“同心·海西春雨光彩助学”品牌，共开展四场“同心·海西春雨光彩助学”捐助仪式，共为 1070 名贫困师生发放助学金 515.32 万元，带动全省各级工商联和非公有制经济人士参与各类学校、奖教助学活动，共捐赠一亿三千多万元帮助 19860 名贫困师生，其中，仅 2013–2014 年，民营企业家通过省光彩会捐赠 1049.5 万元支持教育事业。

【“光彩·粉红丝带行动”】省光彩会与省人社厅、省女企业家商会共同开展“光彩·粉红丝带行动”走进企业活动，组织协和医院、肿瘤医院专家进企业为 300 多名女职工开展义诊、咨询和讲座，并安排资金 191.1 万元资助全省 273 名患乳腺癌的贫困女职工，每人补助 7000 元，这项活动被全国工商联评为“2013 年度商会十佳服务典范”。

（福建省光彩事业促进会供稿）

江西省光彩事业促进会

【综述】

江西省光彩事业促进会在省委统战部、省工商联的指导支持下，紧紧围绕经济领域统战工作的重点、难点，着力加强理事队伍的教育、培养，不断完善制度建设，主要开展了以下工作：

一、做好政治安排，加强光彩会理事队伍建设

省级光彩会换届或增补理事时，着力推举经济上有实力、热心光彩事业的优秀非公有制经济人士。换届理事人选须经各设区市委统战部、市工商联推荐，省委统战部和省工商联协商，并结合非公有制经济人士综合评价结果综合考量。省委统战部把是否参与光彩事业作为非公有制经济代表人士综合评价的一个重要考核指示，非公有制经济人士政治安排坚持“凡进必评”，综合评价等级须达到“B”级以上。各级光彩会理事以参与光彩事业和当选为光彩会理事为荣。省级光彩会理事与省工商联执委有少部分交叉，但更侧重于两者的互补和协调发展。如无法安排在省工商联常委的优秀非公有制经济人士，则重点安排为省光彩会常务理事。定期举办省光彩会理事培训班、专题研讨班，全面提高企业家理事对光彩事业的认知水平和实践创新能力。

二、服务统战工作，引导企业家理事健康成长

把光彩事业作为促进非公有制经济人士健康成长，加强思想政治工作的重要手段。引导企业家理事积极参与全省非公有制经济人士回报社会感恩行动。2010年9月，省光彩会举办了“江西省光彩事业回报社会感恩行动研讨会”。全省市级光彩会负责同志与省级企业家理事互相交流开展光彩事业回报社会的成效、工作意见和建议。期间，还召开了省光彩会历史上首次独立举行的“江西光彩事业·履行社会责任新闻发布会”，包括数家中央驻赣媒体在内的25家电视、报刊和网络媒体的35位记者应邀出席。在新闻发布会上，省光彩会向社会推出首辑《江西光彩事业·履行社会责任报告书》。由统战性社团集中编纂非公有制企业社会责任报告书并向社会发布，在全国尚所首次。2011年6月，省光彩会全力参与由中央统战部、中国光彩会主办，省委统战部和吉安市委、井冈山市委共同承办的“全国非公有制经济人士感恩革命老区井冈行活动”。此次活动，共向吉安市6个社会公益项目捐赠1430万元和200台电脑，其中省光彩会捐赠了200万元。2014年，我省光彩企业家郑跃文、王再兴、王翔、张华荣等4位企业家获得“光彩事业20周年突出贡献荣誉证书”。

三、致力共同富裕，打造社会扶贫的特色品牌

结合江西省扶贫工作纲要，以推进社会主义新农村建设和促进苏区振兴为切入点，开展系列扶贫活动。2006年8月，组织全省23名非公有制经济人士在省光彩会二届三次理事会上联名向全省民营企业家发出《积极投身新农村建设争做“千企带千村”带头人》的倡议。同年8月，省光彩会会同省委统战部、省工商联、省新村办在

全省启动“千企带千村”活动，组织广大民营企业参与社会主义新农村建设。2009年2月，为把“千企带千村”活动引向深入，又在全省启动实施“百千万惠农工程”，通过两年的努力，引导组织3000家民营企业对接扶持3000个自然村，推动民企投资300个惠农产业项目，帮助农村转移10万剩余劳动力。2011年底，该活动完美收官，全省共有4283家民营企业对接帮扶3003个自然村，捐赠金额2.88亿元，实施惠农产业项目1417个，项目资金额14.33亿元，总投入金额17.21亿元。2012年，江西省光彩会参与全省统一战线“同心•振兴赣南等原中央苏区广昌示范区”活动。同年10月，省光彩会组织企业家理事参加 “双百•同心”振兴赣南等原中央苏区广昌行活动启动仪式。省光彩会会长蔡晓明率100余名海内外侨领侨商及非公有制经济人士深入广昌考察，出席活动。省光彩会顾问、泰豪集团有限公司董事长黄代放代表全省非公有制经济人士宣读了致省内外赣籍非公有制经济人士倡议书。省光彩会与省工商联共同捐助860万元。2014年，省光彩会协助省工商联组织企业家理事参加艺术品展开幕式和拍卖会，落实义拍资金200万元。

四、服务中心工作，拓展光彩事业工作领域

把服务中心工作作为光彩事业的重要原则，以良好的工作业绩赢得党委、政府对统一战线和光彩事业的认可与支持。省光彩会先后会同其他统战性社团和南昌市政府，连续4次参加由统战性社团和地方政府合作举办的“中国‘五会’（南昌）经贸恳谈会”大型招商活动，累计引资50余亿元。2009年2月，江西省光彩会会同省委统战部、省工商联和省新农办，在全省非公有制经济人士中组织开展“共克时艰促发展”活动，帮助非公有制企业做强做优，增强可持续发展能力。2010年9月，省光彩会配合省委统战部、省工商联协助省政府在南昌举办第五届中部投资博览会的有关工作。主要承担了非公有制经济人士客商邀请和对口接待任务，共邀请国内外客商187人（其中重要客商36人），并赴浙江和江苏、上海等地接洽招商项目。

五、主动争取支持，承办好三次“光彩行”活动

主动争取中央统战部、中国光彩会的支持，2013年10月，省光彩会会同省委统战部、省工商联、赣州市委、市政府成功承办了“中国光彩事业赣州行”活动。活动得到了省委、省政府的高度重视，省委书记强卫、省长鹿心社出席活动并讲话。江西省四套班子领导均出席活动。活动取得丰硕成果，共签约合同项目113个，总投资额1040.9亿元，还获得公益捐赠资金2070万元，用于瑞金市在乡烈士遗属及烈士子女危房改造项目。2014年，我省光彩企业家理事还积极参与中国光彩会举办的光彩事业信阳行和南疆行，并向活动捐款210万元。

六、救灾支教助学，提升光彩事业社会美誉度

以光彩会为平台，组织和动员广大非公有制经济人士抗灾救灾，关爱社会弱势群体，在参与社会公益事业中提升光彩会的影响力和美誉度。2008年年初，江西省遭遇了严重的雨雪冰冻灾害，省光彩会向全体理事发出抗灾救灾倡议。组织举办了香江集团向灾区捐赠的仪式，为抗灾一线紧急捐赠运送了价值10万元的棉衣、棉被。协助省委统战部组织召开了“资助灾后重建捐赠大会”，共募集捐款1043万元。省光彩会分别到萍乡、抚州等灾区走访慰问，发放救灾款物。2009年，为响应温家宝总理关注大病儿童救助的号召，省光彩会会同省工商联向全体省光彩会理事和省工商联执委下发了《关于征询全省民营企业家捐助救治城乡特困家庭大病儿童意向的通知》。组织非公有制经济人士向“城乡居民特困家庭儿童大病救助慈善基金”现场捐赠255万元。2010年，省光彩会向青海玉树灾区捐赠棉被2000床（总价值为52.5万元），并将棉被运送到灾区。青海省委统战部、省工商联、省光彩会两次向江西省委统

战部和光彩会发来感谢信。省光彩会共募集捐款312万元资助青海玉树地震灾区。自2007年始，江西省光彩会连续获得省财政厅、省国税局、省地税局共同授予的公益捐赠税前扣除资格。省光彩会成为全省非公有制企业和代表人士开展光彩事业和公益活动的主要平台。近年来，每年通过省光彩会的公益性捐赠均在千万元以上。江西省光彩会连续4次被省民政厅授予“全省先进社会组织”光荣称号。

七、加强业务指导，支持基层光彩会推动工作

光彩事业层级越高，非公有制经济人士素质、实力也越强，光彩事业所取得成效相对也越好。反之，基层光彩会基础薄弱，活动开展存在一定困难。为推动市、县（市、区）一级光彩事业的发展，省光彩会定期派员赴各地授课，调研有关工作。每年年初，下发年度工作要点，指导各地结合非公有制经济发展的现状和党委、政府的中心工作，找准光彩事业的着力点，开展特色活动，并给予必要支持。吉安市光彩会建设“井冈山市茅坪乡大坪村光彩新村建设项目”，省光彩会一次性给予20万元援助；指导景德镇市光彩会打造“同心·光彩圆梦行动”助学品牌，每年组织光彩企业家捐助和艺术陶瓷大师义卖作品，资助贫困学生；指导宜春市光彩会开展“百企联百村”活动，全市共组织371家非公有制企业与354个村组结成“百企联百村”对子，累计项目投入资金3.83亿元，建立77个项目基地，兴建18所希望小学，捐赠资金5615万元。2014年，资助鹰潭市光彩会公益项目资金50万元。

【光彩事业·履行社会责任新闻发布会】 2010年9月9日下午，由省光彩事业促进会主办的“江西光彩事业·履行社会责任新闻发布会”在南昌召开。

会议向社会公布了《江西光彩事业·履行社会责任报告书》，并向社会发出了承担社会责任积极回报社会的倡议书。该书共收录了全省34篇非公有制企业履行社会责任报告，为社会了解江西非公有制企业履行社会责任的基本情况提供了一个缩略图，更向全省非公有制企业家提供了一种可参考、可借鉴的企业发展方式。据悉，由统战社团集中编纂的非公有制企业社会责任报告书并向社会发布，在全国是首次。

【非公有制经济人士感恩革命老区井冈行】 2011年6月8日至9日，由中央统战部、中国光彩事业促进会主办的“非公有制经济人士感恩革命老区井冈行”活动暨纪念建党90周年座谈会在井冈山举行。中央统战部副部长，全国工商联党组书记、第一副主席，中国光彩事业促进会副会长全哲洙参加活动并在座谈会上作了讲话。

此次活动主题是“感恩革命老区、传承井冈精神”。来自全国各地的150位非公有制经济代表人士满怀崇敬的心情，瞻仰革命烈士陵园，走访革命故迹，实地参观革命传统教学点，受到了一次生动深刻的党情、国情和革命传统教育。活动期间还举行了感恩行动公益项目捐赠仪式，与会的非公有制经济人士向井冈山革命老区感恩捐献金额达1500余万元。

【“双百·同心”广昌行】 2012年10月25日至26日，由江西省委统战部组织的“双百·同心”振兴赣南等原中央苏区广昌行活动在广昌举行。江西省光彩事业促进会与江西海外联谊会共组织了100多名海内外侨领侨商及非公有制经济人士深入广昌考察。

此次活动，得到了省内外工商界企业家、港澳海联会理事的积极响应，大家纷纷慷慨解囊，奉献爱心，共认捐资金和物资2343.8万元支持广昌社会公益事业建设。

【中国光彩事业赣州行】 2013年10月21日，以弘扬光彩精神、凝聚民企力量、助推赣南苏区振兴发展为主题的“中国光彩事业赣州行”活动在赣州开幕。

江西省委书记强卫宣布活动开幕。中央统战部副部长，全国工商联党组书记、常务副主席，中国光彩会副会长全哲洙，省长鹿心社出席并讲话。

来自全国的200多位知名民营企业家参加活动。活动落实投资赣州重大项目113个，投资额达1040.9亿元。开幕式还举行了重大项目签约仪式和公益捐赠仪式，现场签约重大项目30个，总投资额663.1亿元；中国光彩事业促进会向赣州市捐赠公益资金2070万元。

（江西省光彩事业促进会供稿）

山东省光彩事业促进会

【综述】

山东省是光彩事业起步较早的省份之一。1994年5月17位非公有制经济人士在省工商联八届二次常委会上，向全省非公有制经济人士发出了积极投身光彩事业的倡议书。2004年8月30日，山东省光彩事业促进会正式成立。是经省民政厅批准，由中共山东省委统战部、山东省工商联组织推动、非公有制经济代表人士倡议发起的，主要由非公有制企业、非公有制经济代表人士以及港澳台侨等工商界团体和工商界人士自愿组成的具有法人地位的全省非营利性社会团体。内设机构为办公室、项目部，办公室设在省委统战部经济处，项目部设在省工商联经济处。青岛、东营、泰安、威海、莱芜、临沂、聊城、潍坊、烟台先后成立了9个市级光彩会。

认真贯彻中央和省委的决策部署，把光彩事业放在服务中心大局、促进民生改善、社会和谐和“两个健康”的重要位置来抓，精心设计载体，丰富活动内涵，实施项目带动，推动全省光彩事业不断向广度和深度拓展。据不完全统计，从2008年至2014年底，全省累计实施光彩事业项目3646个，到位资金61.72亿元，安排就业人员42.46万人，培训人员33.49万人次，帮助64.67万群众摆脱贫困，为助推经济社会科学发展、保障和改善民生、促进社会和谐作出了积极贡献。我省先后有1名非公有制经济人士获“光彩事业特别贡献奖”，5名非公有制经济人士获“光彩事业20周年突出贡献证书”，10名非公有制经济人士获 “光彩事业奖章”，2个单位获“光彩事业组织奖”，6名非公有制经济人士获“光彩事业国土绿化贡献奖”，省光彩会两次荣获全国“光彩事业组织奖”。主要开展了以下工作：

一、加强思想政治教育，引导非公有制经济人士增强“四信”

组织光彩理事认真学习党的十八大、十八届三中、四中全会和省委会议精神，深入学习习近平总书记系列讲话精神，引导广大理事深刻认识党和国家重大决策部署，准确把握新常态，积极适应新常态。开展非公有制经济人士理想信念教育实践活动，组织全省非公有制经济人士感恩革命老区“沂蒙行”等活动，为非公有制经济人士注入红色血液。加大理事培训工作力度，开展依法治国和依法治企专题教育，引导广大理事进一步强化对中国特色社会主义的信念、对党和政府的信任、对企业发展的信心和对社会的信誉，把增强“四信”体现到光彩事业各项活动中。联系光彩事业发展20多年历程，特别是结合中国光彩会、省光彩会换届大会和山东省优秀中国特色社会主义事业建设者表彰、山东省“三百”民营企业评选等活动，推动媒体集中报道光彩人物和光彩典型，弘扬和树立了光彩事业“义利兼顾”的核心理念。

二、坚持扶贫宗旨，促进欠发达地区经济发展

认真贯彻落实全国新十年扶贫开发纲要和中央领导同志批示精神，引导全省广大企业家理事积极参与西部大开发、中部崛起等国家发展战略，鼓励非公有制企业到“老、少、边、穷”地区投资兴业，助推贫困山区整村推进、建设社会主义

新农村等示范项目。积极参与中央统战部组织实施的毕节试验区建设“同心工程”、“百企帮百村”等，投资1505万元用于赫章县“同心水窖”和集中供水工程建设，出资500万元设立“同心光彩基金”；积极参与中国光彩事业行系列活动，我省企业家理事赴贵州、云南、延边等地考察项目、投资洽谈。山东金锣集团先后在东北三省、内蒙古、湖南、四川等省，采取联营、收购、租赁等多种形式，实施光彩事业项目8个，吸纳安置当地剩余劳动力近2万人，带动发展了十几个省（市）、300多个县（区）的一大批养殖专业户、专业村和养殖场，同时也带动了粮食种植和饲料加工业的发展，在互惠互利中实现共同发展、共同富裕。

三、发挥联系广泛优势，助推地方经济发展

紧紧围绕省委、省政府中心工作，围绕我省高端高质高效产业发展战略、“蓝、黄”两区等重大战略，配合开展“海内外知名企业家齐鲁行”、“全国知名民营企业入鲁助推转调创洽谈会”等系列活动。从2008年到2012年连续开展了五届“齐鲁行”活动，共达成合作意向、协议、合同366项，协议、合同金额1678.61亿元，到位资金近340亿元人民币，取得了丰硕成果。2014年12月以全国工商联执委会在济南召开为契机，举办“全国知名民营企业入鲁助推转调创洽谈会”，促成了28995.69亿元的合作项目，过百亿项目就有53个。一大批投资大、效益好、带动能力强的项目，包括阿里巴巴、修正药业、汉能等国内一线品牌落户我省。做好全省优秀民营企业家“市县行”活动，先后开展了“莱州行”、“新泰行”等系列活动，引导企业家理事在助推区域协调发展中实现自身科学发展，收到了很好的效果。

四、实施龙头带动战略，服务社会主义新农村建设

结合民营企业的生产经营特点，探索开展“民企帮村”活动，引导广大光彩理事企业履行先富带后富责任，把一家一户分散的农民与公司联系在一起，发挥企业龙头带动和辐射作用，带领农民共同致富。截至目前，全省参与帮扶的民营企业达13468家，帮扶村庄9728个。其中，结对帮扶4422个，在农村新建生产基地2385个，辐射4426个自然村，带动当地农民增收53.1亿元。新上项目4442个，总投资57亿元，转移农村剩余劳动力46万人。投入8亿多元用于捐建光彩小学、敬老院、卫生室，修路架桥，打井引水；资助特困户27141家，特困生25320人次，捐助总额达1.5亿元，进一步拓展了民营企业发展空间，增强了农村经济社会发展内生动力，为促进社会和谐稳定作出了积极贡献。

五、打造特色品牌，促进教育、卫生等民生事业发展

按照突出中心、形成系列、务求实效的要求，我会结合实际，在实践中打造光彩事业个性化、特色化品牌。先后打造了“光彩行”、“民企帮村帮学帮老”、“同心·光彩助学行动”等特色活动品牌，有效增强了光彩事业的影响和号召力。连续三年举办“同心·光彩助学行动”。2012年首次成功举办了“同心·光彩助学行动”。由泛海公益基金出资150万，山东泛海光彩基金出资100万，在全省10所本科高校中资助500名品学兼优贫困大学生，每人发放5000元资助金。2013年“同心·光彩助学行动”为500名受助学生发放助学金251万元。2014年“同心·光彩助学行动”在原来基础上进一步扩大了资助范围，在32所高校中资助1600名大学生，为1600名受助学生发放800万元助学金，受到高校师生广泛赞誉和好评。组织举办了“同心·光彩冠华图书室”、“同心卫生院”等系列活动，进一步扩大了统一战线和光彩事业影响力和覆盖面。

六、做好结合文章，拓展光彩事业的广度和深度

坚持公益捐赠和项目投资兼顾，引导企业家理事结合自身实际，重点面向“老、少、边、穷”地区和革命老区，围绕当地群众生产生活的切实

需要，参与社会公益事业。积极为四川汶川、雅安和青海玉树捐款捐物，我省非公有制经济人士累计捐款捐物近10.25亿元。同时，将光彩事业与我省开展的“同心工程”、“感恩行动”、“民企帮村帮学帮老”等活动有机结合起来，注重发挥各自优势，统筹利用好各类资源，实现了各项活动的有机衔接，有效地扩大了光彩事业的广度和深度。据不完全统计，全省累计帮扶“三老”人数4.1万人，参与帮扶的企业家人数3.63万人，实施惠民项目420个，累计投入资金4.53亿元。

七、强化典型引导，助推理事企业转型升级

认真贯彻落实习近平总书记关于山东发展“腾笼换鸟、凤凰涅槃”的要求，扎实做好龙福环能科技、五征集团、圣泉集团等企业转变发展方式优秀案例宣传推介工作，发挥典型示范带动作用，引导理事企业加快转型升级、科学发展。积极参与“光彩奖章”、“光彩事业国土绿化奖”、“中国民营企业十大碧水环保先锋”和“全国扶贫奖”等全国性评选表彰活动，动员组织光彩会理事参加“联合国——气候变化与企业契约论坛”，引导民营企业树立推进生态文明建设的责任意识。大力开展民营企业践行“三强”、争创“三百”活动，苏寿堂、宗立成和东尉、大陆集团等一大批企业家及企业获得荣誉称号。

八、大力加强光彩会自身建设

以改革创新精神加强自身建设，进一步健全完善工作机制。建立健全会长会、理事会、联谊交友等制度，完善会长、副会长年度述职及重大事项报告制度，建立健全严格的规章制度，特别是财务管理制度、捐赠款物使用的追踪反馈机制和公示制度，对捐赠款、物的管理、使用、分配、经营进行监督。进一步协调有关部门完善捐赠税收优惠政策，对执行标准和程序做出明确规定，统一各地对公益性捐赠的认定。加大对各地光彩事业指导力度，督促未成立光彩会的市、县（市、区）抓紧成立光彩组织，健全工作机构，形成工作合力。创新搭建光彩事业网络平台，建设民营企业服务平台，进一步夯实工作基础。

【同心·光彩助学行动】2012年6月首次举办“同心·光彩助学行动”。由泛海公益基金出资150万，山东泛海光彩基金出资100万，共250万元，在全省10所本科高校中资助500名品学兼优的贫困大学生，每人发放5000元资助金。本活动每年评选一次，连续进行四年。4月召开了“同心·光彩助学行动”动员部署会，对助学行动进行安排。6月举行了捐助仪式，为500名受助学生发放助学金250万元。2013年“同心·光彩助学行动”为500名受助学生发放助学金251万元。2014年“同心·光彩助学行动”在原来开展的基础上，进一步扩大了资助范围。由原来10所高校增至32所，500名学生增至1600名，金额由250万增加至800万。每校50名，每人发放5000元资助金。通过开展助学行动，帮助部分特困生解决生活困难，增进对党和政府的感情，加快促进人才培养，同时充分展现民营企业家致富思源、扶危济困、回报社会的高尚情怀，进一步扩大统一战线和光彩事业的社会影响。

【参与和支持贵州毕节试验区建设】2010年，积极响应胡锦涛总书记提出的建设贵州毕节“开发扶贫、生态建设”试验区的号召，按照中央统战部部署，参与沿海地区“六省三市”统战部门支持贵州毕节试验区建设工作，动员全省统一战线力量，集资2千万元援助毕节试验区修建同心水窖，帮助毕节地区尽快脱贫致富，实现科学发展。山东华乐集团公司董事长苏寿堂多次到贵州毕节考察，2009年向毕节地区捐款30万元，2010年捐资300万元用于同心水窖项目建设，2011年又捐款500万元设立毕节地区“同心·光彩助学基金”，用于发展毕节试验区的教育事业，资助毕节地区500多名贫困大学生，帮助毕节地区尽快脱贫致富，实现科学发展。时任全国政协副主席、中央统战部部长杜青林给予高度评价并作出批示。

【非公有制经济人士回报社会“感恩行动”】2010年以来，积极引导非公有制经济人士通过结

对帮扶老革命、老党员、老模范，接受革命传统教育，提升思想政治素质，进一步增强感恩党、感恩国家、感恩人民的自觉意识，做合格的中国特色社会主义事业建设者。截至目前，据不完全统计，全省参与结对帮扶的非公有制企业家达 4.1 万人，结对帮扶“三老”人员 3.6 万人；实施惠民项目 420 个，累计投入帮扶资金 4.53 亿元，捐助物资价值约 3966 万元；招工扶贫 5.7 万人，培训人员 5.2 万人，有效改善了帮扶对象的生活条件，树立了非公有制经济人士的良好形象。

【民企帮村】紧紧围绕中央和省委关于推进社会主义新农村建设的战略部署，引导各级光彩会组织先后开展了“同富共进建小康”、“双百双千”、“民企联村”、“百企帮百村”等一系列帮扶工程，为先富帮后富，实现共同富裕，促进社会主义新农村建设作出了积极贡献。截至目前，全省参与帮扶的民营企业已达 12102 多家，帮扶村庄 7940 多个，其中结对帮扶 4229 个；帮扶企业在农村新建生产基地 1810 个，辐射 3903 个自然村，带动当地农民增收 67.2 亿元；在农村新上项目 3819 个，总投资 29.30 亿元，转移农村剩余劳动力 228787 人；义务派出员工 1149 人到 786 个村担任村干部并提供物质支持，其中 359 人当选为村支部书记或村委会主任。

【联合开展“三百”评选和“三对接”活动】坚持以促进非公有制经济人士素质提高、促进非公有制经济发展环境优化和促进全省经济社会科学发展为目的，在非公有制经济代表人士中开展为经济文化强省建设作贡献、“三强”、“三百”等一系列表彰活动。参与组织了全省各民主党派、工商联、无党派人士为经济文化强省建设作贡献表彰大会，评选表彰了 236 家包括省光彩会理事在内的“民企百强、公益百星、潜力百家”民营企业。把解疑释惑与解决实际问题相结合，积极推动有关部门加强与非公有制经济人士联系，建立了发改委、政法系统与非公有制经济人士联席对话机制，配合省工商联组织开展人才对接、科研对接、银企对接“三对接”活动，积极帮助非公有制经济人士解决实际困难和问题。紧紧围绕助推我省“转、调、创”和经济文化强省建设，助推民营企业包括光彩理事企业转方式、调结构、促发展，开展“非公有制企业转变发展方式典型案例”评选征集活动。共征集滨州龙福环能科技股份公司、山东太阳纸业、山东五征集团、临沂翔宇集团、圣泉集团等典型案例 70 余篇，其中，青岛软控、翔宇集团等被评为全国民营企业转变发展方式优秀案例。

【赈灾捐赠】在国家重大灾情、险情发生后，第一时间下发通知，动员和组织全省非公有制经济人士和光彩理事积极捐款捐物。四川汶川特大地震灾难发生后，在一个多月时间内，我省非公有制经济人士向灾区献爱心，捐款捐物折合人民币 8.23 亿多元。日照钢铁股份有限公司一次向灾区捐款 1.5 亿元人民币。为青海玉树捐款捐物 1.42 万元。四川雅安地震发生后，广大非公有制经济人士迅速行动，积极为雅安捐款捐物，据不完全统计，我省非公经济人士累计捐款捐物近 6000 万元。

【海内外知名企业家齐鲁行】从 2008 年到 2012 年，连续开展了五届“海内外知名企业家齐鲁行”活动，活动由全国工商联和山东省政府共同主办，共达成合作意向、协议、合同 366 项，协议、合同金额 1678.61 亿元，到位资金近 340 亿元人民币，取得了丰硕成果。“齐鲁行”活动在全国首创了工商联利用组织优势动员全国知名民营企业家参与地方经济建设的一个新模式，已经成为全国工商联支持地方经济发展的工作品牌、山东省的招商引资品牌和经济领域统战工作围绕中心服务大局的一个重要工作载体。

（山东省光彩事业促进会供稿）

河南省光彩事业促进会

【综述】

河南省光彩事业坚持围绕中心，服务大局，创新工作载体，打造特色品牌，动员引导广大非公有制经济人士走光彩路、行光彩事、做光彩人，助力科学发展，热情回馈社会，支持河南经济社会发展和扶贫开发事业，取得了明显成绩。截至2014年底，累计有5944家民营企业参与光彩事业，举办公益捐赠活动616次，各级各类培训318418人次，公益捐款达59.71亿元，签约扶贫开发、民生公益项目4415个，签约金额达百亿元，507584名群众受益。“千企帮千村”活动2011年获中央统战部、人社部、全国工商联等11部委“社会服务优秀成果奖”。光彩“同心”实践行动联席会议办公室2014年被国务院授予“全国社会扶贫先进集体”，2014年成功举办“中国光彩事业信阳行”活动和中国光彩会四届五次理事会（“一会一行”）活动。

一、领导重视，完善工作机制

河南省各级党委高度重视光彩事业，始终把光彩事业作为统战部门的一项重要工作，不断强化组织领导，完善工作机制，细化工作措施，落实工作任务。省委主要领导多次对光彩事业做出重要指示和批示，为河南光彩事业的快速、健康发展提供了坚强的组织保障。在2014年筹办“一会一行”活动中，省委、省政府给予了高度重视，省委书记郭庚茂、省长谢伏瞻等领导作出批示近30次，提出明确要求。史济春部长担任省活动领导小组组长，亲自召开会议，协调解决困难问题，推动筹备工作有序开展。

省委统战部不断完善考核机制，把光彩事业工作纳入重要议事日程，建立健全了统战工作年度考评体系，与其他领域工作一样，做到同安排、同部署、同考评，确保工作抓牢、抓细、抓实。各省辖市委统战部、工商联进一步明确责任分工、目标任务，制定落实方案，努力做到有分管领导、有部门负责、有专人落实。驻马店市光彩会聘请市委、政府主要领导担任光彩会负责人，设立专门办公室，在市委统战部增加了3名事业编制，人员经费实行财政全供。南阳市发挥“光彩事业工作委员会”作用，具体负责光彩事业的组织实施、综合协调、督导检查等工作。强化督导。始终坚持把光彩事业工作作为中发16号、豫发13号文件贯彻落实的具体内容，作为非公经济人士评先表彰、进行政治安排综合评价的重要指标，结合统战重点工作调研、检查和人大、政协、工商联换届及届中替增补等时机，适时进行光彩事业工作督查，及时发现解决光彩事业工作中出现的矛盾和问题，推动光彩事业工作健康开展。定期组织各地报送光彩事业开展情况及相关信息，加强各地光彩工作交流互鉴，以沟通促督导、以交流促提升。加强协调。主动加强与中央统战部、全国工商联和中国光彩会的沟通联系，积极协调宣传、财政、人社、民政、发改、农业、林业、扶贫等30多个部门和工、青、妇等人民团体参与支持，逐步形成了统战部门牵头、各有关部门通力合作的良好工作格局。

二、培育亮点，打造光彩品牌

七年来，始终坚持围绕中心、服务大局，积

极创新载体，丰富光彩实践，培育光彩品牌。持续深化光彩“同心”实践行动。2012年开始，举全省统一战线之力，深入开展光彩“同心”实践行动，定期研究部署，安排推进措施，确保持续深入开展，努力打造扶贫开发、服务发展的重要品牌，已被列入省委重要工作部署。各参与单位积极帮助基地县洛宁引资引才引智，承接产业专业，在土地、水利、交通、环保等方面重点扶持，改善当地基础设施条件，加大“输血”力度，培养“造血”功能，不断激发内生动力，21个成员单位和22个支持单位共落实支持措施106项，资金1.66亿元，促成19个项目签约，总投资48.7亿元。积极助推新型城镇化。“同心共建、企地共赢”活动持续推进，累计到位新农村援建资金2.45亿元，开工的39个社区建成22个，其中入住17个。深入开展“光彩·千企帮千村”活动。从2007年起，坚持结合实际、因地制宜，通过项目、资金、技术等方式，在全省范围内开展“光彩·千企帮千村”活动，通过村企结对帮扶，努力为农村地区发展方式转变、民生改善提供支持。2013年10月，召开了全省“千企帮千村”现场会，对该项工作进行了再部署、再安排，并动员协调建业集团等12家民营企业为开封水稻乡马头社区捐赠2000万元建设资金。截至2014年底，全省参与“千企帮千村”活动的民营企业累计993家，结对帮扶村11732个，实施帮扶项目9738个，捐款捐物24.7亿元，结对帮扶企业、项目和资金年均增长10%以上。积极办好“一会一行”活动。2014年，认真办好“中国光彩事业信阳行”和中国光彩会四届五次理事会活动，先后4次到中央统战部五局、全国工商联扶贫部、中央统战部光彩事业指导中心，汇报沟通工作情况；向省委、省政府领导报送请示报告8件；5次赴信阳市考察指导筹备工作，提出工作推进意见。积极联系协调北京、广东等地统战部、工商联，主动帮助信阳在当地招商推介；在郑州举办“信阳行”活动招商引资项目推介会，组织200余名省内民营企业、商会负责人参加活动；促成全国工商联、中国光彩会和省发改委、省商务厅网站开辟“信阳行”活动招商项目库专栏，在“根在中原”网站、省工商联网站设立活动招商平台，不断扩大招商影响。“中国光彩事业信阳行”活动成效显著，共签约项目231个，总投资额1899.3亿元，其中10亿元以上项目41个。中国光彩会捐赠资金2000万元用于在新县建设九年一贯制“光彩实验学校”，我省民营企业家共捐赠公益资金6592万元，用于革命老区教育、修路、文化旅游等公益事业。截至2014年底，共落地、开工项目126个，总投资835.3亿元，累计完成投资425亿元，捐赠公益资金到位6192万元。河南光彩事业“一会一行”活动得到了中央统战部、全国工商联领导同志的充分肯定。

2014年5月20日，中国光彩会四届五次理事会召开，会议传达了中共中央政治局常委、全国政协主席俞正声关于光彩事业的重要批示。我省陈泽民等3位民营企业家在会上荣获“光彩事业20周年突出贡献奖”。

三、各地亮点异彩纷呈

各省辖市结合当地实际也打造了一批有地域特色、实践特色的光彩品牌。2002年以来，巩义市委统战部、市工商联以“光彩杯”评比竞赛为载体，持续开展了“民企担重任、建功新农村”、“三百工程”、“希望工程圆梦行动”、“百千万集中帮扶”等活动，积极引导非公经济人士参与光彩事业，投身光彩事业。近年来，先后千名非公经济人士热烈响应，共评选表彰了48个先进集体、210个先进个人。累计为光彩事业捐资达4亿多元，资助数千名大学生圆梦大学，安置“4050”人员就业10000多人。焦作市坚持开展“焦作有爱”关注贫困大学生、儿童、环卫工人行动，720人得到资助。平顶山坚持开展“鹰城行动·金秋助学”，为850名特困学生捐资。商丘市委统战部、工商联坚持打造“情暖夕阳”品牌，积极参与社会养老救助事业，组织非公企业“一对一、多对一”结对帮扶敬老院，全市416家工商联会员与166个敬老院结成帮扶对子，帮扶资金400万元，帮扶敬老院覆盖面达94%，为社会养老事业作出了积极贡献，被全国工商联评为2014年度“十大创新”工作。

四、服务引导，搭建载体平台

坚持思想教育引导放在突出位置，紧密结合创先争优活动、党的群众路线、非公人士理想信念教育和时事政策教育等思想政治教育活动，通过举办培训班、召开座谈会、强化党性教育等方式，促进非公人士树立正确的发展观、事业观，引导非公企业人士，投身公益事业，积极回报社会。积极牵线搭桥，全面了解掌握非公人士参与光彩事业的愿望，主动邀请在光彩事业方面有过贡献突出的非公经济人士，连续两年列席省委经济工作会议，参加民营企业创新发展座谈会，提高民营企业家了解形势、把握政策、解决困难的能力和水平，为非公人士参与光彩事业、发展壮大企业牵线搭桥、搞好对接。在中央统战部、全国工商联、中国光彩会组织的“延安行”、“赣州行”、“西藏行”、“南疆行”等系列活动中，认真组织河南民营企业家积极参与，主动践行光彩精神。搭建服务平台，充分发挥河南省光彩事业基金会阵地作用，引导非公企业服务中心、服务河南发展，投身公益事业。六年来，河南省光彩事业基金会共协调落实农村小学、村卫生室、地震捐赠、新型农村社区公益项目等公共设施基础建设项目80多个，协调、募集公益资金近4亿元，用实际行动彰显了光彩精神、发挥了光彩作用。在“光彩·千企帮千村”、“同心”实践活动中，着力发挥产业项目的示范带动作用，积极引导民营企业参与村村共建、自觉到“同心”实践基地考察，通过村企合作、项目对接等方式，积极参与河南光彩事业。2014年，多次组织协调40余名省内外民营企业家赶赴同心实践基地洛宁县，就有关投资项目进行实地考察、洽谈对接，听取县招商引资项目推介，就有关项目进行了座谈交流。

五、强化宣传，营造浓厚氛围

充分发挥主流媒体的引领力，广泛宣传光彩事业重大意义、光彩精神内涵，宣传投身光彩事业先进典型经验做法，引导广大非公经济人士增强参与光彩事业的积极性和自觉性、责任感和使命感，扩大了光彩事业社会影响力。结合实际，广泛开展“民营企业家风采”、“光彩百佳企业”和“光彩百佳民营企业家”宣传活动，结合非公经济人士理想信念教育实践活动，开办了“豫商课堂”14期，受益企业家8200多人次。与文艺院团合作，编排反映民营企业家光彩典型的现代豫剧《春满太行》在全省巡演7场，观众达7600多人。商丘市委统战部、工商联与《商丘日报》联合开展“走访爱心企业”公益采访活动，集中报道了50家光彩爱心企业，扩大了社会影响。注重典型引导，选出了驻马店市、南阳市开展集中连片实施光彩项目、促进贫困地区群众致富和陈泽民、陈世强等一批发挥自身产业优势，广泛参与安排就业、助教助学、扶贫助困等光彩事业先进典型。河南省委统战部、省工商联在全省广泛开展光彩事业评选表彰活动，授予胡葆森、裴春亮等84名企业家河南省光彩慈善公益功勋人物、杰出人物、优秀人物荣誉称号。在第四届全国优秀建设者推荐和河南省优秀建设者表彰活动中，坚持把参与光彩事业，履行社会责任作为重要参评指标来衡量。通过开展评选表彰活动，进一步激发了广大非公人士参与光彩事业的热情和干劲，扩大了光彩事业的社会影响。

【“同心”实践活动】2012年7月，河南省委统战部坚持“同心”思想引领，大力弘扬光彩精神，决定实施“同心”实践行动，将国家级扶贫开发重点县——洛宁县，确定为全省统一战线同心思想实践基地、统一战线助推“三化”协调科学发展实践基地。活动开展以来，坚持政治意义、经济意义、社会意义并重，21个成员单位和22个支持单位充分发挥各自优势，坚持围绕项目建设，政策支持，人才培养，社会服务，促进和谐五个方面开展工作，着力实践了一批促发展，惠民生的“同心”实践项目，助推洛宁县经济社会发展，取得显著成绩，截至2014年底，共落实支持措施106项，资金1.66亿元，促成19个项目签约，总投资48.7亿元。统一战线捐赠款物4292万元。各省辖市结合实际，推进各自基地建设，共实施项目196个，争取资金3.54亿元；引进项目16个，总投资26.4亿元；开展社会活动445次，投入款物3800多万元。深入开展“同心共建、企地共赢”活动，组织社会力量，积极参与新农村建设，截至2014年底，累计到位援建资金2.45亿元，开工的39个社区建成22个，其中入住17个。全省统一战线“同心”实践行动联席会议办公室去年被国务院授予“全国社会扶贫先进集体”。

【“千企帮千村”活动】为了助推河南省新农村建设，积极引导民营企业参与新农村建设，河南省委统战部、河南省工商联联合发起光彩事业“千企帮千村”活动，主要是在全省工商联会员企业中选择1000家有影响、有实力、有社会责任感的民营企业，以产业带村、项目兴村、技术帮村、资金扶村为主要措施，对口帮扶1000个相对落后的行政村或自然村。近年来，先后通过召开经验交流现场会、深入推动论坛会、总结表彰大会、深入推进工作会等形式，推动“千企帮千村”活动有序开展。各地工商联也紧密结合当地实际，突出实践特色，开展了“百企帮百村”、“百企联百村”等活动，积极探索出了项目拉动、帮建新村、帮扶就业、村企合作、整村推进、公益捐助等多种帮扶模式。截至2014年9月底，全省参与“千企帮千村”的民营企业累计12904个，结对村10441个，实施帮扶项目10735个，累计及计划投资总额314.7亿元，为社会公益事业捐款捐物31.6亿元，捐建学校1404个，修路10638.43公里，捐建医疗室1487个，助残、助学、助困160937人次。2011年，河南“千企帮千村”活动被中央统战部、人社部、全国工商联等11个部委授予“社会服务优秀成果奖”荣誉称号，被全国工商联和中华工商时报社评为全国工商联系统十大亮点工程，被国务院扶贫开发领导小组授予“全国扶贫开发先进集体”。

【“一会一行”活动】为助推信阳大别山革命老区经济社会发展，中央统战部、全国工商联、中国光彩事业促进会、河南省政府、河南省委统战部联合举办了“中国光彩事业信阳行”活动。2014年5月20日，在信阳市召开中国光彩会四届五次理事会议，中央统战部副部长，全国工商联党组书记、常务副主席，中国光彩会副会长全哲洙传达了中共中央政治局常委、全国政协主席俞正声关于光彩事业重要批示，并总结了2013年中国光彩会工作，回顾了20年光彩事业成就，对新形势下光彩事业创新发展进行了安排部署。河南省推荐的陈泽民等3位民营企业家荣获“光彩事业20周年突出贡献奖”。5月21日，中央统战部副部长、全国工商联党组书记中国光彩会副会长全哲洙，省委副书记、省长谢伏瞻，省委副书记邓凯，省委常委、统战部长史济春等领导出席“中国光彩事业信阳行”活动开幕式，全国各地400多位知名企业家莅临信阳参加活动。活动取得了满意的效果，共签约项目231个，总投资额1899.3亿元，其中10亿元以上项目41个。“中国光彩事业信阳行”公益项目，确定在信阳新县县城南建设1所新县光彩实验学校。学校规划占地65亩，建筑面积24102㎡，开设48个教学班，总投资为7242万元，可解决900名留守儿童寄宿问题。截至2014年10月底，共落地、开工项目120个，总投资709.2亿元，累计完成投资163亿元，捐赠公益资金到位6142万元。

【支援汶川抗震救灾行动】2008年5月12日，四川汶川地震后，河南省委统战部、省工商联响应中央、省委号召，充分组织发动广大非公有制经济人士，弘扬“一方有难、八方支援”的中华民族传统美德，积极捐款捐物，支援抗震救灾。5月13日，积极组织省委统战部全体干部职工，号召大家为灾区捐款捐物，奉献爱心。5月15日，省委统战部、省工商联组织召开河南民营企业抗震救灾捐款动员大会，共有60余位民营企业家和部分行业商会代表参加了会议，现场捐款970万元，各市工商联组织捐款500万元，共计1470万元。在省委统战部、省工商联的精心组织下，全省非公经济组织慷慨解囊，积极捐款捐物，为灾区人民奉献爱心、送去温暖。据不完全统计，全省非公有制经济人士累计捐赠款物达三亿八千多万元。

【光彩圆梦助学行动】 为了帮助困难学生实现大学梦，2014年8月16日，由省工商联、省教育厅共同举办的河南省非公有制经济界“光彩圆梦”助学活动在郑州启动，全省各省辖市和直管县工商联发动民营企业家和商会共筹集善款4754万元。

【“情暖夕阳”行动】 为了在全社会倡导爱老敬老的优良传统，2011年1月，商丘市委统战部、市工商联在全市工商联会员中启动开展了“情暖夕阳——工商联会员结对帮扶敬老院”活动，实现敬老院全覆盖。这项活动引起爱心企业家积极参与，通过组织非公企业结对帮扶敬老院，实行“一对一”、“多对一”帮扶，为敬老院送戏、送体检、送医药、安装太阳能热水器，为老人们理发、洗发、清洗衣被、打扫卫生，邀请老人们免费旅游等形式，积极参与社会养老救助事业，为社会养老事业做出积极贡献。截至2014年底，商丘市累计参与企业694家，与166个敬老院结成帮扶对子，帮扶敬老院老人达1.82万人，企业帮扶资金累计821.04万元。“情暖夕阳”活动获得了“2014年度全国工商联工作十大创新”、“2014年度河南省工商联系统十大亮点”。

（河南省光彩事业促进会供稿）

湖北省光彩事业促进会

【综述】

湖北省光彩事业促进会成立于1995年6月，从此，光彩事业在湖北荆楚大地应运而生并蓬勃发展，光彩精神迅速发扬光大，光彩活动接连不断，光彩人士层出不穷，光彩事业硕果累累。特别是2008年以来，省光彩会围绕弘扬“致富思源、富而思进、扶危济困、共同富裕、义利兼顾、以义为先、发展企业、回馈社会”的光彩精神，积极引导非公有制经济人士走光彩路、办光彩事、做光彩人，充分发挥光彩事业促进社会和谐，服务经济发展的重要作用，为湖北科学发展、跨越式发展作出了积极贡献，深受各地党政领导和社会各界的好评，社会影响日益扩大，服务作用更加凸显，凝聚力逐步增强。先后有13名非公有制经济人士被表彰为全国优秀中国特色社会主义事业建设者，省政府表彰优秀中国特色社会主义事业建设者 291名，全省各地表彰优秀中国特色社会主义事业建设者600名。省光彩会连续6次荣获“光彩事业组织奖”称号，先后有6 位民营企业家荣获“光彩事业特别贡献奖”，8位民营企业家荣获“光彩事业贡献奖”，黄祥礼等18名民营企业家荣获“光彩事业国土绿化贡献奖”荣誉称号。全省各地评选表彰“光彩之星”130余人。举办大型光彩事业行活动10余场次。据不完全统计，全省实施光彩事业项目10105个，参与企业16027个，投入资金42.3亿元，培训7.1万余人，安置就业8.4万余人，带动4万余人脱贫，社会公益事业捐赠达4.3亿元。

一、加强组织建设，搭建光彩事业发展平台

强化组织领导。在机构改革减员缩编的情况下，积极想办法多方努力，于2004年成立了湖北省光彩事业指导中心，并将光彩事业指导中心设在省委统战部经济处，为全省光彩事业工作的顺利开展，提供了有利的组织保障。

健全基层组织。积极督促、指导市州加强光彩会组织建设，目前，全省17个市州，已有16个市州成立了光彩会，尚未成立光彩会的神农架林区也正在积极筹备中。

加强业务培训。坚持每年组织一次市州光彩会秘书长培训班，适时召开市州光彩会秘书长会议，通过以会代训、理论辅导、学习研讨、经验交流和领导讲话等方式，有效地提高了光彩会秘书长的能力素质。

二、积极开展活动，为服务非公企业牵线搭桥

组织举办“光彩行”活动。先后举办了“中国光彩事业襄樊老区”行、“中国光彩事业走进恩施州”行、“中国光彩事业孝感（老区）行”和“中国光彩事业荆门行”等10余次（场）大型“光彩行”活动，共签约项目687个，投资额2038.252亿元，捐赠资金3.12亿元，应邀来湖北参加主体活动的企业家多达6000余人，为地方经济社会发展和新农村建设注入了新的活力，深受地方党委、政府和社会各界好评，“光彩行”活动也成为湖北光彩事业的一个知名品牌。2013年，成功举办了“饮水思源光彩十堰行”和“光彩事业走进武陵山区（恩施）”活动，共签约项目108个，投资额达970.4亿元。2014年举办了“光彩事业湖北幕阜山区（咸宁）行”活动，主体活动

期间，咸宁市与多家企业签约项目62个，总投资额达546.79亿元，项目涉及汽车零部件、装备制造、生物医药、食品饮料、建筑建材、光电子、包装印刷、节能环保等领域。

扎实开展“民企联村”活动。积极开展“民企联村”活动，引导广大民营企业在自觉自愿的前提下，采取一企帮一村，一企帮多村或多企帮一村等多种形式参与新农村建设，有效地促进了经济社会发展。全省参与新农村建设企业达1406家，实施项目4661个，村企结对 5850个，帮助8.7万农户脱贫，帮助脱贫人数达25.8万余人，增加农民收入47万余元，培训农民工15.7万余人，安置就业33万余人。2013年以来，我们在原有“民企联村”工作经验的基础上，结合非公有制经济人士理想信念教育实践活动，在非公有制企业中广泛开展了“千企帮千村、脱贫奔小康”活动，发动全省1000多名非公有制经济人士，与1312个贫困村结成对子，通过落实一个以上经济产业项目、帮扶一批基础设施建设、培训一批富余劳动力、开展一系列扶贫惠农公益活动、健全一套推动村企共建工作机制，引导非公有制经济人士回馈社会、造福人民。据统计，“千企帮千村，脱贫奔小康”活动中民营企业已投入资金39.63亿元，帮扶项目共1451个，省级结对帮扶的58个村共确定帮扶项目90余个，安排资金达2956.7万元。

举办“民企携手湖北，共促中部崛起”和首届楚商大会活动。在省直有关部门和各市州的共同努力下，经过认真组织筹备，2012年5月23日至24日，“民企携手湖北 共促中部崛起”主体活动在武汉举办，中央统战部、全国工商联、省委省政府有关领导出席并发表重要讲话，来自国内外600余位知名企业家参加活动。活动期间全省各地与全国民营企业签约项目共计728个（其中50亿元以上大项目56个），投资总额10298.5亿元，其中合同项目358个，投资总额4661亿元。2013年11月4日至7日，全国工商联、中国侨联、省委省政府在武汉举办首届楚商大会，全省各地签约项目433个，投资总额6240.16亿元，其中合同项目290个，投资总额4020.26亿元；协议项目143个，投资总额2219.9亿元。其中，各类商会及会员企业投资湖北项目总额989亿元。

三、实施光彩项目，为扶贫事业加快发展提供支持

围绕全省经济建设重点和扶贫开发事业总体目标，以项目推动为重点，在积极实施光彩事业项目的同时，组织引导广大民营企业家兴办光彩扶贫项目，以项目带动困难地区发展经济，帮助贫困地区群众改善生产生活条件，取得了显著成效，为湖北扶贫开发事业提供了有力支持。

实施光彩项目。2009年，省光彩会捐资1500万元在全省贫困地区建设了28个涉及农村安全饮水、道路、学校、农村卫生室建设等扶贫项目，惠及群众30余万人，受到当地政府和人民群众好评。2010年省光彩会又捐资1000万元，在县市区建设了100个光彩扶贫项目，有效地改善了贫困地区群众的生产生活条件。2011年省光彩会捐资300余万元，建成20个光彩扶贫项目，全年全省新增光彩事业项目885个，参与企业1619个，到位资金747711.32万元，培训人员68667人，安置就业115962人，带动脱贫79525人。

支持新农村建设。2012年组织引导非公有制经济人士支持支农惠农“三万”活动，全省非公有制经济人士共捐款捐物达8116.38万元。2014年“扶贫日”活动中，积极动员全省民营企业和商会认捐，共捐赠扶贫资金2067多万元。

参与扶贫公益事业。一是开展了“感恩行动”。先后在革命老区牵头组织召开了非公有制经济人士洪湖感恩行动大会、大悟感恩行动大会和红安感恩行动大会，推动感恩行动在全省展开，促进了全省社会公益事业的发展。参加全省感恩行动的非公有制经济人士达1533人，帮扶“三老”人员6051人，各类帮扶资金近3亿元，捐赠实物价值720万元，采取招工、培训等方式帮扶35270人。二是捐资助学。组织全省非公有制经济人士先后在革命老区、贫困山区等捐资兴建、扩建“光彩学校”116所。三是支持抗震救灾。在抗击低温冰

冻雨雪灾害、四川汶川地震、雅安地震等自然灾害中共动员组织民营企业捐赠1.2亿余元。

四、提高服务层次，为非公有制经济发展贡献力量

建立与全国知名企业家沟通联谊机制。在中央统战部、全国工商联、中国光彩会的支持下，连续八年以省委省政府名义在全国“两会”期间举办全国知名民营企业家座谈会，邀请出席全国“两会”的民营企业家人大代表、政协委员与湖北省委书记、省长及主要部门负责同志进行座谈交流，加强联谊，推介湖北，共谋发展。

建立“直通车”服务机制。积极争取建立了促进民营经济发展“直通车”制度，坚持每年召开湖北省民营企业家代表座谈会，为省领导与民营企业家架起直接沟通的桥梁。在座谈会上民营企业家可以直接向省领导和有关部门反映情况，及时快捷地为民营企业排忧解难。

建立走访企业机制。大力开展“进万家民企，促跨越发展”活动，组织各级党委统战部、工商联联系走访了非公有制企业1.5万多家，形成了《湖北省民营企业100强调研报告》、《湖北省小微型企业发展研究报告》、《湖北省民营经济发展报告》等调研报告360多篇，向企业送去政策汇编3万多套，为企业提供各类信息近2万条，帮助企业梳理问题并提出解决对策1万余条，帮助企业建立健全党组织2599个。这项活动得到了中央统战部副部长、全国工商联党组书记全哲洙同志的高度肯定，并要求加大宣传力度，在全国推广。

五、开展学习培训，提升非公有制经济人士能力素质

根据新形势新要求，加大培训力度，创新培训方式，拓展培训途径，提升培训实效。一是抓好专题教育。按照中央和省委统一部署，在全省开展了非公有制经济人士理想信念教育实践活动。围绕科学理论、形势政策、企业发展等专题，开展理论专项教育、革命传统教育、国防教育等活动1000多场次，举办教育骨干培训班500余场次，非公有制经济人士参训近4万人次，取得了良好效果。二是整合培训资源。大胆打破以往国企、民企负责人分开培训的惯例，整合组织部、统战部、发改委、经信委、国资委等部门教育培训资源，将省属国有企业与省内民营企业负责人联合培训纳入省委《2013-2017年全省干部教育培训规划》，开展联合培训。先后在上海交通大学举办了全省企业发展战略专题研讨班，在大连高级经理学院举办了全省深化企业改革与发展专题研讨班等，受到国企、民企负责人的普遍欢迎。三是不断丰富教育培训内容。围绕全面深化改革要求，按照卓越企业家培养标准，将最精髓、最迫切需要提升的能力要求，融入到教育培训的内容设置中，围绕十八届三中、四中全会精神、国际国内经济形势和国家经济政策、优秀企业家和典型企业案例分析、企业资本运作与投融资决策、现代企业管理、企业家精神、民营经济创新发展、混合所有制经济发展等开发培训课程，设置教学内容，提升培训效能，使企业家真正学有所获。四是创新教育培训方式。充分吸取各类培训班的好经验好做法，并结合自身培训需求进行创新，更加强调教师与学员、学员与学员之间的互动，突出学员在学习过程中的主体地位，采取集中培训、教学互动、研讨交流、参观考察等多种方式，促进学员间的思想激荡、观念碰撞、知识互补和经验分享。先后在中央社会主义学院、国家行政学院、上海干部学院、省社会主义学院等举办培训班、研讨班18个，培训非公有制经济人士1200余人。通过教育培训，增进了相互了解、开阔了思路眼界、丰富了理论知识、增强了发展信心、建立了深厚友谊、搭建了合作平台，为光彩事业深入持久发展注入了新活力。

经过近20年的发展，光彩事业已经发展成为符合湖北省情、具有鲜明特色的社会扶贫事业，成为统一战线服务党和国家中心工作的重要实践，成为培育非公有制经济人士队伍、巩固和壮大统一战线的重要载体，成为弘扬优秀传统文化、共建社会主义核心价值体系的重要途径。

【中国光彩事业襄樊行】2008年中国光彩事业襄樊行活动由中国光彩事业促进会、湖北省人民政府共同主办，湖北省委统战部、湖北省工商联、湖北省光彩事业促进会、襄樊市委、襄樊市人民政府共同承办。2008年3月12日，中国光彩事业襄樊行活动在北京举行启动仪式。从3月至8月筹备工作期间分别在深圳、东莞、上海、长沙、温州、武汉、北京等地举办六次招商活动。整个活动共有109个项目与襄樊签约，其中，合同项目65个，协议项目35个，意向性项目9个，签订合同和协议金额289.58亿元。活动期间共接收光彩捐赠646.30万元。

【中国光彩事业走进恩施州】2009年8月19日，在恩施州建州26周年之际，“中国光彩事业走进恩施州”活动给恩施带来了一份珍贵的礼物。当日上午，在“中国光彩事业走进恩施州”活动项目推介、项目签约、公益捐赠仪式上，一批企业与恩施共签约项目20个，投资总额91.4亿元；中国光彩事业促进会会员企业现场捐赠款物价值600多万元。

【中国光彩事业孝感（老区）行】中国光彩事业孝感（老区）行活动由中央统战部、全国工商联、中国光彩事业促进会、湖北省人民政府主办，湖北省委统战部、湖北省工商联、湖北省光彩事业促进会、中共孝感市委、孝感市人民政府承办。2010年10月26日至28日，在孝感市和大悟县举行主体活动。全市招商引资共有签约项目196个，投资总额412.99亿元。主体活动共有43个项目参加签约，签约金额132.79亿元。

【“百企联百村 共建新农村”活动】“民企联村”工作是一项结合光彩事业社会需求，同时结合深化非公有制经济人士理想信念教育实践活动而打造的品牌，是一项新的探索性工作。通过几年的努力，初步形成了咸宁市“民企联村”的两种模式。一是以迁村腾地、整村推进为内容的“嘉鱼模式”。二是以产业帮扶、村企共赢为特色的“通城模式”。

【光彩事业湖北幕阜山区（咸宁）行】自2014年3月活动启动以来，咸宁市积极开展“走出去”和“请进来”两项举措，“走出去”举办招商推介会、上门拜会，“请进来”开展考察洽谈和参加主体活动。整个光彩活动期间，共促成签约项目62个，总投资额546.79亿元，其中合同项目达48个，总投资额341.59亿元；框架意向协议项目14个，总投资额205.2亿元。

（湖北省光彩事业促进会供稿）

湖南省光彩事业促进会

【综述】

近年来，湖南省光彩事业促进会围绕中心，服务大局，动员、组织和引导广大非公有制经济人士积极投身光彩事业，为促进全省经济社会发展、建设和谐湖南作出了积极贡献。2008-2015 年，省光彩会共引导 15600 多家企业参与光彩事业，实施项目 26500 多个，到位资金 530 亿元，带动周边地区就业 42.5 万人次。

一、实施重点推进，开展产业扶贫

省委统战部、省光彩会积极响应党中央、国务院和省委、省政府把开发武陵山区作为扶贫攻坚的重点的号召，通过开展“民营企业家武陵山区行”等系列活动，鼓励、引导广大会员和民营企业积极投身武陵山区为重点的扶贫开发。把企业的资金、技术、市场、人才、信息优势与贫困地区的资源优势结合起来，实施项目带动、产业拉动，推动贫困地区经济持续发展，支持贫困地区社会公益事业建设，促进卫生和文化教育事业发展。

二、促进统筹发展，参与新农村建设

为贯彻中央统战部、全国工商联关于把开展光彩事业的重点放在鼓励、引导民营企业参与社会主义新农村建设上的要求，2007 年 3 月以来，省委统战部、省工商联、省光彩会在全省民营企业中广泛开展了“万企联村、共同发展”活动。围绕产业延伸、连锁经营、资源开发、基础设施、劳动力转移等五个方面的重点，引导一批优势企业与农村进行项目对接，走出一条海内与海外、城市与农村、工业与农业、非公有制经济人士与当地农民携同联动、优势互补、互利共赢的新路子。建成省级示范点 30 个，升级示范区 5 个。全省共有 6400 多家民营企业参与光彩事业，对接行政村 9800 多个，实施项目 6800 多个，投入各类资金 410 余亿元，覆盖全省 1100 多个乡镇 1300 多万农业人口。

三、坚持以人为本，大力改善民生

开展了两轮“十万招工扶贫光彩大行动”，行动以鼓励、引导民营企业发展高新技术，创造更多就业岗位，吸纳大学毕业生为主，以建立大学生见习基地，发展企业园区和创业孵化基地为重点，鼓励大学毕业生自主创业，累计安排 11 万大学毕业生就业、转移 15 余万农村剩余劳动力。同时，省委统战部、省光彩会还联合省工商联、省人力资源和社会保障厅、省教育厅、省总工会等单位在全省 14 个市州统一行动，开展“民营企业招聘周”活动，5 万多家民营企业参与活动，提供就业岗位 50 万多个。

四、践行核心价值，积极扶危济困

引导广大非公有制经济人士致富思源，回报社会，积极承担社会责任，积极参与社会慈善公益事业。踊跃参与湘南冰灾、汶川地震、玉树地震、芦山地震、大西南旱灾，以及舟曲特大自然灾害等灾后重建工作，积极参与“情系‘三区’感恩社会光彩大行动”和“同心系湘江，共护母亲河”活动。在 2013 年省光彩会换届时，55 家民营企业代表以举牌的形式向社会承诺，从2013年至2018年将为发展光彩事业开展公益慈善捐赠12.167亿元，项目投资55.6亿元，并作出五年规划，系统用于开展社会扶贫，支持贫困地区和贫困人口脱贫致富。

【“中国梦·湘商情·光彩行”活动】2013年5月8日，结合湖南省光彩事业促进会换届大会隆重举行“中国梦·湘商情·光彩行”活动，着力推动我省光彩事业在新的起点上创新发展。

全国人大常委会原副委员长、民建中央原主席成思危出席启动仪式，省委、省人大、省政府、省政协主要领导出席，省委书记徐守盛发表讲话。湖南省光彩事业促进会第四届理事会理事，省工商联常执委，各市州委统战部、工商联负责人，省直有关单位负责人共400多人参加。从2013年至2018年将为发展光彩事业开展公益慈善捐赠12.167亿元，项目投资55.6亿元。

【“万企联村、共同发展”活动】湖南省委统战部、省工商联、省光彩会充分发挥优势，自2006年开始，组织开展“万企联村、共同发展”活动，组织引导广大民营企业通过产业联村、项目带村、智力扶村等形式，围绕产业开发与延伸，与贫困农村开展深度合作对接，创造了“非农业+现代农业”、“龙头企业+原料基地”、“民营资本+整体开发”等6种村企对接模式，探索了城乡统筹发展和新农村建设政治、经济、文化、生态一体化发展的新模式。截至2014年底，已有6100多家企业（含港澳台、境外海外工商企业）、2000多名统一战线代表人士、1000多名高等院校及科研机构的专家学者以各种方式参与进来。对接全省9800多个行政村，实施项目6800多个，投入资金410亿元。覆盖1100多个乡镇、1300多万农业人口。其中在贫困地区对接行政村3500多个，实施对接项目2000多个，投入资金120亿元，受益贫困人口200多万。此项活动已成为湖南统一战线围绕中心服务大局的重要举措，民营企业家投身湖南科学发展的重要平台，统战工作助推光彩扶贫事业发展的鲜活实践。

（湖南省光彩事业促进会供稿）

广东省光彩事业促进会

【综述】

2008年以来，广东省光彩事业促进会（以下简称省光彩会）在省委统战部、省工商联正确领导下，在中国光彩会精心指导和各市光彩组织大力支持下，紧紧围绕省委、省政府中心工作，积极践行同心思想，大力实施扶贫开发，热心投身公益事业，为推动地区经济可持续发展与社会和谐进步作出了重要贡献。

一、秉承光彩理念，汇聚光彩事业共享共赢的精神力量

省光彩会与广大理事始终秉承“义利兼顾，以义为先”核心理念，积极开展理想信念教育、创先争优等主题实践活动，引导和激发非公有制经济人士回报社会的热情，提升感恩行动和理想信念教育的感召力、吸引力和影响力，着力保障和改善民生，大力开展扶贫开发、扶贫双到、扶贫济困、抗灾赈灾、光彩行、公益捐赠等活动，推进贫困地区基础设施、文化教育、医疗卫生和生态环境等建设，提高贫困群众生产生活质量和素质，增强了贫困地区发展的内生动力，为贫困地区共享改革成果、促进共同富裕作出了积极贡献。2011年省光彩会成立十周年之际，时任省委书记汪洋等中央和省领导出席《十年光彩路》专场晚会并举行了《十年光彩路》一书首发式，为南粤光彩人物颁奖，充分体现了省委、省政府对省光彩事业的肯定和赞扬。2014年，省光彩会围绕学习贯彻党的十八届四中全会重要精神，纪念中国光彩事业20周年活动，贯彻落实中共中央政治局常委、全国政协主席俞正声同志关于光彩事业重要批示精神，引导全省非公经济人士把工作落实到推动广东改革发展稳定上来，加快推进全面深化改革，促进“两个健康”，切实保障和改善民生。

二、精心组织谋划，打造“光彩行”活动亮点品牌

省光彩会以重谋划、有组织、大投入、上规模、见效益为立足点，通过集中整合一批民营企业、重点投入一个贫困地区、全面带动一方贫困群众致富的方式，每年组织一次或两次“光彩行”活动，影响广泛，效果显著，形成品牌。六年来，省光彩会始终坚持将一年一度的理事会议与“光彩行”活动结合起来，在理事会议结束后，即赴贫困地区考察投资环境、开展“光彩行”活动。先后连续开展了“广东光彩事业汕尾行”（2009年）、“广东光彩事业老区（和平）行”（2010年）、“广东光彩事业民族地区（清远）行”（2011年）、“广东光彩事业潮州行”（2011年）、广东统一战线“同心·毕节（织金）扶贫牵手行动”（2012年）、“广东光彩事业民族地区（乳源）行”（2013年）、“广东光彩事业老区（丰顺）行”（2014年）等大型活动。省委常委、统战部部长、省光彩会会长林雄高度重视光彩事业发展，先后多次带领民营企业家赴贵州毕节、韶关乳源、梅州丰顺等地区调研考察，现场指导光彩事业项目落实，对“光彩行”活动实施提出了明确要求和希望。

三、热心扶贫开发，多种方式实现脱贫致富

省光彩会充分发挥自身优势，将扶贫工作列

入光彩事业基础性工作经常抓、抓经常，采取多种途径与时俱进推进扶贫工作。一是产业扶贫。为适应农业经济结构调整，全省各地民营企业把握农业产业化发展规律，按照市场经济规则，发挥龙头作用，在贫困地区以企业化运作、产业化经营兴办实业，实现整村甚至整镇脱贫，取得义利兼顾、以义为先之效。广东民营企业在光彩事业中特别是在农业产业扶贫中有很多创新模式和工作亮点，农业产业化经营组织体系比较完善，农业生产结构比较优化，农业龙头企业带动农户数不断增加，产业扶贫效果日益明显。二是民生扶贫。紧密结合省委省政府关于《广东省农村扶贫开发实施意见》，积极组织民营企业在扶贫“双到”贫困村、少数民族聚居村、新农村建设示范点、不具备生产生活条件贫困村、集体经济落后村等贫困落后村镇，捐建或改造乡镇卫生院、村道、饮水项目、健身广场、村镇老年人活动中心等一批基础设施、教育、文化、卫生、社会保障重要民生工程800多个，脱贫人数12万多人，社会反响良好。三是就业扶贫。创新工作模式，有组织、有计划、有针对性、形式多样地开展就业扶贫，取得“就业一人，脱贫一户；就业一群，带动一片”的良好效果。六年来，省及各地市工商联、光彩会联合相关部门举行多场“民营企业招聘周活动”，组织民营企业3000多家，安排就业10万人，为广东下岗人员、农村劳动力、大学生提供了广阔的就业创业舞台，得到国家有关部委的肯定和表扬。

四、爱心无私奉献，感恩回报社会

省光彩会十分注重引导广大非公经济人士在不断发展企业的基础上，大力弘扬光彩精神，不断增强爱国爱民情怀、感恩意识和使命感，努力回馈社会。众多民营企业与粤东西北老少边穷贫困地区结对帮扶，开展“乡贤回归工程”，设立教育基金，捐资助学，奉献爱心。全省感恩行动共捐款捐物合计资金2.9亿元。在国家面临汶川、青海玉树、雅安地震等自然灾害时，广大非公经济人士都体现出了“灾难无情人有情”的大爱情怀，特别是省光彩会的许多理事，慷慨解囊，无私奉献，有的还多次亲往灾区，实地救助或开展援建工作。自2010年以来，广大民营企业和非公经济人士每年6月30日为广东扶贫济困日捐款捐物总额超过50亿元，多位理事被授予广东扶贫济困金、银、铜红棉奖杯，得到社会各界的广泛赞誉。

五、加强调研学习，提高理论研究水平

省光彩会把提升理论研究、舆论宣传和自身建设水平作为一项基础性、经常性的重要工作来抓。针对当前新时期新形势下光彩事业面临的新情况新问题，不断加强调查研究。每年，省光彩会都组织广大理事赴我省欠发达地区参与光彩项目投资考察、实地调研，组织参加中国光彩会组织的光彩事业行活动。2013年在全省范围内组织开展了光彩事业典型案例调研及评选活动，重点围绕广东光彩事业项目总体情况、成功经验、典型做法、发展方向等内容进行，评选出一、二、三等奖和优秀奖共32篇，整理成《光彩足迹——广东省光彩事业促进会第二届理事会典型案例汇编》，为进一步开展光彩事业提供了良好的借鉴作用。2014年2月至3月，结合中国光彩事业20周年纪念活动，省光彩会开展全省性光彩事业专题调研，调研报告分别被中央统战部网站、《中国统一战线》杂志、《人民政协报》等媒体采用，在全国范围内进行宣传。这是对省光彩事业取得的成绩的肯定，也是对广东省光彩企业家履行社会责任、投身光彩产业扶贫实践的赞许。同时，省光彩会以增强工作上下合力、内强素质、外树形象为目的，通过举办培训班、以会代训、专题辅导等方式形式多样地开展各类培训，先后组织参加或开展了全国光彩理事培训班、全省光彩事业统计员培训班、省光彩会理事培训班、与经济处联合举办全省统战部经济科（处）长暨信息联络员培训班，通过学习，广大理事和工作人员政策水平更高了，责任意识更强了，精神面貌更好了，收到了预期效果。

六、建章立制，服务品牌长效化

省光彩会始终把规章制度建设纳入根本性、

长期性目标，先后探索出了一系列针对性、可行性、操作性强的规章制度。六年来，根据光彩事业在组织建设和机制运行中出现的新情况、新问题，先后完成了公益性捐赠税前扣除资格的取得、非营利组织免税资格申报通过、《广东省光彩事业促进会会费管理办法》和《广东省光彩事业促进会资金与项目管理办法》制定与实施、省光彩会章程修订完善等一系列针对性、可行性、操作性强的规章制度，确保每一个光彩项目从考察、论证、筹资、立项、实施、验收等进行全方位监督，全过程跟踪服务，经得起时间的考验，为构建光彩品牌长效机制、提高光彩事业公信力牢固了发展基础。在完善考核评价体系中，省光彩会把参与光彩事业表现作为培养、选拔非公有制经济代表人士的重要途径，作为建制内安排非公有制经济代表人士的重要依据。

七、增强宣传力度，提升光彩事业影响力

各级光彩组织始终把宣扬光彩精神作为重要任务。2009年经省委、省政府批准正式设立了“广东光彩事业奖”，这是省委统战部保留的唯一表彰项目。六年多来，全省先后有100多人荣获“广东省光彩事业奖”，6位企业家荣获“南粤光彩人物”、7名企业家荣获全国“光彩事业20周年突出贡献荣誉证书”，10多名企业家荣获“全国光彩事业国土绿化贡献奖”，2012年，省光彩会荣获全国“光彩事业组织奖”。2014年省光彩会荣获“广东省民族团结进步模范集体”。为扩大光彩事迹影响力和品牌力，省各级光彩组织先后在《南方日报》、《广州日报》及地级市报刊刊发20多个专版就光彩先进事迹及光彩人物进行专题报道，广东电视台、中央统战部网站、中国光彩会信息网、同心网、省工商联网站等多家媒体，多次进行滚动报道，引起良好的社会反响。

【光彩行品牌活动】2009年以来，连续开展7次广东“光彩行”活动，筹集光彩资金超亿元，用于老少边穷地区民生改善。在2013年“光彩民族地区乳源行”活动中，省光彩会集中近1200万元重点建设“广东光彩家园．雕子塘瑶族新村”、“广东光彩家园．东山瑶族新村”和“广东光彩家园．必背瑶族新村”，打造成我省光彩项目示范点。6年来，按照中国光彩会要求，省光彩会还先后组织和发动非公有制经济人士参加江西井冈山、赣州、吉林延边、宁夏、安徽六安、陕西延安、西藏、河南信阳、新疆喀什等多项“光彩行”活动，在全国各地留下了一串串光彩足迹。“光彩行”活动已经成为广大非公有制经济人士践行社会主义核心价值体系的重要途径、成为了解国情省情民情的生动课堂、成为成就光彩事业的精神家园、成为实现光彩人生的广阔天地，是广东减少和消除贫困、实现共同富裕、构建和谐社会最现实的积极力量，也是广东统一战线围绕中心、发挥优势、服务大局的一个亮点品牌。

【广东光彩事业十周年系列活动】2011年11月，省光彩会举行“十年光彩路——广东省光彩事业促进会成立十周年庆典暨南粤光彩人物颁奖典礼”在广州中山纪念堂隆重举行，庆祝省光彩会成立十周年（2001年6月登记成立）。时任省委书记汪洋和省人大、省政府、省政协等领导，及省委统战部、省工商联主要领导出席了庆典晚会，并为荣获“南粤光彩人物”称号的6位民营企业家颁奖。省主要领导充分肯定了省光彩会成立十年来，在团结引导广大非公有制企业及非公有制经济人士踊跃投身光彩事业、积极参与扶贫开发等方面产生的广泛的社会效应，为广东经济社会发展尤其是公益事业发展作出了重要贡献。

【广东统一战线“同心·毕节（织金）扶贫牵手行动”】2012年8月1日，广东统一战线“同心·毕节（织金）扶贫牵手行动”签约仪式在贵州省毕节市织金县举行。省委常委、统战部部长、省光彩会会长林雄出席签约仪式并讲话。省各民主党派负责人、省光彩会企业家代表等近百人与会。签约仪式上，省光彩会及企业家向织金县10个贫困村捐赠帮扶资金1350万元（包括300万元药品）。2013年，省光彩会增加光彩资金180万元和价值10万元图书，用于织金县10个贫困村

开展“奖教助学”活动。分别设立广东光彩事业“奖教金”、“助学金”、“奖学金”、“培训金”，建立10个“广东光彩书屋”。省委统战部、省光彩领导分别于2013年和2014年，赴织金县检查每年帮扶项目实施情况、开展“奖教助学”活动、探访慰问贫困户。

【中国光彩事业20周年调研活动】2014年2月至3月，结合中国光彩事业20周年纪念活动，省光彩会重点围绕“民营企业农业产业扶贫面临的新情况、新问题及新经验、新举措”主题开展专题调研。省市各级统战部门、工商联、光彩组织按照省统一要求，同步开展多层次调研，先后走访企业、镇村30多个，召开座谈会、情况分析会等20多场，整理调研资料50多份，调研报告在《中国统一战线》杂志第7期以《广东探索民营企业农业产业扶贫模式》为题摘刊。

（广东省光彩事业促进会供稿）

广西壮族自治区光彩事业促进会

【综述】

自2008年以来，光彩事业秉持共同富裕宗旨和扶贫开发主题，着力推动农业产业化加快新农村建设，着力扩大就业促进社会和谐稳定，着力保护环境推动生态文明建设，着力组织参与赈灾济困改善民生，成为推动广西经济社会发展的积极力量，成为促进非公有制经济健康发展和非公有制经济人士健康成长的重要平台，成为先富帮后富、促进共同富裕的生动实践。

一、构建社会和谐，积极开展社会公益事业和扶贫工作

省光彩会积极引导非公有制经济人士开展思源感恩、扶贫济困，弘扬光彩精神活动，创建了一批特色鲜明、影响广泛、效益显著的公益工程。

一是积极组织开展扶贫济困光彩系列活动。七年来我会主要组织开展了“同心·光彩·感恩隆安行”、“同心·情系革命老区东兰行”、“江西省兴国县革命老区行”和参加“感恩革命老区井冈行”、“感恩革命老区延安行”等系列光彩行活动，共有近100家非公企业参加，捐助资金达2000多万元；还大力实施了“母亲水窖”、“爱心水柜”、“助农安康”、“光彩小学”、“思源园”、“同心工业园”和“美丽广西、清洁乡村”等系列光彩工程项目，捐助总资金达1.12亿，为边远地区群众做好事实事；还开展慰问全区老革命、老模范、老党员“三老人员”，与农村困难户进行“一帮一”结对子帮扶，资助农村贫困学生上学、向边远山区农村小学捐赠图书等系列爱心捐助帮扶活动。

二是引导会员企业参与新农村建设和抗震救灾活动。我会把光彩事业与社会主义新农村建设结合起来，立足贫困地区实际，引导企业发扬“扶危济困、回馈社会”的精神，以产业投资带动农村广大农户共同富裕的模式服务新农村建设。如广西梧州中恒集团积极利用自身企业优势，在广西、广东、云南、贵州、黑龙江、吉林等地投资建设多个中药材种植基地，通过提高自身“造血”能力的产业扶贫方式，扶持农民发展中药材种植，约15万农民得到了实惠，从根本上帮助贫困地区群众实现真正的脱贫致富；广西新振锰业集团多年来与大新县桃城镇价屯村结对子帮扶，投入2000多万元帮助该村群众建新房、办工厂，让村民在村里就有工作、领工资，企业与村民和谐共处，共同发展；广西凤翔集团在广西、广东、云南、贵州等地实施“公司+合作社+农户”的产业化订单养殖模式，把种苗生产基地、农村经济组织和农户紧密连接起来，辐射带动农户3万多户，形成解决群众就业、增加农民收入、促进企业发展的多利好局；在遇到各种特大地震、罕见干旱、严重洪涝和泥石流等自然灾害时，本会及时组织会员理事积极捐款捐物，投身灾后重建。如2010年我区遭受百年不遇的严重旱情，我们组织捐赠1565万元款和价值332万元的物资支援灾区，有效地缓解了受灾群众的生产生活困难；对2010年发生的青海玉树地震和2013年初发生的雅安地震，我们及时组织发动会员理事捐赠2000多万元款物送往灾区，帮助灾区灾后重建，等等。

七年来，据不完全统计，全区共有2000多家民营企业为社会公益光彩事业捐赠款物达9个多亿，有5000多家民营企业投资新农村建设和光彩项目

资金80多亿，受惠群众超50万人，为促进我区经济社会发展、建设和谐文明新广西做出了重要贡献。

二、真情服务会员，支持会员企业做大做强

我们坚持服务立会的理念，把光彩会的建设与服务非公经济发展有机结合起来。

一是送政策。为帮助会员企业积极应对2009年的全球金融危机，我们及时汇集了从2003年至2009年，国家、自治区鼓励支持非公有制经济发展的相关政策，组织编印了《非公有制经济政策选编》53000多册，免费赠送会员。

二是献良策。原会长黄道伟和范晓莉会长相继深入会员企业调研，听取情况介绍，鼓励企业家面对困难要树雄心、立大志，面对机遇要精谋划、抓先机，不断壮大实力，稳步发展；我们还组织广西统一战线专家百人团为企业转型诊断把脉，并提出合理化建议，为企业科学发展献计献策。

三是解难题。为进一步促进我区非公有制经济健康发展，我们建立了“银企合作、校企合作、政企合作”三大机制，优化民营企业投资、发展环境。如联合自治区金融办、银监局等部门共同举办“银行与非公有制企业合作恳谈会”大小活动12次，每次有近20家金融机构、担保公司、保险公司出席“银企合作”活动，为近1000家企业提供现场咨询服务，解决企业贷款资金近120多亿元；联合相关部门共同举办四次“广西民营企业招聘周”，共有6300多家企业参加，提供就业岗位22万多个，为求职者创造选择就业可靠通道，为企业吸纳优秀人才搭建高效平台；我们多次组织自治区政府相关部门和非公有制企业负责人参加的促进非公有制经济发展座谈会，当场回答、解决企业反映问题；我们还通过自治区非公有制经济工作领导小组办公室工作平台，帮助协调、解决侵占非公有制企业合法权益问题。如帮助广西皇氏乳业有限公司追回被违规占用资金3600万元；依法解决积压多年的桂林天和药业公司侵权案；维护广西新振锰业集团有限公司大型矿山探矿的合法权益等等，增强企业守法经营做大做强的信心。

三、加强培训教育，促进会员健康成长

坚持把促进非公有制经济人士健康成长作为重要职责，引导会员了解国情，积极回报社会，充分展示中国特色社会主义事业建设者的时代风貌。组织培训，提高会员思想政治素质。如与北京大学非公经济研究院合作，五年共举办十九期广西“助企工程”培训班，培训人员近2万人；连续两年在广西社会主义学院开办两期非公人士读书班，培训人员100人；还多次组织本会理事参加中央统战部、中国光彩会举办的各类学习培训班。通过培训，企业家增长了知识，提升了认识，更加解放思想，开拓创新，运用现代管理理念，促进企业转型升级，科学发展，不断壮大企业实力。

四、大力宣传表彰，扩展光彩事业的社会影响

为树立光彩事业和非公有制经济人士的良好形象，我们有计划、有步骤地广泛宣传在实施光彩事业中涌现出的典型人物和先进事迹，使光彩事业在社会上产生广泛影响，得到社会各界人士的关注与支持，以此带动更多的非公有制经济人士积极参与光彩事业中来，推动光彩事业向纵深发展。

一是积极推荐表彰先进。我们举办了三届“广西优秀社会主义事业建设者”评比表彰活动，共有100位民营企业家受到表彰。推荐广西民营企业家参加中国光彩会的评比表彰活动，先后有3位企业家获得全国“光彩事业突出贡献奖”荣誉称号，4位企业家被评为“全国优秀社会主义事业建设者”；4位企业家获得全国“光彩事业国土绿化贡献奖”。通过这些活动，大力弘扬了“爱国、敬业、诚信、守法、贡献”精神，进一步激励非公经济人士学习先进、争当先进，为非公有制经济人士健康成长树立先进典型，彰显了榜样的力量。

二是大力宣传报道先进。我们与各类媒体保持密切沟通合作，在广西电视台、《广西日报》、《中华工商时报》、《统战信息》等新闻媒体上报道、宣传光彩事业重大活动和先进事迹，还编印《商海逐梦——广西民营企业30年创业之路》一书，

大力弘扬民营企业创业奉献精神，树立光彩理事良好社会形象，提升社会影响力。

【向四川地震灾区捐赠款物】2008年5月15日，自治区党委统战部、自治区工商联、自治区体育局决定取消“泰富黄金杯”广西非公有制企业运动会的开幕式和闭幕式，改为向四川地震灾区募捐活动，呼吁广大非公经济人士向灾区人民献上一片爱心。我区广大非公经济人士积极响应，纷纷慷慨解囊、捐款捐物，表现出我区非公经济人士的爱国情怀和高尚品德。94家非公企业现场捐赠现金1191万元，款物累计达2382万元。16日上午捐赠仪式在广西体育馆举行，广西荣和企业集团捐款307.56万元，南宁永凯实业集团捐款300万元，广西南华糖业集团捐款200万元；广西北海喷施宝有限责任公司捐献价值515万元的物资。

【“同心·光彩·感恩行动”活动】2012年6月13日，为响应自治区党委和政府开展新一轮的扶贫攻坚的号召，推进广西统一战线“同心·品牌示范区”建设，结合中央统战部有关开展同心实践教育、光彩事业、感恩行动的工作部署和要求，6月13日，自治区统战部、自治区工商联、广西光彩事业促进会组织我区29位非公有制经济人士开展“同心·光彩·感恩行动”活动，企业家们考察了位于隆安县的统战“同心”品牌示范区—同心工业园以及自治区统战部、工商联在隆安县的扶贫点情况介绍。举行了“同心·光彩·感恩行动”捐赠仪式。在捐赠仪式上，企业家慷慨解囊，奉献爱心，共捐款捐物670万元，其中捐赠资金最高达100万元。

【“同心·情系革命老区”东兰行】2012年10月16日至17日，自治区党委常委、统战部部长范晓莉带队，组织广西非公有制经济人士到东兰县开展“同心·情系革命老区”东兰行感恩活动。捐赠仪式上，非公有制企业慷慨解囊，纷纷捐献款物，援助革命老区建设，21家非公有制企业累计捐赠爱心款物1028万元，其中款项1008万元，物资20万元；广州东送能源集团有限责任公司、广西平铝集团有限公司、年年丰集团、广西诚益制造集团有限公司、广西凭祥市清宝阁红木家具城等企业捐款50万元以上。

【向雅安地震灾区捐赠物资】2013年4月20日，四川雅安发生了7.0级地震，灾情牵动着我区广大民营企业家的心。自治区工商联会员企业立即行动起来，第一时间将殷殷关爱和真诚援助传递给四川地震灾区人民。到21日上午已有自治区工商联会员企业广西惠康生物科技有限公司捐赠的价值100万元的“百泓罗汉果健康饮料”和广西梧州中恒集团捐赠的价值500万元的救灾药品运往灾区。4月23日，满载着2000件（箱）牛奶的卡车带着广西同胞的祝福与期待向四川省雅安出发，广西皇氏甲天下乳业股份有限公司向受灾最严重的雅安市芦山灾区捐献2千件（箱）价值12万元的牛奶。广西顺丰速运有限公司表示凡是救灾物资全部免费运送。这是广西民营企业为支持雅安灾区抗震救灾献出的又一份爱心。

【举行抗旱救灾捐赠仪式】为发挥统一战线优势，众志成城战胜历史罕见的特大旱灾，2010年4月1日，广西自治区统一战线举行抗旱救灾捐赠仪式。捐赠仪式上，自治区统战系统各单位、各民主党派广西区委会、自治区工商联领导和机关干部以及统一战线广大成员踊捐款捐物，争相向灾区群众献爱心，共收到认捐款物合计人民币1013.57万元。

【“美丽广西·清洁乡村”活动】2013年6月17日，区内外多家企业向“美丽广西·清洁乡村”活动捐赠仪式在南宁举行。此次共有18家区内外企业为“美丽广西·清洁乡村”活动捐款1265万元，这些企业包括毅德控股集团、新振锰业集团、扬翔股份公司、洋浦南华糖业集团、天昌投资公司、永凯实业集团、荣和企业集团、裕达集团、平铝集团、纵览线缆集团、东兴浙江商业城物业公司、河池南方有色集团、年年丰集团、柳州方鑫汽车装饰件公司、广西湖北商会、皇氏乳业公司、威壮投资集团、仲礼企业集团。截至目前，自治区财政厅收到企业捐赠款人民币3400万元、港币300万元；各市共收到企业捐赠人民币6400多万元。

（广西壮族自治区光彩事业促进会供稿）

海南省光彩事业促进会

【综述】

2008年以来，在省委、省政府的正确领导下，在省委统战部、省工商联（总商会）的共同推动下，海南省光彩会秉持“先富帮后富、实现共同富裕”的宗旨，坚持“义利兼顾、以义为先”的理念，围绕中心，服务大局，增强光彩事业的凝聚力和吸引力，以服务国际旅游岛建设为主线，以推动扶贫项目开发加快美丽乡村建设，以着力扩大就业促进社会和谐，以感恩行动打造“同心”品牌工程，以组织赈灾济困为党和政府分忧，为促进我省经济社会发展和构建和谐海南作出了突出贡献，受到了社会各界的赞誉。

一、坚持项目带动，推动城乡统筹和区域协调发展

坚持把实施扶贫项目开发、促进共同发展作为工作主题，紧紧围绕省委、省政府扶贫工作大局，立足全省贫困地区实际，发动和引导非公有制经济人士，采取市场化方式，着力推动实施重点项目，走出了一条符合省情、独具特色的开发扶贫道路。通过农村产业化拉动、非农产业带动、特色旅游驱动等多种模式，有力促进农业增效、农民增收和农村面貌改变。

支持、跟踪服务海南宏祺藤业科技股份有限公司“生态棕榈藤开发”、海南百富源农业开发有限公司“白沙竹产业开发”等我省23个全国和36个省级重点光彩项目实施。深入推进绿化宝岛和美丽乡村建设，引导海南雅新园艺开发有限公司在临高建设“百花百村”扶贫项目。引导海南天涯驿站旅游项目开发有限公司、海南三道湾大区小镇旅业有限公司、乐东方氏果业有限责任公司等非公企业开发建设了白沙县元门乡元门村、保亭县三道湾大区小镇、乐东县佛罗镇福塘村、琼中县长征镇什云村等一批美丽村镇。协助省工商联大力推动琼中旧城改造工程项目，大力推动“实施渔船改造、组建远洋捕捞船队”扶贫开发项目。组织开展琼北、琼中、白沙等“光彩行”投资考察活动，有力助推琼北开发和中部崛起。2008年以来，光彩会紧紧围绕“以项目推动为主的开发性扶贫”这一工作思路，积极引导省内非公有制经济代表人士和非公企业立足本土自然资源优势，共投资开发了以种植、养殖、加工及旅游服务等光彩扶贫项目117个，到位资金73.09亿元，新增就业4.45万人，培训7.8万人，带动49.03万人脱贫致富。

二、积极开展光彩活动，促进社会和谐进步

坚持把推动民生改善、促进社会和谐进步作为重要任务，团结引导广大非公有制经济人士自觉履行社会责任，积极参与公益事业，打造了一批特色鲜明、影响广泛、效益显著的光彩公益工程。开展走近“三老”送温暖、爱心助学、结对帮扶、我为员工献爱心、智力培训等系列活动。2008年以来，资助贫困大学生、帮扶“三老”、企业困难员工等贫困人员18758人，涉及资金10161.9万元。结对帮扶贫困户26户、希望学校3所，培训“三老”、革命烈士后代及贫困人员120人。组织、引导非公有制经济人士积极参与琼中实践基地项目建设，涉及项目63个，资金1300多万

元。与省委统战部、省工商联共同举办“美丽海南· 我的家”——2012 当代青年油画家爱心海南行采风写生活动；举办采风写生作品展暨义卖活动，筹集资金 280 万元用于扶贫项目开发。开展以“美丽海南·我的家”为主题的老年书画展感恩“同心”活动。开展光彩事业琼中行、白沙行、革命老区行等活动，引导非公有制经济代表人士捐资资助琼中县吊罗山乡卫生院门诊大楼、和平镇中心小学、阳江农场中心学校设施项目建设，资助白沙县阜龙乡饮水工程、白沙县元门乡新农村建设、白沙县民族中学设施建设等一批扶贫项目建设，涉及资金 4204.36 万元。为充分发挥非公有制经济在促进就业再就业中的重要作用，协助有关部门开展“民营企业招聘周”、“春风行动”招聘会等活动，为非公经济企业、下岗失业人员、大中专毕业生等提供求职信息服务。2008 年以来，共组织 3309 家非公有制企业参与活动，为推动落实我省各项就业再就业扶持政策做出了积极贡献。引导我省非公有制经济人士参与抗灾救灾活动。2008 年汶川地震、2010 年洪灾和玉树地震、2014 年“威马逊”台风，省光彩会都是在第一时间组织非公有制经济代表人士为灾区献爱心。例如：2010 年洪灾发生后，由省委统战部部长（光彩会会长）、常务副部长（光彩会副会长）、副部长等带队，组织省光彩会有关人员及企业家分赴文昌、万宁、临高等灾区开展救灾活动；2014 年“威马逊”台风过后，省光彩会第一时间组织海南华田置业有限公司、广东广物地产有限公司、海南皇隆制药股份有限公司、天津商会等企业和商会赴文昌、定安开展救灾活动，捐款、捐物 468 万元，并组织召开我省非公有制经济代表人士抗灾、救灾专题会议，发动我省广大非公有制经济人士开展救灾活动，据不完全统计，在抗击“洪灾”、“玉树地震”、“威马逊”等救灾以及扶危济困活动中，我省非公有制经济人士捐赠超过 70380.02 万元。

三、围绕生态立省，积极参与国土绿化

在实施光彩项目中，以绿色生态为选择导向，优先引导发展低碳、节能、环保产品，积极推进“绿化宝岛”大行动。组织召开非公有制经济人士绿化宝岛专题工作会议，引导非公有制经济人士为绿化宝岛捐赠 2227.21 万元，在澄迈县台湾风情小镇福山文化公园种植“同心林”60 亩。引导非公企业家在海南临高县开发了“百花百村”光彩绿化公益项目，在临高博厚镇乐豪、美伴、加禄等村见缝插绿，利用村民的房前屋后见种植花木、果树，实现绿化 2000 多亩。引导昌江西岸垦殖公司采取西瓜和木麻黄配套种植海防林，以瓜养树，成功种植海防林 1 万余亩，创新了海防林建设的新模式。在省委统战部、省工商联的大力推动下，省光彩会引导海南大禹投资有限公司造林 5 万多亩，海南百富源有限公司在白沙黎族自治县种植竹子近 10 万亩，海南宏祺藤业股份有限公司在儋州进行藤产业开发，种植生态藤和沉香等苗木达 3.5 万亩，极大地提高了海南的国土绿化率，实现了生态效益、经济效益和社会效益的有机统一，有力地推动了我省绿化宝岛工程的进程。

四、坚持“同心”引领，塑造中国特色社会主义事业建设者良好形象

坚持把促进非公有制经济人士健康成长作为重要职责，引导他们深入了解国情，积极回报社会，充分展示中国特色社会主义事业建设者的时代风貌。组织我省 39 名非公有制经济人士分别参加中国光彩事业延边行、宁夏行、延安行、西藏行、赣南行、信阳行，“感恩行动大别山行”等活动。企业家通过走访、慰问、考察延边、六盘水、大别山、延安等革命老区和扶贫开发区，让其接受红色教育，增强了他们感恩革命老区及贫困地区的自觉意识。引导非公有制经济人士积极参与国土绿化、美丽乡村建设，努力探索生态建设产业化发展道路，在参与生态和美丽乡村建设中不断增强科学发展意识。引导非公有制经济人士积极投身抗灾救灾，自觉把参与光彩事业作为践行社会主义核心价值观、提高综合素质的重要途径，在诚信经营中树立良好形象，在扶贫济困中提升精神境界，在回报社会中体现价值追求。举办海南省非公有

制经济代表人士和青年企业家培训班，开展对非公有制经济理论和光彩事业有关知识的学习；组织我省光彩会企业家理事参加中国光彩会理事培训班的学习。开展光彩事业奖、国土绿化贡献奖的评选推荐活动。海航集团董事长陈峰获全国“光彩事业奖章”，海南永青绿色农业食品加工有限公司董事长林青山、海南东方大慧淀粉制品有限公司董事长谷峰获中国“光彩事业20周年突出贡献”奖，海南五指山集团有限公司董事长刘伟、昌江西岸垦殖发展有限公司总经理王家清、海南雅新园艺开发有限公司董事长曹五院分获第三届、第四届、第五届全国“光彩事业国土绿化贡献奖”，符史钦等23位非公有制经济人士获第二届“海南省光彩事业奖”。

引导非公有制经济代表人士参与光彩事业，以光彩精神提升思想境界，不仅使企业家受到教育，增强勇担社会责任的自觉意识，同时也树立了非公有制经济人士中国特色社会主义事业建设者良好形象，对非公有制经济代表人士的健康成长起到了积极作用。

五、开展对外交流活动，拓宽光彩事业领域

围绕国家“走出去”战略，拓展民间交流，深化区域合作，促进光彩扶贫事业的发展。我会组团赴台开展考察参访活动，考察团参观考察了台湾新光兆丰、统一企业集团公司休闲农场，走访了台湾光彩促进会及光彩事业成员单位，并与台湾企业界人士就琼台两地光彩事业、现代精品农业、休闲观光农业、现代旅游等方面的发展进行了充分交流和洽谈。

组织我省光彩会理事及非公有制企业家赴安徽、福建、贵州，与当地统战部、工商联、光彩会开展工作交流，参观考察了安徽日立建机集团、福建盛辉物流集团、九曲山茶业有限公司、贵州海南佳上投资有限公司文化产业园，贵阳市花溪区美丽乡村等光彩扶贫项目。

利用我省300多万海南华人和港澳同胞的资源优势，加强与海外社团和海外侨胞和港澳同胞的联系，引导他们积极投身海南光彩扶贫事业，造福桑梓。据不完全统计，海外侨胞、港澳同胞参与海南教育、科学、文化、环境、卫生等扶贫事业开发的捐赠近1亿元，对海南经济社会的发展起到了积极作用。

协助省工商联（总商会）举办2012中国优秀民企海南招商项目推介会。来自全国各地的10多家企业，现场签约14个项目，投资资金达386亿元，其中由海南省新晋商联合会发起、晋商会会员及其他知名企业联合投资的“晋商海南建设基金”，拟定规模100亿元，投资海南地域内的优质晋商项目；由海南苏商投资控股集团签约的“苏商大厦”商会项目已在三亚开工建设，预计2015年年底建成。协助省工商联开展“民营企业助推海南县域经济发展—琼中行”招商推介会。来自全国、省内100多家民营企业参加了活动，活动现场签约10个大项目，签约金额370亿元。

系列考察交流和推介活动宣传了海南国际旅游岛、海南光彩事业，吸引了国内实力民营企业与我省建立战略合作关系，加强了与外省及台湾的交流与合作，为我省开展光彩事业工作积累了宝贵经验。

六、拓展服务平台，推动银企互动

为解决中小微企业融资难问题，省光彩会发挥自身优势，主动作为，加强与有关政府部门和金融机构的联系，积极开展银企对接、企业合作、扶贫项目推介等系列活动。

协助省工商联成立了投融资委员会，由光彩会副会长单位组织成立了海商投资股份有限公司，开展光彩项目投资服务活动。协助省工商联开展“海南中小微企业成长工程”——“百镇千企行”活动，计划用3年时间深入我省19个市县的一百个乡镇，为一千个中小微企业提供融资服务，并努力把百镇千企行活动打造成服务中小微企业的一个综合性平台。活动已于2014年5月22日在澄迈县老城正式举行活动启动仪式，随后在澄迈县和琼海市5个乡镇组织召开了5场对接会，共吸引679家企业参与，已成功对接企业27家，为

9家非公企业提供贷款4940万元，另外与11家企业达成4950万元的贷款意向。通过工作带动，省光彩会副会长单位——海南信联盛投资担保有限公司在全省范围内，上门为151家企业提供服务，为117家企业提供贷款，解决企业资金需求4.7亿元，有效缓解了中小微企业的融资难融资贵问题。

据不完全统计，2008年以来，我会利用光彩平台，为中小企业融资50多亿元，较好的帮助了我省中小微企业的发展，成为光彩事业服务经济社会发展的又一品牌工程。

七、加强自身建设，增强工作活力

2010年底，完成了省光彩会换届工作。同时，加强制度建设，制定了海南省光彩事业促进会工作制度、财务制度等规章制度，明确职责和工作内容。根据《社会团体登记管理条例》的规定，完成了章程核准及法人变更的审核登记工作。

开展我省全国光彩事业重点项目的调查摸底及我省全国光彩事业重点项目的推荐申报工作。2008年以来，我省共有778家民营企业参与光彩事业，有11个项目获批全国光彩事业重点项目。

开展光彩事业发展调研。为了推动传统渔业向现代渔业转型升级，我会协同有关部门、非公有制经济代表人士、渔民，开展了渔业发展情况调研，与地方政府有关部门和一线渔民代表进行座谈，考察了解当地渔业发展情况，共同探讨发展合作，推动南海渔业做大做强方式方法，形成光彩扶贫工作报告：《完善渔业基础设施，实施渔船改造，组建远洋捕捞船队》。为全面掌握我省非公有制企业参与美丽乡村建设情况，我会会同有关部门深入市县，进行了美丽乡村发展调研，总结梳理了新型城镇化背景下光彩事业参与美丽乡村建设的做法、成效与问题，提出了非公有制企业参与美丽乡村建设的"融入式开发"模式的探索性思路。为贯彻党的十八届三中全会精神，积极响应省委省政府支持中小微企业发展的号召，我会协同省委统战部、省工商联、相关金融机构等，就如何创新金融服务、缓解我省中小微企业融资难融资贵问题展开专题调研，在深入调研、广泛征求意见的基础上，结合我省实际，立足乡镇和中小微企业现状，有效开展了"百镇千企行"活动，并取得了良好的效果，为今后更好的开展光彩扶贫项目建设积累了宝贵经验。

【建设海南槟榔现代加工产业园】由海南省工商联执委、万宁市总商会副会长单位，海南口味王科技发展有限公司投资建设。总投资8000万元，总占地面积104.8亩，总建筑面积为26600平方米。项目采用"公司＋农户"、"公司＋基地＋农户"、"公司＋合作社＋农户"等多种农业产业化经营模式，实现年产值2亿元，为本地农民增加2500个就业岗位，为地方增加税收近1000万元。在解决就业和增加地方税收的同时，为当地果农带来了可观的收入，据不完全统计，仅万宁周边每年带动相关产业人员超过10万人，农民槟榔人均年收入2292元。项目的建设带动粗加工转型升级，打造环保型、节能型的槟榔粗加工模式，促进了海南农业产业化发展。并被认定为"国家槟榔示范基地"。企业获得海南省农业产业化重点龙头企业、海南省名牌产品、海南省模范劳动关系和谐企业称号。

【三亚小鱼温泉乡村田园旅游度假区】2003年由29户水蛟村村民投资建设，经过十多年的不懈努力，目前已发展成为以经营温泉养生、果园观光采摘为主的休闲旅游度假场所，入股农户321户，员工278人，占地151亩，项目总投资超过2.3亿元。2006年获得国家农业部授予的"全国新农村建设百强示范企业"荣誉称号；2011年和2012年又连续获得国家旅游局和农业部共同授予的首批"全国休闲农业与乡村旅游示范点"、首批"全国休闲农业与乡村旅游五星级企业"等国家级荣誉称号。

经过三次增资扩股，由成立之初的29户村民原始股东扩展到现在的321户村民股东（以户为单位），涵盖水蛟村村委会全部14个村民小组，占地151亩。仅2013年，村民就分得红利680万元；现有的278名员工中228名为本村村民，每年至少为每个家庭带来了25000多元工资收入；同时，周边村民通过发展乡村旅馆业、餐饮业、旅游纪念品等旅游配套服务增加了经营性收入。项目有效地增加了农户收入，带动区经济发展，为海南的旅游产业转型升级做出了示范，成为我省光彩扶贫项目的亮丽品牌。

【绿化宝岛大行动】在实施光彩项目中，以绿色生态为选择导向，优先引导发展低碳、节能、环保产品，积极推进“绿化宝岛”大行动。

绿化宝岛大行动不仅极大地提高了海南的国土绿化率，提升了海南国际旅游岛的整体形象，而且转变了海南林业发展方式，增加了农民收入，实现了生态效益、经济效益和社会效益的有机统一，有力地推动了我省绿化宝岛工程的进程。

【美丽乡村建设】2008年以来，海南省光彩会依托海南生态与环境优势，以发展生态休闲旅游为抓手，积极鼓励引导广大民营企业投身到美丽乡村建设的新天地，以实际行动践行光彩精神。主打产业化经营品牌，坚持模式创新，采用“政府+企业+银行+农户”、“政府+企业+村民+市场”、“合作社”、“入股”等模式，先后支持引导非公企业开发建设了白沙县元门乡罗帅村等100多个具有生态农业、生态旅游、生态文化特色的美丽乡村。美丽乡村的建设加快了农村经济发展，优化了农村环境、改善了农村人居环境、繁荣了农村文化生活，形成了农业、农村、农民、企业、政府共赢的局面。

【百花百村光彩项目】海南省总商会副会长、省光彩会理事曹五院于2011年在临高县博厚镇乐豪村率先启动，随后在加禄、美伴等村逐步推进。项目以“村委会主导、企业参与、村民共建”的种植模式，企业免费为种植户提供种苗和成熟的技术及花盆和花容器，通过农户分散种植，统一模式，统一技术，统一标准，保底收购，利用村庄的空闲地，见缝插绿、遍地种花，消化农户剩余劳动力的同时，让当地农民足不出户就能挣钱，发展庭院经济。帮助农户种植果树、花梨木等有经济价值的林木及三角梅等花苗近2000亩，做到了当年投入当年就可盈利，每亩产值近万元，帮助种植户人均年增收2000多元。同时，改善了乡村环境，整洁了村容，文明了乡风，促进了农村精神文明建设，为美丽乡村建设提供产业支撑和物质基础，在当地产生了积极的轰动效应，得到了各级领导和有关部门充分肯定。

（海南省光彩事业促进会供稿）

重庆市光彩事业促进会

【综述】

重庆市光彩事业促进会于2001年3月成立，在市委统战部和市工商联的领导下，引导广大非公经济人士践行“光彩精神”、开展“光彩行动”。先后组织开展光彩推进村建设、万名渝商感恩行动等大型光彩活动，成效突出、反响较好，为重庆市经济社会发展作出了积极贡献，使光彩事业成为全市扶贫领域一道亮丽的风景线。据不完全统计，2008年以来，全市非公经济领域累计已投入300多亿元用于各种扶贫开发，其中有171家民企投资205亿元、投入208个民生项目积极参加助推“两翼”，目前在建和建成115个，已完成投资100多亿元；有678家民企参与“帮创业助三农”光彩行动，建成光彩推进村200个；各类帮扶活动捐款捐物累计达50多亿元。

一、积极参与全国光彩活动

积极组织民营企业家，参加光彩事业井冈行、西藏行、延安行等活动8次、参加人数40多人次、捐款近200万元。多次帮助西藏、贵州等地，协调来渝招商引资事宜。

二、启动实施全国“光彩爱心家园·乐和之家试点”

2010年5月，重庆市光彩事业促进会与中国光彩事业基金会、北京地球村在巫溪举行“光彩爱心家园·乐和之家”项目试点工作启动仪式，预计用时3年，投入近700万元，在黔江、巫溪、酉阳等3区县10个村建设“爱心家园”，重点帮扶3000名留守儿童和困难儿童，截至目前项目运转良好，取得了良好的社会效益。

三、探索建立光彩事业基金会

注册资本450万元，主要是组织实施光彩事业募捐活动，引导广大民营企业家通过捐赠，积极支持整村脱贫、微企成长、捐资助学、扶贫济困等光彩公益事业，南方集团、金科集团等20多家民企积极响应，捐赠资金达1400万元。

四、深入开展民企区县行活动

开展光彩事业区县行活动，先后组织10多家商会、80多家民营企业，深入南川、石柱、万盛等区县考察投资、参加推介，帮助区县引进项目、提振实力。现已签约项目27个、投资金额63亿元、惠及区县25个。

五、开展光彩推进村建设

从2007年8月起，在非公有制经济人士中开展了“万家民企帮创业助三农光彩活动”，力争在五年内建设100个光彩推进村。近年来，我们坚持以建立农民增收长效机制为核心，以帮助改善农村生产生活条件为主要内容，通过五大举措，形成了一批特色鲜明、效果明显的光彩推进村。截至目前，全市共启动光彩推进村144个，上千家民营企业参与了光彩推进村建设活动。

六、扎实推进扶贫助学活动

近年来，先后捐建捐款470万元，建设光彩学校5所。组织博赛集团、金科集团向市儿童爱心庄园捐赠350万元，关爱孤残儿童成长；组织企业开展整村脱贫活动，为云阳县大阳乡、清水乡清水村以及黔江、奉节等地捐赠1000多万元。

【“光彩爱心家园·乐和之家”】2013年5月3日，中国光彩事业基金会、重庆市光彩事业促进会与北京地球村在重庆巫溪县联合举行全国“光彩爱心家园——乐和之家”试点项目启动仪式。该项目预计用时3年时间，投入近700万元，将在重庆黔江、巫溪、酉阳3个区县10个村实施，以“政府统筹、社会参与、社工服务”为运作模式，以搭建“爱心家园”为主要载体，以“代课老师辅导员、家长学校娃娃团、音体美德留文脉、耕读游艺守家园”等为工作手段，重点帮扶3000名小学阶段的留守儿童和困难儿童，确保他们学有所教、困有所助、爱有所依、托有所管。目前，项目收到了良好的社会效益，被称为光彩事业服务新农村建设的一个品牌。

【“万家民企帮创业、助‘三农’”光彩活动】2007年7月，重庆市委统战部、市工商联决定动员全系统力量，发挥非公经济优势，集中5年时间，在全市组织开展“万家民企帮创业、助‘三农’”光彩活动，创建200个光彩推进村。活动中，我们始终围绕社会主义新农村建设这一主线，以增加农民收入为核心，以产业发展为支撑，以解决农民日常最关心、联系最密切、要求最急迫的问题为突破口，从改善农民生产生活条件和加强公共服务体系建设入手，扎实推进光彩推进村建设。截至目前，全市共启动建设光彩推进村200个，有1608家民营企业参与了光彩推进村建设，共引进涉农项目451个，投入资金46.99亿元，公益捐赠23亿元，培训农民85634人次，吸纳、转移就业人员269051人，脱贫12.1万人，惠及家庭15.67万户，建立农村书屋200余个，共有465名企业家担任经济顾问，户均增收1.02万元。全面完成既定的工作目标和主要任务。

（重庆市光彩事业促进会供稿）

四川省光彩事业促进会

【综述】

2008年以来，四川省光彩会在中央统战部、全国工商联和中国光彩会大力支持下，在省委、省政府高度重视下，在省委统战部、省工商联有力指导下，秉持共同富裕宗旨和扶贫开发主题，努力弘扬“致富思源、富而思进，扶危济困、共同富裕，义利兼顾、以义为先，发展企业、回馈社会”光彩精神，紧紧围绕中心、服务大局，推动全省光彩事业稳健发展，取得良好的社会效益。截至目前，全省非公有制经济人士历年参与的光彩事业和社会公益事业投资项目1631个（其中45个被评为“全国光彩事业重点项目”），投资项目到位资金29.32亿元，培训城镇下岗人员和农村失地农民131.65万人次，安排就业19.92万人，帮助12.21万人脱贫，捐资办学和资助其他社会公益事业达14.47亿元。全省有19名非公有制经济代表人士获全国“光彩事业奖章”，17个单位和个人获“光彩事业组织奖”，2家理事企业获“光彩事业碧水绿化贡献奖”，2名理事获“光彩事业国土绿化贡献奖”。四川省光彩会先后获得“全国光彩事业组织奖”、“四川省支持民族地区教育事业先进集体”、“四川省先进民间组织”、全省“民族团结进步先进集体”、“四川省抗震救灾先进社会组织”等荣誉称号。

一、加强思想政治工作

四川省委历来高度重视促进非公有制经济健康发展和促进非公有制经济人士健康成长，始终坚持将思想政治工作放在首位来抓，广泛团结凝聚全省非公有制经济人士与党同心同向同行。党的十八大以来，四川省委书记王东明先后两次对全省非公有制经济人士理想信念教育实践活动作出重要批示，要求各级统战部、工商联在非公有制经济人士中大力弘扬爱国敬业、改革创新精神，劳动创造和创业精神，自强不息、不断进取精神，为推动全省科学发展、加快发展和全面建成小康社会作出新贡献；希望广大非公有制经济人士积极主动承担社会责任，始终坚持诚信经营、创新发展，积极服务“四个全面”战略布局，奋力为全省深入实施“三大发展战略”、奋力推进“两个跨越”作出新贡献。在省委统战部、省工商联有力指导下，省光彩会始终将学习贯彻东明书记重要批示精神贯穿于全省非公有制经济人士思想政治工作全过程，引导全省非公有制经济人士切实增强对中国特色社会主义的信念、对党和政府的信任、对企业发展的信心、对社会的信誉，自觉地把个人的成功、企业的发展融入到实现中华民族伟大复兴的中国梦中去。一是以学习贯彻中央16号文件和省委19号文件精神为引领，找准履行思想政治工作职责和服务地方党委、政府工作大局的结合点，通过建立信息网络、拓展培训平台、健全评价机制等，不断强化四川省光彩会开展思想政治工作的职能作用。二是以省委、省政府将非公有制经济代表人士纳入全省人才教育培训体系为契机，通过以会代训、专题讲座、集中学习等形式，不断提高非公有制经济代表人士思想政治觉悟和个人素质。三是以学习实践科学发展观、创先争优活动为载体，推动非公有制经济人士解放思想、更新观念，引导非公有制企业科学发展、创新发展；通过单独建、联合建、挂靠建等方式，推动规模以下理事企业党组织建设取得新进展。四是以广泛开展理想信念教育和群众路线教育实践活动为抓手，积极推动非公有制经济人士践行社会主义核心价值观。通过举办“助推民营经济发展流动学校”，宣传民营企业家张勇、任旭平两个典型，开展“讲看读写评”活动等，积极引导非公有制经济人士坚定理想信念，努力为实现中华民族伟大复兴中国梦作贡献。

二、积极服务理事企业

一是大力宣传方针政策。党的十八大，十八届三中、四中全会召开后，四川省政协副主席、省委统战部部长崔保华要求省光彩会要把服务理事企业与弘扬光彩精神结合起来，多为企业解读政策、提供咨询、给予帮助。遵照保华部长要求，四川省光彩会及时汇编《新36条“政策解读”》《全面深化改革政策解读》等材料并印发全部理事，宣传国家对促进非公有制经济发展的利好政策，引导理事企业认清形势、把握机遇、加快发展。二是积极破解融资难题。针对国际金融危机给中小企业发展带来的较大冲击，四川省光彩会积极与人民银行等金融单位沟通，推动出台了“四川省民营企业金融服务创新试点指导方案”；通过改善金融生态、创新金融产品、培育信贷市场等措施，引导建立多方合作平台和有效的银企合作机制，为广大理事企业解决融资难题。三是广泛开展智力服务。举办“低碳经济战略”专题讲座，邀请国际国内4名专家学者授课，帮助理事企业更新发展理念；实施“光彩•丰田移动图书馆”项目，为50所学校送去7万余册图书，组织学生开展“读万卷书、行万里路”活动；依托流动学校现有师资力量设立“民营企业现代管理服务中心”、“民营企业法律服务中心”、“民营企业财税服务中心”、“民营企业知识产权服务中心”等4个服务中心，通过开通热线电话、实时交流咨询等，为非公有制企业提供免费咨询帮助。四是搭建合作交流平台。推动企业与各地政府加强交流，促进合作，努力实现“双赢”。2014年，四川省光彩会与哈尔滨市政府共同举办“聚焦三农、振兴东北”投资考察活动，组织20余家民营企业参与在成都举办的投资说明会，并赴哈尔滨实地考察。五是极力推进品牌工作。大力培育和打造“川商”品牌，帮助理事企业形成合力、抱团发展。2010年，省光彩会推动成立了川商投资控股有限公司。近年来，全省已建立“川商产业园区”7个，推动了十余个市（县、区）修建或筹建“川商大厦”，开展了数十次“川商行”活动。

三、大力推动扶贫济困

一是投身感恩行动。组织理事企业参加 “红丝带”行动、“感恩行动凉山行”、“感恩革命老区巴中行”、“感恩革命老区井冈山行”等活动，捐款捐物达900多万元，协议投资达90亿元；开展“川商光彩事业阿坝行”活动，组织捐款300万元，促成企业与当地签订投资项目14个、签约金额50.18亿元；推动理事企业参加“挂包帮”活动（四川宏达集团实施“暖冬计划”，迈普集团、大陆集团、汇源集团等企业参加“板凳工程”，银河投资集团、黄埔投资集团、金广集团捐助村民居住工程，华建集团等捐款援建安全饮水工程），有力帮助贫困地区改善了落后面貌。二是打造“同心”品牌。大力开展“同心•川商光彩助残”公益活动，组织30位理事企业为修建射洪县残疾人康复中心捐资600万元；组织理事企业到汶川县映秀镇参与“同心林”建设；在成都市蛟龙工业港成立“同心•大学生创业园”；在成都启动“同心示范线”工程，统筹城乡工作实施项目1500多个，投入资金300亿元，为树立“同心”品牌发挥了助推作用。三是积极捐资助学。近年来，科创集团捐款资助中医药研发、设立教学基金等，园丁房产捐赠学校教学电脑，怡和集团设立“怡和烛光奖”奖励优秀乡村教师，兴力达集团援建幼儿园，康弘药业集团等资助广安、西昌中小学改善办学条件，其他理事企业均积极资助科研、教育和文化事业。四是注重联动扶贫。在省级部门内，与省残联、省红十字会、团省委等合作，开展“爱心助残”行动、“关心下一代”工程行动、“脑瘫儿童救助工程”等；在统战系统内，组织数十次对口捐赠、累计价值达1500万元。

四、引领抗击自然灾害

一是积极抢险救灾。“5・12”汶川地震发生后，四川省光彩会积极请求中央统战部、中国光彩会支持，并协调联系各兄弟省（直辖市、自治区）统战部、工商联、光彩会向灾区伸援手、献爱心。地震后，四川省光彩会收到来自全国各地捐赠累计达9.15亿元。其中，中国光彩基金会捐赠4120万元用于灾区“三孤”人员安置；四川省光彩会理事会副主席及非公有制经济代表人士联合发出“联手行动、抗震救灾”倡议书，捐款近2.4亿元。众多理事及其企业先后被各级党委、政府及有关部门评为抗震救灾先进个人或先进集体。中国民间商会副会长、省工商联副主席、四川省光彩会副会长刘沧龙被评为全国“抗震救灾模范”，省商会副会长、四川省光彩会副会长刘革新被评为全省“抗震救灾优秀共产党员”。2010年，面对西南地区罕见旱情，四川省光彩会组织理事企业勇担社会责任，通过捐款、送水、打井、帮助兴建水利设施等方式参与抗旱救灾。玉树地震发生后，四川省光彩会及时向理事企业发出救灾《倡议书》。新希望集团、科伦药业集团、远成物流、军通公司等企业第一时间奔赴现场救灾；其它理事企业先后向灾区捐款7600多万元、捐物价值1400多万元。“4・20”雅安芦山地震发生后第二天，四川省政协副主席、省委统战部部长崔保华亲自带领部分民营企业家不顾余震危险奔赴灾区，为地震震中灾民送去慰问物资。全省有1500多家企业投入到抢险救灾和灾后重建中，为灾区捐款捐物近2亿元。为形成并扩大各项捐款的规模效应和影响力，四川省光彩会将1.02亿元捐款集中投放到芦山县思延乡，筹建了“统一战线抗震救灾产业园”。二是投入灾后重建。在灾后重建项目实施中，四川宏达集团捐资修建“宏达新村”妥善安置灾民；香港世茂集团捐建12所“世茂爱心医院”改善灾区医疗条件；科创集团向长影厂捐资拍摄反映灾后重建的电影《大太阳》，向建党90周年献礼。“11・22”甘孜藏族自治州康定县地震发生后，省光彩会组织海特集团、四川省福建商会等企业和商（协）会迅速向灾区捐赠了2000床毛毯、150顶帐篷及电脑、打印机等物资。

五、不断加强自身建设

七年来，四川省光彩会着力从强化服务意识、提高工作效率、改进工作作风等方面下功夫，围绕牵线搭桥、协调关系、维护权益等方面做工作，切实推动自身建设上台阶。一是在社团发展方面。严格按照四川省民政厅要求，每年按时完成了社团年检、组织机构代码证年检、财务审计等工作；努力推动各市（州）尤其是县（市、区）加快组建光彩事业工作机构。二是在凝聚理事方面。积极向省民政厅、财政厅等部门成功申请公益性捐赠专用票据，为非公有制企业通过四川省光彩会实施公益捐赠打开了绿色通道；坚持采取定期走访、分工联系、信息支持等方式为光彩项目及其企业提供多元服务，尽心尽力为企业解决实际困难。三是在形象宣传方面。与主流媒体加强联系，通过活动推广、理事推介、项目推荐等载体，努力向全社会广泛宣传四川省光彩会的正面形象。

【抗击雨雪冰冻灾害】2008年1月，四川部分地区遭受了前所未遇的雨雪冰冻灾害后，省光彩会立即下发通知，号召各级光彩机构和理事企业迅速行动起来，全力投入到抗灾救灾工作中。全省有14个市州光彩会积极参与抗击冰雪灾害，共收到捐款1446万元、捐物431万元，为地方灾后重建作出了贡献。

【抗震救灾】“5・12”汶川特大地震发生后，四川省光彩会第一时间下发《关于积极投入“5・12”地震抗震救灾工作的紧急通知》，号召理事单位积极投身到抗震救灾和灾后重建工作中。广大非公有制经济人士迅速行动，纷纷组织抗震救灾突击队，第一时间深入一线、深入重灾区救死扶伤，有的组织救灾物品送往灾区，有的购置帐篷、发放免费食品帮助政府安置灾民，有的组织抢险工程队、医疗队、心理康复咨询服务队等开展各类救援服务。许多身在灾区的理事们，不顾自己企业遭受严重损失，率先抢修公共设施、营救被困群众、积极捐款捐物。省光彩会接受来自全国各地捐赠累计 9.15 亿元。其中，中国光彩基金会捐赠 4120 万元用于灾区“三孤”人员安置；四川省光彩会理事们联合发出“联手行动、抗震救灾”倡议书，并捐款近 2.4 亿元。众多理事及其企业先后被各级党委、政府及有关部门评为抗震救灾先进个人或先进集体。四川省光彩会配合中国光彩会组织“光彩数字影视抗灾爱心宣传队”，以“点燃希望重建家园”为主题，先后在 6 个重灾市、州和 33 个次灾区，放映 7000 多场次公益减灾及心理抚慰影片，观众人数达 33 万多人次，受到灾区群众、救灾官兵、志愿者一致肯定和热烈欢迎，被中共中央、国务院、中央军委授予“全国抗震救灾英雄集体”光荣称号，被全国总工会授予“抗震救灾重建家园先进集体‘工人先锋号’”。在灾后重建阶段，四川省光彩会协调香港世茂集团捐资 2000 万元在各市（州）修建乡镇卫生院、村卫生室；协调宏达集团捐资 1.2 亿元在什邡市建设“宏达新村”；协调科创集团向长春电影制片厂捐资 150 万元拍摄反映灾后重建电影《大太阳》；其他理事企业也纷纷通过新建或维修学校，资助灾区福利院建设，到灾区投资建厂等方式，为灾后重建作贡献。

【光彩·丰田移动图书馆】“5·12”汶川特大地震给四川灾区教育资源造成了不可估量的损失，也给灾区在校学生的精神生活带来阴影。为了充实灾区学校的教育资源、丰富灾区学生的精神生活，2008 年中国光彩会与丰田汽车（中国）投资有限公司启动了“光彩·丰田移动图书馆”项目，依托四川省光彩会理事企业为地震灾区 50 所学校送去 7 万余册图书，并组织学生开展了“读万卷书、行万里路”活动，扩大了光彩事业的影响力。

【同心林工程】2012 年，按照中央统战部“同心工程”要求，组织非公有制经济代表人士到“5·12”汶川特大地震震中映秀镇参加统一战线“同心林”启动仪式，增强非公有制经济人士参加同心工程积极性，动员非公有制经济人士捐建“同心林”，以实际行动为灾区发展贡献力量。同时，主动争取中国光彩会拨付 200 万元捐赠资金，用于建设“同心林”。“同心林”生态景观示范区面积 592.6 亩，项目总投资 200 余万元，是我省“同心工程”的示范性工程。

【同心·川商光彩助残工程】2012 年 7 月，四川省委统战部、省工商联、省光彩事业促进会、省残联、省残疾人福利基金会共同发起“同心·川商光彩助残”公益项目。该项目主要是由四川省内 30 家民营企业共同捐资 600 万元，为射洪县修建残疾人综合服务中心。该中心建成后将为射洪县 7.87 万残疾人提供就业培训、康复训练、辅助器具适配、提供法律援助等服务。

【感恩行动】开展感恩行动是引导非公有制经济人士健康成长的重要方式。针对我省地域和区位特点，省光彩会近年把解决“三老”人员实际困难作为突破口，把帮助“三老”人员及其家庭脱贫作为着眼点，积极组织非公有制经济人士积极参加感恩行动。2011 年，开展了“感恩行动[redacted]山行”活动，组织民营企业家捐款 270 万元；同年组织近 40 位民营企业家参加“感恩革命老区巴中行”活动，成功举办项目洽谈会并促成协议投资达 90 亿元。2012 年先后组织汇源集团、迈普集团等理事企业在美姑县实施“板凳工程”，努力改变少数民族地区贫困落后面貌。

【芦山地震抗震救灾】2013 年“4·20”雅安芦山地震发生后第二天，四川省政协副主席、省委统战部部长崔保华亲自带领部分民营企业家不顾余震危险奔赴灾区，为地震震中灾民送去慰问物资。省委统战部、省工商联、省光彩会向全省民营企业家发起《同心见行动，团结抗地震》倡议书。据不完全统计，全省有 1500 多家企业投入到抢险救灾和灾后重建中，为灾区捐款捐物近 2 亿元。为形成并扩大各项捐款的规模效应和影响力，四川省政协副主席、省委统战部部长崔保华亲自研究并安排四川省光彩会将 1.02 亿元捐款集中投放到芦山县思延乡，筹建了“统一战线抗震救灾产业园”。

【光彩事业巴中行暨川商革命老区行】2013

年，在全国工商联关心支持下，“光彩事业巴中行暨川商革命老区行”活动在巴中市举行，全国政协副主席、全国工商联主席王钦敏出席开幕式并作重要讲话。来自全国政协、全国工商联、中国民间商会、国务院扶贫办及省级相关部门和省内外112家民营企业共计253人参加了活动。全国工商联向平昌县签约捐赠助农帮扶基金500万元。巴中市与37家知名企业签订了39个投资项目，总投资达346.2亿元。活动中还举行了“加快老区扶贫攻坚、助推巴中跨越发展恳谈会”，来自全国各地的知名民营企业家积极为巴中革命老区加快发展建言献策。

【川商光彩事业阿坝行】2013年11月，省政协副主席、省委统战部部长崔保华亲自推动省委统战部、省工商联、省光彩会组织省内38家知名民营企业主要负责人赴阿坝州，开展“川商光彩事业阿坝行”活动，助力藏区发展、民生、稳定三件大事。签约仪式上，阿坝州与四川诺托璞生态药材有限公司、香港克尔玛（国际）有限公司等知名企业签订了14个投资项目，项目签约总金额达50.18亿元。签约项目既涉及现代农牧业、现代服务业，也涉及特色优势资源开发。其中，现代农牧业项目7个，投资总额15.03亿元；现代服务业项目5个，投资总额18.15亿元；高新技术项目1个，投资总额9亿元。省光彩会、领地房地产集团、四川民福投资集团有限公司分别向黑水县、马尔康县、若尔盖县捐赠人民币50万元、200万元和50万元，用于修建幼儿园及配套设施建设。开展“川商光彩事业阿坝行”活动，既深化了对非公有制经济人士的理想信念教育，引导广大非公有制经济人士弘扬光彩精神，积极投身社会公益事业，也让广大民营企业家走进阿坝、了解阿坝，亲身感受到省委、省政府对藏区工作的高度重视，看到藏区经济社会发展的美好前景。

（四川省光彩事业促进会供稿）

贵州省光彩事业促进会

【综述】

2008 年来，贵州省光彩事业紧紧围绕贵州经济社会发展大局，立足于服务全省“加速发展、加快转型、推动跨越”主基调和实施工业化、城镇化主战略，抓住新阶段扶贫开发契机，主动作为、自我加压、创新载体、丰富形式，取得了丰硕成果。截至 2014 年年底，全省共实施光彩事业项目 7368 个，参与企业 1500 多个，到位资金 607.62 亿元，培训人数 11.5 万人，帮助解决就业人员 18.2 万人。创造了“同心工程”、“万企助村”、“感恩行动”“送医送药送健康”、“彩虹雨”、“红丝带健康包”、“助推县域经济发展”等光彩事业载体，累计捐款捐物达 18 亿元。特别是 2014 年，启动了“引千户企业、交千名朋友、建百家商会、建百个美丽乡村示范点”的“双百双千”行动和“以商招商”活动，取得了显著成效，共促成签约项目 144 个，投资总额 822.08 亿元。贵州光彩事业为扶贫攻坚大局作出重要贡献，有关工作得到了省委、省政府主要领导的充分肯定，得到了地方干部群众和社会各界一致认可。

一、“以商招商”，发挥商会组织联系广泛、资本密集等优势，积极帮助地方开展招商引资活动

从 2008 年开始，通过工商联、商会组织联络优势协助贵州省委、省政府在北京、上海、香港、澳门、广东、云南等地开展招商引资活动，共请到世界 500 强、中国民营企业 500 强、上市公司等知名企业共 1138 家参加有关活动。创建了“民企走进园区”、“助推县域小康·走进县（市）”等招商引资活动品牌。特别是从 2014 年开始，实施了以民间商会为平台的“以商招商”系列活动，成效显著。成功组织了 20 多家商会组织和地方政府开展项目考察、洽谈，签约活动 9 次，签约项目 139 个，投资总额 819.08 亿元，涉及 9 个市（州）、贵安新区、44 个县市区、28 家国有企业。以商招商活动，不仅帮助地方解决了投资短缺等问题，还推动了地方对外开放，增强了当地干部群众发展的信心。如今年组织贵州省江苏商会、重庆贵州商会帮助国家级贫困县赫章招商引资，促成了总投资 97.5 亿元的 11 个项目落户赫章县，县长孙逊说“一次性引进这么多项目和资金在赫章历史上还是第一次”。

二、“借船出海”，广泛调动省外、海外资源力量，努力助推贵州实施大开放战略

光彩事业的一项重要工作是引进资金、引进项目到贫困地区进行开发投资。近年来，充分发挥典型“商帮”的带动作用，创造性地做好“请进来”大文章，成功举办了第一届黔商论坛、第二届黔商论坛、“贵商发展大会”、“2014 年浙商贵州行”、“全球精英湘商贵州行”等大型活动，邀请了海内外知名贵商、浙商、湘商 2400 多人参加。上述活动共促成招商引资签约项目 55 个，签约资金 786.2 亿元，捐款 600 万元。全国政协副主席厉无畏、贵州省省长陈敏尔等省领导亲自出席有关活动并发表演讲。组织开展了“黔粤两地知名民营企业交流合作洽谈会”等，深入推进两地企业合作。为了推介贵州省名优特产，启动了全国各省贵州商会推介家乡名优特产活动，重点

帮助开拓贵州烟、酒、茶、多彩贵州旅游、中药材产业等特色产品市场。先后组织茶叶流通商会、海南省贵州商会、福建省贵州商会、中国投资商会、浙江总商会、北京东方龙济投资发展公司、联合一百集团等商会赴我省各地进行考察，促成了商会和地方合作，对地方特色资源的产、供、销形成一条龙服务。组织了全国10多家异地贵州商会赴茅台酒集团进行考察、对接，促成双方达成了合作协议。

三、“以工促农”，发动民营企业积极参与新农村建设，积极探索以工促农、以城带乡的实现途径

2008年来，先后开展了“同心工程”“万企助村”等活动。其中“同心工程”，实施项目1276个，投入资金723亿元；“万企助村”，全省共组织7456家民营企业联村助村帮村6297个，投入资金、物资折款36.98亿元，受益农户71万户，受益人数284万人。2014年，为了贯彻落实省委省政府关于大力开展“美丽乡村”建设的部署，启动“美丽乡村示范点”创建行动，发动非公有制经济代表人士和民间商会的力量，以“领导牵头、商会参与、民企助村”的机制创建百个“美丽乡村示范点”，确定示范点110个（省级示范点11个），整个活动总投入80.89亿元，累计捐助5.9亿元。2014年10月17日，组织动员民营企业家积极参加“国家扶贫日”捐赠活动，当场捐款和认捐795万元用于美丽乡村示范点建设。引进上海市光彩事业基金200万元用于帮助金沙县、赤水市开展帮村助贫等活动。引进香港主力教育基金在我省实施主力贵州教育发展计划，从1998年开始，到现在已经坚持了17年，捐赠表彰资金2300多万人民币，累计表彰1400名贵州山区优秀教育及资助1.02万名贵州贫困高中学生，为贵州边远山区教育事业作出了重要贡献。

四、“国民共进”，积极推动民营企业参与国有企业改革，推动混合所有制经济发展

2008年以来，把组织民营企业参与国有企业改革作为光彩事业重要内容。通过合资、入股、收购、租赁等方式，大力推进民间资本进入国有企业。如2014年5月，全国政协副主席、全国工商联主席王钦敏率全国优强民营企业赴贵州考察，我会抓住这一契机与省国资委、省民营经济发展局联合举办了“全国优强民营企业参与贵州国企改革项目推介会”，王钦敏主席出席并作重要讲话。来自全国各省和省内各地的200余个民营企业参与推介活动。推介会向企业推出128个项目，促成了4个省属国有企业与5个民营企业签约。2014年还促成了我省民营企业贵州圣济堂制约有限公司整体收购贵州老牌国有企业贵州赤天化集团等。

五、“强基固本”，创设培训平台，全面提升民营企业家综合素质

从2012年开始，自筹经费，引入EMBA教育培训模式实施“优秀会员企业家成长计划”，邀请北京大学、清华大学等著名学府的专家学者授课，帮助省、市、县三级民营企业提高战略思维和经营管理水平。到目前为止，共开展20多期，培训2万多人次。坚持每年在贵州省社会主义学院举办了1—2期非公有制经济人士培训班，加强中国特色社会主义理论等教育，帮助民营企业家提高政治素养。党的十八届四中全会、省委十一届五次全会召开后，及时举办了“非公有制经济代表人士学习中央十八届四中全会、省委十一届五次全会精神座谈会”，在非公人士中产生了强烈的反响，推动更多的非公有制经济代表人士成为党的方针政策的学习者、宣传者和实践者，为光彩事业工作的深入开展奠定良好的思想基础和政策基础。

六、“就业为要”，积极组织民营企业开展招聘活动，帮助地方解决就业问题

为缓解就业压力，发挥民营企业在提供新增就业方面的主渠道作用，与省人社厅、省总工会、

省教育厅等单位定期联合举办“民营企业招聘周活动”。活动以来，共组织了2145家民营企业参加招聘会，提供就业岗位88808个，其中适合高校毕业生就业岗位33544个；签订就业（意向）协议23133人，其中，高校毕业生9888人、进城务工农民7355人、就业困难群体3042人、其他人员2872人；共有10545人签订职业技能培训意向书（含企业委托培训人数）；为求职者提供维权及法律援助12838人次；印发就业政策等宣传近25万份。另外，还与贵州大学联合举办“民营企业大学生专场招聘会”，组织95个省内外民营企业走进校园，提供就业岗位1409个，现场签约328人。大学生专场招聘会到目前已成功举办五届，成为民营企业服务社会的一个重要品牌。

【主力贵州教育发展计划】“主力贵州教育发展计划”是省光彩会引进“香港主力教育基金”，在贫困山区开展以“扶贫扶智，激励精神”为宗旨的助学行动。由香港主力电器制品有限公司董事长李国基先生发起，从1998年捐资200万元帮助重建雷山民族中学为标志开始启动，至今已坚持17年，捐赠表彰资金2300多万人民币，累计表彰1400名贵州山区优秀教育及资助1.02万名贵州贫困高中学生，捐建光彩小学13所。“主力贵州教育发展计划”开启了我省光彩事业参与民间教育扶贫新的篇章。在李国基先生助学义举的感召下，经过全省统一战线牵线搭桥，大力实施光彩事业，在我省捐资助学的非公有制经济人士和港澳台侨人士已近400余人，港澳台侨及海外华人社团组织86个，捐建中小学校1000余所，资助贫困学生2万余名，还捐建了一批图书馆、实验室、运动场等教育设施，捐资额达1.29亿元。“主力贵州教育发展计划”已成为统一战线助推教育扶贫事业发展的品牌，为贵州边远山区教育事业作出了重要贡献。

【万企助村】在全省组织10000家非公有制企业和非公有制经济组织，与全省各地的贫困乡、村建立起联系关系，定点对口助村帮扶。具体为省光彩会组织1000家，9个市（州、地）各组织1000家，共计10000家企业和非公有制经济组织参与农村扶贫开发帮扶活动。活动通过非公有制企业对口联村助村帮村、开发涉农产业项目，开展产业联村、项目带村、智力扶村、捐赠帮村，加强农村基础设施建设，推进城乡经济统筹发展，实现企业增效、农民增收。

“万企助村”活动从2011年9月启动，至2014年9月告一段落。全省共组织7456家民营企业联村助村帮村6297个，投入资金、物资折款36.98亿元，受益农户71万户，受益人数284万人。通过开展“万企助村”活动，动员了非公有制经济人士参与了农村扶贫开发，发挥了非公有制企业和人士在资金、技术、人才、市场、信息及经营理念等方面的优势，促进了县域经济的发展，产业结构的调整，基础设施的完善，村容村貌得到了改善，农民群众的收入大幅增加，助推了农村经济发展。“一对一”帮扶，把联系村建设成为企业职工的思想教育基地、回报社会的奉献基地、价值体现的爱心基地、共同富裕的实践基地，达到企业尽到责任、企业家受到教育、农民群众得到实惠、社会反映评价良好的目的，真正实现企村双赢、共同发展。

【双百双千】“双百双千”即“建百家商会、建百个美丽乡村示范点、引千户企业、交千名朋友”。具体为：加大商会建设力度，推动省级异地商会或行业商会组建，推动新建商会100家；以打造美丽乡村、共享美好生活为主题，以新阶段扶贫开发、农村危房改造、扶贫生态移民搬迁，乡村旅游和基础设施建设为重点和突破口，推动建设100个美丽乡村示范点；加大招商引资力度，大力实施精准招商，积极引进名优企业与我省签订意向投资协议，引进1000户企业与我省签订意向投资协议；拓宽联谊交友面，深化联谊交友工作，掌握1000名非公有制经济代表人士名单，初步建立比较完备的非公有制经济代表人士“人物库”。

“双百双千”活动2014年初启动，至2014年底，共建立了199家商会组织，创建了110个美丽乡村示范点，总投入80.89亿元，累计捐助5.9亿元，引进企业1019户，投资项目888个，总投资2452.54亿元，到位资金534.6亿元，解决就业17.17万人，新交朋友3450名。通过开展“双百双千”

活动，充分发挥非公有制企业和非公有制经济人士在推动经济欠发达地区经济发展，加快农业强、农村美、农民富进程，促进新阶段扶贫开发中的重要作用，加快了农村小康建设步伐，激发了民营经济发展活力，推动了经济社会发展。

【以商招商】“以商招商”活动，是指充分发挥商会组织人脉、资金、信息等资源优势，有效利用商会组织在经济活动中覆盖面广、灵活性强等特性，开展以民间商会为平台的“以商招商”系列活动。

通过定向引资、定点招商等方式成功组织了20多家商会组织和地方政府开展项目考察、洽谈，签约活动9次，签约项目139个，投资总额819.08亿元，涉及9个市（州）、贵安新区、44个县市区、28家国有企业。

（贵州省光彩事业促进会供稿）

云南省光彩事业促进会

【综述】

七年来，云南省光彩事业蓬勃发展，在组织动员广大民营企业积极参与社会主义新农村建设，产业带动，捐资助学，投身社会公益事业，抗击自然灾害等方面作出了贡献。

一、组织建设逐步完善、优化

通过各级统战部、工商联、光彩会的共同努力，目前，全省16个州（市）已有13个成立了光彩事业促进会，还有3个正在积极筹备中。全省已有10个县（区）成立了光彩会。全省各级光彩会会员有1529人（次）。省光彩会现有会员322名，其中民营企业家278名，占86.3%。经过几年的调整，一批热心光彩事业、积极参加光彩活动的民营企业家加入到各级光彩会中。

截至2014年底，全省民营企业进行社会公益捐赠43.06亿元，其中捐赠物资4.8亿元。民营企业开展光彩事业投资类项目1208个，累计到位资金259.65亿元，累计带动脱贫194.85万人。

七年来，省光彩会共组织两次“光彩之星”、“光彩事业组织奖”评选，与省林业厅共同组织了全省“光彩事业国土绿化奖”评选表彰。省光彩会还在非公有制经济人士评价、民营企业参与社会扶贫、社会保障先进集体表彰等方面为我省民营企业家获得表彰提供依据和参考，为我省民营企业创造良好社会舆论和树立社会形象，促进“两个健康”。

二、“光彩事业边疆行”等品牌知名度稳步提升

七年来，云南省光彩会共组织“光彩事业怒江行”、“光彩事业德宏行”、“光彩事业华宁行”、“光彩事业普洱行”4次边疆行活动，共有160多人次的民营企业家参加，向当地捐赠公益资金近2500万元。

组织“5•12汶川抗震救灾”、“云南抗旱救灾”、“昭通彝良抗震救灾”、“昭通鲁甸抗震救灾”大型捐赠活动4次，共有400多人次的民营企业家参加，募集救灾款8000多万元，为受灾地区奉献了民营企业的爱心。

省光彩会与企业共同组建“七彩云南助学专项基金”、“光彩•昭商助学基金”等一批专项助学基金，为全省大中小学校2000多名在校贫困学生提供资助。

通过这些活动的开展，提升了光彩事业的知名度，让社会各界更好地认识光彩事业的内涵和精神，也让更多的民营企业家更加认可光彩事业品牌。一些边疆州（市）党委、政府主动要求省光彩会到当地开展活动，一些社会群众和组织也会到省光彩会寻求帮助，更多的民营企业主动把企业的日常公益捐赠通过省光彩会进行安排。

三、各项会务工作日趋规范

在2013年，省光彩会参加省民政厅组织的社会公益慈善组织评估中，获得“AAA”级资格，标志着省光彩会的各项会务工作达到了一定规范程度，获得了包括“税前扣除”等公益资格的准入。6年来，省光彩会严格按照《社团管理条例》等各项法律法规要求，认真做好各项会务工作，从会议组织、工作规划计划、议事程序、财务项目信

息公开、活动开展等各个方面制定相关制度，保证了光彩事业健康发展。

四、公益捐赠活动常态化

完善组织建设，扩大光彩事业影响力，加强制度保证，吸引了广大民营企业更加积极参与到光彩事业中来。越来越多的民营企业都愿意把自身企业的日常公益捐赠活动通过省光彩会来完成。6年来，省光彩会累计接收各项捐款超过1.8亿元，平均每年3000多万元。

为促进光彩事业的健康发展，2013年底，我们成立了云南省光彩事业基金会。基金会的成立，更加规范光彩资金的使用和募集，也探索出一条光彩会如何参与以扶贫开发为主的光彩事业项目投资的路子。

【光彩事业边疆行】七年来，省光彩会先后组织了4次“光彩事业边疆行”活动，由中共云南省委常委、省委统战部部长、省光彩会会长黄毅带领省内民营企业家160多人次，深入云南省较为贫困的怒江州、德宏州、华宁县、普洱市，为这些州市捐赠资金近2500万元，举行招商引资项目推介会4场，签约项目12个，协议资金3.3亿元。

【抗灾救灾】云南近年来灾害频发，虽然云南民营企业实力较小，但面对自然灾害积极发扬“一方有难，八方支援”的中华传统美德，踊跃捐款捐物，为抗击自然灾害贡献了力量。从2008年来，云南民营企业先后参与“512汶川大地震”、“德宏盈江地震”、“抗旱救灾”、“昭通彝良地震”、“昭通鲁甸地震”等多次抗灾救灾，为灾区捐赠资金8000多万元，物资价值3000多万元，并派出医疗队、救援队等，为抗灾救灾贡献了力

【健康助力爱心活动】2013年5月，云南省光彩事业促进会与昆明诺仕达集团共同开展“健康助力爱心”活动。昆明市民以徒步或骑行方式完成指定线路，企业就以该市民的名义捐赠助学金（500元/人），当天共有3000多名市民完成活动，诺仕达集团以这些市民的名义向省光彩会捐赠了159万多元。

【新农村建设】云南省光彩会大力倡导和组织引导云南省民营企业参与社会主义新农村建设。通过产业带动帮扶、吸纳农村劳动力就业、改善村容村貌、完善农村基础设施建设、发展农村文化教育等形式，为全省广大农村的经济社会发展作出贡献。截至2009年12月，我省民营企业已经与自然村开展“结对帮扶”1243个项目，投入资金70469.3973万元，使贫困农民实现了稳定增收，企业实现了盈利，村企共建取得成效，提前完成省委、省政府提出的“千企扶千村”的任务。

（云南省光彩事业促进会供稿）

西藏自治区光彩事业促进会

【综述】

西藏光彩事业自实施以来，始终坚持“义利兼顾、以义为先”的核心理念和促进共同富裕的根本宗旨，积极引导非公有制经济人士投身扶贫开发，履行社会责任，为帮助困难群众脱贫致富，推动西藏经济社会发展作出了应有的贡献。

西藏光彩事业在自治区党委、政府的亲切关怀指导下，在自治区统战部高度重视下，于1994年由自治区统战部牵头发展起来，当时主要开展不定期的非公有制经济及人士的公益捐赠和慈善捐赠等活动。到2013年光彩事业活动还增加了产业扶贫和扶持活动项目。同年西藏自治区人民政府成立了光彩事业领导小组，办公室设在西藏自治区工商联，进一步完善和规范了光彩事业活动，从而使得我区光彩事业发展走上了正规化、常态化。

西藏光采会坚持把传达学习、贯彻落实中央和自治区党委一系列重要会议精神贯穿始终，努力推动落实“五放”、“六支持”政策，促进了全区非公有制经济又好又快发展。截至2014年底，全区各类市场主体达15万户，注册资本总额达1660.48亿元。其中：非公有制经济13.98万户，同比增长9.01%，占全区市场主体的95.77%。

一、广泛宣传，激发非公有制经济人士参与光彩事业的责任感

我区的光彩事业发展与非公经济人士教育进行了有机的统一结合，根据非公有制经济人士作为新的社会阶层人士，自身构成多元、素质参差不齐的实际状况，工商联始终坚持以人为本，把做非公有制经济人士的思想政治工作作为贯穿各项工作始终的生命线，不断探索创新方式方法，探索引导教育与自我教育相结合的有效途径。重点引导广大非公有制经济人士自觉拥护党的领导，牢固树立中国特色社会主义共同理想，积极践行社会主义核心价值体系，自觉履行社会责任，爱国、敬业、诚信、守法、贡献，争做民族振兴的推动者、敢为人先的开拓者、义利兼顾的实践者、依法经营的自律者、共同富裕的促进者。

一是利用每年执、常委会、非公经济人士联谊会等各种会议，将光彩事业作为一项重要工作任务进行总结和部署，作为一项重要内容进行宣传发动，激发非公经济企业家参与光彩事业的责任感和使命感。

二是明确了参加光彩事业活动是非公经济人士评优评选的重要标准，评选表彰“优秀中国特色社会主义事业建设者”，对热心光彩事业、有较大贡献的非公有制企业和非公经济人士进行鼓励。

三是利用报刊、电视、广播、商会网站等新闻媒体及其他载体，对光彩事业先进事迹进行宣传报道，广泛宣传非公经济人士的光彩事迹、光彩人生、光彩精神。

四是深入非公有制企业，开展“饮水思源、富而思进”和其他教育工作，积极引导非公经济人士饮水思源、回报社会。

二、营造环境，搭建非公有制经济人士投身光彩事业的大舞台

自从我区开展光彩事业活动以来，为了促进光彩事业的发展，自治区党委、政府相继出台了一系列优惠政策。对光彩事业项目在经营范围、

土地使用、信贷融资等方面给予一次性资助或奖励；对安置吸纳国有、集体下岗职工、失业人员的非公有制企业，给予所得税优惠；非公有制企业投资基础设施项目，由财政部门给予资金扶持。同时自治区党委、政府多次召开招商引资活动，并召开了第一次非公经济发展大会等，对非公经济人士积极参与光彩事业的行动进行宣传和表彰；新闻媒体充分发挥舆论宣传主渠道作用，深入宣传，在全社会形成了尊重非公企业家、支持光彩事业发展的浓厚氛围；政府各职能部门转变工作作风，由简单放开向积极引导转变，引导非公经济向新领域、深层次、高水平发展；自治区党委、政府不断加大投资力度，大力加强基础设施建设，为光彩事业发展提供了良好的基础条件。光彩事业工作取得了很大成绩，一大批非公有制经济人士投身于光彩事业，他们捐资助学、扶贫助残、办项目、送温暖献爱心、培训人才、吸纳下岗工人再就业、积极参与抗震救灾等活动，是“致富思源、富而思进”的具体实践，是“三个结合”的最好体现。

三、注重实效，加大引导非公有制经济人士投身光彩事业的力度

一是组织动员非公企业家参与抗震救灾捐助活动。我区非公有制企业充分发扬“一方有难八方支援”的精神，积极投身到公益事业中去，六年来累计捐款捐物3218.5万元，有力支援了灾区重建工作。

二是开展非公有制经济人士感恩行动。自2010年以来，根据全国工商联和中国光彩会的要求，我会组织非公有制企业连续五年开展了“非公经济人士感恩行动”，分别慰问了边防战士、便民服务站公安干警和驻寺干部，累计捐赠金额为408.5万元。

三是以项目为推动，使光彩事业不断深入发展。1998年奇正集团入驻西藏，林芝地区奇正藏药厂的建立为我区光彩事业发展拉开了帷幕。截至目前，该集团已在西藏设立西藏天麦力健康品有限公司、林芝雪域资源科技有限公司，为推动我区经济发展和促进就业等方面发挥了应有作用。

2012年，由全国工商联和拉萨市人民政府共同举办的全国民营企业家拉萨行活动，成功签约项目29个，投资总额达322.17亿元，意向签约项目35个，投资达183.3亿元。项目涵盖拉萨文化旅游、优势矿产、生物、能源、建筑建材、民族手工业等具有地方特色和比较优势的六大产业，符合拉萨产业发展要求，有助于进一步保障和改善民生。

2013年，由中国光彩事业促进会，西藏自治区党委自治区人民政府共同举办了“中国光彩事业西藏行”，600余位民营企业家参加，共签订合作项目248个，投资总额3630.38亿元。中国光彩事业基金会、民生银行、奇正集团共捐资6900万元，分别用于拉萨市曲水县养老院、西藏儿童先天性心脏病救治、藏医诊所建设等公益事业。

2014年5月，区政府多吉次珠副主席和阿沛·晋源主席分别带队赴北京、河北、江苏、广东、四川等省开展“西藏行”签约项目回访活动，对接项目进展，促进了签约项目落地、意向项目签约的进度。截至目前，落地开工和正在办理手续的项目有65个，实现落地资金210亿元。此外，“2013年中国光彩事业西藏行”活动捐赠6900万元的公益项目取得实质性进展，曲水县五保户集中供养中心主体工程竣工并投入使用，林周县文化学院建设项目进展顺利，西藏儿童先天性心脏病救治项目正式启动。2014年4月份自治区工商联在贵州省毕节市黔西县向民建中央委员会企业进行了招商引资项目推介，有25家企业表示对相关项目有意向，其中有3家企业正式签署了意向性协议书，投资额为5亿元，目前浙江合生集团投资的1.5亿元合同项目已落地达孜工业园区。

2014年，全国工商联实施“光彩·民生”工程，捐赠300套、价值达240万元的家用太阳能照明设备，为岗巴县直克乡农牧民群众解决了用电问题。重视支持驻村第一书记的工作，解决交通工具等实际困难，落实资金近30万元。动员组织民营企业家到驻村点开展慰问活动，共为乡政府、村委会、“三老”人员、五保户、学生送去慰问品价值达65万元。

（西藏自治区光彩事业促进会供稿）

陕西省光彩事业促进会

【综述】

2008年至2014年，省光彩会围绕中心，服务大局，积极组织民营企业家参与扶贫帮困、捐资助学等社会公益事业和新农村建设，取得了明显实效，社会反响良好。

一、积极参与调研和光彩活动

为深入学习贯彻科学发展观，认真贯彻落实国务院非公经济36条和民间投资36条精神，全面了解我省民营企业参与县域经济发展的总体状况，多次参与中央调研活动，为推动民营企业参与县域经济发展奠定了基础；七年来，组织我省多名非公有制经济人士参加“中国光彩事业行”活动。

二、积极参与县域经济发展

始终把鼓励引导非公有制经济人士参与推动县域经济发展作为主要阵地。截至2014年底，全省非公有制企业累计实施光彩项目3576个，到位资金总额63亿余元，开展培训4.7万余人次，安置就业近1270万人，带动脱贫15万余人，捐建学校160多所，各类公益捐资近144亿元。对于进一步加快城乡统筹、区域协调发展，促进共同富裕，作出了重要贡献。

三、积极开拓光彩事业新局面

为整合资源，进一步推动我省光彩事业和慈善事业的发展，集中力量办好实事。省工商联、省光彩会与省慈善协会于2012年5月成立了“省工商联同心光彩慈善会”，旨在探索建立推动光彩事业发展的新机制。

四、积极参与捐资助学活动

我省广大非公经济人士，在发展企业、拉动地区经济增长、促进就业的同时，致富思源，情系教育，捐资助学，用实际行动回报社会。据不完全统计，七年来，通过各地光彩会或其他方式为全省贫困地区学校或个人捐款捐物累计达13亿元。

五、积极参与新农村建设

先后有4900多家民营企业参与了3471个新农村建设，累计投入资金105亿多元，修建基本农田11.3万亩，造林绿化17万亩，帮建大棚6110个棚，修建乡村公路1575公里，修建饮水工程1124个，架设农电线路1127公里，援建村文化室3175间，资助贫困学生34565人，修建农户新房13375间，组织劳务输出42.6万多人，得到当地党委和政府的充分肯定，也受到了广大农民群众的普遍赞誉。

六、积极参与光彩事业重点项目

2008年，围绕我省抗震救灾恢复重建工作，我们及时向中央有关部门汇报我省受灾救灾情况，积极争取多方面支持。中央统战部和中国光彩事业促进会分别拿出2130万和2400万元，用于我省灾区的恢复重建工作。

七、积极开展各项灾害救助工作

省光彩会向各级光彩会和广大非公有制企业

发出号召，大力弘扬“一方有难、八方支援”的精神，引导非公有制经济人士积极投身抗震救灾。累计为四川汶川、甘肃玉树、我省宝鸡、汉中地震灾区和延安防汛救灾捐款捐物共计13685.4921万元、82.3万元港币，以实际行动践行光彩精神，有力地支持了灾区的抗灾自救工作。

八、积极推动民营企业做好就业安置工作

七年来，省光彩会积极参与民营企业招聘周和省组织的招聘活动，努力推动民营企业就业安置。联合省人社厅、省总工会推荐两家企业获得“全国就业与社会保障先进民营企业”荣誉表彰，配合省人社厅推荐西安市和两家企业参加招聘周吸纳就业突出城市和突出企业表彰评选。同时，多次配合全国工商联和省委、省政府围绕民营企业吸纳见习、就业等情况开展调研，撰写情况汇报和专题报告8份。2012年还按照国务院高校毕业生就业工作联合督查组的要求，上报了调研材料，提出了建议。

九、积极宣传光彩事业，弘扬光彩精神

一是注意充分利用广播、电视、报刊、网络等各类媒体，宣传实施光彩事业的原则、内容、意义。先后在《陕西日报》、《各界导报》、《商界．陕西》刊登、播发了开展光彩事业的稿件、重要活动简报、工作情况等。广泛宣传民营企业和非公有制经济人士参与社会主义新农村建设的先进事迹，把宣传民营企业参与新农村建设作为践行“同心”思想、弘扬光彩精神的重要推手，鼓励和调动广大民营企业和非公有制经济人士投身新农村建设，为构建和谐陕西作出更大贡献。二是结合理想信念教育实践活动，大力宣传光彩先进人物典型。配合省非公有制人士理想信念教育实践活动小组开展活动，通过举办“先进典型人物巡回报告”，扩大了宣传覆盖面，使广大干部群众对光彩事业有了更加全面深入的认识，提高了参与光彩事业的积极性、主动性。

十、积极参政议政

全省光彩组织中有215人非公有制经济人士担任了各级人大代表，341人担任了各级政协委员，其中全国人大代表有5人，全国政协委员有1人，省人大代表有10人，省政协委员有21人，组织引导他们积极参政议政，累计近40人荣获了全国劳动模范、全国“五一劳动奖章”、全国“光彩事业奖章”、全国“关爱员工优秀民营企业家”和“优秀的社会主义事业建设者”等光荣称号。

【积极参与抗震救灾】2008年，省光彩会向各级光彩会和广大非公有制企业发出号召，引导非公有制经济人士大力弘扬“一方有难、八方支援”的精神，积极投身到抗震救灾工作中去。为四川汶川、我省宝鸡、汉中地震灾区捐款捐物共计2226万元；围绕我省灾区恢复重建工作，申请到中央统战部援建我省重灾区宁强、略阳两县20所海联新农村卫生室。同时，我们充分发挥统一战线联系广泛的优势，筹集50万元用于宝鸡市陈仓区天王镇柏坡村的灾后重建工作。引导匈牙利陕西联谊会为略阳县提供价值150万元的污水处理设备。联系天津市工商联为我省略阳县基础设施建设项目捐助972万元。江西扶贫基金会和佛光香港协会为我省灾区援助价值55万多元的3850床新棉被等，为我省灾区的恢复重建工作做出了积极贡献。省光彩会在积极争取援建项目的同时，第一时间组织我省非公有制经济人士向灾区捐款捐物超过500万元，引导全省非公有制经济人士和民营企业累计捐赠款物7400万元。

2013年，还为延安防汛救灾和灾后重建募集捐款5459.3万元人民币、82.3万元港币，为四川芦山地震灾区捐款捐物共计1609.95万元。

【“一企帮一村、多企帮一村”】积极响应中央统战部号召，组织召开全省非公有制经济组织支持和参与社会主义新农村建设动员大会，提出全省非公有制企业开展“一企帮一村、多企帮一村”对口支援社会主义新农村建设活动，号召凡是有实力的企业都应积极参与新农村建设。并向全省非公有制经济人士发出“非公有制企业争

做社会主义新农村建设领头兵”倡议书。省委统战部相继制定出台了《关于组织引导和支持非公有制企业参加社会主义新农村建设的意见》、《关于大力引导非公有制企业参与扶贫开发的意见》。活动实施以来，我省民营企业通过无偿捐助、村企共建、项目开发带动等多种形式，为新农村建设做出积极的贡献，取得显著成效。2008年12月，省委统战部、省工商联在延安召开了“全省非公有制企业支持社会主义新农村建设经验交流会”，对史贵禄等25名非公有制经济人士，授予“陕西省民营企业参与社会主义新农村建设先进个人”荣誉称号，并颁发奖杯。

榆林市还投资300余万元完成“统战林”植绿工程300余亩；韩城市引导非公有制企业投资8个亿修建3公里龙门隧洞公路，打通了青银、包茂高速的主要通道；延安市光彩会组织龙头骨干企业，参与城乡统筹发展项目，带动农户致富5万户，农户年均收入达到4万元。还为山川秀美工程投资1.2亿元，绿化造林17万亩。

【非公有制经济人士感恩革命老区延安行】 2013年7月，中央统战部、全国工商联、中国光彩事业促进会以“弘扬延安精神、共筑中国梦”为主题，主办“非公有制经济人士感恩革命老区延安行”活动。活动期间先后组织听取了延安精神和党史教育报告，参观了延安革命旧址，举行了“弘扬延安精神、共筑中国梦”座谈会，以此促进两个健康。广大与会民营企业家积极与延安市有关部门洽谈合作项目，先后签订项目25个，签约总额348.48亿元，其中，合同项目15个，签约金额23亿元；协议项目10个，签约金额325.48亿元。中国光彩事业促进会为延安八一敬老院康复楼建设捐款1180万元，民营企业家为支援延安市防汛救灾和灾后重建工作捐款740万元。此次活动由陕西省委统战部、延安市委、延安市人民政府承办，各省、市、自治区党委统战部、工商联负责人和知名民营企业家代表、新闻媒体等近400人参加了活动。

【同心光彩慈善会成立】 2012年5月，省工商联同心光彩慈善会成立。由企业自愿在省工商联同心光彩慈善会、陕西省慈善协会设立“留本用息”慈善基金，由省慈善协会和省工商联同心光彩慈善会共同管理，在省慈善协会的业务指导下使用，基金本金留企业所有，共吸收光彩慈善冠名资金17支，协议善款4820万元，已使用2400多万元，实施慈善助学、大病救助、救灾、扶贫等30多个光彩慈善项目，修筑慈安桥48座、慈善助学“筑巢”项目109个，其中，陕西恒源煤电集团董事局主席孙俊良捐款1800万元、陕西红杉能源有限公司董事长思孝聪捐款2000万元。与省慈善协会的合作模式，产生了良好的效应，不但充分发挥了省工商联、省光彩会联系民营企业、履行责任的优势，而且推动了以“感恩”、“光彩”、“慈善”为特点的企业文化建设，有利于增强员工对企业的认同感，有利于构建企业和谐劳动关系，增强核心竞争力，实现企业与社会协调发展。这种合作机制也是我省广大非公有制经济人士响应中央号召，践行“同心”思想、积极承担社会责任的大胆探索，得到了省委、省政府领导的充分肯定和社会各界的广泛好评。在2013年11月省慈善协会举行的表彰会上，省工商联同心光彩慈善会被评为“慈善爱心单位”；史贵禄、孙俊良、成建礼、宋玉庆、思孝聪几位民营企业家被聘为省慈善协会荣誉会长，荣获“2013年陕西慈善之星”称号。

【捐资助学活动】 铜川市光彩会举办了“慈雨润桃李 同心中国梦”捐资助学晚会，38位非公有制经济人士当场捐助善款117万元，资助贫困学生268人。陕西闽发房地产公司捐资150万元，为宜君县4所小学改善了办学条件；咸阳市开展了“捐资助学、圆梦校园”活动，筹集资金20.7万元，使97名贫困大学生圆了大学梦；榆林陕西圣邦房地产公司为我省贫困地区100名大学生捐助50万学费，将连续资助4年。陕西奥达企业集团用于解决西安优质教育资源平衡，投资滨河学校项目3.2亿，每年减免贫困生费用达83万元。陕西协和投资公司出资6000万设立“奉贤文化教育基金”。耀州区照金矿业公司出资1000万元设立“正义慈善基金”。西安大明宫实业集团设立“大明宫慈善基金”，从07年至今，每年出资500万元用于捐资助学等活动。陕西恒源煤电集团董事局主席孙俊良个人捐资400万元用于助学项目。陕西汉王药业公司先后用12.5万元救助勉县25名贫困学生，用37.5万元资助勉县两所小学购置教学设备。

（陕西省光彩事业促进会供稿）

甘肃省光彩事业促进会

【综述】

光彩事业作为非公有制经济人士践行“同心”思想的有效载体、感恩回馈社会的广阔舞台和展示形象价值的重要窗口，是统一战线凝聚人心、服务大局、促进发展、构建和谐的特色品牌。多年来，我省光彩事业秉持根本宗旨，践行光彩理念，不断转变发展观念、拓宽发展思路、创新发展模式，为推动我省非公有制经济健康发展和非公有制经济人士健康成长作出了积极贡献。据不完全统计，自2002年以来累计实施光彩项目1839个，到位资金86.88亿元，培训人员18.2万人（次），安置就业25.5万人，捐资助学和资助各类公益事业10.37亿元，帮助带动31.77万贫困人口脱贫致富，得到了各级党委、政府的充分肯定，赢得了社会各界的广泛好评。

一、组织会员积极参加非公有制经济人士理想信念教育实践活动

成立了全省非公有制经济人士理想信念教育实践活动领导小组，先后多次召开会议，建立协调配合机制、督查考核机制和各级领导联系非公有制经济人士制度，42名省级领导干部联系46家民营企业，各市（州）、县（区）也建立了相应联系制度。一是组织光彩会会员企业参加深入开展非公有制经济人士理想信念教育实践活动电视电话会议，制定下发了《关于表彰甘肃省非公有制经济人士理想信念教育实践活动先进集体和先进个人的决定》和《深入开展非公有制经济人士理想信念教育实践活动实施方案》。二是开展了“五个一活动”（即联系一家企业或商会、开一次座谈会、做好一次辅导、解决一个具体问题、办好一件实事），帮助企业解决实际问题，提升企业对政府的满意度。三是开展主题教育实践活动，庆阳市组织非公经济人士赴南梁开展了“重温革命历史、接受传统教育”主题活动，定西市组织机关党员干部和民营企业家赴革命老区会宁、通渭榜罗进行爱国主义教育活动。四是把将投身光彩事业，履行社会责任作为评选非公有制经济人士优秀中国特色社会主义事业建设者的重要条件，推荐我省甘肃陇鑫实业集团有限公司董事长李海珊、兰州亚太实业（集团）股份有限公司董事局主席朱全祖为第四届全国优秀建设者。通过开展理想信念教育实践活动，使广大非公经济人士的“信念、信任、信心、信誉”意识显著增强。

二、精心组织开展“光彩陇原行”活动

“光彩陇原行”活动是由省委统战部、省工商联、省光彩会共同组织，民主党派、无党派人士和非公有制经济代表人士共同参与的一项大型社会性、公益性、服务性活动，调动非公有制企业家履行责任、回报社会的有效载体和品牌活动。这项活动开展以来，在各级党委和政府的关心支持下，在各级统战部门和工商联的大力推动下，已先后在革命老区、贫困地区和少数民族地区平凉市庄浪县、张掖市高台县、白银市会宁县、临夏回族自治州广河县、定西市安定区、甘南藏族自治州临潭县、陇南市礼县、酒泉市连续成功举办了八届，共计捐赠2339.45万元现金和价值

708.1万元物品，用于援助当地改善教学设施、为乡镇卫生院购置医疗设备、实施农村特困群众危房改造、建设集雨水窖和“光彩林”等项目。近年来，全国工商联积极参与我省“光彩陇原行”活动，2011年，全国工商联为定西市通渭县“同心·光彩水窖”项目捐款300万元；2012年、2013年全国工商联动员广西梧州中恒集团有限公司为我省临潭县和礼县分别捐赠价值200万元、300万元的药品。去年8月5日，在酒泉市开展的“光彩陇原行”活动中，全国工商联捐款200万元，全国工商联新能源商会捐款30万元，甘肃省非公有制企业家和商会捐款835万元，捐款主要用于支持酒泉瓜州县、玉门市移民村种养殖设施项目。同时，组织参加活动的非公有制经济代表人士和商会对酒泉市招商引资重点项目进行考察。期间，酒泉市政府及7个县市区政府同企业签约项目18个，签约金额达90.27亿元。

三、精心抓好非公有制经济代表人士队伍建设

截至2014年，全省新增私营企业4.07万户，新增个体工商户12.77万户。非公有制经济代表人士中担任各级人大、政协职务的共有2171名，其中全国政协委员2名，省人大代表23名，省政协委员36名。多年来，我们通过各种形式，做好非公有制经济代表人士思想政治工作，加强非公有制经济代表人士队伍建设。自2009年开始，在中国人民大学、复旦大学、浙江大学分别举办了非公有制经济代表人士高级培训班，共培训学员500余名。培训班邀请国内著名专家学者为企业家讲授宏观经济形势和政策，传授企业经营管理、法律和商务礼仪与沟通等知识。通过学习和培训，我省非公有制经济代表人士对党的方针政策有了进一步理解，增强了做大做强企业的自觉性和责任感。我们还通过定期不定期的联谊会、座谈会等形式，了解非公有制经济人士的思想动态，引导他们学习实践“同心”思想，做到“爱国、敬业、诚信、守法、贡献”，争做优秀中国特色社会主义事业建设者。

四、深入开展“民企陇上行”活动

2012年5月，省委、省政府主要领导专程前往北京拜会了全国工商联，与全国工商联达成了支持帮助甘肃发展的意见。随后省委、省政府专门成立了省“民企陇上行”专项行动领导小组，办公室设在省工商联。在2013年第十九届兰洽会和“民企陇上行”活动期间，我省与省外、境外共签约合同项目1093个，签约总额6129亿元，分别比上届兰洽会增长45.3%和32.95%。省政府与中华全国工商业联合会在兰州签署“民企携手甘肃，助推跨越发展”战略合作框架协议，甘肃省工商联与香港中国商会签订了战略合作框架协议，深化合作取得重要成果。在2014年活动期间，我省与省外、境外共签约项目1233个，签约合同资金2937.68亿元，协议资金779.78亿元。目前，已到位资金478.73亿元。

五、引导非公企业家自觉践行社会主义核心价值体系

以“双联”（“联村联户、为民富民”）活动为重要平台，积极引导非公企业家参与扶贫开发，履行社会责任，自觉践行社会主义核心价值体系。庆阳市引进台商在镇远县、正宁县、庆城县实施10万亩牡丹苗项目。甘南州组织20家民营企业发展农业产业化项目，辐射带动周边农牧村500多个，惠及基层农牧民群众15万余人。甘肃省宁波商会开展“甬商助双联”行动，投资约1000万元帮助白银市平川区建设标准化养殖小区。

六、推动非公有制企业参与新农村建设

按照中央和省委关于社会主义新农村建设的部署，根据全国工商联、中国光彩会开展“民企系三农、共建新农村”活动的安排，省委统战部、省工商联、省光彩会制定出台《关于组织、引导和支持民营企业参与社会主义新农村建设的实施意见》，动员各市州统战部、工商联、光彩会从当地实际出发，积极参与新农村建设，形成了帮

扶者与帮扶对象之间的良性互动，使这项活动开局良好，成效显著。一是实施“一企帮一村、共建新农村”活动。兰州市委统战部、市工商联、市光彩会组织40家非公有制企业与帮扶的40个贫困村签订了帮扶协议责任书，七年来累计投入资金500多万元，落实帮扶项目50多个，用于硬化村道、兴修农田灌溉渠道及解决人畜饮水困难、改善农村教学条件和卫生医疗条件、支持农业产业化项目、开展劳务扶贫等项目。二是兴办光彩项目。天水秦州区有11个光彩项目落户乡镇，总投资4461.4万元，已完成投资1849.4万元。平凉市建立村企结对180多个，投入资金1.74亿元，帮助4450户农户脱贫。三是开展公益活动。甘南州引导非公有制经济人士为家乡修桥补路30多条（座），维修学校50多所，维修引水工程20多处。四是帮助劳动力转移就业。酒泉市非公有制企业吸收农村剩余劳动力3.85多万人就业，成为解决农村剩余劳动力实现就业的主要渠道。五是开展技能培训。酒泉西部农业科技有限公司投资300万元，建起酒泉第一家农民科技培训学校，举办农业实用技术等培训班16期，免费培训农民2800多人（次）。六是支持教育事业。临夏州非公有制经济人士为教育事业捐款捐物826万元，设立助学金、发放生活补助等，帮助贫困优秀学生完成学业。嘉峪关市非公有制经济人士捐款80万元，结对帮扶特困学生。金昌市非公有制经济人士捐款100多万元帮助农村学校改善教学条件。

七、对口帮扶工作取得新成绩

全国工商联31个直属商会、省工商联45个直属商会与我省20个贫困县分别签订了对口产业开发战略合作协议，不断加大贫困县产业开发力度。商会定点对口帮扶模式，是甘肃扶贫工作的创新，在全国开创了先河，甘肃也成为全国工商联直属商会确定的唯一对口帮扶地区，帮扶效果显著。据统计，全国工商联商会及我省商会、执委企业家对口帮扶20个贫困县共完成签约项目142个、合同资金352亿元、到位资金47亿元。在去年“兰洽会”开幕当天，全国工商联水产业商会靖远综合项目启动仪式在靖远县举行，成为当时的一大亮点项目，该项目一期投资10.8亿元。“兰洽会”期间，全国工商联新能源商会、女企业家商会和部分企业家专程到有关市州和对口帮扶县实地考察对接项目，也达成了一些合作意向。

八、广泛开展“感恩行动”

2010年以来，按照中央统战部的统一部署，甘肃省认真开展“同心·感恩行动”，成立了引导非公有制经济人士回报社会感恩行动领导小组，对“三老人员”进行了全面的调查摸底，详细了解掌握“三老”人员的思想和生活状况，建立详细的“三老”人员信息库，广泛动员非公有制企业开展情系“三区”（山区、老区、少数民族地区）、感恩“三老”（老党员、老干部和老英模）的感恩行动，组织非公有制企业帮助100个乡镇的1000户以上“三老”人员及其特困家庭解决生产生活中的实际困难；救助100名以上特困病人和1000名以上特困大学生，解决农村“看病难”和“上学难”问题；组织100户企业提供就业岗位，安置1000名以上大学生就业，解决农村大学生“就业难”问题。同时，各级光彩会也引导会员企业通过结对帮扶老革命、老党员、老模范，接受革命传统教育，提升思想政治素质，进一步增强感恩党、感恩国家、感恩人民的自觉意识。据统计，全省非公有制经济人士捐款捐物2581万元，帮扶“三老”和特困人员6824人，招工扶贫24884人，培训扶贫25010人。

【“同心·光彩林”工程】安定区同心·光彩林工程是在全国工商联、中国光彩会支持，甘肃省委统战部、省工商联、省光彩会、定西市委、市政府主办的2011年“同心·光彩陇原行”暨“同心·智惠陇原行”活动上，由全国民营企业家和商会捐助资金300万元、安定区配套资金99.42万元，并由安定区实施的一项生态工程。

该工程在安定区青岚山乡辖区的平定高速公路沿线实施，造林面积2000亩，栽植苗木22万株，采取“侧柏＋文冠果＋山毛桃”、“油松＋珍珠梅＋文冠果”、“云杉＋刺槐＋山毛桃”三种造林模式，实现了以侧柏为主向乔灌混交、针阔混交造林模式的转变；整合中国林科院实施的国家科技支撑计划项目资源，综合运用鱼鳞坑、地膜覆盘、秸秆覆盘等集成技术，实现了单一栽植技术向综合栽植技术运用的转变，全力打造高标准的绿色生态长廊。

为了永久宣传全国民营企业家等统一战线成员慷慨解囊、奉献社会的“同心·光彩”精神，殷切回报他们对贫困地区生态建设的大力支持，创新宣传理念，改变以往造林项目“立碑”宣传的方式，运用侧柏以不同的密度栽植了每字占地3.5亩的“同心光彩林”，将对引导社会各界关注公益生态事业、增强民众的生态意识进而改善定西生态环境具有重大而深远的意义。

【旭化成水环保专项基金光彩林项目】定西旭化成水环保专项基金投资建设的光彩生态林绿化项目，于2013—2014年期间，投资360万元。项目位于渭源县田家河乡元古堆村。

项目建设以速生柳、云杉和落叶松混交树种为主的光彩生态林4600亩，其中2013年建设1000亩，2014年建设3600亩。该项目的实施对于加快全县生态环境建设步伐，将元古堆村建成“全国生态文明示范村”具有十分重要的意义。

两年来，通过实施封山育林，收到了较好的生态、经济和社会效益。由于过去植被遭到过度破坏，生态环境的恶化制约着农业生产和人民生活水平的提高，通过实施光彩生态林项目工程，人们的生态意识普遍提高。生态环境得到明显改善，生态恶化的趋势得到了有效控制，使元古堆村农林牧的比例更加协调，产业结构更趋合理，保障了地方经济的持续、健康、快速发展。工程完成后，在涵养水源、减少土壤流失等方面的生态效益初步显现并将逐年增加。

（甘肃省光彩事业促进会供稿）

青海省光彩事业促进会

【综述】

青海省光彩事业促进会紧紧围绕全省经济社会发展大局，以构建和谐社会为目标，引导广大非公有制经济人士发扬“致富思源、富而思进、扶贫济困、共同富裕、义利兼顾、以义为先、发展企业、回馈社会”的光彩事业精神，积极投身于捐资助学、扶贫济困、社会就业、国土绿化及社会主义新农村建设，取得了良好的成绩，为青海经济社会实现又好又快发展作出了积极的贡献。

一、积极参与社会主义新农村新牧区建设，努力帮扶山村改善生产生活条件

我省民营企业积极参与社会主义新农村建设，为扶贫开发、实现共同富裕作出了重要贡献。同时，省光彩会认真做好参与新农村经验推广工作，在深入企业调查的基础上，积极引导并组织民营企业参与社会主义新农村建设。

在2011年的“百企联百村”活动中，省光彩会高度重视、积极引导，向省工商联会员企业和光彩会理事发出动员，共有18家民营企业参与此项活动，并与17个联点村签订意向性协议，意向资金达700万元，主要用于村落墙体改造、大门更换、房屋建设、人行道铺设、路灯安装等；在2012年“党政军企共建示范村”活动中，省光彩会组织11家民营企业出资128万元，用于化隆县公布昂村文化广场建设、公布昂小学建设、村基础设施建设，并协调省交通厅投资40万元为该村修建桥梁一座；协调省水利厅投资6万元修建水坝1座、涵洞1处，另协调修建卫生室1间；西宁市组织24家会员企业向城中区总寨镇王斌堡村捐赠体育器材8套、太阳能照明路灯4套，价值6万余元；海东市组织13家非公企业与平安县15个村签订了结对帮扶协议，累计向新农村建设捐款捐物达246万元；海西州组织11家民营企业为大柴旦其马海村落实帮扶资金124万元；在2013年“党政军企共建示范村”活动中，省光彩会组织14家会员企业出资155万余元，用于民和县古鄯镇七里寺村示范村建设，并为该村解决建房补助2万元。同时，与省扶贫开发局协调落实近300万元用于该村养殖业及贫困户农机具购置。2013年“万名干部下乡”活动启动，省光彩会出资8000元为海南州兴海县河卡镇政府、河卡镇宁曲村村委会配置办公设备。2014年在“党政军企共建示范村”活动中，积极与省建设厅协商，为民和县古鄯镇七里寺村解决建房补助2万元，并与省扶贫开发局落实农业后续产业化项目资金483万元；在“美丽乡村建设”活动中，与省建设厅协调落实民和县古鄯镇范家河村道路亮化项目资金10万元，与省扶贫开发局协调落实该村农业后续产业化项目资金50万元，与省水利厅协调落实涵洞一处，前期勘探、规划工作已结束。同时，省光彩会为该村综合服务中心购买办公设施价值5万元，并为该村15名大学生送去助学金3万元。

二、积极创造就业岗位，促进全省劳动力就业

省光彩会针对我省就业压力大的现状，充分认识做好就业和再就业工作的重要性、紧迫性和长期性，广泛发动全省民营企业积极参与就业再

就业工作，为下岗失业人员、大学毕业生、复转军人、农民工提供就业岗位。自2008年以来，连续六年与省工商联、人力资源和社会保障厅、总工会等单位联合举办“民营企业招聘周” 活动，共组织民营企业举办招聘会近百场，使5万余人实现了就业再就业，在社会上引起很大的反响。为促进引导民营企业积极吸纳大中专毕业生就业，我们与团省委在全省范围内共同开展了“青年就业创业见习基地”创建活动，努力为广大青年积累工作经验，提高就业创业能力，为用人单位选人用人搭建平台。

经过多年的发展，全省民营企业在解决就业方面显示出了巨大潜力，为减轻就业压力，维护社会稳定作出了积极的贡献，涌现出了一大批实现就业再就业的优秀民营企业和企业家。兴旺集团、应录集团等16家企业被首批命名为“青年就业创业见习基地”；青海黄河水电再生铝业有限公司、正平路桥建设股份有限公司、青海省海南天和路桥工程有限公司被中华全国工商业联合会、人力资源社会保障部、全国总工会评为“全国就业与社会保障先进民营企业”； 青海金鼎水泥有限公司、鑫恒集团驻青企业、西部伟业投资集团被中华全国工商业联合会、人力资源社会保障部、全国总工会评为“全国非公企业招聘周吸纳就业突出非公企业”。同时，民营企业也积极与有关院校开展合作，定向为企业培训专业人才。如青海正平集团与青海交通职业技术学院合作，成立了正平学院，探索民营企业参与职业教育和吸纳就业的新模式。

三、积极参与以智力扶贫为主要内容的社会公益事业，助推社会和谐发展

广大非公有制企业在发展壮大企业的同时，勇于承担社会责任，通过慈善捐款、助残济困、捐资助学、公益事业、抗震救灾等方式，以实际行动回馈社会。

一是捐资助学，为学子圆梦。2011年至2013年，在“同心·改善民生工程——非公经济代表人士资助贫困大学生”活动中，省光彩会组织企业家为大通县东峡镇、乐都县下营乡、民和县七里寺镇、化隆县昂思多镇的221名贫困大学生捐赠助学金44.2万元；2012年，海东市各县举行了盛大的资助贫困大学生圆梦行动，民营企业家慷慨解囊，共筹集到资金64万元，海北州在智力扶贫方面捐款捐物达126.2万元，同时，海北州祁连玉林旅游开发有限公司专门设立了“玉林奖学金”，2012年首批启动资金20万元；祁连亿达设立了“亿达助学基金”，2012年首批启动30万元；青海华实科技公司拿出100万元投入到助学基金中，每年资助贫困大学生100名；创新集团公司联合青海回族撒拉族救助会，近年来共资助近400名贫困大学生，累计资助金额达700万元。

二是慈善捐助，不遗余力。广大非公有制企业关爱弱势群体、慷慨解难救助，在慈善公益事业方面出资出力、不遗余力。最突出的有：青海省江河源投资集团公司自2008年到2013年年间，加大了对青南牧区、大通回族土族自治县、民和回族土族自治县扶贫捐助力度，累计捐款140多万；青海健翔集团捐资30万元在海南州修建一所幼儿园，让牧区孩子也能享受优质教育资源；青海中塑矿业有限公司捐资280万元为我省藏区修路，捐资56万元修建乡村小学等等。2012年，救助白血病患儿孔雪琪，省光彩会向和广大非公有制企业、异地商会发出倡议，得到积极响应，共收到社会各界人士爱心捐款57.86元。2013年，我们了解到玉树灾区一些受灾严重家庭的儿童，由于缺乏营养导致贫血、低体重和生长发育迟缓现象较为严重，于是主动与全国工商联扶贫部联系，争取到资金6.5万元，全部用于受灾地区20名贫困儿童购买营养辅食。2012年，我们与省卫生厅、团省委等有关单位共同举办了红丝带健康包“百校进千企”活动，动员并组织青海大学昆仑学院等5个高校院所的75名大学生志愿者走进民营企业，向外来务工人员、农民工宣讲防艾知识。活动期间，共向我省的24家企业发放“红丝带健康包”6000个。

三是抗震救灾，大爱先行。4·14玉树大地震、4·20雅安地震、8·3鲁甸地震发生后，省光彩

会在第一时间向全省非公有制经济人士和光彩会理事发出倡议书，动员他们立即行动起来，伸出援助之手，弘扬中华民族“一方有难、八方支援”的优良传统，体现广大非公经济人士扶危济困、奉献爱心的社会美德，帮助灾区群众重建家园，积极捐款，向灾区人民群众送去非公经济人士的关爱。据不完全统计，全国各级工商联组织、光彩会、民营企业和广大非公有制经济人士向玉树灾区捐款捐物近 11 亿元，其中，我省广大民营企业共捐赠款物 1.03 亿元；我省各级工商联组织、异地商会和广大非公有制经济人士通过各种渠道向雅安灾区捐赠款物累计人民币 1000 余万元。部分民营企业还积极参与现场救援。青海庆华集团、正平集团、天乐集团等企业在玉树灾情发生后，调集了近百台重型机械、300 多名救援人员第一时间赶赴灾区实施救援……这些感人至深的义举，充分体现了民营企业及广大员工与灾区人民共担苦难，共渡难关的手足情谊，体现了非公有制经济人士履行社会责任的强烈愿望和作为中国特色社会主义事业建设者的风貌。玉树灾后重建工作开始后，省光彩会及时下发了《关于继续援助玉树灾区做好抗震救灾和灾后重建工作的通知》，组织动员非公企业积极参与玉树灾后重建工作，同时，我们积极与中国光彩会、北京光彩会联系，争取到 604 万元光彩事业项目资金捐赠给玉树灾区，其中 200 万元用于三江源民族中学，404 万元用于玉树州两家幼儿园建设，幼儿园已于 2013 年竣工。2010 年，通过省光彩会和省工商联的推荐，青海正平集团荣获“全国抗震救灾英雄集体”和“全省抗震救灾模范集体”荣誉称号，青海正平集团李德业被授予“全国抗震救灾模范”和“全省抗震救灾模范” 荣誉称号，青海省兴青工贸工程集团有限公司荣获“全省抗震救灾民族团结模范集体” 荣誉称号，西部伟业董事长王伟明、汇吉集团董事长周卫军被授予“全省抗震救灾民族团结模范” 荣誉称号。

四是参与国土绿化和植树造林工作，造福一方。近年来，省光彩会积极响应党中央、国务院的号召，认真落实“全国动员，全民动手，全社会办林业”的方针，把国土绿化和植树造林列为光彩事业的一项重要内容来抓。最大的亮点是：与省林业厅密切合作，建立了包括联席会议、联合发文、联合调研、联合培训、联合宣传、联合表彰等在内的联合工作制度。同时，省光彩会积极引导民营企业投身国土绿化和林业建设事业，掀起了全省民营企业大办林业的热潮。2012 年，青海物通集团的“天路桃源”旅游度假区项目已完成投资约 6000 万元，完成项目前期工作和荒山绿化等工程；青海居易生物科技股份有限公司的格尔木市有机枸杞精深加工项目，种植了 2000 多亩有机枸杞，有效减少了水土流失。这两个项目增加了退耕还林面积、荒漠造林及人工育林面积，项目完成后能很好的带动和解决部分周边居民就业问题，带动群众脱贫致富，为广大非公有制企业参与项目扶贫起到良好的示范作用。与此同时，我们大力宣传和表彰民营企业家植树造林、国土绿化的先进事迹和时代精神，循化县振荣核桃开发有限公司董事长鲁振荣、原青海清华博众生物技术有限公司董事长鲁长征、青海绿通实业有限公司董事长谢静等多名企业家被全国工商联、国家林业局、中国光彩会授予“光彩事业国土绿化贡献奖”。

【华实集团公益捐赠】自 2007 年以来，集团公司及各子公司，以汇聚爱心、凝聚善心为立足点，以开展公益捐赠活动，先后共为各类社会公益事投入 4.000 多万元，积极参加“联姻结对”及“百企联百村”新农村建设活动，捐赠 50 万元对口帮扶青海省湟中县上新庄镇河滩村；捐赠 10 万元援助青海省民和县古鄯镇七里寺村开展“党政军企共建示范村”活动。为青海省互助县党政军企共建帮扶互助县东沟乡大庄村 80 万元；为互助县“金秋助学、助残、博爱一日”捐款 10 余元；为互助县总工会、残联、民政等现金捐赠 5 万余元；与青海省互助县威远镇共驻共建捐赠 1 万余元；为南门峡镇卷槽小学及新农村建设 3 万余元。

2008 年为四川汶川地震灾区捐款 50 万元；2010 年为青海玉树地震灾区捐款 1100 万元，2013

年为四川雅安、抗震救灾200万元。并为青海省互助县老年太极拳队捐赠运动服130余套价值2万元；为本集团公司退休员工制作运动服等3.7万元。尤其是为支持青海体育事业发展，精品体育赛事活动和建设“青海天佑德网球俱乐部”、羽毛球馆等基础设施工程项目捐赠2200多万元。同时，为提高青海落后地区教育事业发展水平，改善教学环境，资助优秀校长、优秀教师，2010年成立了青海天佑德教育基金会，主要用于帮扶因家庭困难失学的学生，并设立“思源园丁奖，每年出资300万元，表彰100名优秀校长，100名优秀教师。

【庆华集团爱心奖助学金】“青海庆华集团爱心奖助学金”于2007年9月成立，捐助总金额为200万元，主要用于捐资助学。截至2013年已累计捐助金额102.9万元。该项目主要用于资助大学生、高中生（职校生）。近年来建成“庆华音乐教室”36处，为德令哈市、乌兰县、天峻县等地农牧区中小学校配备了总价值16.9万元的音乐器材，为改善海西州素质教育办学条件，推动中小学校音乐教学，弘扬地区民族文化，作出了积极的贡献。

【抗震救灾】汶川地震发生后，正平集团派出专业技术人员，出动大型机械赴抗震救灾一线进行工程救援，历时21天，投入机械、人工、油料等费用约合人民币103万元，康乐医院派出外科主任赴灾区救助伤员，洁神集团捐赠垃圾清运车2台；玉树灾情发生后，青海庆华集团、正平集团、天乐集团等企业调集了近百台重型机械、300多名救援人员第一时间赶赴灾区实施救援。

（青海省光彩事业促进会供稿）

宁夏回族自治区光彩事业促进会

【综述】

宁夏回族自治区光彩会充分利用光彩事业这一平台，结合国家实施西部大开发和自治区决策部署，引导广大非公有制企业和非公有制经济人士积极履行社会责任，在招商招善、扶贫开发、公益捐助、服务民生、扶危济困、保护生态等工作中发挥作用，为推动宁夏经济社会发展作出了积极贡献。

一、发展光彩事业，助推宁夏经济社会发展

国家实施西部大开发战略以来，把光彩事业与西部大开发结合起来，会同自治区工商联通过举办、承办系列光彩行活动招商引善、扶危济困、项目投资、培训人才、发展商贸、开展合作，搭建了宁夏与东部发达地区沟通与合作的平台，实现了光彩事业与宁夏经济社会发展的融合与共赢。先后承办、主办了“中国光彩事业宁夏行”、“宁夏光彩事业六盘行”、“宁夏光彩事业吴忠行”等大型活动，配合协助地方政府和相关部门引进一批科技含量高、产业层次高的项目，有力地推动了宁夏经济结构调整。

2010年4月，宁夏光彩事业促进会通过各种方式和形式，组织和号召会员企业及广大投身光彩事业的商（协）会和民营企业家向玉树地震灾区积极捐款捐物，共计向灾区捐款1365.23万元；为西吉县余套村捐款捐物50万元，实施村道建设、机井维修、农民培训、党员活动室、卫生室建设等5个扶贫项目。帮助党建联系点解决实际困难。

2011年1月，自治区工商联副主席、宁夏宝丰能源集团总裁党彦宝捐赠1000万元成立了宁夏燕宝慈善基金会，主要用于资助宁夏所属具有宁夏户籍的家庭经济困难的2010级在校普通高中、职业教育和普通本科学生。

2012年8月，由中国光彩事业促进会和宁夏回族自治区党委、政府共同主办，自治区工商联、自治区招商局承办的“中国光彩事业宁夏行”活动在银川举办。中央统战部，全国工商联，中国光彩会，自治区党委、政府领导和来自全国各地的400余位民营企业家出席活动。2013年7月，会同自治区工商联和固原市委、政府共同举办了“宁夏光彩事业六盘行”活动，活动以“弘扬光彩精神，凝聚民企力量，助推固原发展”为主题，以投资考察、项目签约、光彩捐赠、革命传统教育为主要内容。自治区党委常委、统战部部长马三刚出席活动并讲话，来自区内外200多名企业家参加了活动。共签订投资项目19个，签约金额44.02亿元，公益慈善捐赠607万元，自治区工商联还与固原市签订了战略合作框架协议，助推固原经济社会建设。

2014年7月22日至23日，会同自治区工商联和吴忠市共同举办的以“弘扬光彩事业、增进民族互助、打造慈善吴忠”为主题的“宁夏光彩事业吴忠行”活动在吴忠市召开。自治区政协主席齐同生，自治区党委常委、统战部部长马三刚及来自区内外的200余名企业家出席活动。活动共签订13个项目，投资金额53.35亿元，慈善捐赠资金400万元，用于助困、助医、敬老、民族互助、健康小屋、爱心超市、流动图书馆等7个民生项目，使光彩事业扎根吴忠、造福当地回汉

群众。

2014年，燕宝慈善基金会秉承“善心善行、善款善用、善始善终”的宗旨，积极参与助残、助困、助老、抗震救灾等各类慈善公益活动，全年基金会共接受宝丰集团捐赠善款1.5亿元，当年可用款项1.547亿元；支出各项慈善公益项目款项1.519亿元。当年共资助各类学生44082人，受助学生分别分布在全国31个省、市、自治区和香港及韩国共494所高校，区内20所职业院校及22所高中。

二、引导非公有制企业和非公有制经济人士参与光彩事业，实施光彩扶贫活动

在西部大开发中，积极引导我区非公有制企业和非公有制经济人士积极参与光彩事业，在推动国企改革、农业产业化建设、移民安居扶贫和教育事业等领域作出了积极贡献。

参与国企改革，实施就业扶贫。大力鼓励支持非公有制企业以兼并、买断、租赁、承包、参股等形式参与国有企业的改革，使一批濒临倒闭破产的企业起死回生。宁夏兴俊集团斥资1500万元兼并了两家即将破产的国企，使国企止亏，国资回笼，安排了100多名下岗职工就业。宁夏香山酒业集团承租了濒临倒闭的中卫酒厂，盘活了国有资产，安排下岗职工652名和城镇待业人员315名，并打造出“宁夏红”中国驰名品牌。吉运集团改制后已形成十余家子公司，安置就业600多人。瀛海集团先后收购改制三家水泥厂，安置下岗职工482人、大中专毕业生200多人。紫荆花集团、宁鲁石化有限公司等一批非公有制企业积极参与国有企业的改革，并取得了成功，为推动宁夏经济社会发展作出了贡献。

参与农业产业化建设，实施项目带动扶贫。在新农村建设进程中，全区有152家非公有制企业与142个行政村签署了“村企互动”协议，一部分涉农企业成为当地农民脱贫致富的主要力量。宁夏红枸杞产业集团带动宁夏枸杞产业迅猛发展，种植面积从不到5万亩发展到70多万亩，吸引100多万人加入了枸杞种植和深加工领域，有10万农户依靠枸杞产业走上了致富路。宁夏万胜生物工程有限公司与利通区金积、高闸等乡镇签订“订单玉米”10万亩，每亩增收40元，带动2万农户每年增收400万元。宁夏伊品集团投资2亿多元建设的20万吨玉米深加工项目和宁夏百瑞源枸杞种植加工项目，带动了当地粮食结构调整和物流、运输、服务业的发展。宁夏厚生记食品有限公司通过“企业+科技部门+农户”的形式在西海固贫困山区实施农副产品深加工项目，建成百万亩小杂粮生产基地，加工生产绿色食品，促进了南部山区农业产品结构调整，增加当地群众的就业岗位和收入。宁夏紫荆花药业公司在盐池县投资2亿元建设100万亩甘草、苦豆子药材原料基地及100吨苦豆子生物碱及其制剂项目，建成国内最大的苦豆子生物碱提取分离生产线。同时治理荒漠化草原面积100万亩，成为当地“生态环境建设、资源开发利用、社会稳定发展”联动效应的光彩示范工程。福建香江集团与西吉县签订了共同开发马铃薯资源深加工协议，成为闽宁合作扶贫龙头项目。该项目总投资3亿元，解决当地就业1000多人，使西吉县农民群众年均增加收入300元。这些特色产业使农村劳动力转移离土不离乡，促进了农民脱贫致富的进程，为我区“三农”建设作出了重要贡献。

参与安居移民工程，实施移民扶贫。自治区工商联副会长、宁夏金龙集团董事局主席刘金虎出资700余万元，在吴忠市红寺堡区兴建光彩移民新村，建成标准农宅100套（每套97平方米）和一座培训中心，铺建了红寺堡区第一条柏油路，整修了100亩庭院经济用地，搬迁安置山区回族特困农民100户、移民600人，并义务为村民担保贷款80万元发展养殖业。宁夏金龙集团在资金、种苗、技术等方面帮助支持光彩新村农民陆续种植枸杞。目前，枸杞种植面积达到了3200多亩，枸杞收入占村民总收入的70%以上。如今的红寺堡光彩新村已成为当地的一个经济亮点和科学种田、农村科技产业结构调整、民族团结和谐发展的移民样板村，枸杞产业已成为该村群众致富奔

小康的支柱产业，带动了红寺堡移民开发区的发展。2011年，又成立“宁夏金龙集团移民教育中心”，计划用5年时间投资5000万元，对移民村1200名村干部、7000名生态移民、2000名劳务移民等共计12200余名移民进行技术培训，提升移民自我发展能力。

市场带动项目，促进经济繁荣。引导非公有制经济人士进入物流、资金流、信息流等领域，兴建了一批大型综合市场。东西部合作促进会会长、立达房地产开发公司董事长张达投资1.9亿元，先后建成了9万平米的机电市场和汽车摩托车市场；福建企业家协会会长、新丝路房地产开发公司董事长陈舒投资2亿元建成 “福州街”；建发集团董事长杨伟投资建设“家世界”广场、同心路市场；原野实业公司总经理袁新华投资建设“原野家私城”等大型市场。目前，形成了以银川商城、东方商城、温州商城为主的小商品集群市场和以钢材市场、机电批发市场、西夏建材城、龙盘光彩家居广场为主的物资批发市场，市场项目功能越来越齐全，经济凝聚力和辐射力越来越强。不仅解决了大量的下岗失业人员再就业，而且为商品流通创造了良好的聚散条件，拉动了房地产、交通运输、产品加工、建筑材料、餐饮服务、信息通讯等行业的发展，极大的促进了当地经济的繁荣与发展。

三、大力弘扬光彩精神，发展不忘回报社会

一是在重大自然灾害面前奉献大爱。5·12四川汶川发生特大地震后，积极引导全区非公有制企业和非公有制经济人士向四川地震灾区群众奉献爱心。全区非公有制经济人士和非公有制企业顾大局、讲贡献，心系国家、情牵人民，踊跃捐款捐物，共向灾区捐款2861.6万元，捐献价值约200万元的大米5吨、面粉19吨，清真食品100箱和部分药品、帐篷、衣物等。四川雅安发生地震后，全区非公有制企业和非公有制经济人士共捐款捐物2200多万元，向玉树地震灾区捐款1300多万元，用实际行动展现了我区非公有制经济人士和非公有制企业报效国家、回报社会、扶贫济困的强烈社会责任感。宁夏金龙集团董事局主席刘金虎、宁夏伊品生物工程股份有限公司董事长闫晓平等3人被全国工商联评为“抗震救灾先进个人”，宁夏宝塔石化集团、宁夏永宁银华彩板有限公司被全国工商联评为“抗震救灾先进集体”。

二是支持教育事业发展。宁夏银帝集团董事长朱奕龙捐款1400多万元，在宁夏兴建56所光彩学校。宁夏兴俊集董事长杨兴仪捐资60多万元在同心建立救助贫困学生基金，投资250万元兴建光彩学校，受助大中小学生6000多人。自治区工商联副主席张金山、杨彦聪等一大批非公有制经济人士为宁夏教育事业慷慨解囊，奉献爱心，做出了贡献。据统计，全区非公有制经济人士共投资16734万元，兴建光彩学校108所，有力推动了宁夏教育事业的发展。

三是服务民生扶危济困。自治区工商联副主席、宁夏石嘴山大榆树沟煤炭产销公司董事长陈逢干2005年成立了“宁夏陈逢干大学生助学基金会”，每年拿出300万元专门用于资助宁夏当年考入大专院校的品学兼优的贫困学生，帮助860位宁夏贫困大学生的入学难题。基金会成立以来，共发放助学金1840万元，受助学生5400人，陈逢干本人连续九年获得中国十大慈善家称号。自治区工商联副主席、宁夏宝丰集团总裁党彦宝2011年出资1000万元设立“宁夏燕宝慈善基金会”，并由集团公司每年捐资5000万元用于资助全区33所大学、职业技术学院和南部山区中学。同时，从2013年开始至2020年，宝丰集团燕宝慈善基金会决定捐赠11.5亿元，资助10.5万名贫困学生圆大学梦。2012年，党彦宝本人入选第七届“中华慈善奖”，当选全国“最具爱心捐赠个人”。自治区工商联常委、银川长城发展集团总经理王光银投资8500万元创办“银川长城英豪学校”，为银川贫困学生和考入大学的学生设立助学金和奖学金，为推动我区经济社会发展培养一大批优秀人才。

四是参与国土绿化和生态环境建设。宁夏志

辉农牧开发公司为改变贺兰山东麓生态环境，先后投资2000万元，承包开发荒地13000余亩，营造防风林带3000余亩，果林800余亩，成片造林200余亩，城市园林绿化大苗7000余亩，利用树间距种植牧草4000余亩，荣获“全国光彩事业国土绿化贡献奖”。中卫华贸农工商公司开发沙荒地4000亩，创办“长城林场”发展种养殖业，开荒治沙10000亩，实现了农、林、牧综合发展，为环境保护作出了积极贡献，开发的“长城林场”治沙造林项目被中国光彩事业促进会批准为全国光彩事业重点项目。宁夏官湖实业有限公司总经理张万宁投资近1000万元，开发保护湿地资源，受到了环保部门的表彰。宁夏富兴达房地产集团公司董事长刘良富投资240多万元，在五里坡乡南部山区封山固栏2万亩，建成集种植、养殖、游览为一体的生态园区，为宁夏生态文明建设作出了贡献。

【向汶川地震灾区捐赠款物】据统计，2008年我区广大非公有制经济人士仅在夺取抗击南方冰冻雨雪灾害、四川汶川特大地震灾害斗争中，积极响应党和国家号召，慷慨解囊，奉献爱心，累计向灾区捐款3000多万元、物资数百吨。其中有3位非公有制经济人士被全国工商联评为“抗震救灾先进个人”、3家非公有制企业被评为“抗震救灾先进集体”。光彩会、海联会副会长，宁夏金龙集团董事局主席刘金虎个人向灾区捐款130万元，宁夏银帝集团董事长朱奕龙个人向灾区捐款100万元。

【扶贫济困】落实扶贫资金4700万元，在海原县打水窖6000眼，帮助22个县（市、区）培训农民10万人，为9个县区建设海联新农村卫生室60个。认真做好扶贫工作，为西吉县白崖乡余套村筹集资金30万元，实施村道建设、机井维修、农民培训、党员活动室、卫生室建设等5个扶贫项目。帮助党建联系点解决实际困难，筹集10万元支持西夏区宁华路农垦社区建设，筹集30万元为隆德县沙塘镇马河村建造1所“新型农民科技培训学校”。郑国祥、陈舒、王鹏所创办的企业被人力资源和社会保障部等部门评为“全国就业与社会保障先进民营企业”。陈庆成、阮世忠被中央统战部等部门授予“第三届全国优秀中国特色社会主义事业建设者”称号。配合自治区扶贫办认真落实了10个村企共建扶贫项目，协调山东省工商联捐资50万元资助银川市第二十五小学，协调山东九阳集团捐资20万元支持平罗县宝丰小学网络教学。

【向玉树地震灾区捐款捐物】2010年4月，宁夏光彩事业促进会通过各种方式和形式，组织和号召会员企业及广大投身光彩事业的商（协）会和民营企业家向玉树地震灾区积极捐款捐物，截至2010年4月30日，共计向灾区捐款1365.22937万元。

【中国光彩事业宁夏行】积极协助、配合做好由中国光彩事业促进会和宁夏回族自治区党委、政府共同主办的“中国光彩事业宁夏行”大型投资考察活动。中央统战部副部长，全国工商联党组书记、第一副主席，中国光彩会副会长全哲洙，自治区党委书记、人大常委会主任张毅，自治区主席王正伟等有关领导和来自全国各地的400余位民营企业家出席活动。活动共签约项目142个，总投资2060.02亿元，其中合同项目110个，总投资1158.12亿元，项目捐赠4170万元。其中，3170万元用于资助同心县同德生态移民区建设“中国光彩事业扶贫慈善枸杞产业园”，种植有机枸杞7000亩，为当地1379户群众带来人均增收近万元的收益，铺就了移民群众脱贫致富的“阳光之路”。另外1000万元用于固原市教育和扶贫事业，帮助固原教育事业和扶贫工程的发展。

【光彩事业六盘行】会同自治区工商联在固原市成功举办了“光彩事业六盘行”活动，共签约投资项目19个，总投资44.02亿元。其中，合同项目5个，总投资6.32亿元，协议项目14个，总投资37.7亿元。活动期间，全区非公有制企业家共向固原市捐赠善款607万元，充分展示了我区非公有制经济人士的良好风貌，弘扬了“义利兼顾，以义为先”的光彩精神，受到社会各界的好评。

【燕宝慈善基金会慈善公益活动】2014年，燕宝慈善基金会秉承“善心善行、善款善用、善始善终”的宗旨，积极参与助残、助困、助老、抗震救灾等各类慈善公益活动，全年基金会共接受宝丰集团捐赠善款1.5亿元，当年可用款项1.547亿元；资助各类学生44082人，受助学生分别分布在全国31个省、市、自治区和香港及韩国共494所高校，区内20所职业院校及22所高中。

（宁夏回族自治区光彩事业促进会供稿）

新疆维吾尔自治区光彩事业促进会

【综述】

新疆维吾尔自治区光彩事业促进会坚持以邓小平理论、“三个代表”重要思想、科学发展观为指导，认真学习习近平总书记系列重要讲话精神，认真把握中央支持全区实现跨越式发展和长治久安的历史机遇，积极响应党委、政府号召，团结、引导广大非公有制经济人士积极参与抗灾救灾、“光彩事业行”、感恩行动、就业扶贫、助学助教及各项社会公益事业，为全区经济和社会发展、人民生活水平的提高和构建社会主义和谐社会做出了自己的贡献，书写了新时期自治区光彩事业发展的新篇章。

一、扶贫济困开创新模式

我们坚持把实施扶贫开发、促进共同发展作为主题，按照自治区党委、政府扶贫工作布署，立足贫困地区实际，运用民间渠道，着力实施重点项目，走出一条符合区情的开发式扶贫道路。深入推进“光彩行”，探索民企联村、推动农村产业化等多种模式，开展多种形式的活动。如：哈密地区召开民营企业参与新农村建设现场会，开展以项目扶贫、招工扶贫、智力扶贫、公益扶贫为内容的“万名民营企业家下乡进村帮户”活动，有力地促进了社会主义新农村建设。举办系列“光彩事业行”活动，引导广大非公有制经济界人士积极响应党和政府的号召，乐善好施，热心参与扶贫济困、捐资助学等社会公益事业，自觉承担社会责任，回报社会，成为光彩事业主要力量，推动光彩事业不断取得新的成果。2009年6月组织民营企业在哈密地区伊吾县开展“光彩项目伊吾行”活动，29家民营企业向伊吾县光彩项目基金捐款捐物超过600万元。为确保捐赠款的合理使用，自治区工商联与自治区慈善总会、伊吾县政府共同签署了《伊吾县“民营企业家光彩事业基金”》协议，主要援助全县贫困户小额生产资金借贷、农村贫困家庭子女就学援助、关爱老年人专项援助等，为该县农牧民的脱贫致富创造了良好的条件。2011年在托克逊县举行的“光彩事业托克逊行”活动中，40余位企业家为托克逊县踊跃捐款捐物，捐款总额达509.2万元，捐物折合人民币131.9万元，企业家的善举充分体现了致富思源、富而思进精神，回馈社会的价值取向和道德情操，体现了民营企业家无私奉献精神和强烈的社会责任感。2012年11月“光彩事业察布查尔行”考察团，在察布查尔县会务中心向自治县捐赠576.8514万元款物，表达了我区民营企业、异地商会、行业商会、直属商会各界慈善人士对自治县各族群众的关爱和支持。此次帮扶活动中共引进、落实项目18个，投资金额达12967万元。仅2012年已落实的项目就达13个，总投资8319万元，到位资金7968万元。

二、抗灾救灾彰显新风尚

全区民营企业家积极响应党和政府的号召，表现出了强烈的大局意识、责任意识和良好的精神风貌，特别是为青海玉树灾区赈灾、乌鲁木齐“7•5”事件、抗击雪灾等重大事件面前，涌现出了一大批先进典型人物，得到了社会各界的广泛好评。2009年乌鲁木齐“7・5”事件发生后，全区广大民营企业家和企业员工坚决响应党中央和自治区党委的号召，坚决制止和愤怒声讨境内外“三股势力”制造的打砸抢烧恐怖暴行，涌现出了许多可歌可泣的动人事迹。广大非公有制企业顶住压力，主动恢复生产和经营，为社会稳定作出重要贡献。据不完全统计，民营企业踊跃为乌鲁木齐“7·5”事件受害人员、慰问官兵和公安干警捐款捐物总计2264.6万元。2010年4月14日，青海玉树发生地震后，灾区人民的生命安危牵动着新疆各级工商联干部职工和非公有制经济人士的心。地震无情，人间有爱。我区广大民营企业和企业家积极响应，纷纷伸出援助之手，慷慨解囊，献上一片爱心，表达新疆民营企业对青海玉树兄弟的手足关怀。据不完全统计，全区各地州市工商联和民营企业累计捐款超过955.13万元。2013年4月14日在雅安地震灾害发生后，我区各地129 家企业进行捐赠，捐款捐物累计868.98 万元，其中捐款774.28万元，捐物折合人民币94.7 万元。自2009年12月以来，新疆北部地区多次遭受雪灾、低温等灾害，给民众生产生活造成很大损失。灾情发生后社会各地工商联和民营企业伸出援手，帮助灾民尽快恢复生产，重建家园。如：广汇集团向吉木乃县捐款2000万元，对全县灾后重建水利工程予以鼎力支持；额敏县和托里县工商联会员企业为受灾群众捐款捐物价值10.335万元，浙江商会、江苏商会、温州商会等17家企业为伊犁地震灾区捐款198万元。我区企业家、行业商会、异地商会的义举不仅是经济意义，重要的在于体现了对灾区人民的爱心关切，对于全区凝心聚力很有意义。

三、特色项目呈现新亮点

坚持把推动民生改善、促进共建共享作为重要任务，团结引导广大非公有制经济人士自觉履行社会责任，热心参与公益事业，创建了一批特色鲜明、影响广泛、效益显著的公益工程，不断推进统一战线“同心”品牌建设。一是开展招工扶贫，服务就业创业。我们与自治区人力资源和社会保障厅、总工会合作，共同推进就业工作的开展，每年开展一次全区民营企业招聘周活动。同时与人力资源和社会保障厅配合，常年开展招工活动，既为企业排忧解难，解决用工问题，又重视做好引导工作，多招收贫困青年就业，从而走出一条就业扶贫的路来。据不完全统计，全区参加招聘周活动的民营企业2599家，安置大学生、军转干部、农民工等各类人员就业55172人，培训人员125449人次。二是开展教育扶贫，实施“光彩助学”。在全区广泛开展“光彩助学”的基础上，重点帮贫困学生就学。如大湾房产集团董事长李金昌为家乡建了一座“金昌希望小学”，给孩子们创造了良好的学习环境与机会；阳光恒昌地产股份有限公司设立“恒昌励志奖学金”，资助和奖励品学兼优的贫困学生；阿克苏、呼图壁等地州市组织民营企业举办贫困学生捐资助学仪式，从而收到了“资助一个学生，脱贫一个家庭”的良好效果。据不完全统计，五年来，全区民营企业家共捐赠5.41亿元资助6万多名贫困学生就学，修建学校、教学楼402座，有效地帮助了贫困地区和贫困家庭培养人才，走上脱贫致富路。三是注重正面引导，激发企业家参与慈善公益事业的热情。我们把引导民营企业捐资公益事业作为企业家履行社会责任的重要方面来开展，取得了很好成效。许多企业家致富不忘国家，不忘社会各方面的支持，不忘先富带后富，涌现了许多动人的事迹。麦趣尔集团这三年捐款捐物达629万元，被中华慈善总会授予“中华慈善突出贡献（单位）奖”。据不完全统计，我区民营企业家设立了不同形式的基金（资金），把参与慈善、公益、光彩事业纳入企业的发展规划，成为构建和谐社会的重要生力军，为社会慈善公益事业捐款捐物达5.81亿元，在群众中树立了良好的形象。四是送健康进企业，关爱外来务工人员。我们与防治艾滋病工作委员会办公室、团委以及乌鲁木齐市工商联共同开展红丝带健康包“百校进千企”活动，关爱外来务工人员健康，为会员企业外来务工人员发放健康包1万多个，有效提升了我区广大务工人员的防艾意识。

四、参与西部开发取得新成效

根据中央新疆工作座谈会议精神，在新一轮援疆工作的推动下，伊犁、喀什、和田、阿克苏、吐鲁番等地州工商联主动开展招商引资对接工作，为对口援疆省市工商联提供重点招商引资项目近500个。在喀什、克州、伊犁、昌吉、阿勒泰等地州工商联支持下，成功举办中国武汉—中亚南亚商品交易会。协助全国工商联成功举办“首届中国—亚欧博览会暨光彩事业新疆行”活动。自治区党委、政府与全国工商联隆重举办“新疆维吾尔自治区与知名民营企业恳谈会暨签约仪式”，全国知名民营企业与我区签订投资合作项目总额1226.89亿元。

五、引导教育跃上新台阶

七年来，我们坚持把促进非公有制经济人士健康成长作为重要职责，引导他们深入了解国情，积极回报社会，充分展示中国特色社会主义事业建设者的时代风貌。广大民营企业家踊跃参与抗击雨雪冰冻、特大地震、罕见干旱、严重洪涝和泥石流等自然灾害，深入一线开展救援，慷慨解囊捐款捐物，积极投身灾后重建；自觉把参与光彩事业作为践行社会主义核心价值体系、提高综合素质的重要途径，在诚信经营中树立良好形象，在扶贫济困中提升精神境界，在报效国家中体现价值追求，涌现出一大批政治觉悟高、经济实力强、社会贡献大的代表人士，在国家政治社会生活中发挥了重要作用，许多会员企业和理事荣获各级表彰。冯东明等2位企业家荣获全国“劳动模范”称号，李建宏等2位企业家荣获全国“优秀中国特色社会主义事业建设者”称号，韩俊平等3位企业家荣获中国光彩事业奖章，张俊发等8位企业家荣获全国“国土绿化奖”。王军等6位企业家荣获自治区“劳动模范”称号，鲁伊等68位企业家荣获自治区“优秀中国特色社会主义事业建设者”称号。新疆恒丰糖业有限公司等7家企业作为“全国就业与社会保障先进民营企业”受表彰。自治区光彩事业促进会也被中国光彩事业促进会授予“光彩事业组织奖”荣誉称号，赢得社会各界的充分尊重和广泛赞誉。

六、承办好“光彩行”活动

在中国光彩会、自治区党委、自治区人民政府、新疆生产建设兵团的关心支持下，2014年8月12日“中国光彩事业南疆行”主体活动安全成功圆满在喀什举办。来自全国和自治区知名民营企业家代表以及新闻媒体的代表500多人参加了开幕大会。活动收到公益捐款6840万（其中和田3000万元、喀什1400万元、克州800万元、阿克苏440万元、兵团1200万元）。洽谈产业项目315个，投资2293.8亿元，已签约产业项目266个，达成投资意向金额1734.8亿元，其中合同项目148个，投资金额1175.5亿元。

七、服务中心工作，拓展光彩事业工作领域

把服务党委、政府的中心工作作为光彩事业的重要领域，以良好的工作业绩赢得党委、政府对统一战线和光彩事业的认可与支持。自治区光彩会2014年在全疆非公有制经济人士中组织开展“百企助百村·携手共发展”光彩事业和田行动活动。开展“和田行动”是举自治区非公有制经济人士之力支持和田地区经济发展和当地群众脱贫致富的特殊举措，是深入开展非公有制经济人士理想信念教育实践活动和民族团结教育的重要载体，是在全社会深入开展“访惠聚”活动的积极探索。我们制定了自治区“百企助百村·携手共发展”光彩事业和田行动总体活动方案，活动管理办法，项目统计一览表，很好地指导了工作开展。在自治区党委的大力支持下，自治区党委统战部、自治区工商联、自治区光彩事业促进会、和田地委、行署2014年10月20日在和田地区和田县举办了自治区“百企助百村·携手共发展”光彩事业和田行动启动暨签约仪式。自治区工商联各副主席、副会长企业，各异地商会，各行业商会、直属商会共有146名代表参会，其中企业118家。在启动仪式现场，入村企业代表和帮扶贫困村签订了《村企帮扶协议书》，明确了双方的责任和义务。自治区工商联鞋业商会、新疆四川商会、自治区民贸商会与安徽商会、昆仑绿业集团等企业及商会现场为和田捐款、捐物达300余万元。

（新疆维吾尔自治区光彩事业促进会供稿）

新疆生产建设兵团光彩事业促进会

【综述】

新疆生产建设兵团光彩事业促进会是响应国家西部大开发的号召，在兵团党委统战部、兵团工商联发起下于2005年3月23日成立。2013年11月召开了第二届理事会，现有理事104名，其中非公有制经济人士68人，占理事总数的65.4%。在兵团党委统战部和兵团工商联的指导下，以非公有制经济人士为参与主体，以产业化扶贫推动区域发展为主要形式，以少数民族贫困地区、边境贫困团场为重点，以项目投资为支撑，以富民惠民稳边工程促进民生改善，以公益慈善项目履行社会责任，广泛开展了一系列富有成效的活动。在促进会的组织下，非公经济人士积极投身于兵团建设项目的投资、参与国企改革、安排下岗职工就业、培训人才、扶贫济困、捐资助学、兴办公益事业、赈灾救助等活动。为促进兵团经济社会发展、构建和谐社会作出了积极贡献。七年以来，在兵团14个师共实施光彩项目2200个，到位资金约1600亿元，培训人员30万人（次），安置就业 55万多人，捐资助学和资助各类公益事业约1.4亿元，帮助带动25万贫困人口脱贫致富，得到了各级党委、政府的充分肯定，赢得了社会各界的广泛好评。黄光权等5位企业家荣获“中国光彩事业国土绿化贡献奖”；2位企业家授予“中国光彩事业贡献奖”。兵团光促会副会长、新疆中帕投资有限公司董事长马依尔江先后被授予第二届“中国青年创业奖”，第八届中华慈善“最具爱心慈善楷模”奖，全国工商联“热心公益杰出人物”奖。

一、充分发扬光彩精神，积极参加抗灾救灾

2008年6月15日，兵团工商联会员企业向四川汶川“5·12”地震灾区捐款632.9万元。2010年4月14日，青海玉树地震灾害发生后，兵团统战部、工商联、光彩会组织广大非公有制经济人士向灾区人民捐款捐物，为青海玉树地震捐款 208.48万元。

2010年11月12日，根据中央统战部在全国向“老革命、老根据地、老少边穷地区，开展送温暖”的感恩活动的安排，兵团统战部、工商联、光彩会发起兵团非公有制经济人士“弘扬兵团精神，帮扶老战士”感恩活动，由兵团哈尼巴提·沙布开副司令员带领民营企业家赴十四师47团召开了感恩活动大会。对当年为解放和田徒步穿越775公里沙漠，原中国人民解放军第一野战军第一兵团二军五师十五团老战士和老战士遗孀进行慰问、帮扶。会上，非公有制经济代表人士向四十七团老干部和老战士家属及遗孀赠送了轮椅、助听器、拐杖、康身健身娱乐器材、慰问金和救护车购置费，共捐款合计人民币57.9176万元。2013年4月20日，四川雅安发生7.0级地震，兵团光促会副会长、新疆中帕投资有限公司董事长马依尔江个人向灾区捐款100万元，并将公司捐助50万元物资送到灾区。2009年乌鲁木齐发生“7·5”打、砸、抢、烧事件发生后，兵团工商联召集在乌鲁木齐市的9位兵团工商联副主席、副会长，组织民营企业慰问公安干警、武警和部队官兵，慰问在兵团医院治疗的“7·5”受害者和医务工作者，共捐款4.3万元。

二、紧紧围绕兵团发展大局，推动非公有制企业参与新型团场建设

一是支持教育卫生事业，开展捐资助学活动。兵团光彩会先后组织非公有制经济人士为兵团二中宏志班、十二师104团中学宏志班捐款助学，捐款20多万元，并进行了结对帮扶特困学生活动。2013年、2014年兵团工商联主席屈开平带领企业家两次赴十四师一牧场，对35名少数民族家庭困难的学生开展一对一帮扶捐助活动，并制定每年捐助计划。兵团工商联副主席、乌鲁木齐正大畜牧有限公司董事长秦怀民每年向石河子大学、新疆农业大学捐助30万元，帮助贫困优秀学生完成学业，并成立了基金。兵团总商会副会长、光彩会副会长黄兴荣看到十二师教育和医疗条件落后，捐款4600万元，其中，2500万元用于支持十二师医疗卫生事业，2000万元用于发展十二师文化教育事业，100万元用于支持新疆维稳工作。同时，黄兴荣开始对十二师师部养禽场低洼棚户区进行投资改造，还富于民。

二是寻求多方支持，开展扶贫工作。2011年8月与全联扶贫与社会服务部共同组织了由全国工商联党组书记全哲洙率全国103名知名企业家到兵团举行的“光彩事业兵团行”活动，向兵团工商联捐款500万元用于体系建设，部分企业与兵团师团签订扶贫开发合作协议。2013年为解决兵团边境农牧团场部分无电户职工家庭照明看电视问题，我会通过全联扶贫部争取600套家庭用太阳能照明设备，总价值320万元。

2014年8月由中国光彩事业促进会、新疆维吾尔自治区党委、政府、新疆生产建设兵团共同主办的“中国光彩事业南疆行”活动在新疆喀什地区举行，来自全国各地的300多位民营企业家参与。活动期间，企业家们参观考察了喀什经济开发区、经济贸易区、喀什广州新城、新疆生产建设兵团4 1团草湖工业园及小城镇建设等，慰问了军垦老战士代表。此次“中国光彩事业南疆行”活动签约项目266个，投资额1734.8亿元，其中签订合同148个，合同投资额1175.5亿元。民营企业家还为南疆地区和新疆生产建设兵团捐款6840万元，用于实施和田地区农村天然气入户、喀什农村太阳能灶建设、阿克苏地区养羊基地建设以及新疆生产建设兵团基层连队“风光互补”路灯等项目。

三是积极引导鼓励民营企业参与兵团团场扶贫开发和农业现代化建设。目前已有20家民营企业成为兵团农业产业化龙头企业，其中新疆春蕾麦芽制造有限公司成为国家农业产业化重点龙头企业，为解决农村剩余劳动力实现就业、带动当地10万多农牧团场职工增收起到积极示范作用。

三、安排就业、履行社会责任

2008年以来兵团工商联组织民营企业参加由兵团工商联、人社局组织的民营企业招聘周活动，已连续6年为下岗职工、毕业生提供多个就业岗位，已安置就业近60万人。兵团工商联还在14个师多个团场举办创业培训班，培训团场个体工商户3000多名。

【中国光彩事业“南疆行”】由中国光彩事业促进会，新疆维吾尔自治区党委、政府，新疆生产建设兵团党委共同举办的“中国光彩事业南疆行”活动，于2014年8月12日在喀什银瑞林国际大酒店隆重举行。中共同央政治局委员，新疆维吾尔自治区党委书记张春贤会见参加活动的部分代表。中央统战部副部长，全国工商联党组书记、常委副主席，中国光彩会副会长全哲洙出席活动并讲话。来自全国各地的500多名民营企业家及各方人士参加主体大会、观看宣传片、招商项目签约和公益捐赠仪式，考察了喀什经济开发区和兵团41团。

此次“中国光彩事业南疆行”招商项目签约及公益捐赠成果显著。经过活动领导小组及各师努力工作，此次活动兵团共达成签约项目356.75亿元，其中合同项目26个，金额348.45亿元，意向项目2个，金额8.03亿元，在谈项目261亿元。本次主体大会签约项目10个，金额108亿元；向兵团南疆师团捐赠1200万元；兵团工商联配合此次活动，组织动员兵团民营企业捐赠690万元。

主要扶持南疆师团及58个边境团场助学、农村天然气入户、养老、连队太阳能路灯照明、团场文艺活动广场LED宣传屏及民生项目。

【家庭太阳能电视一体机设备安装工程】由于边境农牧团场大多处于山区、牧区，职工居住分散，不少农牧职工家庭未通上电，特别是在每年5–9月份夏牧场作业期间，远离城镇生活区，没有电，职工家庭正常生活很艰难。由民生银行出资320万元，委托正泰集团制作。优先帮助兵团解决急需的600套家庭用太阳能照明电视一体机设备和2套边防哨所独立系统。

（新疆生产建设兵团光彩事业促进会供稿）

第八部分

表　彰

COMMEND

2009年“光彩事业突出贡献奖”获得者名单

魏凤彪　闫希军　王玉锁　李兆会　赵永亮　王健林　李彦群　邓　伟　郭广昌　张近东
徐冠巨　宗庆后　余渐富　许连捷　王再兴　卢志强　陈治华　吴少勋　谢子龙　黄文仔
王祥林　林青山　尹明善　刘永好　刘沧龙　王　伟　马永昇　雷菊芳　燕君芳　刘建民
霍庆华　刘金虎　米恩华　黄光权

2009年“光彩事业组织奖”获得者名单

北京市光彩事业促进会
内蒙古自治区光彩事业促进会
吉林省光彩事业促进会
上海市光彩事业促进会
江西省光彩事业促进会
山东省光彩事业促进会
湖北省光彩事业促进会
南京市光彩事业促进会
深圳市光彩事业促进会
重庆万州市光彩事业促进会

2012年“光彩事业奖章”获得者名单

赵建国　王子华　张荣华　杜克荣　张　海　杜庆申　任武贤　李建明　李京陆　孙荫环
包紫臣　刘　湃　杨茂义　王均金　丁佐宏　高仕军　蒋加平　楼永良　倪良正　后　力
曹德旺　傅光明　邱文奎　邱小林　赵洪林　郝在杰　楚金甫　陈世强　李家俊　涂亿万
邱则有　许家印　王大勋　陈　峰　张兴海　何俊明　陈陆文　姜　流　张之君　任怀灿
王安康　张　平　王焕臣　杨　毅　陈逢干　张力波　丁建忠

2012 年“光彩事业组织奖”获得者名单

北京市光彩事业促进会办公室
天津市光彩事业促进会办公室
石家庄市光彩事业促进会
山西省光彩事业促进会
中共包头市委统战部
沈阳市工商联
吉林省委统战部工商经济处处长、省光彩会秘书长李文启
哈尔滨市光彩事业促进会
上海市光彩事业促进会
中共淮安市委统战部
浙江省光彩事业促进会
安徽省光彩事业促进会
福州市光彩事业促进会
吉安市光彩事业促进会
山东省光彩事业促进会
中共驻马店市委委员、统战部副部长、市工商联党组书记、市光彩会副会长兼秘书长史爱民
湖北省光彩事业促进会
湖南省光彩会光彩事业专项基金管理委员会
广东省光彩事业促进会
中共崇左市委统战部
重庆市万州区光彩事业促进会
四川省光彩事业促进会
铜仁市光彩事业促进会
云南省光彩事业促进会办公室
西藏自治区工商联
陕西省人大常委、省工商联副主席、省光彩会副会长李建军
甘肃省工商联党组成员、副主席、省光彩会常务副会长张勇
西宁市工商联
宁夏回族自治区工商联
新疆自治区光彩会办公室

关于授予丁佐宏等103位企业家"光彩事业20周年突出贡献"荣誉证书的决定

今年是光彩事业发起实施20周年。20年来，广大非公有制经济人士积极投身光彩事业，坚持"先富帮后富、促进共同富裕"基本宗旨，践行"义利兼顾、以义为先"核心理念，致力于消除贫困、改善民生、科学发展、培养人才，涌现出一大批优秀代表。他们响应国家号召，参与西部大开发，在贫困地区投资建厂、拉动就业、促进发展；他们热心社会主义新农村建设，大力兴建基础设施、发展特色种植养殖、带动农民增产增收；他们关心青少年的教育和发展，捐建光彩学校、资助贫困师生；他们重视生态建设，致力于沙漠治理和国土绿化；他们发展企业不忘回馈社会，在关键时刻伸出援手、慷慨捐助，为贫困地区群众排忧解难。这些都充分体现了当代民营企业家继承中华民族传统美德、践行社会主义核心价值观的良好精神风貌，为广大非公有制经济人士作出了表率。值此光彩事业20周年之际，中国光彩事业促进会决定授予月星集团有限公司董事局主席丁佐宏等103位企业家"光彩事业20周年突出贡献"荣誉证书。

党的十八届三中全会就全面深化改革作出总体部署，将极大改善非公有制经济发展外部环境，为光彩事业发展提供更加广阔的空间。希望获得荣誉的企业家发扬成绩，再接再厉，不断开拓进取。广大非公有制经济人士要以他们为榜样，大力弘扬光彩精神，自觉践行光彩理念，发展企业、回馈社会、造福人民，为光彩事业持续健康发展、为全面建成小康社会作出新的更大贡献。

附："光彩事业20周年突出贡献"荣誉证书名单

中国光彩事业促进会

2014年5月20日

"光彩事业20周年突出贡献"荣誉证书获得者名单

杜庆申	河北钢铁集团永洋钢铁有限公司董事长兼总经理
韩长安	山西潞宝集团董事长
李建明	长治市南烨实业集团有限公司董事长
李金元	天狮集团有限公司董事长
李占通	天津大通投资集团有限公司董事长
王玉锁	新奥集团股份有限公司董事局主席
刘忠元	内蒙古元和投资集团有限责任公司董事长兼总裁
薛扳进	闽辉实业集团有限公司董事长
任武贤	亚宝药业集团有限公司董事长
吴振山	河北天山实业集团有限公司董事长
王　蓓（女）	爱家投资控股集团有限公司董事长
叶　青	北京叶氏企业集团有限公司董事长
张杰庭	锡华实业投资集团有限公司董事长
张荣华（女）	天津荣程祥泰投资控股集团有限公司总裁
孙荫环	大连亿达集团有限公司董事长
韩　伟	大连韩伟企业集团有限公司董事长
包紫臣	本溪市矿业有限责任公司董事长
李彦群	吉林省神华集团有限公司董事长
修涞贵	修正药业集团股份有限公司董事长
韩真发	吉林正业集团有限公司董事长
张宏伟	东方集团实业股份有限公司董事局主席
邓　伟	亿阳集团股份有限公司董事长
王均金	上海均瑶（集团）有限公司董事长
郭广昌	上海复星高科技（集团）有限公司董事长
丁佐宏	月星集团有限公司董事局主席
陈　丽（女）	上海新丽装饰工程有限公司副董事长兼总经理
高仕军	江苏高力集团有限公司董事长
崔根良	亨通集团有限公司董事局主席
汤燕雯（女）	常州市长兴集团有限公司董事长
徐冠巨	传化集团有限公司董事长

南存辉	正泰集团股份有限公司董事长
宗庆后	杭州娃哈哈集团有限公司董事长兼总经理
王建沂	富通集团有限公司董事局主席
余渐富	安徽南翔集团董事局主席
陈先保	合肥华泰集团股份有限公司董事长
余竹云	安徽中环投资有限公司董事长
曹德旺	福耀玻璃工业集团股份有限公司董事长
许连捷	恒安国际集团有限公司 CEO
傅光明	福建圣农发展股份有限公司董事长
李新炎	中国龙工控股有限公司董事局主席
王再兴	豪德集团有限公司董事局主席
王　翔	江西民生集团有限公司董事长
张华荣	赣州华坚国际鞋城有限公司董事长
卢志强	中国泛海控股集团有限公司董事长兼总裁
苏寿堂	山东华乐实业集团有限公司董事长
赵洪林	山东东尉集团董事长
宗立成	山东尧王控股集团总裁
陈世强	河南弘昌燃气集团董事长
陈泽民	三全集团董事长
陈治华	灵宝市华宝产业有限责任公司董事长
茅永红	百步亭集团董事局主席
戴　皓	合众人寿保险股份有限公司董事长
阎　志	武汉卓尔企业集团有限公司董事长
李家俊	湖北百盟投资集团有限公司董事长
伍跃时	袁隆平农业高科技股份有限公司董事长
邱则有	长沙巨星轻质建材股份有限公司总经理
尹德和	湖南和一控股集团有限公司董事长
齐建湘	湖南省湘银投资集团董事长兼总裁
黄文仔	星河湾集团董事长
许家印	恒大集团董事局主席
陈光标	江苏黄埔再生资源利用有限公司董事长
陈成才	富绅集团有限公司董事长
陈凯旋	广州立白企业集团有限公司总裁
王祥林	广西北海喷施宝股份有限责任公司董事长
谷　峰	海南东方大惠淀粉制品有限公董事长兼总经理
林青山	海南永青绿色农业食品加工有限公司总经理
尹明善	力帆实业（集团）股份有限公司董事长
黄红云	重庆金科投资控股（集团）有限责任公司董事局主席
薛方全	民生能源集团董事长

刘永好	新希望集团有限公司董事长
刘沧龙	四川宏达集团董事局主席
何俊明	科创控股集团有限公司董事局主席
张之君	贵州百强集团董事局主席
肖春红	贵州宏立城集团董事长
王安康	云南南磷集团股份有限公司董事长
马永升	云南昊龙实业集团有限公司总裁
王　斌	西藏阜康医药发展有限公司董事长
张　平	延安治平建工集团董事长
何万盈	咸阳彬煤有限公司董事长
席有良	西安大明宫实业集团董事长
雷菊芳（女）	甘肃奇正实业（集团）有限公司董事长
韩　庆	甘肃天庆房地产集团有限公司董事长
金生光	正平路桥建设股份有限公司董事长
杨　毅	鑫恒集团董事长
刘金虎	宁夏金龙集团董事局主席
孙珩超	宁夏宝塔石化集团有限公司董事长
孙广信	新疆广汇实业投资（集团）有限责任公司董事局主席
冯东明	美克投资集团有限公司董事长
史思军	新疆阿拉尔南口建筑有限责任公司董事长
李河君	北京汉能控股集团有限公司董事局主席兼首席执行官
李学春	重庆民生教育集团有限公司董事局主席兼首席执行官
陈志列	研祥高科技控股集团董事局主席
王文彪	亿利资源集团有限公司董事长
史贵禄	陕西荣民集团有限公司董事长
王健林	大连万达集团董事长
赵永亮	内蒙古东达蒙古王集团董事长
刘志强	香江集团董事局主席
张近东	苏宁云商集团股份有限公司董事长
王立飞	日照钢铁控股集团有限公司副总裁
许健康	澳门宝龙集团发展有限公司董事长兼总裁
郑跃文	科瑞集团有限公司董事局主席

第九部分

大事记

CHRONICLE OF EVENTS

2008年大事记

1月6日至8日 中国光彩会和国家林业局在广西南宁联合举办第四期民营企业家林业培训班。18个省份的40多位民营企业家参加培训。培训班以学习贯彻十七大关于“建设生态文明”精神为主题，就“现代林业发展”、“生态文化建设”、“林业产业政策”、“林权改革形势”等内容进行培训，并进行经验交流。中国民间商会副会长、中国光彩会副会长谢伯阳，国家林业局党组成员、中纪委驻国家林业局纪检组组长杨继平出席并讲话。

1月7日 中央统战部副部长、中国光彩会副会长胡德平在中央统战部会见了津巴布韦驻华前任大使克里斯托夫·莫斯万格瓦，津巴布韦首都哈拉雷市委书记迈克尔·马哈奇，市长特恩特·马哈奇，双方就中国与津巴布韦的传统友谊和经济合作进行了深入交流。

1月28日 中国光彩会迎春联谊会在中央统战部礼堂举行。中共中央、国务院有关部委负责同志，有关新闻媒体记者，有关金融、法律等方面人士及部分在京光彩会理事企业家共100人出席。中央统战部副部长、中国光彩会副会长胡德平致辞。中国民间商会副会长、中国光彩会副会长谢伯阳介绍了光彩事业最新进展情况。

2月3日 中国光彩会在中央统战部礼堂举行“光彩事业抗灾救灾捐赠仪式”，支援南方抗击低温雨雪冰冻灾害。第一批捐赠款物总价值达1365万元。中央统战部副部长、中国光彩会副会长胡德平，中央统战部副部长、中国光彩会副会长黄跃金，中国民间商会副会长、中国光彩会副会长谢伯阳等出席捐赠仪式。民政部党组成员李本公、中国红十字会秘书长王海京参加仪式。

2月27日 中央统战部副部长、中国光彩会副会长胡德平会见联合国前助理秘书长马丁先生一行。双方探讨如何应对全球气候变化及中国光彩会如何参与国际合作问题。

3月8日 中共中央政治局常委、全国政协主席贾庆林作出批示：“中国光彩会等企业非公经济人士扶贫济困、乐善好施已逐步形成风尚。这次在雨雪冰冻灾害面前，更是发扬‘一方有难，八方支援’的优良传统，纷纷捐款捐物，有力地支援了抗灾救灾工作。对他们这种高尚的精神和自觉行动应予以表彰鼓励和大力弘扬，推动我国慈善事业的不断发展。”

3月21日 中国光彩会下发《关于批准2007年全国光彩事业重点项目的通知》。经各地光彩会推荐、中国光彩会项目部初步审核、秘书长办公会议评议复审并报会领导批准，确定26个项目为全国光彩事业重点项目。

3月29日 全国政协副主席、中央统战部部长杜青林，中央统战部副部长、中国光彩会副会长胡德平在中央统战部会见日本旭化成株式会社蛭田史郎社长一行。杜青林高度评价中国光彩会与旭化成的合作，希望双方深化合作，为两国经济技术和环保事业作出新贡献。中央统战部副部长、中国光彩会副会长黄跃金，全国工商联副主席谢经荣，中国民间商会副会长、中国光彩会副会长谢伯阳等参加会见。

4月12日 中国光彩会、中国光彩事业基金会与幸福工程组委会、中国人口福利基金会在北京威斯汀大酒店联合举办“光彩与幸福2008慈善之夜”活动。全国政协副主席、中央统战部部长杜青林，全国政协副主席、全国工商联主席、中国光彩会顾问、中国光彩事业基金会名誉理事长黄孟复，第十届全国人大常委会副委员长、全国妇联主席、幸福工程组委会主任顾秀莲，中央统战部副部长、中国光彩会副会长胡德平，中央统战部副部长、中国光彩会副会长黄跃金，国家人口和计划生育委员会党组书记、主任李斌，35家企业代表和一些文艺界人士应邀出席，现场募集善款560万元。

4月15日 在国家发改委国际合作中心负责人陪同下，美国贝德国际有限责任公司琼·麦肯蒂董事长、詹士顿总裁及北京代表处首席代表阎清女士一行到访中央统战部。中央统战部副部长、中国光彩会副会长胡德平委托中国光彩会秘书长、中央统战部光彩事业指导中心主任孙公麟会见并座谈。琼·麦肯蒂表达了拟与中国光彩会长期合作的愿望，重点介绍了该公司拟在我国推广的安哥斯基因牛项目。

4月17日至30日 应联合国贸发大会秘书长素帕猜，乌干达驻华使馆、坦桑尼亚财政经济部邀请，中央统战部副部长、中国光彩会副会长胡德平率中非民间商会民营企业家代表团一行60余人出访加纳、乌干达、坦桑尼亚，出席在加纳首都阿克拉举行的联合国贸发大会第十二次全会，考察三国投资环境、投资政策，推动有关合作项目。

5月4日至10日 全国工商联副主席谢经荣率中国光彩事业代表团出席了“联合国第十六届可持续发展大会”。谢经荣、东达蒙古王集团董事长赵永亮、大连韩伟集团董事长韩伟做大会发言，介绍光彩事业。

5月13日 中国光彩会、中国光彩事业基金会紧急动员理事和民营企业家向四川地震灾区捐赠第一批救灾款2140万元。

5月28日 全国政协副主席、中央统战部部长杜青林出席中国泛海集团再次捐赠2亿元支援抗震救灾仪式。中央统战部副部长、中国光彩会副会长胡德平主持。中央统战部副部长、中国光彩会副会长黄跃金及部机关有关部门负责人参加。

6月3日 中国光彩会向四川省遭遇地震灾害的光彩企业理事发出慰问信，对其职工、遇难者家属和受伤人员表示诚挚慰问，对不幸遇难者表示沉痛哀悼，向积极投入到抗震救灾工作中的光彩企业致以崇高敬意。

6月16日至20日 中国光彩会代表在韩国首尔参加联合国“应对变幻前景，建筑亚洲可持续经济”会议。联合国全球契约总部向中国光彩会颁发“亚洲最佳网络组织奖”。

7月2日 中央统战部副部长、中国光彩会副会长黄跃金率7位民营企业家，出席在钓鱼台国宾馆举行的中国企业家与联合国秘书长潘基文先生的座谈会，介绍光彩事业和我国民营企业履行社会责任情况。

7月24日至25日 “振兴东北老工业基地·中国光彩事业鹤城行”在齐齐哈尔市举行。中央统战部副部长，全国工商联党组书记、第一副主席，中国光彩会副会长全哲洙和黑龙江省委常委、省委组织部长龙新南出席活动并讲话。130余位企业家参加活动，共签订项目合同8项、项目协议6项，总金额33.45亿元。签订公益捐赠类项目8项，总金额237万元。

9月19日 经中国光彩会以通讯表决方式选举并报经中央批准，全国政协副主席、中央统战部部长杜青林当选中国光彩会会长。

9月26日至27日 “中国光彩事业襄樊行”成功举办，“中国光彩襄樊工业园揭牌奠基仪式”同期举行。此次活动共签约109个项目，投资金额289.58亿元。其中，合同项目65个，金额124.58亿元；协议项目35个，金额115.9亿元；意向项目9个，金额49.1亿元；公益捐赠646.3万元。中国光彩会副会长胡德平等参加活动。

10月8日 中国光彩事业基金会以通讯形式召开了一届五次理事会议。会议全票审议通过了基金会2008年上半年工作总结和下半年工作计划、上半年财务报告，重点研究了加强队伍建设和引导民营企业参与汶川地震灾后重建工作。

11月27日 中国光彩会与联合国开发计划署、联合国工业发展组织在北京西苑饭店联合举办“联合国——气候变化与企业契约圆桌会议”。中国光彩会成为应邀联合执行“联合国——气候变化与企业契约项目”的我国唯一非政府组织。中央统战部副部长、中国光彩会副会长黄跃金，联合国开发计划署国别主任南迪先后致辞。全国工商联副主席、中国光彩会副会长、内蒙古亿利集团董事长王文彪，中国光彩会副会长、奇正药业董事长雷菊芳等中国光彩会领导和企业家、专家学者等约70人出席会议。

11月30日 中国光彩会在中国改革开放30年论坛暨评选活动中获“中国改革开放30年优秀集体奖”。活动由中国经济体制改革研究会主办，中央和国务院有关部委、中国社科院等单位近百人组成评委会。共评出杰出人物、经济人物、社会人物、农村人物、优秀集体等各30名。

2009年大事记

2月16日至3月26日 由中央统战部副部长，全国工商联党组书记、第一副主席，中国光彩会副会长全哲洙带队，中央统战部、全国工商联、中国光彩会联合开展“光彩事业如何服务于国家科学发展、统一战线科学发展和实现自身科学发展”专题调研。共组成4个调研组，历时40天，实地调研10个省、25个地市（州），召开有27个省、市、自治区参加的4个片会（北京、深圳、武汉、西安）和28个座谈会，形成多项调研成果，为中国光彩会三届四次理事会成功召开打下良好基础。

3月 中国泛海集团通过中国光彩事业基金会向四川攀西地震灾区捐赠人民币1亿元，用于支持灾区13所学校重建。

4月19日 中国光彩会会长会议在中央统战部召开。会议由全国政协副主席、中央统战部部长、中国光彩会会长杜青林主持。本次会长会议主要为中国光彩会三届四次理事会议作准备，其议程：1. 听取三届四次理事会议筹备情况汇报；2. 审议通过三届四次理事会议议程和日程安排；3. 审议通过有关人事增补和大会表彰事项；4. 审议通过中国光彩会2008年度工作报告（草案）。

4月20日 中国光彩会在京隆重召开三届四次理事会议。全国政协副主席、中央统战部部长中国光彩会会长杜青林出席会议并做重要讲话。中央统战部副部长，全国工商联党组书记、第一副主席，中国光彩会副会长全哲洙做工作报告。会议全面总结光彩事业15年取得的突出成就和基本经验，分析了当前存在的问题，明确了推动光彩事业深入发展的总体思路和措施要求。杜青林在讲话中概括出光彩事业成功的四条基本经验：一、坚持把光彩事业作为服务中心工作的具体实践；二、坚持把光彩事业作为践行社会主义义利观的有益尝试；三、坚持把光彩事业作为巩固统一战线的重要载体；四、坚持把实施光彩事业作为加强自身建设的有效途径。全哲洙部署了光彩事业2009年重点工作：一、切实帮助民营企业度危机谋发展；二、积极引导民营企业自觉承担社会责任；三、完善光彩项目建设机制；四、切实加强光彩会自身建设；五、认真做好理事会换届筹备工作。

4月20日 中国光彩事业基金会召开一届六次理事会议，落实中国光彩事业促进会三届四次理事精神，研讨新形势下中国光彩事业基金会的发展方向和基本工作任务。

6月16日 中非民间商会联合国二期项目在中央统战部礼堂签约，20多位驻华使节应邀参加。中央统战部副部长，全国工商联党组书记、第一副主席，中国光彩会副会长全哲洙致辞。

6月25日至26日 中国光彩会与联合国开发计划署、联合国工业发展组织联合在广西南宁举办“中国民营企业应对气候变化能力建设培训班”，约150名广西民营企业主要负责人参加培训。联合国工业发展组织驻华代表处派代表出席培训班开幕式。

7月26日至27日 中国光彩会与联合国开发计划署、联合国工业发展组织联合在江西南昌举办“中国民营企业应对气候变化能力建设培训班”，约120名江西民营企业负责人参加培训。

8月8日 中国光彩事业基金会旭化成水环保

专项基金正式设立。该专项基金本金为2000万元人民币，为封闭式专项基金，主要用于：1. 高等院校师生开展水环境研究；2. 资助有利于推动水环境产业发展的公益活动；3. 资助中小学生开展水环境保护的教育活动；4. 资助光彩事业主办的环保事业等社会公益项目。

8月19日 “中国光彩事业走进恩施州”投资考察主体活动在湖北恩施土家族苗族自治州举办。共签约项目76个，投资总额203.8亿元。其中合同项目28个，合同金额73.5亿元。此次活动由中国光彩会和湖北省政府主办，湖北省委统战部、省工商联、省光彩会和恩施州委、州政府承办。全国各地600多位民营企业家参与项目对接。中央统战部副部长，全国工商联党组书记、第一副主席，中国光彩会副会长全哲洙，湖北省委常委、省委统战部长、省光彩会会长苏晓云，湖北省政府副省长田承忠等领导和北京、上海、山东、河北、河南、深圳、重庆等地的200多位民营企业家出席当天活动。

8月20日 经财政部、国家税务总局会同民政部联合审核，确认中国光彩事业基金会为获得2008年度公益性捐赠税前扣除资格的公益性社会团体。

8月24日至26日 中央统战部副部长，全国工商联党组书记、第一副主席，中国光彩会副会长全哲洙率部分知名民营企业家赴毕节进行投资考察暨项目签约。90多位企业家签订了93个经济合作项目，合同金额366.77亿元，涉及基础设施建设、能源、化工、旅游、医药等11个领域。

10月12日 依照有关规定，光彩事业文字续展和11项中国光彩会图形“会标”在国家工商行政管理总局商标局重新注册。

10月12日 中国光彩事业基金会顺利通过国家审计署关于汶川地震捐赠资金接收、管理、使用情况的审计。截至2009年9月30日，中国光彩事业基金会共接受救灾捐款29086.2万元，已按捐款人意愿和当地灾后重建工程实际需要拨出15740.34万元。

10月16日 中国光彩事业基金会召开一届七次理事会议。会议由谢伯阳理事长主持，胡德平出席会议并讲话，张永珍监事长出席。会议总结了一届六次理事会议后的工作，布置了换届筹备工作，研究了基金会机构建设和进一步完善工作机制的措施，增补中央统战部光彩事业指导中心副主任牛建国为基金会理事、秘书长。

10月27日至30日 2009中国“五会”（南昌）经贸恳谈会成功举办。中央统战部副部长，全国工商联党组书记、第一副主席，中国光彩会副会长，2009中国“五会”（南昌）经贸恳谈会组委会主任全哲洙出席讲话并宣布开幕。20个国家和地区的知名企业家300人参会，签约项目130个，签约资金345.7亿元。

10月28日至31日 中国光彩会应邀与国务院三峡办、重庆市政府、湖北省政府共同组织光彩企业家代表团80人赴三峡库区进行投资考察。期间，在山西太原召开了三峡库区招商项目推介会。参与主办“重庆万州2009全国对口支援三峡库区经贸洽谈会”；分别在万州、宜昌举办三峡重庆库区、湖北库区招商项目推介会；举行广州三学苑公司向重庆、湖北三峡库区捐建价值2000万元网校捐赠仪式。

10月 中非民间商会副会长谢伯阳率中非民间商会代表团成功访问南非和毛里求斯。毛里求斯副总理接见代表团。通过高层访问，中非民间商会与上述两国有关政府部门、投资促进机构、商会、行业协会等建立了广泛的合作伙伴关系。

2010年大事记

1月21日至22日 民营企业参与光彩事业统计工作培训班在广西南宁举行。全国29个省（市、自治区）工商联或光彩会派人参加了培训。

2月 国家民政部授予中国光彩会“全国先进社会组织”称号。

3月4日 中共中央总书记胡锦涛在看望全国政协十一届三次会议民建、工商联界委员并参加联组会讨论时，听取了有关委员关于光彩事业的汇报。他在讲话中明确提出“深入开展光彩事业，为促进共同富裕多作贡献”。

3月6日 中非民间商会在北京召开“中国与非洲一后金融危机时代的合作”圆桌论坛，中国社科院、国务院发展研究中心、中国国际扶贫中心有关专家以及中国驻非洲国家前大使、非洲国家驻华大使、联合国官员和企业家等近50位嘉宾出席。论坛开始前，中央统战部副部长，全国工商联党组书记、第一副主席，中国光彩会副会长全哲洙与盖图先生进行会谈。中非民间商会副会长、四川宏达股份有限公司董事长刘沧龙等在会上发言。

3月19日 中国光彩会下发《关于批准2009、2008年全国光彩事业重点项目的通知》。经各地光彩会推荐、中国光彩会项目部审核、中国光彩会秘书长办公会议评议复审并报会长批准，确定2009年14个项目、2008年37个项目为全国光彩事业重点项目。

3月22日 中国光彩事业基金会在北京友谊宾馆举办“中国光彩事业基金会旭化成水环保专项基金2010年项目启动仪式”。该专项基金资助的“沈阳小记者、大提案活动”，“2010年水环保公益人物评选活动”，“水环保优秀论文评选活动”正式启动。

3月23日 美国洛克菲勒集团总裁史蒂文C. 洛克菲勒先生一行访问中国光彩会。全国工商联副主席、中国光彩会副会长孙安民会见客人。双方就中美企业合作和新能源等问题进行了交流。全国政协委员、东方集团董事长张宏伟，全国政协委员、汉能集团董事长李河君等8位民营企业家和光彩事业指导中心负责人陪同会见。

3月24日至25日 中国光彩会与联合国开发计划署、联合国工业发展组织联合在四川成都举办“中国民营企业应对气候变化能力建设培训班”，约150名四川民营企业负责人、四川各地市统战部经济处干部参加培训。

3月 中国泛海集团通过中国光彩事业基金会捐赠1亿元人民币，用于支持中华文化基金会设立“中华文化奖”。

4月9日 中央统战部副部长，全国工商联党组书记、第一副主席，中国光彩会副会长全哲洙会见宴请联合国开发计划署驻华代表马和励先生。中央统战部五局局长杨启儒、副局长戚建美参加。

4月14日 青海玉树发生强烈地震后，中国光彩事业基金会西藏文化保护与传承专项基金办公室第一时间向灾区派出志愿者服务队，免费向灾区群众派发药品、食品价值约100万元，救助灾区群众1000多人。

5月28日 中国光彩事业基金会获得北京市财政局、北京市国家税务局、北京市地方税务局批准的2008年非营利组织免税资格，有效期限五年。

6月5日 中国光彩事业基金会举办“中国光彩事业基金会旭化成水环保专项基金2010年水环保公益人物评选、水环保优秀论文评选”颁奖仪式。

8月10日 甘肃舟曲特大泥石流发生后，中国光彩事业基金会西藏文化保护和传承专项基金办公室第一时间向灾区派出志愿者服务队，向灾区群众免费派发药品约60万元。

8月12日 中国光彩事业基金会派专人向舟曲灾区运送由日本旭化成株式会社捐赠中国光彩会和由中国光彩会转赠温家宝总理的两台可移动水净化装置，解决了灾区3000名群众的饮用水问题。

8月23日 葡萄牙国会议员，葡中友好议员团主席维塔利诺·卡纳斯先生率领葡萄牙中国和平统一促进会代表团一行7人访问中非民间商会，同国内企业家进行座谈，双方就中国民营企业投资非洲的热情和葡萄牙在非洲的重要性达成共识。随访的葡萄牙华人华侨联合会主席周一平先生提出与中非民间商会签订合作协议，共同为中国民营企业投资非洲葡语国家提供服务。

8月23日 中国光彩事业促进会、中国光彩事业基金会在贵州毕节赫章县援建的三所“三学苑网络学校”通过专家组初步验收。专家组组长、民进中央副主席朱永新带领专家组前往赫章，实地观摩了利用网络学校上课的情况，听取了赫章县关于网校建设情况的汇报，对在赫章援建网校给予高度评价。

8月30日至31日 中国光彩会第四次会员代表大会暨四届一次理事会在京召开。中共中央政治局常委、全国政协主席贾庆林接见全体与会代表。中共中央政治局委员、国务院副总理回良玉，全国人大常委会副委员长桑国卫，全国政协副主席、中央统战部部长、中国光彩会会长杜青林，全国政协副主席、全国工商联主席黄孟复，全国政协副主席张榕明参加会见。

贾庆林发表重要讲话，高度评价光彩事业取得的成绩，对今后光彩事业发展提出四点希望：坚持先富帮后富、实现共同富裕的根本宗旨；秉持以人为本的理念，积极投身教育、医疗、文化、就业等社会事业；充分发挥联合国经社理事会特别咨商地位、联合国贸易和发展大会特约观察员身份和中非民间商会的独特作用；大力弘扬社会主义义利观，自觉实践“光彩精神”，坚持“义利兼顾、以义为先”的理念。

杜青林代表中国光彩会第三届理事会作工作报告，回顾总结过去五年的工作，提出今后发展的基本思路：坚持以人为本，实现促进发展与改善民生相统一；提供智力支撑，实现扶贫与扶智相统一；秉持和谐理念，实现经济效益与社会效益相统一；加强力量整合，实现个体优势与集群效应相统一；践行核心价值，实现履行社会责任与弘扬光彩精神相统一。强调要以科学发展观为指导，推进光彩事业实现和谐发展、特色发展、持续发展。

中央统战部副部长，全国工商联党组书记、第一副主席，中国光彩会副会长全哲洙做总结讲话。

会议审议通过了修改后的中国光彩会章程，选举产生了新的领导机构。杜青林连任会长，黄孟复受聘为理事会顾问。全哲洙、陈喜庆、宋北杉、谢经荣、杨启儒、王再兴、王安康、王均金、史贵禄、伍跃时、闫希军、孙荫环、苏寿堂、李兆会、李河君、李学春、何俊明、何超琼、张杰庭、陈世强、陈光标、陈志列、茅永红、赵永亮、胡应湘、南存辉、祝义财、曹德旺、雷菊芳当选中国光彩会副会长。杨启儒兼任秘书长。会议还选举出120位常务理事。

会议授予40名民营企业家“光彩事业国土绿化贡献奖”。

9月8日 中国光彩会第四届理事会召开第一次秘书长办公会议。副会长兼秘书长杨启儒主持会议。会议研究确定了副秘书长工作分工，明确了近期工作重点及时间进度和责任人。

9月30日 经财政部、国家税务总局会同民政部联合审核，确认中国光彩事业基金会为获得2009年度公益性捐赠税前扣除资格的公益性社会团体。

10月20日 中央统战部副部长，全国工商联党组书记、第一副主席，中国光彩会副会长全哲洙会见日本旭化成社长藤原健嗣。

10月26日至28日 由中国光彩会、湖北省人民政府共同主办，湖北省委统战部、工商联、光彩会和孝感市人民政府共同承办的“中国光彩事业孝感（老区）行”在湖北省孝感市举行。中央统战部副部长，全国工商联党组书记、第一副主席，中国光彩会副会长全哲洙，湖北省委常委、统战部长、省光彩会会长苏晓云，中央统战部五局局长、中国光彩会副会长兼秘书长杨启儒等有关方面领导和来自全国各地的200余位民营企业家参加了活动。现场签约项目43个，总投资132.79亿元，其中合同项目38个。在大悟县举行了全国非公有制经济人士回报社会“感恩行动”，帮扶“三老”人员343户，帮扶资金1029万元。大悟县社会各界600余人参加感恩行动大会。

11月9日 葡萄牙华人华侨联合会主席周一平先生与中非民间商会在北京签订了合作协议。

12月2日至3日 由国家林业局、全国工商联、中国光彩会联合举办的第六期民营企业家林业培训班在湖南省长沙市举行。来自全国23个省、自治区、直辖市的100余人参加培训。

12月6日至8日 中国光彩会在中央社会主义学院举办首次理事培训班。中央统战部副部长、中国光彩会副会长陈喜庆，中央社会主义学院党组副书记、副院长周宁等出席开班仪式。中央统战部五局局长、中国光彩会副会长兼秘书长杨启儒主持开班仪式。中国光彩会部分理事和来自全国相关省、自治区、直辖市的非公有制经济人士近100人参加培训。

2011年大事记

1月13日 中国光彩事业基金会设立"同心•光彩助学基金"，募集资金500万元，专项用于资助毕节地区贫困大学生。

4月8日 在毕节隆重举办"2011年全国部分非公有制经济人士和港澳工商界知名人士走进毕节试验区投资洽谈会"。本次投洽会共实现签约项目53个，签约资金301.01亿元，签约项目涉及工业、农业、旅游、社会服务及商贸、基础设施及房地产等产业。推介基础设施、工业、农业、商贸、旅游等五大类产业项目56个，投资总额达1700多亿元。

4月20日至21日 全国工商联和中国光彩会在湖北武汉联合主办2011年光彩事业统计工作培训班，对30个省、市、自治区光彩会统计工作干部进行培训。

4月20日 中国光彩会与联合国开发计划署、联合国工业发展组织，在北京联合举办以"调结构、转方式"为主题的"联合国—气候变化与企业契约CEO论坛"，共同研讨应对气候变化的企业责任、产业创新、绿色投融资机制等问题。中国光彩会部分常务理事、理事及部分非公有制企业、国有企业、跨国企业代表，金融界人士、专家学者约120人参加论坛。

5月24日 经财政部、国家税务总局会同民政部联合审核，确认中国光彩事业基金会为获得2010年度公益性捐赠税前扣除资格的公益性社会团体。

6月8日至9日 中央统战部、中国光彩会以"感恩革命老区、传承井冈精神"为主题，共同主办"非公有制经济人士感恩革命老区井冈行"活动。中央统战部副部长，全国工商联党组书记、第一副主席，中国光彩会副会长全哲洙出席会议并讲话。全国工商联副主席、中国光彩会副会长谢经荣等领导及全国各地光彩理事、会员等200余位非公有制经济人士集聚井冈山，通过瞻仰革命烈士陵园、走访革命故迹、参加互动教学、观看实景演出、召开纪念建党90周年座谈会等活动，重温中国共产党奋斗的光辉历程，感受老区人民的奉献精神，接受党情教育、国情教育、革命传统教育，增强了回报社会的责任感。活动期间，部分企业家与井冈山市达成投资意向，46位企业家捐款捐物1600余万元，用于支持井冈山老区医疗、特殊教育、农村供水工程等公益项目建设和慰问"三老"人员。

6月10日至13日 中国光彩会与全国工商联共同组织部分民营企业家参加"2011中国青海绿色经济投资贸易洽谈会"，签约总额1000多亿元，为青海发展民族教育捐赠200万元，为玉树灾区教育捐赠404万元。

8月中旬 中国光彩会召开四届一次常务理事通讯会议，总结四届一次理事会以来的工作，部署下半年工作。

8月下旬 中国光彩会会同全国工商联、中国民（私）营经济研究会深入重庆、四川、陕西交界的秦巴山区进行调研，形成《关于秦巴连片特困地区扶贫开发的政策建议》，国务院副总理回良玉作出批示。

8月30日至9月1日 中国光彩会与全国工商联共同组织部分民营企业家赴新疆参加"中国——亚欧博览会暨光彩事业新疆行"，与新疆州县政府及企业签订总额为1226.89亿元的投资合作项目，并向新疆自治区工商联和新疆建设兵团工商联捐赠1700万元公益资金。

9月21日至23日 中国光彩会与湖北省人民政府共同主办“中国光彩事业荆门行”投资考察活动。参加活动的全国各地民营企业家200余人，与荆门签约项目112个，投资金额528亿元，捐赠款物价值4500多万元。

9月22日 中国光彩会第四届理事会第二期理事培训班在中央社会主义学院开班。中央统战部副部长，全国工商联党组书记、第一副主席，中国光彩会副会长全哲洙出席开班式并做重要讲话，中央社会主义学院党组书记、第一副院长叶小文致辞。本期培训班的主题是深入学习实践科学发展观，推动经济发展方式转变，引导企业家理事自觉践行“义利兼顾，以义为先”核心理念，积极投身光彩事业。来自全国19个省、自治区、直辖市的80名中国光彩会理事参加培训。

11月14日至12月5日 以“企业社会责任和创新发展”为主题，中国光彩会首次举办光彩企业家理事赴美培训班。

12月13日 中国光彩事业基金会主办的旭化成水环保基金2011十大碧水环保先锋、水环保公益人物评选活动揭晓。活动历时近一年，通过自行申报、机构单位推荐、专家评审、社会公示，评选出获奖单位28个、个人10名。中国民间商会副会长、中国光彩事业基金会理事长谢伯阳，中央统战部光彩事业指导中心副主任、中国光彩会副秘书长孙凌雁等出席颁奖仪式。

2012年大事记

2月 通讯会议形式召开中国光彩会四届二次常务理事会议暨四届二次理事会议，通报四届一次理事会议后主要工作情况，审议2012年工作要点。

2月13日至14日 全国工商联、中国光彩会、中国民（私）营经济研究会三方在京共同主办秦巴连片特困地区扶贫开发政策调研研讨会。全国工商联副主席、中国光彩会副会长谢经荣出席会议并讲话。

4月11日 “西藏和四省藏区幸福家庭促进工程”启动仪式在北京人民大会堂举行。全国政协副主席、全国工商联主席黄孟复，中央统战部副部长，全国工商联党组书记、第一副主席，中国光彩会副会长全哲洙，国家计生委副主任崔丽，全国工商联副主席、中国泛海集团董事局主席卢志强等出席。中国光彩事业基金会、泛海公益基金会资助1000万元用于该项目实施。

4月21日 经财政部、国家税务总局会同民政部联合审核，确认中国光彩事业基金会为获得2011年度公益性捐赠税前扣除资格的公益性社会团体。

5月28日 中国光彩事业促进会四届三次理事会在北京召开。全国政协副主席、中央统战部部长、中国光彩会会长杜青林，全国政协副主席、全国工商联主席、中国光彩会顾问黄孟复出席会议。会议表彰了对光彩事业有突出贡献的单位和个人，授予50名企业家、30个单位“光彩事业奖”和“光彩事业组织奖”，授予44位企业家“光彩事业国土绿化贡献奖”。会议强调，坚持以“同心”思想引领光彩事业科学发展，丰富光彩精神，推进光彩实践，建设光彩队伍，切实提升光彩会工作成效和水平。中央统战部副部长，全国工商联党组书记、第一副主席，中国光彩会副会长全哲洙主持会议。

5月29日 中国光彩事业基金会二届一次理事会议召开。会议全面总结了上届理事会工作，选举产生了新一届理事会、监事会，审议通过了财务报告，修改了章程，提出了今后五年发展规划。

7月10日至14日 中国光彩事业基金会参加“首届中国公益慈善项目交流展示会”。中共中央政治局委员、广东省委书记汪洋，全国政协副主席、全国工商联主席黄孟复参观了中国光彩事业基金会展台，肯定了中国光彩事业基金会取得的成绩。

7月25日 中国光彩会、吉林省人民政府共同主办“中国光彩事业延边行”投资考察活动。中央统战部副部长，全国工商联党组书记、第一副主席，中国光彩会副会长全哲洙，吉林省委副书记、省长王儒林等中央统战部、全国工商联、中国光彩会、吉林省有关领导和来自全国各地的230余位民营企业家出席活动。活动期间，共签订投资项目159项，总投资近1000亿元。企业家们还向延边在乡困难烈士遗属危房改造项目捐款2490万元。

8月8日 中国光彩会与宁夏回族自治区党委、政府共同主办“光彩事业宁夏行”投资考察活动。中央统战部副部长，全国工商联党组书记、第一副主席，中国光彩会副会长全哲洙，宁夏自治区党委书记、人大常委会主任张毅出席活动并讲话，自治区政府主席王正伟等中央统战部、全国工商联、中国光彩会、宁夏自治区有关领导和来自全国各地的400余位民营企业家出席活动。活动期间，共签订投资项目142项，总投资2060.02亿元。企业家们向吴忠市同心县河西同德生态移民项目枸杞种植基地项目捐款3170万元，向固原市西吉县儿童福利院捐款1000万元。

10月30日至31日 中国光彩会与国家林业局、全国工商联联合主办第八期全国民营企业家及管理干部林业培训班，全国各地从事国土绿化的民营企业家及管理干部近百人参加培训。

11月7日至27日 举办以“企业社会责任和创新发展”为主题的第二期中国光彩会理事赴美培训班。

11月21日至23日 举办中国光彩会第三期理事培训班，全国各地90余位企业家理事参加培训。培训班围绕学习贯彻党的十八大精神，邀请有关专家学者和企业家进行国际时政热点、国际经济形势、国内宏观经济、民营企业战略发展与经营管理、企业风险控制与媒体应对等专题讲座和实际案例教学。

12月8日 中国光彩事业基金会主办、北京师范大学社会发展与公共政策学院公益研究中心协办的2012年度“水环保公益人物评选”颁奖活动在京举行。共有10名社会环保者获奖者。

2013年大事记

2月20日 中国光彩事业基金会以通讯形式召开二届理事会二次会议。会议审议通过了中国光彩事业基金会2012年度工作报告、财务报告、《中国光彩事业基金会募捐管理试行办法》、《中国光彩事业基金会基金管理试行办法》、《中国光彩事业基金会专项基金管理试行办法》、《中国光彩事业基金会财务管理试行办法》。

3月8日 经财政部、国家税务总局会同民政部联合审核，确认中国光彩事业基金会为获得2012年度公益性捐赠税前扣除资格的公益性社会团体。

3月15日 “光彩事业宁夏行”确定的宁夏同心县河西同德移民新村枸杞基地项目正式动工兴建。中国光彩事业基金会资助资金3150万元，种植枸杞7150亩、134.9万株，直接惠及移民区内群众1179户、4639人，进入丰果期，人均可年增收12000元。

3月27日 中国光彩会副会长陈志列作为第一届金砖国家工商理事会中方5名理事之一，陪同习近平主席出访南非并参加金砖国家工商理事会会议。

4月19日 “光彩事业共促国家级新区发展座谈会暨项目签约仪式”在兰州新区召开。其间，签署8个合作项目，总投资额近90亿元。与会企业家向兰州市“农村老人光彩幸福院”公益项目捐款415万元。甘肃省委常委、统战部部长泽巴足，省委常委、兰州市委书记虞海燕，中央统战部光彩事业指导中心主任、中国光彩会副秘书长沈全荣等出席座谈会暨签约仪式。

4月20日 中国光彩事业基金会旭化成水环保专项基金资助的甘肃定西渭源县生态林建设项目正式动工。该项目资助资金500万元，三年内在渭源县田家河乡元古堆村大石头河、大小条沟、棉柳滩、土城门等地建设光彩生态林4600亩。

4月21日 全国工商联、中国光彩会联合发出《关于积极参与四川雅安抗震救灾工作的通知》，号召各级工商联、光彩会、商会和广大民营企业，大力发扬“一方有难、八方支援”的精神，共同夺取抗震救灾斗争的胜利。据不完全统计，全国民营企业共为四川雅安、甘肃定西灾区捐款捐物9.8亿余元。

5月3日 由中国光彩事业基金会与北京地球村合作实施、以关爱农村留守儿童为主要内容的“光彩爱心家园——乐和之家”项目在重庆市巫溪县白鹿镇大坪村正式启动。中国光彩会副会长、中国光彩事业基金会理事长谢伯阳等出席启动仪式。

5月9日 由中国光彩会安徽省人民政府共同主办的“中国光彩事业六安行暨安徽省与全国知名民营企业家合作发展会议”在大别山革命老区六安市隆重举行。中央统战部副部长、全国工商联党组书记、常务副主席，中国光彩会副会长全哲洙，安徽省委副书记、代省长王学军出席活动并讲话。全国各地300余位民营企业家参加活动。全省共签约项目988项，签约总额6644亿元，其中六安签约项目42项，签约总额272.3亿元。部分企业家通过中国光彩事业基金会向金寨县捐款2000万元，用于改善当地农民饮水条件。参加此次活动的全国工商联、中国光彩会领导还有谢经荣、谢伯阳、孙荫环、李河君、何俊明、张建宏、茅永红、周海江、王文彪、王再兴、陈世强、陈志列等。

6月26日 全国工商联、中国光彩会支持四川省工商联、巴中市政府举办了“光彩事业巴中行暨川商革命老区行”，全国各地112家知名民营企业参加，共签约项目39个，投资总额346.2亿元。向巴中市平昌县捐资500万元，用于推动农民增收、农业增效和农村发展。

6月29日至7月19日 举办第3期中国光彩会理事境外（法国）培训班。就法国投资环境与经济发展特点、中小企业创新发展、企业经营管理和履行社会责任等专题进行培训。培训期间，组织学员考察了商会社团、跨国公司和大型家族企业等。

7月18日至19日 中央统战部、全国工商联、中国光彩会以“弘扬延安精神、共筑中国梦”为主题，以革命传统教育和理想信念教育为主要内容，在延安举办“非公有制经济人士感恩革命老区延安行”。中央统战部副部长，全国工商联党组书记、常务副主席，中国光彩会副会长全哲洙出席活动并讲话。全国各地200余位民营企业家参加活动。活动期间，非公有制经济人士为延安八一敬老院捐款1180万元。活动期间恰逢延安遭受百年一遇水灾，企业家们踊跃为抗洪救灾捐款740万元。全国工商联副主席庄聪生、史贵禄、孙荫环、何俊明、茅永红、徐冠巨、潘刚，中国民间商会副会长卢志强、吴一坚，中国光彩会副会长兼秘书长杨启儒，副会长王均金、李学春、伍跃时、陈世强，陕西省委常委、延安市委书记姚引良，陕西省委常委、统战部长陈强等出席活动。

7月25日 “光彩事业六盘行”活动在固原开幕。共签订投资项目19项，金额44.02亿元。41名企业家捐赠善款607万元。

7月29日 “饮水思源光彩十堰行”启动仪式暨水源区推介会在北京举行。来自首都的220余家企业、260余位民营企业家到场。共有25个项目达成合作意向，现场签约总额285亿元。全国工商联副主席谢经荣，湖北省委常委、统战部长张岱梨，中央统战部光彩事业指导中心副主任魏登田等出席。

8月4日至5日 为贯彻落实党的十八大提出的加大对边疆地区的扶持力度、加快民族地区发展的战略部署和习近平总书记“治国必治边、治边先稳藏”重要战略思想，为推进西藏跨越式发展和长治久安作贡献，中国光彩会、西藏自治区党委、自治区人民政府在拉萨市共同举办“中国光彩事业西藏行”活动。中央统战部副部长，全国工商联党组书记、常务副主席，中国光彩会副会长全哲洙，西藏自治区政府主席洛桑江村出席活动并讲话，全国各地300多位民营企业家参加活动。活动期间，全区共签约项目229个，投资总额3613.07亿元，其中合同项目131个，总投资额2393.29亿元。部分企业家通过中国光彩事业基金会向拉萨市曲水县养老院捐款1800万元；西藏自治区人民政府与中国民生银行签署了合作协议，民生银行捐款4000万元，支持西藏儿童先天性心脏病救治工作；奇正藏药集团捐款1100万元，支持西藏那兰扎寺五明学院建设和在林芝、那曲地区各建一个藏医诊所。

8月4日 由国家卫生和计划生育委员会、中国光彩事业促进会联合举办的“光彩·西藏和四省藏区健康促进工程”启动仪式在西藏自治区拉萨市举行。国家卫生计生委副主任崔丽，全国工商联副主席、中国光彩事业促进会副会长谢经荣，西藏自治区政府副主席德吉出席仪式并讲话。中国光彩事业基金会、泛海公益基金会资助人民币1000万元用于该项目实施。来自中央统战部、国家卫生计生委、全国工商联、中国光彩事业促进会、中国光彩事业基金会等有关单位负责人，西藏自治区党委、政府代表，公益企业代表和社会爱心人士代表，项目专家组和媒体代表，西藏和四川、云南、甘肃、青海省卫生计生部门负责人，西藏和四川、云南、甘肃、青海省各地州卫生计生部门负责人，以及西藏和四川、云南、甘肃、青海省21个项目县卫生计生部门代表、受助群众代表参加了启动仪式。

9月8日 中国光彩事业基金会与四川省光彩事业促进会合作援建的雅安芦山灾后重建项目

“芦山县思延乡红心猕猴桃基地建设”动工。该项目共资助资金7160.5万元。项目覆盖思延乡四个行政村2178户、6436人，建成后每亩年收入约24000元，户均年增收入1万元以上。

9月8日 中国光彩事业基金会以通讯形式召开二届理事会三次会议，审议通过了中国光彩事业基金会2013年上半年工作报告和上半年财务报告。

10月8日 延边朝鲜族自治州偏远村庄安全饮水工程开始兴建。民营企业家通过中国光彩事业基金会资助此项目630万元。6800多位村民直接受益。

10月21日 为贯彻落实《国务院关于支持赣南等原中央苏区振兴发展的若干意见》部署，进一步加强对非公有制经济人士的革命传统教育和理想信念教育，努力为赣南苏区经济社会发展作贡献，中国光彩会、江西省人民政府在赣州市共同主办以“弘扬光彩精神、凝聚民企力量、助推赣南苏区振兴发展”为主题的“中国光彩事业赣州行”活动。江西省委书记强卫宣布活动开幕，中央统战部副部长，全国工商联党组书记、常务副主席，中国光彩会副会长全哲洙出席活动并讲话，江西省省长鹿心社致辞。此次活动共签约项目113个，总投资额1040.9亿元。公益捐款2070万元，用于支持瑞金在乡烈士遗属危房改造等项目。

10月25日 中国光彩事业基金会接受民政部专家组现场等级评估。

11月28日 “全国非公有制经济人士感恩革命老区延安行”确定的延安八一敬老院康复楼项目建成交付使用，以解决延安市老红军、老八路以及在乡老复退军人等优抚对象的集中养老问题。中国光彩事业基金会为此项目向民营企业家募集援建资金1180万元。

12月8日 中国光彩事业基金会主办、北京师范大学社会发展与公共政策学院公益研究中心协办的2013年度“水环保公益人物评选”颁奖活动在京举行。共有10名获奖者。

12月20日 “光彩事业赣州行”确定的“在乡困难烈士遗属及烈士子女危房改造项目”开工建设，以帮助瑞金市17个乡镇2100户困难烈士遗属及烈士子女告别土坯房。

12月26日 中国光彩事业基金会以通讯形式召开二届理事会四次会议，审议通过了中国光彩事业基金会2013年工作报告和2013年财务报告。

2014 年大事记

4 月 15 日 “中国光彩事业西藏行”确定的西藏曲水县五保户集中供养服务中心开工建设。该中心占地面积 50 亩，总建筑面积 7763.56 ㎡，设标准床位 217 张。中国光彩事业基金会向民营企业募集 1800 万元用于资助此项目。该中心可满足集中、分散供养五保人员和有意愿入住老人的需求。

4 月 16 日，国家林业局、全国工商联、中国光彩会召开第八次联席会议。全国工商联副主席、中国光彩会副会长谢经荣，国家林业局党组成员、中纪委驻国家林业局纪检组组长陈述贤出席会议并讲话。会议总结了三方 2013 年联合开展工作的情况，审议通过了三方 2014 年联合开展工作的方案。中央统战部光彩事业指导中心主任、中国光彩会副秘书长余敏安，全国工商联扶贫与社会服务部部长、中国光彩会副秘书长王钢治等参加会议。

4 月 23 日 光彩事业发起实施 20 周年纪念日。据不完全统计，截至 2013 年底，光彩事业累计实施光彩事业项目 43329 个，到位资金 5987.79 亿元，培训人员 860.46 万人，安排就业 1092.74 万人，带动 2022.09 万人脱贫，公益捐赠 1794.17 亿元。以纪念光彩事业发起实施 20 周年为主题，自 4 月始，人民日报、新华社、中央人民广播电台、中央电视台、人民网、人民政协报、中华工商时报等各类媒体刊发多篇报道，全面回顾光彩事业 20 年取得的主要成就和基本经验。中国光彩会摄制完成《中国梦·光彩情——纪念光彩事业 20 周年》宣传片。

5 月 7 日 经财政部、国家税务总局会同民政部联合审核，确认中国光彩事业基金会为获得 2013 年度公益性捐赠税前扣除资格的公益性社会团体。

5 月 20 日 中国光彩事业促进会四届五次理事会议在河南信阳召开。全国各省（市、区）近 300 位理事参加会议。会议传达了中央领导同志关于光彩事业的重要批示精神，全面回顾了 20 年来光彩事业的成就，对新形势下光彩事业创新发展提出了意见。中央统战部副部长，全国工商联党组书记、常务副主席，中国光彩会副会长全哲洙出席会议并讲话。全哲洙指出，20 年来，光彩事业致力于扶贫攻坚，是实现先富帮后富、最终达到共同富裕目标的具体行动；致力于科学发展，是加快转变经济发展方式的重要路径；致力于改善民生，是构建和谐社会的积极力量；致力于人的培养，是引导非公有制经济人士健康成长的一面旗帜。这是光彩事业 20 年的丰富实践，给予我们最基本、最重要的启示。全哲洙指出，光彩事业实施于我国改革进程之中，也必须适应改革的全面深化而不断发展。一要正确把握光彩精神，不断增强感召力。二要科学运作光彩项目，不断增强带动力。三要务实开展光彩活动，不断增强落实力。四要推动建设光彩组织，不断增强影响力。会议对 103 位民营企业家颁发了光彩事业 20 周年突出贡献荣誉证书。国家林业局、全国工商联、中国光彩会联合授予 40 位民营企业家第五届“光彩事业国土绿化贡献奖”。全国工商联副主席、中国光彩会副会长谢经荣，国家林业局党组成员、中纪委驻国家林业局纪检组组长陈述贤，光彩事业发起人代表、新希望集团董事长刘永好出席了会议，参加会议的中国光彩会领导还有：杨启儒、王安康、史贵禄、伍跃时、陈世强、陈志列、茅永红、南存辉、赵永亮、雷菊芳。

5月21日 中国光彩事业促进会、河南省人民政府联合举办的“中国光彩事业信阳行”活动在信阳市举行。中央统战部副部长，全国工商联党组书记、常务副主席，中国光彩事业促进会副会长全哲洙，河南省省长谢伏瞻出席活动并讲话，全国各地450位民营企业家参加活动。活动期间，企业家们观看了《辉煌大别山》专题教育片，瞻仰了鄂豫皖苏区烈士陵园，实地参观了鄂豫皖苏区首府革命博物馆、中共中央鄂豫皖分局和红四方面军总部旧址等，接受革命传统和理想信念教育。此次活动共签约项目231个，总投资额1899.3亿元。中国光彩会向新县捐赠2000万元，用于支持建设新县光彩实验学校。全国工商联、中国民间商会、中国光彩会领导谢经荣、史贵禄、茅永红、徐冠巨，刘志强、杨启儒、王安康、李学春、陈世强、陈志列、赵永亮、南存辉、雷菊芳，光彩事业发起人代表、新希望集团董事长刘永好等参加了活动。

5月下旬 民政部发布公告，中国光彩事业基金会被评为“4A”级基金会。

5月28日 中国光彩事业促进会、中国光彩事业基金会获得北京市财政局、北京市国家税务局、北京市地方税务局批准的2013年非营利组织免税资格，有效期限5年。

7月至11月 中国光彩会与中国农业银行一起赴湖北、新疆、山西等地，就近年来光彩项目申贷和光彩重点项目开展考察调研，初步形成《中国农业银行与中国光彩事业促进会深化业务合作方案》。

8月12日 由中国光彩会，新疆自治区党委、政府，新疆生产建设兵团共同主办的“中国光彩事业南疆行”活动在新疆喀什举行。这次活动是中央统战部、全国工商联、中国光彩会贯彻落实党的十八大、十八届三中全会和第二次中央新疆工作座谈会精神的重要举措，是引导民营企业家为维护新疆社会稳定和实现新疆长治久安贡献力量的具体行动。中共中央政治局委员、新疆维吾尔自治区党委书记张春贤会见了参会部分代表。中央统战部副部长，全国工商联党组书记、常务副主席，中国光彩会副会长全哲洙，新疆自治区党委副书记韩勇出席活动并讲话。全国各地300多位民营企业家参加了活动。“南疆行”活动共签约项目266个，投资额1734.8亿元，其中，签定合同项目148个，合同金额1175.5亿元，公益捐赠6840万元，用于实施和田地区农村天然气入户、喀什地区农村省柴节煤灶和太阳能灶建设、克州人畜饮水工程、阿克苏地区养羊基地和兵团基层连队“风光互补”路灯等公益项目。

9月17日 以“聚焦三农、振兴东北”为主题的“中国光彩事业哈尔滨（延寿、巴彦、木兰）行”投资考察活动在哈尔滨举行。此次活动共签约项目20个，总投资额410亿元。项目涉及现代服务业、食品加工业、现代农业和新能源等领域。

9月28日 “光彩事业湖北幕阜山区行”在咸宁举行，共签约项目62个，总投资546.79亿元。促成合同项目48个，总投资341.59亿元。项目涉及汽车零部件、装备制造、生物医药、光电子、节能环保、电力能源等1 2个领域。

10月14日 中国光彩会邀请欧洲创新战略和创新研究院院长马克·吉热一行访华，赴北京、天津、深圳等地，共同研讨我国民营企业创新发展等问题。

10月17日 国家首个扶贫日。全国工商联、中国光彩会联合向各地工商联、光彩会及全国工商联直属商会下发了《关于组织引导民营企业进一步加大社会扶贫力度的通知》，要求各地光彩会、工商联及所属商会深入贯彻落实全国社会扶贫工作电视电话会议精神，组织引导广大民营企业加大扶贫力度，弘扬“扶贫济困、人心向善”的社会风气。中国光彩会与全国工商联共同组织38位担任全国工商联副主席、中国民间商会副会长和中国光彩会副会长的民营企业家，联名发出《让我们积极投身到社会扶贫的事业中来》的倡议。

11月19日 国务院办公厅下发《关于进一步动员社会各方面力量参与扶贫开发的意见》（国

办发〔2014〕58号）。其中，提出要继续发挥光彩事业、希望工程等扶贫公益品牌效应，积极引导社会各方面资源向贫困地区聚集。

12月8日 中国光彩事业基金会主办、北京师范大学社会发展与公共政策学院公益研究中心协办的2014年度“水环保公益人物评选”颁奖活动在京举行。

12月28日 中国光彩事业基金会以通讯形式召开二届六次理事会，审议通过中国光彩事业基金会2014年工作报告、2014年财务报告。

2015 年大事记

1 月 按照国家林业局、全国工商联、中国光彩会联合工作方案，启动第六届光彩事业国土绿化贡献奖评选工作，下发评比表彰通知，组织实地核查，组成评选委员会。

1 至 3 月 中央统战部五局、光彩事业指导中心和全国工商联扶贫与社会服务部组成联合调研组，分 5 路先后赴北京、山西、吉林、上海、江苏、安徽、山东、湖南、广东、陕西、甘肃 11 省市，就中国光彩会换届工作开展专题调研。共召开有关部门负责人、企业家座谈会 35 场，一对一访谈地方党政负责人、中国光彩会副会长及常务理事 40 多人，考察光彩项目 10 个、企业 50 余家。调研结束后，五局组织全体调研人员召开了调研总结会，汇总研究分析调研中发现的新情况新问题。4 月初，向中国光彩会主要领导同志上报了调研报告。4 月 14 日，谢经荣副会长批示："报告较准确的反映了目前光彩事业现状，品牌建设、投资服务和宣传表彰是我们的短板，今后应深化、细化有关设想"。4 月 20 日，全哲洙副会长批示："此报告比较全面、深入，在筹备换届大会文件起草中很有参考价值"。

4 月 9 日 召开国家林业局、全国工商联、中国光彩会第九次联席会议。全国工商联副主席、中国光彩会副会长谢经荣，国家林业局党组成员彭有冬及中央统战部五局、全国工商联扶贫与社会服务部、中央统战部光彩事业指导中心、国家林业局宣传办等部门的负责同志参加了会议。会议总结了三方 2014 年联合开展工作情况，研究部署了 2015 年联合开展的工作。

5 月 18 日至 20 日 中央统战工作会议在北京举行。中共中央总书记、国家主席、中央军委主席习近平在讲话中强调，要深化中国特色社会主义理想信念教育实践活动，大力弘扬和践行社会主义核心价值观，继续用好光彩事业等载体，引导非公有制经济人士特别是年轻一代致富思源、富而思进，做到爱国、敬业、创新、守法、诚信、贡献。

5 月 18 日《中国共产党统一战线工作条例（试行）》正式施行。其第七章第二十六条第四款为：引导非公有制经济人士投身光彩事业和公益慈善事业，积极履行社会责任。

5 月 28 日 中共中央政治局委员、中央统战部部长孙春兰到中国光彩事业促进会进行调研。她希望中国光彩会认真学习贯彻中央统战工作会议精神和《中国共产党统一战线工作条例（试行）》，以光彩事业为抓手，做好扶贫开发和公益事业，在新常态下不断开拓创新，为促进经济欠发达地区发展作出更大成绩。

6 月 24 日至 26 日 由中国光彩事业基金会主办，中国民生银行支持的西藏自治区先心病筛查诊断、技术培训班在拉萨举办。来自西藏自治区 5 个地区、50 个县从事妇幼临床工作的医生及西藏大学医学院临床医学系的部分教师共 160 人参加了培训。专家组还进行了 30 多人次的筛查工作，并把已经确诊的 3 名先心病患儿带回北京救治。

7 至 9 月 中国光彩事业基金会与西藏大学医学院合作，派该院师生前往那曲地区对 94654 名儿童进行先心病初筛。此后，北京安贞医院专家赴那曲对 1862 名疑似患儿进行确筛，确诊 497 人。

8 月 国家林业局、全国工商联、中国光彩会联合印发《关于授予刘海涛等40名民营企业家第六届“光彩事业国土绿化贡献奖”的决定》。

9月15日 以“新丝路、新梦想、新机遇”为主题的“光彩事业丝路行暨2015西宁城市发展投资洽谈会”在青海西宁开幕。北京、天津、上海等13个省、区、市的光彩会组织本地民营企业家参加洽谈会并进行项目实地考察。

9月21日 全国工商联、国务院扶贫办、中国光彩会印发《“万企帮万村”精准扶贫行动方案》，决定共同组织民营企业开展“万企帮万村”精准扶贫行动。

10月17日 全国工商联、国务院扶贫办和中国光彩会在京联合举行“万企帮万村”精准扶贫行动启动仪式。全国政协副主席、全国工商联主席王钦敏，中央统战部副部长、全国工商联党组书记、中国光彩会副会长全哲洙，国务院扶贫开发领导小组副组长、国务院扶贫办主任刘永富，全国工商联副主席、中国光彩会副会长谢经荣，全国工商联副主席杨启儒、史贵禄、何俊明，国务院扶贫办副主任洪天云出席启动仪式。启动仪式上，河北、辽宁、湖南、广东、广西、贵州六省区的26个民营企业和建档立卡的贫困村分别签署了结对帮扶协议。

10月19至20日 中国光彩事业促进会第五次会员代表大会暨五届一次理事会在京召开。中共中央政治局常委、全国政协主席俞正声会见全体代表并讲话，强调光彩事业是统一战线引导非公有制经济人士参与扶贫开发、促进共同富裕的一项创举，非公有制经济人士通过光彩事业这个平台，为党和政府分了忧，为贫困地区和贫困群众造了福，为全面建成小康社会立了功。希望非公有制经济人士始终坚定理想信念，真正成为与党同心同德的中国特色社会主义事业建设者；增强发展信心，主动适应新常态，通过转型升级不断提升企业核心竞争力，实现高质量、有效益、可持续的发展；履行社会责任，弘扬“致富思源、富而思进，义利兼顾、以义为先，扶危济困、共同富裕”的光彩精神，多做利国利民利企的实事好事。

中共中央政治局委员、国务院副总理马凯，中共中央政治局委员、中央统战部部长孙春兰，全国人大常委会副委员长、民建中央主席陈昌智，全国政协副主席、全国工商联主席王钦敏参加会见。

孙春兰在大会开幕式上讲话。她指出，推进光彩事业，有利于服务党和国家中心工作，有利于实现各族群众共享发展成果，有利于促进非公有制经济健康发展和非公有制经济人士健康成长。要找准新形势下光彩事业参与扶贫开发的着力点，通过精准扶贫和项目实施，推动贫困地区脱贫致富、产业发展、社会进步，让贫困群众过上更有尊严、更加幸福的生活。要把光彩事业作为教育培养非公有制经济人士的重要阵地，引导他们把个人梦、企业梦融入中国梦，把增强理想信念体现到先富带动后富、促进共同富裕的实践中，吸引凝聚更多非公有制经济人士参与光彩事业。

中央统战部副部长，全国工商联党组书记、常务副主席，中国光彩会副会长全哲洙作工作报告。报告指出，过去5年，全国各级光彩会共实施光彩项目39559个，培训463万人，安排654万人就业，带动826万人脱贫，公益捐赠427亿元。基本经验是，坚持围绕中心服务大局；坚持两个健康主题；坚持把理想信念教育摆在突出位置；坚持发挥好商会组织在光彩事业发展中的重要作用。今后5年的主要任务是，组织实施“万企帮万村”精准扶贫行动；继续办好“光彩行”活动；打造公益项目品牌；切实加强企业家理事队伍思想政治建设；切实加强光彩会自身建设。

会议审议通过了中国光彩事业促进会章程修改草案，选举产生了第五届理事会领导机构，全哲洙当选为会长，谢经荣等24人当选为副会长，114人当选为常务理事。

11月10日 由中国光彩事业促进会、湖北省人民政府共同主办的“中国光彩事业黄冈（红安）老区行”活动在湖北红安举行。湖北省委书记、省人大常委会主任李鸿忠，中央统战部副部长，全国工商联党组书记、常务副主席，中国光彩会会长全哲洙出席活动并讲话。来自全国各地的500多位民营企业家参加了活动。活动期间，民营企业家参观了黄麻起义和鄂豫皖苏区纪念园、红安七里坪长胜街等革命纪念地，观看了革命传统教育片《铁血红安》，举行了项目签约和公益捐赠仪式。 活动共签约项目295个，投资额2604.83亿元，其中，合同项目210个，投资额1800.66亿元。民营企业家还捐赠1820.5万元，用于在红安县实施“光彩新农村卫生室”公益项目，建设121所标准化村卫生室。

11月16日至19日 由全国工商联、中国光彩会和国家林业局联合举办的第十一期全国民营企业家及管理干部林业培训班在西安举行。来自全国29个省、市、自治区从事国土绿化的民营企业家及管理干部120多人参加了培训。全国工商联副主席史贵禄出席开班仪式并讲话。培训主要内容有：中央对民营企业投资光彩项目的优惠鼓励政策、森林与人类的生存发展之间的密切关系、“十三五”林业发展规划及政策措施等。

11月28日 “中国光彩事业抚州（广昌）行”活动在革命老区江西省抚州市举办。江西省委常委、统战部部长蔡晓明，省政府副省长刘昌林，省政协副主席孙菊生，中央统战部光彩事业指导中心主任、中国光彩会副秘书长余敏安等有关方面负责人和来自全国各地的企业家共计280余人参加活动。活动共签约项目232个，总投资额1616.22亿元，公益捐赠2703.8万元。

12月 民政部下发《关于表彰全国先进社会组织的决定》，授予中国光彩事业促进会等单位“全国先进社会组织”称号。

12月8日 中国光彩事业基金会在京举办“旭化成水环保专项基金总结暨2015年水环保公益人物评选颁奖大会”。“旭化成水环保专项基金”项目正式结束。

第十部分

附 录

APPENDIX

附录一：相关文件

中国农村扶贫开发纲要（2011-2020年）

（2011年12月1日）

为进一步加快贫困地区发展，促进共同富裕，实现到2020年全面建成小康社会奋斗目标，特制定本纲要。

序言

（一）扶贫事业取得巨大成就。消除贫困、实现共同富裕，是社会主义制度的本质要求。改革开放以来，我国大力推进扶贫开发，特别是随着《国家八七扶贫攻坚计划（1994-2000年）》和《中国农村扶贫开发纲要（2001-2010年）》的实施，扶贫事业取得了巨大成就。农村贫困人口大幅减少，收入水平稳步提高，贫困地区基础设施明显改善，社会事业不断进步，最低生活保障制度全面建立，农村居民生存和温饱问题基本解决，探索出一条中国特色扶贫开发道路，为促进我国经济发展、政治稳定、民族团结、边疆巩固、社会和谐发挥了重要作用，为推动全球减贫事业发展作出了重大贡献。

（二）扶贫开发是长期历史任务。我国仍处于并将长期处于社会主义初级阶段。经济社会发展总体水平不高，区域发展不平衡问题突出，制约贫困地区发展的深层次矛盾依然存在。扶贫对象规模大，相对贫困问题凸显，返贫现象时有发生，贫困地区特别是集中连片特殊困难地区（以下简称连片特困地区）发展相对滞后，扶贫开发任务仍十分艰巨。同时，我国工业化、信息化、城镇化、市场化、国际化不断深入，经济发展方式加快转变，国民经济保持平稳较快发展，综合国力明显增强，社会保障体系逐步健全，为扶贫开发创造了有利环境和条件。我国扶贫开发已经从以解决温饱为主要任务的阶段转入巩固温饱成果、加快脱贫致富、改善生态环境、提高发展能力、缩小发展差距的新阶段。

（三）深入推进扶贫开发意义重大。扶贫开发事关巩固党的执政基础，事关国家长治久安，事关社会主义现代化大局。深入推进扶贫开发，是建设中国特色社会主义的重要任务，是深入贯彻落实科学发展观的必然要求，是坚持以人为本、执政为民的重要体现，是统筹城乡区域发展、保障和改善民生、缩小发展差距、促进全体人民共享改革发展成果的重大举措，是全面建设小康社会、构建社会主义和谐社会的迫切需要。必须以更大的决心、更强的力度、更有效的举措，打好新一轮扶贫开发攻坚战，确保全国人民共同实现全面小康。

一、总体要求

（四）指导思想。高举中国特色社会主义伟大旗帜，以邓小平理论和“三个代表”重要思想为指导，深入贯彻落实科学发展观，提高扶贫标准，加大投入力度，把连片特困地区作为主战场，把稳定解决扶贫对象温饱、尽快实现脱贫致富作为首要任务，坚持政府主导，坚持统筹发展，更加注重转变经济发展方式，更加注重增强扶贫对象自我发展能力，更加注重基本公共服务均等化，更加注重解决制约发展的突出问题，努力推动贫困地区经济社会更好更快发展。

（五）工作方针。坚持开发式扶贫方针，实

行扶贫开发和农村最低生活保障制度有效衔接。把扶贫开发作为脱贫致富的主要途径，鼓励和帮助有劳动能力的扶贫对象通过自身努力摆脱贫困；把社会保障作为解决温饱问题的基本手段，逐步完善社会保障体系。

（六）基本原则

——政府主导，分级负责。各级政府对本行政区域内扶贫开发工作负总责，把扶贫开发纳入经济社会发展战略及总体规划。实行扶贫开发目标责任制和考核评价制度。

——突出重点，分类指导。中央重点支持连片特困地区。加大对革命老区、民族地区、边疆地区扶持力度。根据不同地区经济社会发展水平，因地制宜制定扶贫政策，实行有差异的扶持措施。

——部门协作，合力推进。各相关部门要根据国家扶贫开发战略部署，结合各自职能，在制定政策、编制规划、分配资金、安排项目时向贫困地区倾斜，形成扶贫开发合力。

——自力更生，艰苦奋斗。加强引导，更新观念，充分发挥贫困地区、扶贫对象的主动性和创造性，尊重扶贫对象的主体地位，提高其自我管理水平和发展能力，立足自身实现脱贫致富。

——社会帮扶，共同致富。广泛动员社会各界参与扶贫开发，完善机制，拓展领域，注重实效，提高水平。强化政策措施，鼓励先富帮后富，实现共同富裕。

——统筹兼顾，科学发展。坚持扶贫开发与推进城镇化、建设社会主义新农村相结合，与生态建设、环境保护相结合，充分发挥贫困地区资源优势，发展环境友好型产业，增强防灾减灾能力，提倡健康科学生活方式，促进经济社会发展与人口资源环境相协调。

——改革创新，扩大开放。适应社会主义市场经济要求，创新扶贫工作机制。扩大对内对外开放，共享减贫经验和资源。继续办好扶贫改革试验区，积极探索开放式扶贫新途径。

二、目标任务

（七）总体目标。到 2020 年，稳定实现扶贫对象不愁吃、不愁穿，保障其义务教育、基本医疗和住房。贫困地区农民人均纯收入增长幅度高于全国平均水平，基本公共服务主要领域指标接近全国平均水平，扭转发展差距扩大趋势。

（八）主要任务

——基本农田和农田水利。到 2015 年，贫困地区基本农田和农田水利设施有较大改善，保障人均基本口粮田。到 2020 年，农田基础设施建设水平明显提高。

——特色优势产业。到 2015 年，力争实现 1 户 1 项增收项目。到 2020 年，初步构建特色支柱产业体系。

——饮水安全。到 2015 年，贫困地区农村饮水安全问题基本得到解决。到 2020 年，农村饮水安全保障程度和自来水普及率进一步提高。

——生产生活用电。到 2015 年，全面解决贫困地区无电行政村用电问题，大幅度减少西部偏远地区和民族地区无电人口数量。到 2020 年，全面解决无电人口用电问题。

——交通。到 2015 年，提高贫困地区县城通二级及以上高等级公路比例，除西藏外，西部地区 80% 的建制村通沥青（水泥）路，稳步提高贫困地区农村客运班车通达率。到 2020 年，实现具备条件的建制村通沥青（水泥）路，推进村庄内道路硬化，实现村村通班车，全面提高农村公路服务水平和防灾抗灾能力。

——农村危房改造。到 2015 年，完成农村困难家庭危房改造 800 万户。到 2020 年，贫困地区群众的居住条件得到显著改善。

——教育。到 2015 年，贫困地区学前三年教育毛入园率有较大提高；巩固提高九年义务教育水平；高中阶段教育毛入学率达到 80%；保持普通高中和中等职业学校招生规模大体相当；提高农村实用技术和劳动力转移培训水平；扫除青壮年文盲。到 2020 年，基本普及学前教育，义务教育水平进一步提高，普及高中阶段教育，加快发展远程继续教育和社区教育。

——医疗卫生。到 2015 年，贫困地区县、乡、村三级医疗卫生服务网基本健全，县级医院的能力和水平明显提高，每个乡镇有1所政府举办的卫生院，每个行政村有卫生室；新型农村合作医疗参合率稳定在90%以上，门诊统筹全覆盖基本实现；逐步提高儿童重大疾病的保障水平，重大传染病和地方病得到有效控制；每个乡镇卫生院有1名全科医生。到2020年，贫困地区群众获得公共卫生和基本医疗服务更加均等。

——公共文化。到2015年，基本建立广播影视公共服务体系，实现已通电20户以下自然村广播电视全覆盖，基本实现广播电视户户通，力争实现每个县拥有1家数字电影院，每个行政村每月放映1场数字电影；行政村基本通宽带，自然村和交通沿线通信信号基本覆盖。到2020年，健全完善广播影视公共服务体系，全面实现广播电视户户通；自然村基本实现通宽带；健全农村公共文化服务体系，基本实现每个国家扶贫开发工作重点县（以下简称重点县）有图书馆、文化馆，乡镇有综合文化站，行政村有文化活动室。以公共文化建设促进农村廉政文化建设。

——社会保障。到2015年，农村最低生活保障制度、五保供养制度和临时救助制度进一步完善，实现新型农村社会养老保险制度全覆盖。到2020年，农村社会保障和服务水平进一步提升。

——人口和计划生育。到2015年，力争重点县人口自然增长率控制在8‰以内，妇女总和生育率在1.8左右。到2020年，重点县低生育水平持续稳定，逐步实现人口均衡发展。

——林业和生态。到2015年，贫困地区森林覆盖率比2010年底增加1.5个百分点。到2020年，森林覆盖率比2010年底增加3.5个百分点。

三、对象范围

（九）扶贫对象。在扶贫标准以下具备劳动能力的农村人口为扶贫工作主要对象。建立健全扶贫对象识别机制，做好建档立卡工作，实行动态管理，确保扶贫对象得到有效扶持。逐步提高国家扶贫标准。各省（自治区、直辖市）可根据当地实际制定高于国家扶贫标准的地区扶贫标准。

（十）连片特困地区。六盘山区、秦巴山区、武陵山区、乌蒙山区、滇桂黔石漠化区、滇西边境山区、大兴安岭南麓山区、燕山－太行山区、吕梁山区、大别山区、罗霄山区等区域的连片特困地区和已明确实施特殊政策的西藏、四省藏区、新疆南疆三地州是扶贫攻坚主战场。加大投入和支持力度，加强对跨省片区规划的指导和协调，集中力量，分批实施。各省（自治区、直辖市）对所属连片特困地区负总责，在国家指导下，以县为基础制定和实施扶贫攻坚工程规划。国务院各部门、地方各级政府要加大统筹协调力度，集中实施一批教育、卫生、文化、就业、社会保障等民生工程，大力改善生产生活条件，培育壮大一批特色优势产业，加快区域性重要基础设施建设步伐，加强生态建设和环境保护，着力解决制约发展的瓶颈问题，促进基本公共服务均等化，从根本上改变连片特困地区面貌。各省（自治区、直辖市）可自行确定若干连片特困地区，统筹资源给予重点扶持。

（十一）重点县和贫困村。要做好连片特困地区以外重点县和贫困村的扶贫工作。原定重点县支持政策不变。各省（自治区、直辖市）要制定办法，采取措施，根据实际情况进行调整，实现重点县数量逐步减少。重点县减少的省份，国家的支持力度不减。

四、专项扶贫

（十二）易地扶贫搬迁。坚持自愿原则，对生存条件恶劣地区扶贫对象实行易地扶贫搬迁。引导其他移民搬迁项目优先在符合条件的贫困地区实施，加强与易地扶贫搬迁项目的衔接，共同促进改善贫困群众的生产生活环境。充分考虑资源条件，因地制宜，有序搬迁，改善生存与发展条件，着力培育和发展后续产业。有条件的地方引导向中小城镇、工业园区移民，创造就业机会，提高就业能力。加强统筹协调，切实解决搬迁群众在生产生活等方面的困难和问题，确保搬得出、稳得住、能发展、可致富。

（十三）整村推进。结合社会主义新农村建设，自下而上制定整村推进规划，分期分批实施。

发展特色支柱产业，改善生产生活条件，增加集体经济收入，提高自我发展能力。以县为平台，统筹各类涉农资金和社会帮扶资源，集中投入，实施水、电、路、气、房和环境改善“六到农家”工程，建设公益设施较为完善的农村社区。加强整村推进后续管理，健全新型社区管理和服务体制，巩固提高扶贫开发成果。贫困村相对集中的地方，可实行整乡推进、连片开发。

（十四）以工代赈。大力实施以工代赈，有效改善贫困地区耕地（草场）质量，稳步增加有效灌溉面积。加强乡村（组）道路和人畜饮水工程建设，开展水土保持、小流域治理和片区综合开发，增强抵御自然灾害能力，夯实发展基础。

（十五）产业扶贫。充分发挥贫困地区生态环境和自然资源优势，推广先进实用技术，培植壮大特色支柱产业，大力推进旅游扶贫。促进产业结构调整，通过扶贫龙头企业、农民专业合作社和互助资金组织，带动和帮助贫困农户发展生产。引导和支持企业到贫困地区投资兴业，带动贫困农户增收。

（十六）就业促进。完善雨露计划。以促进扶贫对象稳定就业为核心，对农村贫困家庭未继续升学的应届初、高中毕业生参加劳动预备制培训，给予一定的生活费补贴；对农村贫困家庭新成长劳动力接受中等职业教育给予生活费、交通费等特殊补贴。对农村贫困劳动力开展实用技术培训。加大对农村贫困残疾人就业的扶持力度。

（十七）扶贫试点。创新扶贫开发机制，针对特殊情况和问题，积极开展边境地区扶贫、地方病防治与扶贫开发结合、灾后恢复重建以及其他特困区域和群体扶贫试点，扩大互助资金、连片开发、彩票公益金扶贫、科技扶贫等试点。

（十八）革命老区建设。国家对贫困地区的革命老区县给予重点扶持。

五、行业扶贫

（十九）明确部门职责。各行业部门要把改善贫困地区发展环境和条件作为本行业发展规划的重要内容，在资金、项目等方面向贫困地区倾斜，并完成本行业国家确定的扶贫任务。

（二十）发展特色产业。加强农、林、牧、渔产业指导，发展各类专业合作组织，完善农村社会化服务体系。围绕主导产品、名牌产品、优势产品，大力扶持建设各类批发市场和边贸市场。按照全国主体功能区规划，合理开发当地资源，积极发展新兴产业，承接产业转移，调整产业结构，增强贫困地区发展内生动力。

（二十一）开展科技扶贫。积极推广良种良法。围绕特色产业发展，加大科技攻关和科技成果转化力度，推动产业升级和结构优化。培育一批科技型扶贫龙头企业。建立完善符合贫困地区实际的新型科技服务体系，加快科技扶贫示范村和示范户建设。继续选派科技扶贫团、科技副县（市）长和科技副乡（镇）长、科技特派员到重点县工作。

（二十二）完善基础设施。推进贫困地区土地整治，加快中低产田改造，开展土地平整，提高耕地质量。推进大中型灌区续建配套与节水改造和小型农田水利建设，发展高效节水灌溉，扶持修建小微型水利设施，抓好病险水库（闸）除险加固工程和灌溉排水泵站更新改造，加强中小河流治理、山洪地质灾害防治及水土流失综合治理。积极实施农村饮水安全工程。加大牧区游牧民定居工程实施力度。加快贫困地区通乡、通村道路建设，积极发展农村配送物流。继续推进水电新农村电气化、小水电代燃料工程建设和农村电网改造升级，实现城乡用电同网同价。普及信息服务，优先实施重点县村村通有线电视、电话、互联网工程。加快农村邮政网络建设，推进电信网、广电网、互联网三网融合。

（二十三）发展教育文化事业。推进边远贫困地区适当集中办学，加快寄宿制学校建设，加大对边远贫困地区学前教育的扶持力度，逐步提高农村义务教育家庭经济困难寄宿生生活补助标准。免除中等职业教育学校家庭经济困难学生和涉农专业学生学费，继续落实国家助学金政策。在民族地区全面推广国家通用语言文字。推动农村中小学生营养改善工作。关心特殊教育，加大对各级各类残疾学生扶助力度。继续实施东部地区对口支援中西部地区高等学校计划和招生协作计划。贫困地区劳动力进城务工，输出地和输入地要积极开展就业培训。继续推进广播电视村村通、农村电影放映、文化信息资源共享和农家书屋等重大文化惠民工程建设。加强基层文化队伍建设。

（二十四）改善公共卫生和人口服务管理。提高新型农村合作医疗和医疗救助保障水平。进一步健全贫困地区基层医疗卫生服务体系，改善医疗与康复服务设施条件。加强妇幼保健机构能力建设。加大重大疾病和地方病防控力度。继续实施万名医师支援农村卫生工程，组织城市医务人员在农村开展诊疗服务、临床教学、技术培训等多种形式的帮扶活动，提高县医院和乡镇卫生院的技术水平和服务能力。加强贫困地区人口和计划生育工作，进一步完善农村计划生育家庭奖励扶助制度、“少生快富”工程和计划生育家庭特别扶助制度，加大对计划生育扶贫对象的扶持力度，加强流动人口计划生育服务管理。

（二十五）完善社会保障制度。逐步提高农村最低生活保障和五保供养水平，切实保障没有劳动能力和生活常年困难农村人口的基本生活。健全自然灾害应急救助体系，完善受灾群众生活救助政策。加快新型农村社会养老保险制度覆盖进度，支持贫困地区加强社会保障服务体系建设。加快农村养老机构和服务设施建设，支持贫困地区建立健全养老服务体系，解决广大老年人养老问题。加快贫困地区社区建设。做好村庄规划，扩大农村危房改造试点，帮助贫困户解决基本住房安全问题。完善农民工就业、社会保障和户籍制度改革等政策。

（二十六）重视能源和生态环境建设。加快贫困地区可再生能源开发利用，因地制宜发展小水电、太阳能、风能、生物质能，推广应用沼气、节能灶、固体成型燃料、秸秆气化集中供气站等生态能源建设项目，带动改水、改厨、改厕、改圈和秸秆综合利用。提高城镇生活污水和垃圾无害化处理率，加大农村环境综合整治力度。加强草原保护和建设，加强自然保护区建设和管理，大力支持退牧还草工程。采取禁牧、休牧、轮牧等措施，恢复天然草原植被和生态功能。加大泥石流、山体滑坡、崩塌等地质灾害防治力度，重点抓好灾害易发区内的监测预警、搬迁避让、工程治理等综合防治措施。

六、社会扶贫

（二十七）加强定点扶贫。中央和国家机关各部门各单位、人民团体、参照公务员法管理的事业单位和国有大型骨干企业、国有控股金融机构、国家重点科研院校、军队和武警部队，要积极参加定点扶贫，承担相应的定点扶贫任务。支持各民主党派中央、全国工商联参与定点扶贫工作。积极鼓励、引导、支持和帮助各类非公有制企业、社会组织承担定点扶贫任务。定点扶贫力争对重点县全覆盖。各定点扶贫单位要制定帮扶规划，积极筹措资金，定期选派优秀中青年干部挂职扶贫。地方各级党政机关和有关单位要切实做好定点扶贫工作，发挥党政领导定点帮扶的示范效应。

（二十八）推进东西部扶贫协作。东西部扶贫协作双方要制定规划，在资金支持、产业发展、干部交流、人员培训以及劳动力转移就业等方面积极配合，发挥贫困地区自然资源和劳动力资源优势，做好对口帮扶工作。国家有关部门组织的行业对口帮扶，应与东西部扶贫协作结对关系相衔接。积极推进东中部地区支援西藏、新疆经济社会发展，继续完善对口帮扶的制度和措施。各省（自治区、直辖市）要根据实际情况，在当地组织开展区域性结对帮扶工作。

（二十九）发挥军队和武警部队的作用。坚持把地方扶贫开发所需与部队所能结合起来。部队应本着就地就近、量力而行、有所作为的原则，充分发挥组织严密、突击力强和人才、科技、装备等优势，积极参与地方扶贫开发，实现军地优势互补。

（三十）动员企业和社会各界参与扶贫。大力倡导企业社会责任，鼓励企业采取多种方式，推进集体经济发展和农民增收。加强规划引导，鼓励社会组织和个人通过多种方式参与扶贫开发。积极倡导扶贫志愿者行动，构建扶贫志愿者服务网络。鼓励工会、共青团、妇联、科协、侨联等群众组织以及海外华人华侨参与扶贫。

七、国际合作

（三十一）开展国际交流合作。通过走出去、引进来等多种方式，创新机制，拓宽渠道，加强国际反贫困领域交流。借鉴国际社会减贫理论和实践，开展减贫项目合作，共享减贫经验，共同促进减贫事业发展。

八、政策保障

（三十二）政策体系。完善有利于贫困地区、扶贫对象的扶贫战略和政策体系。发挥专项扶贫、行业扶贫和社会扶贫的综合效益。实现开发扶贫与社会保障的有机结合。对扶贫工作可能产生较大影响的重大政策和项目，要进行贫困影响评估。

（三十三）财税支持。中央和地方财政逐步增加扶贫开发投入。中央财政扶贫资金的新增部分主要用于连片特困地区。加大中央和省级财政对贫困地区的一般性转移支付力度。加大中央集中彩票公益金支持扶贫开发事业的力度。对贫困地区属于国家鼓励发展的内外资投资项目和中西部地区外商投资优势产业项目，进口国内不能生产的自用设备，以及按照合同随设备进口的技术及配件、备件，在规定范围内免征关税。企业用于扶贫事业的捐赠，符合税法规定条件的，可按规定在所得税税前扣除。

（三十四）投资倾斜。加大贫困地区基础设施建设、生态环境和民生工程等投入力度，加大村级公路建设、农业综合开发、土地整治、小流域与水土流失治理、农村水电建设等支持力度。国家在贫困地区安排的病险水库除险加固、生态建设、农村饮水安全、大中型灌区配套改造等公益性建设项目，取消县以下（含县）以及西部地区连片特困地区配套资金。各级政府都要加大对连片特困地区的投资支持力度。

（三十五）金融服务。继续完善国家扶贫贴息贷款政策。积极推动贫困地区金融产品和服务方式创新，鼓励开展小额信用贷款，努力满足扶贫对象发展生产的资金需求。继续实施残疾人康复扶贫贷款项目。尽快实现贫困地区金融机构空白乡镇的金融服务全覆盖。引导民间借贷规范发展，多方面拓宽贫困地区融资渠道。鼓励和支持贫困地区县域法人金融机构将新增可贷资金70%以上留在当地使用。积极发展农村保险事业，鼓励保险机构在贫困地区建立基层服务网点。完善中央财政农业保险保费补贴政策。针对贫困地区特色主导产业，鼓励地方发展特色农业保险。加强贫困地区农村信用体系建设。

（三十六）产业扶持。落实国家西部大开发各项产业政策。国家大型项目、重点工程和新兴产业要优先向符合条件的贫困地区安排。引导劳动密集型产业向贫困地区转移。加强贫困地区市场建设。支持贫困地区资源合理开发利用，完善特色优势产业支持政策。

（三十七）土地使用。按照国家耕地保护和农村土地利用管理有关制度规定，新增建设用地指标要优先满足贫困地区易地扶贫搬迁建房需求，合理安排小城镇和产业聚集区建设用地。加大土地整治力度，在项目安排上，向有条件的重点县倾斜。在保护生态环境的前提下支持贫困地区合理有序开发利用矿产资源。

（三十八）生态建设。在贫困地区继续实施退耕还林、退牧还草、水土保持、天然林保护、防护林体系建设和石漠化、荒漠化治理等重点生态修复工程。建立生态补偿机制，并重点向贫困地区倾斜。加大重点生态功能区生态补偿力度。重视贫困地区的生物多样性保护。

（三十九）人才保障。组织教育、科技、文化、卫生等行业人员和志愿者到贫困地区服务。制定大专院校、科研院所、医疗机构为贫困地区培养人才的鼓励政策。引导大中专毕业生到贫困地区就业创业。对长期在贫困地区工作的干部要制定鼓励政策，对各类专业技术人员在职务、职称等方面实行倾斜政策，对定点扶贫和东西部扶贫协作挂职干部要关心爱护，妥善安排他们的工作、生活，充分发挥他们的作用。发挥创业人才在扶贫开发中的作用。加大贫困地区干部和农村实用人才的培训力度。

（四十）重点群体。把对少数民族、妇女儿童和残疾人的扶贫开发纳入规划，统一组织，同步实施，同等条件下优先安排，加大支持力度。继续开展兴边富民行动，帮助人口较少民族脱贫致富。推动贫困家庭妇女积极参与全国妇女“双学双比”活动，关注留守妇女和儿童的贫困问题。制定实施农村残疾人扶贫开发纲要（2011-2020年），提高农村残疾人生存和发展能力。

九、组织领导

（四十一）强化扶贫开发责任。坚持中央统筹、省负总责、县抓落实的管理体制，建立片为重点、工作到村、扶贫到户的工作机制，实行党政一把手负总责的扶贫开发工作责任制。各级党委和政府要进一步提高认识，强化扶贫开发领导小组综合协调职能，加强领导，统一部署，加大省县统筹、资源整合力度，扎实推进各项工作。进一步完善对有关党政领导干部、工作部门和重点县的扶贫开发工作考核激励机制，各级组织部门要积极配合。东部地区各省（直辖市）要进一步加大对所属贫困地区和扶贫对象的扶持力度。鼓励和支持有条件的地方探索解决城镇化进程中的贫困问题。

（四十二）加强基层组织建设。充分发挥贫困地区基层党组织的战斗堡垒作用，把扶贫开发与基层组织建设有机结合起来。选好配强村级领导班子，以强村富民为目标，以强基固本为保证，积极探索发展壮大集体经济、增加村级集体积累的有效途径，拓宽群众增收致富渠道。鼓励和选派思想好、作风正、能力强、愿意为群众服务的优秀年轻干部、退伍军人、高校毕业生到贫困村工作，帮助建班子、带队伍、抓发展。带领贫困群众脱贫致富有突出成绩的村干部，可按有关规定和条件优先考录为公务员。

（四十三）加强扶贫机构队伍建设。各级扶贫开发领导小组要加强对扶贫开发工作的指导，研究制定政策措施，协调落实各项工作。各省（自治区、直辖市）扶贫开发领导小组每年要向国务院扶贫开发领导小组报告工作。要进一步强化各级扶贫机构及其职能，加强队伍建设，改善工作条件，提高管理水平。贫困程度深的乡镇要有专门干部负责扶贫开发工作。贫困地区县级领导干部和县以上扶贫部门干部的培训要纳入各级党政干部培训规划。各级扶贫部门要大力加强思想、作风、廉政和效能建设，提高执行能力。

（四十四）加强扶贫资金使用管理。财政扶贫资金主要投向连片特困地区、重点县和贫困村，集中用于培育特色优势产业、提高扶贫对象发展能力和改善扶贫对象基本生产生活条件，逐步增加直接扶持到户资金规模。创新扶贫资金到户扶持机制，采取多种方式，使扶贫对象得到直接有效扶持。使用扶贫资金的基础设施建设项目，要确保扶贫对象优先受益，产业扶贫项目要建立健全带动贫困户脱贫增收的利益联接机制。完善扶贫资金和项目管理办法，开展绩效考评。建立健全协调统一的扶贫资金管理机制。全面推行扶贫资金项目公告公示制，强化审计监督，拓宽监管渠道，坚决查处挤占挪用、截留和贪污扶贫资金的行为。

（四十五）加强扶贫研究和宣传工作。切实加强扶贫理论和政策研究，对扶贫实践进行系统总结，逐步完善中国特色扶贫理论和政策体系。深入实际调查研究，不断提高扶贫开发决策水平和实施能力。把扶贫纳入基本国情教育范畴，作为各级领导干部和公务员教育培训的重要内容、学校教育的参考材料。继续加大扶贫宣传力度，广泛宣传扶贫开发政策、成就、经验和典型事迹，营造全社会参与扶贫的良好氛围。同时，向国际社会展示我国政府保障人民生存权、发展权的努力与成效。

（四十六）加强扶贫统计与贫困监测。建立扶贫开发信息系统，开展对连片特困地区的贫困监测。进一步完善扶贫开发统计与贫困监测制度，不断规范相关信息的采集、整理、反馈和发布工作，更加及时客观反映贫困状况、变化趋势和扶贫开发工作成效，为科学决策提供依据。

（四十七）加强法制化建设。加快扶贫立法，使扶贫工作尽快走上法制化轨道。

（四十八）各省（自治区、直辖市）要根据本纲要，制定具体实施办法。

（四十九）本纲要由国家扶贫开发工作机构负责协调并组织实施。

中华全国工商业联合会　中国光彩事业促进会关于鼓励和引导非公有制经济参与农村扶贫开发的意见（2011-2020年）

（2012年5月3日）

扶贫开发事关巩固党的执政基础，事关国家长治久安，事关社会主义现代化大局。广大非公有制企业和非公有制经济人士积极参与光彩事业、新农村建设和社会慈善公益活动，为我国扶贫开发作出了重要贡献，并已成为引导非公有制经济健康发展、非公有制经济人士健康成长，实现共同富裕的重要途径。当前，我国扶贫开发已经从解决温饱为主要任务的阶段转入巩固温饱成果、加快脱贫致富、改善生态环境、提高发展能力、缩小发展差距的新阶段。各级工商联、光彩会要认真贯彻落实《中共中央国务院关于加强和改进新形势下工商联工作的意见》（中发〔2010〕16号）和《中国农村扶贫开发纲要（2011—2020年）》，切实履行职能，鼓励、引导和组织非公有制经济在农村扶贫开发中发挥重要作用，为实现到2020年全面建设小康社会奋斗目标作出新贡献。

一、深刻认识鼓励引导非公有制经济参与农村扶贫开发的重大意义

1. 参与农村扶贫开发是非公有制经济加快转变经济发展方式、实现健康发展的重要机遇。在我国工业化、城镇化和农业现代化的同步推进中，农村的产业基础逐渐完善、消费能力持续提升、投资环境日益优化，农村扶贫开发的投资价值凸现，为非公有制企业提供了新的机遇。非公有制企业参与农村扶贫开发不仅能够推动农业产业化进程，壮大县域经济，促进城乡统筹发展，改变贫困地区落后面貌，并且有利于企业转变发展方式、拓展发展空间、实现科学发展，特别是做强做大农业龙头企业。

2. 参与农村扶贫开发是非公有制经济人士践行社会主义核心价值体系、实现健康成长的重要平台。参与农村扶贫开发不仅是党和国家赋予广大非公有制经济人士的重要任务，是构建社会主义和谐社会、实现我国经济社会可持续发展的需要，是中国特色社会主义的本质要求，而且已成为广大非公有制经济人士发扬中华民族传统美德、履行社会责任、开展自我教育，始终保持与党在思想上同心同德，在目标上同心同向，在行动上同心同行的重要实践。

3. 引导非公有制经济参与农村扶贫开发是工商联、光彩会的重要职责。围绕党和国家的中心任务，引导广大非公有制经济人士积极投身农村扶贫开发是工商联、光彩会的优良传统，是发挥政府管理和服务非公有制经济助手作用的重要内容，也是做好非公有制经济人士思想政治工作的重要载体和综合评价非公有制经济代表人士的重要指标。

二、总体要求和基本任务

4. 总体要求：高举中国特色社会主义伟大旗帜，以邓小平理论和“三个代表”重要思想为指导，深入贯彻落实科学发展观，贯彻实施《中国农村扶贫开发纲要（2011—2020年）》，以同心思想为统领，以“两个健康”为主题，坚持开发式扶贫方针，坚持“义利兼顾、以义为先”理念，以国定11个连片特困地区和西藏、四省藏区、新疆南疆三地州为主战场，以扶贫标准以下具备劳动能力的农村人口为主要帮扶对象，以大力促进县域经济发展为着力点，以项目推进、整村推进

为手段，支持龙头企业发展，加大引导非公有制经济参与农村扶贫开发的力度，促进农业产业化、现代化发展。

5. 基本任务：在引导非公有制经济参与农村扶贫开发进程中，重在提高农民发展能力和增收水平，重在产业扶贫和解决制约发展的突出问题，重在扶持和推动连片特困地区，特别是革命老区、民族地区、边疆地区的经济社会又好又快发展。努力改善农民生产生活环境和条件，帮助稳定解决扶贫对象温饱、尽快实现脱贫致富、改善和保障民生；努力提高贫困地区和扶贫对象自我发展能力，尤其是组织化程度和参与市场竞争的能力，帮助化解农民生产风险；努力促进进城务工农民充分就业，提高他们的职业技能和收入水平；坚持互利互惠、共同发展，在扶贫开发的同时努力实现企业的科学发展；努力培养和造就一支爱国、敬业、诚信、守法、贡献的非公有制经济代表人士队伍。

三、探索非公有制经济参与农村扶贫开发的途径和领域

6. 推动贫困地区县域经济发展。引导非公有制企业投资光彩事业项目，合理开发贫困地区资源，发挥农业产业化龙头企业作用，帮扶小微企业、壮大县域经济、优化产业结构，做强主导产品、名牌产品和优势产品，繁荣当地市场，扩大稳定就业，协助加强基础设施建设，拓展贫困群众脱贫致富的途径；定期组织“光彩行”等活动。

7. 参与贫困地区小城镇建设。引导非公有制企业协助推动中心城镇逐步形成配套合理、功能完善的社会事业服务体系，促进基本公共服务均等化。

8. 提高农民增收能力。鼓励非公有制企业按照政府规划，与贫困农村建立较紧密的帮扶关系，以生产性合作为主，公益性捐赠为辅，着力提高农民家庭生产经营能力；大力开展同心光彩创业工程，帮助农村能人和返乡大学生创业，并提供必要的资金、技术和管理经验，带动一个人、致富一群人；着力提高农民劳务工资性收入，创造更多就业岗位，优先招聘贫困农民；模范遵守《劳动合同法》，建立健全工资增长机制，切实维护农民工合法权益；加大职业技能培训，关爱员工、实现双赢，努力构建和谐劳动关系。

9. 做好定点扶贫工作。鼓励和引导非公有制企业和商会组织承担定点扶贫任务，把企业发展与惠农富农结合起来，把发展经济与保护生态结合起来，把扶贫济困与感恩行动结合起来；倡导非公有制企业参与农民专业合作社，与农民“连股、连利、连心”，采取多种方式推动集体经济发展和农民增收。

10. 支持农村社会事业发展。积极参与赈灾、扶贫、敬老、助残、救孤等活动，大力支持科教文卫、环境保护和生态建设等公益事业，帮助贫困地区解决饮水、交通等现实中最为迫切的问题。

11. 不断创新扶贫开发模式。引导民间资本和金融企业开展面向农民的小额信贷、贷款担保服务等，推动农村金融体制改革创新；探索政府扶贫与企业扶贫、政府资金与民间资金、政府行为与市场行为的有机结合；弘扬“自立自强有尊严，劳动致富最光荣、诚实守信讲文明”的社会风气，提高贫困地区群众市场意识、科学素质和文化水平。

四、切实加强引导和服务

12. 高度重视、加强领导。发挥行业商会和工商联系统优势，将帮扶贫困地区农民开展种养加生产和发展小微企业纳入到基层工商联和商会日常工作中；定期研究工作中的重点、难点问题；明确分管领导，建立专门机构，制定具体目标，落实责任考核，凝心聚力、务求实效。

13. 分类指导、协调服务。切实加强对非公有制企业参与扶贫开发的指导和服务，因地制宜，认真开展科学规划、路径选择、项目推荐和跟踪服务；主动配合当地党委政府总体部署，积极建言献策，加强与有关部门沟通协调，建立长效工作机制，营造良好环境，为企业提供经济、法律、政策和咨询等服务，协助解决困难和问题。

14. 总结经验、扩大宣传。加强基础数据统

计，及时反映非公有制企业参与扶贫开发的成果；注重总结推广经验，加强交流，表彰先进，充分运用各种手段宣传典型企业、典型人物、典型案例，扩大社会影响，形成崇尚先进、学习先进、争当先进的良好氛围。

15．推进援藏援疆工作。有援藏、援疆任务的地方工商联、光彩会要积极参与当地党委政府的对口支援工作，并与所支援地区的工商联、光彩会建立联系机制，促进双方会员企业间合作；西藏和四省藏区、新疆各级工商联、光彩会要积极主动与党委政府联系，按照当地扶贫工作总体规划，选准角度、突出重点、发挥作用。

16．加强扶贫和光彩事业干部培养。努力建设一支政治坚定、业务精通、作风清廉，懂大局、能谋事、办成事的高素质扶贫工作者队伍；建立定期培训制度，不断提升理论政策水平和业务工作能力，使更多干部成为开展扶贫开发与光彩事业的行家里手；表彰优秀工作者，对经过艰苦地区挂职锻炼、经历艰苦工作考验、思想品质过硬、工作表现优秀的干部要重点培养和使用。

各省、自治区、直辖市和新疆生产建设兵团工商联、光彩会要按照本意见，结合各地实际，制定贯彻落实措施。

全国工商联关于组织、引导和支持民营企业参与社会主义新农村建设的意见

（2010年8月11日）

党的十六届五中全会、《中共中央、国务院关于推进社会主义新农村建设的若干意见》和《中华人民共和国国民经济和社会发展第十一个五年规划纲要》，明确了建设社会主义新农村的重大历史任务和主要方针政策。为了贯彻落实党和国家的重大战略部署，各级工商联要充分发挥作为党和政府联系非公有制经济人士的桥梁与纽带的作用，充分发挥在政府管理非公有制经济方面的助手作用，充分发挥在促进非公有制企业健康发展和非公有制经济人士健康成长方面的重要作用，组织、引导和支持个体、私营等非公有制企业（以下简称民营企业）积极参与社会主义新农村建设。为此，提出如下意见：

一、民营企业参与新农村建设的重大意义：

1．民营企业是新农村建设的重要力量。经过改革开放二十多年的发展，民营经济已经成为国民经济的重要组成部分和推动经济快速增长的重要力量，成为县域经济发展和推进农业产业化的主要力量。在新农村建设的历史进程中，民营企业在加快农业产业化、推进农业现代化、开拓农村商品市场、改革农业经营制度、转移农村劳动力、推动新型村镇建设、促进农村扶贫事业、更新农民观念和培养新型农民等各个方面，都将发挥难以替代的重要作用。

2．参与新农村建设是民营企业的重大社会责任。新农村建设是一场广泛、深刻和重大的经济与社会变革。民营企业的发展得益于党的改革开放政策，也得益于广大农村、农民的支持和农民工的奉献。民营企业要"致富思源、富而思进"，按照"爱国、敬业、诚信、守法、贡献"的要求，积极响应党和国家的号召，主动参与新农村建设，为新农村建设作出应有贡献，这是民营企业义不容辞的重大社会责任和光荣历史任务。

3．参与新农村建设是民营企业的重要发展机遇。在新农村建设的历史进程中，随着国家对农村"多予少取放活"方针政策的推行，国民收入分配格局将不断调整并向农村倾斜，国家将把基础设施建设投资的重点逐步转向农村，社会各个方面也将更加关心和支持新农村建设事业。这为民营企业发展指明了重要方向，提供了重要机遇。民营企业要抓住机遇，在参与新农村建设中发展自己，在发展自己中支持新农村建设。

4．推动民营企业参与新农村建设是工商联促进"两个健康"的重要任务。建设新农村是国家的重大战略与历史任务，也是工商联的一项重要和长期的工作任务。采取必要措施，组织、引导和支持民营企业参与新农村建设，是工商联完成这项工作任务的必然要求，有利于促进民营企业健康发展和非公有制经济人士健康成长，有利于工商联全面履行职责，有利于工商联拓展工作空间、扩大社会影响。

二、民营企业参与新农村建设的基本要求：

5．民营企业参与新农村建设的总体要求。民营企业参与新农村建设，要遵循和执行国家新农村建设方针政策和法律法规，围绕"生产发展、生活宽裕、乡风文明、村容整洁、管理民主"的目标要求，发扬光彩事业"致富思源，富而思进，

扶危济困，共同富裕，义利兼顾，德行并重，发展企业，回馈社会”的精神，尊重经济规律、遵循市场原则，因地制宜、因企制宜，产业投资与公益事业相结合、企业经营与扶贫慈善相结合、企业自愿与乡村接纳相结合，普遍参与、重点推进，注重实效、稳步开展，为发展农业、建设农村、富裕农民作出自己应有的贡献。

6. 采取多种方式参与新农村建设。民营企业要结合自己的生产经营特点和经济实力状况，积极探索不同的形式和方法，找准切入点和结合点，采取产业带村、项目兴村、商品援村、企业帮村、村企合作、人户结对等多种方式参与新农村建设，努力在适宜的领域或方面发挥其应有作用。

7. 发挥各类民营企业自身优势参与新农村建设。农业产业化龙头企业要充分发挥带头作用，实行一个企业帮带一个村或多个村，通过技术创新、产品创新、经营创新、市场创新、合作创新，发展特色产业、特色产品、特色服务，积极推进农业产业化和农业现代化，努力推动整村、整乡农民实现小康，走向共同富裕。其他有条件的民营企业，要把参与新农村建设作为一个重要投资方向，到农村去创业、到农村去发展，把自身发展与新农村建设结合起来，发展农村、带动农业、富裕农民。各类民营企业都要积极承担社会责任，用企业之所长、尽企业之所能，广泛开展多种形式的“一帮一”、“手牵手”活动，努力为新农村建设献一份爱心、作一份贡献。

8. 推动光彩事业进一步面向新农村建设。要认真总结光彩事业的经验，明确光彩事业的发展思路，将光彩事业工作的重点放在新农村建设上来。要在整合光彩事业农村扶贫项目的基础上，积极探索光彩事业的新方式、新方法和新途径，努力延伸和拓展光彩事业活动领域。大力开展新农村建设光彩行动，组织和引导民营企业积极参与新农村建设的各类扶贫项目，进一步开创光彩事业新局面。

三、民营企业参与新农村建设的主要途径和领域：

9. 大力发展农业产业化。农业类民营企业要不断提高农业综合生产能力和市场竞争力，特别是龙头企业要增强品牌影响力和产业带动力，充分发挥农业产业化的领军作用。积极探索和推广“龙头企业＋合作组织＋农户”和“农产品商会协会＋龙头企业＋合作组织＋农户”等有机结合的各种组织形式，实现产业化经营的利益共享和合作共赢。推动发展以农业产业化龙头企业为骨干、中小企业参与的企业集群示范基地，积极建设优势农产品产业带，发展特色农业、生态农业和绿色农业。大力发展各类中小型农业产业化企业，带动传统农业的改造和提升，推动新兴农业的培育和现代农业的发展。

10. 推动发展农村工业。民营企业要积极参与发展地处农村、面向农村、主要与农村经济相关联的各类工业。城市中的大中型民营企业可将部分配套加工业向农村地区延伸，在农村建立产品配套与协作工厂。在农副产品加工、生物质能源和小水电、建材轻纺等领域，采取企业与乡村合作等形式，积极发展“一乡一业”、“一村一品”，推动实现“工业强村”、“产品富村”。民营企业发展农村工业，要遵循国家产业政策和行业准入法规，注意增加技术含量、提高经济效益、减少资源消耗、降低环境代价。

11. 积极开拓农村商品市场。民营企业要采取自营或联营方式积极发展连锁经营、物流配送等现代流通方式，积极参与国家有关部门、机构推行的“万村千乡市场工程”、建设连锁化“农家店”、农村邮政物流等计划，推动发展农产品期货市场和订单农业，培育和发展农村经纪人队伍，搞活农村流通，繁荣农村市场。积极引进国外先进农业生产技术设备和推广国外先进优良品种，发展出口农产品基地，优化农产品出口结构，培育农产品出口品牌，提高农产品出口竞争力。

12. 参与农村基础设施建设。民营企业要发挥自身优势，争取政府的支持，采取与政府部门、国有建设单位和乡村农民之间的各种不同合作方式，积极参与农村道路建设、新村镇建设和新农居建设。有条件的企业要积极参与农村能源工程、饮水安全工程和卫生工程等方面建设；采取村企结合等形式，参与发展农村沼气推广、秸秆气化、太阳能和风力发电等清洁能源，为农民提供清洁水源设备、技术和产品；帮助农户改圈、改厕、改厨。参与农村基础设施建设要充分尊重农民意愿，注意保护耕地、保护生态、保护环境。

13．支持发展农村社会服务事业。农业产业化企业要积极参与农业技术推广体系改革和建设，开展与农科教机构的合作，参与农业科技入户工程的实施，发展农技推广社会化服务，推广先进种植养殖技术。民办教育机构要积极参与农村普通教育和职业技术教育培训，为提高农民务农技能服务。光彩事业要积极实施光彩远程教育工程，进一步搞好项目的推广。推动发展民营医疗卫生机构，规范医疗服务行为，扩大其在农村医疗卫生事业中的影响，为提高农民卫生健康水平做贡献。积极参与农村文化事业，开展图书下乡、文化下乡等活动，参与实施广播电视“村村通”和农村电影放映工程等，支持构建农村公共文化服务体系。发挥民营旅游企业作用，通过开展乡村观光休闲旅游、红色旅游、生态村旅游等活动，大力发展乡村旅游业。支持发展农村金融事业，积极参与社区金融机构建设，培育民营小额贷款组织，推动建立民营农业担保基金和担保机构。

14．广泛吸纳农村转移劳动力。大力发展劳动密集型和各类服务型中小企业，扩大农民工招工就业，推动农村劳动力向非农产业和城镇转移。农业产业化龙头企业、中小型农产品加工企业，要注重招收当地农民就业，推动劳动力转移离土不离乡。有条件的企业要开展定点招收帮扶村农民务工就业。民营企业要大力提高农民工职业技术水平，将在岗培训与学校培训相结合，搞好农民工岗前、岗中、岗后培训，积极参与农村劳动力转移培训阳光工程。民营企业要认真贯彻国家的劳动与社会保障法律法规和《 国务院关于解决农民工问题的若干意见》，按照“公平对待、一视同仁”的要求，尊重和维护农民工的合法权益，消除对农民工的歧视性待遇，使他们和城市员工享有同等的权利和义务，构建和谐劳动关系。

15．推进农村公益扶贫慈善事业。民营企业要发扬中华民族的“扶危救困”、“慈善济贫”等传统美德，积极参与农村的公益事业、扶贫工程和慈善事业，进一步树立社会主义建设者新形象。通过“村企对接”、“人户对接”等形式，大力支持农村发展文化、教育、卫生、环保等公益事业，积极开展项目扶贫、物资扶贫、招工扶贫、培训扶贫等活动，积极参与捐献商品物资、捐资兴教助学、资助“鳏寡孤独”、援助“残疾人”和帮助“五保供养”等慈善活动。

16．积极推动农业生产组织制度创新。民营企业要努力推动发展新型农业专业合作组织，完善农业产业化企业与农民的利益联结机制，提高农业生产的组织化和社会化程度。以产业、产品或地域为依托，积极发展农业产业化企业为主、农户参加的各类农业产业商会、协会。积极参与和努力推动土地承包经营权流转机制改革，探索建立和发展以农民为主体的新型农业生产经营企业，逐步改变传统农业生产组织方式，推进农业生产的规模经营和集约经营。积极参与国有农林企业和农业集体企业的改制与重组。

四、建立工作机制，加强组织落实：

17．政策推动机制。各级工商联要发挥好政府助手作用，认真研究各级政府及有关部门关于新农村建设的政策措施，建立和发展与政府部门和银行金融等机构的工作联系机制，争取得到大力支持，推动政府部门和银行金融机构在制定和执行相关政策、开展相关工作时，将其与鼓励、引导和支持民营企业参与新农村建设结合起来，努力营造民营企业参与新农村建设良好的政策环境。

18．组织协调机制。各级工商联要将扶贫和光彩事业工作的主要精力转移到新农村建设上来，认真总结过去的工作经验，研究制定推动民营企业参与新农村建设的行动计划。各级工商联要发挥组织网络优势，加强与政府部门之间的工作联络，加强与光彩事业促进会之间及工商联系统内的工作协调，推动相关工作积极、有序地开展。

19．信息反应机制。各级工商联要把新农村建设问题作为调查研究和参政议政的重要内容，深入了解民营企业参与新农村建设的情况和问题，及时反映意见与建议，积极开展经验交流，努力帮助企业解决困难。要把非公有制经济人士参与新农村建设情况纳入表彰体系之中，并与培养优秀社会主义建设者、非公有制经济代表人士政治推荐等工作有机地结合起来，广泛宣传成功案例和典型人物，鼓励和推动更多人士参与新农村建设。

20. 工商联要认真组织落实。各级工商联要将组织、引导和支持民营企业家参与新农村建设作为当前和今后的一项重要任务，结合扶贫和光彩事业工作，制定计划或方案，确定主要分管领导和主要执行部门，加强内部协调，明确职责，狠抓落实。各级工商联要明确若干重点民营企业开展参与新农村建设的试点，取得经验，加以推广。要为民营企业参与新农村建设提供必要的经济、法律、政策和咨询等各方面服务。

21. 行业商会要主动积极参与。各类行业商会要将动员和组织会员企业参与新农村建设作为商会工作的一项重要内容，做出相应的工作计划安排。要充分发挥商会的行业特点和组织优势，动员行业龙头企业带头进入新农村建设领域，推动其他企业积极参与。要探索建立和发展各种形式的以农民为主体、农业产业化龙头企业为主导的农业产业商会或农产品商会，推动农民提高组织化和社会化水平。

22. 企业家执常委要发挥表率作用。工商联的企业家执常委要将参与新农村建设作为企业发展的一个重要方向或企业工作的一项重要内容，采取主动措施，提出参与计划，付诸实际行动，发挥参与新农村建设的带头和表率作用。

新农村建设是一项光荣、伟大、长期、艰巨的历史任务，民营企业和非公有制经济人士一定要认真落实科学发展观，解放思想，实事求是，积极奋进，扎实工作，放眼未来，着手现实，为建设社会主义新农村而努力奋斗。

民政部　全国工商联关于鼓励支持民营企业积极投身公益慈善事业的意见

（民发［2014］5号）

各省、自治区、直辖市民政厅（局）、工商联，新疆生产建设兵团民政局、工商联：

为贯彻落实党的十八大和十八届三中全会关于“支持发展慈善事业”、“创新社会治理”的要求，促进广大民营企业通过参与公益慈善事业，弘扬中华民族传统美德，积极履行社会责任，在解决社会问题、缩小收入差距、促进社会公平和谐中不断作出新贡献，现就鼓励支持民营企业积极投身公益慈善事业提出如下意见：

一、重要意义

改革开放特别是进入新世纪以来，非公有制经济不断发展壮大，已成为社会主义市场经济的重要组成部分和我国经济社会发展的重要基础。广大民营企业家和民营企业作为建设中国特色社会主义事业的重要力量，深入践行社会主义核心价值体系，切实履行社会责任，广泛开展救助灾害、救孤济困、扶老助残等慈善活动，积极投身教育、科学、文化、卫生、体育、环境保护等公益事业，已成为我国公益慈善事业的主体力量，为我国公益慈善事业发展作出了突出贡献。同时，也应看到，民营企业参与公益慈善事业的潜力有待进一步挖掘，优势有待进一步发挥。当前，我国已进入全面建成小康社会的决定性阶段，保障和改善民生的任务十分繁重。鼓励支持民营企业参与公益慈善事业，是引导民营企业坚定中国特色社会主义的理想信念、积极履行社会责任的有效方式，是促进非公有制经济健康发展和非公有制经济人士健康成长的重要途径，是推动中国特色公益慈善事业发展的必然要求。各级民政部门和工商联组织要统一思想、提高认识，采取切实可行的措施，进一步提高民营企业参与公益慈善事业的积极性、科学性和有效性，支持民营企业为中国特色公益慈善事业的科学发展作出新的更大贡献。

二、基本原则

（一）自觉自愿。民营企业参与公益慈善事业，应坚持自觉自愿、尽力而为、量力而行的原则。任何组织和个人不得强迫或变相强迫民营企业开展和参与各项公益慈善活动或进行捐赠。

（二）合法合规。民营企业参与公益慈善事业，要遵守国家相关法律法规和政策，遵守社会公德，维护公共利益。民营企业只能将其有权处分的合法财产用于公益慈善事业。民营企业依法设立的慈善组织受赠的财产及其增值部分是社会公共财产，受国家法律保护，任何单位和个人不得私分、侵占和挪用。

（三）诚信公正。民营企业参与公益慈善事业，要诚实守信，已经向社会公众或受赠对象承诺的捐赠，必须诚实履行；与慈善组织开展的合作，必须依据协议认真履行。民营企业参与公益慈善事业，要公平公正，不得要求受赠人、受益人在融资活动、市场准入、资源占有等方面为其创造便利条件或提供利益回报。

三、参与途径

（一）开展社会捐赠。

——鼓励支持民营企业通过捐赠资金、产权、物资和服务等方式参与公益慈善事业。

——鼓励支持民营企业通过捐赠有价证券、

专利、技术等探索参与公益慈善事业的新方式。

——鼓励支持民营企业在政府引导下，积极向需求突出的社会领域进行捐赠。

（二）设立慈善组织。

——鼓励支持具备条件的民营企业依法设立基金会，或在慈善组织中设立专项基金，探索企业留本冠名慈善基金、公益信托等新载体。

——鼓励支持民营企业举办扶贫济困、教育、医疗、养老、助残等方面的民办非企业单位，大力发展公益慈善事业，不断增加社会公共产品供给，提高公共服务水平。

（三）与慈善组织合作。

——鼓励支持民营企业选择公信力高、专业性强、富有活力的慈善组织开展合作，参与有影响力、创新性和实效性的慈善项目。

——鼓励支持民营企业持续稳定关注某一公益慈善领域，以形成长期广泛的社会影响和正面积极的社会评价。

（四）组织员工开展志愿服务。

——鼓励支持民营企业有意识地引导、组织员工，立足于所在地区和所从事的行业，在扶贫济困、帮老助幼、支教助学、卫生保健、科技推广、环境保护、应急救援、心理安抚、大型社会活动的服务等方面，有计划、有针对性、可持续地开展志愿服务活动。

（五）在投资兴业中吸纳困难群体。

——鼓励支持民营企业在投资兴业中吸纳残疾人和贫困家庭劳动力就业，实现公益目标和经济目标、社会效益和经济效益的有机统一。

（六）传播慈善文化。

——鼓励支持民营企业发扬扶危济困、乐善好施的传统美德，将以“平等、互助、博爱、共享”为核心内容的现代慈善理念和以“义利兼顾、以义为先”的光彩理念融入企业文化，在企业内部形成人人关心慈善、人人支持慈善的良好氛围，并通过提升合作伙伴和社会公众的慈善理念，传播慈善文化。

——鼓励支持民营企业采取冠名、资助等协作方式，与社会组织、科研机构等合作开展各类慈善文化活动。

（七）创新其他参与公益慈善事业的方式。

——鼓励支持民营企业继续保持发扬光彩事业精神，创新光彩事业发展新模式，并结合自身实际，发挥特色和优势，积极探索开展公益慈善活动、推动公益慈善事业发展的新途径和新机制。

四、支持措施

（一）支持民营企业依法设立公益慈善组织。根据全面深化改革的战略部署，围绕建设法治政府、服务型政府，创新行政管理方式，激发社会组织活力的新要求，各级民政部门要依照相关法律法规和政策规定，积极履行部门职责，转变工作作风，提高办事效率，丰富完善窗口和在线服务内容，为民营企业依法设立公益慈善组织提供有效的咨询和指导。

（二）协助落实优惠政策。各级民政部门和工商联组织要积极协助有关部门依法落实民营企业设立的公益慈善组织应享受的优惠政策和扶持措施。指导民营企业对发生的公益性捐赠支出进行所得税税前扣除。协同财政、税务部门，做好有关基金会等公益性社会团体的公益性捐赠税前扣除资格的审核工作。

（三）做好民营企业与慈善组织和慈善需求对接。各级民政部门和工商联组织要掌握本行政区内的优秀慈善组织和优秀慈善项目状况，及时采集、发布求助信息，主动向民营企业做好推荐工作，为民营企业与慈善需求对接提供便利。各级民政部门和工商联组织要加强合作，通过联系协调、信息共享等方式，搭建展示交流会、项目推介会等平台，促进民营企业与慈善组织对接，开展长期、多样、有效合作。

（四）宣传民营企业公益慈善行为。各级民政部门和工商联组织要积极协调报刊、广播、电视、互联网等媒体，大力宣传民营企业的慈行善举，努力营造有利于民营企业投身公益慈善事业良好的社会氛围和舆论环境。

（五）完善其他扶持和激励措施。各级民政部门和工商联组织要积极推动有关部门从土地供应、设施配套、企业服务等方面，对为公益慈善事业作出突出贡献的民营企业提供便利和优惠条件。在各级民政部门评选慈善奖项时，应注重表彰民营企业公益慈善典型。在政府采购中，对为公益慈善事业作出突出贡献的民营企业，同等条件下优先考虑。

五、服务与监管

各级民政部门和工商联组织要把民营企业参与公益慈善事业的各项支持措施落到实处。要做好民营企业参与公益慈善事业基础数据的统计工作，及时总结和宣传民营企业参与公益慈善事业中的好经验和涌现出的新典型。要根据民营企业参与公益慈善事业的实际需求，提供针对性的政策解读、业务培训等服务。要充分尊重民营企业参与公益慈善事业的知情权和监督权，督促受赠单位严格按照捐赠单位、捐赠人的意愿落实善款和物品的使用，并及时通报受赠资金使用和项目进展情况。要通过调研、座谈等方式，及时听取民营企业关于发展公益慈善事业的意见建议，主动研究解决民营企业在相关工作中遇到的困难和问题。要积极指导民营企业将开展公益慈善活动的情况作为企业社会责任报告的重要内容主动向社会公布，引导有条件的民营企业编制专门的企业年度公益慈善报告。要建立信息反馈机制，督促问题整改，自觉接受社会公众、新闻媒体对民营企业开展的各类公益慈善活动的监督。

关于公布获得2014年度第一批公益性捐赠税前扣除资格的公益性社会团体名单的通知

（财税〔2014〕69号）

各省、自治区、直辖市、计划单列市财政厅（局）、国家税务局、地方税务局、民政厅（局），新疆生产建设兵团财务局、民政局：

根据《财政部 国家税务总局 民政部关于公益性捐赠税前扣除有关问题的通知》（财税〔2008〕160号）和《财政部 国家税务总局 民政部关于公益性捐赠税前扣除有关问题的补充通知》（财税〔2010〕45号）的规定，财政部、国家税务总局和民政部联合审核确认了获得2014年度第一批公益性捐赠税前扣除资格的公益性社会团体名单，现予以公布。

经财政部、国家税务总局和民政部联合审核确认，中华少年儿童慈善救助基金会具有2012年度公益性捐赠税前扣除的资格、海峡两岸关系协会具有2013年度公益性捐赠税前扣除的资格。

附件：获得2014年度第一批公益性捐赠税前扣除资格的公益性社会团体名单

财政部　国家税务总局　民政部

2014年11月24日

获得2014年度第一批公益性捐赠税前扣除资格的公益性社会团体名单

1. 神华公益基金会
2. 爱佑慈善基金会
3. 中国人保公益慈善基金会
4. 陈香梅公益基金会
5. 增爱公益基金会
6. 安利公益基金会
7. 中华同心温暖工程基金会
8. 亿利公益基金会
9. 中华思源工程扶贫基金会
10. 中国红十字基金会
11. 中国社会福利基金会
12. 兰州大学教育发展基金会
13. 陈嘉庚科学奖基金会
14. 张学良教育基金会
15. 宝钢教育基金会
16. 北京交通大学教育基金会
17. 北京科技大学教育发展基金会
18. 西北农林科技大学教育发展基金会
19. 中国教育发展基金会
20. 传媒大学教育基金会
21. 中国西部人才开发基金会
22. 中国华夏文化遗产基金会
23. 中国国际文化交流基金会
24. 中国马克思主义研究基金会
25. 中国留学人才发展基金会
26. 中国残疾人福利基金会
27. 中国航天基金会
28. 南都公益基金会
29. 中国移动慈善基金会
30. 中国海油海洋环境与生态保护公益基金会
31. 中国生物多样性保护与绿色发展基金会
32. 中国检察官教育基金会

33. 四川大学教育基金会
34. 孙冶方经济科学基金会
35. 凯风公益基金会
36. 招商局慈善基金会
37. 华民慈善基金会
38. 中国国际战略研究基金会
39. 中国友好和平发展基金会
40. 中国民航科普基金会
41. 香江社会救助基金会
42. 中国志愿服务基金会
43. 中国人口福利基金会
44. 中国青年创业就业基金会
45. 中国经济改革研究基金会
46. 中华慈善总会
47. 中国癌症基金会
48. 中华国际医学交流基金会
49. 中国初级卫生保健基金会
50. 中华全国体育基金会
51. 中国古生物化石保护基金会
52. 中华环境保护基金会
53. 中国绿色碳汇基金会
54. 中华社会救助基金会
55. 中国法律援助基金会
56. 中华健康快车基金会
57. 吴阶平医学基金会
58. 中国孔子基金会
59. 中国妇女发展基金会
60. 中国华侨公益基金会
61. 中国法学交流基金会
62. 中国公安民警英烈基金会
63. 中国人寿慈善基金会
64. 李可染艺术基金会
65. 马海德基金会
66. 中国科技馆发展基金会
67. 李四光地质科学奖基金会
68. 润慈公益基金会
69. 致福慈善基金会
70. 韩美林艺术基金会
71. 实事助学基金会
72. 爱慕公益基金会
73. 中华文学基金会
74. 中国少数民族文化艺术基金会
75. 中科院研究生教育基金会
76. 中国京剧艺术基金会
77. 中国博士后科学基金会
78. 中国医学基金会
79. 章如庚慈善基金会
80. 慈孝特困老人救助基金会
81. 兴华公益基金会
82. 心平公益基金会
83. 智善公益基金会
84. 包商银行公益基金会
85. 东风公益基金会
86. 王振滔慈善基金会
87. 腾讯公益慈善基金会
88. 华鼎国学研究基金会
89. 詹天佑科学技术发展基金会
90. 中国益民文化建设基金会
91. 鲁迅文化基金会
92. 瀛公益基金会
93. 萨马兰奇体育发展基金会
94. 北京理工大学教育基金会
95. 中南大学教育基金会
96. 中国青少年发展基金会
97. 思利及人公益基金会
98. 北京航空航天大学教育基金会
99. 中国下一代教育基金会
100. 纺织之光科技教育基金会
101. 中国农业大学教育基金会
102. 河南大学教育发展基金会
103. 中国老龄事业发展基金会
104. 中华社会文化发展基金会
105. 中国交响乐发展基金会
106. 泛海公益基金会
107. 中远慈善基金会
108. 阿里巴巴公益基金会
109. 中国和平发展基金会
110. 中社社会工作发展基金会

111. 开明慈善基金会
112. 中国金融教育发展基金会
113. 天合公益基金会
114. 国家电网公益基金会
115. 亨通慈善基金会
116. 海仓慈善基金会
117. 万科公益基金会
118. 中国文物保护基金会
119. 友成企业家扶贫基金会
120. 中国文学艺术基金会
121. 浙江大学教育基金会
122. 中国健康促进基金会
123. 中国医药卫生事业发展基金会
124. 中国牙病防治基金会
125. 北京大学教育基金会
126. 中国煤矿尘肺病防治基金会
127. 中国煤矿文化宣传基金会
128. 中华见义勇为基金会
129. 中国敦煌石窟保护研究基金会
130. 中国预防性病艾滋病基金会
131. 中国光彩事业基金会
132. 中国企业管理科学基金会
133. 济仁慈善基金会
134. 中兴通讯公益基金会
135. 中国拥军优属基金会
136. 华侨茶业发展研究基金会
137. 纪念苏天·横河仪器仪表人才发展基金会
138. 韬奋基金会
139. 陶行知教育基金会
140. 金龙鱼慈善公益基金会
141. 比亚迪慈善基金会
142. 援助西藏发展基金会
143. 中华少年儿童慈善救助基金会
144. 中国肝炎防治基金会
145. 中华艺文基金会
146. 清华大学教育基金会
147. 中国教师发展基金会
148. 中华农业科教基金会
149. 中华志愿者协会

让我们积极投身到社会扶贫的事业中来

（2014年10月17日）

我们伟大的祖国，这个拥有十三亿六千万人口的大家庭，经过百年的抗争、探索、建设，尤其是经历30多年的改革开放，正在崛起，成为助推全球经济社会发展的重要力量。但在实现“两个百年目标”和中华民族伟大复兴中国梦的征程上，至今还有8000多万兄弟姐妹，由于受历史、自然、生态等客观条件的制约，尚未摆脱贫困。同气连枝、鹡鸰在原。特别是西部一些少数民族地区、革命老区、边疆地区，群众自我发展能力弱，生产条件依然艰苦、生活还很艰辛。这是祖国母亲的心头之痛，也是每一位中华儿女的共同牵挂。

作为在改革开放中成长起来的民营企业家，大多数都曾经历过贫困。我们深知，没有稳定、和谐、富强的祖国，没有党和政府的领导，没有改革开放的方针政策和人民群众的支持与认可，就没有民营企业迅猛发展的今天。先富带后富，是我们肩上沉甸甸的责任。为此，我们把实现共同富裕作为自己的理想和奋斗的目标，积极参与光彩事业、社会主义新农村建设等扶贫开发，受到了党和政府的肯定和社会各界的认同。

以习近平同志为总书记的党中央十分关心贫困群众。不久前，国务院同意将每年10月17日设立为扶贫日，并在首个扶贫日召开全国社会扶贫工作电视电话会议，掀开社会扶贫事业新的篇章。这必将凝聚社会各阶层的力量，形成共同关心、合力攻坚的扶贫高潮。值此，我们倡议：广大非公有制经济人士更加积极地投身到社会扶贫的宏伟事业中来，弘扬义利兼顾、以义为先理念，进一步增强社会责任感，伸出双手帮助尚处于贫困的同胞们，为社会扶贫事业作出新贡献。

让我们把企业发展战略向集中连片特困地区延展，踊跃参与光彩事业，充分利用在市场竞争中积累的商业智慧和实力，帮助少数民族地区、革命老区和边疆地区的群众改善环境、发展生产、提高生活水平，促进区域经济增长、社会和谐、包容进步和民族团结。

让我们在企业的经营管理中更加关爱员工，提高就业质量，加强培训，提升员工自我发展能力，通过扩大和稳定就业、支持和帮助创业，着实为贫困群众提供脱贫致富机会。

让我们发扬中华民族扶危济困的传统美德，从企业利润和个人收入中捐出一份善款，为改善贫困群众的生产生活条件奉献一片爱心、贡献一份力量，为遭受自然灾害的困难群众排忧解难。

让我们按照精准扶贫的要求，与各级政府建档立卡的贫困村、贫困户建立结对帮扶关系，利用企业优势和自身资源，帮助他们尽快寻找自我发展路径，实现脱贫致富的梦想。

让我们在每年的扶贫日，在所属的企业里开展一些善行善举，共同营造和弘扬扶贫济困、人心向善的社会风气。

一滴水只有放进大海才永远不会干涸，一个人、一个企业只有把自身的发展融入祖国命运、民族复兴中才最有力量。只有合力同心、同舟共济、守望相助，中华民族伟大复兴的中国梦才能早日实现。

让我们共同努力吧！

倡议人：

史贵禄、孙荫环、苏志刚、李河君、李彦宏、何俊明、张建宏、茅永红、周海江、徐冠巨、董文标、潘刚、王文彪、王健林、卢志强、刘志强、刘沧龙、许连捷、孙甚林、吴一坚、张近东、黄代放、傅军、王再兴、王均金、王安康、伍跃时、闫希军、李学春、张杰庭、陈世强、陈光标、陈志列、赵永亮、南存辉、祝义财、曹德旺、雷菊芳。

2014 年 10 月 17 日

注：38 位担任全国工商联副主席、中国民间商会副会长和中国光彩会副会长的民营企业家于国家首个“扶贫日”当天

“万企帮万村”精准扶贫行动方案

（2015年9月21日）

一、目标任务

“万企帮万村”精准扶贫行动（以下简称“万企帮万村行动”），以民营企业为帮扶方，以建档立卡的贫困村为帮扶对象，以签约结对、村企共建为主要形式，力争用三到五年时间，动员全国一万家以上民营企业参与，帮助一万个以上贫困村加快脱贫进程，为促进非公有制经济健康发展和非公有制经济人士健康成长、打好扶贫攻坚战、全面建成小康社会贡献力量。

二、总体要求

1.“万企帮万村行动”坚持政府引导、农民主体、部门联动、民企帮扶、社会参与，努力实现政府扶贫、社会扶贫和贫困群众自力更生脱贫的有机结合。

2.“万企帮万村行动”坚持精准识别、精准帮扶、精准管理、精准考核，将帮扶重点向建档立卡贫困户、贫困人口聚焦。

3.“万企帮万村行动”坚持“义利兼顾、以义为先”的光彩理念，组织民营企业自觉自愿、量力而行，以开发式扶贫为重点，帮助贫困村建立扶贫长效机制，努力实现村企互惠双赢。

4.“万企帮万村行动”坚持“做贡献”与“受教育”相统一，引导民营企业家积极参与理想信念教育实践活动，在先富帮后富实践中不断增强对中国特色社会主义的信念、对党和政府的信任、对企业发展的信心和对社会的信誉。

三、帮扶途径

各级工商联、扶贫办和光彩会要在总结提升以往组织民营企业参与农村扶贫开发相关工作基础上，指导民营企业因地制宜选择具体帮扶途径，包括：

1. 产业扶贫——引导民营企业通过投资兴办企业，开发结对村的资源，提高生产力、提升附加值，带动贫困村经济发展；

2. 商贸扶贫——发挥民营企业的市场开拓能力以及渠道和信息优势，通过采购、代销、委托加工、农企直通车等形式，帮助结对村对接外部市场，带动农户增收；

3. 就业扶贫——引导民营企业采取多种形式，通过本企业或上下游企业为结对村提供就业岗位，加大培训力度，提高就业质量，增强劳动力的可持续就业能力；

4. 捐赠扶贫——引导民营企业发扬中华民族扶危济困传统美德，弘扬社会主义核心价值观，通过捐款捐物、助学、助老、助残、助医等形式，改善结对村群众的生产生活条件；

5. 智力扶贫——引导民营企业借助人才优势开展智力帮扶，向结对村群众教授实用技术，帮助结对村群众更新生产生活观念，提高生产技能和生活质量；

6. 其它扶贫——引导民营企业积极创新扶贫模式和途径，如：指导和扶持结对村致富带头人创办企业，激活贫困地区内生动力；牵头组建或参与管理农村专业合作社，提高贫困群众的生产组织化水平；在结对村设立产业帮扶基金，按照低息运行、滚动发展原则，以金融手段帮助农户发展生产；借鉴定点扶贫工作经验，从企业中选派人员驻村帮扶，带领贫困群众发掘优势、创业致富；发挥企业家个人影响力，为结对村引入更多扶贫资源；利用互联网技术，开展电商扶贫；组织企业员工开展志愿者服务等。

四、工作分工

各级工商联、光彩会牵头，扶贫办配合：积极争取党委政府促进结对帮扶企业的健康发展，优先享受当地支持民营企业发展的政策措施；当企业遇到经营困难无法完成帮扶目标时，要协调新的企业接力帮扶；要教育企业在结对帮扶过程中守法诚信，充分尊重和保护农民利益；要充分发挥行业商会、异地商会在“万企帮万村行动”中的特色优势和积极作用。

各级扶贫办牵头，工商联、光彩会配合：本级专项扶贫资金、行业扶贫项目，优先向结对村倾斜；本级统筹支配的扶贫贴息贷款，要优先支持参与结对帮扶的民营企业；要协调政府有关部门，确保企业在结对村的各类投资和捐赠，依法享受优惠财税政策；企业在帮扶过程中遇到障碍和问题时，要积极协调予以解决；要跟踪帮扶进度，做好统计工作，每年汇总民营企业在结对村的投入情况、规划落实情况和主要成效。

五、实施进度

1. 签约启动。全国工商联、国务院扶贫办、中国光彩会联合发文指导，各级工商联、扶贫办和光彩会广泛动员，组织企业与建档立卡贫困村签约建立结对帮扶关系，并将结对名单上报全国工商联扶贫与社会服务部。2015 年 10 月 17 日（扶贫日），全国工商联、国务院扶贫办、中国光彩会共同组织启动仪式，同时开展系列宣传活动。

2. 制定规划。各级扶贫办、工商联和光彩会共同指导、协助签约企业针对结对村的实际，制定具体帮扶规划，明确政府工作任务、企业帮扶措施以及落实时间表。各省级扶贫办负责汇总本省份结对村的帮扶规划，上报国务院扶贫办国际合作和社会扶贫司。

3. 示范指导。各省级工商联、光彩会牵头，扶贫办配合，在以往工作基础上，从当地签约结对村中选择 5 个典型村，于 2016 年 6 月 30 日前，上报全国工商联扶贫与社会服务部。全国工商联、国务院扶贫办、中国光彩会将从中选择部分示范村，将民营企业在这些村的好做法好经验，通过交流会、现场会、专题宣传等形式向全国推广，供其他签约企业学习借鉴。

4. 调研推动。各级工商联、扶贫办和光彩会横向联合、上下联动，大力开展调查研究，发现问题、总结经验、寻找典型。各级工商联要加大调研成果转化力度，通过参政议政渠道，不断完善鼓励支持民营企业参与精准扶贫的政策建议。同时，在调研中发现企业遇到的具体困难和障碍，三方要共同努力，积极主动帮助企业协调解决。

5. 验收总结。“万企帮万村行动”期间，各级工商联、扶贫办和光彩会每年要对照签约双方的帮扶规划，检查各帮扶主体的措施落实情况，总结企业的投入情况、采取的扶贫手段、取得的扶贫成果，统计经地方确认实现脱贫的村、户，逐级汇总上报到全国工商联扶贫与社会服务部。全国工商联、国务院扶贫办、中国光彩会将把“万企帮万村行动”实施情况及取得的成绩向有关方面做专题汇报，对做出突出成绩的企业和个人进行广泛宣传。“万企帮万村行动”中表现突出的民营企业将优先推荐参加全国社会扶贫评选表彰等活动。

六、组织保障

为保障“万企帮万村行动”顺利实施，全国工商联、国务院扶贫办、中国光彩会决定成立“万企帮万村”精准扶贫行动领导小组，组成人员名单如下：

组　长：		全国工商联副主席　中国光彩会副会长
	洪天云	国务院扶贫办副主任
副组长：	戚建美	中央统战部五局巡视员、中国光彩会副秘书长
	李春光	国务院扶贫办国际合作和社会扶贫司司长
	余敏安	中央统战部光彩事业指导中心主任、中国光彩会副秘书长
	王力涛	全国工商联扶贫与社会服务部副部长

小组成员由全国工商联扶贫与社会服务部、国务院扶贫办国际合作和社会扶贫司、中国光彩会有关人员组成。全国工商联扶贫与社会服务部负责领导小组日常协调服务工作。

各级工商联、扶贫办和光彩会，要高度重视这项工作，可成立本地“万企帮万村”精准扶贫行动领导小组，将组织民营企业开展“万企帮万村行动”纳入各单位年度工作重点，安排专门人员、专经费予以保障；各地要根据当地实际，整合现有工作平台和载体，总结以往工作经验，制定具体工作方案、时间表和路线图；要充分发挥先进典型的带动、示范作用，利用自有媒体和合作媒体，宣传“万企帮万村行动”中涌现的有效经验和先进典型；三方要通力合作、加强沟通，按照“三严三实”的要求，从严要求、落实责任、解决问题、务求实效。各地在实施“万企帮万村行动”中的工作动态和意见建议，请及时报全国工商联扶贫与社会服务部。

附录2：光彩文件

中国光彩事业促进会章程

（2015年10月20日通过）

第一章 总 则

第一条 本会名称为“中国光彩事业促进会”，简称“中国光彩会”；英文译名“China Glory Society”，缩写“CGS”。

第二条 本会是由非公有制企业和非公有制经济人士自愿组成的全国性、非营利社会团体。

第三条 本会宗旨：在中国共产党领导下，遵守宪法、法律、法规和国家政策，配合中央统战部、全国工商联开展工作，坚持“促进非公有制经济健康发展和非公有制经济人士健康成长”的主题，引导广大非公有制经济人士践行中国特色社会主义核心价值观，弘扬“致富思源、富而思进，义利兼顾，以义为先，扶危济困、共同富裕”的光彩精神，自觉履行社会责任，做合格的中国特色社会主义事业建设者，以多种方式积极参与社会扶贫，为消除贫困、促进社会进步与和谐、全面建成小康社会作出贡献。

第四条 本会接受登记管理机关中华人民共和国民政部和业务主管单位中共中央统一战线工作部的业务指导和监督管理。

第五条 本会住所：北京市。

第二章 业务范围

第六条 本会的业务范围是：

（一）配合国家经济社会发展战略和扶贫开发总体部署，引导、组织非公有制经济人士实施扶贫开发，在革命老区、少数民族地区、边疆地区和贫困地区兴办光彩事业项目，开展光彩事业活动；

（二）动员、组织非公有制经济人士参加扶危济困、抗灾救灾等社会公益事业；

（三）为会员履行本会宗旨提供服务，反映非公有制经济人士的意见和建议，维护会员的合法权益；

（四）围绕本会宗旨教育培训会员；

（五）宣传会员中的先进事迹和典型，向有关方面推荐优秀人才；

（六）开展扶贫领域的国际交流与合作；

（七）鼓励、支持在内地投资的港澳等工商界人士参与光彩事业；

（八）开展调查研究，提出光彩事业深入发展的意见建议；

（九）承办政府有关部门委托的事项。

第三章 会员

第七条 本会实行会员制。会员分为企业会员、团体会员和个人会员。

第八条申请加入本会的会员，需具备下列条件：

（一）承认本会章程，热心参与光彩事业；

（二）企业会员应是非公有制企业和在内地依法登记的涉港澳企业，该企业的主要投资者为企业会员代表；

（三）团体会员应是在民政部门依法登记的光彩事业促进会和其他有关社会团体；

（四）个人会员应是各级光彩事业促进会理事、与光彩事业和本会工作有联系的相关人士，须为境内公民。

第九条　会员入会程序是：

（一）提交入会申请；

（二）由本会理事会授权秘书处讨论通过；

（三）由本会秘书处出具相关证明。

第十条　会员享有下列权利：

（一）本会的选举权、被选举权和表决权；

（二）参加本会活动和享受本会提供的各项服务；

（三）向本会反映意见、要求和建议，对本会工作进行监督；

（四）入会自愿，退会自由。

第十一条　会员履行下列义务：

（一）遵守本会章程，执行本会决议；

（二）维护本会合法权益；

（三）参加本会活动，办理本会委托的事项；

（四）向本会反映情况，提供有关资料；

（五）按规定交纳会费。

第十二条　会员退会应书面通知本会，并办理相关退会手续。会员两年不交纳会费或连续两次无故不参加本会活动的，视为自动退会。

第十三条　会员违反法律及本会章程，给本会声誉造成恶劣影响，经理事会或常务理事会讨论通过，予以除名。

第四章　组织机构和负责人产生、罢免。

第十四条　本会最高权力机构是会员代表大会。会员代表大会的职权是：

（一）制定和修改章程；

（二）选举和罢免理事；

（三）审议理事会的工作报告和财务报告；

（四）制定和修改会费标准；

（五）决定终止事宜；

（六）决定其他重大事宜。

第十五条　会员代表由各省级光彩事业促进会和中国光彩事业促进会推荐产生。会员代表大会须有2/3以上的会员代表出席方能召开，其决议须经到会会员代表半数以上表决通过方能生效。

第十六条　会员代表大会每届5年，因特殊情况需提前或延期换届的，须由理事会表决通过，报业务主管单位审查并经社团登记管理机关批准，延期换届最长不超过一年。

第十七条　本会理事由会员代表大会选举产生。理事会是会员代表大会的执行机构，在会员代表大会闭会期间履行会员代表大会职责，对会员代表大会负责。

第十八条　理事会的职权是：

（一）执行会员代表大会的决议；

（二）选举和罢免会长、副会长、常务理事、秘书长；

（三）筹备召开会员代表大会；

（四）向会员代表大会报告工作和财务状况；

（五）决定办事机构的设立、变更和注销；

（六）决定副秘书长和各办事机构主要负责人的聘任；

（七）领导本会各机构开展工作；

（八）制定内部管理制度；

（九）决定名誉职务的设立及人选；

（十）决定其他重大事项。

第十九条　理事会须有2/3以上理事出席方能召开，其决议须经到会理事2/3以上表决通过方能生效。

第二十条　理事会至少每年召开一次会议，情况特殊的，也可采用通讯等形式召开。

第二十一条　本会设常务理事会。常务理事在理事中选举产生。常务理事会在理事会闭会期间，行使第十八条中（一）、（三）、（五）、（六）、（七）、（八）项职权，对理事会负责。常务理事会人数不超过理事会规模的1/3。

第二十二条　常务理事会必须有2/3以上常务理事出席方能召开，其决议须经到会常务理事2/3以上表决通过方能生效。

常务理事会至少每半年召开一次会议，情况特殊的可以采用通讯等形式召开。

第二十三条　会长会根据情况不定期召开，也可以采用通讯等形式召开。

会长会议职权是：

（一）研究召开会员代表大会、理事会和常务理事会的筹备事宜；

（二）贯彻落实会员代表大会、理事会和常务理事会的决议。

会长会议由会长、副会长和秘书长组成。会长会须有 2/3 以上人员出席方能召开，其决议须经到会人员 2/3 以上表决通过方为有效。

第二十四条　本会会长、副会长、秘书长必须具备下列条件：

（一）坚持党的路线、方针、政策，政治素质好；

（二）在非公有制经济人士和光彩事业中有较大影响，有较强的组织、协调和决策能力；

（三）最高任职年龄不超过 70 周岁，秘书长为专职；

（四）身体健康，能坚持正常工作；

（五）未受过剥夺政治权利的刑事处罚；

（六）具有完全民事行为能力。

第二十五条　本会会长、副会长、秘书长如超过最高任职年龄的，须经理事会表决通过，报业务主管单位审查并经社团登记管理机关批准同意后，方可任职。

第二十六条　本会会长、副会长、秘书长任期五年，连任不超过两届。因特殊情况需要延长任期的，须 2/3 以上理事表决通过，报业务主管单位审查并经社团登记管理机关批准同意后，方可任职。

第二十七条　本会会长为本会法定代表人。

因特殊情况，经会长委托，理事会同意，报业务主管单位审查并经社团登记管理机关批准，可以由秘书长担任本会法定代表人。

本会法定代表人不兼任其他团体的法定代表人。

第二十八条　本会会长行使下列职权：

（一）召集、主持或授权副会长召集、主持会长会议、常务理事会议和理事会议；

（二）检查会员代表大会、理事会、常务理事会、会长会决议的落实情况。

第二十九条　本会秘书长行使下列职权：

（一）组织实施会员代表大会、理事会、常务理事会、会长会议决定；

（二）提名副秘书长和各机构主要负责人，提交理事会或常务理事会聘任；

（三）协调各机构开展工作；

（四）处理其他日常事务。

第五章　资产管理、使用原则

第三十条　本会经费来源：

（一）会费；

（二）社会捐赠；

（三）政府资助；

（四）在核准的业务范围内开展活动或服务的收入；

（五）利息；

（六）其他合法收入。

第三十一条　本会按照国家有关规定收取会员会费。本会开展评选表彰等活动，不收取任何费用。

第三十二条　本会经费必须用于本章程规定的业务范围和事业的发展，不得在会员中分配。

第三十三条　本会建立严格的财务管理制度，保证会计资料合法、真实、准确、完整。

第三十四条　本会配备具有专业资格的会计人员。会计不得兼任出纳。会计人员必须进行会计核算，实行会计监督。会计人员调动工作或离职时，必须与接管人员办清交接手续。

第三十五条　本会资产管理必须执行国家规定的财务管理制度，接受会员代表大会和财政部门的监督。资产来源属于国家拨款或者社会捐赠、资助的，必须接受审计机关的监督，并将有关情况以适当方式向社会公布。

第三十六条　本会换届或更换法定代表人之前，必须接受财务审计。

第三十七条　本会的资产，任何单位、个人不得侵占、私分和挪用。

第三十八条　本会专职工作人员的工资、保险、福利待遇，参照国家对事业单位的有关规定执行。

第六章　章程的修改程序

第三十九条　对本会章程的修改，须经理事会表决通过后报会员代表大会审议。

第四十条　本会修改的章程，须在会员代表大会通过15日内，报业务主管单位审查，经同意，报社团管理机关核准后生效。

第七章　终止程序及终止后的财产处理

第四十一条　本会完成宗旨或自行解散或由于分立、合并等原因需要注销的，由理事会或常务理事会提出终止动议。

第四十二条　本会终止动议，须经会员代表大会表决通过，并报业务主管单位审查同意。

第四十三条　本会终止前，须在业务主管单位及有关机关指导下成立清算组织，清理债权债务，处理善后事宜。清算期间，不开展清算以外的活动。

第四十四条　本会经社团登记管理机关办理注销登记手续后即为终止。

第四十五条　本会终止后的剩余财产，在业务主管单位和社团登记管理各机关监督下，按照国家有关规定，用于发展与本会宗旨相关的事业。

第八章　附　则

第四十六条　本章程经2015年10月20日中国光彩事业促进会第五次会员代表大会表决通过。

第四十七条　本章程的解释权属本会理事会。

第四十八条　本章程自社团登记管理机关核准之日起生效。中国光彩会第四届理事会

中国光彩事业基金会章程

（2012年5月29日二届一次理事会通过）

第一章 总则

第一条 本基金会的名称是中国光彩事业基金会。英文全称：China Foundation for Glory Society（英文缩写CFGS）。

第二条 本基金会属于全国性公募基金会。本基金会面向公众募捐的地域范围是：中华人民共和国境内外。

第三条 本基金会的宗旨：在中国共产党领导下，团结非公有制经济人士，践行“同心”思想，弘扬“义利兼顾、以义为先”理念，履行社会责任，致力光彩事业，促进扶贫和社会公益事业发展。

第四条 本基金会的原始基金数额为人民币3050万元，来源于海内外企业、个人、政府组织、团体捐赠、赞助支持。

第五条 本基金会的登记管理机关是中华人民共和国民政部，业务主管单位是中央统战部。

第六条 本基金会的住所在北京市西城区府右街135号。

第二章 业务范围

第七条 本基金会公益活动的业务范围。

（一）支持光彩事业和社会公益事业项目；

（二）支持创业和促进就业项目；

（三）支持赈灾和灾后重建项目；

（四）支持开展小微企业发展问题对策研究；

（五）支持开展连片特困地区成因对策研究；

（六）支持开展非公经济企业参与社会公益情况的研究、统计和发布；

（七）支持光彩事业开展的中外交流活动。

第三章 组织机构、负责人

第八条 本基金会由20至25名理事组成理事会。本基金会理事每届任期为5年。

第九条 理事的资格：

（一）遵守宪法和国家法律法规，拥护本基金会的章程；

（二）热心光彩事业和社会公益并对光彩事业有重要贡献者、基金会主要捐助人；

（三）具有完全民事行为能力。

第十条 理事的产生和罢免：

（一）理事由业务主管单位、理事会、主要捐赠人共同提名候选人并组织全部候选人选举产生。

（三）罢免、增补理事须经理事会表决通过，报业务主管单位审查同意；

（四）理事的选举和罢免结果报登记机关备案。

第十一条 理事的权利和义务：

（一）基金会的选举权、被选举权和表决权；

（二）参加基金会举办的活动的权利；

（三）对基金会工作的批评建议权和监督权；

（四）遵守基金会的章程，维护基金会的合法权益；

（五）执行基金会的决议；

（六）承担基金会的工作。

第十二条 本基金会的决策机构是理事会。理事会行使下列职权：

（一）制定、修改章程；

（二）选举、罢免理事长、副理事长、秘书长；

（三）决定重大业务活动计划，包括资金的募集、管理和使用计划；

（四）年度收支预算及决算审定；

（五）制定内部管理制度；

（六）决定设立办事机构、分支机构、代表机构；

（七）决定由秘书长提名的副秘书长和各机构主要负责人的聘任；

（八）听取、审议秘书长的工作报告，检查秘书长的工作；

（九）决定基金会的分立、合并或终止；

（十）决定其他重大事项。

第十三条　理事会每年召开2次会议，特殊情况可召开通讯会议。理事会会议由理事长负责召集和主持。

有 1/3 理事提议，必须召开理事会会议。如理事长不能召集，提议理事可推选召集人。

召开理事会会议，理事长或召集人需提前5日通知全体理事、监事。

第十四条　理事会会议须有2/3以上理事出席方能召开；理事会决议须经出席理事过半数通过方为有效。

下列重要事项的决议，须经出席理事表决，2/3以上通过方为有效：

（一）章程的修改；

（二）选举或者罢免理事长、副理事长、秘书长；

（三）章程规定的重大募捐、投资活动；

（四）基金会的分立、合并。

第十五条　理事会会议须制作会议记录。形成决议的，应当场制作会议纪要，并由出席理事审阅、签名。理事会决议违反法律、法规或章程规定，致使基金会遭受损失的，参与决议的理事应当承担责任。但经证明在表决时反对并记载于会议记录的，该理事可免除责任。

第十六条　本基金会设监事3名。监事任期与理事任期相同，期满可以连任。

第十七条　理事、理事的近亲属和基金会财会人员不得任监事。

第十八条　监事的产生和罢免：

（一）监事由主要捐赠人、业务主管单位分别选派；

（二）登记管理机关根据工作需要选派；

（三）监事的变更依照其产生程序。

第十九条　监事的权利和义务：

监事依照章程规定的程序检查基金会财务和会计资料，监督理事会遵守法律和章程的情况。

监事列席理事会会议，有权向理事会提出质询和建议，并应当向登记管理机关、业务主管单位以及税务、会计主管部门反映情况。

监事应当遵守有关法律法规和基金会章程，忠实履行职责。

第二十条　在本基金会领取报酬的理事不得超过理事总人数的1/3。监事和未在基金会担任专职工作的理事不得从基金会获取报酬。

第二十一条　本基金会理事遇有个人利益与基金会利益关联时，不得参与相关事宜的决策；基金会理事、监事及其近亲属不得与基金会有任何交易行为。

第二十二条　理事会设理事长、副理事长和秘书长，从理事中选举产生。

第二十三条　本基金会理事长、副理事长、秘书长必须符合以下条件：

（一）在本基金会业务领域内有较大影响；

（二）理事长、副理事长最高任职年龄不超过70周岁。秘书长为专职。

（三）身体健康，能坚持正常工作。

第二十四条　有下列情形之一的人员，不能担任本基金会的理事长、副理事长、秘书长：

（一）属于现职国家工作人员的；

（二）因犯罪被判处管制、拘役或者有期徒刑，刑期执行完毕之日起未逾 5年的；

（三）因犯罪被判处剥夺政治权利正在执行期间或者曾经被判处剥夺政治权利的；

（四）曾在因违法被撤销登记的基金会担任理事长、副理事长或者秘书长，且对该基金会的违法行为负有个人责任，自该基金会被撤销之日起未逾5年的。

第二十五条　担任本基金会理事长、副理事长或者秘书长的香港居民、澳门居民、台湾居民以及外国人，每年在中国内地居留时间不得少于3个月。

第二十六条　本基金会的理事长、副理事长、秘书长每届任期5年，连任不超过两届。因特殊情况需超届连任的，须经理事会特殊程序表决通过，报业务主管单位审查并经登记管理机关批准同意后，方可任职。

第二十七条　本基金会理事长为基金会法定代表人。本基金会法定代表人不兼任其他组织的法定代表人。

本基金会法定代表人应当由中国内地居民担任。

本基金会法定代表人在任期间，基金会发生违反《基金会管理条例》和本章程的行为，法定代表人应当承担相关责任。因法定代表人失职，导致基金会发生违法行为或基金会财产损失的，法定代表人应当承担个人责任。

第二十八条　本基金会理事长行使下列职权：

（一）召集和主持理事会会议；

（二）检查理事会决议的落实情况；

（三）代表基金会签署重要文件。

（四）章程或理事会赋予的其他职权。

本基金会副理事长、秘书长在理事长领导下开展工作，秘书长行使下列职权：

（一）主持秘书长办公会议，主持开展日常工作，组织实施理事会决议；

（二）组织实施基金会年度公益活动计划；

（三）拟订资金的筹集、管理和使用计划；

（四）拟订基金会的内部管理规章制度，报理事会审批；

（五）协调各机构开展工作；

（六）提议聘任或解聘副秘书长以及财务负责人，由理事会决定；

（七）提议聘任或解聘各机构主要负责人，由理事会决定；

（八）决定各机构专职工作人员聘用；

（九）章程和理事会赋予的其他职权。

第四章　财产的管理和使用

第二十九条　本基金会为全国性公募基金会，本基金会的收入来源于：

（一）支持中国光彩事业的政府、自然人、法人或其他组织捐赠；

（二）组织募捐的收入；

（三）投资收益；

（四）其他合法收入。

第三十条　本基金会组织募捐、接受捐赠，应当遵守法律法规，符合章程规定的宗旨和公益活动的业务范围。

第三十一条　本基金会组织募捐时，应当向社会公布募得资金后拟开展的公益活动和资金的详细使用计划。重大募捐活动应当报业务主管单位和登记管理机关备案。

本基金会组织募捐，不得以任何形式进行摊派及变相摊派。

第三十二条　本基金会的财产及其他收入受法律保护，任何单位、个人不得侵占、私分、挪用。

第三十三条　本基金会根据章程规定的宗旨和公益活动的业务范围使用财产；捐赠协议明确了具体使用方式的捐赠，根据捐赠协议的约定使用。

接受捐赠的物资无法用于符合本基金会宗旨的用途时，基金会可以依法拍卖或者变卖，所得收入用于捐赠目的。

第三十四条　本基金会财产主要用于：

（一）本基金会支持开展的光彩事业活动

（二）符合宗旨和业务范围的社会公益项目；

（二）本基金会工作人员工资福利和行政办公支出。

第三十五条　本基金会的重大募捐活动是指：

（一）依据国家法律规定，须经审批的或全国性募捐活动；

（二）由基金会发起专项募集，预计募捐金额在 1000 万元人民币以上的募捐活动；

（三）在境外的募捐活动。

本基金会重大投资活动是指：

（一）年度投资计划

（二）300 万元人民币以上的投资活动。

第三十六条　本基金会按照合法、安全、有效的原则实现基金的保值、增值。

第三十七条　本基金会每年用于从事章程

规定的公益事业支出，不得低于上一年总收入的70%。

本基金会工作人员工资福利和行政办公支出不超过当年总支出的 10%。

第三十八条　本基金会开展公益资助项目，应当向社会公开所开展的公益资助项目种类以及申请、评审程序。

第三十九条　捐赠人有权向本基金会查询捐赠财产的使用、管理情况，并提出意见和建议。对于捐赠人的查询，基金会应当及时如实答复。

本基金会违反捐赠协议使用捐赠财产的，捐赠人有权要求基金会遵守捐赠协议或者向人民法院申请撤销捐赠行为、解除捐赠协议。

第四十条　本基金会可以与受助人签订协议，约定资助方式、资助数额以及资金用途和使用方式。

本基金会有权对资助的使用情况进行监督。受助人未按协议约定使用资助或者有其他违反协议情形的，本基金会有权解除资助协议。

第四十一条　本基金会应当执行国家统一的会计制度，依法进行会计核算、建立健全内部会计监督制度，保证会计资料合法、真实、准确、完整。

本基金会接受税务、会计主管部门依法实施的税务监督和会计监督。

第四十二条　本基金会配备具有专业资格的会计人员。会计不得兼出纳。会计人员调动工作或离职时，必须与接管人员办清交接手续。

第四十三条　本基金会每年 1 月 1 日至 12 月 31 日为业务及会计年度，每年 3 月 31 日前，理事会对下列事项进行审定：

（一）上年度业务报告及经费收支决算；

（二）本年度业务计划及经费收支预算；

（三）财产清册。

第四十四条　本基金会进行年检、换届、更换法定代表人以及清算，应当进行财务审计。

第四十五条　本基金会按照《基金会管理条例》规定接受登记管理机关组织的年度检查。

第四十六条　本基金会通过登记管理机关的年度检查后，将年度工作报告在登记管理机关指定的媒体上公布，接受社会公众的查询、监督。

第五章　终止和剩余财产处理

第四十七条　本基金会有以下情形之一，应当终止：

（一）完成章程规定的宗旨的；

（二）无法按照章程规定的宗旨继续从事公益活动的；

（三）基金会发生分立、合并的。

第四十八条　本基金会终止，应在理事会表决通过后 15 日内，报业务主管单位审查同意。经业务主管单位审查同意后 15 日内，向登记管理机关申请注销登记。

第四十九条　本基金会办理注销登记前，应当在登记管理机关、业务主管单位的指导下成立清算组织，完成清算工作。

本基金会应当自清算结束之日起 15 日内向登记管理机关办理注销登记；在清算期间不开展清算以外的活动。

第五十条　本基金会注销后的剩余财产，应当在业务主管单位和登记管理机关的监督下，通过以下方式用于公益目的：

（一）捐赠给中国光彩事业促进会；

（二）其他符合宗旨的方式。

无法按照上述方式处理的，由登记管理机关组织捐赠给与本基金会性质、宗旨相同的社会公益组织，并向社会公告。

第六章　章程修改

第五十一条　本章程的修改，须经理事会表决通过后 15 日内，报业务主管单位审查同意。经业务主管单位审查同意后，报登记管理机关核准。

第七章　附则

第五十条　本章程经 2012 年 5 月 29 日理事会表决通过。

第五十三条　本章程的解释权属于理事会。

第五十四条　本章程自登记管理机关核准之日起生效。

中国光彩事业基金会信息公开管理办法

（2012年11月21日通过）

第一条　为规范中国光彩事业基金会（以下简称“基金会”）的信息公开活动，增强基金会工作的公开透明度，保障捐赠人和社会公众的知情权、监督权等合法权益，提升基金会的社会公信力，着力塑造规范、专业、透明的运作机制，根据《中华人民共和国公益事业捐赠法》、《中华人民共和国政府信息公开条例》、《基金会管理条例》、《基金会信息公布办法》、《救灾捐赠管理办法》、《公益慈善捐助信息公开指引》等相关法律法规和规章，制定本办法。

第二条　本办法所指的信息公开活动，是指为满足基金会登记和业务主管部门、捐赠管理机关、捐赠人以及社会公众对基金会信息公开工作的要求，将与本基金会所进行的公益慈善活动相关的内部信息和业务活动信息向社会公布的活动。

第三条　基金会信息公开活动应遵循及时准确、方便获取、分类规范等原则，确保信息真实、准确、完整和有效，保障有关单位和个人能够快捷、方便、完整地查阅和获取到基金会公开的信息。

第四条　基金会应确保信息公开工作规范、有序，保持常态性、动态性。

公开的信息可能危及国家安全、侵犯他人权益或隐私，以及法律法规规定其他不应公开的信息可不予公开。

当事人（包括捐赠人和受益人等）不愿意公开的信息，应当遵循双方约定。若无事先约定，相关的信息原则上均应公开。不予公开的信息，应当接受基金会登记管理机关的监督检查。

第五条　基金会公布信息的渠道，主要是利用本基金会的门户网站，必要时也可以选择报刊、广播、电视等媒体公布信息。

第六条　基金会建立健全关于信息公开工作的内部管理制度。专人负责处理信息公开工作的各种事宜。对已经公开的信息，制作成专门的档案材料，妥善保管。

第七条　公开的信息内容，根据信息公开的原则、具体目标和实际工作需要确定。包括：

（一）基金会基本信息：机构基本情况（机构名称、成立时间、机构宗旨和业务范围、办公地址、工作电话等）、接受年检的情况、参加评估的结果、处理社会投诉的联系人及联系方式等。

（二）基金会的工作信息：年度工作报告，基金会开展公益活动的有关文件和材料，基金会有关的财务信息。

基金会年度财务会计报告未经审计不得公布。

（三）组织募捐活动的信息：及时公布募得资金后拟开展的公益活动和募得资金的详细使用计划。在募捐活动持续期间内，应及时公布募捐活动所取得的收入和用于开展公益活动的成本支出情况。募捐活动结束后，应当公布募捐活动所取得的总收入及其使用情况。

（四）开展公益资助项目的信息：应当公布所开展的公益资助项目种类以及有关项目申请、评审的信息。评审结束后，应公布评审结果并通知申请人。公益资助项目完成后，应公布有关资金的使用情况。事后对项目进行评估的，应当公布评估结果。

（五）接受捐赠的信息：基金会接受社会捐赠后，应公布捐赠款物时间、捐赠来源、捐赠款物性质（定向捐赠或非定向捐赠）、捐赠款物内容（捐赠类型、捐赠数额）和使用计划等。

在捐赠款物使用过程中，应公布有关使用信息，包括：受益对象、受益地区、捐赠款物拨付和使用的时间和数额、开展捐赠活动的成本、捐助活动的效果（用图片、数字或文字说明）等。在捐赠款物使用过程中使用计划有调整的，要及时公布调整后的计划。

（六）必要的日常动态信息：基金会参与公益投资的情况、主要工作人员变动情况、项目设立的动态情况等。

（七）按照法律法规规定、登记和业务管理机关要求，以及依据基金会工作实际所需公开的其他信息。

第八条　基金会日常接受捐赠的信息，应在收到捐赠后 15 个工作日内公开接受捐赠款物的信息；属于重大的接受捐赠信息，应在收到捐赠后 72 小时内公开接受捐赠款物的信息，或按有关部门处置重大事件所要求的时限和要求公开。对于以银行汇款等方式捐款的信息，应当在结账后及时核对和公开。不能满足上述公开时限的应予以说明。

第九条　日常捐赠的款物拨付和使用的信息，应采取动态方式及时公开。一般应在捐赠款物拨付后 1 个月内向社会公开，并根据情况定期或不定期地公开后续信息。项目运行周期大于半年的，信息公开间隔时间不应超过 6 个月，以使捐赠人和社会公众可以及时了解捐赠款物使用的进展情况。所有项目信息应当在项目结束后进行全面公开。

第十条　基金会应当在每年 3 月 31 日前，向登记管理机关报送上一年度的年度工作报告和有关材料，接受登记机关组织的年审。在登记管理机关审查通过后 30 日内，基金会应按照统一格式要求，在指定的媒体或门户网站上公布年度工作报告、财务会计报告的全文及摘要。

第十一条　本办法由基金会理事会通过后，自公布之日生效。

第十二条　本办法的修改和解释权归理事会。

中国光彩事业基金会项目管理暂行办法

（2007年9月2日理事会通过）

为规范本基金会的项目管理，根据相关法律法规及本基金会章程制订本办法。

第一章 立项

第一条 本办法所指项目是符合本基金会宗旨、通过本基金会捐赠并组织实施的公益性项目。包括：捐赠人指定的一次性资助项目、捐赠人指定并长期资助的项目、捐赠人指定设立专项基金实施的项目、本基金会设计并长期实施的产品项目等。

第二条 捐赠人指定的一次性资助项目，由项目总监会同项目专员与捐赠人共同草拟《捐赠协议》和与受助人及执行人共同草拟《资助协议》后报秘书长审核、理事长批准。

第三条 捐赠人指定并长期资助的项目（含捐赠人指定设立专项基金实施的项目），由项目总监会同项目专员与捐赠人共同草拟《捐赠协议》和与受助人及执行人共同草拟《资助协议》并制订《项目实施计划》报秘书长审核、理事长批准。

第四条 本基金会设计并长期实施的产品项目，由项目专员负责提出《项目策划书》。《项目策划书》内容应包括：项目概要、项目介绍、项目实施期限和地点、项目预算、项目执行人介绍、项目评估验收内容和办法、结论等。

项目总监负责组织对《项目策划书》进行论证，并会同项目专员制订《项目实施方案》报秘书长提交办公会议讨论通过，理事长批准。

第二章 项目实施和管理

第五条 捐赠人指定的一次性资助项目，按《捐赠协议》和《资助协议》的相关规定实施。

第六条 捐赠人指定并长期资助的项目，按《捐赠协议》、《资助协议》及《项目实施计划》实施。

第七条 捐赠人指定设立专项基金实施的项目，可设立专项基金管理委员会，负责项目的组织和实施。基金会指定专人担任专项基金管理委员会主任、财务负责人及委员，专项基金发起人或主捐赠人（或代表）担任专项基金管理委员会副主任及委员。专项基金管理委员会的议事规则、项目执行人的确定、《专项基金项目实施办法》的制订等事宜由管理委员会提出意见经项目总监审核后提交秘书长报理事长批准。

第八条 本基金会设计并长期实施的产品项目，《项目实施方案》经批准后，由基金会与项目执行人签署《项目任务执行书》，并由项目专员会同项目执行人制订《项目实施细则》报项目总监审核同意后实施。

第九条 项目的重要成果（含专著、论文、软件、数据库、鉴定证书等），均应标注“中国光彩事业基金会”和项目批准号。

第三章 项目资金拨付和管理费用的核定及原则

第十条 项目资金指的是直接用于受助方的资金，依据《资助协议》（或《项目实施计划》、《项目任务执行书》）之规定，按计划直接拨付受助方。

第十一条 在充分尊重捐赠人意愿的前提下，本基金会可视项目实施需要提取一定比例的项目管理费用，并按项目进展情况直接拨付给项目执行人。项目管理费用必须用于项目管理工作。

第十二条　对未按项目计划执行的，由项目总监提出中止拨款或暂缓拨款意见，并责成项目执行人整改。对确需调整计划的项目，在调整计划依程序正式批准后，才能恢复拨款。

第十三条　项目因故中止，项目执行人须配合基金会财务人员及时清理账目与资产，编制决算报表及资产清单，并将项目剩余资金退回基金会。

第十四条　本基金会有权对项目资金和项目管理费用进行审计。

第十五条　项目档案管理。

项目档案包括文字、图表、音像、资金使用票据、《捐赠协议》、《资助协议》、《项目实施计划》、《项目实施方案》、《项目实施细则》、验收报告等。财务档案原件存执行人备查，复印件存基金会；项目其他档案原件存基金会，复印件存项目执行人备查。

第四章　项目验收与评估

第十六条　项目总监负责组织验收小组验收。验收小组由项目资金提供方代表和熟悉技术、财务与管理等方面的专家组成，由办公会议讨论通过报理事长同意。验收小组人数一般不少于3人，其中，财务专家不少于1人。项目总监审核验收报告后签署“验收通过”、“延迟验收”、“不通过验收”的意见，报秘书长和理事长审批后以正式文件形式下达。

第十七条　项目完成后15个工作日内，项目专员向项目总监提交项目验收申请和全部验收资料，并对验收资料的真实性、可靠性签字负责。捐赠人指定的一次性资助项目，依据《捐赠协议》、《资助协议》进行验收；捐赠人指定并长期资助的项目，依据《捐赠协议》、《资助协议》、《项目实施计划》验收；专项基金实施的项目，依照专项基金管理委员会制订的项目验收办法进行验收；本基金会设计的产品项目，依据《项目任务执行书》进行验收。

第十八条　被验收项目存在下列情况之一者，不能通过验收：

未能实现《资助协议》规定的目标；

未能实现《项目实施计划》规定的目标；

未能实现《专项基金项目实施办法》规定的目标；

未能实现《项目任务执行书》规定的目标；

提供的验收文件、资料、数据不真实。

第十九条　未能通过验收的产品项目，经整改后，可在30个工作日内再次提出验收申请。如仍不能通过再次验收，项目执行人自动丧失其执行项目资格，并承担相应的法律责任。

第五章　项目管理的组织及职责

第二十条　本基金会项目管理实行项目总监统筹下的项目专员负责制。

第二十一条　项目总监的任用和职责：

项目总监为本基金会专职工作人员，由秘书长提名、办公会议讨论通过并报理事长批准后任用。其职责是：

会同项目专员草拟《捐赠协议》和《资助协议》

组织对《项目策划书》进行论证

会同项目专员制定《项目实施计划》或《项目实施方案》；

出任专项基金管理委员会主任，主持专项基金项目的实施；

审核同意《项目实施细则》；

统筹项目筹款；

统筹提出项目拨款意见；

监督项目实施和管理；

项目宣传推广；

组织项目验收。

第二十二条　项目专员的任用和职责：

项目专员由项目总监推荐并报秘书长批准后任用，任期至项目实施终结。项目专员可以是本基金会专职工作人员，也可以由参与光彩事业的其他人士兼任。视不同项目赋予以下职责：

与捐赠人共同草拟《捐赠协议》

与受助人和执行人共同草拟《资助协议》

与捐赠人共同草拟《项目实施计划》

提交《项目策划书》；

会同项目总监制订《项目实施方案》；

组织项目执行人制订《项目实施细则》；

对项目实施进行全程监督；

协调项目执行中出现的各种问题；

按计划向项目总监提出拨款申请；

提出项目筹资方案报项目总监审核后组织实施；

及时并完整收集项目实施过程中真实反映项目实施情况的文字、图表、音像、资金使用票据等原始资料，建立项目实施档案、财务档案。

第二十三条　项目执行人的基本条件

项目执行人须是具有民事行为能力的法人组织或团体，原则上应与捐赠方无直接关联。其基本条件是：

热爱公益事业；

拥有专业的项目实施队伍；

具有较强的项目筹款能力；

遵守国家法律且法定代表人无违反刑事法律规定的记录。

第六章　附则

第二十四条　本办法的解释和修改由本会理事会负责。

第二十五条　本办法自理事会讨论通过并发布之日起生效。

中国光彩事业基金会募捐管理试行办法

（2012年5月29日二届一次理事会通过）

第一章　总　则

第一条　为规范募捐行为，更好地实现本会宗旨，促进本会可持续发展，特制定本办法。

第二条　本办法根据《中华人民共和国公益事业捐赠法》、国务院《基金会管理条例》制定。

第三条　本会是全国性公募基金会。本办法所指募捐，是本会工作部门、工作人员包括经本会授权的其他单位、人员，依法向国内外自然人、法人或其他组织募集对本会自愿、无偿捐赠财产。

第二章　募捐行为规范

第四条　本会工作人员或经本会授权的其他单位、人员筹募捐赠，不得违反国家相关法律及有关规定，不得损害社会公德，不得损害本会声誉。

第五条　凡本会工作人员或经本会授权的其他单位、人员筹募的捐赠，应尊重捐赠者的意愿，用于符合本会宗旨和有利于本会事业发展的相关项目及方面，并纳入基金会财务的统一管理，不允许独立运作。所有捐赠的安排使用均需接受捐赠者和社会的监督，并实施年度审计制度。

第六条　凡属重大募捐项目或合作筹资，应事先进行可行性论证，并按照立项审定程序，经秘书长办公会议通过后方可实施。捐赠者与本会签订的捐赠协议。重大或特殊捐赠的协议书需经本会法律顾问审查同意。

第七条　为鼓励和褒扬捐赠人的善举，本会对捐赠人颁发捐赠证书或捐赠纪念牌。

第八条　货币资金以外的捐赠，应按公允价格或捐赠人提供的合法有效凭证（包括投入成本、预期收益），确定折款入账，并在捐赠协议中予以明确。

第九条　本会所属单位、人员或经本会授权的其他单位、人员若以本会名义筹募捐款，必须经批准，其筹资行为必须符合本办法规范，所筹捐款必须纳入本会统一管理。

第三章　事业基金和专项基金

第十条　对本会的捐赠，按照用途可分为非限定性用途（事业基金）、限定性用途（专项基金）以及专门用于改善本会工作条件的捐赠。

第十一条　事业基金是指捐赠人不指定捐赠用途的款项。其捐赠款项按照本会宗旨和事业发展要求，统一安排使用。

第十二条　专项基金是指捐赠人指定捐赠用途的款项。其使用应在尊重捐赠者意愿的基础上，合法、高效地落实，不得挪作他用。

第十三条　专门用于改善本会工作条件的捐赠，按合法、节俭、高效的原则，由本会统一安排使用。

第四章　行政管理费用的列支

第十四条　经捐赠人同意，可在捐赠中列支一定比例的行政管理费用，用于本会行政办公及工作人员的工资福利支出。

第十五条　列支行政管理费用比例。对无限定性用途的货币基金捐赠列支不高于5%的行政管理费用；对限定性用途的货币资金捐赠列支不高于7%的行政管理费用。物资等其他形式捐赠，如无特殊说明均按折款入账价值的1%，由捐赠者另行捐赠资金，同时捐赠者需承担物质运输费用。

第十六条　募捐活动的捐赠仪式和宣传等费用，原则上由捐赠方支付。如需本会支付，则以节俭为原则从列支的行政管理费用中列支。

第十七条　本会开展的大型募捐宣传活动和涉外募捐项目所发生的直接费用，可作为筹资成本在募捐总额中列支。

第十八条　对志愿为本会联络并促成捐赠的有关单位、人士，本会可根据实际和相关规定，提供必要的工作条件。

第十九条　列支的行政管理经费的使用，应符合本会的财务制度，并接受有关部门的审计、监督。

第五章　附则

第二十条　本办法的解释权及修改权归本会理事会。

第二十一条　本办法自本会理事会议通过之日起试行。

中国光彩事业基金会基金管理试行办法

（2012年5月29日二届一次理事会通过）

第一章 总 则

第一条 为遵照本会宗旨和捐赠者意愿，发展社会公益事业，加强基金管理，维护捐赠人、受益人及本会的合法权益，根据《中华人民共和国公益事业捐赠法》、国务院《基金会管理条例》，以及国家有关财务会计的法规制度，制定本办法。

第二条 本办法所称基金，是指本会依法受赠的各项有形资产（包括货币资金、有价证券、房地产、设备等实物形态的财产）、无形财产（包括专利权、商标权、著作权等有法律效力和开发价值的财产），以及上述财产的增值收入。

第三条 基金管理的主要任务：开展募捐、捐赠财产的管理和使用，基金增值的营运，以及这一过程的财务工作和接受社会监督。基金管理工作由本会基金管理部门组织实施。

第二章 基金来源

第四条 本会基金来源主要包括：

国内外社会团体、企业、组织和个人的捐赠；

国际组织、外国政府的无偿援助；

国家财政及有关部门的资助；

其他合法收入。

第三章 基金募集

第五条 依照本会《章程》规定的宗旨和任务开展社会募捐活动，制定计划，提出项目，大力宣传，务求实效。

第六条 募捐活动应以捐赠者自愿捐赠为原则，不得摊派，不得损害社会公德，不得影响公众参与公益事业的积极性。

第七条 根据需要，本会可以成立由社会热心人士参加的募捐工作机构，或与有关方面合作开展募捐活动。凡与本会联合募捐的机构必须事先征得同意，严格履行手续。未经同意，擅自使用本会名义开展募捐活动的单位及个人，依法追究法律责任。

第八条 本会接受捐赠时，应依法与捐赠人履行捐赠手续，包括订立捐赠协议和出具财务收据。捐赠人应依法履行捐赠协议，按照约定将捐赠财产移交本会。

第九条 本会对支持公益事业的捐赠，将通过多种形式予以感谢和表彰，包括颁发荣誉证书、授予荣誉称号、媒介宣传和留名纪念等。对推动募捐活动做出突出贡献的机构和个人，给予相应的荣誉待遇和适当奖励。

第四章 专项基金

第十条 为扩大积累，长期有效地发展公益事业，本会在基金管理中可设立以捐赠方所提名称命名的专项基金。

第十一条 设立专项基金必须符合下列条件：

专项基金的使用方向或直接用途，应符合本会宗旨。

协议捐赠金额应在人民币500万元以上（非物品折合），首期捐赠资金须在协议签署后即到位。

对有特殊约定的专项基金应实施本金制管理，以其增值部分资助相关事业。其他专项基金为非本金制管理，按协议定向用途进行资助。

专项基金的管理应符合本会《章程》规定和

本《办法》要求，其财务会计工作由本会负责。

第十二条 根据需要，可成立由捐受双方及相关方面共同组成的工作机构，负责相关事项。专项基金是本会基金的组成部分，其名称可体现捐赠方的意愿，但须规范，由捐受双方商定。

第五章 基金使用

第十三条 本会应在充分尊重捐赠者意愿的基础上，按照双方对捐赠财产的约定，用于资助符合其宗旨的活动和事业。捐赠财产的使用情况，应及时向捐赠者反馈，并随时接受查询，作出如实答复。

第十四条 对受赠财产的使用，应跟踪调查，适时作出评估意见。本会有责任、有义务检查和督促受资助方认真落实有关要求，实现捐赠者的意愿和财产的使用效益。

第十五条 根据需要，受赠财产的使用，应与受资助方签订资助协议。若受资助方违背约定，本会有权减少、停止或收回资助财产，依法保护捐赠者利益和本会声誉。

第十六条 每年用于资助公益事业的资金数额，不得低于国家规定的比例。

第六章 财务管理

第十七条 本会设立会计机构，负责基金管理的财务会计工作，基金财务管理以国家有关财会制度为基本规范，制定财务管理制度和会计核算办法。

第十八条 本会基金按其来源和用途，划分为专项基金和事业基金两部分实施管理。专项基金是指有定向用途的捐赠收入及增值收入，事业基金是指无定向用途的捐赠收入和增值收入。

第十九条 专项基金中按捐赠协议明确的定向用途进行资助；事业基金原则上由本会根据宗旨所规定，提出使用意见，进行资助。

第二十条 受赠物资应折款入账，建立出入库管理制度。按照约定要求，及时转赠受援方。用于本会工作部分的，应办理相关手续，纳入固定资产管理。捐赠物资不适于资助的，可合法变卖，所得收入纳入基金管理。

第七章 基金营运

第二十一条 严格遵守国家的有关规定，按照合法、安全、有效的原则，积极实现捐赠财产的保值增值。

第二十二条 为了加强基金的营运管理，应邀请有关专家或专业机构，指导帮助本会开展相关业务。

第二十三条 有关基金营运事项，必须进行可行性论证，听取各方面意见，科学做出决策。营运计划的实施，必须经过集体讨论，按规定程序审批。

第八章 审计监督

第二十四条 按照国家规定，应向有关主管部门提交基金财务工作报告和会计报表，并主动接受相关主管部门的审计监督。

第二十五条 各专项基金的收支情况和项目执行结果，应及时向捐赠人通报。

第九章附 则

第二十六条 本办法的解释权及修改权归本会理事会。

第二十七条 本办法自本会理事会议通过之日起试行。

中国光彩事业基金会专项基金管理试行办法

（2012年5月29日二届一次理事会通过）

第一章 总 则

第一条 为规范本会专项基金的募筹、设立、使用等管理工作，促进本会工作的发展，依据《中华人民共和国公益事业捐赠法》、国务院《基金会管理条例》等国家法律、法规和《中国光彩事业基金会基金管理试行办法》，特制订本方法。

第二条 本文所指专项基金，是指捐赠额达到本办法规定数额、运作时间需要5年以上、捐赠者可参与的专用基金。

第三条 专项基金分为封闭式和开放式两种形态。封闭式基金的设立一般为一个捐赠者（个人或机构），成立后不再接受其他捐赠；开放式基金的设立无捐赠者数量限制，设立之后可接受社会捐赠。

第二章 专项基金的设立

第四条 设立专项基金，捐赠额原则上应达到500万元人民币以上（含500万元），捐赠可以一次性到账，也可以按协议分期拨付，原则上每年捐款额不低于100万元。

第五条 专项基金运作时间或项目周期一般应在5年以上，并制定详细的项目方案及年度执行计划。

第六条 专项基金批准设立程序。主捐赠人向本会提出申请，附捐赠企业或个人身份证明。项目负责人协同捐赠人提出专项基金资助范围、管理办法、执行单位、行政管理经费列支比例，经本会秘书长办公会议讨论通过，由理事长批准设立。

第三章 专项基金的管理

第七条 专项基金设立后，可使用“中国光彩事业基金会□□□专项基金”的名称。须由本会与执行单位签署《项目任务执行书》。

第八条 专项基金设立后，应设立专项基金办公室，本会人员担任主任，捐赠人或主捐赠人担任副主任。

第九条 专项基金办公室职责

1. 制定专项基金议事规则
2. 提出专项基金资助项目
3. 制定专项基金资助项目管理细则
4. 提出专项基金办公室组成人员报本会备案
5. 提出专项基金年度预算和决算
6. 组织项目评估。

第十条 专项基金举办捐赠仪式的费用一般由捐款者负担，如需本会负担的，需经本会主管领导批准。

第十一条 经捐赠人同意，专项基金参照本会募捐管理办法的规定列支总捐赠额的5%-7%作为本会行政管理费用，用于本会对专项基金的行政管理；可商定列支一定比例的项目管理费用，用于项目执行单位在实施项目时所发生的项目管理支出。

第十二条 专项基金实行年度汇报制度，执行单位应按年度向本会、捐赠者书面汇报上一年度项目执行及资金使用情况。

第十三条 专项基金实行审计制度。在运作周期内，由本会人员实施至少一次内部审计，或由会计师事务所每年进行专项审计，费用从专项基金中列支。开放式基金的审计报告应向社会公布。

第十四条 专项基金实行评估制度。在项目中期及结束后，由本会人员或组织外部专业机构进行评估，评估费用应从专项基金中列支。

第四章 专项基金的存续

第十六条 封闭式基金按捐赠协议规定，实现捐赠并落实相关项目后，可在完成项目评估基础上终止。如在规定时间内未完成捐赠和项目运作，经相关各方协商同意，可继续存在并运作。如捐赠计划已完成，捐赠者仍与本会在相同领域展开新的合作，可继续使用原专项基金名称，并重新履行相关手续。

第十七条 开放式基金在规定时间内完成捐赠和项目运作，可在完成评估后终止，并按有关条例、法规向社会公告。

第十八条 因封闭式基金捐赠人违反协议，未按时、足额捐赠导致捐赠协议无法履行的，本会将依法与捐赠人协商解决并不排除提起诉讼等方式。经协商仍无法履行协议的，可终止协议，撤销该专项基金。

第五章 附 则

第十九条 本办法的解释权及修改权归本会理事会。

第二十条 本办法自本会理事会议通过之日起试行。

附录 3：第四届理事会

中国光彩事业促进会第四届理事会会长、顾问、副会长、秘书长名单

会长

杜青林

顾问

黄孟复

副会长

全哲洙　陈喜庆　宋北杉　谢经荣　杨启儒　王再兴　王安康　王均金　史贵禄　赵永亮
李兆会　伍跃时　闫希军　孙荫环　苏寿堂　李河君　李学春　何俊明　何超琼　陈光标
张杰庭　陈世强　陈志列　茅永红　胡应湘　南存辉　曹德旺　雷菊芳

秘书长

杨启儒（兼）

中国光彩事业促进会第四届理事会常务理事名单

杜青林	全哲洙	陈喜庆	宋北杉	谢经荣	杨启儒	吴　杰	李河君	张杰庭	秦升益
魏凤彪	张炳学	闫希军	李金元	张荣华	武志雄	丁立国	吴振山	芦新菊	郭海刚
李　猛	韩长安	杨继业	王立斌	孙荫环	韩　伟	韩召善	臧　克	冀　生	刘　野
李彦群	陈宏敏	邓　伟	关彦斌	杨晓渡	王均金	刘永行	汤　亮	郭广昌	邵　军
周海江	徐连宽	蒋加平	汤为平	陈爱莲	宗庆后	胡成中	操建华	吴俊保	张剑珍
李新炎	曹德旺	傅光明	舒国华	王再兴	张华荣	孙传宏	苏寿堂	尚吉永	宗立成
唐一林	孟令峰	李新华	陈世强	陈治华	苏晓云	茅永红	阎　志	蒋红星	方小文
陈志列	黄文仔	黄正文	冯成善	陈大光	杨锦明	刘金虎	金生光	王宗社	冯东明
单　玫	伍威全	胡应湘	刘雅煌	多杰热旦					

中国光彩事业促进会四届理事会理事名单

中央国家机关和有关团体

杜青林 全哲洙 陈喜庆 宋北杉 谢经荣 杭元祥 杨启儒 戚建美 孙凌雁 李力清
曹一化 王黎明 王亚栋 贾广东 陈 林 程 红 谭卫平 王礼平 刘红路 王钢治
何炬星

北京市

王文杰 吴 杰 王 丰 王 琪 王 蓓 叶茂西 齐 清 余立新 吴坚忠 宋叔意
张志利 张杰庭 李河君 邱淦清 周一晨 武 力 金锡顺 姜 维 赵永庄 郝文书
秦升益 郭丽双 黄 晔 魏凤彪

天津市

张炳学 谷 强 王学利 王树生 闫山林 闫希军 张荣华 李占通 李金元 柴宝成

河北省

武志雄 李纯勇 丁立国 王贵玉 吴振山 宋炳方 张立军 李在明 杜双华 杜庆申
芦新菊

山西省

郭海刚 王建华 冯建新 史元魁 邢利斌 李兆会 李 猛 远勤山 陈忠孝 郝建秀
梁文海 韩长安 薛靛民

内蒙古自治区

杨继业 田 震 黄秀英 赵永亮 刘忠元 连广明 郭占春 富子荣 翟 仲 薛扳进

辽宁省

王立斌 武永存 李卓然 马世侠 包紫臣 孙荫环 曲 凯 汤天鹏 吴宝江 张铁汉
周广泉 金占忠 韩 伟 韩召善 臧 克

吉林省

冀 生 张远军 王茂祥 丛连彪 刘 野 吴 迪 李彦群 修涞贵 韩真发

黑龙江省

叶晓钟 陈宏敏 王术贵 邓 伟 关彦斌 张树芳 苗青远 隋熙明 戴 皓

上海市

杨晓渡 金 亮 王均金 刘永行 吕焕皋 汤 亮 张文荣 张胜飞 张润斌 杨桂生
沃伟东 陈 丽（女） 陈邓华 陈经纬 桂国杰 郭广昌

江苏省

邵 军 庞 辉 王立占 王爱钦 包广林 卢明立 陈光标 石祖嘉 朱国平 朱留洪
汤燕雯 沙 勇 周海江 徐连宽 陶 涛 曾焕沙 蒋加平

浙江省

汤为平 李任治 王建沂 王鑫岳 阮小明 应仲树 张江平 张毓强 汪力成 陈爱莲
宗庆后 郑胜涛 南存辉 胡成中 夏士林 柴云健

安徽省

操建华 耿学梅 后 力 牟坤林 吴俊保 余渐富 李 健 李刚强 杨俊斌 陈先保
姜 纯 段转建 赵玉秀

福建省

张剑珍 邱家赞 王炎平 许华芳 吴华春 吴惠天 李新炎 从和平 林欧文 林荣滨
郭东泽 曹德旺 傅光明 彭炳华

江西省

舒国华 于也明 陈兴超 王再兴 王雪冬 张华荣 邱小林 邱文奎 周永生 林印孙
查加智 曹国洪

山东省

孙传宏 梁向前 田友海 刘敬锟 刘德顺 朱新胜 张时仲 李建华 杜月野 苏寿堂
陈守国 尚吉永 宗立成 姜俊平 赵 涛 郝在杰 唐一林

河南省

孟令峰 李 振 陈冉楠 朱太忠 李新华 杨忠东 陈世强 陈治华 秦太宏 郭新富

湖北省

苏晓云 杨万贵 王均豪 余汉江 李家俊 杨四知 杨忠洲 陈 军 罗云远 茅永红
阎 志 黄祥礼 蒋红星 谭少群

湖南省

崔永平　史雪华　伍跃时　阳国秀　李　静　李文金　邱则有　周志梅　罗可大　梁　伟

广东省

杨浩明　方小文　王理宗　邓超华　卢和丰　刘伟宏　刘绍喜　吴振鑫　邱秋雄　陈志列
陈奕标　林振伟　罗掌权　徐　娟　郭东林　黄文仔　黄正文　黄康景　曾少强　蓝道威
詹玉湘　欧阳浩辉

广西壮族自治区

冯成善　欧文魁　王祥林　刘一川　苏景昌　陈大光　赖可宾

海南省

潘　建　梁生彬　王　力　许　秀　谷　峰　林青山　林康宁　郭　凯

重庆市

李长明　陈　健　李庆利　严　琦　张兴海　李大明　李学春　袁志伦　谭传荣　薛方全

四川省

钟家霖　高鲁炎　宣　迅　严俊波　何俊明　杨大陆　邹光友　陈陆文　骆正明　黄远成
童应林　熊方军

贵州省

章迪诚　吴春毕　吴维方　王　伟　张之君　陈　湘　骆　刚　窦啟玲

云南省

张功祥　赵明辉　马永昇　王安康　任剑峥　阮鸿献　邱光雄

西藏自治区

于跃华　阿沛·晋源　王　斌　群　培

陕西省

赵苏智　李建军　王西林　史贵禄　何万盈　郭彩信　崔荣华　燕君芳

甘肃省

张文学　张　勇　王　刚　刘羽桐　刘建民　钟付全　韩　庆　雷菊芳

青海省

多杰热旦　魏　勤　王伟明　杨生良　周卫军　金生光　霍庆华

宁夏回族自治区

杨锦明 马西元 刘金虎 孙珩超 朱奕龙 张金山 郑国祥

新疆维吾尔族自治区

王宗社 陈建华 冯东明 孙广信 米恩华 李志民 李建宏 热迪力·阿布拉

新疆生产建设兵团

单 玫 刘善堂 马文龙

香港

王国强 伍威全 李贤义 林树哲 胡应湘 梁亮胜

澳门

刘雅煌 何桂铃 何超琼 姚健池

台商

骆宏宾 黄进能 蔡信典 潘仲光

中国光彩事业促进会第四届理事会副秘书长名单

孙凌雁　戚建美　王钢治

中国光彩事业基金会二届理事会理事名单

理事长

谢伯阳

（以下按姓氏笔画排序）

王玉锁 王再兴 尹 海 卢志强 齐 清 汤燕雯 许智明 苏寿堂 李 猛 何俊明
张近东 张永珍 宗庆后 胡文新 郭广昌 曹德旺 陶传进 雷菊芳

秘书长

牛建国

中国光彩事业促进会第五届理事会会长、副会长、秘书长名单

会长

全哲洙

副会长

谢经荣　张天昱　马永升　王　填　王均金　王建沂　邓　伟　米恩华　孙珩超　李占通
李黑记　吴少勋　余渐富　宋福如　张杰庭　张宗真　陈世强　陈志列　林印孙　尚吉永
修涞贵　袁亚非　曹德旺　梁亮胜　韩长安

秘书长

张天昱（兼）

中国光彩事业促进会第五届理事会常务理事名单

全哲洙 谢经荣 郑默杰 张杰庭 秦升益 邱淦清 郭丽双 刘道刚 李占通 柴宝成
宋晓瑛 宋福如 孙玺民 杨临生 韩长安 李 猛 任武贤 向 东 薛振进 王东秀
金卫东 包紫臣 姜修文 李庆臣 修涞贵 李彦群 王恒军 邓 伟 白沐阳 赵福禧
王均金 丁佐宏 白晓江 胡成中 杨 勇 袁亚非 崔根良 李剑飞 王建沂 王振滔
陈爱莲 徐发成 余渐富 金会庆 严建文 王 玲 曹德旺 李新炎 柯希平 李青华
林印孙 张华荣 李法信 尚吉永 宗立成 唐一林 张 泉 杨京伟 陈世强 朱太忠
陈泽民 曹立明 吴少勋 阎 志 蒋红星 戴 皓 汤新华 王 填 尹德和 罗可大
郭汉毅 陈志列 黄文仔 曾少强 林水栖 熊春寒 韦峥芳 田德毅 王树生 谷 峰
蒋 平 薛方全 黄红云 钟家霖 杨大陆 朱华忠 黄远成 马 春 马永升 阮鸿献
肖向阳 王 伟 张之君 李瑞富 尼玛扎西 王 斌 刘玉明 李黑记 孙俊良 赵少智
刘羽桐 韩 庆 杨锦明 孙珩超 刘金虎 吴 捷 金生光 杨 毅 万 水 米恩华
热迪力·阿布拉 单 玫 马文龙 梁亮胜 张宗真

中国光彩事业促进会第五届理事会理事名单

中央统战部、全国工商联

全哲洙　谢经荣　张天昱　戚建美　余敏安　王力涛　牛建国

北京

郑默杰　王　丰　王　蓓　王衍生　白厚增　刘　弘　刘载望　齐　清　李伟杰　余立新
张杰庭　邱淦清　赵永庄　秦升益　黄　晔　郭丽双　韩小红　薛运达

天津

刘道刚　郑　伟　于　静　王学利　闫山林　李占通　李金元　李建新　应泽从　张秀燕
张建浩　张荣华　杜克荣　柴宝成

河北

宋晓瑛　李纯勇　王贵玉　孙玺民　芦新菊　李在明　李振江　吴振山　杜庆申　宋炳方
宋福如　姚奎章

山西

杨临生　王长青　史元魁　冯建新　任武贤　李　猛　李安平　李建明　远勤山　姚锦诚
黄卫东　梁文海　韩长安

内蒙古

向　东　张秀芬　金满仓　何　文　宋连喜　张波洲　赵建华　俞海明　薛扳进

辽宁

王东秀　马塾君　包紫臣　吕世平　朱建民　汤天鹏　杨　敏　李维龙　佟铭胜　金卫东
周鸿刚　姜修文　韩　伟　韩国贺

吉林

李庆臣　王茂祥　尹彦利　刘　野　刘　湃　杨茂义　李秀林　李彦群　修涞贵　莫英志
韩真发

黑龙江

王恒军 冯立宏 邓 伟 白沐阳 李振国 陆 标 隋熙明 韩玉凤 焦 云 戴 迪

上海

赵福禧 金 亮 丁佐宏 王 煜 王均金 车建新 白晓江 李海峰 张轮大 张润斌
陈 丽 陈 晓 胡成中 桂国杰 章 毅 章宏伟 蒋东良 喻会蛟 童玉楼

江苏

杨 勇 陆 群 丁先喜 王立占 王振华 王爱钦 卢之云 卢明立 刘士钢 张云明
陆廷秀 袁亚非 郭金东 崔根良 梁泽泉 薛 驰

浙江

李剑飞 李任治 王建沂 王振滔 阮小明 张林松 张素兰 陈方春 陈建录 陈春明
陈爱莲 周明明 宗馥莉 姚岳良 倪良正 蒋文标 樊培仁

安徽

徐发成 耿学梅 王 坤 王 磊 孙 斌 李方军 严建文 余竹云 余渐富 张 瑜
金会庆 金政辉 周伊凡 袁启宏

福建

王 玲 江荣全 刘用辉 李新炎 吴华春 吴凯庭 吴泉水 林荣滨 周训财 郑振欣
柯希平 胡凤翔 郭东泽 曹德旺 傅天龙

江西

李青华 于也明 喻志勇 刘如强 张华荣 陈胜德 林印孙 易 斌 查加智 温显来
詹慧珍

山东

李法信 刘冠凤 王 琳 王成利 朱呈镕 朱新胜 刘敬锟 孙有华 杜月野 张 泉
张时仲 张宝健 尚吉永 宗立成 赵 菁 赵洪林 唐一林 程淑萍

河南

杨京伟 李 振 方 波 王来福 王明忠 朱太忠 朱文亮 杨汉立 李士强 李万顺
李东法 张全利 陈世强 陈泽民 崔培军 薛景霞

湖北

曹立明 江 浩 刘 钊 杨四知 杨须红 李 浩 李家俊 吴少勋 张 蕊 周航旭
阎 志 蒋红星 蔡燕美 谭少群 熊华敏 戴 皓

湖南

汤新华 肖　翔 王　填 王毅清 尹德和 汤朝阳 张海岸 陈社行 陈犇萍 罗可大
胡国安 黄庆玺 傅高武 戴　煜

广东

郭汉毅 王永辉 刘壮青 李灿东 张传卫 张国辉 陈志列 林水栖 林振伟 幸　运
周世明 周伟建 徐　娟 黄文仔 曾少强 赖坤洪 蓝道威

广西

熊春寒 韦峥芳 吕伟东 苏景昌 黄　东 黄定寿 谢志强

海南

田德毅 黄　琅 王树生 谷　峰 张　涛 徐　军 曹五院

重庆

蒋　平 彭光远 严　琦 张龙义 张兴海 易如波 胡定核 黄红云 曹春林 谭传荣
薛方全

四川

钟家霖 范晓宏 胡景寿 任小娟 喻林超 朱华忠 杨大陆 李　飚 何建军 张　钧
陈先德 骆正明 黄玉蛟 黄远成 漆贵春

贵州

肖向阳 谢　强 王　伟 冉先黎 安之忠 孙玉存 张之君 黄　秋

云南

马　春 杨勇明 马永升 任剑媚 阮鸿献 杨利荣 李　彪 邱晓嫱

西藏

李瑞富 廖贻东 王　斌 尼　玛 尼玛扎西

陕西

刘玉明 李建军 孙俊良 李黑记 张　平 陈高志 赵　超 贺　军 贾旭芝

甘肃

赵少智 肖建胜 王　刚 朱全祖 刘羽桐 刘建民 钟付全 韩　庆

宁夏

杨锦明 余明清 刘金虎 孙珩超 陈　舒 陈庆成 郑国祥

青海

吴　捷　冶青云　久美彭措　王伟明　杨　毅　金生光　周卫军

新疆

万　水　努尔力·尤努斯　冯东明　米恩华　李　俊　严鲜彩　热迪力·阿布拉　康和平

新疆生产建设兵团

单　玫　屈开平　马文龙　孙卫中

香港

伍威全　李贤义　李鋈麟　孟丽红　俞培俤　梁亮胜

澳门

刘国栋　吴国寿　张宗真　姚健池

中国光彩事业促进会第五届理事会副秘书长名单

副秘书长

戚建美　余敏安　王力涛